英日漢・日英漢詞典

ENGLISH-JAPANESE-CHINESE
JAPANESE-ENGLISH-CHINESE
DICTIONARY

YOHAN

英日漢・日英漢詞典

ENGLISH-JAPANESE-CHINESE
JAPANESE-ENGLISH-CHINESE
DICTIONARY

金田富士彦 編
陸松齡 譯

商 務 印 書 館

YOHAN

英日漢・日英漢詞典

ENGLISH-JAPANESE-CHINESE JAPANESE-ENGLISH-CHINESE DICTIONARY

出 版 人 …… 陳萬雄
編　　者 …… 金田富士彥
譯　　者 …… 陸松齡
責任編輯 …… 劉秀英
出　　版 …… 商務印書館（香港）有限公司
香港鰂魚涌芬尼街2號D僑英大廈
印　　刷 …… 美雅印刷製本有限公司
九龍官塘榮業街6號海濱工業大廈4樓A
版　　次 …… 1994年9月第1版
1995年11月第2次印刷

ISBN 962 07 0164 X
Printed in Hong Kong

出版説明

本詞典是英日漢、日英漢三語小詞典。供漢語讀者查閱英語或日語,英語讀者查閱日語或漢語,日語讀者查閱英語或漢語。有六種功能,讀者面較爲廣泛。由於所收詞彙絶大多數爲普通的常用詞,適合於初級、中級學習者使用。

本詞典原爲日本洋販出版社《英和・和英辭典》,已出了二十七版,是一本實用性很强的暢銷書,很受讀者歡迎。爲了適應更多讀者——尤其是講漢語讀者的需要,商務印書館(香港)有限公司請人將該詞典的英語、日語詞目之釋義翻譯成漢語,出三語版。翻譯者爲知名的日語教授陸松齡先生。陸先生在翻譯釋義的同時,訂正了原書的一些技術性差錯,增添了些常用的新詞,盡力使這本詞典更實用,更完善。

爲求明晰,本詞典的某些漢語釋義用括弧加註,使用規範或補充性説明。如:**iya na** 的漢語釋義爲“(客觀存在的價值)討厭的”;**kirai na** 的漢語釋義爲“(主觀感受的)討厭”。又如:**either** 的漢語釋義爲“(二者之中)任何一方,任何一個”等。

爲避免三種文字之間的混亂,便於讀者迅速找出漢語釋義,在日語釋義與漢語之間,在英語釋義與漢語釋義之間,均插入一個間隔號“/”。漢語釋義有幾個時,詞義相近的用逗號“,”隔開;詞義相遠的用分號“;”隔開。

本詞典所收詞彙絶大部分爲普通的常用詞,讀者一看便知其百科分類,因此在釋義之前省略了其所屬的類別略語。某些詞彙必須註明其類別時,則在該釋義之前用括弧加註。如:**salad** *n.* sarada/(西餐)色拉。又如:jōzai 錠劑　tablet, pill/(藥)片劑,藥片。等等。

“英日漢・日英漢”綜合性三語詞典,坊間少見。在今日各國各界人士學習漢語,學習日語的熱潮中,我公司首次出版,相信是適時的貢獻。

商務印書館編輯部

中文版序

語言是人類社會的交際工具，詞典是學習語言的工具，俗稱"不開口的老師"。

本書係"英日漢・日英漢"三語小詞典，具有漢語讀者查閱英語、日語，英語讀者查閱日語、漢語，日語讀者查閱英語、漢語六種功能，適合於初級、中級學習者使用。

本書原爲日本洋販出版社《英和・和英辭典》，已出了二十七版，是一本實用性很强的暢銷書。在此次增添漢語釋義時，訂正了原書的一些技術性差錯，增添了幾條常用的新詞，盡力使之完善。

本書的某些漢語釋義，爲求明晰，用括弧加註了使用規範或補充性説明。如：iya na 的漢語釋義爲"（客觀存在的價值）討厭的"；kirai na 的漢語釋義爲"（主觀感受的）討厭"。又如：either 的漢語釋義爲"（二者之中）任何一方，任何一個"等。

爲了避免三種文字之間的混亂，爲了便於讀者迅速找出漢語釋義，在日語釋義與漢語釋義之間，在英語釋義與漢語釋義之間，均插入一間隔號"…/…"。在漢語釋義中，詞義相近的用逗號"，"、詞義相遠的使用分號"；"隔開。

本詞典所收詞彙絶大多數爲普通的常用詞彙，讀者一眼便知其詞性與百科類別，因此在釋義之前省略了其所屬的類別略語。某些詞彙必須註明其類別時，則在該釋義之前用括弧加註。如：salada *n*. sarada/“(西餐)”色拉。又如：jōzai 錠剤 tablet，pill/“(藥)”片劑，藥片。等等。

“英日漢・日英漢”綜合性三語詞典，在目前尚屬首次出版，因敝人英、日語語言能力之不及，錯誤與不足之處在所難免，懇請指正。

陸松齡識

EDITOR'S PREFACE

A good teacher and a good dictionary are, needless to say, the most necessary elements for mastering a foreign language.

For those who are beginning to study the Japanese language, and especially those who live outside Japan, a great difficulty is that there are few teachers with whom they can work. Some are fortunate in finding good teachers, but most must grapple with this rather difficult language without help. Therefore, a good dictionary is of vital importance.

This little dictionary was compiled with the aim of presenting the beginner and the intermediate student with as many useful words as possible, with as many meanings as possible, and in as small a volume as practical. The editor has attempted to include as many important idioms and derivatives as space permitted, and since it is presumed that most users will be adults, the most useful words occurring in daily conversation and appearing in popular magazines and newspapers have been given.

It is hoped that this dictionary will serve as a helpful companion to students of the Japanese language.

The editor wishes to thank Bruce Rogers for helpful supervision.

Fujihiko Kaneda

編者的話

毋庸置疑，在學會外語的過程中，一個好老師和一本好詞典是最迫切需要的因素。

一些幸運的人會找到好老師。但是，絶大多數人則必須在没有幫助的條件下，去與困難的語言作鬥爭。因此，一本好的詞典是極爲重要的。

針對目前的初級學習者和中級學習者的需要，這本小詞典盡可能地收錄了大量的常用單詞，並給以註釋，使其小而有實用性。編者力圖在允許的範圍内收錄大量的成語、派生詞，因此大多數使用者將可熟練地利用本詞典，來掌握在日常會話中、大衆雜誌和報紙上出現的大量常用單詞。

希望這本詞典能成爲您學習日語的有益的幫手或夥伴。

編者在此衷心感謝監修人布魯斯・羅杰斯先生給與的有益的指導。

金田富士彦　識

用法説明

日語發音

日語元音的發音與意大利語或西班牙語相同，而輔音則與英語相同。

短元音

a *father, alms*

e *pen, red*

i *ink, machine*

o *open, ocean*

u *true, cruel*

複合元音

所有的複合元音均須按兩元音的複合音來發音。例如：

ei*＝*e*＋*i 的發音，如在 ***day*** 中的音

ai*＝*a*＋*i 的發音，如在 ***alive*** 中的音

ou*＝*o*＋*u 的發音，如在 ***float*** 中的音

au*＝*a*＋*u 的發音，如在 ***out*** 中的音

長元音

長元音在詞典中以長音符號"一"來表示，其發音與短元音相似，但要將此元音延長一拍音。***a, e, i, o, u*** 的例子如下。

hato(*pigeon*)中的 ***o*** 與 ***oil*** 中的 ***o*** 相似

tōtō(*at last*)中的 ***o*** 與 ***torch*** 中的 ***o*** 相似

當 ***n*** 在 ***b, m, p*** 前出現時，發 ***m*** 音，並以此羅馬字書寫之。

shin*＋*bun*→*shimbun(*newspaper*)

shin*＋*pai*→*shimpai(*worry*)

***an*＋*ma*→*amma*(*massage*)**

單詞中的起首字母爲 ***g*** 時，通常自聲門發音，如 ***get*** 中的 ***g***。單詞中間的 ***g***，常發以鼻音，如 ***king*** 中的 ***ng***。有一些例外，因其差別十分含混模糊而顯得不重要。

雙輔音在發音中賦予重要價值，雙寫的 ***c*** 通常像 ***tc*** 一樣書寫和發音。

yatta(*gave*)＝***yat***＋***ta***(註：促音やった)

kitta(*cut*)＝***kit***＋***ta***(註：促音きった)

matchi(*match*)＝***mat***＋***chi***(註：促音マッチ)

kotchi(*here*)＝***kot***＋***chi***(註：促音こっち)

在日語中，***u*** 近似於不發音(註：限於 ***su***、***tsu***、***zu*** 中的 ***u***)，但起首音節例外，尤其是 ***u*** 在 ***s*** 後面時是不分音節的，如“***Dare desu ka***?”(*Who is it*?)中的 ***desu*** 發音，與“***desparate***”中的 ***des*** 相同。***sutēki***(*steak*)近似於“***steiki***”。

另外一些輔音的發音，對學習者不致會有疑問，例如：

ch ***child***

sh ***shine***

ts ***pets, cats***

r 是由舌尖發出聲音，其發音方法介乎 ***l*** 與 ***r*** 之間，但舌頭不捲滚。

在詞典中，***n*** 等後面有音節分隔號“,”者，表示與後面的字母分開發音。

shin'nyū＝shin－nyū

han'ei＝han－ei

由於日本地域廣闊，缺乏標準，所以聲調没有給予表示，令學習者含混不清。學習者完全可通過查閲日本廣播公司出版的《**the Nihongo Akusento Jiten**(日語聲調辭典)》來學習日語。

羅馬字拼音

日語用拉丁字母拼寫的形式有三種：(1)黑本式，非常普遍地運用；(2)訓令式，現在幾乎作廢；(3)日本式。在根本上，三種拼寫形式是相同的。考慮到黑本式在發音上用起來非常容易，因此將它自始至終地遍及這本詞典。同時，考慮到訓令式的益處，它將用括弧括起來出現。

下表爲日語書寫形式(音節)。左邊的草書形式是平假名，右邊有稜角的形式是片假名。平假名由多取自中國漢字的字首、字尾和純粹的日本文字組成。片假名常用來拼寫外來語和訓令式公文。盡管片假名形式簡單而被認爲比較容易學，但是平假名是學校學生們學習的第一種形式。(註：一般認爲，平假名由中國漢字的草書演變而成，片假名則取自漢字楷書的字頭或偏傍。“ん、ン”尚無定論。片假名用於外來語、國內電報及部分日本固有詞彙的科技術語等方面。)

a	**i**	**u**	**e**	**o**
あア	いイ	うウ	えエ	おオ
ka	**ki**	**ku**	**ke**	**ko**
かカ	きキ	くク	けケ	こコ
sa	**shi**	**su**	**se**	**so**
さサ	しシ	すス	せセ	そソ
ta	**chi**	**tsu**	**te**	**to**
たタ	ちチ	つツ	てテ	とト
na	**ni**	**nu**	**ne**	**no**
なナ	にニ	ぬヌ	ねネ	のノ
ha	**hi**	**fu**	**he**	**ho**
はハ	ひヒ	ふフ	へヘ	ほホ

羅馬字拼音

日語用拉丁字母拼寫的形式有三種:(1)黑本式,非常普遍地運用;(2)訓令式,現在幾乎作廢;(3)日本式。在根本上,三種拼寫形式是相同的。考慮到黑本式在發音上用起來非常容易,因此將它自始至終地遍及這本詞典。同時,考慮到訓令式的益處,它將用括弧括起來出現。

下表爲日語書寫形式(音節)。左邊的草書形式是平假名,右邊有稜角的形式是片假名。平假名由多取自中國漢字的字首、字尾和純粹的日本文字組成。片假名常用來拼寫外來語和訓令式公文。盡管片假名形式簡單而被認爲比較容易學,但是平假名是學校學生們學習的第一種形式。(註:一般認爲,平假名由中國漢字的草書演變而成,片假名則取自漢字楷書的字頭或偏傍。"ん、ン"尚無定論。片假名用於外來語、國內電報及部分日本固有詞彙的科技術語等方面。)

a	**i**	**u**	**e**	**o**
あア	いイ	うウ	えエ	おオ
ka	**ki**	**ku**	**ke**	**ko**
かカ	きキ	くク	けケ	こコ
sa	**shi**	**su**	**se**	**so**
さサ	しシ	すス	せセ	そソ
ta	**chi**	**tsu**	**te**	**to**
たタ	ちチ	つツ	てテ	とト
na	**ni**	**nu**	**ne**	**no**
なナ	にニ	ぬヌ	ねネ	のノ
ha	**hi**	**fu**	**he**	**ho**
はハ	ひヒ	ふフ	へヘ	ほホ

sha	shu	she	sho
しゃシャ	しゅシュ	しぇシェ	しょショ
ja	**ju**	**je**	**jo**
じゃジャ	じゅジュ	じぇジェ	じょジョ
cha	**chu**	**che**	**cho**
ちゃチャ	ちゅチュ	ちぇチェ	ちょチョ

nya	nyu	nyo
にゃニャ	にゅニュ	にょニョ
hya	**hyu**	**hyo**
ひゃヒャ	ひゅヒュ	ひょヒョ
bya	**byu**	**byo**
びゃビャ	びゅビュ	びょビョ
pya	**pyu**	**pyo**
ぴゃピャ	ぴゅピュ	ぴょピョ

fa	fi	fu	fe	fo
ふぁファ	ふぃフィ	ふフ	ふぇフェ	ふぉフォ

mya	myu	myo
みゃミャ	みゅミュ	みょミョ
rya	**ryu**	**ryo**
りゃリャ	りゅリュ	りょリョ

n
んン

ENGLISH－JAPANESE－CHINESE

圓括弧與方括弧

1. 圓括弧"( )"

   a. 在翻譯過來的日文單詞前，用圓括弧括出的英文單詞，是該領詞的清楚的英文釋義。例如：

   act *n.* (deed) kōi; (main division of a play) maku

   b. 在翻譯過來的日文單詞前，圓括弧內用斜體字印刷的英文單詞，是該領詞的補充性英文釋義，註明使用領域或特殊使用範圍。例如：

   article *n.* (*thing*) shinamono; (*newspaper*) kiji; (*gram.*) kanshi

   c. 圓括弧內被翻譯過來的日文單詞，可以被省略。例如：

   anchor *n. v.* ikari(o orosu)=*n.* ikari——*v.* ikari o orosu

2. 方括弧"[ ]"

方括弧內的單詞或字母，可代替方括弧前的單詞或字母。例如：

irregular *adj.* fukisoku na[no]=
fukisoku na, fukisoku no

jōhin na[***ni***] elegant[ly], graceful[ly]
=jōhin na elegant, graceful
jōhin ni elegantly, gracefully

A

a *adj.* (*indef. art.*) (one) hitotsu no ひとつの/某一;(a certain) aru ある/某
abacus *n.* soroban そろばん/算盤
abandon *v.* (desert) suteru 捨てる/扔掉,丢掉;(give up) akirameru あきらめる/斷念,死心
abbey *n.* sōin 僧院/寺院,僧院;shūdōin 修道院/修道院
abbreviate *v.* shōryaku suru 省略する/省略,從略
abdomen *n.* onaka おなか/肚子;hara 腹/腹,肚子
abhor *v.* hidoku kirau ひどくきらう/非常討厭,憎惡
ability *n.* nōryoku 能力/能力;shuwan 手腕/手腕
able *adj.* dekiru できる/能,會;jōzu na 上手な/漂亮的,很棒的;有才能的
be able to (suru koto ga) dekiru (することが)できる/能,會;可以
abnormal *adj.* (unusual) ijō na 異常な/異常的,變態的;(unnatural) fushizen na 不自然な/不自然的,不規則的,破格的
Aboard *adv.*, *prep.* (on board a ship) jōsen shite 乗船して/乘船;(on board a train) jōsha shite 乗車して/乘車
abolish *v.* (do away with) haishi suru 廃止する/廢除,廢棄
about *adv.*, *prep.* (*time*) (approximately) koro ころ/(時間)大約,左右,前後;goro ごろ/(時間)大約,左右,前後;(*quantity*) kurai くらい/(數量)約,左右;gurai ぐらい/(數量)約,左右;(amount) yaku 約/約,大約;oyoso およそ/(數量,程度)大約,左右,光景;(concerning) …ni tsuite …について/關於
above *adv.*, *prep.* … no ue ni … の上に/在…之上;…yori ue ni … より上に/超過;…以上,…以外
abroad *adv.* (foreign country) gaikoku ni 外国に/在國外,國外;(overseas) kaigai ni 海外に/在海外,國外
abrupt *adj.* totsuzen no 突然の/突然的,猝然的;kyū na 急な/急忙,急轉的
absent *adj.* kesseki no [shite iru] 欠席の[している]/缺席
absent-minded bon'yari shite ぼんやりして/茫然,恍惚,發獃
absolute *adj.* (positive) zettai no 絶対の/絕對的;(perfect) kanzen na 完全な/完全的,無缺的
absorbent cotton *n.* dasshimen 脱脂綿/脱脂綿
accelerator *n.* akuseru アクセル/催化劑;(顯像)加速劑;加速

器

accept *v.* (receive) ukeru 受ける/接受,承受;(agree) shōdaku suru 承諾する/答應,應允,同意

access *n.* (means of approach) chikazuku hōhō [shudan]近づく方法[手段]/接近的方法;(right to enter or use) hairu [riyō suru] kenri はいる[利用する]権利/進入(利用的)權利

accessory *n.* fuzoku-hin 付属品/附屬品; akusesarī アクセサリー/附屬品

accident *n.* (unexpected or unlucky event) jiko 事故/事故; sainan 災難/災難

car accident jidōsha jiko 自動車事故/汽車事故

accommodate *v.* (adapt) tekiō saseru 適応させる/使適應; (harmonize) chōwa saseru 調和させる/調和,和諧

accompany *v.* (go along with) … to issho ni iku といっしょに行く/一起去;(co-exist with) fuzui suru 付随する/伴隨,陪同

accomplish *v.* (carry out) shitogeru しとげる/做完;(fulfill) kansei suru 完成する/完成

accord *v.* (be consistent) itchi suru 一致する/使一致;(give) ataeru 与える/給予;(grant) yurusu 許す/同意,准許

according *adj.*

according to … ni yoru to … によると/根據,按照;… ni yoreba … によれば;… ni shitagatte … に従って/根據;隨着,隨之

accordingly *adv.* shitagatte 従って/因此;dakara だから/因此,所以

account *v.* (consider) to omou と思う/認爲,看作;(explain) setsumei suru 説明する/解釋,説明;(count) kanjō suru 勘定する/算帳,結帳 ——*n.* (calculation) keisan 計算/計算,算帳;(business record) kanjō 勘定/帳目;户頭;yokin kōza 預金口座/存款户頭;(reason) riyū 理由/理由

accountant *n.* kaikei-gakari 会計係/會計師

accumulate *v.* (pile up) chikuseki suru 蓄積する/積蓄,積累; (heap up) tsumi-ageru 積み上げる/堆起來,堆積

accurate *adj.* seikaku na 正確な/準確的,精確的

accuse *v.* … o hinan suru … を非難する/責怪,非難;semeru せめる/責備,指責

accustom *v.* narasu 慣らす/使習慣

be accustomed to … ni nareru に慣れる/習慣於

ache *v.* (pain) itamu 痛む/疼痛,痛苦 ——*n.* itami 痛み/疼痛,悲痛

achieve *v.* (accomplish) yaritogeru やりとげる/完成;(attain)

mokuteki o tassuru 目的を達する/達到目的,得到勝利
acid *n.* san 酸/酸,酸味物 ——*adj.* sui すい/酸的;suppai すっぱい/酸味的,酸的
acknowledge *v.* (admit) mitomeru 認める/承認;(appreciate) kansha suru 感謝する/感謝
acquaint *v.* (let know) shiraseru 知らせる/通知,告知;(make familiar) seitsū saseru 精通させる/使精通,使瞭解;
be acquainted with … o shitte iru … を知っている/知道,瞭解,認識
acquire *v.* (gain) uru 得る/取得,獲得;te ni ireru 手に入れる/得到,到手;(learn) narau 習う/學習
across *adv.* (on the other side of)…no mukōgawa ni … の向こう側に/在…另一邊—— *prep.* yokogitte 横切って/横穿,穿過
act *v.* (behave) furumau ふるまう/行動,動作;okonau 行なう/進行,辦—— *n.* (deed) kōi 行為/行爲(major division of a play) (geki no) maku (劇の)幕/(戲)幕
action *n.* (doing) hataraki はたらき/作用;(activity) katsudō 活動/活動,行動
active *adj.* katsudō-teki na 活動的な/活動的,積極的
actor *n.* haiyū 俳優/演員;dan'yū 男優/男演員
actress *n.* joyū 女優/女演員
actual *adj.* genjitsu no 現実の/現實的,實際的
acute *adj.* (sharp) surudoi 鋭い/尖利的,尖鋭的;(*of disease*) kyūsei no 急性の/(醫)急性的
adapt *v.* (adjust to) tekiō saseru 適応させる/使適應;(modify) shūsei suru 修正する/修正,改正
add *v.* kuwaeru 加える/加,添加,増加;tasu たす/加,補足
addition *n.* tashizan たし算/加法;
in addition to … ni kuwaete … に加えて/加之,加以
address *n.* jūsho 住所/住址;所在地;atena 宛名/地址;shozaichi 所在地/(機關)地址
addressee *n.* jushin-nin 受信人/收信人
addresser *n.* hasshin-nin 発信人/發信人
adequate *adj.* tekitō na 適当な/適當的;jūbun na じゅうぶんな/充分的,足夠的
adhere *v.* kuttsuku くっつく/粘上,附着;nebaritsuku ねばりつく/黏,黏上
adhesive plaster *n.* bansōkō ばんそうこう/橡皮膏
adjective *n.* keiyō-shi 形容詞/形容詞
adjust *v.* (arrange) totonoeru 整える/整理,整頓;(put in order) seiri suru 整理する/整理

administration *n.* (government) gyōsei 行政/行政;(management) keiei 経営/經營;kanri 管理/管理
admiral *n.* kaigun-taishō 海軍大将/海軍上將;shireichōkan 司令長官/司令官,司令長官
admire *v.* kanshin suru 感心する/欽佩;homeru ほめる/表揚,讚揚
admission *n.* nyūjō 入場/入場
admission fee nyūjō-ryō 入場料/入場費
admission free nyūjō muryō 入場無料/免費入場
admission ticket nyūjō-ken 入場券/入場券
admit *v.* (let in) ireru 入れる/請入;(accept) mitomeru 認める/接納;(confess) barasu ばらす/坦白;洩露,揭穿;(allow) yurusu 許す/容許,允許
adolescence *n.* seinen-ki 青年期/青年期;seishun 青春/青春
adopt *v.* saiyō suru 採用する/採用
adopted child yōshi 養子/養子,義子
adore *v.* akogareru あこがれる/崇拜;憧憬
adult *n.* otona おとな/大人;seijin 成人/成人,成年人
advance *n.*,*v.* (move forward) zenshin (suru) 前進(する)/前進;susumu 進む/前進,進展;(progress) shimpo (suru) 進歩(する)/上進,進步;(payment beforehand) sakibarai (suru) 先払い(する)/預付
in advance of … yori mo susunde よりも進んで/超過;yorimo mae ni よりも前に/在…前面
advantage *n.* (superiority) yūri 有利/有利;(benefit) rieki 利益/利益
take advantage of … o riyō suru …を利用する/利用(某事、某物)
adventure *n.* (risk) bōken 冒険/冒險;adobenchā アドベンチャー/冒險活動;(danger) kiken 危険/危險
adversary *n.* (enemy) teki 敵/敵人,敵手;(opponent) aite 相手/對方,對手
adverse *adj.* (opposed) hantai no 反対の/相反的;(unfavorable) furi na 不利な/不利的,有害的
advertise *v.* kōkoku suru 広告する/爲…做廣告
advertisement *n.* kōkoku 広告/廣告
advice *n.* (counsel) chūkoku 忠告/忠告;(news) shirase 知らせ/勸告;通知
advise *v.* (give advice to) chūkoku suru 忠告する/忠告;(inform) shiraseru 知らせる/勸告;通知,告知
affair *n.* (matter) jiken 事件/事件;(things) mono 物/物,物品,東西

affect *v.* (influence) eikyō suru 影響する/影響;(move) kandō saseru 感動させる/使感動

affection *n.* (love) aijō 愛情/愛情;(influence) eikyō 影響/影響,感化

affirm *v.* (assert) dangen suru 断言する/斷言;(confirm) kakunin suru 確認する/確認,證實;(say "yes") kōtei suru 肯定する/肯定

afflict *v.* (torment) kurushimeru 苦しめる/使苦惱;(distress) nayamaseru 悩ませる/使煩惱

afford *v.* (give) ataeru 与える/給,給予 (*negative*) … o kau [motsu] yoyū ga aru … を買う[持つ]余裕がある/負擔得起,買得起;(supply) kyōkyū suru 供給する/提供,供給

afraid *adj.* (in fear) osorete 恐れて/害怕;kowai こわい/可怕;(apprehensive) shimpai shite 心配して/擔心,恐怕

after *prep.* (behind) … no ato ni … の後に/(時間)在…之後 ——*conj.* (later) nochi ni 後に/(地點)在…後面

after all kekkyoku 結局/畢竟,到底

afternoon *n.* gogo 午後/下午

afterward(s) *adv.* (later) ato de 後で/其後,然後;(subsequently) tsugi ni 次に/後來,以後

again *adv.* (once more) mata また/又,再;futatabi ふたたび/再次;mō ichido もう一度/再一次,又一次

against *prep.* … ni hantai shite … に反対して/反對,與…相反;ni mukatte に向かって/對,對着;…ni motarete …にもたれて/倚,憑

age *n.* (years) nenrei 年齢/年齡;(period) jidai 時代/時代

agent *n.* dairi-nin[-ten] 代理人[店]/代理人,代理店

aggressive *adj.* kōgeki-teki na 攻撃的な/侵略的,進擊的,尋釁的

agitate *v.* (disturb) dōyō saseru 動揺させる/使動搖;(excite) kōfun saseru 興奮させる/使激動不安

ago *adv.* izen ni 以前に/以前;mae ni 前に/(時間)在…之前

10 ***years ago*** jū-nen mae 10年前/十年前

agony *n.* (great suffering) hageshii kurushimi はげしい苦しみ/極度痛苦

agree *v.* (consent) sansei suru 賛成する/贊成;(be in accord) itchi suru 一致する/(性情)投合;(意見)一致

agriculture *n.* nōgyō 農業/農業

ahead *adv.* (before) mae ni 前に/前面;(in front of) zempō ni 前方に/在前方;(forward) mae e 前へ/向前

aid *v.* tasukeru 助ける/幫助;enjo suru 援助する/援助 ——*n.* enjo 援助/援助;tetsudai 手伝い/幫忙

aim *v.* mezasu めざす/目的在於;nerau ねらう/瞄準,針對——*n.* (purpose) mokuteki 目的/目的

air *n.* (atmosphere) kūki 空気/空氣;(sky) sora 空/天空;(manner) yōsu 様子/樣子,態度,風度

airplane *n.* hikōki 飛行機/飛機;kōkūki 航空機/飛機

airport *n.* kūkō 空港/機場,空港

alarm *n.* (warning of danger) keihō 警報/警報;(surprise) odoroki おどろき/驚訝,驚恐 —— *v.* (surprise) bikkuri saseru びっくりさせる/使吃驚,使嚇一跳;odorokasu おどろかす/使吃驚,驚動

alarm clock mezamashi-dokei 目覚時計/鬧鐘

album *n.* arubamu アルバム/影集,像册

alcohol *n.* arukōru アルコール/酒精,乙醇

ale *n.* bīru ビール/淡色啤酒

alert *adj.* (watchful) chūi-bukai 注意深い/警惕的;(vigilant) yudan no nai ゆだんのない/不馬虎的;nukeme no nai 抜目のない/没差錯,没遺漏

alien *adj.* (foreign) gaikoku(-jin) no 外国(人)の/外國(人)的 ——*n.* (foreigner) gaikoku-jin 外国人/外國人

alien registration booklet gaikoku-jin tōroku shōmeisho 外国人登録証明書/外國人户口登記證明

all *adj.* subete no すべての/所有的,一切的;zembu no ぜんぶの/全部的—— *pron.* minna みんな/都;zembu ぜんぶ/全部

all at once totsuzen 突然/突然

allergic *adj.* arerugī-sei no アレルギー性の/過敏性的

alley *n.* (narrow passage) komichi 小道/小道,小徑;roji 路地/甬道;小胡同;(back lane) ura-dōri 裏通り/後面的小道

alliance *n.* dōmei 同盟/同盟

alligator *n.* wani (-gawa) わに(皮)/鰐魚(皮)

allot *v.* (assign) wariateru 割りあてる/分攤,分派;(distribute) bumpai suru 分配する/分配,配給

allow *v.* (permit) yurusu 許す/允許;kyoka suru 許可する/許可;(admit) mitomeru 認める/承認,認可;(give) ataeru 与える/給,給予

allowance *n.* (permission) kyoka 許可/許可;(grant) kyūyo 給与/給予,供給,供應

allusion *n.* (hint) anji 暗示/暗示;(indirect mention) honomekashi ほのめかし/微微表示;(meaningful mention) atetsuke あてつけ/指桑罵槐

ally *v.* (unite) dōmei suru 同盟する/結盟,聯姻——*n.* (allied state) dōmei-koku 同盟国/同盟國,盟國

almanac *n.* (calendar) koyomi 暦/年曆,曆書;(annual publication) nenkan 年鑑/年鑑

almighty *adj.* zen'nō no 全能の/全能的

almost *adv.* hotondo ほとんど/幾乎,差不多;taitei たいてい/大體上

alone *adj.*,*adv.* tada hitori (de) ただひとり(で)/單獨,獨自;hitori dake ひとりだけ/只一個人

along *prep.* (by the length) …ni sotte …に沿って/沿着 ——*adv.* (in company) issho ni いっしょに/一起,一道

alongside *adv.*,*prep.* …no katawara ni …のかたわらに/在…旁邊;ni yokozuke ni …に横づけに/横靠

aloud *adv.* (loudly) ō-goe de 大声で/大聲;koe o dashite 声を出して/出聲

already *adv.* sude ni すでに/已經;mō もう/已經

also *adv.* (too) …mo mata …もまた/還有,再者;(besides) nao なお/尚,尚且;katsu かつ /而且,且有

alter *v.* kaeru 変える/改變,變動;henkō suru 変更する/變更

alternate *adj.* (occuring by turns) kōgo no 交互の/互相的,交替的;(every other) hitotsu oki no ひとつおきの/每隔一個 ——*v.* (perform by turns) kōtai ni suru 交代にする/交替,輪流

alternative *adj.* dochira ka ippō no どちらか一方の/二者擇一

although *conj.* dakeredomo だけれども/儘管;dewa aruga ではあるが/雖然

altitude *n.* (vertical height) takasa 高さ/高度;(height above sea-level) kaibatsu 海抜/海拔

altogether *adv.* (wholly) mattaku まったく/完全,全然;(completely) kanzen ni 完全に/完全地;(totally) sukkari すっかり/完全地,徹底地;(on the whole) zentai to shite 全体として/全體

always *adv.* tsune ni 常に/經常;itsumo いつも/一直,總是

a.m. gozen 午前/上午;cf. p.m. gogo 午後/下午

amateur *n.* shirōto しろうと/業餘愛好者;外行;amachua アマチュア/業餘活動者

amaze *v.* bikkuri saseru びっくりさせる/使吃驚;odorokasu 驚かす/使吃驚,使嚇一跳

ambassador *n.* taishi 大使/大使

ambition *n.* (aspiration) yashin 野心/野心;taimō 大望/抱負

ambulance *n.* kyūkyū-sha 救急車/急救車,救護車

amend *v.* (change for the better) aratameru 改める/改正;(correct) teisei suru 訂正する/訂正

America *n.* (the U.S.A.) Amerika-gasshūkoku アメリカ合衆国/美利堅合衆國;Beikoku 米国/美國

American *n.* ,*adj.* Amerika-jin[no] アメリカ人[の]/美國人,美國的;Beikoku-jin [no] 米国人[の]/美國人,美國的;(American English) Amerika-eigo アメリカ英語/美國英語;Beigo 米語/(俗)美語
amid *prep.* (in the middle of) …no mannaka ni[de] …のまん中に[で]/在…當中
among *prep.* (in the middle of) … no naka ni[de]…の中に[で]/在…中;(between) …no aida ni …の間に/在…之間
amount *v.* (add up to) sōgaku [sōkei] …ni naru 総額[総計]…になる/合計,總計達 ——*n.* (sum total) sōkei 総計/總計;gōkei 合計/合計;(quantity) ryō 量/數量
ample *adj.* (spacious) hiroi 広い/寬廣的;(quite enough) jūbun na 十分な/充分的,足夠的
amuse *v.* (entertain) tanoshimaseru 楽しませる/使快樂;omoshirogaraseru 面白がらせる/使感到有趣;(divert) nagusameru なぐさめる/快慰,使愉快
amusement *n.* (delight) tanoshimi 楽しみ/快樂;yorokobi 喜び/喜悦;(diversion) goraku 娯楽/娛樂
analyze *v.* bunkai suru 分解する/分解;bunseki suru 分析する/分析
ancestor *n.* senzo 先祖/始祖;sosen 祖先/祖先,先人
anchor *n.* ,*v.* ikari (o orosu) 錨(をおろす)/拋錨
ancient *adj.* mukashi no 昔の/古代的,從前的;kodai no 古代の/古代的
and *conj.* soshite そして/又;to と/和,與
angel *n.* tenshi 天使/天使;enzeru エンゼル/天使,守護神
anger *n.* ikari 怒り/怒氣——*v.* okoraseru 怒らせる/使發怒,使生氣
angle[1]*n.* (corner) kado 角/角,外角;sumi 隅/角落;(standpoint) kenchi 見地/見地,觀點
angle[2]*v.* (fish) sakana o tsuru 魚を釣る/釣魚
angler tsuri-bito 釣人/釣魚人
angry *adj.* okotta 怒った;/發怒的;hara o tateta 腹を立てた/生氣的;
angrily okotte 怒って/發怒地,怒氣衝衝地
animal *n.* dōbutsu 動物/動物;kedamono けだもの/獸類
ankle *n.* ashi-kubi 足首/踝;kurubushi くるぶし/踝節部
annex *n.* bekkan 別館/(在主建築物旁建的)配樓,(大使館)分館;shinkan 新館/(新建、增建的)大樓,新館
anniversary *n.* kinen-bi 記念日/紀念日;kinen-sai 記念祭/紀念節
announce *v.* (inform) shiraseru 知らせる/通知;(publish) hap-

pyō suru 発表する/發表
annoy *v.* (trouble) komaraseru 困らせる/使爲難；nayamaseru 悩ませる/使煩惱；ira-ira saseru イライラさせる/使焦慮不安
annual *adj.* (reckoned by the year) ichi-nen no 一年の/一年的；(recurring yearly) mainen no 毎年の/毎年的——*n.* (year book) nenkan 年鑑/年鑑
another *adj.*, *pron.* (one more) mō hitotsu no もう一つの/再一個，另一個；(different) betsu no 別の/別的；(some other) hoka no 外の/另外的
one another tagai ni 互いに/互相；
one after another zoku-zoku to 続々と/一個接一個地
answer *n.* (reply) kotae 答/回答；henji 返事/覆信，答覆——*v.* kotaeru 答える/回答；henji o suru 返事をする/答覆
ant *n.* ari あり/蟻，螞蟻
antarctic *adj.* (cf. arctic) nankyoku no 南極の/南極的——*n.* (the A-) nankyoku 南極/南極
anticipate *v.* (expect) yoki suru 予期する/預期
antique *adj.* kodai no 古代の/古代的；mukashi no 昔の/古代的，從前的——*n.* kottō-hin 骨とう品/古董，古玩
antonym *n.* (cf. synonym) han'igo 反意語/反義詞，對義詞
anxious *adj.* (troubled in mind) shimpai na 心配な/擔心的；(earnestly desirous) setsubō shite 切望して/渴望的；tsuyoku nozomu 強く望む/急切希望
any *adj.*, *pron.* (interrogative sentence) nani ka なにか/一些；dare ka だれか/有人；ikura ka いくらか/有些；(negative sentence) nani mo なにも/任何東西；dare mo だれも/任何人；sukoshi mo 少しも/一點都；(affirmative sentence) (whatever) nan demo なんでも/甚麼都；(whichever) dore demo どれでも/無論哪一個都；(every) dare demo だれでも/誰都；minna みんな/都——*adv.* sukoshi wa 少しは/稍微；sukoshi demo 少しでも/一點也；sukoshi mo 少しも/絲毫
anybody *pron.* dare ka だれか/任何人；dare demo だれでも/任何人都
anyhow *adv.* (nevertheless) tonikaku とにかく/不拘怎樣，總之；(by any means) dōshite mo どうしても/無論如何；zehi tomo ぜひとも/一定
anyone *pron.* dare demo だれでも/無論是誰；dare ka だれか/任何人
anything *pron.* (*interrogative*) nani ka なにか/某些事(物)；(*negative*) nani mo なにも/任何事(物)；(*affirmative*) nan demo なんでも/甚麼都 ——*adv.* sukoshi wa 少しは/一點

兒；sukoshi demo 少しでも/一點都；(*negative*) sukoshi mo 少しも/一點也

anyway *adv.* (at all events) tonikaku とにかく/總之；(by all means) dōshite mo どうしても/無論如何

anywhere *adv.* doko demo どこでも/任何地方；dokoka e[ni] どこかへ[に]/無論到哪裏；(*negative*) doko nimo どこにも/無論在哪裏

apart *adv.* (remote from) hanarete 離れて/相距；(separately) betsu-betsu ni 別々に/分別

apartment *n.* (room) heya 部屋/房間；apāto アパート/公寓 ***apartment house*** manshon マンション/高級公寓

ape *n.* (monkey) saru 猿/猴

apiece *adv.* hitotsu-zutsu 一つずつ/每一個東西；hitori zutsu 一人ずつ/每一個人；mei-mei ni めいめいに/各自

apologize *v.* ayamaru あやまる/道歉；shazai suru 謝罪する/謝罪

apology *n.* (acknowledgement) shazai 謝罪/謝罪；(explanation) benkai 弁解/辯解

apparatus *n.* sōchi 装置/裝置；kigu 器具/器具

apparel *n.* (clothing) ifuku 衣服/衣服 ——*v.* (dress) kiseru 着せる/穿上

apparent *adj.* (obvious) akiraka na 明らかな/明確的；(plain) meiryō na 明瞭な/明瞭的

appeal *v.* (have recourse to) uttaeru 訴える/呼籲；(request) yōkyū suru 要求する/要求；(be attractive) kyōmi o sosoru 興味をそそる/有吸引力

appear *v.* (be visible) mieru 見える/看得見；(come out) arawareru 現われる/顯露；(seem) rashii らしい/看來好像

appearance *n.* (occurrence) shutsugen 出現/出現；(semblance) gaiken 外見/外貌，外觀

appendicitis *n.* mōchō-en 盲腸炎/闌尾炎，(俗)盲腸炎

appendix *n.* (supplement) furoku 付録/附錄；tsuika 追加/追加；(*anat.*) mōchō 盲腸/盲腸

appetite *n.* shokuyoku 食欲/食慾

applaud *v.* hakushu suru 拍手する/鼓掌

apple *n.* ringo リンゴ/蘋果

applicant *n.* (candidate) shigan-sha 志願者/志願者，志願人員

application *n.* (request) mōshikomi(-sho) 申し込み(書)/申請(書)；shigan 志願/志願；tekiyō 適用/適用；ōyō 応用/應用

apply *v.* (practice) tekiyō suru 適用する/適用；ōyo suru 応用する/應用，運用；(make request) yōkyū suru 要求する/要求；(use) mochiiru 用いる/用，使用

appoint *v.* (fix) shitei suru 指定する/指定;sadameru 定める/規定
appointment *n.* (engagement) yakusoku 約束/約定,約會;(assignment) shitei 指定/指定
appreciate *v.* (judge correctly) tadashiku handan suru 正しく判断する/正確評價;(value) hyōka suru 評価する/評價;(be grateful for) kansha suru 感謝する/感謝;(enjoy) ajiwau 味わう/欣賞;kanshō suru 鑑賞する/鑒賞
apprehend *v.* (arrest) tsukamaeru つかまえる/領悟;(understand) rikai suru 理解する/理解;(dread) shimpai suru 心配する/擔心,掛念
approach *v.*, *n.* chikazuku (koto) 近づく(こと)/靠近;sekkin (suru) 接近(する)/接近
appropriate *v.* (take possession of) sen'yū suru 占有する/佔有;(make one's own) jibun no mono ni suru 自分のものにする/據爲己有——*adj.* (fit) tekitō na 適当な/適當的
approval *n.* kyoka 許可/許可;shōnin 承認/批准,認可;sansei 賛成/贊成
approve *v.* (consent) sansei suru 賛成する/贊成;(think well of) mitomeru 認める/承認
approximate *adj.* (be similar to) daitai no 大体の/大概的;(nearly exact) gaisan no 概算の/概算的,近似的
April *n.* shi-gatsu 四月/四月
apron *n.* epuron エプロン/圍裙;maekake 前掛け/擋板
apt *adj.* (likely to) …shigachi na …しがちな/易於…的,有…傾向的;(suitable) tekitō na 適当な/適當的
arc *n.* ko 弧/弧;yumi-gata 弓形/弧形,弓形
arch *n.* āchi アーチ/拱,拱形,拱門——*adj.* yumi-gata no 弓形の/弧形的,弓形的
architect *n.* kenchiku-ka 建築家/建築家;sekkei-sha 設計者/設計師
architecture *n.* kenchiku 建築/建築
arctic *adj.* (cf. antarctic) hokkyoku no 北極の/北極的——*n.* (the A-) hokkyoku 北極/北極
area *n.* (space) menseki 面積/面積;(region) chiiki 地域/地域,區域
argue *v.* (discuss) giron suru 議論する/議論;(prove) shōmei suru 証明する/證明;(persuade) tokifuseru 説き伏せる/説服,駁倒
aristocrat *n.* kizoku(no ichi-in) 貴族(の一員)/貴族(的一員)
arithmetic *n.* sansū 算数/計數;keisan 計算/計算
arm *n.* ude 腕/手臂;*pl.* (weapon) buki 武器/武器

armament *n.* gumbi 軍備/軍備
armistice *n.* kyūsen 休戦/休戰
armor *n.* yoroi よろい/盔甲
army *n.* rikugun 陸軍/陸軍;guntai 軍隊/軍隊
around *adv.*, *prep.* (round about) mawari ni [no] まわりに[の]/圍繞着(周圍的);(on every side) shihō ni 四方に/在…周圍;(all round) gururi to [ni] ぐるりと[に]/旋轉的樣子;(about) yaku 約/大約;daitai 大体/大體上
all around itaru-tokoro ni いたる所に/處處,到處
arrest *v.* (seize) taiho suru 逮捕する/逮捕;(stop) tomeru 止める/停下
arrival *n.* tōchaku 到着/到達;(appearance) shutsugen 出現/出現;tōjō 登場/登場,登臺
arrive *v.* tōchaku suru 到着する/抵達;tsuku 着く/到達
arrow *n.* ya 矢/箭;(direction sign) ya-jirushi 矢印/箭頭符號
art *n.* geijutsu 芸術/藝術;bijutsu 美術/美術;(craft) gijutsu 技術/技術
article *n.* (thing) shinamono 品物/物品;(*newspaper*) kiji 記事/報,刊;(*gram.*) kanshi 冠詞/冠詞
artificial *adj.* jinkō no 人工の/人工的,人造的;mozō no 模造の/仿造的
as *conj.* (because) …dakara …だから/因爲;…nanode…なので/因爲;(when, while) …no toki wa …の時は/當…之時;…nagara …ながら/一如…;no yō ni …のように/像…一樣 —— *prep.* …toshite …として/作爲,當作…看 —— *adv.* onaji kurai ni 同じ位に/大致相同
as …as possible dekiru dake …suru できるだけ …する/盡可能
as far as (***…be concerned***) …ni kansuru kagiri wa …に関する限りは/(表程度範圍)就…,盡…,至於…
as for [***to***] …ni kanshite wa …に関しては/有關
as if marude …no yō ni まるで …のように/猶如,宛如
as it were iwaba いわば/所謂;chōdo ちょうど/正好;好像
as much dōryō no 同量の/同量的
as regards …ni tsuite …について/有關;…ni kanshite …に関して/關於
as soon as …to dōji ni …と同時に/與…同時
as yet mada まだ/尚,還;ima no tokoro wa 今のところは/至今還
ascend *v.* (go up) agaru 上がる/向上,往上;(climb) noboru 登る/攀登
ascent *n.* (upward path) nobori-zaka 登り坂/上坂;(upward

movement) jōshō 上昇/上升
ash *n.* hai 灰/灰
ashtray hai-zara 灰皿/煙灰缸
ashamed *adj.* haji te 恥じて/羞愧
be ashamed of … o hazukashii to omou …を恥ずかしいと思う/以…爲恥
ashore *adv.* (on land) rikujō ni 陸上に/在陸上;(to shore) kishi ni 岸に/在岸上;umibe ni 海辺に/在海邊
go ashore jōriku suru 上陸する/登陸
Asia *n.* Ajia アジア/亞洲
aside *adv.* (to or on one side) soba e [ni] そばへ[に]/往旁邊去;(apart from) hanarete 離れて/離開
ask *v.* (inquire) shitsumon suru 質問する/問,詢問;tazuneru たずねる/問,詢問;(request) tanomu 頼む/拜託;(beg) onegai suru お願いする/請求;(require) motomeru 求める/要求;(invite) shōtai suru 招待する/邀請
asleep *adv.*, *adj.* (in sleep) nemutte (iru) 眠って(いる)/睡(着)
aspiration *n.* taimō;netsubō 大望,熱望/熱切希望
aspire *v.* netsubō suru 熱望する/熱望;tsuyoku nozomu 強く望む/渴望
ass *n.* (donkey) roba ろば/驢;(fool) baka ばか/傻人
assemble *v.* (gather) atsumeru 集める/集中,調集;(come together) atsumaru 集まる/集合;(put together) kumitateru 組み立てる/裝配
assembly *n.* (meeting) shūkai 集会/集會;kaigi 会議/會議
assent *v.* (agree) dōi suru 同意する/同意;(consent) sansei suru 賛成する/贊成
assert *v.* (maintain) shuchō suru 主張する/主張;(declare) dangen suru 断言する/斷言
assist *v.* (help) tetsudau 手伝う/幫忙;enjo suru 援助する/援助;(aid) tasukeru 助ける/幫助
assistant *n.* joshu /助手;ashisutanto アシスタント/助手
associate *v.* (combine) kumiawaseru 組み合わせる/編組好的,組合,搭配;(join) nakama ni suru 仲間にする/加入後成爲朋友;(participate in) sanka suru 参加する/參加;(keep company) kōsai suru 交際する/交際 ——*n.* (partner) kumiai-in 組合員/工會會員;(colleague) dōryō 同僚/合夥人,同事;(companion) nakama 仲間/朋友,同事
association *n.* (union) kumiai 組合/工會;(society) kyōkai 協会/協會;(fellowship) kōsai 交際/交際
assorted *adj.* (classified) kumiawaseta 組み合わせた/編組好

的，搭配好的；iro-iro na 色々な/各種各様的
assume *v.* (undertake) hikiukeru 引き受ける/承擔，保證；(take for granted) katei suru 仮定する/假定
assurance *n.* (positive assertion) hoshō 保証/保證；(self-confidence) jishin 自信/自信
life assurance seimei hoken 生命保険/人壽保險
assure *v.* (insure) hoshō suru 保証する/保證；(make sure) tashikameru 確かめる/弄清，查明；(state positively) dangen suru 断言する/斷言，斷定
astonish *v.* odorokaseru 驚かせる/使吃驚；bikkuri saseru びっくりさせる/使吃驚
be astonished at bikkuri suru びっくりする/吃一驚
astonishment *n.* odoroki 驚き/驚奇，驚愕
astronaut *n.* uchū-hikōshi 宇宙飛行士/宇宙飛行員
astronomer *n.* temmongaku-sha 天文学者/天文學家
astronomy *n.* temmon-gaku 天文学/天文學
at *prep.* …ni に/(表時、空)在；…ni oite … において/在…方面；… de …で/(表空間、狀態)在；(表手段、價格、速度)以；(表因、由)因
at first saisho wa 最初は/最初
at home uchi ni iru うちにいる/在家裏
at last tsui ni ついに/終於；tō tō とうとう/終於
at random detarame ni でたらめに/胡亂地，荒唐地；teatarishidai ni 手当り次第に/順手摸着就…，遇到甚麼就…
athlete *n.* kyōgi-sha 競技者/參賽選手；senshu 選手/選手；undōka 運動家/體育運動家 ——*adj.* undō kyōgi no 運動競技の/運動競技的
Atlantic *adj.* Taiseiyō no 大西洋の/大西洋的 ——*n.* (the Atlantic Ocean) Taiseiyō 大西洋 /大西洋
atlas *n.* chizu-chō 地図帳/地圖集，地圖紙
atmosphere *n.* (air) kūki 空気/空氣；taiki 大気/大氣；(environment) fun'iki 雰囲気/氣氛；kankyō 環境/環境
atom *n.* genshi 原子/原子
atomic bomb *n.* genshi bakudan 原子爆弾/原子彈
attach *v.* (fasten) (tori) tsukeru (とり)付ける/繫，貼；tsuku つく/附上，貼上；(seize) tsukamaeru つかまえる/逮捕，拘留
attached to fuzoku no 付属の/愛上，依戀；隸屬於
attachment *n.* (attaching) fuzoku-hin 付属品/附屬品；(affection) aijō 愛情/愛情，依戀
attack *v.* (assail) kōgeki suru 攻撃する/攻擊；semeru 攻める/攻擊，抨擊
be attacked by a disease byōki ni kakaru 病気にかかる/爲…

所侵襲，生病 ——*n.* kōgeki 攻撃/攻擊，打擊；(fit of illness) (byōki no) hossa (病気の)発作/(病情)發作，發病

attain *v.* (achieve) yaritogeru やり遂げる/達到目的，遂願；(gain) uru 得る/獲得；(reach) tassuru 達する/達到

attempt *v.* (try) tamesu 試す/試，試驗；kokoromiru 試みる/試，企圖；yattemiru やってみる/試試看 ——*n.* kokoromi 試み/試圖，企圖

attend *v.* (be present at) …ni shusseki suru …に出席する/出席；(go to) kayou 通う/到，參加；(escort) tsukisou 付き添う/護送；(accompany) dōhan suru 同伴する/陪，伴隨；(care for) sewa o suru 世話をする/照顧，關照；(listen) kiku 聴く/傾聽；(pay attention) chūi suru 注意する/注意

attendant *adj.* (waiting upon) tsukisoi no 付き添いの/從者，侍候者；(present) resseki no 列席の/列席的 ——*n.* (follower) tsukisoi-nin 付添い人/侍從；(attendant) shusseki-sha 出席者/出席人；(gasorin-sutando no) jūgyōin (ガソリンスタンドの)従業員/服務員，工作人員

attention *n.* (notice) chūi 注意/注意；(consideration) hairyo 配慮/照料；kokoro-zukai 心づかい/留心，留意；(care) sewa 世話/照顧

pay attention to …ni chūi o harau …に注意を払う/對…加以注意

attic *n.* yaneura-beya 屋根裏部屋/屋頂下的房間，頂樓

attire *n.* ifuku 衣服/衣服；fukusō 服装/服裝 ——*v.* yoso'ou 装う/穿，穿着；kikazaru 着飾る/打扮

attitude *n.* (manner) taido 態度/態度；(posture) shisei 姿勢/姿勢

attorney *n.* (lawyer) bengo-shi 弁護士/律師；(agent) dairi-nin 代理人/代理人

attract *v.* (draw to oneself) hiku 引く/引起；hikitsukeru 引き付ける/吸引；(charm) miwaku suru 魅惑する/吸引

attraction *n.* (allurement) hikitsukeru koto 引き付けること/吸引物；(attracting power) inryoku 引力/引力，吸引力；(charm) miryoku 魅力/魅力；(feature) yobimono 呼び物/惹眼之物，精彩節目

attribute *v.* (put down to) …no kekka de aru …の結果である/歸因於；…no sei ni suru …のせいにする/歸咎於 ——*n.* (characteristic quality) tokushitsu 特質/特徵；(symbol) shōchō 象徴/象徵

auction *n.* kyōbai 競売/拍賣；seri-uri せり売り/拍賣

audible *adj.* (yoku) kikoeru (よく)聞こえる/可聽性，聽得清楚

audience *n.* chōshū 聴衆/聽衆；kankyaku 観客/觀衆

aunt *n.* oba おば/伯母,嬸母,姑母,舅母,姨母
author *n.* chosha 著者/作者;sakka 作家/作家
authority *n.* ken'i 権威/權威;ōsoritī オーソリティー/權威
authorize *v.* (sanction) ninka suru 認可する/認可;(justify) seitō to mitomeru 正当と認める/批准;(give authority to) kengen o ataeru 権限を与える/授權
authorized *adj.* kentei-zumino 検定済みの/核准的,審定的;kōnin no 公認の/公認的
autobiography *n.* jijoden 自叙伝/自傳
automatic *a.* jidō no 自動の/自動的;ōtomachikku オートマチック/自動(化)
automobile *n.* jidōsha 自動車/(美)汽車
autumn *n.* aki 秋/秋天
avail *v.* (profit by) riyō suru 利用する/有用,有益於;(be of use) yaku ni tatsu 役に立つ/有助於 ——*n.* (profit) rieki 利益/利益,益處
available *adj.* (usable) yaku ni tatsu 役に立つ/有助於,有益於;(obtainable) te ni irerareru 手に入れられる/可採用的
avenge *v.* fukushū suru 復しゅうする/復仇;kataki o utsu かたきを討つ/爲…雪恥
avenue *n.* (broad street) ō-dōri 大通り/大街;(treelined road) namiki-michi 並木道/林蔭道
average *n.* (medium) heikin 平均/平均 ——*adj.* heikin no 平均の/平均的;futsū no 普通の/普通的 ——*v.* heikin …de aru 平均…である/平均爲…
on the average heikin shite 平均して/平均
aviation *n.* hikō 飛行/飛行;kōkū 航空/航空
avoid *v.* (shun) sakeru 避ける/迴避;nogareru 逃れる/躲開
avoidable *adj.* sakerareru 避けられる/可避免的
await *v.* (wait for) matsu 待つ/等待;(expect) kitai suru 期待する/期待
awake *v.* (cease to sleep) mezameru 目覚める/醒來 ——*adj.* (not sleeping) nemuranai 眠らない/醒着的
award *n.* (prize) shō 賞/獎 —— *v.* (give after examination) (shinsa shite) ataeru (審査して)与える/授與,判歸
aware *adj.* (knowing) shitte 知って/知道的;(conscious) kizuite 気付いて/發覺,覺得;(informed) shōchi shite 承知して/曉得
be aware of …o shitte iru …を知っている/知道,瞭解;kizuite iru 気付いている/意識到,發覺
away *adv.* (at a distance from) hanarete 離れて/離開;(to a distance) tōku e 遠くへ/遠去;(to another place) achira e あ

ちらへ/到那邊

awe *n.* osore 恐れ/害怕,恐懼 ——*v.* osore saseru 恐れさせる/使害怕

awful *adj.* (dreadful) osoroshii 恐ろしい/可怕的;(fearful) kowai こわい/可怕的;(terrible) monosugoi ものすごい/厲害的;(sublime) sōgon na 荘厳な/莊嚴的,威嚴的;(*colloq.*) (considerable) hijō na 非常な/異常的

awfully *adv.* (terrible) osoroshiku 恐ろしく/慄然,肅然;(very) hidoku ひどく/非常,了不得

awkward *adj.* (clumsy) migurushii 見苦しい/不雅觀的;bukakkō na ぶかっこうな/不漂亮的;(unskilful) bukiyō na 無器用な/難使用的,不合身的;(hard to handle) yakkai na やっかいな/多餘的;(inconvenient) fuben na 不便な/使用不便的

axe;(美) **ax** *n.* ono おの/斧

axis *n.* jiku 軸/軸;jiku-sen 軸線/軸線

axle *n.* shimbō 心棒/(機械)心棒,心軸;jiku 軸/軸;shajiku 車軸/車軸

azalea *n.* tsutsuji つつじ/杜鵑花

B

baby *n.* akambō 赤ん坊/嬰兒;(*colloq.*) aka-chan 赤ちゃん/(俗)嬰兒

bachelor *n.* (otoko no) hitori-mono (男の)独り者/獨身男子;(dansei no) dokushin-sha (男性の)独身者/單身漢

back *n.* (rear) ushiro 後ろ/後面;(rear of the human body) se 背/背;senaka 背中/脊背;(behind) ura 裏/後部,裏面 ——*adj.* ushiro no 後ろの/後部的 ——*v.* modoru 戻る/折回,倒退;(move backward) kōtai suru 後退する/後退
back up (kuruma ga) bakku suru (車が)バックする/倒車;(support) shiji suru 支持する/支持,贍養 ——*adv.* ushiro e 後ろへ/後援

background *n.* haikei 背景/背景

backward *adv.* ushiro ni 後ろに/向後的;(reversed) gyaku ni 逆に/相反地 ——*adj.* (retarded) chie no okureta 知恵の遅れた/遲鈍,愚鈍的

bacteria *n.* baikin ばい菌/黴菌;bakuteria バクテリア/細菌

bad *adj.* warui 悪い/壞的;furyō no 不良の/不好的;kusatte iru 腐っている/腐敗的

badge *n.* kishō 記章/徽章;bajji バッジ/徽章;shirushi しるし/

標記

bag *n.* (sack) fukuro 袋/袋子;(satchel) kaban かばん/包;(hand-bag) hando-baggu ハンドバッグ/手提包

baggage *n.* te-nimotsu 手荷物/行李

bait *n.* (lure) esa えさ/餌;(temptation) yūwaku 誘惑/誘惑 ——*v.* esa o tsukeru [de tsuru] えさをつける[でつる]/裝餌於

bake *v.* yaku 焼く/烘,烤,燒,焙

baking powder bēkingu paudā ベーキングパウダー/發酵粉

bakery *n.* pan-ya パン屋/麵包房

balance *n.* (scales) hakari はかり/秤;(counterpoise) tsuriai 釣り合い/平衡;(account) sashihiki-zandaka 差引き残高/收支差額 ——*v.* (match) tsuriawasu 釣り合わす/相配,相競爭;(compare) hikaku suru 比較する/比較;(settle) kessan suru 決算する/決算

bald *adj.* hageta はげた/無毛的,光禿禿的

ball[1] *n.* bōru ボール/球; mari まり/球; tama 玉/珠子,球;(sphere) kyū 球/球

ball[2] *n.* (dance) butō-kai 舞踏会/舞會

ballad *n.* min'yō 民謡/民謠

balloon *n.* kikyū 気球/氣球;fūsen 風船/氣球飛船

ballot *n.*,*v.* tōhyō (suru) 投票(する)/投票

bamboo *n.* take 竹/竹

ban *n.*,*v.* kinshi (suru) 禁止(する)/禁止

band *n.* obi 帯/帶;himo ひも/繩;bando バンド/帶,帶狀物;(troop) tai 隊/隊,隊伍;(musical band) gakudan 楽団/樂團

bandage *n.*,*v.* hōtai (o suru) 包帯(をする)/(紮)綳帶

bang *n.*,*v.* don (to utsu) ドン(と打つ)/砰地(關門);zudon (to naru) ズドン(と鳴る)/轟(響)

banish *v.* tsuihō suru 追放する/放逐;oiharau 追い払う/消除

bank[1] *n.* (*establishment*) ginkō 銀行/銀行

bank[2] *n.* (*geographical*) dote 土手/土堤;teibō 堤防/堤防,壩;kishi 岸/岸

bankrupt *n.* hasan-sha 破産者/破產者 ——*adj.* hasan no 破産の/破了產的

banner *n.* (flag) hata 旗/旗,旗幟;(standard) gunki 軍旗/軍旗

banquet *n.*,*v.* enkai (o moyo'osu) 宴会(を催す)/(舉辦)宴會

bar *n.* (stick) bō 棒/棒,棍子;(place for servicing liquor) sakaba 酒場/酒吧;bā バー/酒吧;(美)酒鬼

barbarian *n.* yaban-jin 野蛮人/野蠻人 ——*adj.* yaban na 野蛮な/野蠻的

barber *n.* rihatsu-shi 理髪師/理髮師,理髮員;rihatsu-ten 理髪

店/理髮店
注:'床屋'是老話,已不用,現用理髮店。
bare *adj.* (naked) hadaka no 裸の/光身的;(empty) kara no 空の/空的
bargain *n.* (agreement) baibai keiyaku 売買契約/買賣契約,合同;(goods offered cheap) horidashi-mono 掘出し物/偶然買到的便宜貨;kakuyasu-hin 格安品/廉價物
bark *v.* (*of dog, etc.*) hoeru ほえる/狗叫,吠
barn *n.* naya 納屋/貯藏室;mono'oki 物置/庫房,倉庫
barometer *n.* seiu-kei 晴雨計/晴雨表
barrack *n.* (*army*) heisha 兵舎/兵營,營房;barakku バラック/臨時房
barrel *n.*,*v.* taru (ni tsumeru) 樽(に詰める)/(裝滿的)桶
barren *adj.* (unproductive) fumō no 不毛の/荒蕪的
barrier *n.* (fence) saku 柵/柵欄; bōheki 防壁/屏障; (hindrance) shōgai 障害/障礙
base *n.* (foundation) kiso 基礎/基礎;dodai 土台/基礎;(*mil.*) kichi 基地/基地;
air base kūgun-kichi 空軍基地/空軍基地
baseball *n.* yakyū 野球/棒球,壘球
basin *n.* tarai たらい/盆;盆地;senmenki 洗面器/洗臉盆
basis *n.* (foundation) kiso 基礎/基礎
basket *n.* kago かご/筐,籃子
bat[1] *n.*, *v.* (*baseball*) batto(de utsu) バット(で打つ)/球棒
bat[2] *n.* (flying mammal) kōmori こうもり/蝙蝠
bath *n.* (o-)furo (お)ふろ/浴室
bathroom furoba ふろ場/澡堂
take a bath furo ni hairu ふろに入る/洗澡
bathe *n.*, *v.* nyū yoku(suru) 入浴(する)/泡,浸;洗澡;(immerse in water) suiyoku(suru) 水浴(する)/涼水浴,洗河水浴
take a bathe (*in the sea*) kaisui yoku o suru 海水浴をする/洗海水浴,游泳
battery *n.* chikudenchi 蓄電池/蓄電池;batterī バッテリー/蓄電池
battle *n.* (war) sentō 戦闘/戰鬥;tatakai 戦い/鬥爭 ——*v.* tatakau 戦う/戰鬥;奮鬥
bay *n.* (*geog.*) wan 湾/灣
be *v.* …de aru …である/是;…desu …です/是;iru いる/在,存在;有;imasu います/在,存在;有
beach *n.* kaigan 海岸/海濱;hama 浜/沙灘,海灘
bead *n.* bīzu ビーズ/有孔的小珠;*pl.* (rosary) juzu じゅず/念

珠;串珠

beak *n.* kuchibashi くちばし/鳥嘴,喙

beam *n.* (light) kōsen 光線/光線;(*archit.*) hari はり/樑 —— *v.* (shine) kagayaku 輝く/放光,放射

bean *n.* mame 豆/豆

bear[1]*n.* (*mammal*) kuma くま/熊

bear[2]*v.* (carry) hakobu 運ぶ/運送;(support) sasaeru 支える/支撐;(endure) gaman suru がまんする/忍耐;(give birth to) umu 産む/産(子),結(實);(hold) motsu 持つ/支持;擔負

bear in mind kioku suru 記憶する/記住,銘記;kokoro ni tomeru 心に留める/銘記在心

beard *n.* ago-hige あごひげ/下巴鬍

bearing *n.* (attitude) taido 態度/態度;(endurance) nintai 忍耐/忍耐;(relation) kankei 関係/關係;(*mech.*)bearingu ベアリング/軸承

beast *n.* dōbutsu 動物/動物;kedamono けだもの/獸類

beat *v.* (strike repeatedly) (tsuzukete) utsu (続けて)打つ/連續打擊;(defeat)uchiyaburu 打ち破る/打敗;makasu 負かす/擊敗

beautiful *adj.* utsukushii 美しい/美麗,秀麗;kirei na きれいな/漂亮的

beautifully utsukushiku 美しく/漂亮地

beauty *n.* utsukushisa 美しさ/美,美感;bi 美/美

because *prep.* (for) naze naraba なぜならば/因爲;(since) … dakara…だから/因爲…所以…

because of … ga gen'in de …が原因で/因,因…之故

become *v.* (come to be) …ni naru …になる/成爲,變成;niau 似合う/適合;fusawashii ふさわしい/適合,適宜

bed *n.* beddo ベッド/床;底板,底座;shindai 寝台/床

bedroom *n.* shinshitsu 寝室/卧室

bee *n.* mitsubachi みつばち/蜜蜂

beef *n.* gyūniku 牛肉/牛肉

beefsteak bifuteki ビフテキ/牛排

ground beef hikiniku ひき肉/肉泥,肉餡

beer *n.* bīru ビール/啤酒

draft beer nama bīru 生ビール/生啤酒

beetle *n.* (*insect*) kabutomushi かぶと虫/甲蟲;糊塗蟲

before *adv.* (ahead) mae ni 前に/在前;(in front of) zemmen ni 前面に/在前面;(previously) izen ni 以前に/以前,此前;*prep.*, *conj.* … yori mae ni … より前に/此前,先於

before long mamonaku まもなく/不久

beg *v.* (ask) tanomu 頼む/請求;(entreat) negau 願う/懇求

beggar *n.* kojiki 乞食/乞丐
begin *v.* hajimeru 始める/開始
begin with …kara hajimeru …から始める/從…開始
beginner *n.* shoshinsha 初心者/初學者,生手;創始人
beginning *n.* hajime 初め/當初,發端;saisho 最初
behalf *n.* rieki 利益/利益
in behalf of …no tame ni …のために/爲…,爲了…
on behalf of … ni kawatte …に代って/替,代;代表
behave *v.* (conduct) furumau ふるまう/舉止,行爲
Behave yourself! O-gyōgiyoku shinasai! お行儀よくしなさい/(對孩子)安份一點,規矩一點
behavior *n.* (manners) hinkō 品行/品行;(conduct) kōi 行為/行爲,舉動;(way of behaving) furumai ふるまい/舉止;(attitude) taido 態度/態度
behind *adv.* (to or at the rear) ushiro ni 後ろに/在背後;…no ato ni …の後に/在…之後;(late) okurete 遅れて/遲,晚
behind time chikoku suru 遅刻する/遲到
behind times jisei ni okurete 時勢に遅れて/落後的,落伍的
being *n.* (existence) jitsuzai 実在/實在;(living thing) seibutsu 生物/生物
human being jinrui 人類/人類
belief *n.* (confidence) shin'nen 信念/信念;(faith) shinjin 信心/信心;(reliance)shinrai 信頼/信賴
believe *v.* (trust) shinjiru 信じる/相信;(think) omou 思う/認爲,以爲
bell *n.* kane 鐘/鐘;beru ベル/鐘,鈴;suzu 鈴/鈴
belong *v.* zoku suru 属する/屬於
belongings *n.* (possessions) shoyū-butsu 所有物/所有物;(luggage) nimotsu 荷物/行李
beloved *adj.* (much loved) saiai no 最愛の/被熱愛的;itoshii いとしい/可愛的 ——*n.* (darling) aijin 愛人/親愛的
below *adv.* (on the earth) shita ni 下に/(位置)在…下面 ——*prep.* (lower than)… yori shita ni …より下に/在…以下
belt *n.* (band) obi 帯/帶,帶子;bando バンド/腰帶,帶狀物;(zone) chitai 地帯/地帶
bench *n.* benchi ベンチ/長椅;nagaisu 長いす/長椅
bend *vt.* (curve) mageru 曲げる/使彎曲;kagameru かがめる/使彎腰 ——*vi.* magaru 曲がる/彎曲;(stoop) kagamu かがむ/踢蜷 ——*n.* magari 曲がり/彎曲
beneath *prep.* (below) …yori shita ni … より下に/在…正下面;(inferior) … yori otoru … より劣る/劣於,不足取;(lower) …yori hikui …より低い/較低的,低於

benefit *n.* (profit) rieki 利益/利益;(favor) onkei 恩恵/恩惠 —— *v.* (do good to) tame ni naru ためになる/有益於;(receive benefit) rieki o ukeru 利益を受ける/受益

berry *n.* (small fleshy fruit, as of strawberry) (ichigo nado no) mi (いちごなどの)実/(草莓等)果實

berth *n.* (*on a ship or vehicle*) shindai 寝台/(車、船、飛機)臥鋪;teihaku-ichi 停泊位置/停泊位置,泊位 —— *v.* teihaku suru 停泊する/停泊

beside *prep.* (at or by the side of) …no soba ni …のそばに/在…旁邊;(close to) …no chikaku ni …の近くに/在…附近

besides *prep.* (in addition to) …no hoka ni …の外に/在…之外;(except) …o nozoite …を除いて/除…之外 —— *adv.* (moreover) sara ni さらに/尚,而且;(else) sono hoka ni その外に/此外

best *adj.* ichiban yoi いちばんよい/最好的;saijō no 最上の/最優的 —— *n.* saizen 最善/最善,最好;saikō 最高/最高,至高無上

bet *v.* kakeru 賭ける/打賭 —— *n.* kake(-kin) 賭け(金)/賭博(錢)

I bet you! Tashikani! たしかに/確實;Machigai naku! 間違いなく/没錯

betray *v.* (be a traitor to) uragiru 裏切る/叛賣;(reveal) mikkoku suru 密告する/告密

better *adj.* motto yoi もっとよい/更好;yori yoi よりよい/更好 —— *v.* (improve) yokunaru よくなる/變好,好轉;kaizen suru 改善する/改善

between *prep.*, *adv.* …no aida ni [o]…の間に[を]/在…之間

between ourselves koko dake no hanashi desu ga …ここだけの話ですが…/此話只限於你我之間

beverage *n.* nomimono 飲み物/飲料;inryō 飲料/飲料

beware *v.* ki o tsukeru 気をつける/謹防;yōjin suru 用心する/當心

bewilder *v.* komaraseru 困らせる/使爲難

beyond *prep.* (*position*) …no mukō ni …の向うに/在對面;(more than) …ijō ni …以上に/遠於;… o koete …を越えて/超過;(*time*) …o sugite …を過ぎて/(時間)超過

bias *n.* (oblique line) shasen 斜線/斜線;(prejudice) henken 偏見/偏見

Bible *n.* seisho 聖書/聖經;baiburu バイブル/聖經

bicycle *n.* jitensha 自転車/自行車

bid *v.* (command)meijiru 命じる/命令,吩咐;(utter a greeting) (aisatsu o) noberu (あいさつを)述べる/問候,歡迎詞;(bid on, offer as a price) nyūsatsu suru 入札する/投標

bid off seri-otosu せり落とす/落標

big *adj.* (large) ōkii 大きい/大的,巨大的;(great) erai えらい/偉大的,驕傲的

bill[1] *n.* (note of charges for goods, work, etc.) kanjōgaki 勘定書/帳單;tsuke つけ/帳;seikyūsho 請求書/付款通知單;(note) tegata 手形/票據;(bank-note) shihei 紙幣/紙幣;satsu 札/鈔票

bill[2] *n.* (beak of a bird) kuchibashi くちばし/(鴨類)嘴,扁平喙

billion *n.* (*U. S.*) (a thousand million) jū-oku 10億/10億;(*Br.*) (a million million) itchō 1兆/1兆

bind *v.* (tie) musubu 結ぶ/繫;shibaru しばる/綁;(book) seihon suru 製本する/裝訂(書);(oblige) gimu o owaseru 義務を負わせる/承擔義務,受義務約束

biography *n.* denki 伝記/傳記

biology *n.* seibutsu-gaku 生物学/生物學

bird *n.* tori 鳥/鳥

birth *n.* tanjō 誕生/誕生;shussei 出生/出生

birthday *n.* tanjōbi 誕生日/生日

biscuit *n.* bisuketto ビスケット/餅乾

bishop *n.* sōjō 僧正/(基督)主教

bit *n.* (small amount) sukoshi 少し/一點,少許;wazuka わずか/一些;(small piece) kakera かけら/碎片

a bit of sukoshi no 少しの/少量的

bit by bit sukoshi-zutsu 少しずつ/一點一點地

bite *v.* kamu かむ/咬;kamitsuku かみつく/咬住 ——*n.* (a mouthful) hitokuchi 一口/(咬)一口,一點兒

bitter *adj.* (*taste*) nigai 苦い/苦味的;(severe) kibishii 厳しい/厲害的;(hard) tsurai つらい/辛苦的,吃不消的

black *adj.* kuroi 黒い/黑的;(dark) kurai 暗い/暗黑 ——*n.* (*color*) kuro (-iro) 黒(色)/黑,黑色;(negro) kokujin 黒人/黑人

blackboard *n.* kokuban 黒板/黑板

blade *n.* (*grass*) ha 葉/葉,草葉;(*metal*)ha 刃/刃,刀刃

blame *v.* (accuse)hinan suru 非難する/責難;togameru とがめる/申斥 ——*n.* (responsibility for bad result) sekinin 責任/責任

blank *n.*, *adj.* (not written or printed on) hakushi (no) 白紙(の)/無字的;(empty) kūhaku (no) 空白(の)/空白的

blanket *n.* mōfu 毛布/毛毯,毯子

blast *n.* (violent gust of wind) tsuyoi hito-fuki no kaze 強い一吹きの風/一陣疾風;toppū 突風/一陣暴風 ——*v.* (explode) bakuhatsu suru 爆発する/爆炸

blaze *n.* (bright flame) hono'o 炎/火燄 ——*v.* (burn) moeru 燃える/燃燒

bleach *v.* (make white) hyōhaku suru 漂白する/漂白

bleed *v.* (emit blood) shukketsu suru 出血する/出血,流血;chi ga deru 血が出る/出血,滲血

blend *v.* kongō suru 混合する/混合;mazeru まぜる/摻合

bless *v.* (praise) (kami o) tataeru (神を)たたえる/讚美上帝;(confer a blessing upon)(kami ga) megumi o tareru (神が)恵みをたれる/賜福;(invoke God's favor on) kami no megumi o inoru 神の恵みを祈る/求神賜福

blessed *adj.* shinsei na 神聖な/神聖的;shiawase na 幸せな/幸福的

blessing *n.* (benediction)shukufuku 祝福/祝福;(mercy)(kami no) megumi (神の)恵み/(神的)賜福

blind *adj.* (sightless) me no mienai 目の見えない/失明的;mekura no めくらの/瞎了眼的;mōmoku no 盲目の/盲人的 ——*n.* (*window*) hiyoke 日よけ/百葉窗;buraindo ブラインド/百葉窗

blink *v.* (wink) matataki suru またたきする/眨眼;(twinkle) kira-kira hikaru きらきら光る/閃爍

block *n.* (large piece of wood or stone)(ki ya ishi no) katamari (木や石の) かたまり/(木、石、鐵等的)塊,塊狀物;(a portion of a city) ichi-kukaku 一区画/一個街坊

blond *n.*, *adj.* kimpatsu (no) 金髪(の)/金髮(的);burondo (no) ブロンド(の)/金髮(的)

blood *n.* chi 血/血;ketsueki 血液/血液;(descent) kettō 血統/血統

blood pressure ketsuatsu 血圧/血壓

bloom *n.* (flower) hana 花/花;(florescence) kaika 開花/開花 ——*v.* saku 咲く/花開

blossom *n.*, *v.* hana (ga saku) 花(が咲く)/花開

in full blossom mankai de 満開で/盛開

blot *n.* (stain)yogore 汚れ/污點;shimi しみ/污斑;(blemish) ketten 欠点/缺點

blotter *n.* suitori-gami 吸い取り紙/吸墨紙

blouse *n.* burausu ブラウス/女罩衫

blow[1] *v.* (kaze ga) fuku (風が) 吹く/(風)吹,颳

blow out fuki kesu 吹き消す/吹滅

blow the nose hana o kamu はなをかむ/擤鼻子

blow down fuki taosu 吹き倒す/颳倒

blow up bakuha suru 爆破する/炸裂;hiki nobasu 引き伸ば

す/(照片)放大

blow[2] *n.* (hard stroke with fist, hammer) kyōda 強打/痛打,猛擊;dageki 打擊/打擊

blue *adj.* aoi 青い/藍色,藍的 ——*n.* ao 青/藍

bluff *n.* (cliff) zeppeki 絶壁/絶壁;dangai 断崖/懸崖

blunt *adj.* nibui 鈍い/鈍的,無鋒的;donkan na 鈍感な/愚鈍的

blush *v.* (kao o) akarameru (顔を)赤らめる/弄紅了臉,使羞愧 ——*n.* sekimen 赤面/臉紅

boar *n.* (pig) osu-buta 雄豚/公豬;(wild boar) inoshishi いのしし/公野豬

board *n.* (thin plank) ita 板/薄板;(food served) tabemono 食べ物/膳食

go on board jōsen [jōsha] suru 乗船[乗車]する/乘船,乘車 ——*v.* (lodge) geshuku suru [saseru]下宿する[させる]/寄宿,膳宿

boarder *n.* geshuku-nin 下宿人/寄宿者

boarding—house *n.* geshuku-ya 下宿屋/備膳旅店

boat *n.* (oared vessel) bōto ボート/小船,救生艇;(small ship) kogata no fune [kisen]小型の船[汽船]/小汽艇

bob *n.* (float) uki うき/(釣具)浮子;(pendulum) furiko 振子/鐘擺;(short hair) dampatsu 断髪/短髮

body *n.* (human body) karada 体/軀體,身體;(corpse) shitai 死体/屍體

bog *n.* numa(-chi) 沼(地)/沼澤(地);sawa 沢/沼澤,泥塘

boil[1] *vi.* waku 沸く/沸騰;nieru 煮える/燒開 ——*vt.* wakasu 沸かす/煮沸,滾開;niru 煮る/煮

boil[2] *n.* (*on the body*) odeki おでき/膿腫,疱;dekimono できもの/疱,瘡,癰

bold *adj.* (audacious) daitan na 大胆な/大膽的;(brave) yūkan na 勇敢な/勇敢的;(impudent) atsukamashii 厚かましい/無恥的,冒失的

bolt *n.* (headed metal pin) boruto ボルト/螺栓;(sliding bar) kan'nuki かんぬき/插銷,門栓;(thunderbolt)denkō 電光/電光,閃電;inazuma 稲妻/閃電;(escape) tōsō 逃走/逃走,逃跑

bomb *n.* bakudan 爆弾/炸彈;(attack with bombs) bakugeki suru 爆撃する/轟炸

bond *n.*, *pl.* (restraints) sokubaku 束縛/束縛;(obligation) gimu 義務/義務;(securities) yūkashōken 有価証券/有價證券 ——*n.* (bonded warehouse) hozei sōko 保税倉庫/保稅倉庫

bone *n.* hone 骨/骨,骨頭

book *n.* hon 本/書;shoseki 書籍/書籍;*pl.* (account-books)

chōbo 帳簿/帳簿 ——*v.* (enter)chōbo ni kinyū suru 帳簿に記入する/記帳,入帳;(reserve) yoyaku suru 予約する/預約
booking office kippu uriba 切符売場/票房
bookkeeper *n.* boki-gakari 簿記係/簿記員;kaikei-gakari 会計係/會計員
bookstore *n.* hon-ya 本屋/書店;shoten 書店/書店
boom *n.* (deep resonant sound) gōon 轟音/轟響;(time of prosperity) niwaka-keiki にわか景気/(商業)突然景氣;būmu ブーム/熱潮
boot *n.*, *pl.* nagagutsu 長靴/長統靴;būtsu ブーツ/長統靴,馬靴
booth *n.* (shed) koya 小屋/小舍;窩棚;(stall) baiten 売店/棚店,攤子;būsu ブース/貨攤;收費亭;(語音室)座位
border *n.* (boundary) kyōkai 境界/邊境;(frontier) kokkyō 国境/國境;(edge) heri へり/邊緣 ——*v.* (adjoin) sessuru 接する/接,粘連;(edge) fuchi o tsukeru 縁を付ける/毗連
bore[1]*v.* ana o akeru [horu]穴をあける[掘る]/鑽孔,打洞
bore[2]*n.*, *v.* (dull) taikutsu (saseru) 退屈(させる)/使人倦怠、無聊;unzari (saseru) うんざり(させる)/使人膩煩
born *adj.* umare-nagara no 生れながらの/天生的;tensei no 天性の/天性的;umareta 生れた/生來的
borrow *v.* kariru 借りる/借
borrower *n.* shakuyōnin 借用人/借用者;karite 借り手/借者
bosom *n.* (breast) mune 胸/胸;(heart) kokoro 心/心;(interior) naibu 内部/内心
boss *n.* (manager, master) bosu ボス/老闆,經理;oyabun 親分/頭領;oyakata 親方/(手藝人)師傅
both *pron.*, *adj.* ryōhō (no) 両方(の)/雙方(的) —— *adv.* ryōhō tomo 両方共/雙方都
both A and B A mo B mo AもBも/A、B都
bother *v.* (annoy) nayamasu 悩ます/(使)煩惱;(worry) shimpai saseru 心配させる/(使)憂慮 ——*n.* (trouble)meiwaku 迷惑/麻煩,爲難;mendō 面倒/麻煩
bottle *n.*, *v.* bin (ni tsumeru) びん(に詰める)/(裝)瓶
bottle opener sen'nuki 栓抜き/起子
bottled *adj.* binzume no びん詰めの/瓶裝的
bottleneck *n.* airo あい路/交通擁擠的窄道處;nankan 難関/隘道口
bottom *n.* (lowest part) soko 底/底;(base) kiso 基礎/基礎
at (the) bottom hontō wa 本当は/實質上
bough *n.* ō-eda 大枝/大樹枝
bounce *v.* (rebound) hane-kaeru [-agaru]跳ねかえる[あが

る]/反跳,返彈;hazumu はずむ/迸起;(leap suddenly) tobiagaru とびあがる/跳起
bound[1] *n.*, *pl.* (boundary) kyōkai 境界/邊界;*pl.* (limitations) genkai 限界/界限 ——*v.* (limit) seigen suru 制限する/限制
bound[2] *v.* (leap) haneru 跳ねる/跳;躍起;(jump) tobihaneru とびはねる/跳躍;(bounce) hazumu はずむ/迸起
bound[3] *adj.* (headed for) …iki no …行きの/顧前的
boundary *n.* (border) kyōkai 境界/邊界;(limiting line) kyōkaisen 境界線/邊界線;(extreme edge) genkai 限界/界限
bouquet *n.* hanataba 花束/花束
bow[1] *n.*, *v.* (salutation) ojigi (suru) おじぎ(する)/鞠躬
bow[2] *n.* (*weapon*) yumi 弓/弓;yumi gata no mono 弓形のもの/弓狀物;(*knot*) chō-musubi 蝶結び/蝴蝶結
bow[3] *n.* (*of a ship*) senshu 船首/船頭;hesaki へさき/船頭
bowl[1] *n.* hachi 鉢/鉢;domburi どんぶり/大碗;bōru ボール/盆
bowl[2] *n.*, *v.* tama (o korogasu) 球(をころがす)/(滾)木球
box[1] *n.*, *v.* hako(zume ni suru) 箱(づめにする)/(裝)箱
box[2] *v.* hirate de utsu 平手で打つ/用手打;(fight with the fists) kentō o suru 拳闘をする/拳擊
boy *n.* shōnen 少年/少年;otoko no ko 男の子/男孩
brace *n.* (clamp) kasugai かすがい/支樑板;鋦子;shichū 支柱/支柱 ——*v.* (support) sasaeru 支える/支撐;(strain) kinchō saseru 緊張させる/使緊張;(encourage) genki zukeru 元気づける/振作精神
bracelet *n.* udewa 腕輪/手鐲;buresuretto ブレスレット/手鐲
bracket *n.* (kaku-)kakko (角)かっこ/括弧 ——*v.* kakko ni ireru かっこに入れる/填括弧
brag *n.*, *v.* jiman(suru) 自慢(する)/自誇,自大
braid *n.* kumihimo 組ひも/編帶,辮子;amihimo 編ひも/織帶 ——*v.* kumu 組む/編;amu 編む/編,編織
brain *n.* nō 脳/腦;*pl.* zunō 頭脳/頭腦;*pl.* (intelligence) chiryoku 知力/智力
brake *n.*, *v.* burēki(o kakeru) ブレーキ(をかける)/(掛上)刹車片
branch *n.* (bough of tree) eda 枝/樹枝;(small stream) shiryū 支流/支流;(branch office) shiten 支店/支店,分店
brand *n.* (trade mark) shōhyō 商標/商標;torēdo-māku トレードマーク/商標;(owner's mark) yaki-in 焼印/烙印
brass *n.* shinchū しんちゅう/黄銅
brave *adj.* yūkan na 勇敢な/勇敢的;isamashii 勇ましい/勇敢的
bravery *n.* yūki 勇気/勇氣;yūkan 勇敢/勇敢

bread *n.* pan パン/麵包;(living) seikei 生計/生計
breadth *n.* (width) hirosa 広さ/寬度,寬廣;haba 幅/幅,幅員
break *vi.* kowareru こわれる/打破;wareru 割れる/破裂,裂開;kudakeru 砕ける/打碎;yabureru 破れる/打破 ——*vt.* kowasu こわす/毀壞;waru 割る/弄壞,打碎;kudaku 砕く/打碎;yaburu 破る/打破;(interrupt) chūdan suru 中断する/打斷
break away nogareru 逃れる/逃脫
break even gobu-gobu ni naru 五分五分になる/没有勝負
break in (force in) shin'nyū suru 侵入する/闖入;(tame) narasu ならす/馴(馬)
break into (force in) oshiiru 押し入る/闖入,侵入;(burst) niwaka ni …shidasu にわかに…し出す/突然…起來
break into laughter dotto warau どっと笑う/哄堂大笑
break into tears watto naki-dasu わっと泣き出す/突然哭起來
break out okoru 起こる/發生;boppatsu suru 勃発する/爆發;hassei suru 発生する/發生
break through toppa suru 突破する/突破;kiri-nukeru 切り抜ける/突圍
break up sankai suru 散会する/散會;(*school*) kyūka ni naru 休暇になる/放假;解散
——*n.* (crack) wareme 割れ目/裂縫;(interruption) chūdan 中断/打斷
breakable *adj.* kowareyasui こわれ易い/易破碎的
breakfast *n.* chōshoku 朝食/早飯,早點;asagohan 朝ごはん/早餐,早飯
breast *n.* (chest) mune 胸/胸;chichi 乳/乳房;(heart) kokoro 心/胸懷
breath *n.* iki 息/氣息;kokyū 呼吸/呼吸
breathe *n.*,*v.* iki (o suru) 息(をする)/吐氣納氣,呼氣吸氣;kokyū (suru) 呼吸(する)/呼吸
breed *v.* (raise) shiiku suru 飼育する/養育,飼養;(produce) umidasu 生み出す/生育 ——*n.* (strain) hinshu 品種/品種;shurui 種類/種類
breeze *n.* (light wind) bifū 微風/微風;soyokaze そよ風/微風,和風
brew *n.*,*v.* jōzō(suru) 醸造(する)/釀造
bribe *n.*,*v.* wairo(o tsukau) わいろ(を使う)/賄賂(行賄)
brick *n.* renga れんが/磚;*pl.* (*Br.*)(wooden toy) tsumiki 積み木/積木
bride *n.* hanayome 花嫁/新娘;shimpu 新婦/新媳婦
bridegroom *n.* hanamuko 花むこ/新郎;shinrō 新郎/新郎

bridge *n.* hashi 橋/橋;(*card game*) burijji ブリッジ/橋,橋牌
brief *adj.* (short) mijikai 短い/短;(concise) kantan na 簡単な/簡短,簡單 ——*n.* (summary) yōyaku 要約/概要
in brief yōsuru ni 要するに/總之
brier *n.* ibara いばら/野薔薇之類;荆棘
bright *adj.* (shining) kagayaku 輝く/閃爍;(light up) akarui 明るい/明亮的;(fine) hareta 晴れた/晴朗的;(clever) rikō na 利口な/聰明的;(cheerful) kaikatsu na 快活な/快活的
brilliant *adj.* (shining) kagayaku 輝く/輝煌的;(splendid) rippa na 立派な/氣派的;(clever) saiki no aru 才気のある/才華橫溢的
brim *n.* fuchi 縁/緣;heri へり/邊;(*of hat*) tsuba つば/帽沿
bring *v.* (fetch) motte-kuru 持って来る/拿來;(cause to come with one) tsurete-kuru 連れて来る/帶來;(carry) motarasu もたらす/運來,拿來
bring about hikiokosu 引き起こす/引起,惹起
bring in mochikomu 持ち込む/帶進,生利
bring out ōyake ni suru 公にする/公開,發表;上演;(publish) shuppan suru 出版する/出版
bring up (rear) sodateru 育てる/養育,教養;(educate) kyōiku suru 教育する/教育
brink *n.* (edge) gakeppuchi がけっぷち/懸崖邊;(border of water) mizugiwa 水ぎわ/水旁
brisk *adj.* (active) kappatsu na 活発な/活躍的;(quick) hayai 速い/快的
British *adj.* Igirisu no イギリスの/英國的,英國人的;Eikoku no 英国の/英國的 ——*n.* (the B-) Igirisu-jin イギリス人/英國人;Eikoku-jin 英国人/英國人
brittle *adj.* moroi もろい/脆的;kowareyasui こわれ易い/易碎的
broad *adj.* (wide) haba no hiroi 幅の広い/寬廣的;(liberal) kandai na 寛大な/廣闊的
broadcast *n.*,*v.* hōsō(suru) 放送(する)/廣播
broadcasting station hōsōkyoku 放送局/廣播臺,電臺
broil *v.* yaku 焼く/燒,焙,烤;aburu あぶる/燒,烤,炙
broken *adj.* (shattered) kowareta こわれた/破碎的;(rent) yabureta 破れた/被打破
bronze *n.*,*adj.* seidō(no) 青銅(の)/青銅色(的),古銅色(的);buronzu(no) ブロンズ(の)/青銅色(的)
brood *n.* (*bird*) hitokaeri no hina ひとかえりのひな/一窩幼雛 ——*v.* tamago o daku 卵を抱く/孵蛋;(think deeply) kangae-komu 考え込む/盤算

brook *n.* ogawa 小川/小河
broom *n.* (sweeping implement) hōki ほうき/帚,掃帚;(*bot.*) enishida えにしだ/金雀花
brother *n.* (*elder*)ani 兄/兄,哥哥;niisan 兄さん/哥;(*younger*) otōto 弟/弟;*pl.* kyōdai 兄弟/兄弟
brother-in-law giri no kyōdai 義理の兄弟/姐夫,妹婿;内兄,内弟,大伯子,小叔子
brow *n.* (forehead) hitai 額/額;odeko おでこ/額頭;*pl.* (eyebrow)mayuge まゆ毛/眉毛
brown *n.*,*adj.* chairo (no) 茶色(の)/茶色(的);kasshoku (no) かっ色(の)/褐色(的)
bruise *n.* dabokushō 打撲傷/毆傷,撞傷;uchimi 打ち身/青腫
brush *n.*,*v.* burashi(o kakeru) ブラシ(をかける)/刷;hake 刷毛/毛刷;(*for writing*) fude 筆/毛筆
brush up (burashi de) migaki ageru (ブラシで)磨き上げる/刷新;擦亮
brute *n.* yajū 野獣/野獸;kemono けもの/獸類 ——*adj.* (brutal) yaban na 野蛮な/野蠻的
bubble *n.* shabon-dama しゃぼん玉/肥皂泡;(*archit.*)dōmu ドーム/半圓形屋頂
bucket *n.* baketsu バケツ/水桶;teoke 手桶/水桶
buckle *n.* bakkuru バックル /釦子,鈕釦;shimegane 締め金/帶釦 ——*v.* (fasten) shimeru 締める/扣住
bud *n.* me 芽/芽;tsubomi つぼみ/花蕾,花骨朵 ——*v.* megumu 芽ぐむ/發芽;tsubomi o motsu つぼみを持つ/長蕾
Buddhism *n.* bukkyō 仏教/佛教
Buddhist *n.* bukkyōto 仏教徒/佛教徒
budget *n.* yosan(-an) 予算(案)/預算(計劃) ——*v.* yosan o tateru 予算を立てる/編製預算
buffalo *n.* yagyū 野牛/野牛;baffarō バッファロー/野牛
water buffalo suigyū 水牛/水牛
buffet *n.* (side-board) shokki todana 食器戸棚/餐具架;(refreshment room)byuffe ビュッフェ/餐具架
bug *n.* (insect) konchū 昆虫/昆蟲;mushi 虫/蟲;(beetle) kabutomushi かぶと虫/甲蟲;笨人
bugle *n.*,*v.* rappa (o fuku) ラッパ(を吹く)/(吹)軍號,喇叭
build *v.* tateru 建てる/建造;kenchiku suru 建築する/建築
building *n.* tatemono 建物/建築物;biru(dingu) ビル(ディング)/大樓,大廈
building blocks *n.* (wooden toy)tsumiki 積み木/積木
bulb *n.* (*plant*) kyūkon 球根/球根,鱗莖;(electric bulb) denkyū 電球/電燈泡

bulge *n.* (protruding part)(oke, taru no) dō (おけ,たるの)胴/(桶等)的腰部;(outward swelling) fukurami ふくらみ/膨脹 ——*v.* (swell out)fukureru ふくれる/膨脹

bulk *n.* (volume) yōseki 容積/容積,容量;kasa かさ/容積,體積;(size) ōkisa 大きさ/大小,尺寸;(cargo)funani 船荷/船艙容積;(great part) daibubun 大部分/大部分

bull *n.* o-ushi 雄牛/公牛

bullet *n.* tama たま/子彈;dangan 弾丸/彈丸

bulletin *n.* keiji 掲示/告示;kōhō 公報/公報
bulletin board keiji-ban 掲示板/佈告牌

bump *v.* (collide) tsukiataru 突き当る/撞擊;(strike) butsukeru ぶつける/衝撞 ——*n.* shōtotsu 衝突/衝突

bunch *n.* (cluster) fusa 房/球,朵,串;taba 束/把,捆 ——*v.* (tie together) tabaneru 束ねる/捆成一束,綁成一紮

bundle *n.* (package) tsutsumi 包み/包袱;(bunch) taba 束/束,串,朵 ——*v.* (wrap) tsutsumu 包む/包;(tie together) tabaneru 束ねる/捆,綁

burden *n.* (heavy load) omoni 重荷/擔子,重擔;(obligation) futan 負担/負擔 —— *v.* (load heavily)ni o owaseru 荷を負わせる/加重負擔;(oppress) kurushimeru 苦しめる/使艱苦

bureau *n.* kyoku 局/局;bu 部/部;(chest of drawers) ishōdansu 衣装だんす/衣櫃

burglar *n.* dorobō 泥棒/夜盜,小偷;gōtō 強盗/强盜

burial *n.* (interment)maisō 埋葬/埋葬;(funeral)sōshiki 葬式/葬禮

burn *vt.* moyasu 燃やす/使燃燒;yaku 焼く/點燃;(scorch) kogasu 焦がす/燒焦 ——*vi.* moeru 燃える/燃燒;yakeru 焼ける/燒;kogeru 焦げる/燒焦 ——*n.* (injury from burning) yakedo やけど/燒傷

burst *v.* (fly in pieces)haretsu suru 破裂する/破裂;(explode) bakuhatsu suru 爆発する/爆發;(rush suddenly) totsuzen…suru 突然…する/突然發作
burst into tears watto nakidasu わっと泣き出す/突然大哭起來
burst out laughing dotto waraidasu どっと笑い出す/哄堂大笑

bury *v.* (put into the ground) uzumeru 埋める/埋;(interment) maisō suru 埋葬する/埋葬

bush *n.* (thicket) yabu やぶ/灌木叢;(clump of shrub) kusamura 草むら/草叢;shigemi 茂み/樹叢

business *n.* shokugyō 職業/職業;shigoto 仕事/工作;shōbai 商売/買賣,生意

bust *n.* (sculpture) kyōzō 胸像/半身塑像;(woman's bosom) (josei no) mune (女性の)胸/(女)胸

busy *adj.* isogashii 忙しい/忙;tabō na 多忙な/繁忙 ——*v.* isogashiku suru 忙しくする/使忙

but *conj.* (however) shikashi しかし/但,但是;keredomo けれども/但是 ——*adv.* (only) tada ただ/只;…nomi…のみ/只;(except) …o nozoite wa …を除いては/除…之外

but for (without) …ga nakattara …がなかったら/要不是,要没有

butcher *n.* nikuya 肉屋/屠夫,屠户

butter *n.* batā バター/黄油,奶油

butterfly *n.* chō ちょう/蝶;chōchō ちょうちょう/蝴蝶

button *n.*,*v.* botan (o tsukeru, de tomeru) ボタン(を付ける,で止める)/(釘)鈕釦(鈕釦装飾)

buy *v.* kau 買う/買;kōnyū suru 購入する/買進 ——*n.* kaimono 買物/購物

buzz *n.*,*v.* bun-bun (iu) ぶんぶん(言う);/嘁嘁喳喳;būn (to unaru) ぶーん(とうなる)/嗡嗡(叫);zawameku ざわめく/吵吵嚷嚷

by *prep.* (aside) … no soba ni … のそばに/在…旁邊;no chikaku ni …の近くに/在…附近;(along) …ni sotte …に沿って/沿着…;(each separately) zutsu ずつ/平均分開,一點一點地;(by means of) … ni yotte …によって/根據,依照;(past) …o tōtte…を通って/通過;憑靠;(not later than) made niwa までには/以…爲止;不遲於;(during) no aida の間/在…之間

by and by yagate やがて/不久,不一會兒;mamonaku 間もなく/不久,不一會兒

by chance gūzen 偶然/偶然;tamatama たまたま/偶爾

by day hiru wa 昼は/白天時

by oneself hitori de ひとりで/獨自幹

by the way tsuide dakeredo ついでだけれど/順便提及;toki ni 時に/(轉換話題)話說,可是

C

cab *n.* takushī タクシー/計程車,出租車,的士

cabbage *n.* kyabetsu キャベツ/捲心菜,洋白菜

cabin *n.* (hut) koya 小屋/小屋;信號房;(a room in a ship) senshitsu 船室/頭二等艙室

cabinet *n.* (furniture) yōdansu 用だんす/橱櫃;kazaridana 飾り

棚/珍品櫃;(body of ministers)naikaku 内閣/内閣;(private room) shishitsu 私室/密室

cable *n.* (rope) ōzuna 大綱/纜,電纜;(submarine cable)kaitei densen[denshin]海底電線[電信]/海底電纜[電信];kaigai dempō 海外電報/海底電纜電報 ——*v.* gaiden o utsu 外電を打つ/發海纜電報

café *n.* kissaten 喫茶店/咖啡店;kōhī コーヒー/咖啡

cage *n.* torikago 鳥かご/鳥籠;ori おり/籠 ——*v.* kago [ori] ni ireru かご[おり]に入れる/關入籠中

cake *n.* kēki ケーキ/餅,糕;kashi 菓子/糕點

calamity *n.* sainan 災難/災難;fukō na dekigoto 不幸な出来事/不幸事件

calculate *v.* keisan suru 計算する/計算

calendar *n.* karendā カレンダー/曆書,掛曆;koyomi 暦/曆書

calf[1] *n.* (a young cow) ko-ushi 子牛/小牛

calf[2] *n.* (*of leg*) fukurahagi ふくらはぎ/腿肚子

call *v.* yobu 呼ぶ/叫;(speak loudly) sakebu 叫ぶ/喊;(make a call) hōmon suru 訪問する/訪問;(telephone) denwa o kakeru 電話をかける/打電話; ——*n.* (cry) yobigoe 呼び声/召喚聲;(visit)hōmon 訪問/訪問;(demand) yōkyū 要求/要求

call at hōmon suru 訪問する/訪問

call for (demand) yōkyū suru 要求する/要求,請求;(go to pick up) tori ni iku 取りにいく/去拿…

call back (recall) yobi-kaesu 呼びかえす/叫回;收回

call in (ask to come) yobu 呼ぶ/叫來;kite-morau 来てもらう/召來

call on (visit) hōmon suru 訪問する/訪問,拜訪

call up (ring up) denwa o kakeru [suru]電話をかける[する]/打電話

calm *adj.* (quiet) shizuka na 静かな/靜的,平靜的;(tranquil) odayaka na 穏やかな/鎮靜的

calmly *adv.* shizuka ni 静かに/平靜地;ochitsuite 落ちついて/鎮靜地

camel *n.* rakuda らくだ/駱駝

camellia *n.* tsubaki つばき/山茶花

camera *n.* kamera カメラ/照相機;shashinki 写真機/相機,照相機

camp *n.* kyampu キャンプ/野營;yaei 野営/野營;tento seikatsu テント生活/野營生活

campaign *n.* (*mil.*) sentō 戦闘/戰鬥;sen'eki 戦役/戰役;undō 運動/運動

election campaign senkyo undō 選挙運動/選舉運動
campus *n.* kōtei 校庭/校園；kōnai 構内/校内場地；kyampasu キャンパス/校園
can[1] *v. aux.* (be able) dekiru できる/能，會；(may) shitemoyoi してもよい/可以
can[2] *n.* kan 缶/罐 ——*v.* kanzume ni suru 缶詰めにする/装罐
can opener kan-kiri 缶切り/開罐工具
canal *n.* unga 運河/運河；horiwari 掘り割り/溝渠
cancel *v.* torikesu 取り消す/取消；mukō ni suru 無効にする/作廢 ——*n.* torikeshi 取り消し/取消
cancer *n.* gan がん/癌
candidate *n.* shigansha 志願者/志願人員；kōhosha 候補者/候補人；候選人
candle *n.* rōsoku ろうそく/蠟燭
candy *n.* kyandē キャンデー/糖，糖果；ame あめ/糖，糖果
cane *n.* (walking-stick) tsue 杖/手杖，拐杖；(whip) muchi むち/鞭
canyon *n.* (fukai) kyōkoku (深い)峡谷/(深)峡谷
cap *n.* bōshi 帽子/帽子
capable *adj.* dekiru できる/能的，會的；shiuru しうる/能做的；yūnō na 有能な/有才能的
capacity *n.* (ability) sainō 才能/才能；nōryoku 能力/能力；(cubic content) yōseki 容積/容積，容量；(relative character) shikaku 資格/資格
cape[1] *n.* misaki 岬/海岬，海角
cape[2] *n.* (sleeveless outdoor garment) kēpu ケープ/披肩；manto マント/斗篷
capital *n.* (chief city) shufu 首府/首府；首都；(capital letter) ōmoji 大文字/大寫字母；(funds) shihon 資本/資本 ——*adj.* omo na 主な/主要的；shuyō na 主要な/主要的
capitalism *n.* shihon-shugi 資本主義/資本主義
capsule *n.* (pill) kapuseru カプセル/膠囊；密封艙
captain *n.* (chief, leader)-cho …長/長，首領；kyaputen キャプテン/首領，指揮者；(the master of a ship)senchō 船長/船長；(*army*) taii 大尉/上尉；(*navy*)taisa 大佐/上校
captive *n.* horyo 捕虜/俘虜，戰俘；toriko とりこ/俘虜 ——*adj.* torawareta 捕らわれた/被俘的
capture *n.* hokaku 捕獲/捕獲；bundori 分捕り/戰利品 ——*v.* bundoru 分捕る/繳獲；(take by force) toraeru 捕らえる/逮捕；hokaku suru 捕獲する/捕獲
car *n.* jidōsha 自動車/汽車；kuruma 車/小卧車
card *n.* kādo カード/卡片；torampu トランプ/撲克牌；(busi-

ness card) meishi 名刺/名片
cardinal *adj.* (fundamental) kihon-teki na 基本的な/基本性的；(vermillion) hi-iro no 緋色の/緋紅色的；shinku no 深紅の/深紅的 ——*n.* (*church*) sūkikei 枢機卿/(天主教)樞機官，樞機主教；(*bird*) kōkanchō 紅冠鳥/北美紅雀
care *n.* (concern) kigakari 気掛かり/當心；(anxiety) shimpai 心配/擔心，憂慮；(charge) sewa 世話/關心，關懷；(attention) chūi 注意/注意 ——*v.* shimpai suru 心配する/擔心；sewa o suru 世話をする/照顧，照料
take care of … no sewa o suru …の世話をする/照顧…
care for … o konomu … を好む/喜愛；hoshigaru ほしがる/欲，想要
career *n.* (profession) shokugyō 職業/職業；(course through life) keireki 経歴/經歷；rireki 履歴/履歷
careful *adj.* (watchful) chūi-bukai 注意深い/仔細的；(prudent) yōjin-bukai 用心深い/小心的，細心的
Be careful! Ki o tsukete! 気を付けて/注意，小心
careless *adj.* (thoughtless) fuchūi na 不注意な/粗心的；buyōjin na 不用心な/疏忽的
caress *n.* (gentle touch) aibu 愛撫/愛撫；(kiss) kissu キッス/(愛撫性的)接吻，親一下
cargo *n.* (freight of a ship) funani 船荷/船貨；nimotsu 荷物/貨物
cargo boat kamotsusen 貨物船/貨船
carpenter *n.* daiku 大工/木工，木匠
carriage *n.* kuruma 車/車，客車；(conveying) umpan 運搬/搬運；unsō 運送/運送，運輸
carrot *n.* ninjin にんじん/胡蘿蔔
carry *v.* (convey) hakobu 運ぶ/運送；(bring) motte iku 持って行く/拿去，拿走
carry on tsuzukeru 続ける/繼續
carry out jikkō suru 実行する/實行，執行；完成
cart *n.* niguruma 荷車/運貨馬車
carton *n.* bōru-gami ボール紙/紙板，千層紙；bōru-bako ボール箱/紙板箱
cartoon *n.* manga 漫画/漫畫
cartridge *n.* kātorijji カートリッジ/子彈；(電唱機)針頭；(自來水筆)墨水囊；磁帶盒
carve *v.* (cut) kiru 切る/切，切開；kiritsukeru 切り付ける/砍；刻；(produce by cutting) chōkoku suru 彫刻する/雕刻
case[1] *n.* hako 箱/箱；kēsu ケース/盒子
case[2] *n.* (situation) baai 場合/場合；tachiba 立場/立場；(event)

jiken 事件/事件；(state)jijō 事情/事情；(example)rei 例/例，例子；(question) mondai 問題/問題；(patient) kanja 患者/患者

in any case donna baai demo どんな場合でも/無論如何，總

in case of need masaka no toki niwa まさかの時には/在必要時，緊急時

cash *n.* genkin 現金/現金 ——*v.* genkin ni suru 現金にする/兑成現金

cashier *n.* genkinsuitō-gakari 現金出納係/出納員；rejigakari レジ係/出納員

cask *n.* taru たる/木桶

cast *v.* (throw) nageru 投げる/投，擲；(assign, as an actor's part) haiyaku suru 配役する/選派人扮演角色 ——*n.* (actors in the play) haiyaku 配役/選派

castle *n.* shiro 城/城堡

casual *adj.* (accidental) gūzen no 偶然の/偶然的；(unexpected) omoi-gakenai 思いがけない/意想不到的；fui no 不意の/想不到的，突然的；(occasional)rinji no 臨時の/臨時的；(informal wear) fudangi no ふだん着の/便服的

cat *n.* neko 猫/貓

catalog(ue) *n.* katarogu カタログ/產品目錄；mokuroku 目録/(圖書、財產等的)目錄 ——*v.* mokuroku o tsukuru 目録を作る/編製目錄

catastrophe *n.* (denouement) (geki no) ōzume (劇の)大詰め/最後一幕戲；(ruin) hametsu 破滅/破滅，毀滅；(disastrous ruin) hisan na saigo 悲惨な最後/悲慘結局

catch *v.* (seize) toraeru 捕らえる/抓住；tsukamaeru 捕まえる/逮住；(grasp) rikai suru 理解する/理解；(be in time for) ma ni au 間に合う/來得及

I have caught cold. Kaze o hiki mashita. かぜを引きました/我感冒了

caterpillar *n.* (larva) kemushi 毛虫/毛蟲，aomushi 青虫/(蝶類)幼蟲；(tractor)kyatapirā キャタピラー/履帶式拖拉機

cathedral *n.* daiseidō 大聖堂/大教堂；daigaran 大がらん/(佛)大寺院；daijiin 大寺院/大寺院

cattle *n.* (farm animals) kachiku 家畜/家畜；(oxen cows) ushi 牛/牛

cause *n.* (power producing anything) gen'in 原因/原因；(reason) riyū 理由/理由；(motive) dōki 動機/動機 ——*v.* (bring about) hikiokosu 引き起こす/引起；(be the cause of) gen'in to naru 原因となる/起因於…；(make) saseru させる/使之

caution *n.* (carefulness) yōjin 用心/小心，謹慎；(warning) keikoku 警告/警告

cautious *a.* (careful) yōjin-bukai 用心深い/小心的；(prudent) shinchō na 慎重な/慎重的

cave *n.* horaana ほら穴/洞穴

cease *v.* (end) owaru 終わる/結束；oeru 終える/做完，結束；(stop) yameru やめる/停止，作罷

cedar *n.* himaraya-sugi ヒマラヤ杉/雪松；sugi(-zai) 杉(材)/杉樹(材料)

ceiling *n.* tenjō(-ita) 天井(板)/天花板

celebrate *v.* (commemorate) iwau 祝う/祝賀；(perform) shiki o okonau 式を行なう/舉行典禮

celebrated *adj.* (famous) yūmei na 有名な/著名的

celery *n.* serorī セロリー/芹菜

cell *n.* (small room) ko-beya 小部屋/小房間；(ultimate element of organic structures) saibō 細胞/細胞

cellar *n.* (underground room) chikashitsu 地下室/地下室；(wine-cellar) sakagura 酒蔵/酒窖

cement *n.* semento セメント/水泥

cemetery *n.* (kyōdō)bochi (共同)墓地/公墓

censure *v.* hinan suru 非難する/責怪；togameru とがめる/申斥

census *n.* kokusei chōsa 国勢調査/國情調查；jinkō chōsa 人口調査/人口調查

cent *n.* sento セント/(作一個單位的)百

center *n.* chūshin 中心/中心；man' naka まん中/正中；sentā センター/中心；中央 ——*v.* (concentrate) shūchū suru 集中する/集中

central *adj.* chūshin no 中心の/中心的；chūō no 中央の/中央的；(principal) omo na 主な/主要的，重要的

century *n.* (group of hundred) hyaku-nen 百年/百年；seiki 世紀/世紀

cereal *n.* kokurui 穀類/穀類；kokumotsu 穀物/穀物

ceremony *n.* gishiki 儀式/儀式；reigi 礼儀/禮儀

certain *adj.* (sure) tashika na 確かな/確實的，確定的；kakujitsu na 確実な/確實的；(some, one) aru ある/某，某一；tashō no 多少の/一些的

certainly *adv.* tashika ni 確かに/確切地；kanarazu 必ず/一定，必定

certificate *n.* (testimonial) shōmeisho 証明書/證明書；(license) menkyo 免許/許可證，執照

certify *v.* shōmei suru 証明する/證明；menkyo o ataeru 免許を与える/發給執照

chain *n.* kusari 鎖/鏈條;(connected series) renzoku 連続/連續 —— *v.* (connected with chain) kusari de tsunagu 鎖でつなぐ/用鏈條鎖住
chair *n.* isu 椅子/椅子
take a chair chakuseki suru 着席する/就座
chairman *n.* (president) gichō 議長/議長;kaichō 会長/會長
chamber *n.* (room) heya 部屋/房間;(House) gikai 議会/議會
champion *n.* (winner) champion チャンピオン/冠軍,優勝者;(fighter) senshu 選手/選手
chance *n.* (accident) gūzen 偶然/偶然;(luck) kōun 幸運/幸運;(opportunity) kikai 機会/機會;chansu チャンス/機會 —— *adj.* gūzen no 偶然の/偶然的;
by any chance man'ichi 万一/萬一
by chance gūzen ni 偶然に/偶然地,意外地
change *v.* (vary) kaeru 変える/改變,變更;(alter) kaeru 代える/換,交替;(exchange an article) kōkan suru 交換する/交換;(exchange money) ryōgae suru 両替する/兌換 —— *n.* (variation) henkō 変更/變更;henka 変化/變化;(small money) kozeni 小銭/小錢,零錢;(the balance of money) otsuri おつり/找頭
channel *n.* kaikyō 海峡 /海峽;(water-course) suiro 水路/隧洞,涵洞;(*TV*) channeru チャンネル/(電視)頻道
chant *n.* uta 歌/歌,聖歌 —— *v.* utau 歌う/唱歌
chaos *n.* konton 混とん/混沌;(utter confusion) muchitsujo 無秩序/無秩序
chapel *n.* reihaidō 礼拝堂/禮拜堂;chaperu チャペル/小教堂
chapter *n.* (main division of a book) shō 章/章;(branch office) shisha 支社/分社
character *n.* (symbol) kigō 記号/記號;fugō 符号/符號;(letter) moji 文字/文字;(distinctive mark) tokuchō 特徴/特徵;(essential quality) tokusei 特性/特性;(reputation) meisei 名声/名聲
Chinese character kanji 漢字/漢字
characteristic *n.* tokuchō 特徴/特徵;tokushoku 特色/特色 *adj.* dokutoku no 独特の/獨特的
charcoal *n.* mokutan 木炭/木炭;sumi 炭/炭
charge *v.* (fill) mitasu 満たす/充,充滿;(entrust with a duty) sekinin o owaseru 責任を負わせる/使負責任;daika o seikyū suru 代価を請求する/索價,要價;tsuke ni suru つけにする/掛帳;(command) meirei suru 命令する/命令,下令 —— *n.* (load) nimotsu 荷物/負擔,累贅;(electrification) jūden 充電/充電;(responsibility) sekinin 責任/責任;(duty) gimu 義務

/義務;(price) nedan 値段/代價
in charge of …no kakari …の係り/受託人;no sekinin-sha …の責任者/受委任者
charity *n.* (benevolence) jihi 慈悲/慈悲;(almsgiving) jizen 慈善/慈善;(Christian love) ai 愛/上帝之愛;(kindness) shinsetsu 親切/親切
charm *n.* (attractiveness) miryoku 魅力/魅力;(on a bracelet) chāmu チャーム/風韻;omamori お守り/護身符 ——*v.* miwaku suru 魅惑する/魅惑;uttori saseru うっとりさせる/使人着迷
charming *adj.* miryoku-teki na 魅力的な/有魅力的;sutekina 素敵な/絶艷的
chart *n.* zuhyō 図表/圖表;gurafu グラフ/圖;(navigator's sea map) kaizu 海図/航海圖
charter *n.* (license) tokkyojō 特許状/專利證書;menkyojō 免許状/營業執照 ——*v.* (hire for exclusive use) karikiru 借り切る/租,包租
chase *v.* (pursue) oikakeru 追いかける/追趕;(run after) tsuiseki suru 追跡する/追逐
chatter *v.* (jabber)(becha-becha)shaberu(べちゃべちゃ)しゃべる/(喋喋不休地)訴説;saezuru さえずる/多言 ——*n.* oshaberi おしゃべり/饒舌;mudabanashi むだ話/閑聊
chauffeur *n.* untenshu 運転手/駕駛員,司機
cheap *adj.* (nedan no) yasui (値段の) 安い/便宜的;(of little account) yasuppoi 安っぽい/廉價的
cheat *v.* damasu だます/欺騙;azamuku 欺く/欺詐
check *v.* (prevent) soshi suru 阻止する/阻止;(examine accuracy of) shōgō suru 照合する/核對;kensa suru 検査する/檢查 ——*n.* kogitte 小切手/支票;(checkmate)ōte 王手/做大宗交易的人;(test) kensa 検査/檢查;(plaid pattern) chekku チェック/檢查
cheek *n.* hoho ほほ/面頰;hoppeta ほっぺた/臉蛋
cheer *n.* (frame of mind) kigen きげん/愉快;(encouragement) hagemashi はげまし/鼓勵;(applause)kassaiかっさい/喝彩;(vigor) genki 元気/振奮;(fare) gochisō ごちそう/佳餚 ——*v.* (get encouraged) genki-zukeru 元気づける/激勵;(incite) hagemasu はげます/鼓勵;(applaud)kassai suru かっさいする/喝彩
cheer on seien suru 声援する/使提起精神
cheer up nagusameru 慰める/使愉快
cheerful *adj.* genki no ii 元気のいい/高興的;(pleasant) tanoshii 楽しい/愉快的

cheese *n.* chīzu チーズ/乾酪,乳餅
chemical *adj.* kagaku no 化学の/化學的
chemistry *n.* kagaku 化学/化學
cherry *n.* (cherry-tree) sakura no ki 桜の木/櫻桃樹;(fruit) sakurambo さくらんぼ/櫻桃
chest *n.* (box) hako 箱/箱;(treasury) kinko 金庫/金庫;(funds) shikin 資金/資金;(breast) mune 胸/胸;
chest of drawers tansu たんす/衣櫃
chestnut *n.* kuri no ki [mi]栗の木[実]/栗樹(栗子);(*color*) kuri-iro 栗色/栗色,深咖啡色
chew *v.* kamu かむ/嚼;kamikudaku かみくだく/咀嚼
chicken *n.* hiyoko ひよこ/雛鷄;(fowl) niwatori にわとり/小鷄;toriniku 鳥肉/鷄肉
chief *n.* (leader) chō 長/首領;kashira 頭/頭目,頭子 ——*adj.* (principal) saikō no 最高の/最高的;(important) shuyōna 主要な/主要的
child *n.* kodomo 子供/小孩;jidō 児童/兒童;yōji 幼児/幼兒
childhood *n.* yōshō 幼少/童年;yōnen jidai 幼年時代/童年時代
childish *adj.* (puerile) kodomoppoi 子供っぽい/一身孩子氣;adokenai あどけない/傻氣的;(simple) tanjun na 単純な/單純的
chill *n.* (coldness) hie 冷え/寒氣;reiki 冷気/冷氣;(feverish shivering) okan 悪感/掃興,寒心;(coldness) reitan 冷淡/冷淡 ——*adj.* (cold) samui 寒い/寒冷的;tsumetai つめたい/冰冷的 ——*v.* (make cold) hiyasu 冷やす/使冷,冰鎮;(cool) hieru 冷える/變冷,變涼
catch a chill samuke ga suru 寒気がする/感到冷,渾身發冷
chimney *n.* entotsu 煙突/煙囱
chin *n.* ago あご/下巴
chip *n.* (ki no) kirehashi (木の)切れ端/(木、鐵等的)小片;kakera かけら/碎片;hahen 破片/碎片;(electronics) chippu チップ/薄片 ——*v.* (cut) kiru 切る/切;kezuru 削る/削;(break)waru 割る/割
chocolate *n.* chokorēto チョコレート/巧克力,朱古力
choice *n.* (selection) sentaku 選択/選擇;(preference) yorigonomi より好み/偏愛 ——*adj.* (well-chosen) erinuki no えり抜きの/精選的;(excellent) jōtō na 上等な/上等的
choke *v.* (stop the breathing of) iki o tomeru 息をとめる/使閉氣,扼喉;(smother) chissoku saseru 窒息させる/使窒息;(block up) fusagu ふさぐ/填塞
choose *v.* (select)erabu 選ぶ/選,挑選;(pick out)sentaku suru 選択する/選擇;(decide) kimeru 決める/選定

chopsticks *n.* hashi はし/筷子
chronic *adj.* (continuous) keizoku suru 継続する/繼續;(inveterate) mansei no 慢性の/慢性的
chronicle *n.* nendaiki 年代記/年代記,編年史;(record) kiroku 記録/記錄
chrysanthemum *n.* kiku(no hana) 菊(の花)/菊(花)
church *n.* kyōkai 教会/教會,教堂;(church service) reihai 礼拝/(教堂)禮拜
cigar *n.* hamaki(tabako) 葉巻(たばこ)/雪茄煙
cigarette *n.* (kamimaki)tabako (紙巻)たばこ/紙煙,香煙
cinema *n.* eiga 映画/電影
circle *n.* en 円/圓;(circumference) enshū 円周/圓周;(group) nakama 仲間/交際圈;小集團;sākuru サークル/圈,團體,小組
circuit *n.* (distance round) shūi 周囲/周圍;(round about journey) junkai 巡回/巡迴;(path of current) kairo 回路/回路,電路
circular *adj.* (round) marui 丸い/圓的;(circulating) junkai no 巡回の/巡迴的;kairan no 回覧の/傳閱的,巡視的 ——*n.* (handbill) bira ビラ/傳單;chirashi チラシ/招貼
circulate *v.* (move about) mawaru 回る/環流;(send around) junkan saseru 循環させる/使循環;(go around) junkan suru 循環する/循環;(pass current) ryūtsū saseru[suru]流通させる[する]/使流通
circumstance *n.* (conditions) jijō 事情/(周圍的)情況;jōtai 状態/情形,狀態;(environment)kyōgū 境遇/境遇;kankyō 環境/環境
circus *n.* sākasu サーカス/圓形馬戲場;圓形廣場
citizen *n.* (civilian) shimin 市民/市民;(inhabitant) jūmin 住民/居民
city *n.* toshi 都市/都市;tokai 都会/都會;shi 市/城市
city office shiyakusho 市役所/市政府
civil *adj.* shimin no 市民の/市民的;minkan no 民間の/民間的;ippanjin no 一般人の/老百姓的;(polite) teinei na ていねいな/有禮貌的,斯文的,有教養的
civil law mimpō 民法/民事訴訟法,民法
the Civil War (*U.S.*) namboku sensō 南北戦争/南北戰爭
civilization *n.* bummei 文明/文明;bunka 文化/文化
claim *n.* (demand)yōkyū 要求/要求;(assertion)seikyū 請求/請求;shuchō 主張/主張 ——*v.* yōkyū suru 要求する/要求;seikyū suru 請求する/請求;shuchō suru 主張する/主張,提倡

clam *n.* hamaguri はまぐり/蛤,蚶
clamor *n.* (shouting) sawagi さわぎ/喧嚷;(din) wameki わめき/叫喊 ——*v.* wai-wai sawagu わいわいさわぐ/吵鬧,喧嚣
clang *n.* kachin [kān, garan]to iu oto カチン[カーン,ガラン]という音/叮噹聲,鏗鏘聲 ——*v.* garan garan to naru [narasu] ガランガランと鳴る[鳴らす]/叮噹(響)
clap *v.* (applaud) te o tataku 手を叩く/拍手喝彩;hakushu suru 拍手する/拍手,鼓掌
clash *v.* (collide) shōtotsu suru 衝突する/衝突,抵觸;kachiau かちあう/衝突,不一致 ——*n.* (conflict) shōtotsu 衝突/(意見)衝突,齟齬;gachin gachin [jan-jan]to iu oto ガチンガチン[ジャンジャン]という音/叮噹聲
clasp *v.* (grasp) nigirishimeru 握りしめる/緊緊握手;(embrace) dakishimeru 抱きしめる/緊緊擁抱;(fasten with a clasp) (tomegane de) tomeru (止め金で)止める/扣住,扣緊;(shake hands) akushu suru 握手する/握手 ——*n.* (buckle)tomegane 止め金/扣子,鉤子,插銷;(hook) hokku ホック/鉤,鐵鉤,掛鉤;(handshake)akushu 握手/握手;(embrace) hōyō 抱擁/擁抱
class *n.* kyū 級/級;kumi 組/組;kurasu クラス/班級;(social division)kaikyū 階級/階級
classic *adj.* koten no 古典の/古典的;(of the highest excellence) ichiryū no 一流の/一流的;kessaku no 傑作の/最優秀的 ——*n.* koten 古典/古典
classify *v.* (arrange in classes) bunrui suru 分類する/分類,分等,分級;(assign to a class) tōkyū ni wakeru 等級に分ける/分成等級
classroom *n.* kyōshitsu 教室/教室
clause *n.* (single proviso) jōkō 条項/條款;kajō 箇条/條款;(short sentence)tambun 短文/短句
claw *n.* (sharp nail) (tori, kemono no) tsume (鳥,けものの)爪/(鳥獸的)爪子;(kani, ebi no) hasami (かに,えびの)はさみ/(蟹蝦的)鉗 ——*v.* (scratch)hikkaku 引っかく/(用爪)抓,捕捉;kakimushiru かきむしる/揪,搔掉
clay *n.* nendo 粘土/黏土;(earth) tsuchi 土/土,土地
clean *adj.* seiketsu na 清けつな/整潔的;kirei na きれいな/清潔的
cleanly *adv.* kirei ni きれいに/乾淨地,徹底地
clear *adj.* (uncloudy) hareta 晴れた/晴朗的;(limpid) tōmei na 透明な/透明的;(bright)akarui 明るい/明亮的;(plain)akiraka na 明らかな/明瞭的 ——*v.* (remove) torinozoku 取り除く/清洗;(become clear) hareru 晴れる/轉晴

clear away (remove) torinozoku 取り除く/清除;(vanish) kiri ga hareru 霧がはれる/霧散天晴
clear up (grow clear) hareru 晴れる/晴朗;(solve) kaiketsu suru 解決する/解釋,說明
clergyman *n.* bokushi 牧師/牧師
clerk *n.* (scribe) shoki 書記/(法庭等的)書記,錄事;(office clerk) jimuin 事務員/職員;(salesman) ten'in 店員/店員
clever *adj.* (intelligent) rikō na 利口な/聰明的;atama no ii 頭のいい/伶俐的;(skillful) kiyō na 器用な/靈巧的
client *n.* irainin 依頼人/委託人;kyaku 客/客人;tokui とくい/顧客
cliff *n.* gake がけ/峭壁;zeppeki 絶壁/絕壁;dangai 断がい/懸崖
climate *n.* kikō 気候/氣候;fūdo 風土/水土,風土
climax *n.* chōten 頂点/頂點;kuraimakkusu クライマックス/極點,高潮
climb *v.* noboru 登る/攀登,(太陽)上升;yojinoboru よじ登る/爬上
clip *v.* (snip) hasami kiru はさみ切る/剪;(trim) karikomu 刈り込む/剪短,修剪 ——*n.* kamibasami 紙ばさみ/剪輯;kurippu クリップ/夾子,紙夾,別針;捲髮夾
clipper *n. pl.* barikan バリカン/理髮推子;*pl.* (shears) tsumekiri 爪切り/指鉗,指甲刀;(fast sailing ship) kaisoku hansen 快速帆船/快速帆船
cloak *n.* (mantle) (sode-nashi) gaitō (袖なし)外とう/斗篷;manto マント/大氅 ——*v.* gaitō o kiru [kiseru] 外とうを着る[着せる]/(給)披上斗篷
cloakroom *n.* kurōku クローク/(戲院)衣帽間,(會議)休息室;keitaihin azukarisho 携帯品預り所/行李寄存處
clock *n.* kake-dokei 掛時計/掛鐘
clockwise *adj.*, *adv.* migi-mawari no[ni] 右回りの[に]/順時針方向的(地)
close *adj.* (shut) tojita 閉じた/關閉的;(near) chikai 近い/近的,靠近的;(intimate) shimmitsu na 親密な/親密的 ——*adv.* (near) sekkin shite 接近して/接近 ——*v.* (shut) tojiru 閉じる/關閉;(finish) owaru 終る/完成,完結
closely *adv.* pittari to ぴったりと/密密地,緊密地;sekkin shite 接近して/密接地
closet *n.* (cupboard) todana 戸棚/壁櫥;oshiire 押入れ/櫥;(study) shosai 書斎/書房;(private room) shishitsu 私室/私室,個人房間
cloth *n.* nuno 布/布,布疋;nunogire 布切れ/布片,布頭
clothe *v.* kimono o kiseru [kiru] 着物をきせる[きる]/(給)穿衣

clothes *n.* kimono 着物/服裝;ifuku 衣服/衣服
cloud *n.* kumo 雲/雲 ——*v.* (grow cloudy)kumoru 曇る/轉陰;kumoraseru 曇らせる/使烏雲密佈,使陰暗;投下陰影
cloudy *adj.* kumotta 曇った/陰天的;愁容的
club *n.*,*v.* kurabu クラブ/俱樂部;(cudgel) kombō [de utsu]こん棒[で打つ]/球棒(擊球)
clue *n.* itoguchi 糸口/線索,思路;tegakari 手がかり/線索,暗示
clumsy *adj.* (unskillful) bukiyō na 不器用な/笨拙的;(ill-contrived) heta na へたな/粗陋的,粗俗的
cluster *n.* (group) mure 群れ/群,群體;(bunch) fusa 房/(葡萄等)串,掛,簇 ——*v.* muragaru 群がる/群集
clutch *v.* tsukamu つかむ/抓住;nigiru 握る/握住 ——*n.* tsukamu koto つかむこと/掌握;kuratchi クラッチ/離合器
coach *n.* (stage-coach) yonrin ōgata basha 四輪大型馬車/轎式大馬車;(trainer)kōchi コーチ/(鐵路)客車 ——*v.* kōchi suru コーチする/訓練;shidō suru 指導する/指導
coal *n.* sekitan 石炭/煤,煤炭
coarse *adj.* (rude) soya na 粗野な/粗野的;sozatsu na 粗雑な/粗糙的;(rough in texture) kime no arai きめのあらい/木紋粗糙的
coast *n.* kaigan 海岸/海岸;engan 沿岸/沿岸;hamabe 浜辺/海濱
coat *n.* uwagi 上着/上衣;kōto コート/外套
coax *v.* (wheedle) iikurumeru 言いくるめる/蒙騙;nadameru なだめる/好言勸說;odateru おだてる/教唆
cockroach *n.* abura-mushi 油虫/蟑螂;gokiburi ゴキブリ/蟑螂
cocoa *n.* kokoa ココア/可可粉
code *n.* (system of laws)hōten 法典/法典;(set of rules) kisoku 規則/規則;(system of signals) angō 暗号/密碼;fugō 符号/符號
coffee *n.* kōhī コーヒー/咖啡
coffin *n.* kan 棺/棺;hitsugi ひつぎ/棺材
coin *n.* kahei 貨幣/貨幣;kōka 硬貨/硬幣
coincide *v.* itchi suru 一致する/一致;fugō suru 符合する/符合
cold *adj.* samui 寒い/冷;(indifferent) reitan na 冷淡な/冷淡的 ——*n.* samusa 寒さ/寒冷;(*sickness*) kaze 風邪/受寒,感冒
have a slight cold kazegimi desu 風邪ぎみです/有點感冒
collapse *v.* (fall down) tsubureru つぶれる/倒場;hōkai suru 崩壊する/崩潰;(fail) shippai suru 失敗する/失敗;(lose courage) kujikeru くじける/(精神)喪氣,喪膽 ——*n.* (utter failure)shippai 失敗/失敗;(break down)hōkai 崩壊/崩潰;(prostration) suijaku 衰弱/沮喪;(loss of courage) ikishōchin

意気消沈/意志消沉
collar *n.* (neckband)eri えり/衣領;kubiwa 首輪/項圈;karā カラー/領子,硬領
colleague *n.* dōryō 同僚/同事
collect *v.* atsumeru 集める/收集;matomeru まとめる/集中
collector *n.* shūshūka 収集家/收藏家;(rent collector) shūkin'nin 集金人/募捐人
college *n.* daigaku 大学/大學;karejji カレッジ/學院,單科大學
colony *n.* shokuminchi 植民地/殖民地
color *n.* iro 色/顏色;karā カラー/彩色;*pl.* (paints) enogu 絵具/繪畫用具
column *n.* (pillar)enchū 円柱/圓柱;hashira 柱/柱;(feature article)(shimbun no) ran (新聞の)欄/(報刊)專欄
comb *n.* kushi 櫛/梳子 ——*v.* kushi de tokasu 櫛でとかす/用梳子梳;kushikezuru くしけずる/梳,梳理
combat *n.* (fight) sentō 戦闘/戰鬥;(struggle) kakutō 格闘/格鬥 ——*v.* tatakau 戦う/戰鬥;funtō suru 奮闘する/奮鬥
combination *n.* (join together) ketsugō 結合/結合;kumiawase 組合せ/聯合,配合 ——*v.* ketsugō suru 結合する/結合;rengō suru 連合する/聯合;(co-operate) kyōryoku suru 協力する/協力,合力,合作
come *v.* kuru 来る/來;(happen) okoru 起こる/發生;shōjiru 生じる/產生;…ni naru …になる/…到來;變…了
come across deau 出会う/偶爾碰見,無意中發現
come out deru 出る/出,出來;hatsubai suru 発売する/(書刊)被售出,被發行
come home kitaku suru 帰宅する/回家
come along yattekuru やって来る/來,出現
come back kaeru 帰る/回來
come from …no umare de aru …の生れである/…的出身,出生於…
comedy *n.* kigeki 喜劇/喜劇
comfort *n.* nagusame 慰め/安慰,慰問品;(pleasant)tanoshimi 楽しみ/愉快 ——*v.* nagusameru 慰める/安慰,寬慰
comfortable *adj.* (pleasant)kimochi no yoi 気持ちのよい/愉快的,安樂的;kiraku na 気楽な/惬意的
command *v.* meijiru 命じる/命令,下令;shiki suru 指揮する/指揮 ——*n.* meirei 命令/命令;shiki 指揮/指揮
commemorate *v.* kinen suru 記念する/紀念;(celebrate)iwau 祝う/慶祝
commence *v.* hajimeru 始める/開始;hajimaru 始まる/開始
comment *n.* (criticism) rompyō 論評/評論;(annotation)

chūshaku 注釈/註釋;kaisetsu 解説/説明 —— *v.* chūshaku suru 注釈する/註釋;hihyō suru 批評する/批評

commerce *n.* shōgyō 商業/商業;tsūshō 通商/通商;bōeki 貿易/貿易;torihiki 取引き/交易

commercial komāsharu no コマーシャルの/商務的;shōgyō no 商業の/商業的

commission *n.* (allowance) tesūryō 手数料/手續費;(trust) inin 委任/委任;(charge) itaku 委託/委託;iin 委員/委員

commit *v.* (do something wrong) okasu 犯す/犯(錯誤);(entrust)itaku suru 委託する/委託

commit a crime tsumi o okasu 罪を犯す/犯罪

committee *n.* iinkai 委員会/委員會;(guardian) kōken'nin 後見人/監護人

commodity *n.* (goods) shōhin 商品/商品;nichiyōhin 日用品/日用品

common *adj.* (joint) kyōtsu no 共通の/共通的,共同的;(usual) tsūjō no 通常の/通常的;(ordinary) futsū no 普通の/普通的;(general) ippan no 一般の/一般的

common sense jōshiki 常識/常識

communicate *v.* (hold intercourse) tsūshin suru 通信する/通信;(transmit) tsutaeru 伝える/傳達,傳授

communication *n.* (correspondence) tsūshin 通信/通信;denta tsu 伝達/傳達;kōtsūkikan 交通機関/交通,交通工具;hōdō 報道/報道

communism *n.* kyōsan-shugi 共産主義/共産主義

community *n.* kyōdō-seikatsu-tai 共同生活体/共同生活體;shakai 社会/社會

compact *n.* (contract) keiyaku 契約/契約 —— *adj.* (dense) chimitsu na 緻密な/緻密的;(concise) kanketsu na 簡潔な/(文字)簡潔的

companion *n.* (associate) nakama 仲間/同伴;hanashiaite 話し相手/交談對象;tomo 友/朋友

company *n.* (association) kōsai 交際/交際;(companions) nakama 仲間/同伴;tomodachi 友だち/朋友;(firm) kaisha 会社/公司

compare *v.* hikaku suru 比較する/比較;kuraberu 比べる/對照;(liken) tatoeru たとえる/比喻

compass *n.* (range) han'i 範囲/範圍;(circuit) shūi 周囲/周圍;(*ship*)rashimban 羅針盤/羅盤針,指南針;(*drawing*)kompasu コンパス/分規

compensate *v.* tsugunau 償う/補償;benshō suru 弁償する/賠償

compete *v.* kyōsō suru 競争する/競爭;arasou 争う/爭,爭鬥,對抗
competent *adj.* (capable)yūnō na 有能な/有能力的;(adequate) tekinin no 適任の/勝任的
competition *n.* kyōsō 競争/競爭
competitor *n.* kyōsōsha 競争者/競爭者
complain *v.* fuhei o iu 不平を言う/鳴不平,訴委屈;guchi o kobosu ぐちをこぼす/抱怨;nageku 嘆く/訴苦
complete *v.* (finish)kansei suru 完成する/完成,完工;mitasu 満たす/弄齊全 ——*adj.* (perfect) kanzen na 完全な/完全的;(entire)jūbun na 十分な/圓滿的,全
complexion *n.* (appearance of the face) kaoiro 顔色/臉色;(general appearance) yōsu 様子/(事態)情況,局面
complicate *v.* (intricate) fukuzatsu ni suru 複雑にする/弄複雜;konran saseru 混乱させる/使混亂
complicated *adj.* fukuzatsu na 複雑な/複雜的
compliment *n. pl.* (greetings) aisatsu あいさつ/敬意,問候;(flattery) oseji お世辞/恭維話;(praise) sanji 賛辞/讚美辭
comply *v.* (agree)ōjiru 応じる/答應;shōdaku suru 承諾する/承諾
compose *v.* (make up) kumitateru 組み立てる/組成,構成;(compose a poem) shi o tsukuru 詩を作る/作詩;(set to music) sakkyoku suru 作曲する/作曲
comprehend *v.* rikai suru 理解する/理解
compromise *n.* (mutual concession) dakyō 妥協/妥協 —— *v.* dakyō suru 妥協する/妥協
compute *v.* keisan suru 計算する/計算
computer kompyūtā コンピューター/計算機,電腦;keisan-sha [-ki]計算者[器]/計算人(器)
comrade *n.* nakama 仲間/夥伴;dōshi 同志/同志
conceal *v.* kakusu 隠す/隱藏;himitsu ni suru 秘密にする/隱瞞
concede *v.* (grant) yuzuru ゆずる/讓給,許給;(admit to be true) mitomeru 認める/承認
conceive *v.* (imagine) kokoro ni idaku 心に抱く/蓄意,抱有;kangaeru 考える/想像;想出;(become pregnant) ninshin suru 妊娠する/妊娠
concentrate *v.* shūchū suru 集中する/集中,專注;sen'nen suru 専念する/專心,凝神
conception *n.* (general notion) gainen 概念/概念;(invention) chakusō 着想/着想;(impregnation)ninshin 妊娠/妊娠
concern *v.* (relate to) kankei suru 関係する/對…有關係;(affect) eikyō suru 影響する/影響到;(be concerned) shimpai

suru 心配する/掛念，擔心 ——n. (company) kaisha 会社/公司；(relation) kankei 関係/關係；(anxiety) shimpai 心配/擔心，憂慮

***be concerned with*[*in*]**…ni kankei ga aru に関係がある/與…有關

***be concerned about*[*for*]**…ni kanshin o motsu に関心を持つ/對…關心

concerned *adj.* (employed in) jūji suru 従事する/從事；(interested) rigai kankei no aru 利害関係のある/有利害關係；(anxious) shimpai suru 心配する/擔心，掛慮

concerning *prep.* …ni kanshite に関して/與…有關；…ni tsuite について/關於，論及，就

concert *n.* ensōkai 演奏会/演奏會；konsāto コンサート/音樂會

conclude *v.* (bring to an end) oeru 終える/終結；(decide) kettei suru 決定する/決定，決議；(come to an end) ketsuron suru 結論する/結論

conclusion *n.* (termination) ketsumatsu 結末/結尾；(end) shūketsu 終結/終結；ketsuron 結論/結論

concrete *adj.* (definite) gutai-teki na 具体的な/具體的；(physical) yūkei no 有形の/有形的 ——n. (building material) konkurīto コンクリート/混凝土 ——v. (harden) katameru 固める/凝固；(become hard) katamaru 固まる/凝結成；(give shape to) gutaika suru 具体化する/使具體化

condemn *v.* (blame) togameru とがめる/責備，譴責；hinan suru 非難する/申斥；(sentence) senkoku suru 宣告する/宣告

condense *v.* (compress) gyōshuku saseru 凝縮させる/使凝縮；(epitomize) yōyaku suru 要約する/摘要；(concentrate) shūchū suru 集中する/聚集(光)

condition *n.* (prerequisite) jōken 条件/條件；(state) jōtai 状態/狀態

conduct *n.* (behavior) kōi 行為/行爲；(management) un'ei 運営/經營；(leading) shidō 指導/領導，指導，統率 ——v. (guide) an'nai suru 案内する/引導，嚮導；(behave) furumau ふるまう/舉止，行爲

conductor *n.* (leader of an orchestra) shikisha 指揮者/指揮者；(tour conductor) tenjōin 添乗員/(旅行社派出的)隨車(機)服務員，導遊；(*train*) shashō 車掌/乘務員

confectioner *n.* kashi-ya 菓子屋/糖菓店

confer *v.* (grant) ataeru 与える/給與；juyo suru 授与する/授與；(take counsel) sōdan suru 相談する/商議，協商

conference *n.* (meeting) kaigi 会議/會議；(consultation) sōdan 相談/協商，商議

confess *v.* (tell one's faults) kokuhaku suru 告白する/供認; hakujō suru 白状する/坦白;(admit) mitomeru 認める/承認
confession *n.* kokuhaku 告白/供認;zange ざんげ/懺悔
confidence *n.* (firm trust) shin'yō 信用/信用,信任;(reliance) shinrai 信頼/信頼;(self-reliance) jishin 自信/自信;(secret) himitsu 秘密/秘密
confine *v.* (limit) seigen suru 制限する/限制;(shut up) tojikomeru 閉じ込める/緊閉
confirm *v.* tashikameru 確かめる/證實;kakunin suru 確認する/確認,認可
conflict *n.* (struggle) tōsō 闘争/鬥爭;arasoi 争い/爭奪;(collision) shōtotsu 衝突/衝突 ——*v.* (fight) tatakau 戦う/戰鬥;(clash) shōtotsu suru 衝突する/衝突
conform *v.* (adapt) itchi saseru 一致させる/使一致; tekigō saseru 適合させる/使適合;(obey) shitagau 従う/服從
confuse *v.* (throw into disorder) konran saseru 混乱させる/使混亂,混同;(perplex) tōwaku saseru 当惑させる/使慌亂,使狼狽
confusion *n.* konran 混乱/混亂
congratulate *v.* (felicitate) iwau 祝う/慶祝,祝賀;omedetō to iu おめでとうと言う/致祝詞,致賀詞
congress *n.* (assembly) kaigi 会議/會議;(legislature) gikai 議会/議會;kokkai 国会/國會
connect *n.* (join) tsunagu つなぐ/連接,接合 ——*v.* (unite) setsuzoku suru 接続する/接連
be connected with kankei suru 関係する/與…有關
connection *n.* (relation) kankei 関係/關係;(union) renketsu 連結/聯結
conquer *v.* seifuku suru 征服する/征服;uchikatsu 打ち勝つ/戰勝
conquest *n.* (subjugation) seifuku 征服/征服;(aquisition) kakutoku 獲得/獲得
conscience *n.* ryōshin 良心/良心;dōgishin 道義心/道德心
conscious *adj.* (aware) ishiki shite iru 意識している/意識到;(sensible) kizuite iru 気付いている/注意到
consciousness *n.* ishiki 意識/意識;jikaku 自覚/自覺
consent *n.*,*v.* dōi (suru) 同意(する)/同意;shōdaku (suru) 承諾(する)/承諾
consequence *n.* (result) kekka 結果/結果;(importance) jūyōsa 重要さ/重要性
conservative *adj.* hoshu-teki na 保守的な/保守的 ——*n.* hoshushugi-sha 保守主義者/保守主義者

considerable *adj.* (worthy of consideration) kōryo subeki 考慮すべき/應考慮的; (important) jūyō na 重要な/重要的; (rather large) taryō no 多量の/大量的; kanari no かなりの/很多的
consideration *n.* kōryo 考慮/考慮; shiryo 思慮/思慮
in consideration of …o kōryo shite を考慮して/考慮到
consist *v.* (be consistent) itchi suru 一致する/一致,並存; (be composed of) naritatsu 成り立つ/由…而成
consist of …de kōsei sarete iru …で構成されている/由…構成
consistent *adj.* (compatible) itchi shita 一致した/一致的; (harmonized) chōwa shita 調和した/調和的
conspicuous *adj.* (attracting notice) medatsu 目立つ/引人注目的; (clearly visible) hakkiri mieru はっきり見える/明顯的,顯而易見的
conspire *v.* kyōbō suru 共謀する/同謀; imbō o takuramu 陰謀をたくらむ/策劃,陰謀
constant *adj.* (invariable) kawaranai 変らない/經久不變的; (continuous), taema nai 絶え間ない/不間斷的; (resolute) kenjitsu na 堅実な/斷然的,堅定的
constitute *v.* (compose) kōsei suru 構成する/構成; soshiki suru 組織する/組織; (appoint) ninmei suru 任命する/任命
constitution *n.* (structure) kōsei 構成/構成,結構; (form) soshiki 組織/組織; (physical nature) taikaku 体格/體格; (*government*) kempō 憲法/憲法
construct *v.* kenzō suru 建造する/建造; kensetsu suru 建設する/建設,建築
consul *n.* ryōji 領事/領事
consulate *n.* ryōjikan 領事館/領事館
consult *v.* (take counsel) sōdan suru 相談する/商議,協商; (seek advice from) shinsatsu o ukeru 診察を受ける/接受診斷; (refer to) (jisho) o shiraberu (辞書)を調べる/查(辭典)
consume *v.* (use up) shōhi suru 消費する/消費; (destroy) horobosu 滅ぼす/消滅
contact *n.* (touching) sesshoku 接触/接觸; (connection) renraku 連絡/聯絡
contagious disease *n.* densembyō 伝染病/傳染病
contain *v.* (include) fukumu 含む/包含; (hold) ireru 入れる/容納; irete iru 入れている/含有
container *n.* iremono 入れ物/容器; yōki 容器/容器
contemplate *v.* (gaze upon) jitto nagameru じっと眺める/凝視; (meditate) jitto kangaeru じっと考える/沉思; (expect) kitai

suru 期待する/期待,盼望;(intend)shiyō to omou しようと思う/想…,打算…
contemporary *adj.* (of the day)gendai no 現代の/現代的,當代的;(contemporaneous) dōjidai no 同時代の/同時代的
content *n.* (capacity) yōryō 容量/容量;(what is contained) naiyō 内容/内容;(table of contents)mokuji 目次/目次,目錄;(satisfaction) manzoku 満足/滿足 ——*adj.* (satisfied) manzoku shita 満足した/滿足了的
contest *n.* (competition) kyōsō 競争/競爭;(debate) ronsō 論争/爭論
continent *n.* tairiku 大陸/大陸;rikuchi 陸地/陸地
continue *v.* tsuzukeru 続ける/連續;keizoku suru 継続する/繼續
contract *n.* keiyaku 契約/契約,合同;ukeoi 請負/承包
contrary *adj.* (opposite)hantai no 反対の/反對的;gyaku no 逆の/相反的 ——*n.* hantai 反対/相反,不一致
on the contrary kore ni hanshite これに反して/與此相反
contrast *n.*,*v.* taishō(suru) 対照する/對照,對比
contribute *v.* (aid) kōken suru 貢献する/貢獻;(give) kifu suru 寄付する/捐贈,資助
contribution *n.* kōken 貢献/貢獻;kifu 寄付/奉贈,資助
control *n.* shihai (ryoku) 支配(力)/支配(力);kanri 管理/管理;kontorōru コントロール/控制;管理 ——*v.* (govern)shihai suru 支配する/支配;(direct) kanri suru 管理する/管理;(have control over) seigyo suru 制御する/控制
controversy *n.* ronsō 論争/爭論;ronsen 論戦/論戰
convenient *adj.* (opportune) benri na 便利な/方便的;tsugō no yoi 都合のよい/方便的時候;(suitable) tekisetsu na 適切な/合適的
convention *n.* (assembly) shūkai 集会/集會;(rule) kanrei 慣例/慣例
conversation *n.* kaiwa 会話/會話;danwa 談話/談話
convey *v.* (carry)hakobu 運ぶ/運送;(transmit)tsutaeru 伝える/傳遞,傳達;(communicate)shiraseru 知らせる/通知
convince *v.* (make [feel] sure) kakushin saseru 確信させる/使確信;(persuade) nattoku saseru 納得させる/使接納,説服
cook *v.* ryōri suru 料理する/烹調 ——*n.* ryōri-nin 料理人/廚師;kokku コック/廚師
cool *adj.* (moderately cold) suzushii 涼しい/涼;tsumetai 冷たい/冷;(calm)ochitsuita 落ち着いた/沉着的;(cold-hearted) reitan na 冷淡な/冷淡的
cooperate *v.* kyōryoku suru 協力する/協力;kyōdō suru 協同す

る/合作

copper *n.* dō 銅/銅;(copper coin) dōka 銅貨/銅幣

copy *n.* (reproduction) fukusha 複写/副本;kopī コピー/抄本;複製件;utsushi 写し/複製品;(one of a number of the same books) satsu 冊/册;bu 部/部 —— *v.* (make a copy of) utsusu 写す/謄寫;fukusha suru 複写する/複寫

cord *n.* tsuna 綱/索;himo ひも/繩;obi 帯/帶子

cordial *adj.* (hearty) kokoro kara no 心からの/實心實意的;(friendly) shinsetsu na 親切な/親切的 —— *n.* (*drink*) kajitsu-shu 果実酒/果子酒

core *n.* (central part)shin しん/芯;chūshimbu 中心部/芯部,芯子;(the heart)kakushin 核心/核心

corn[1] *n.* (cereals)kokumotsu 穀物/穀物;(wheat)komugi 小麦/小麥;ōmugi 大麦/大麥;(maize) tōmorokoshi とうもろこし/玉米

corn[2] *n.* (horny thickening of the skin) uo-no-me 魚の目/(腳趾)鷄眼

corner *n.* kado 角/角;sumi 隅/角落;(crossing) kōsaten 交差点/(街道)十字路口

corporation *n.* kaisha 会社/公司;dantai 团体/團體

corpse *n.* shitai 死体/屍體

correct *a.* seikaku na 正確な/正確的;tadashii 正しい/正確的,對的 ——*v.* (amend)teisei suru 訂正する/訂正,更正

correction *n.* teisei 訂正/訂正,更正

correctly *n.* seikaku ni 正確に/正確地;machigai naku 間違いなく/無誤地

correspond *v.* (be similar) ni sōtō suru に相当する/相當於;(agree)itchi suru 一致する/一致;(communicate) buntsū suru 文通する/通信

correspondence *n.* buntsū 文通/通信;tsūshin 通信/通信

corrupt *adj.* (rotten) kusatta くさった/腐敗的;(depraved) daraku shita 堕落した/墮落的 ——*v.* kusaru くさる/腐敗,腐爛;daraku suru 堕落する/墮落

cost *v.* (be priced at)(hiyō ga) kakaru (費用が)かかる/花費;(require)yōsuru 要する/要,需求 ——*n.* (price) nedan 値段/價格;(expense)hiyō 費用/費用

costly *adv.* kōka na 高価な/高價的,昂貴的

costume *n.* fukusō 服装/服裝;ishō 衣装/衣裳

cottage *n.* (small house)koya 小屋/小房,小板房,茅舍;(small country residence) inakaya 田舎家/村舍,農舍

cotton *n.* momen 木綿/草棉,棉樹;wata 綿/棉,棉花
absorbent cotton dasshimen 脱脂綿/脱脂棉

cotton thread momen-ito 木綿糸/棉線
cough *n.* ,*v.* seki(o suru) せき(をする)/咳嗽
cough drop sekidome doroppu せきどめドロップ/咳嗽糖
council *n.* kaigi 会議/會議
counsel *n.* (consultation) sōdan 相談/商議,勸導;kyōgi 協議/協議;(advice)chūkoku 忠告/忠告 ——*v.* (advise)chūkoku suru 忠告する/忠告;(consult)sōdan suru 相談する/商議,勸導
counselor kaunserā カウンセラー/法律顧問
court *n.* (palace) kyūtei 宮廷/宮廷;(court of justice) saibansho 裁判所/法院,法庭;(*tennis*) kōto コート/網球場
courtesy *n.* (polite behavior) reigi 礼儀/禮儀;(politeness) teinei ていねい/有禮貌的,謙恭的
courtesy of …no kōi ni yotte の好意によって/蒙…好意
cousin *n.* itoko いとこ/堂兄弟姐妹,表兄弟姐妹
cover *v.* (overlay) o'ou 覆う/覆蓋; kakusu 隠す/隱蔽;(enclose)tsutsumu 包む/包 ——*n.* (*book*) hyōshi 表紙/(書)封皮;kabā カバー/蓋兒,罩;(lid)futa ふた/蓋子
cow *n.* me-ushi め牛/母牛
coward *n.* okubyō-mono おくびょう者/懦夫 —— *adj.* okubyō na おくびょうな/膽小的,怯懦的
crab *n.* kani かに/蟹
crack *n.* (fissure) wareme 割れ目/裂縫;(fault) ketten 欠点/缺點,瑕疵 ——*vi.* (open into fissures) hibi ga hairu ひびが入る/開裂;(break) wareru 割れる/打碎 ——*vt.* waru 割る/打破
cracker *n.* (fire cracker) kanshakudama かんしゃく玉/西洋爆竹;(biscuit) kurakkā クラッカー/鹹餅乾
cradle *n.* (little baby's bed on rockers) yurikago 揺りかご/搖籃;(place of origin) hasshōchi 発祥地/發祥地
craft *n.* (cleverness) kōmyō 巧妙/巧妙;(handicraft) kōgei 工芸/手工藝
craftsman *n.* shokunin 職人/工匠,手工匠;(artisan) kōgeika 工芸家/藝術家
crane *n.* (*bird*)tsuru 鶴/鶴;(machine hoisting heavy objects)kijūki 起重機/起重機;kurēn クレーン/起重機,吊車
crank *n.* (*machine*) kuranku クランク/曲柄,曲軸,彎曲;(eccentric person) kimuzukashiya 気むずかし屋/怪人
crash *v.* (make a crash) gara-gara [gachan] to iu oto o tateru ガラガラ[ガチャン]と言う音を立てる/嘩啦,嘩啦(之聲);(break in pieces) kudakeru 砕ける/粉碎;(collide) shōtotsu suru 衝突する/(車等)碰撞

crave *v.* (ask earnestly) kongan suru 懇願する/懇請;(desire) setsubō suru 切望する/切望;(demand)motomeru 求める/要求,懇求

crawl *v.* (creep) hau はう/爬,蠕行;(walk slowly) yukkuri aruku ゆっくり歩く/慢走 ——*n.* (*swimming*)kurōru クロール/爬行;慢行

crazy *adj.* kichigai no 気違いの/狂妄的,狂熱的;kichigai-jimita 気違いじみた/瘋狂的

cream *n.* kurīmu クリーム/奶油;奶油色

create *v.* (produce) sōzō suru 創造する/創造

creation *n.* (production) sōzō 創造/創造;(universe) tenchi 天地/天地,天地萬物

the Creation tenchi-sōzō 天地創造/開天闢地

credit *n.* (trust) shin'yō 信用/信用;(honor) meiyo 名誉/名譽;(*bookkeeping*) kashikata 貸方/貸方,債主

creep *v.* (crawl) hau はう/爬着走;(come on stealthily) kossori shinobikomu こっそり忍び込む/躡手躡腳地前進

crew *n.* norikumi-in 乗組員/(火車)乘務員;(航空)機組人員

cricket *n.* (*insect*) kōrogi こおろぎ/蟋蟀;(*open-air game*) kuriketto クリケット/板球

criminal *adj.* tsumi no 罪の/罪的;hanzai no 犯罪の/刑事上的 ——*n.* hanzaisha 犯罪者/罪犯;han'nin 犯人/犯人

cripple *n.* bikko びっこ/跛子,瘸子;fugusha 不具者/殘疾人

crisis *n.* kiki 危機/危機;成敗關頭

crisp *adj.* (firm but easily broken)pari-pari suru パリパリする/嶄新貌;kari-kari suru カリカリする/咯吱咯吱地咬;(lively) kibi-kibi shita きびきびした/爽快,乾脆;(fresh) sawayaka na さわやかな/清新的,新鮮的;(curly) kami no chijireta 髪のちぢれた/鬈毛的

critic *n.* hihyō ka 批評家/批評家

criticism *n.* hihyō 批評/批評;hyōron 評論/評論

crocodile *n.* wani わに/鱷魚;假慈悲的人

crooked *adj.* (bend) magatta 曲った/彎曲的,歪的;(wicked) fusei no 不正の/不正的,邪的

crop *n.* (yield) sakumotsu 作物/農作物;shūkaku 収穫/收穫 —— *v.* (reap) shūkaku suru 収穫する/收穫;(gather) karu 刈る/割,收割

cross *n.* jūjika 十字架/十字架;jūjikei 十字形/十字形 ——*adj.* (lying or being across) kōsa shita 交差した/(十字)交叉的;(annoyed) fukigen na ふきげんな/苦難的 ——*v.* (go or walk across)yokogiru 横切る/横穿;横切;(obstruct) jama o suru じゃまをする/阻塞

crossing *n.* (*railroad*) fumikiri 踏切/(鐵路)道岔口;(*street*) kōsaten 交差点/(街)信號燈處,十字街口
crow *n.* karasu からす/烏鴉 ——*v.* (make a rooster's cry)(ondori ga) toki o tsukuru (おんどりが)時をつくる/公鷄報曉
crowd *n.* (dense multitude) gunshū 群集/人群;(large number) ōzei 大勢/大群人,許多人 ——*v.* (collect in a crowd) muragaru 群がる/聚集;atsumeru 集める/召集
crowded *adj.* zattō shita 雜踏した/擁擠的
crown *n.* (diadem) ōkan 王冠/王冠;(throne) ōi 王位/王位
crude *adj.* (natural state) ten'nen no mama no 天然のままの/天然的;(rude) somatsu na 粗末な/粗糙的;(raw) nama no 生の/生的,未熟的
cruel *adj.* (inhuman) zankoku na 残酷な/殘酷的;mugoi むごい/殘忍的
cruise *v.* (sail to and fro) junkō suru 巡航する/巡航;(*taxicab*) nagasu 流す/遊弋 ——*n.* (cruise ship) junkōsen 巡航船/巡航船
crumb *n.* pan-kuzu パンくず/麵包片;pan-ko パン粉/麵包屑
crumble *vi.* kudakeru 砕ける/碎,破碎 —— *vt.* kona-gona ni suru こなごなにする/弄碎,粉碎
crush *v.* (press) oshitsubusu 押しつぶす/壓碎,壓扁;kudaku 砕く/搗碎,弄碎
cry *v.* (shout) sakebu 叫ぶ/叫,喊;(weep) naku 泣く/哭 —— *n.* sakebi 叫び/呼喊
crystal *n.* (rock-crystal) suishō 水晶/水晶;kesshō 結晶/結晶 ——*adj.* (transparent) tōmei na 透明な/透明的
cub *n.* (young fox, wolf, lion etc.) (kitsune, ōkami, raion nado no) ko (狐,狼,ライオンなどの)子/(狐狼獅等的)仔; yōjū 幼獣/幼獸
cucumber *n.* kyūri きゅうり/黄瓜
cuff[1] *n.* (wristband) sode-guchi 袖口/袖口;kafusu カフス/袖口;褲腳反褶;手銬
cuff[2] *v.* (slap) hirate de utsu 平手で打つ/掌擊
culture *n.* (intellectual development) bunka 文化/文化;(tillage) kōsaku 耕作/耕種;(refinement) kyōyō 教養/教養
cup *n.* koppu コップ/杯;chawan 茶わん/茶杯
cupboard *n.* shokki todana 食器戸棚/碗櫃
cure *v.* (restore to health) (byōki o) naosu (病気を)治す/醫治;(heal) chiryō suru 治療する/治療 —— *n.* (medical treatment) chiryō 治療/醫治
curio *n.* kottō(-hin) 骨とう(品)/骨董(珍品)
curiosity *n.* kōkishin 好奇心/好奇心

curious *adj.* fushigi na 不思議な/稀奇的;kimyō na 奇妙な/奇妙的
curl *n.* chijire-ge ちぢれ毛/鬈毛;maki-ge 巻き毛/鬈髮 ——*v.* kami o chijiraseru 髪をちぢらせる/捲髮;kāru saseru カールさせる/使髮捲曲
currency *n.* (circulation) ryūtsū 流通/流通;tsūyō 通用/通用;(current money) tsūka 通貨/通貨
current *n.* (stream) nagare 流れ/流,潮流;(electric current) denryū 電流/電流 ——*adj.* (in general circulation) ryūkō no 流行の/流行的;tsūyō shite iru 通用している/通用的
curtain *n.* kāten カーテン/窗簾;(*stage*) maku 幕/幕,幕布
curve *n.* magari 曲がり/彎曲;kābu カーブ/曲線,曲線規;(curved line) kyokusen 曲線/曲線 ——*v.* magaru 曲がる/彎曲;mageru 曲げる/弄彎
cushion *n.* kusshon クッション/墊子,褥子;zabuton 座布団/坐墊,椅墊
custom *n.* (habit) fūshū 風習/風俗;shūkan 習慣/習慣 ——*pl.* (import duties) kanzei 関税/關稅;zeikan 税関/海關
customer *n.* o-kyaku お客/顧客;tokui-saki 得意先/主顧
cut *v.* kiru 切る/切;tatsu 断つ/切斷 ——*n.* tachikata 裁ち方/剪裁法
cut away kakedasu 駆け出す/匆匆跑掉;nigeru 逃げる/逃走
cut down kiritaosu 切り倒す/砍倒;削價
cut in warikomu 割り込む/(汽車)超車;干預
cut short mijikaku suru 短くする/縮短;從簡
cute *adj.* (clever) rikō na 利口な/聰明的;(pretty) kawaii 可愛い/可愛的
cycle *n.* junkan 循環/循環;(bicycle) jitensha 自転車/自行車,腳踏車;(motorcycle) ōtobai オートバイ/摩托車;(current cycle) saikuru サイクル/週期;自行車
cylinder *n.* entōkei 円筒形/圓筒形;shirinda シリンダー/汽缸;缸套

D

dad *n.* otōchan お父ちゃん/父親;papa パパ/爸爸
daily *adj.* mainichi no 毎日の/每日的;hibi no 日々の/天天的 ——*adv.* mainichi 毎日/每日
dairy *n.* sakunyū-jō 搾乳場/擠奶場,牛奶廠;rakunō-jō 酪農場/製酪場;(milk shop) gyūnyū-ya 牛乳屋/牛奶店
daisy *n.* hinagiku ひな菊/雛菊

dam *n.* damu ダム/水壩,水庫;seki せき/堰堤
damage *n.* higai 被害/被害;songai 損害/損害
damn *v.* (curse) norou のろう/咒罵
damp *adj.* shimetta 湿った/潮濕的 —— *v.* shimerasu 湿らす/弄濕,濡濕 —— *n.* (moisture)shikki 湿気/濕氣
dance *n.* dansu ダンス/交際舞;butō 舞踏/舞蹈 —— *v.* odoru 踊る/跳舞;mau 舞う/飛舞
dandelion *n.* tampopo タンポポ/蒲公英
dandruff *n.* fuke ふけ/頭皮屑
Dane *n.* Demmāku-jin デンマーク人/丹麥人
danger *n.* kiken 危険/危險;shōgai 障害/障礙
dangerous *adj.* kiken na 危険な/危險的;abunai 危ない/危險的
Danish *adj.* Demmāku no デンマークの/丹麥的 —— *n.* Demmāku-go デンマーク語/丹麥語
dare *v.* omoikitte …suru 思い切って…する/大膽幹;aete …suru あえて…する/敢於幹;suru yūki ga aru する勇気がある/有…的勇氣
I dare say osoraku 恐らく/恐怕;tabun 多分/也許
dark *adj.* kurai 暗い/暗;kuroi 黒い/暗黑
darling *adj.* (much loved) kawaii かわいい/親愛的 —— *n.* kawaii hito かわいい人/情人
darn *v.* tsukurou つくろう/縫補;kagaru かがる/織補
dart *n.* (javelin)nage-yari 投げ槍/標槍;(arrow)nageya 投げ矢/袖箭;(rush) tosshin 突進/突進
date *n.* hizuke 日付/日期;nengappi 年月日/年月日;dēto デート/時日,年代
daughter *n.* musume 娘/女兒
dawn *n.* yoake 夜明け/黎明;akegata 明け方/拂曉 —— *v.* yo ga akeru 夜が明ける/天亮了
day *n.* hi 日/日;hiru 昼/晝;jidai 時代/時代
all day long ichi-nichi-jū 一日中/一天到晚
day by day mainichi 毎日/每日
every other day ichi-nichi oki ni 一日おきに/每隔一天
the other day senjitsu 先日/前幾天
some day itsuka いつか/有一天;哪天
the day after tomorrow asatte あさって/後天;myōgo-nichi 明後日/後天
the day before yesterday issaku-jitsu 一昨日/昨天;ototsui おとつい/前天
daybreak *n.* yoake 夜明け/天明,黎明
daylight *n.* hiruma 昼間/白天;nikkō 日光/日光,陽光
daytime *n.* hiruma 昼間/白天

dead *adj.* shinde iru 死んでいる/死的,無生命的
deadly *adj.* inochi ni kakawaru 命にかかわる/要命的;chimeiteki na 致命的な/致命的
deaf *n.* ,*adj.* tsumbo(no) つんぼ(の)/聾子(的)
deal *v.* (manage) toriatsukau 取り扱う/處理;(distribute) bumpai suru 分配する/分配;(do business) torihiki suru 取り引きする/做交易 ——*n.* (quantity) ryō 量/量;(bargain) torihiki 取り引き/交易
dealer *n.* shōnin 商人/商人;…shō …商/…商
dear *adj.* shin'ai na 親愛な/親愛的;shitashii 親しい/親切的;(costly) kōka na 高価な/貴重的,高價的 ——*n.* (one's cherished) aijin 愛人/可愛的人
death *n.* shi 死/死;shibō 死亡/死亡
debt *n.* shakkin 借金/借錢,借款;fusai 負債/負債;saimu 債務/債務
deceive *v.* (delude)damasu だます/欺騙,騙;azamuku 欺く/欺騙;(betray) uragiru 裏切る/叛賣
December *n.* jūni-gatsu 十二月/十二月
decide *v.* (settle) kettei suru 決定する/決定;kimeru 決める/決定;(determine) kesshin suru 決心する/決心
decision *n.* (settlement) kettei 決定/決定;(determination) kesshin 決心/決心
deck *n.* (*ship*) kampan 甲板/甲板;dekki デッキ/甲板;(建築) 橋面,層面 ——*v.* (adorn) kazaru 飾る/裝飾,修飾
declare *v.* (proclaim) sengen suru 宣言する/宣言;(affirm) dangen suru 断言する/斷言
decline *v.* (bend) katamuku 傾く/傾斜;(refuse) kotowaru 断る/辭退 ——*n.* (inclination) katamuki 傾き/傾斜;(decay) otoroe 衰え/衰弱
decrease *vi.* heru 減る/減;genshō suru 減少する/減少 ——*vt.* herasu 減らす/減去
decree *n.* (order)meirei 命令/命令;(edit) fukoku 布告/佈告;(ordinance) hōrei 法令/法令
dedicate *v.* (devote)sasageru 捧げる/奉獻;(consecrate) hōnō suru 奉納する/獻納
deep *adj.* fukai 深い/深的;(*color*) koi 濃い/濃的 ——*adv.* fukaku 深く/深深地 ——*n.* fukami 深み/深處
deer *n.* shika 鹿/鹿
defeat *n.* (rout) haiboku 敗北/失敗;(frustration) zasetsu 挫折/挫折 ——*v.* makasu 負かす/打敗
defect *n.* (fault) ketten 欠点/缺點;(shortcoming) tansho 短所/短處;jakuten 弱点/弱點

defend *v.* (protect) fusegu 防ぐ/防禦;mamoru 守る/保護,守備;(vindicate) bengo suru 弁護する/辯護
defense *n.* bōgyo 防御/防禦;shubi 守備/守備;bengo 弁護/辯護
defer *v.* (postpone) nobasu 延ばす/推遲;enki suru 延期する/延期
defile *v.* (make dirty) yogosu 汚す/弄污;(pollute) kegasu 汚す/弄髒
define *v.* (make clear in outline) teigi suru 定義する/下定義;(explain) setsumei suru 説明する/説明
definite *adj.* (precise) meikaku na 明確な/明確的;ittei no 一定の/一定的;hakkiri shita はっきりした/明白的
degree *n.* teido 程度/程度;dankai 段階/階段;(rank) tōkyū 等級/等級;do 度/(音樂)階,度
delay *vt.* (put off) nobasu 延ばす/推遲,延期;(make later) okuraseru 遅らせる/使遲滯,耽擱 ——*vi.* temadoru てまどる/耽誤;guzu-guzu suru ぐずぐずする/遲誤 ——*n.* enki 延期/延期;chitai 遅滞/遲緩,延遲
delegate *v.* (depute) haken suru 派遣する/派遣;(entrust)inin suru 委任する/委派,委任
delegation *n.* haken-iin 派遣委員/派遣委員;daihyō-dan 代表団/代表團
deliberate *v.* (ponder) kangae nuku 考え抜く/細想,盤算;(take counsel) sōdan suru 相談する/商量 —— *adj.* (careful) shiryo-bukai 思慮深い/審慎的;shinchō na 慎重な/慎重的;(done on purpose) koi no 故意の/故意的
delicate *adj.* (exquisite) bimyō na 微妙な/(關係)微妙的;sensai na 繊細な/嬌弱的;(highly wrought) seikō na 精巧な/精巧的
delicious *adj.* oishii おいしい/美味的;umai うまい/好吃的,可口的
delight *vt.* (please) ureshigaraseru 嬉しがらせる/使高興;yorokobaseru 喜ばせる/使歡喜;tanoshimaseru 楽しませる/使快樂 —— *vi.* (take delight) tanoshimu 楽しむ/快樂;yorokobu 喜ぶ/歡喜 ——*n.* (great pleasure) yorokobi 喜び/歡喜,高興
delightful *adj.* tanoshii 楽しい/愉快的;ureshii 嬉しい/高興的,歡喜的
deliver *v.* (distribute) haitatsu suru 配達する/送,投遞;todokeru 届ける/交付,引渡;(save) sukuu 救う/救;(release) kaihō suru 解放する/救助,救出
delivery *n.* (distribution) haitatsu 配達/投遞;(deliverance)

kyūjo 救助/救助,搭救
demand *v.* (call for) yōkyū suru 要求する/要求,申請;seikyū suru 請求する/請求 ——*n.* (request) yōkyū 要求/要求,申請;juyō 需要/需要
democracy *n.* minshushugi 民主主義/民主主義
demonstrate *v.* (prove) shōmei suru 証明する/證明;(show) arawasu 現わす/表示,表現
demonstration *n.* (logical proving) shōmei 証明/證明;(act of making evident) jiiundō 示威運動/示威遊行
denial *n.* (negation) hitei 否定/否定;(rejection) kyozetsu 拒絶/拒絶
denounce *v.* (accuse publicly) (kōzen to) hinan suru (公然と)非難する/公開抨擊;(charge) kokuhatsu suru 告発する/告發,揭發
dense *adj.* (thick) koi 濃い/濃密的;(crowded together) shigetta 茂った/(草木)茂密的;fukai 深い/(草)深密的;mitsu na 密な/密的,密集的
dentist *n.* ha-isha 歯医者/牙醫;shika-i 歯科医/牙科醫生
denture *n.* ire-ba 入歯/全副假牙
deny *v.* hitei suru 否定する/否定;(refuse) kyozetsu suru 拒絶する/拒絶
depart *v.* shuppatsu suru 出発する/出發,啓程;(leave) saru 去る/去,離開;(die)shinu 死ぬ/死去,死亡
departure time shuppatsu jikan 出発時間/出發時間
department *n.* bu 部/部;bumon 部門/部門;gakka 学科/(大學)系;shō 省/省;kyoku 局/局
department store hyakkaten 百貨店/百貨公司;depāto デパート/百貨公司
depend *v.* (rely) tayori ni suru 頼りにする/依賴,依靠;shinrai suru 信頼する/信賴,信任;(be contingent) …ni yoru による/由於,因…而定的
deposit *n.* (deposit money) yokin 預金/儲蓄,存款;(security) hoshōkin 保証金/押金 ——*v.* azukeru 預ける/儲蓄
depress *v.* (press down) sageru 下げる/壓下;(lower) hikuku suru 低くする/壓低;(discourage) genki o nakusu 元気をなくす/使消沉;(weaken) yowameru 弱める/使衰弱
depression *n.* (dejection) iki-shōchin 意気消沈/意志消沉;yūutsu 憂うつ/憂鬱;(dullness)fukeiki 不景気/不景氣
depth *n.* fukasa 深さ/深淺;fukami 深み/深處
deputy *n.* dairi (-nin) 代理(人)/代理(人)
derive *v.* (draw) hikidasu 引き出す/引出;(got from) …kara uru から得る/由…而來;(come) yurai suru 由来する/由來,

出

descend *v.* kudaru 下る/下;oriru 降りる/下降

descendant *n.* shison 子孫/子孫

describe *v.* (tell or write about) byōsha suru 描写する/描寫;noberu 述べる/叙述

desert *n.* (arid, sandy region)sabaku 砂漠/沙漠

deserve *v.* (be worthy of) ni atai suru に価する/值得;(be worthy to have) …o ukeru kachi ga aru …を受ける価値がある/應受報償

design *n.* dezain デザイン/圖様;(衣服)服式,款式;(plan) sekkei 設計/設計 ——*v.* (plan) kuwadateru 企てる/企圖;keikaku suru 計画する/計劃

desire *v.* negau 願う/願望;nozomu 望む/希望 ——*n.* negai 願い/願望;nozomi 望み/希望;(craving) yokubō 欲望/慾望

desk *n.* tsukue 机/桌子,寫字檯

despair *v.* (lose hope) zetsubō suru 絶望する/絶望;(give up) akirameru あきらめる/斷念

despatch *v.* (send off) kyūsō suru 急送する/速送,急送;haken suru 派遣する/派遣

desperate *adj.* (hopeless) zetsubō-teki na 絶望的な/絶望的;(reckless)hisshi no 必死の/必死的,無可救藥的

despise *v.* keibetsu suru 軽べつする/輕視;sagesumu さげすむ/藐視

despite *prep.* (in spite of) …nimo kakawarazu …にもかかわらず/不管…,不顧…

dessert *n.* dezāto デザート/餐後食品(點心,水果)

destination *n.* (place of destination) mokutekichi 目的地/目的地;ikisaki 行き先/要到的地方

destiny *n.* ummei 運命/命運;shukumei 宿命/天命

destroy *v.* (pull down) hakai suru 破壊する/破壞;(ruin) horobosu 滅ぼす/消滅,殲滅;(kill) korosu 殺す/殺死

destruction *n.* (ruin) hakai 破壊/破壞;metsubō 滅亡/滅亡

detach *v.* (separate) bunri suru 分離する/分離;(dispatch) haken suru 派遣する/派遣

detail *n.* (particulars) shōsai 詳細/詳細;(item) saibu 細部/細目,瑣事 ——*v.* kuwashiku hanasu 詳しく話す/詳述

detailed *adj.* shōsai na 詳細な/詳細的;kuwashii 詳しい/詳盡的

detain *v.* hikitomeru 引き留める/挽留;temadoraseru 手間取らせる/拘留

detect *v.* (discover) mitsukeru 見付ける/發現;miyaburu 見破る/看破

detective *n.* tantei 探偵/偵探;(police detective) keiji 刑事/刑警
detergent *n.* senzai 洗剤/洗滌劑,清洗劑
determination *n.* kesshin 決心/決心;kettei 決定/決定
determine *v.* (make up one's mind) kesshin suru 決心する/決心;(decide)kettei suru 決定する/決定
detour *n.* mawari-michi 回り道/迂路,繞道;迂迴
develop *v.* (make or become larger) hattatsu saseru [suru]発達させる[する]/使發達;hatten saseru [suru]発展させる[する]/使發展;(*photo.*)genzō suru 現像する/顯像,顯影
device *n.* (plan) kufū 工夫/辦法,竅門;kōan 考案/新發明,發明物;(design) ishō 意匠/設計
devil *n.* akuma 悪魔/惡魔;oni 鬼/鬼怪
devise *v.* (contrive) kufū suru 工夫する/設計;(invent) hatsumei suru 発明する/發明
devote *v.* (consecrate) sasageru 捧げる/獻身;ateru あてる/專心於…
devoted *adj.* kenshinteki na 献身的な/獻身的;nesshin na 熱心な/熱心的,深愛的;chūjitsu na 忠実な/忠實的
devotion *n.* (piety) shinjin 信心/信心;(zeal) nesshin 熱心/熱心;(intense loyalty), kenshin 献身/獻身
diabetes *n.* tōnyō-byō 糖尿病/糖尿病
diamond *n.* daiyamondo ダイヤモンド/金剛石,鑽石
diaper *n.* omutsu おむつ/襁褓;oshime おしめ/尿布
diarrhea *n.* geri 下痢/腹瀉,瀉肚子
diary *n.* nikki 日記/日記;nisshi 日誌/日誌
dictate *v.* kaki toraseru 書き取らせる/使默寫;(reading aloud for writing) kōjutsu suru 口述する/口授;(give orders for) sashizu suru 指図する/命令,指令,指揮
dictator *n.* dokusaisha 独裁者/獨裁者;shireisha 指令者/指揮者
dictionary *n.* jisho 辞書/辭書;jiten 辞典/辭典
die *v.* shinu 死ぬ/死;nakunaru なくなる/死;shibō suru 死亡する/死亡
diet *n.* (usual fare) shokuji 食事/飲食;(Diet) kokkai 国会/國會
differ *v.* (be different) chigau 違う/不同,不一;(disagree) iken ga awanai 意見が合わない/意見不合,意見相左
difference *n.* chigai 違い/差異;sōi 相違/差別
different *adj.* chigatta 違った/不同的,不一致的;kotonatta 異なった/互異的
difficult *adj.* kon'nan na 困難な/困難的;muzukashii むずかしい/艱難的

dig *v.* horu 掘る/挖,掘
dignity *n.* (calm stateliness)igen 威厳/威嚴;(nobleness) kihin 気品/品格,體面
diligent *adj.* kimben na 勤勉な/勤奮的
dim *adj.* (obscure) usugurai うす暗い/微暗的;(indistinct) mōrō to shita もうろうとした/朦朧的
dimension *n.* (measurement) sumpō 寸法/尺寸;(size) ōkisa 大きさ/大小;(capacity) yōseki 容積/容積;(bulk) kasa かさ/大小;容積
diminish *v.* (lessen) herasu 減らす/減小;(become less) heru 減る/減少;sukunaku suru 少なくする/減少
dimple *n.* ekubo えくぼ/酒窩
dine *v.* seisan [bansan] o toru 正さん[晩さん]をとる/用正餐(晩餐);shokuji o suru 食事をする/用膳,吃飯
dining-car *n.* shokudō-sha 食堂車/餐車
dinner *n.* seisan 正さん/正餐;bansan 晩さん/晚餐
diplomacy *n.* gaikō 外交/外交
diplomatic *adj.* gaikō no 外交の/外交的,外交手腕的
direct *adj.* (immediate) chokusetsu no 直接の/直接的;(straight) massugu no まっすぐの/筆直的 —— *adv.* (directly) chokusetsu ni 直接に/直接地;massugu ni まっすぐに/筆直的 ——*v.* (give direction) shiji suru 指示する/指示;(order) meijiru 命じる/命令
direction *n.* (course) hōkō 方向/方向;(management) kanri 管理/經營,管理
director *n.* shihai-nin 支配人/指揮者,管理者;jūyaku 重役/董事,理事
dirt *n.* (dust) gomi ごみ/垃圾;hokori ほこり/塵土;(mud) doro どろ/泥土
dirty *adj.* kitanai きたない/髒的;fuketsu na 不潔な/不潔的;yogoreta よごれた/污髒的
disagree *v.* sō wa omowanai そうは思わない/(意見)不合
disappear *v.* (go out of sight)mienaku naru 見えなくなる/不見;(vanish) kieru 消える/消失
disappoint *v.* gakkari saseru がっかりさせる/使失望;shitsubō saseru 失望させる/使失望
disaster *n.* (calamity) saigai 災害/災害;tensai 天災/天災;(misfortune) fukō 不幸/不幸
disc(=disk) *n.* (quoit)emban 円盤/圓盤;(record) rekōdo レコード/錄音,唱片
discharge *v.* (shoot) hassha suru 発射する/發射;(dismiss) kaiko suru 解雇する/解雇,開除;(pay out)shiharau 支払う/

支付,還債;(perform one's duty)(gimu o) hatasu (義務を)果たす/完成任務 ——*n*. hassha 発射/發射;kaiko 解雇/解雇

discipline *n*. (training) kunren 訓練/訓練;(order)fūki 風紀/風紀 ——*v*. kunren suru 訓練する/訓練;shitsukeru しつける/教訓

discontinue *v*. (stop) chūshi suru 中止する/中止;(cease) yameru 止める/停止

discord *n*. (disagreement) fuitchi 不一致/不一致;(strife) fuwa 不和/不和;nakatagai 仲たがい/(感情)失和

discount *n*. ,*v*. waribiki (suru) 割引(する)/折扣,貼現

discourse *n*. kōen 講演/演講;ronsetsu 論述/論說,論述

discover *v*. hakken suru 発見する/發現;mitsukeru 見つける/看到;…to [ga] wakaru …と[が]わかる/表明,顯示出

discovery *n*. hakken 発見/發現

discuss *v*. tōron suru 討論する/討論;rongi[giron] suru 論議[議論]する/議論;sōdan suru 相談する/商議

discussion *n*. rongi 論議/議論;tōgi 討議/討論

disdain *v*. keibetsu suru 軽べつする/輕蔑

disease *n*. byōki 病気/疾病;yamai 病/病

disgrace *n*. fumeiyo 不名誉/不名譽,耻辱;fumemboku 不面目/不光彩,丢臉

disgust *v*. fukai ni suru 不快にする/使人厭惡;mukatsuka seru むかつかせる/使噁心 ——*n*. (nausea)mukatsuki むかつき/噁心;(loathing)hidoku kirau koto ひどくきらうこと/最討厭

dish *n*. sara 皿/碟子,盤子;(food served in a dish)(sara ni motta) ryōri (皿に盛った)料理/(盤裝)菜,食品

dishcloth fukin ふきん/搌布,抹布

dishrack mizukiri 水切り/除去水分

disinfectant *n*. shōdokuzai 消毒剤/消毒劑

dismay *n*. (fright) osore 恐れ/恐怖;rōbai ろうばい/狼狽 ——*v*. (terrify)odorokasu 驚かす/使嚇一跳;osore saseru 恐れさせる/使恐怖

dismiss *v*. (allow to leave) saraseru 去らせる/打發開;(discharge) kaiko suru 解雇する/解雇

disobey *v*. (not obey) shitagawanai 従わない/不服從;(violate) somuku 背く/不聽,違反

disorder *n*. (confusion) konran 混乱/混亂;ranzatsu 乱雑/雜亂;(lack of order)muchitsujo 無秩序/無秩序

disperse *v*. (scatter) chirasu 散らす/解散;chiru 散る/散開;chirijiri ni naru ちりぢりになる/使散亂

display *v.* (show) shimesu 示す/顯示;(show off) misebirakasu 見せびらかす/誇耀 ——*n.* (exhibition) tenran 展覧/展覽;chinretsu 陳列/陳列
dispose *v.* (regulate) shobun suru 処分する/處分,處理;(arrange) haichi suru 配置する/配置
disposed to …suru ki ga aru する気がある/使要,使想
dispute *n.*,*v.* ronsō (suru) 論争(する)/爭論;kōron (suru) 口論(する)/吵嘴
dissolve *v.* (decompose) bunkai saseru [suru] 分解させる(する)/使分解;(liquefy) tokasu とかす/使溶解;tokeru とける/溶解
distant *adj.* tōi 遠い/遠;hanareta 離れた/遠離的
distinct *adj.* (clear) hakkiri shita はっきりした/清楚的;meiryō na 明瞭な/明瞭的;(different) kotonatta 異なった/不同的;niteinai 似ていない/毫不相似的
distinguish *v.* (make a distinction) kubetsu suru 区別する/區別;(characterize) medataseru 目立たせる/辨別;tokuchōzukeru 特徴づける/有特色的
distinguished *adj.* yūmei na 有名な/出名的,著名的
distribute *v.* (deal out) bumpai suru 分配する/分配;haikyū suru 配給する/配給
district *n.* chiku 地区/地區;chihō 地方/地方;chiiki 地域/地域
ditch *n.* mizo みぞ/水溝,水道;dobu どぶ/水溝,髒水溝
dive *v.* moguru もぐる/潛水;sensui suru 潜水する/潛水
divert *v.* (turn aside) sorasu そらす/使離開;(amuse) nagusameru 慰める/安慰,解悶
divide *v.* (separate into parts) wakeru 分ける/分,分成;bunkatsu suru 分割する/分割;(be separated) waru 割る/分割,分開
divine *adj.* (of God) kami no 神の/神的;(sacred) shinsei na 神聖な/神聖的
division *n.* (separation) bunkatsu 分割/劃分;(boundary) kyōkai 境界/分界
divorce *n.*,*v.* rikon (suru) 離婚(する)/離婚
do *v.* suru する/做,作;nasu なす/幹;okonau 行なう/進行
dock *n.* dokku ドック/船塢;*pl.* (wharf) hatoba 波止場/碼頭;gampeki 岸壁/碼頭
doctor *n.* hakase 博士/博士;(physician) ishi 医師/醫生,大夫
document *n.* shorui 書類/文件;bunsho 文書/公文
dodge *v.* (avoid by twisting aside) (hirari to) mi o kawasu (ひらりと)身をかわす/躲閃;yokeru よける/躲避;(evade) …o ii nukeru …を言い抜ける/逃避

dog *n.* inu 犬/狗;-ken …犬/…狗
doll *n.* ningyō 人形/洋娃娃,偶人
dolphin *n.* iruka いるか/海豚
dome *n.* marutenjō 丸天井/圓屋頂;dōmu ドーム/圓屋頂,圓蓋
domestic *adj.* (of the home) katei no 家庭の/家庭的;(home-made)jikasei no 自家製の/自製的,國產的;(internal)kokunai no 国内の/國內的,本國的 —— *n.* (household servant) meshitsukai 召使/傭人
dominate *v.* (rule) tōji suru 統治する/統治;shuken ga aru 主権がある/擁有主權
dominion *n.* (sovereignty) shuken 主権/主權;(power of rule) tōchiken 統治権/統治權;(territory)ryōdo 領土/領土
donkey *n.* roba ろば/驢,傻瓜
doom *n.* (fate)ummei 運命/命運;(death)shi 死/死 —— *v.* ummei o sadameru 運命を定める/最後審判
door *n.* doa ドア/門;tobira 扉/和合門;to 戸/門戶
dot *n.* ten 点/小點,(樂)符點 —— *v.* ten o utsu 点を打つ/加符點
double *adj.* ni-bai no 2倍の/二倍的;kasanatta 重なった/二重的,相重的 —— *adv.* ni-bai ni 2倍に/二倍地 —— *n.* bai 倍/倍
doubt *n.* utagai 疑い/疑問;giwaku 疑惑/疑惑 —— *v.* utagau 疑う/懷疑
doubtful *adj.* utagawashii 疑わしい/可疑的
doubtless *adv.* utagainaku 疑いなく/無疑;tashika ni 確かに/的確地,確實地
dough *n.* neriko 練り粉/生麵團;nama-pan 生パン/生麵包團
doughnut *n.* dōnatsu ドーナツ/炸麵圈,唐納子
dove *n.* hato はと/鴿子
down *adj.* shita ni [e]下に[へ]/向下 —— *prep.* no shita ni の下に/在…之下,在下流 —— *adj.* kudari no 下りの/下降的
down train kudari ressha 下り列車/下行列車
downstairs *adv.* ikkai no [ni,de]一階の[に,で]/(在)樓下,(在)一樓,(往)樓下
downtown *n.* , *adv.* shōgyōchiku(e,de) 商業地区(へ,で)/(往,在)商業區 —— *n.* ,*adj.* hankagai(no)繁華街(の)/(街道)繁華區(的)
dozen *n.* dāsu ダース/打(數量單位,1打12個)
draft *n.* (rough copy)sōkō 草稿/草稿;(plan) sekkei-zu 設計図/草圖;(rough sketch) shitae 下絵/畫稿;(bill of exchange) tegata 手形/手印
dragon *n.* ryū 竜/龍
dragonfly *n.* tombo とんぼ/蜻蜓

drain *n.* (drain-pipe) haisui-kan 排水管/排水管;(sewer) gesui 下水/下水道,陰溝 ——*v.* (draw off) haisui suru 排水する/排水;(drink up) nomihosu 飲み干す/喝乾,倒空

drama *n.* geki 劇/劇;gikyoku 戯曲/戲劇;dorama ドラマ/劇,劇本

draw *v.* (pull) hiku 引く/拉;hipparu 引っ張る/牽引;(draw breath) iki o suru 息をする/呼吸,喘氣;(attract) hiki tsukeru 引き付ける/吸引;(sketch out) e o kaku 絵をかく/寫生;(leave a game undecided) hikiwake ni suru 引き分けにする/使無勝負

drawer *n.* (cf. drawee) tegata furidashi-nin 手形振出人/按手印人;*pl.* (underpants) shitabaki 下ばき/内衣,内褲;(a boxlike compartment in furniture) hikidashi 引出し/抽屜

dread *v.* (fear) osoreru 恐れる/害怕;kowagaru こわがる/懼怕
dreadful osoroshii 恐ろしい/可怕的

dream *n.* yume 夢/夢;gensō 幻想/幻想,夢想 ——*v.* yume o miru 夢をみる/做夢

dreary *adj.* wabishii わびしい/凄涼的,孤寂的;monosabishii 物寂しい/憂鬱的,凄涼的

dress *v.* (clothe) kiseru 着せる/使穿衣;(put on clothes) kiru 着る/穿 ——*n.* doresu ドレス/服裝,禮服;ifuku 衣服/衣服

drift *v.* tadayou 漂う/沖漂;hyōryū suru 漂流する/漂流 ——*n.* hyōryū 漂流/漂流

drill *n.* (tool for boring holes) kiri きり/錐子;doriru ドリル/鑽頭 ——*v.* (train) kunren suru 訓練する/訓練;(bore with drill) ana o akeru 穴をあける/鑽孔

drink *v.* nomu 飲む/喝,飲;kampai suru 乾杯する/乾杯

drip *v.* shitataru したたる/滴落;potari-potari ochiru ぽたりぽたり落ちる/滴水 ——*n.* shitatari したたり/水滴;shizuku しずく/水點,水滴
drip-dry nō-airon ノーアイロン/滴乾

drive *v.* (urge on) ou 追う/追趕,驅逐;(operate a vehicle) unten suru 運転する/駕駛;doraibu suru ドライブする/駕駛
driver untenshu 運転手/駕駛員

drop *n.* shitatari したたり/水滴;shizuku しずく/水點,水滴 ——*v.* (let fall in drops) shitatarasu したたらす/使滴下;(let fall) otosu 落す/使滴落,使下降

drown *vt.* oboresaseru おぼれさせる/淹死,溺死 ——*vi.* oboreru おぼれる/淹,溺

drug *n.* kusuri 薬/藥;yakuhin 薬品/藥品

drugstore *n.* kusuri-ya 薬屋/藥房;doraggu-sutoa ドラッグストア/藥房,(美)雜貨店

drum *n.* doramu ドラム/鼓,鼓形物;taiko 太鼓/鼓
dry *adj.* kawaita 乾いた/乾的;kansō shita 乾燥した/乾燥的;(*of wine*) karakuchi no 辛口の/(酒)辣性的
duck *n.* (*domestic*) ahiru あひる/鴨,鴨子;(*wild*) kamo かも/野鴨
due *adj.* tekitō no [na]適当の[な]/適當的;(appropriate) seitō na 正当な/正當的;(payable)shiharaubeki 支払うべき/應給與
due to …ni yoru による/起因於…
dull *adj.* (stupid)nibui 鈍い/鈍的;fukappatsu na 不活発な/呆笨的;inki na 陰気な/陰鬱的,陰暗的
dumb *adj.* oshi no おしの/啞的;mugon no 無言の/沉默的
duplicate *n.* utsushi 写し/副本;(reproduction) fukusha 複写/複本 ——*v.* (copy) utsushi o toru 写しを取る/製副本
duplicate key aikagi 合かぎ/副鑰匙
during *prep.* no aida ni [wa] の間に[は]/在…期間;-jū 中/當…之時
dust *n.* chiri ちり/塵土;hokori ほこり/塵埃,灰塵;(earth) tsuchi 土/大地
duster fukin ふきん/抹布
duty *n.* gimu 義務/義務;hombun 本分/本分
dye *v.* someru 染める/染,染色 ——*n.* senryō 染料/染料
dynamic *adj.* dōteki na 動的な/活動的;dainamikku na ダイナミックな/動力的,精力充沛的;chikarazuyoi 力強い/有力的

E

each *adj.* sore-zore no それぞれの/每個;ono-ono no 各々の/各個
each other tagai ni 互いに/互相
eager *adj.* nesshin na 熱心な/熱心的
eagerly nesshin ni 熱心に/熱心地;shikiri ni しきりに/熱心地
ear *n.* mimi 耳/耳;(spike) ho 穂/穗
early *adj.* hayai 早い/早的;shoki no 初期の/初期的;wakai 若い/幼小的
early or late osokare hayakare 遅かれ早かれ/遲早,早晚
earn *v.* (gain by work) (doryoku shite) uru (努力して)得る/靠勤勞獲得,應得;kasegu かせぐ/賺,mōkeru もうける/賺錢,得利
earnest *adj.* (serious) majime na まじめな/認真的;(zealous)

nesshin na 熱心な/熱心的
earth *n.* chikyū 地球/地球;(ground) jimen 地面/地面;tochi 土地/土地
earthquake *n.* jishin 地震/地震
ease *n.* (comfort) kiraku 気楽/輕快;anraku 安楽/安樂;kutsurogi くつろぎ/舒暢;(facility) yōi 容易/容易
at ease kiraku ni 気楽に/心情舒暢地
easily *adv.* yōi ni 容易に/容易地;tayasuku たやすく/輕易地;raku ni 楽に/輕鬆地
east *n.*, *adj.* higashi (no) 東(の)/東(面的);tōhō (no) 東方(の)/東方(的) [the E-]Tōyō 東洋/東洋,東方
Easter *n.* Fukkatsusai 復活祭/復活節
eat *v.* taberu 食べる/吃;kuu 食う/食,吃
echo *n.* hankyō 反響/反響;kodama こだま/回聲,回音;yamabiko 山びこ/(山中)回聲
economics *n.* keizai-gaku 経済学/經濟學
economy *n.* keizai 経済/經濟;(frugality) setsuyaku 節約/節約,節省
edge *n.* (cf. blade) ha 刃/刃,刀口;(margin) fuchi 縁/(邊緣);heri へり/邊,邊際
edit *v.* henshū suru 編集する/編輯
edition *n.* han 版/(初版、再版的)版;(edited copy) kankō-bon 刊行本/版本
editor *n.* henshū-sha 編集者/編輯,編者;shuhitsu 主筆/主筆
editorial *adj.* henshū no 編集の/編輯的 ——*n.* (leading article) shasetsu 社説/社論;ronsetsu 論説/評論
educate *v.* kyōiku suru 教育する/教育;(train) kunren suru 訓練する/訓練
eel *n.* unagi うなぎ/黄鱔,鰻魚
effect *n.* (efficacy) kōka 効果/效果;(result) kekka 結果/結果;(influence) eikyō 影響/影響
effective *adj.* kōka-teki na 効果的な/有效的
efficient *adj.* nōritsu-teki na 能率的な/有效力的;(capable) yūnō na 有能な/有能力的;(having an effect) yūkō na 有効な/有效的
effort *n.* doryoku 努力/努力;honeori 骨折り/盡力,奮力
egg *n.* tamago 卵/蛋
egg beater awadate-ki 泡立て器/打蛋器
egg white (tamago no) shiromi (卵の)白身/蛋白
egg yolk (tamago no) kimi (卵の)黄身/蛋黄
eight *n. adj.* hachi (no) 8 (の)/八;yattsu 八つ/八個
either *adj.* dochira ka no どちらかの/(二者之中)任何一方,任

何一個；dochira mo どちらも/二者都；sōhō 双方/雙方 —— *prep.* … ka matawa かまたは/或… —— *pron.* dochira ka どちらか/二者之一 (*negative*) dochira mo どちらも/二者都

elaborate *adj.* (complicated) nen'iri no 念入りの/周密的，細緻的；tan'nen na 丹念な/精心的；(highly finished) seikō na 精巧な/精細的

elastic *adj.* (springy) danryoku no aru 弾力のある/有彈力的；hazumu はずむ/彈性的

elastic band gomu-himo ゴムひも/橡皮筋

elbow *n.* hiji ひじ/肘，肘狀物

elect *v.* (choose) erabu 選ぶ/選，選擇；(choose by vote) senkyo suru 選挙する/選舉

election *n.* (choosing by vote) senkyo 選挙/選舉；(choice) sentaku 選択/選擇

electric *adj.* denki no 電気の/電的，帶電的

electric fan sempū-ki 扇風機/電(風)扇

electric shaver denki-kamisori 電気かみそり/電動剃鬚刀

electricity *n.* denki 電気/電，電學

elegant *adj.* yūbi na 優美な/優美的；jōhin na 上品な/優雅的

element *n.* (factor) yōso 要素/要素，成分；genso 元素/元素

elementary *adj.* shoho no 初歩の/初步的，初等的

elementary school shō-gakkō 小学校/小學校

elephant *n.* zō 象/象

elevate *v.* (raise) ageru 上げる/舉起，抬高；(lift up) takameru 高める/提升，提高

elevator *n.* erebētā エレベーター/電梯，升降機

eleven *n. adj.* jū-ichi (no) 11，十一(の)/十一(的)

eliminate *v.* (take out) nozoku 除く/去除；sakujo suru 削除する/削除

else *adv.* sono hoka ni その外に/此外；samo nakereba さもなければ/不然，否則

elsewhere *adv.* dokoka hoka no tokoro de [ni] どこか外の所で[に]/(在、往)別處；yoso ni [de] よそに[で]/(在、往)別的地方

embarrass *v.* komaraseru 困らせる/使爲難；nayamasu 悩ます/使煩惱

embassy *n.* taishi-kan 大使館/大使館

embrace *v.* dakishimeru 抱きしめる/擁抱；hōyō suru 抱擁する/擁抱

emergency *n.* hijōji 非常時/非常時候；kinkyū 緊急/緊急；kikyū 危急/危急

emigrate *v.* (kaigai ni) ijū suru (海外に)移住する/移居(外國)
eminent *adj.* (notable) chomei na 著名な/著名的;(distinguished) sugureta すぐれた/傑出的,優秀的
emotion *n.* (feeling) kanjō 感情/感情;(excited mental state) kandō 感動/感動;kangeki 感激/感激
emperor *n.* kōtei 皇帝/皇帝;ten'nō 天皇/天皇;teiō 帝王/帝王
emphasis *n.* kyōchō 強調/强調;kyōsei 強勢/加强(語勢)
empire *n.* teikoku 帝国/帝國
employ *v.* (engage) yatou 雇う/雇傭;(use) tsukau 使う/使喚;shiyō suru 使用する/使用
employee *n.* shiyō-nin 使用人/雇員;jūgyō-in 従業員/從業人員
employer *n.* yatoi-nushi 雇主/雇主
empty *adj.* kara no 空の/空的,空着的,空虛的 ——*v.* kara ni suru 空にする/空,變空;akeru 空ける/空出,騰出
enclose *v.* dōfū suru 同封する/封進(同一袋內);(fence in) kakoi o suru 囲いをする/圍起,圈起;tsutsumu 包む/包圍
encounter *v.* deau 出合う/邂逅;sōgū suru 遭遇する/遭遇
end *n.* (cf. beginning) owari 終り/終點,結局;saigo 最後/最後;(tip) hashi 端/尖頭,端;(object) mokuteki 目的/目的
endeavor *n.*, *v.* doryoku (suru) 努力(する)/努力,盡力
endless *adj.* mugen no 無限の/無限的;hateshinai 果てしない/無盡的
endure *v.* gaman suru がまんする/忍耐;shinobu 忍ぶ/忍;taeru 耐える/忍耐
enema *n.* kanchō 浣腸/(醫)灌腸(器,法)
enemy *n.* teki 敵/敵人
energy *n.* (power) seiryoku 精力/精力;kakki 活気/活力;enerugī エネルギー/能,能量,能力
engage *v.* (promise) yakusoku suru 約束する/束縛,約束;(occupy) jūji saseru 従事させる/使從事;(hire) yatou 雇う/雇,聘;(betroth) kon'yaku suru 婚約する/訂婚
engagement *n.* (promise) yakusoku 約束/約會;(betrothal) kon'yaku 婚約/訂婚;(occupation) yōji 用事/(應做的)事情,工作
engine *n.* kikan 機関/發動機,機車;enjin エンジン/引擎,發動機
engineer *n.* gishi 技師/工程師
England *n.* Eikoku 英国/英國;Igirisu イギリス/英國
English *adj.* Eikoku no 英国の/英國的 ——*n.* Eikokujin 英国人/英國人;Eigo 英語/英語
engrave *v.* (carve) chōkoku suru 彫刻する/雕刻
enjoy *v.* tanoshimu 楽しむ/享樂,欣賞

enormous *adj.* kyodaina 巨大な/巨大的;bakudai na 莫大な/龐大的

enough *adj.* jūbun no [na] 十分の[な]/夠的，充足的;…ni taru に足る/滿足的 ——*n.* jūbun 十分/充足;takusan たくさん/足夠

enter *v.* (ni) hairu (に)入る/進入;(ni) kuwawaru (に)加わる/加入

enter into o hajimeru を始める/開始

enterprise *n.* jigyō 事業/事業;kigyō 企業/企業

entertain *v.* (have as a guest) motenasu もてなす/招待;(amuse) tanoshimaseru 楽しませる/給…助興

enthusiasm *n.* nekkyō 熱狂/熱忱;netsu 熱/熱心

entire *adj.* (whole) zentai no 全体の/全體的;(complete) mattaku no 全くの/完全的

entrance *n.* iriguchi 入口/入口;genkan 玄関/大門口;nyūjō 入場/入場;nyūgaku 入学/入學

entry *n.* (front door) iriguchi 入口/入口;(act of entering) nyūjō 入場/入場;(registry) kinyū 記入/登記，註册

envelope *n.* fūtō 封筒/信封，封皮

environment *n.* shūi 周囲/周圍;kankyō 環境/環境

envy *n.* sembō せん望/羨慕;urayami うらやみ/羨慕;netami ねたみ/嫉妬

episode *n.* sōwa 挿話/插話;episōdo エピソード/插話

equal *n.* …ni hitoshii …に等しい/等於…;(evenly matched) dōtō no 同等の/同等的，相等的

equipment *n.* jumbi 準備/準備;sōchi 装置/裝置

era *n.* jidai 時代/時代;kigen 紀元/紀元

erase *v.* (rub out) nugui-kesu ぬぐい消す/揩掉;surikesu すり消す/擦掉;sakujo suru 削除する/塗掉，删去

eraser *n.* (*blackboard use*) kokuban-fuki 黒板ふき/黑板擦;(rubber) keshigomu 消しゴム/(文具)橡皮

erect *adj.* chokuritsu shita 直立した/直立的;massugu no まっすぐの/直竪的 ——*v.* massugu ni suru まっすぐにする/領直

err *v.* (mistake) ayamaru 誤る/錯誤;machigaeru 間違える/弄錯

errand *n.* tsukai 使い/差使;tsukaiaruki 使い歩き/差事;(mission) shimei 使命/使命

error *n.* ayamari 誤り/錯誤，過失;machigai 間違い/謬誤

escape *v.* nogareru 逃れる/逃遁;nigeru 逃げる/逃跑 ——*n.* tōbō 逃亡/逃亡;tōsō 逃走/逃走

escort *v.* goei suru 護衛する/護衛;tsukisou 付添う/隨侍左

右;okutte iku 送って行く/護送,送行 ——*n.* tsukisoi 付添い/侍候;(guard) goei 護衛/護衛

essay *n.* zuihitsu 随筆/隨筆;essei エッセイ/隨筆,雜文 ——*v.* (attempt) kokoromiru 試みる/試;tamesu ためす/試驗

essence *n.* honshitsu 本質/本質;seizui 精髄/精髓,精華;essensu エッセンス/本質,精華,果汁,香精

essential *adj.* (of the greatest importance) jūyō na 重要な/重要的;(intrinsic) honshitsu-teki na 本質的な/本質的;(indispensable) zettai ni hitsuyō na 絶対に必要な/絕對必要的,不可缺少的

essentially *adv.* honshitsu-teki ni 本質的に/本質上;honrai 本来/本來

establish *v.* (found) setsuritsu suru 設立する/設立;(settle) hiraku 開く/開設

establishment *n.* setsuritsu 設立/設立

estate *n.* (rank) mibun 身分/身份;kaikyū 階級/階級;(property) zaisan 財産/財產

estimate *v.* (calculate approximately) mitsumoru 見積る/估價,估計;(evaluate) hyōka suru 評価する/估量,估價

eternal *adj.* eikyū no 永久の/永久的;eien no 永遠の/永遠的

Europe *n.* Yōroppa ヨーロッパ/歐洲

evaporate *v.* jōhatsu suru 蒸発する/蒸發

eve *n.* zen'ya 前夜/前夜;zenjitsu 前日/前日

even *adj.* (flat) taira na 平らな/平的,平坦的;(level) suihei no 水平の/同一水準的;(equal in degree) dōtō no 同等の/同等的,相等的;(cf. odd) gūsū no 偶数の/偶數的 ——*adv.* … de saemo … でさえも/連…還…;… sura … すら/連,尚且

***even if* [*though*]** tatoe … demo たとえ…でも/即使…也… ——*v.* taira ni suru 平らにする/弄平坦

evening *n.* yūgata 夕方/黃昏,傍晚;ban 晚/晚上

event *n.* jiken 事件/事件;dekigoto 出来事/(偶然性)事件,變故

at all events dōshitemo どうしても/無論如何,總之;tonikaku とにかく/好歹,總之

eventual *adj.* (final) kekkyoku no 結局の/最後的

ever *adv.* katsute かつて/曾經;(always) itsumo いつも/常是,總是

ever since irai 以来/從…以來;sono go zutto その後ずっと/後來一直

ever so hijō ni 非常に/非常,大大;don'na ni … demo どんなに…でも/不管怎樣也…

every *adj.* (each without exception) subete no すべての/所有

的；(each) sore-zore no それぞれの/毎；… goto … ごと/每隔

every day mainichi (no) 毎日(の)/每天

every month maitsuki 毎月/每月

every week maishū 毎週/每週

every other day ichi-nichi oki ni 一日おきに/每隔一天地；kakujitsu ni 隔日に/隔日地

everybody *pron.* daredemo (mina) だれでも(みな)/每人，人人

everything *pron*, banji 万事/萬事；subete no mono すべての物/萬物

everywhere *adv.* doko ni demo どこにでも/各處，處處；itaru tokoro ni いたる所に/到處

evidence *n.* shōko 証拠/證據；keiseki 形跡/形跡，跡像

evident *adj.* akiraka na 明らかな/明顯的；meihaku na 明白な/明白的

evil *adj.* (bad) warui 悪い/不祥的；(wicked) yokoshima na よこしまな/邪惡的

evolution *n.* shinka 進化/；hatten 発展/發展，發達

exact *adj.* (accurate) seikaku na 正確な/正確的；(strict) genkaku na 厳格な/嚴格的

exaggerate *v.* kochō suru 誇張する/誇張

examination *n.* shiken 試験/考試；kensa 検査/檢查；kentō 検討/審查，審問

examine *v.* shiken suru 試験する/考試；kentō suru 検討する/審查

example *n.* rei 例/例；jitsurei 実例/實例；mihon 見本/樣本

exceed *v.* masaru 勝る/勝過；koeru こえる/超過

excellent *adj.* sugureta すぐれた/卓越的，傑出的

except *prep.* nozoite 除いて/除…之外；no hoka wa の外は/除…之外 ——*v.* nozoku 除く/除，除外

exception *n.* reigai 例外/例外

excess *n. adj.* yobun (no) 余分(の)/過剩(的)；kado (no) 過度(の)/過分(的)；chōka 超過/超過 ——*v.* chōka suru 超過する/超過

exchange *v.* torikaeru 取りかえる/調換；kōkan suru 交換する/交換；(change) ryōgae suru 両替する/兌換(錢) ——*n.* kōkan 交換/交換；(bill of exchange) kawase 為替/匯兑；ryōgae 両替/兑換

excite *v.* kōfun saseru 興奮させる/使興奮；shigeki suru 刺激する/刺激

excitement *n.* shigeki 刺激/刺激；kōfun 興奮/興奮

exclaim *v.* (cry out) sakebu 叫ぶ/叫，呼喊

exclude *v.* (shut out) shimedasu しめ出す/拒絶入内;(cf. include) jogai suru 除外する/排除,排斥
exclusive *adj.* haita-teki na 排他的な/排他性的;dokusenteki na 独占的な/壟斷的,獨佔的
excuse *v.* (forgive) yurusu 許す/原諒;kamben suru かんべんする/饒恕;(make an excuse) … no iiwake o suru …の言い訳をする/辯解;benkai o suru 弁解をする/辯解
Excuse me. Gomen nasai. ごめんなさい/對不起,勞駕;Shitsurei desu ga. 失礼ですが/請原諒,對不起
execute *v.* (carry out) jikkō suru 実行する/實行,執行;hatasu 果たす/作成,製成
executive *adj.* jikkō no 実行の/實行的,行政上的;jikkōryoku no aru 実行力のある/有實行手腕的,有執行力的 ——*n.* (one having administrative authority in an organization) keiei-sha 経営者/經營者;(branch of government) gyōsei-bu 行政部/行政部門
exercise *n.* undō 運動/運動;taisō 体操/體操;kunren 訓練/訓練;renshū 練習/練習 ——*v.* undō suru 運動する/運動;(train) renshū suru 練習する/練習
exert *v.* (use) hatarakaseru 働かせる/行使;mochiiru 用いる/用,使用
exhaust *v.* (empty) kara ni suru 空にする/抽空,騰出;(use up) tsukai-tsukusu 使い尽す/使盡;(tire out) shōmō suru 消耗する/消耗;tsukare-hateru 疲れ果てる/使精疲力竭
exhibit *v.* (show) shimesu 示す/出示;(display) tenji suru 展示する/展示;shuppin suru 出品する/出品
exhibition *n.* hakuran-kai 博覧会/博覽會;tenran-kai 展覧会/展覽會;tenji-kai 展示会/展覽會
exist *v.* sonzai suru 存在する/存在;jitsuzai suru 実在する/實在;seizon suru 生存する/生存;aru ある/存在
exit *n.* (way out) deguchi 出口/出口,出路,太平門;(act of going out) taijō 退場/退場
expand *vt.* (*dilate*) fukuramaseru ふくらませる/使膨脹;(spread out) hirogeru 広げる/擴大,擴展;(develop) hatten saseru 発展させる/使發展 ——*vi.* fukuramu ふくらむ/膨脹;hirogaru 広がる/擴張,展開
expect *v.* yoki suru 予期する/預期;(look forward to) kitai suru 期待する/期待;(think) omou 思う/盼望
expedition *n.* ensei 遠征/遠征;tanken(-tai)探険(隊)/探險(隊)
expel *v.* (turn out) oidasu 追い出す/趕出;tsuihō suru 追放する/放逐;hassha suru 発射する/發射
expense *n.* (outlay) shuppi 出費/花消,消費;(cost) hiyō 費用/

費用;(sacrifice) sonshitsu 損失/損失

at the expense of … no hiyō de … の費用で/以…費用;… o gisei ni shite … を犠牲にして/以…費用，犧牲

expensive *adj.* hiyō no kakaru 費用のかかる/花錢的;(nedan ga) takai(値段が)高い/高價的;kōka na 高価な/高價的

experience *n.* keiken 経験/經驗;taiken 体験/體驗 ——*v.* (undergo) keiken suru 経験する/經歷,感受;(meet with) sōgū suru 遭遇する/遭遇到

experiment *n.* jikken 実験/實驗;shiken 試験/試驗;kokoromi 試み/試

expert *n.* ekisupāto エキスパート/老手,内行,semmon-ka 専門家/專家

expire *v.* (come to an end) owaru 終わる/終結;(terminate) manki ni naru 満期になる/期滿,完滿;(die) shinu 死ぬ/死,斷氣;(breathe out) iki o haku 息を吐く/吐氣

explain *v.* setsumei suru 説明する/說明,解釋

explode *v.* bakuhatsu suru 爆発する/爆炸,爆發;haretsu suru 破裂する/破裂,打破

explore *v.* tanken suru 探険する/探險;chōsa suru 調査する/探查

export *n.*, *v.* yushutsu (suru) 輸出(する)/輸出,出口

expose *v.* (sun) hi ni ateru 日にあてる/(在太陽下)曬;(subject to light) (hi ni) sarasu (日に)さらす/曬,曝曬,曝光;(reveal) abaku あばく/揭發,揭露

exposure *n.* (*photo*) roshutsu 露出/暴露,露出;(display) chinretsu 陳列/陳列

express *v.* happyō suru 発表する/表示,表白;hyōgen suru 表現する/表達;(utter) noberu 述べる/表明,說出 ——*adj.* (specific) tokubetsu no 特別の/特別的;(clear) meihaku na 明白な/明確的;(urgent) shikyū no 至急の/快速度的 ——*n.* (express train) kyūkō ressha 急行列車/特別快車

expression *n.* hyōgen 表現/表達;happyō 発表/表示

exquisite *adj.* (delicately beautiful) hijō ni utsukushii 非常に美しい/優美的;(elaborate) seikō na 精巧な/精妙的

extend *vt.* (stretch out) hirogeru 広げる/擴展;(stretch forth) nobasu のばす/延長 ——*vi.* hirogaru 広がる/伸展;nobiru のびる/伸長

extent *n.* (area) hirosa 広さ/廣闊;ōkisa 大きさ/大小;(scope) han'i 範囲/範圍;(degree) teido 程度/程度

exterior *n.* *adj.* gaibu (no) 外部(の)/外部的,外面的

external *adj.* gaimen no 外面の/外面的,外界的 ——*n.* gaibu 外部/外部;gaikan 外観/外觀

extinguish *v.* (put out) kesu 消す/熄燈,滅火;(annihilate) zetsumetsu suru 絶滅する/消滅,絶滅
extinguisher shōkaki 消火器/滅火器
extra *adj.* (additional) yobun no 余分の/額外的;(special) tokubetsu no 特別の/特別的
extract *v.* (pull out) nukitoru 抜き取る/拔出;shiboridasu しぼり出す/擠出,搾出;(pick out) bassui suru 抜粋する/拔萃,摘錄;—— *n.* bassui 抜粋/拔萃;(essence) ekisu エキス/精華,摘錄,選錄
extraordinary *adj.* (unusual) ijō na 異常な/意外的,離奇的;hijō na 非常な/非常的,格外的
extreme *adj.* kyokutan na 極端な/極端的;kyokudo no 極度の/過分的,過激的
eye *n.* me 目/目,眼,眼神
eyebrow *n.* mayu (ge) まゆ(毛)/眉毛
eyebrow pencil mayuzumi まゆ墨/眉筆
eyedrops (=eye lotion) *n.* megusuri 目薬/眼藥
eyelash *n.* matsuge まつげ/睫毛
eyelid *n.* mabuta まぶた/眼瞼
eyesight *n.* shiryoku 視力/;shikai 視界/視野

F

fable *n.* otogi-banashi おとぎ話/童話;gūwa 寓話/寓言
fabric *n.* (textile) orimono 織物/紡織品,布
face *n.* kao 顔/臉;kaotsuki 顔つき/面貌,面容;(surface) hyōmen 表面/表面 —— *v.* (front on) … ni men suru …に面する/面對
face to face mukaiatte 向かい合って/面對面地
face powder oshiroi おしろい/(化妝)白粉,香粉
facility *n.* (easiness) yōi 容易/容易;(dexterity) takumi 巧み/靈巧;*pl.* (convenience) bengi 便宜/方便,便利;(equipment) setsubi 設備/設備
fact *n.* jijitsu 事実/事實;shinjitsu 真実/實情,真實
in fact jissai wa 実際は/實際上;jitsu ni 実に/其實
faction *n.* (party) tōha 党派/派別,黨派;(clique) (shō-) habatsu (小)派閥/派閥,派系
factor *n.* yōso 要素/要素;yōin 要因/因素
factory *n.* kōjō 工場/工廠
faculty *n.* (ability) sainō 才能/才能;nōryoku 能力/能力;(division of learning at a university) gakubu 学部/(大學)院,學

院;(instructors within such a division) (gakubu-)kyōju-dan (学部)教授团/(學院中的)全體教授,教授會

fade *v.* (lose color) iro ga sameru 色がさめる/褪色;(dim) hikari ga usureru 光が薄れる/失去光澤;(disappear gradually) shidai ni kiete iku しだいに消えていく/漸漸消失

Fahrenheit *n.* kashi 華氏/(溫度)華氏

fail *v.* shippai suru 失敗する/失敗;shisokonau し損なう/做錯,弄壞;fusoku suru 不足する/不足,缺乏

failure *n.* shippai 失敗/失敗

faint *adj.* (feeble) yowa-yowa-shii 弱々しい/無力的,無勇氣的;suijaku shita 衰弱した/衰弱的;(slight) kasuka na かすかな/微弱的 ——*v.* (swoon) kizetsu suru 気絶する/氣絶,暈倒;(become weak) yowaku naru 弱くなる/變弱

fair *adj.* (beautiful) utsukushii 美しい/美麗的;(fine) hareta 晴れた/晴朗的;(just) kōhei na 公平な/公平的 ——*n.* (exhibition) hakuran-kai 博覧会/博覽會

fairy *n.*, *adj.* yōsei (no yōna) よう精(のような)/妖精(似的)

faith *n.* (reliance) shinrai 信頼/信賴;shin'nen 信念/信念;(religious belief) shinkō 信仰/信仰;(fidelity) chūjitsu 忠実/忠實,誠實

faithful *adj.* chūjitsu na 忠実な/忠實的

fall *v.* (drop) ochiru 落ちる/落下;(cf. stand) taoreru 倒れる/倒下;sagaru 下がる/下降 ——*n.* (drop) rakka 落下/落下;(decline) metsubō 滅亡/滅亡;(autumn) aki 秋/秋季

fall ill byōki ni naru 病気になる/生病

fall on (attack) kōgeki suru 攻撃する/攻擊;(begin) … o hajimeru … を始める/急忙開始

false *adj.* (erroneous) ayamatta あやまった/錯誤的;(untrue) itsuwari no 偽りの/虛僞的;(counterfeit) nise no 偽の/假的

false eyelashes tsuke-matsuge つけまつげ/假睫毛

false teeth ireba 入れ歯/假牙

fame *n.* meisei 名声/名聲;meiyo 名誉/名譽

familiar *adj.* (intimate) shitashii 親しい/親切的;shimmitsu na 親密な/親密的;(closely acquainted) yoku shitte iru よく知っている/熟悉的

family *n.* kazoku 家族/家族;ikka 一家/家庭,一家

famine *n.* kiga 飢餓/饑餓;ue 飢え/餓

famous *adj.* yūmei na 有名な/有名的,著名的;nadakai 名高い/馳名的

fan *n.* ōgi 扇/扇子;sensu 扇子/扇子;(ardent admirer) fan ファン/電扇,鼓風機,換氣機,(炊具)排油煙機

fancy *n.* (unfounded belief) kūsō 空想/空想;(capricious idea) kimagure 気まぐれ/見異思遷;(taste) shumi 趣味/愛好 —— *v.* (imagine) kūsō suru 空想する/空想,幻想;(think) omou 思う/想;(like) konomu 好む/喜歡

fantastic *adj.* (capricious) kimagure na 気まぐれな/見異思遷的;(eccentric) fūgawari na 風変りな/捕風捉影的;(imaginary) gensō-teki na 幻想的な/異想天開的

fantasy *n.* (imagination) kūsō 空想/空想;(illusion) gensō 幻想/幻想

far *adv.* tōku (ni) 遠く(に)/遠,(空間)很遠地,(時間)久遠地;*adj.* haruka na はるかな/遙遠的

fare *n.* (transportation charge) unchin 運賃/運費;(food) inshokubutsu 飲食物/食物,食品 ——*v.* (get on) kurasu 暮らす/生活;yatte iku やって行く/過日子;(go) iku 行く/去

farewell *int.* sayōnara さようなら/再見;gokigen' yō ごきげんよう/一路平安 ——*n.* (leave-taking) wakare 別れ/告別;itomagoi いとまごい/辭,辭別

farewell meeting sōbetsu-kai 送別会/歡送會

farewell present sembetsu せん別/餞行(禮物)

farm *n.* nōjō 農場/農場;nōen 農園/園藝作物場;hatake 畑/田地,耕地

farther *adv.* motto tōi もっと遠い/再遠一點;mukō ni [no] 向こうに[の]/更前一點

fascinate *v.* miwaku suru 魅惑する/用魅力迷人

fashion *n.* ryūkō 流行/流行;fasshon ファッション/流行,時興,服裝樣子;(style) kata 型/式樣,樣子

fast *adj.* hayai 速い/快的,迅速的;(*watch*) (tokei ga) susunde iru (時計が)進んでいる/(鐘錶)走得快 ——*adv.* hayaku 速く/迅速地 ——*n.*, *v.* danjiki (suru) 断食(する)/斷食,絕食

fasten *v.* (attach securely) shikkari tomeru しっかり止める/拴住,上緊,扣緊;(make secure) shimeru 締める/緊固,緊定

fat *adj.* (obese) futotta 太った/肥胖的 ——*n.* (grease) shibō 脂肪/脂肪;aburami 脂身/肥肉

fatal *adj.* (fateful) ummei no 運命の/命運的,宿命的;(deadly) chimei-teki na 致命的な/致命的

fate *n.* shukumei 宿命/宿命,注定的命運;(destruction) hametsu 破滅/破滅;(death) shi 死/死 ——*v.* ummeizukeru 運命づける/命運決定的

father *n.* (male parent) chichi 父/父親;(male ancester) senzo 先祖/祖先,先人;(priest) shimpu 神父/神父

fatigue *n.*, *v.* hirō (saseru) 疲労(させる)/(使)疲勞;tsukare (saseru) 疲れ(させる)/(使)疲勞

fault *n.* (error) kashitsu 過失/過失,過錯;(mistake) ayamari あやまり/錯誤;(defect) ketten 欠点/缺點,缺陷
favor *n.* (goodwill) kōi 好意/好意,誠意;(good graces) onkei 恩恵/恩惠;hikitate 引き立て/提拔,關照,照顧
ask a favor of (***a person***) (hito ni) sewa o tanomu (人に)世話を頼む/請照顧;onegai o suru お願いをする/請幫忙
in favor of … ni sansei shite …に賛成して/贊成,支持
favorable *adj.* (well-disposed) kōi aru 好意ある/有好意的,贊成的;(convenient) tsugō no yoi 都合のよい/便利的,恰好的;(advantageous) yūri na 有利な/有利的,有望的
favorite *adj.* (preferred above others) ki-ni-iri no 気に入りの/中意的 ——*n.* (preference) kōbutsu 好物/寵物,寵臣,親信
fear *n.* (dread) kyōfu 恐怖/恐怖;(anxiety) fuan 不安/不安;shimpai 心配/擔心,懸念
feast *n.* (banquet) shukuen 祝宴/喜宴;enkai 宴会/宴會;(religious festival) matsuri 祭り/節日;shukusai-jitsu 祝祭日/節日,慶典
feat *n.* (achievement) kōseki 功績/功績;(trick) hayawaza 早業/武藝,神速的技藝
feather *n.* hane 羽/羽,羽毛
feature *n.* (face) kao 顔/容貌,面貌;mehanadachi 目鼻立ち/臉面的一部分(眼鼻等);(distinguished characteristic) tokuchō 特徴/特徵;tokushoku 特色/特色,特點
February *n.* ni-gatsu 二月/二月
fee *n.* (remuneration) tesūryō 手数料/手續費;(admission) nyūjō-ryō 入場料/入場費
feeble *adj.* yowai 弱い/弱,無力的;byōjaku na 病弱な/虛弱的,病弱的
feed *v.* (give food to) shokumotsu o ataeru 食物を与える/給吃東西;(make grow) sodateru 育てる/養育;(nourish) yashinau 養う/撫養;kau 飼う/飼養 ——*n.* (food for animals) esa えさ/餌食;(food) shokumotsu 食物/食物
feel *v.* (perceive) kanjiru 感じる/感覺到;(touch) sawaru さわる/觸,摸,意識到 ——*n.* kanji 感じ/感覺;tezawari 手ざわり/觸覺
feeling *n.* kankaku 感覚/感覺;kanji 感じ/感覺,知覺;kimochi 気持/心情;kanjō 感情/感情
fellow *n.* (companion) nakama 仲間/夥伴,同事,酒友;(man) otoko 男/(俗)人,漢子;(*colloq.*) yatsu やつ/傢伙
felt *n.* feruto フェルト/氈,毛氈;mōsen 毛せん/毛氈
female *n.*, *adj.* josei (no) 女性(の)/女性(的),女(的);(*ani-*

mal) mesu (no) 雌(の)/雌的
feminine *adj.* josei no 女性の/女的;josei-teki na 女性的な/女性的;on'na rashii 女らしい/婦女似的,柔弱的
fence *n.* kaki 垣/垣牆;saku さく/栅欄;hei へい/圍牆
fern *n.* shida (-rui) しだ(類)/羊齒(植物)
ferry *n.* watashi(-bune) 渡し(船)/渡口,渡船;renraku-sen 連絡船/(海上)聯絡船;ferī フェリー/渡船
fertile *adj.* hiyoku na 肥よくな/肥沃的
festival *n.* matsuri 祭り/節日,慶典;saijitsu 祭日/節日,喜慶日
fetch *v.* itte motte [tsurete] kuru 行って持って[連れて]来る/拿來,帶來
fever *n.* netsu 熱/病熱,發燒;netsubō 熱望/狂熱,激昂
few *adj.* sukunai 少ない/少的,不多的;shōsū no 少数の/少數的 ——*n.* shōsū no hito [mono] 少数の人[物]/少數人(或物)
fiber *n.* sen'i 繊維/纖維
fiction *n.* shōsetsu 小説/小說;tsukuri-banashi 作り話/杜撰的故事
field *n.* (open country) nohara 野原/原野;(piece of arable land) hatake 畑/田地,牧場;(battlefield) senjō 戦場/戰場
fierce *adj.* hageshii 激しい/激烈的;mōretsu na 猛烈な/猛烈的
fifteen *n.*, *adj.* jūgo (no) 15,十五(の)/十五(的)
fifth *n.*, *adj.* dai-go (no) 第五(の)/第五(的)
fifty *n.*,*adj.* go-jū (no) 50,五十(の)/五十(的)
fig *n.* ichijiku いちじく/無花果
fight *n.* (battle) sentō 戦闘/戰鬥;(combat) kakutō 格闘/格鬥;(fighting spirit) tōshi 闘志/鬥志 ——*v.* (contend with) tatakau 戦う/抗爭,爭鬥
figure *n.* (form) katachi 形/形狀,外觀;(bodily shape) sugata 姿/姿態;(person) jimbutsu 人物/人物;(number) sūji 数字/數字
file *n.* fairu ファイル/文件夾;kami-basami 紙ばさみ/紙夾
fill *v.* (make full) mitasu 満たす/注滿,裝滿;ippai ni suru いっぱいにする/弄滿,塞滿;(occupy) … o shimeru … を占める/佔(地位) ——*n.* (full supply) jūbun 十分/充分,充足
film *n.* firumu フィルム/膠片,膠捲,薄膜
filter *n.* roka-ki ろ過器/過濾器;firutā フィルター/過濾器(或紙)
final *adj.* (last) saigo no 最後の/最後的;(decisive) kettei-teki na 決定的な/決定的
finance *n.* zaisei 財政/財政;zaisei-gaku 財政学/財政學
find *v.* mitsukeru 見付ける/發現;miidasu 見出す/尋着,覓得;

… to wakaru … とわかる/覺得,看出

fine *adj.* (excellent) rippa na 立派な/優良的;(handsome) utsukushii 美しい/美好的;(of superior quality) sugureta すぐれた/卓越的;(cloudless) hareta 晴れた/晴朗的 ——*n.* (penalty) bakkin 罰金/罰款

finger *n.* yubi 指/手指

fingerprint shimon 指紋/指紋

finish *v.* oeru 終える/完畢,完結;sumasu すます/…完;kansei suru 完成する/完成

fir *n.* momi no ki もみの木/樅

fire *n.* hi 火/火;taki-bi たき火/爐火,篝火

fire alarm *n.* kasai keihō 火災警報/火警警報;kasai hōchiki 火災報知器/火警警報器,火警警鐘

fire department *n.* shōbō-sho 消防署/消防署

fire engine *n.* 'shōbō-sha 消防車/消防車

firefly *n.* hotaru ほたる/螢火蟲

fireman *n.* shōbōshi 消防士/消防員

fireplace *n.* danro 暖炉/火爐,壁爐

fireworks *n.* hanabi 花火/烟火,火花

firm *adj.* (solid) shikkari shita しっかりした/堅實的;katai 固い/堅固的 ——*n.* (business company) shōsha 商社/商業公司;kaisha 会社/公司

first *adj.* dai-ichi no 第一の/第一(的);saisho no 最初の/最初的

first name namae 名前/男子名字,洗禮名

for the first time hajimete 初めて/首次,首先

first aid *n.* ōkyū teate 応急手当/(醫生來到前的)急救

fish *n.* sakana 魚/(酒肴)魚;uo 魚/魚,活魚 ——*n.*, *v.* tsuri (o suru) 釣り(をする)/釣魚

fisherman *n.* ryōshi 漁師/漁夫;gyofu 漁夫/漁夫

fist *n.* kobushi こぶし/拳;genkotsu げんこつ/拳頭

fit *adj.* ni tekitō na に適当な/適合的 ——*v.* au 合う/適合於;niau 似合う/與…適應 ——*n.* (spasm) hossa 発作/(病)發作

five *n.*, *adj.* go (no) 5,五(の)/五(的);itsutsu (no) 五つ(の)/五個(的)

fix *v.* (make firm) kotei saseru 固定させる/使固定;(fasten) toritsukeru 取り付ける/安裝;(determine) kimeru 決める/決定;(put in order) seiton suru 整とんする/安排,整理

flag *n.* hata 旗/旗;(national flag) kokki 国旗/國旗

flake *n.* (flat thin piece) hakuhen 薄片/薄片;ippen 一片/一片

flame *n.* hono'o 炎/燄;kaen 火炎/火燄;(passion) jōnetsu 情熱

/情𦦨,熱情

flap *v.* (slap) karuku utsu 軽く打つ/輕打,平打;(motion of wing) habataki suru はばたきする/拍擊

flare *n.* yurameku hono'o ゆらめく炎/搖曳的火𦦨;(*skirt*) fureā フレアー/(攝影)光斑,(衣裙)張開 ——*v.* meramera moeru めらめら燃える/搖搖閃閃地燃燒

flash *n.* senkō 閃光/閃光; hirameki ひらめき/閃光; (flashlight) kaichū-dentō 懐中電灯/電筒,手電

flat *adj.* (level and smooth) hiratai 平たい/平的;taira na 平らな/平坦的 ——*n.* heimen 平面/平面

flat tire panku パンク/走了氣的車胎,車胎爆壞

flatter *v.* oseji o iu おせじを言う/諂媚,阿諛;kobi-hetsurau こびへつらう/阿諛奉承

flavor *n.* fūmi 風味/風味,情趣;aji 味/味 ——*v.* … ni fūmi o tsukeru … に風味をつける/添風味,添情趣

fleet *n.* kantai 艦隊/艦隊;sentai 船隊/船隊

flesh *n.* niku 肉/肉;nikutai 肉体/肉體;mi 身/軀體

flexible *adj.* (pliant) mageyasui 曲げやすい/易彎的,撓性的; shinayaka na しなやかな/柔軟的;(adaptable) yūzū no kiku 融通のきく/可通融的

flicker *v.* (quiver) soyogu そよぐ/(樹)搖動;yurameku ゆらめく/搖晃;(flash and die away by turns) chirachira suru ちらちらする/閃爍,明滅不定

flight *n.* hikō 飛行/飛行,航空;(run away) tōsō 逃走/逃走

flint *n.* (*for lighter*) ishi 石/燧石,火石

flip *v.* (fillip) hajiku はじく/(用指)彈;(strike lightly) karuku utsu 軽く打つ/輕打(灰)

float *v.* (get afloat) uku 浮く/浮,浮起;(set afloat) ukaberu 浮かべる/能漂起,浮現

flock *n.* (herd) mure 群れ/(牛羊等的)群;(crowd) gunshū 群集/人群,群衆 ——*v.* muragaru 群がる/群聚,群集

flood *n.* kōzui 洪水/洪水; ōmizu 大水/大水 —— *v.* (overflow) hanran suru はんらんする/泛濫

floor *n.* (lower surface of a room) yuka 床/地板;(story) kai 階/樓層

florist *n.* hana-ya 花屋/花匠,花商

flour *n.* (fine meal) kona 粉/粉,粉末;(wheat meal) komugiko 小麦粉/小麥粉

flourish *v.* (thrive) sakaeru 栄える/繁榮;hanjō suru 繁盛する/繁盛;(grow vigorously) shigeru 茂る/茂盛

flow *n.* (stream) nagare 流れ/流,流水;(rise of tide) ageshio 上げ潮/漲潮 ——*v.* nagareru 流れる/流,流動

flower *n.* hana 花/花,花朵
flower arranging ikebana 生け花/插花
flu *n.* infuruenza インフルエンザ/流行性感冒;ryūkan 流感/流感
fluid *n.* ekitai 液体/液體 ——*adj.* ryūdōsei no 流動性の/流動性的
flush *v.* (dotto) nagareru (どっと)流れる/奔流;(be flooded) mizubitashi ni naru 水浸しになる/水淹;(blush) kao ga akaku naru 顔が赤くなる/臉發紅 ——*n.* (vigor) genki 元気/旺盛 ——*adj.* (abundant) hōfu na 豊富な/豐富的
flute *n.* furūto フルート/長笛;yokobue 横笛/長笛
flutter *v.* (flap with the wings) habataki suru はばたきする/振翅
fly[1] *v.* tobu 飛ぶ/飛;(flee from) nigeru 逃げる/逃
fly[2] *n.* (*insect*) hae はえ/蠅,飛蟲
foam *n.*, *v.* awa (datsu) 泡(立つ)/(起)泡沫
focus *n.* shōten 焦点/焦點;(center) chūshin 中心/中心 ——*v.* (concentrate) shūchū suru 集中する/集中在焦點,集中
fog *n.* kiri 霧/霧;moya もや/靄
foil *n.* haku はく/箔;(*cooking*) kukkingu-foiru クッキングフォイル/廚房用鋁箔(烘烤用)
fold *v.* (double up) orikasaneru 折り重ねる/重疊;tatamu たたむ/折疊 ——*n.* (*in garment*) hida ひだ/衣服褶
folding chair oritatami-isu 折りたたみいす/折疊椅
folk *n.* (people) hitobito 人々/人們;(nation) minzoku 民族/民族
folk song min'yō 民謡/民謠
follow *v.* … ni tsuzuku … に続く/接着,跟着;ni shitagau に従う/跟着;ni tsuite iku について行く/跟着去
following *adj.* tsugi no 次の/下述的;ika no 以下の/以下的
fond *adj.* (liking) sukide 好きで/喜歡的;(tender) yasashii 優しい/溫柔的
food *n.* tabemono 食べ物/食物;shokumotsu 食物/食物,食品
food poisoning shokuchūdoku 食中毒/食物中毒
fool *n.* baka ばか/笨人,呆子;(clown) dōkemono 道化者/土包子;小醜 ——*v.* baka ni suru ばかにする/愚弄
foot *n.* ashi 足/腳;(bottom) fumoto ふもと/山麓;soko 底/底部
on foot aruite 歩いて/步行
at the foot of no fumoto ni のふもとに/在…腳下
footprint *n.* ashi-ato 足跡/足跡
footstep *n.* ayumi 歩み/腳步;(tread) ashi-oto 足音/腳步聲

for *prep.* (on behalf of) no tame ni のために/爲了;(against) ni mukatte に向って/向,到…去;(*time*) no aida の間/"for"表示整段時間、距離時,可略去不說;(in place of) no kawari ni の代りに/代之以… ——*conj.* (because) to iu nowa というのは/因爲;no riyū de の理由で/其理由是…
for all that nimo kakawarazu にもかかわらず/儘管…可是…
for ever eien ni 永遠に/永遠;eikyū ni 永久に/永久,永遠
for example tatoeba たとえば/例如
for oneself jibun de 自分で/由自己;dokuryoku de 独力で/單力,單幹
for one's age toshi no wari ni 年のわりに/與年齡相比
forbid *v.* (prohibit) kinjiru 禁じる/禁止;(prevent) samatageru 妨げる/妨礙
force *n.* (power) chikara 力/力;wanryoku 腕力/腕力;*pl.* (troops) guntai 軍隊/兵力,全軍 ——*v.* (press) shi'iru 強いる/强制,强迫
forceful *adj.* chikara-zuyoi 力強い/用力的;kyōryoku na 強力な/强有力的
fore *adj.* mae no 前の/前面的,先前的;zempō no 前方の/前面的,在前的;saki no 先の/在前的,先前的,先時的
forecast *n.*, *v.* yosō (suru) 予想(する)/預想;(predict) yohō (suru) 予報(する)/預報
forefinger *n.* hitosashi-yubi 人差し指/食指
forehead *n.* hitai ひたい/額
foreign *adj.* gaikoku no 外国の/外國的;gaijin no 外人の/外人的
foreign language gaikokugo 外国語/外國語
The Ministry of Foreign Affairs gaimu-shō 外務省/外交部
foreigner *n.* gaikokujin 外国人/外國人
forest *n.* mori 森/森林,樹林;shinrin 森林/森林
forget *v.* (not remember) wasureru 忘れる/忘,忘記;(mislay) okiwasureru 置き忘れる/擱忘地方,遺失
forgive *v.* yurusu 許す/原諒;menjo suru 免除する/寬免,免除(稅)
fork *n.* fōku フォーク/叉,叉子
form *n.* (shape) katachi 形/形狀;(figure of body) sugata 姿/外貌;(mode) keishiki 形式/形式;(formula) shoshiki 書式/公文格式 ——*v.* katachizukuru 形づくる/形成,作成
formal *adj.* (regular) seishiki no 正式の/正式的;(of the nature of form) keishiki-teki na 形式的な/形式(上)的
former *adj.* (earlier) izen no 以前の/以前的;mukashi no 昔の/從前的;(previous) zensha no 前者の/前者的;saki no 先の/

先前的
formerly *adv.* mukashi 昔/從前;izen 以前/以前
formidable *adj.* (terrifying) osoroshii 恐ろしい/可怕的;(hard to overcome) tegowai 手ごわい/不易對付的
formula *n.* kōshiki 公式/公式;shiki 式/式,定式
formulate *v.* kōshiki ni suru 公式にする/作成公式
forth *adv.* mae e 前へ/向前;zempō e 前方へ/向前方;soto e 外へ/向外
fortnight *n.* ni-shūkan 2週間/14天,兩星期 ——*adv.* kakushū no [ni] 隔週の[に]/隔週的
fortunate *adj.* (lucky) kōun na 幸運な/幸運的;un no yoi 運のよい/運氣好的
fortune *n.* (good luck) un 運/運氣;kōun 幸運/好運
forty *n.* ,*adj.* yon-jū (no) 40,四十(の)/四十(的)
forward *adv.* mae ni 前に/向前;kongo 今後/今後;saki ni 先に/先 ——*adj.* zempō no 前方の/前方的
foul *adj.* (dirty) fuketsu na 不潔な/髒的;kitanai 汚い/污穢的;(vulgar) hiwai na 卑わいな/卑鄙的,下流的 ——*adv.* unfairly) fusei ni 不正に/不正當的,不公正的,不光明正大的
found *v.* sōritsu suru 創立する/創立,創辦(學校等);kisozukeru 基礎づける/打基礎
foundation *n.* (base) dodai 土台/基礎;kiso 基礎/基礎;(establishment) kensetsu 建設/建設;(fund) kikin 基金/基金
fountain *n.* izumi 泉/泉,泉水;(jet of water) funsui 噴水/噴水
four *n.* , *adj.* yon 4/四;yottsu (no) 四つ(の)/4個(的);shi 4/四
fourteen *n.* , *adj.* jū-shi (no) 14,十四(の)/十四(的)
fowl *n.* niwatori にわとり/鶏;*pl.* kakin 家きん/家禽
fox *n.* kitsune きつね/狐狸,狡猾的人
fraction *n.* bunsū 分数/(數學)分數;hasū 端数/零數;(fragment) kakera かけら/碎片
fracture *n.* , *v.* kossetsu (suru) 骨折(する)/骨折;funsai suru 粉砕する/粉碎 ——*v.* kujiku くじく/挫傷
fragment *n.* hahen 破片/碎片;dampen 断片/斷片;kakera かけら/碎片
fragrance *n.* kaori 香り/香;hōki 香気/香氣,香味;hōkō 芳香/芳香
frail *adj.* yowai 弱い/弱的;hakanai はかない/不堅定的
frame *n.* (construction) kōzō 構造/構造;honegumi 骨組み/骨架;waku わく/框架;(*picture*) gakubuchi 額縁/畫架,鏡框
frank *adj.* sotchoku na 卒直な/率直的;shōjiki na 正直な/正直的

free *adj.* jiyū na 自由な/自由的 ——*adv.* jiyū ni 自由に/自由 地,無拘束地
freeze *v.* kōru 凍る/凍,凍結;kōri ga haru 氷が張る/結冰,凍冰;hieru 冷える/冰冷
freight *n.* (transportation) yusō 輸送/運輸,貨運;(transported goods) kamotsu 貨物/貨物;(charge for transporting goods) unchin 運賃/運費
French *adj.* Furansu(-jin) no フランス(人)の/法國(人)的 ——*n.* Furansu-go フランス語/法語;Furansu-jin フランス人/法國人
frequent *adj.* tabi-tabi no 度々の/屢次的,常常的;shiba-shiba okoru しばしば起こる/屢次發生的;himpan na ひんぱんな/頻繁的
fresh *adj.* (new) atarashii 新しい/新的;(not stale) shinsen na 新鮮な/新鮮的;(raw) nama no 生の/生的;(vivid) sōkai na そう快な/爽快的
Friday *n.* kin'yō-bi 金曜日/星期五
friend *n.* yūjin 友人/朋友,友人;tomodachi 友だち/朋友
fright *n.* odoroki 驚き/吃驚,驚人;(terror) kyōfu 恐怖/恐怖
fringe *n.* fusaberi 房べり/縫; fuchi 縁/邊緣
frock *n.* (gown or dress) uwagi 上着/上衣;(frock-coat) furokku-kōto フロックコート/男禮服大衣
frog *n.* kaeru かえる/蛙,青蛙
from *prep.* kara から/從;de で/因,由,據…判斷
from door to door ie kara ie e to 家から家へと/各家各户
from place to place achi-kochi あちこち/到處,各處
from time to time tokidoki 時々/時時,時常
front *n.* mae 前/前面;zempō 前方/前方;shōmen 正面/正面
in front of no mae ni の前に/在…之前 ——*v.* ni men suru に面する/面對
front door *n.* toguchi 戸口/房門口;genkan 玄関/正門,大門
frontier *n.* kokkyō 国境/國境
frost *n.* shimo 霜/霜
frown *v.* mayu o hisomeru 眉をひそめる/皺眉; kao o shikameru 顔をしかめる/皺眉 ——*n.* shikamettsura しかめっ面/愁眉苦臉;shibui-kao 渋い顔/陰沉的表情
frozen food *n.* reitō-shokuhin 冷凍食品/冷凍食品
fruit *n.* kudamono 果物/水果
fry *v.* abura de ageru 油で揚げる/用油炸;furai ni suru フライにする/油炸(食品)
fuel *n.* nenryō 燃料/燃料,柴,薪
fuel oil tōyu 灯油/煤油

fulfill *v.* (complete) hatasu 果たす/履行,盡(義務);togeru 遂げる/完成;(satisfy) mitasu 満たす/滿足(希望)

full *adj.* (filled) michite iru 満ちている/充滿;ippai no いっぱいの/滿滿的;(complete) kanzen na 完全な/完全的,完整的 ——*n.* jūbun 十分/充分;ippai いっぱい/全部 ——*adv.* jūbun ni 十分に/充分地

fun *n.* tawamure たわむれ/玩笑;nagusami なぐさみ/娛樂,遊戲

function *n.* kinō 機能/功能;hataraki はたらき/作用,功用;(office) yakume 役目/職務,任務;(duty) nimmu 任務/任務

fund *n.* shikin 資金/資金;kikin 基金/基金;*pl.* zaigen 財源/財源

fundamental *adj.* kompon no 根本の/根本的;kiso no 基礎の/基礎的

funeral *n.*, *adj.* sōshiki (no) 葬式(の)/葬禮(的)

funny *adj.* okashii おかしい/可笑的;omoshiroi 面白い/有趣的

fur *n.* kegawa (seihin) 毛皮(製品)/毛皮,裘皮

furious *adj.* mōretsu na 猛烈な/猛烈的;ikari kurutta 怒り狂った/狂怒的

furnish *v.* (provide) sonae tsukeru 備え付ける/裝備;(supply) kyōkyū suru 供給する/供給

furniture *n.* kagu 家具/傢具

further *adv.* sara ni さらに/更;sono ue ni その上に/而且

fury *n.* (rage) gekidō 激動/激動;(violence) mōretsu 猛烈/猛烈

fuse *n.* hyūzu ヒューズ/(電)保險絲,引信;dōkasen 導火線/導火線

future *n.*, *adj.* mirai (no) 未来(の)/未來(的);shōrai (no) 将来(の)/將來(的)

in the future kongo 今後/今後;kore-kara これから/以後,今後

G

gain *v.* (get) te ni ireru 手に入れる/獲得;(win) katsu 勝つ/打勝(仗、官司);(*watch*) (tokei ga) susumu (時計が)進む/(鐘錶)走快;(profit) mōkeru もうける/得利,賺錢 ——*n.* (profit) rieki 利益/利益;(increase) zōka 増加/增益,增加

gallery *n.* (place for art exhibits) garō 画廊/畫廊;gyararī ギャラリー/迴廊,畫廊;(corridor) horō 歩廊/走廊;kairō 回廊/迴廊;(*theater*) tenjō-sajiki 天井さじき/看臺,頂層樓席位

gallon *n.* garon ガロン/加侖
gallop *n.* gyaroppu ギャロップ/(馬)大跑,飛跑;shissō 疾走/飛跑 ——*v.* hayaku hashiru はやく走る/奔馳
gamble *n.*, *v.* gyamburu (o suru) ギャンブル(をする)/賭,投機;tobaku (o suru) とばく(をする)/賭博;bakuchi (o suru) ばくち(をする)/賭錢
game *n.* gēmu ゲーム/遊戲;kyōgi 競技/競賽;shiai 試合/比賽
gap *n.* (break) wareme 割れ目/裂縫,裂口;(opening) sukima すきま/間隙;(blank space) kūhaku 空白/空白
garage *n.* garēji ガレージ/汽車庫,飛機庫
garbage *n.* (waste parts of food) nama-gomi 生ごみ/(廚房)垃圾
garbage bag gomi-bukuro ごみ袋/垃圾袋
garden *n.* niwa 庭/院子;teien 庭園/庭院
gardener *n.* ueki-ya 植木屋/園丁,花匠
gardening *n.* engei 園芸/園藝
gargle *n.*, *v.* ugai (o suru) うがい(をする)/漱口
garlic *n.* nin'niku にんにく/大蒜
garment *n.* irui 衣類/衣服,衣裳;*pl.* kimono 着物/衣服;ishō 衣装/服裝,外表
garter *n.* kutsushita-dome 靴下どめ/襪帶;gātāガーター/吊襪帶;(the G-)gātā kunshō ガーター勲章/(英最高勛章)嘉德勛章
gas *n.* gasu ガス/瓦斯;(gasoline) gasorin ガソリン/(美俗語)汽油
gas station gasorin-sutando ガソリンスタンド/汽油站
gasoline *n.* gasorin ガソリン/汽油
gasp *v.* aegu あえぐ/喘,喘氣;iki o kirasu 息を切らす/(嚇得)透不過氣來
gate *n.* mon 門/大門;deiriguchi 出入口/出入口
gather *vt.* (bring together) atsumeru 集める/集合,搜集—— *vi.* (come together) atsumaru 集まる/聚集
gauge *n.* hyōjun sumpō 標準寸法/標準尺寸;(device for measuring)keiki 計器/量規,標準尺——*v.* (measure) hakaru はかる/計量;(estimate) hyōka suru 評価する/估計,估價
gay *adj.* kaikatsu na 快活な/快活的;yōki na 陽気な/爽朗的
gaze *v.* mitsumeru 見詰める/凝視,注視——*n.* chūshi 注視/注視;gyōshi 凝視/凝視
gear *n.* haguruma 歯車/齒輪;giya ギヤ/齒輪
gem *n.* hōseki 宝石/寶石,寶玉
general *adj.* ippan no 一般の/一般的;zentai no 全体の/全體的,全面的——*n.* (high-ranking army officer) rikugun taishō

陸軍大将/陸軍上將

in general ippan ni 一般に/一般;futsū 普通/普通

generation *n.* ichi-dai 一代/一代(人);issedai 一世代/同時代

generous *n.* kedakai 気高い/氣度大的;kandai na 寛大な/寛大的

genius *n.* tensai 天才/天才

gentle *adj.* (mild) onwa na 温和な/溫和的;yasashii 優しい/和藹的;(kindly) shinsetsu na 親切な/親切的

gentleman *n.* shinshi 紳士/紳士;otoko 男/男士;kakka/閣下

genuine *adj.* hommono no 本物の/誠實的;hontō no 本当の/真正的

geography *n.* chiri (-gaku) 地理(学)/地理(學)

germ *n.* saikin 細菌/細菌;baikin ばい菌/霉菌

German *n.*, *adj.* Doitsu(no) ドイツ(の)/德國(的);Doitsujin(no) ドイツ人(の)/德國人(的);Doitsu-go(no) ドイツ語(の)/德語(的)

gesture *n.* miburi 身ぶり/身體的姿態,姿勢;jesuchā ジェスチャー/姿勢,手勢,故作姿態;temane 手まね/手勢

get *v.* (earn) e[u]ru 得る/得;(receive) uketoru 受け取る/取得;(buy) kau 買う/買;(bring) motte kuru 持って来る/拿來;(catch) byōki ni kakaru 病気にかかる/害傳染病

get about aruki-mawaru 歩き回る/徘徊,往來

get along susumu 進む/進步,成功;(manage) umaku yatte iku うまくやって行く/過活,設法過下去

get away nigeru 逃げる/逃亡

get home uchi ni kaeru うちに帰る/回家,到家

get over (recover from) kaifuku suru 回復する/恢復,克服

get through (finish) shūryō suru 終了する/了結;shitogeru しとげる/辦完;(survive) ikinagaraeru 生きながらえる/繼續活下去

get together (assemble) atsumeru 集める/集合,捜集;atsumaru 集まる/聚集;(reach an agreement) (iken ga) itchi suru (意見が)一致する/意見一致,達到共識

get up (rise) okiru 起きる/起,起來;kishō suru 起床する/起床

ghost *n.* yūrei 幽霊/幽靈;bōrei 亡霊/亡靈;bakemono 化け物/妖怪,鬼怪

giant *n.* kyojin 巨人/巨人;ō-otoko 大男/大漢——*adj.* kyodai na 巨大な/巨大的

gift *n.* okurimono 贈り物/贈品;gifuto ギフト/贈品,禮物;(o-) miyage (お)みやげ/禮物

gigantic *adj.* kyodai na 巨大な/巨大的,龐大的

gild *v.* kimmekki suru 金めっきする/鍍金
ginger *n.* shōga しょうが/生薑
giraffe *n.* kirin キリン/長頸鹿
girdle *n.* obi 帯/帶子;gādoru ガードル/腰帶;赤道
girl *n.* shōjo 少女/少女;on'na no ko 女の子/女孩子;musume 娘/姑娘
give *v.* ageru あげる/給(你);ataeru 与える/給(他)
give off hanatsu 放つ/放,發;dasu 出す/發散
give out happyō suru 発表する/發表;haifu suru 配布する/散布
give up yameru 止める/中止;akirameru あきらめる/放棄,斷念
give way shirizoku 退く/退御,讓步;kuzureru 崩れる/坍塌,垮下
glacier *n.* hyōga 氷河/冰河
glad *adj.* yorokonde 喜んで/高興;ureshii 嬉しい/高興的;yorokobashii 喜ばしい/喜悦的
glance *v.* (look briefly) chirari to miru ちらりと見る/晃眼一看;hitome miru 一目見る/看一眼,一瞥;(glint) hirameku ひらめく/閃爍——*n.* (quick look) ikken 一見/一瞥;(flash) senkō せん光/閃光
glare *v.* (shine with a dazzling light) gira-gira hikaru ぎらぎら光る/閃閃發光;(stare fiercely) niramitsukeru にらみつける/瞪眼睛——*n.* (blinding light) mabushii hikari まぶしい光/晃眼的光,刺眼的光;(fierce stare) nirami にらみ/瞪眼
glass *n.* garasu ガラス/玻璃;koppu コップ/玻璃杯;(mirror) kagami 鏡/鏡子;*pl.* (spectacles) megane めがね/眼鏡
glaze *v.* (fit with glass) garasu o hameru ガラスをはめる/鑲玻璃;(coat with a glassy layer) uwagusuri o kakeru 上薬をかける/上釉子
gleam *n.* (faint glow) kasukana hikari かすかな光/微光,曙光;(flash) kirameki きらめき/閃光——*v.* (glitter) kirameku きらめく/閃爍
glee *n.* ōyorokobi 大喜び/大喜,狂歡;kanki 歓喜/歡喜
glide *v.* suberu 滑る/滑動,滑行;kūchūkassō suru 空中滑走する/空中滑翔
glider guraidā グライダー/滑翔機
glimmer *v.* chira-chira hikaru ちらちら光る/閃閃發光
glimpse *n.* (momentary look) ikken 一見/瞥見;(glance) hitome 一目/一瞥——*v.* chirari to miru ちらりと見る/閃見
glisten *v.* kira-kira hikaru きらきら光る/閃耀
glitter *v.* pika-pika [kira-kira] hikaru ぴかぴか[きらきら]光

る/閃閃發光

globe *n.* (ball) kyū 球/球;(the earth) chikyū 地球/地球;(terrestrial globe) chikyūgi 地球儀/地球儀;(heavenly body) tentai 天体/天體

gloom *n.* (partial darkness) usukuragari 薄暗がり/幽暗;(melancholy) yū'utsu 憂うつ/憂鬱;inki 陰気/愁容——*v.* (grow dark) kuraku naru 暗くなる/使暗,使憂鬱

glory *n.* (renown) homare ほまれ/榮譽,名譽;(honor) eikō 栄光/榮光,榮譽;kōei 光栄/光榮

glossary *n.* (list of technical or special words with definitions) yōgo-kaisetsu 用語解説/術語詞彙;(dictionary of special words) yōgo-jiten 用語辞典/術語辭典

glove *n.* tebukuro 手袋/手套;gurōbu グローブ/拳擊手套,棒球手套

glow *v.* (be incandescent) hakunetsu suru 白熱する/發白熱光;(flush) hoteru ほてる/(臉、身熱得)發燒

glue *n.* nikawa にかわ/膠,骨膠

go *v.* iku 行く/去;(turn out)…ni naru…になる/變成

go about aruki-mawaru 歩き回る/走來走去

go back on (*colloq.*) (break, as a promise) (yakusoku o) yaburu (約束を)破る/背約,食言,背叛

go by (pass) (toki ga) keika suru (時が)経過する/時間經過,據

go on (continue) tsuzuku 続く/繼續,接下去

go out (be extinguished) kieru 消える/(火、燈)熄滅

go over (examine) yoku shiraberu よく調べる/仔細檢查;(do again)…o kurikaesu… を繰り返す/重覆,反覆

go through (search) yoku …o chōsa suru よく…を調査する/徹底檢查,審閲;(endure)…ni taeru…に耐える/忍受

go through with … o saigo made yari togeru…を最後までやり遂げる/完成

be going to… shiyō to shiteiru…しようとしている/就要,將要,正要

goal *n.* kesshōten 決勝点/終點;gōru ゴール/(徑賽)終止,(籃球)球籃,(足、手球)球門

goat *n.* yagi 山羊/山羊

god *n.* kami 神/神;上帝;菩薩

goddess *n.* megami 女神/女神

gold *n.* kin 金/金;kin-iro 金色/金色;ōgon 黄金/黄金

the golden age ōgon jidai 黄金時代/黄金時代

goldfish *n.* kingyo 金魚/金魚

golf *n.* gorufu ゴルフ/高爾夫球

good *adj.* yoi 良い/好的，zenryō na 善良な/善良的；jōtō na 上等な/上等的；(right) tadashii 正しい/正確的；(kind) shinsetsu na 親切な/親切的——*n.* (what is good) zen 善/善，善良；(merchandise)shōhin 商品/商品；(profit) rieki 利益/利益
good-by(e) *int.* sayōnara さようなら/再見——*n.* itomagoi いとまごい/告辭，辭別
goose *n.* gachō が鳥/鵝
gorge *n.* (deep narrow ravine) kyōkoku 峡谷/峽谷——*v.* (eat greedily) gatsu-gatsu taberu がつがつ食べる/狼吞虎嚥
gorgeous *adj.* karei na 華麗な/華麗的；gōka na 豪華な/豪華的
gossip *n.* goshippu ゴシップ/閒談，雜談；流言蜚語；mudabanashi むだ話/閒話，閒聊
govern *v.* osameru 治める/治；shihai suru 支配する/統治
government *n.* seiji 政治/政治；seifu 政府/政府
gown *n.* gaun ガウン/長上衣，教士服；uwagi 上着/長上衣
grab *v.* (snatch suddenly) hittakuru ひったくる/搶奪，奪取；tsukamu つかむ/抓住，抓牢
grace *n.* (favor) megumi 恵み/恩惠，恩典；onkei 恩恵/恩惠；(elegance) yūbi 優美/優美；shitoyakasa しとやかさ/安詳，文靜；jōhin 上品/文雅，清秀
grade *n.* tōkyū 等級/等級；(*school*) gakunen 学年/學年
gradual *adj.* dankai-teki na 段階的な/漸漸的，yuruyaka na 緩やかな/漸次的
gradually shidai ni 次第に/漸次地；jojo ni 徐々に/漸漸地
graduate *v.* sotsugyō suru 卒業する/畢業——*n.* sotsugyōsei 卒業生/畢業生
grain *n.* kokumotsu 穀物/穀物；tsubu 粒/穀粒
grammar *n.* bumpō 文法/語法
grand *adj.* sōdai na 壮大な/莊嚴的；yūdai na 雄大な/雄壯的；dōdō taru 堂々たる/堂堂的，大度的
granddaughter *n.* mago-musume 孫娘/孫女，外孫女
grandfather *n.* sofu 祖父/祖父；ojii-san おじいさん/祖父
grandmother *n.* sobo 祖母/祖母；obā-san おばあさん/祖母
grandson *n.* otoko no mago 男の孫/孫，外孫
grant *v.* yurusu 許す/許可；mitomeru 認める/承認——*n.* kyoka 許可/許可，准許
grape *n.* budō ぶどう/葡萄
grasp *v.* (seize upon) shikkari tsukamu しっかりつかむ/抓緊；(understand) rikai suru 理解する/理解；wakaru 分かる/領悟——*n.* (control)tōgyo 統御/統制；(grip) tsuyoi nigiri 強い握り/握緊
grass *n.* kusa 草/草；shiba 芝/草地

grateful *adj.* arigataku omou ありがたく思う/感謝的;ureshii 嬉しい/愉快的
gratify *v.* manzoku saseru 満足させる/使滿足;yorokobaseru 喜ばせる/使喜悦
gratitude *n.* kansha (no kimochi) 感謝(の気持)/感謝,感恩
grave[1] *adj.* (important) jūdai na 重大な/重大的;(solemn) majime na まじめな/認真的;(dignified) igen no aru 威厳のある/有威嚴的
grave[2] *n.* (burial place) haka (ana) 墓(穴)/墓(穴),墳
gravel *n.* jari 砂利/碎石,礫,砂礫
gravity *n.* (terrestrial gravitation) jūryoku 重力/重力;inryoku 引力/引力;(importance) jūdaisa 重大さ/重大性,重要性
gravy *n.* gureibi グレイビー/肉汁,肉漿汁;nikujiru 肉汁/肉汁
gray *n.* hai-iro 灰色/灰色;nezumi-iro ねずみ色/鼠色;gurei グレイ/灰色,鼠色;頭髮斑白
grease *n.* yushi 油脂/油脂;gurisu グリス/脂,油脂
great *adj.* (big) ōkii 大きい/大(山、河);idai na 偉大な/偉大的;(important) jūdai na 重大な/重大的
Greece *n.* Girisha ギリシャ/希臘
green *n.*, *adj.* (grassy) midori-iro (no) 緑色(の)/綠色(的);(green vegetables) yasai 野菜/蔬菜
green pepper pīman ピーマン/青椒,甜椒,十字椒,燈籠椒
greet *v.* aisatsu suru あいさつする/致敬,致禮,問好;mukaeru 迎える/迎接,歡迎
grief *n.* fukai kanashimi 深い悲しみ/憂傷,傷心事
grieve *vt.* kanashimaseru 悲しませる/使悲傷 —— *vi.* nageku 嘆く/悲嘆
grill *n.* (gridiron) yakiami 焼き網/烤網;yakiniku 焼き肉/烤肉;(grill-room) guriru グリル/烤架
grind *v.* (crush into bits) hiku ひく/磨碎;kona ni suru 粉にする/磨成粉;(sharpen) togu 研ぐ/碾,研磨
grip *v.* shikkari tsukamu しっかりつかむ/緊握,抓牢 —— *n.* nigiri 握り/握,握力;gurippu グリップ/(體育)握拍法;(機器)把手
groan *n.* umeki-goe うめき声/哼聲,呻吟聲 —— *v.* umeku うめく/呻吟,哼;kurushimu 苦しむ/痛苦,呻吟
grocery *n.* shokuryōhin-ten 食料品店/食品雜貨店,小酒館
groom *n.*, hanamuko 花婿/新郎
groove *n.*, *v.* mizo (o horu) 溝(を掘る)/溝,細槽;挖溝,作槽
gross *adj.* (big) ōkii 大きい/粗大,肥大;(coarse) somatsu na 粗末な/粗劣的;hidoi ひどい/厲害的 —— *n.* (twelve dozen) gurosu グロス/(高爾夫球)總分;(gross sum) sōkei 総計/總

計

ground *n.* (land) tochi 土地/土地;(surface of earth) jimen 地面/地面;gurando グランド/廣場,運動場;*pl.* (cause or basis) riyū 理由/理由;konkyo 根拠/根據

group *n.* shūdan 集団/集團;dantai 団体/團體;gurūpu グループ/小組

grove *n.* komori 小森/小林;kodachi 木立ち/叢林

grow *v.* seichō suru 成長する/生長;ōkiku naru 大きくなる/變大;… ni naru …になる/漸成…

grown-up otona (no) 大人(の)/大人(的);seijin (no) 成人(の)/成人(的)

growl *n.* unari うなり/嗥 ——*v.* unaru うなる/咆哮;(complain) gami-gami iu がみがみ言う/嚴厲申斥

growth *n.* (process of growing) seichō 成長/成長;hatsuiku 発育/發育;(development) hattatsu 発達/發達

grumble *v.* (mutter) butsu-butsu iu ぶつぶつ言う/嘟嘟嚷嚷地說;(complain) fuhei o iu 不平を言う/鳴不平 ——*n.* tsubuyaki つぶやき/(發)牢騷

guarantee *n.*, *v.* hoshō (suru) 保証(する)/保證,擔保;hoshōnin 保証人/保證人

guard *n.* (watchman) ban'nin 番人/看守;哨兵;gādoman ガードマン/(足、籃球)後衛;哨兵 ——*v.* (protect) mamoru 守る/防衛;(take precautions) yōjin suru 用心する/警戒,注意

guess *v.* suiryō suru 推量する/推斷;kentō o tsukeru 見当をつける/估計;(suppose) … to omou …と思う/想像 ——*n.* suisoku 推測/推測

guest *n.* kyaku 客/賓客,旅客

guide *n.* an'naisha 案内者/嚮導;gaido ガイド/引導,旅行指南

guilt *n.* yūzai 有罪/有罪;tsumi 罪/罪

guilty *adj.* tsumi no aru 罪のある/有罪;yūzai no 有罪の/有罪的

gulf *n.* wan 湾/灣,海灣,內海

gulp *v.* hito-nomi ni suru ひとのみにする/狼吞虎嚥;gutto nomu ぐっと飲む/暴飲,牛飲

gum[1]*n.* gomu ゴム/橡皮,橡膠,橡皮樹;(adhesive) gomunori ゴムのり/樹脂

gum[2]*n.* *pl.* (flesh around the teeth) haguki 歯茎/齒齦

gun *n.* (rifle) teppō 鉄砲/炮;jū 銃/槍

gutter *n.* (*eaves*) toi とい/(樓房)落水管;(small channel) komizo 小溝/小溝

guy *n.* otoko 男/人,少年;yatsu やつ/(美俚)傢伙

gymnasium *n.* taiikukan 体育館/體育館;jimu ジム/體育學校,

拳擊練習場

gynecologist *n.* fujinka-i 婦人科医/婦科醫生

H

habit *n.* shūkan 習慣/習慣;shūsei 習性/習性
  in the habit of… suru kuse ga aru …するくせがある/有…習慣;… shigachi de aru …しがちである/常有…脾氣

hail[1] *n.* arare あられ/霰,粒雪;hyō ひょう/雹,冰雹 ——*v.* arare ga furu あられが降る/下霰

hail[2] *n.* (greeting) aisatsu あいさつ/招呼;(shout of applause) kanko 歓呼/歡呼 ——*v.* (cheer) (kanko shite) mukaeru (歓呼して)迎える/歡呼迎接;(shout to) ōgoe de yobu 大声で呼ぶ/高呼

hair *n.* ke 毛/毛;kami no ke 髪の毛/頭髮

half *n.* hambun 半分/一半;ni bun no ichi 2分の1/二分之一 ——*adj.* hambun no 半分の/一半的;nakaba no 半ばの/半數的,半個的
  half an hour han-jikan 半時間/半小時

halfway *adj.* nakaba no 半ばの/中間的,不徹底的;chūto no 中途の/中途的

hall *n.* kaikan 会館/會館;ōhiroma 大広間/大廳;hōru ホール/大廳,會堂,舞廳

halt *v.* tomaru 止まる8/停,立定,站住;teishi suru 停止する/停止;(rest) kyūsoku suru 休息する/休息 ——*n.* kyūshi 休止/休止;teishi 停止/停止

ham *n.* hamu ハム/火腿

hammer *n.* kanazuchi 金づち/鐵錘;hammā ハンマー/槌,鐵錘,木錘

hand *n.* te 手/手;(pointer on a clock) tokei no hari 時計の針/(鐘錶)針;(penmanship) hisseki 筆跡/筆跡

handicap *n.* handikyappu ハンディキャップ/障礙賽跑(或賽馬)

handkerchief *n.* hankachi ハンカチ/手絹,手帕

handle *n.* handoru ハンドル/把手;e 柄/把柄 ——*v.* (deal with) toriatsukau 取り扱う/處理;對待,對付

handsome *adj.* (good-looking) utsukushii 美しい/漂亮,俊美;hansamu na ハンサムな/英俊的;(fine) rippa na 立派な/漂亮的

handwriting *n.* hisseki 筆跡/筆跡;shuseki 手跡/手跡

handy *adj.* chōhō na 重宝な/方便的,適用的;tegoro na 手ごろな/(大小)合手的,易操縱的

hang *v.* kakeru かける/掛;tsurusuつるす/吊
happen *v.* okoru 起る/發生;tama-tama … suru たまたま…する/偶然…
happy *adj.* kōfuku na 幸福な/幸福的;shiawase na 幸せな/幸福的,幸運的;tanoshii 楽しい/愉快的
harbor *n.* minato 港/港口 ——*v.* (give shelter to) kakumau かくまう/避難所
hard *adj.* (rigid) katai 固い/硬,堅固;(difficult to do) muzukashii むずかしい/難,困難;(severe) kibishii 厳しい/嚴格的,嚴厲的 ——*adv.* (with energy) hageshiku 激しく/猛烈地;isshōkemmei ni 一生けんめいに/拚命地,竭力地;(firmly) kataku 固く/斷然,堅定地
harden *vt.*, *vi.* (make or become hard) kataku suru [naru] 固くする[なる]/使堅固,使剛毅;變硬,變强
hardly *adv.* hotondo … de nai ほとんど…でない/幾乎不…,好容易才…
hardly … when [before] … suru to hotondo dōji ni …するとほとんど同時に/才一…就…
hardship *n.* kon'nan 困難/困苦,辛酸,艱難
hardware *n.* kanamono 金物/鐵器類,金屬器具
harm *n.* gai 害/害,損傷;shōgai 傷害/傷害 ——*v.* gai suru 害する/傷害,危害
harmful yūgai na 有害な/有害的
harmless mugai no 無害の/無害的
harmony *n.* chōwa 調和/調和,融洽;itchi 一致/一致
harness *n.* bagu 馬具/馬具 ——*v.* bagu o tsukeru 馬具をつける/上馬具
harp *n.* tategoto たて琴/堅琴;hāpu ハープ/堅琴
harsh *adj.* (rough to touch) ara-ara-shii 荒々しい/粗糙的,粗魯的;(rough to the ear) mimi-zawari na 耳障りな/刺耳的(聲音);(severe) hidoi ひどい/嚴厲的,苛刻的
harvest *n.* kari-ire 刈入れ/收割(農作物);shūkaku 収穫/收穫
haste *n.* (hurry) isogi 急ぎ/急,急速;awateru koto あわてること/急忙 ——*v.* isogu 急ぐ/趕;催促
in haste isoide 急いで/急,火急
hasten *vi.* isogu 急ぐ/趕 ——*vt.* isogaseru 急がせる/使加緊,催促
hat *n.* bōshi 帽子/(有邊)帽子
hatch *v.* (bring or come forth from an egg) (tamago o) kaesu (卵を)かえす/孵化;(tamago ga) kaeru(卵が)かえる/孵化;(contrive) anshutsu suru 案出する/策劃 ——*n.* (hatchway) hatchi ハッチ/船艙口,(賣飯等的)窗口

hatchet *n.* teono 手おの/錛子;ono おの/斧子
hate *v.* nikumu 憎む/恨;kirau きらう/討厭 ——*n.* ken'o 嫌悪/厭惡
haughty *adj.* ōhei na 横柄な/驕傲的,狂妄的;gōman na ごうまんな/傲慢的;kōman na 高慢な/高傲的
haul *v.* hipparu ひっぱる/拽;hikizuru ひきずる/牽,拖
have *v.* (possess, own, hold) motte iru 持っている/持有;… ga aru …がある/有;(eat) taberu 食べる/吃,喝;(cause to be done) shite morau してもらう/取得;saseru させる/使;(be wearing) kiteiru 着ている/穿着
have a good time tanoshiku sugosu 楽しく過ごす/愉快地度過(時、日)
have got motsu 持つ/(英口語)有
have to (be obliged) shinakereba naranai しなければならない/非…不可,不得不…
have … to do with … to kankei ga aru …と関係がある/和…有關
hawk *n.* taka たか/鷹,山鷹
hay *n.* hoshikusa 干し草/乾草;magusa まぐさ/乾草,飼料
hazard *n.* (danger) kiken 危険/危險;(risk) bōken 冒険/冒險;(chance) un 運/運氣,命運
he *pron.* kare ga 彼が/他;kare wa 彼は/他
head *n.* atama 頭/頭;zunō 頭脳/頭腦;(chief) chō 長/長,首領,頭子
headache *n.* zutsū 頭痛/頭痛
headline *n.* midashi 見出し/標題
headmaster *n.* kōchō 校長/校長
headquarters *n.* hombu 本部/本部;shireibu 司令部/司令部
health *n.* kenkō 健康/健康
healthful kenkō ni yoi 健康によい/有益於健康的
healthy kenkō na 健康な/健康的,健壯的;kenzen na 健全な/健全的
heap *n.* (pile) tsumi-kasane 積み重ね/堆積;(mass) shūdan 集団/群體,集團 ——*v.* tsumi-kasaneru 積み重ねる/堆積
hear *v.* kiku 聞く/聽;kikoeru 聞える/聽到,聽見
hear about … ni tsuite komakani kiku …について細かに聞/聽到關於…的詳情
hear from … kara tayori ga aru …から便りがある/得到…的信(或消息)
hear of … no uwasa o kiku …のうわさを聞く/聽到…的傳説(或事)
heart *n.* shinzō 心臓/心臟;(mind) kokoro 心/心,心胸;(love)

ai 愛/愛;(*figure*) hāto-gata ハート型/心形物
by heart sora de 空で/憑記憶;kioku de 記憶で/背(誦),暗記
take to heart kokoro ni tomeru 心にとめる/留在記憶裏;fukaku kanashimu 深く悲しむ/傷心,斷腸
broken heart shitsuren 失恋/失戀
heat *n.* netsu 熱/熱,熱度;atsusa 暑さ/暑氣
heater hītā ヒーター/加熱器,電爐;dambō sōchi 暖房装置/暖氣設備
heave *v.* (lift) (omoi mono o) mochiageru (重い物を)持ち上げる/舉起(重物)
heaven *n.* ten 天/天;sora 空/天空;tengoku 天国/天國,極樂世界;(god) kami 神/上帝
heavy *adj.* (weighing much) omoi 重い/重的;(severe) hidoi ひどい/猛烈的,厲害的
hedge *n.* ikegaki 生垣/樹籬;kakine 垣根/籬笆,柵欄
heel *n.* kakato かかと/腳後跟,鞋後跟
height *n.* takasa 高さ/高度;*pl.* kōchi 高地/高地;takadai 高台/高臺
heir *n.* sōzoku-nin 相続人/後嗣,繼承人
hell *n.* jigoku 地獄/地獄
hello *int.* moshi-moshi もしもし/喂!;yā やあ/(打招呼)啊
helmet *n.* kabuto かぶと/頭盔;herumetto ヘルメット/鋼盔,飛行帽,摩托帽
help *v.* tetsudau 手伝う/幫忙;tasukeru 助ける/幫助
helpful *adj.* tasuke ni naru 助けになる/有幫助的;yaku ni tatsu 役に立つ/有益的,有用的
helpless *adj.* tayorinai 頼りない/無依無靠的
hem *n.* heri へり/(布,衣服)邊 ——*v.* fuchi o toru 縁をとる/摺邊,縫邊
hen *n.* mendori めんどり/母鷄;mesudori 雌鳥/雌鳥
hence *adv.* (from now) ima-kara 今から/從此,此後;kongo 今後/今後;(therefore) sore dakara それだから/因此,所以;(from here) koko-kara ここから/從此
her *pron.* kanojo no 彼女の/(所有格)她的;kanojo ni [o] 彼女に[を]/(目的格)她
herb *n.* kusa 草/草;(medical herb) yakusō 薬草/草藥
here *adv.* koko (e) ここ(へ)/到這裏;koko (ni) ここ(に)/在這裏
hereafter *adv.* kongo wa 今後は/今後,此後,將來
hereby *adv.* kore ni yotte これによって/由此,因此
heritage *n.* isan 遺産/遺產;sōzoku-butsu 相続物/繼承物
hero *n.* eiyū 英雄/英雄;yūshi 勇士/勇士;hīrō ヒーロー/英雄,

出征軍人;shujinkō 主人公/男主人公
heroine *n.* joketsu 女傑/女英雄;on'na shujinkō 女主人公/女主人公;hiroin ヒロイン/烈婦,女丈夫
herring *n.* nishin にしん/青魚
kippered herring kunsei nishin くん製にしん/燻青魚
hers *pron.* kanojo no mono 彼女のもの/她的(東西)
herself *pron.* kanojo-jishin 彼女自身/她自己
hesitate *v.* chūcho suru ちゅうちょする/吞吞吐吐;tamerau ためらう/躊躇
hide[1] *vt.* kakusu 隠す/隱藏,守秘密 ——*vi.* kakureru 隠れる/隱藏,潛伏
hide[2] *n.* (animal skin or pelt) kemono no kawa けものの皮/獸皮,皮革
hideous *adj.* (horrible) osoroshii おそろしい/可怕的,嚇壞人的;nikumubeki 憎むべき/可恨的
high *adj.* takai 高い/高的;kōkyū no 高級の/高級的
highland *n.* kōchi 高地/高地;kōgen-chihō 高原地方/高原地方
highly *adv.* takaku 高く/高;(in high degree) kōdo ni 高度に/高度地;(very) ōi ni 大いに/很,非常;(honorably) rippa ni 立派に/體面地,光榮地
speak highly of … … o homeru … をほめる/讚揚,表揚
highway *n.* dōro 道路/公路;haiuei ハイウエイ/高速公路
hike *n.*, *v.* haikingu (o suru) ハイキング(をする)/徒步旅行,遠足
hill *n.* koyama 小山/小山;oka 丘/山丘,山崗
hillside *n.* sampuku 山腹/山腹,丘陵的側面
hilltop *n.* oka no chōjō 丘の頂上/小山頂
him *pron.* kare o [ni] 彼を[に]/(目的格)他
himself *pron.* kare-jishin 彼自身/他自己
hinder *v.* samatageru 妨げる/妨礙;jama o suru 邪魔をする/打攪
hinge *n.* chōtsugai ちょうつがい/鉸鏈;(central principle) kaname かなめ/樞軸;chūshin 中心/中樞 ——*v.* chōtsugai de ugoku ちょうつがいで動く/安鉸鏈
hint *n.* hinto ヒント/暗示,提示;anji 暗示/暗示 ——*v.* honomekasu ほのめかす/暗示,透露
hip *n.* shiri しり/屁股,臀部;koshi 腰/腰
hire *n.* (rent) chintai-ryō 賃貸料/租金(出);chinshaku-ryō 賃借料/租金(入) ——*v.* (employ for wages) yatou 雇う/雇用;chingari suru 賃借りする/租借(入);chingashi suru 賃貸しする/租借(出)
his *pron.* kare no 彼の/他的;kare no mono 彼のもの/他的東西

history *n.* rekishi 歴史/歷史
hit *v.* utsu 打つ/打;ateru 当てる/碰,命中 ——*n.* dageki 打撃/打擊;anda 安打/(棒球)安全打;hitto ヒット/(射擊)命中,(棒球)安全打
hive *n.* mitsubachi no su みつばちの巣/蜂巢,蜂箱
hobby *n.* shumi 趣味/興趣,愛好;dōraku 道楽/嗜好
hold *v.* (have) motsu 持つ/有,保有;nigiru 握る/握,拿(筆);(keep in general condition) tamotsu 保つ/保持;(observe) kai o hiraku 会を開く/舉行會議,開會;moyo'osu 催す/舉辦,主辦
hold on (seize) shikkari motsu しっかり持つ/拉住,抓牢;(continue) tsuzukeru 続ける/繼續
hold out (stretch) nobasu 伸ばす/伸出手;(endure) mochikotaeru 持ちこたえる/堅持條件而延遲簽約
hold up (raise) ageru 上げる/舉起;(stop and rob) oihagi suru 追はぎする/路刼
hold one's breath iki o korosu 息を殺す/(因恐懼、緊張、激動而)屏息
holder *n.* (possessor) shoyū-sha 所有者/佔有者;iremono 入れ物/(轉)容器;hōrudā ホールダー/持有人,(票據等)執票人,托架
hole *n.* ana 穴/洞,孔,穴
holiday *n.* kyūjitsu 休日/休息日;shukusai-jitsu 祝祭日/節日,紀念日
Holland *n.* Oranda オランダ/荷蘭
hollow *adj.* (concave) kubonda くぼんだ/中空的,凹的;(validity) utsuro na うつろな/空虛的 ——*n.* kubomi くぼみ/凹地,窪;utsuro うつろ/中空,空心;(hole) ana 穴/洞,穴
holy *adj.* shinsei na 神聖な/神聖的,聖潔的;shinjin-bukai 信心深い/虔誠信仰
home *n.* katei 家庭/家庭;uchi うち/家;wagaya わが家/我家
at home kiraku ni 気楽に/安適,自在
homely *adj.* uchitoketa 打ち解けた/家庭般的融洽;katei-teki na 家庭的な/家庭般的
home-made *adj.* jikasei no 自家製の/自己製,手工製,本國製
honest *adj.* shōjiki na 正直な/正直的;jitchoku na 実直な/耿直的;(sincere) seijitsu na 誠実な/誠實的
honey *n.* hachimitsu はちみつ/蜂蜜
honeybee *n.* mitsu-bachi みつばち/蜜蜂
honeymoon *n.* shinkon-ryokō 新婚旅行/蜜月旅行
honor *n.* (high respect) sonkei 尊敬/尊敬;(glory) eiyo 栄誉/榮譽

hood *n.* fūdo フード/罩布,罩子,蓋子;zukin ずきん/頭巾
hoof *n.* hizume ひづめ/蹄
hook *n.* kagi かぎ/鉤,鉤狀物;(fish hook) tsuri-bari つり針/釣針,魚鉤;hokku ホック/鉤,鐵鉤,(拳擊)鉤拳 —— *v.* (curved as a hook) magaru 曲がる/彎曲;(crook) mageru 曲げる/弄彎,彎曲
hoop *n.* (oke no) taga (おけの)たが/桶箍;(ring) wa 輪/環,圈
hop *v.* pyon-pyon tobu ぴょんぴょん跳ぶ/跳躍
hope *n.* kibō 希望/希望;nozomi 望み/期望 ——v. nozomu 望む/希望,盼望;kibō suru 希望する/希望;kitai suru 期待する/期待
horizon *n.* chiheisen 地平線/地平線;suiheisen 水平線/水平線
horn *n.* tsuno 角/(動物頭)角;rappa ラッパ/喇叭,號角;tsuno-bue 角笛/號角,報警器
horrible *adj.* osoroshii おそろしい/可怕的;zotto suru ぞっとする/令人毛骨悚然的
horror *n.* kyōfu 恐怖/恐怖;senritsu 戦りつ/戰慄
horse *n.* uma 馬/馬
hose *n.* (stocking) sutokkingu ストッキング/長統襪;(flexible tube) hōsu ホース/蛇管,軟管
hospital *n.* byōin 病院/醫院
hospitality *n.* motenashi もてなし/招待,款待;kantai 歓待/款待
hostile *adj.* (enemy) teki no 敵の/敵人的,敵對的;(unfriendly) teki'i no aru 敵意のある/有敵意的
hot *adj.* atsui 暑い/熱,熱的
hotel *n.* hoteru ホテル/大飯店,大酒家,賓館;ryokan 旅館/西式旅館
hound *n.* ryōken 猟犬/獵狗—— *v.* tsuiseki suru 追跡する/追蹤
hour *n.* jikan 時間/時間;jikoku 時刻/時刻
house *n.* ie 家/家,屋;(the H-) gi'in 議院/議院
household *n.*, *adj.* kazoku (no) 家族(の)/家屬(的)
housekeeper *n.* (housewife) shufu 主婦/(家庭)主婦;(head female servant) jochū-gashira 女中頭/女管家;(lady help) kaseifu 家政婦/家庭女傭人
housekeeping *n.* kaji 家事/家務事;kasei 家政/家政,家計,家務
housewife *n.* shufu 主婦/(家庭)主婦
how *adv.* dōshite どうして/怎樣,怎麼;don'na hōhō de どんな方法で/用甚麼方法
How do you do**?** Gokigen ikaga desuka? ごきげんいかがですか/您好;Kon'nichi wa. 今日は/您好.

How much? Ikura desuka? いくらですか/價錢多少?

How about …? … ni tsuite wa dō desuka … についてはどうですか/你對於…如何看法?

however *conj.* (nevertheless) nimo kakawarazu にもかかわらず/無論…也;(though) dakeredomo だけれども/不管…也 —*adv.* (by whatever means) don'na ni … tomo (demo) どんなに…とも(でも)/不管怎麼…也(方法);ikura … demo いくら…でも/不管怎樣…也,怎麼也(次數)

howl *v.* tōboe suru 遠ぼえする/(狗)吠,(狼)嚎 —*n.* hoegoeほえ声/吠聲

hug *v.* dakishimeru 抱き締める/緊抱

huge *adj.* kyodai na 巨大な/巨大的;bakudai na ばく大な/莫大的

hum *v.* bun-bun iu ぶんぶんいう/(嘴裏)咕咕噥噥;hanauta o utau 鼻歌をうたう/哼歌

human *adj.* ningen no 人間の/人的,人類的

human being ningen 人間/人,人類;hito 人/人

humble *adj.* (lowly) iyashii 卑しい/卑賤的;(modest) tsutsumashii つつましい/謙虛的;(not proud) tsutsumashii つつましい/謙恭的

humid *adj.* shikki no aru 湿気のある/有濕氣的;shimeppoi しめっぽい/濕氣重的

humility *n.* kenson 謙そん/謙遜

humor *n.* yūmoa ユーモア/幽默,滑稽

hundred *n.*, *adj.* hyaku (no) 100,百(の)/一百(的)

hunger *n.* kūfuku 空腹/空腹;2ue 飢え/餓 —*vt.* ue saseru 飢えさせる/使饑餓 —*vi.* ueru 飢える/餓;(strong desire) setsubō suru 切望する/渴望

hungry *adj.* kūfuku na 空腹な/空腹的;onaka ga suita おなかが空いた/空腹的,饑餓的

hunt *v.* kari o suru 狩をする/狩獵;(search) sagasu 探す/探索 —*n.* kari 狩/打獵;shuryō 狩猟/狩獵;(chase) tsuiseki 追跡/追蹤

hurrah *int.* furē フレー/(拉拉隊)好哇! —*n.* (shout of joy) banzai 万歳/萬歲;kanko 歓呼/歡呼

hurry *v.* isogu 急ぐ/趕緊,加快;sekasu せかす/催促 —*n.* isogi 急ぎ/急,急躁

Hurry up! Hayaku! 早く!/(催促)快!

in a hurry isoide 急いで/急忙,慌忙

hurt *v.* (injure) kizutsukeru 傷つける/傷害;(distress) kanjō o gaisuru 感情を害する/傷感情 —*n.* (wound, harm) kizu 傷/傷;fushō 負傷/負傷;(damage) gai 害/損傷;(pain) kutsū

苦痛/(精神)痛苦

husband *n.* otto 夫/丈夫;shujin 主人/丈夫;teishu 亭主/丈夫

hush *vt.* (make silent) shizuka ni saseru 静かにさせる/使靜;damaraseru 黙らせる/使沉默 ——*vi.* (become silent) damaru 黙る/沉默,不吭聲

Hush! Hush! Shi' shi' しっしっ/噓,安靜!

hustle *n.* genki 元気/精力,精神;hassuru ハッスル/精力充沛 ——*v.* genki yoku yaru 元気よくやる/使勁擠;hassuru suru ハッスルする/使勁推

hut *n.* koya 小屋/小屋,茅舍

hydrogen *n.* suiso 水素/氫,氫氣

hymn *n.* sambika 賛美歌/讚美詩(或歌)

I

I *pron.* watakushi wa (ga) 私は(が)/我;watashi wa (ga) わたしは(が)/我

ice *n.* kōri 氷/冰;aisu アイス/冰,高利貸 ——*vt.* koraseru 凍らせる/凍 ——*vi.* kōru 凍る/凍

iced hiyashita 冷やした/冰鎮的

ice cream *n.* aisu-kurīmu アイスクリーム/冰淇淋,雪糕

icicle *n.* tsurara つらら/冰柱,冰溜

idea *n.* aidea アイデア/思想,理念,觀念,(文學)構想;gainen 概念/概念;kangae 考え/思想,想法;chishiki 知識/知識;iken 意見/意見

have no idea of zen-zen wakaranai 全然わからない/一點也不知道;(towa) omoi mo yoranai (とは)思いもよらない/想也沒有想過

ideal *n.* risō 理想/理想 ——*adj.* risō-teki na 理想的な/理想(主義)的

identical *adj.* dōitsu no 同一の/同一的,相同的

identify *v.* dōitsushi suru 同一視する/同一視,同一論;itchi suru 一致する/一致

idiot *n.* hakuchi 白痴/白痴;baka ばか/愚人

idle *v.* namakeru 怠ける/貪懶,閒混;asonde kurasu 遊んで暮らす/虛度(歲月) ——*adj.* taida na 怠惰な/懶惰;(useless) mueki na 無益な/無益的,無用的

idol *n.* gūzō 偶像/偶像;aidoru アイドル/偶像,紅人,寵物

if *conj.* (in case that) moshi … naraba もし…ならば/假如;(even if) toshite mo としても/雖,即使;(whether) de aruka dōka であるかどうか/是不是

ignorant *adj.* mugaku no 無学の/無學的,外行的;muchi no 無知の/無知的
ignore *v.* mushi suru 無視する/裝不知;kaeriminai 顧みない/不顧,不問
ill *adj.* (sick) byōki de 病気で/不健康的,病的;(bad) warui 悪い/惡意的,壞的 ——*n.* (evil) aku 悪/邪惡,不幸,病痛
illegal *adj.* fuhō no 不法の/不法的;ihō no 違法の/非法的
illness *n.* byōki 病気/病,不健康
illuminate *v.* akaruku suru 明るくする/點亮;terasu 照らす/照明
illusion *n.* (deceptive appearance) gen'ei 幻影/幻影;gensō 幻想/幻想;(misconception) sakkaku 錯覚/錯覺;(false impression) genkaku 幻覚/幻覺
illustrate *v.* (make clear) akiraka ni suru 明らかにする/弄清楚,明確;(explain) setsumei suru 説明する/(用圖)説明;(provide with pictures) sashie o ireru 挿絵を入れる/插圖
illustrated e-iri no 絵入りの/有插圖的;zukai no 図解の/圖解的
illustration *n.* zukai 図解/圖解;sashi-e 挿絵/插畫;irasuto イラスト/圖解,例證
image *n.* zō 像/像;imēji イメージ/肖像,形象,印象
imagine *v.* (form mental image of) sōzō suru 想像する/想像;(guess) omou 思う/猜度,推測
imitate *v.* maneru まねる/倣效;mohō suru 模倣する/模倣
imitation *n.* mane まね/倣效;mohō 模倣/模倣;imitēshon イミテーション/模倣,倣造品;nisemono 偽物/倣造品,贋品
immediate *adj.* (direct) chokusetsu no 直接の/直接的;jika no じかの/與目前有關的,時下的;(without delay) sokuji no 即時の/即時的
immediately *adv.* sugu ni すぐに/立即,馬上;tadachi ni 直ちに/立刻,立即
immense *adj.* (unlimited) mugen no 無限の/無限的;(infinite) musū no 無数の/無數的;(very great, vast, huge) kyodai na 巨大な/巨大的;bakudai na ばく大な/莫大的
immerse *v.* (mizu ni) tsukeru (水に)つける/浸漬;hitasu 浸す/浸;(sink) shizumeru 沈める/沉
immigrate *vi.* (come as a settler) ijū suru 移住する/移住 ——*vt.* (bring in as a settler) ijū saseru 移住させる/使移住
immortal *adj.* fushi no 不死の/不死的;fumetsu no 不滅の/不滅的,不朽的,永遠的
imperial *adj.* teikoku no 帝国の/帝國的;kōshitsu no 皇室の/

皇室的

implement *n.* (tool) dōgu 道具/工具;kigu 器具/器具;yōgu 用具/用具

imply *v.* (mean) imi suru 意味する/含有…的意思,意思是;(suggest) anji suru 暗示する/暗示;honomekasu ほのめかす/暗示,微露

import *v.* yunyū suru 輸入する/輸入,進口;(mean) imi suru 意味する/含有…意思,意思是 ——*n.* yunyū 輸入/輸入,進口

important *adj.* jūyō na 重要な/重要的;taisetsu na 大切な/要緊的,重要的

impose *v.* (put on) ka suru 課する/課,徵收;owaseru 負わせる/使擔負

impossible *adj.* fukanō na 不可能な/不可能的;arienai ありえない/不會有的,不會發生的

impress *v.* (fix indelibly) inshōzukeru 印象づける/接受印象;(influence deeply) kandō saseru 感動させる/使感動,深深打動

impression *n.* inshō 印象/印象

improve *v.* kairyō suru 改良する/改良;kaizen suru 改善する/改善

impulse *n.* (impetus) shōdō 衝動/衝動;hazumi はずみ/一時高興;(sudden wish) dekigokoro 出来心/一時衝動;偶發惡念

in *prep.* … no naka ni … の中に/在…之中,在…之内;… no tame ni … のために/爲了,爲着

Is Mr. Jones in? Jones san wa gozaitaku desuka? ジョーンズさんはご在宅ですか/瓊斯先生在家嗎?

inaugurate *v.* (induct into office formally) shūnin saseru 就任させる/使就任;(celebrate the public use formally) ōyake ni kōkai suru 公に公開する/開張,開幕,揭幕;(begin, open) hajimeru 始める/開始;kaishi suru 開始する/開始

incessant *adj.* taemanai 絶え間ない/不停的,不斷的

inch *n.* inchi インチ/英寸

incident *n.* dekigoto 出来事/偶發事件;jiken 事件/事件

incline *v.* (lean) katamukeru 傾ける/弄斜,傾斜;(bend) (karada o) mageru (体を)曲げる/屈身,低頭;(tend) …shitai ki ga suru … したい気がする/傾心

be inclined to … suru keikō ga aru …する傾向がある/有…傾向 ——*n.* (slope) saka 坂/斜坡;keisha 傾斜/傾斜;shamen 斜面/斜面

include *v.* (comprise) fukumu 含む/含,包含;(embrace) hōkatsu suru 包括する/包括

income *n.* shūnyū 収入/收入;shotoku 所得/所得
income tax shotokuzei 所得税/所得税
inconvenient *adj.* fuben na 不便な/不便的,不自由的
increase *v.* masu 増す/增長,增多,增加;fuyasu 増やす/增添;zōka suru 増加する/增加
incredible *adj.* shinjirarenai 信じられない/不可信
indeed *adv.* hontō ni 本当に/確實,的確;jissai 実際/實在
indefinite *adj.* fumeiryō na 不明瞭な/不明確的;futei no 不定の/不確定的;aimai na あいまいな/模糊的
independent *adj.* (standing by itself) dokuritsu no 独立の/獨立的;(not dependent) shihai [eikyō] o ukenai 支配[影響]を受けない/不受其他影響的
index *n.* sakuin 索引/索引;indekkusu インデックス/索引,指標,指數
indicate *v.* (point out) sashi-shimesu 指し示す/指示,指明;shiji suru 指示する/指示
indigestion *n.* fushōka 不消化/不消化;shōka furyō 消化不良/消化不良
indirect *adj.* kansetsu no 間接の/間接的;tōmawashi no 遠回しの/拐彎抹角的,迂迴的
indispensable *adj.* kakukoto no dekinai 欠くことのできない/不可缺少的;nakutewa naranai なくてはならない/必需的
individual *adj.* koko no 個々の/單一的,一個人的;kojin no 個人の/個人的 ——*n.* kojin 個人/一個人,個人;hito 人/(卑)人,傢伙
indulge *vi.* (give oneself to) fukeru ふける/耽於,濫喝 ——*vt.* (yield to the desire of) kimama ni saseru 気ままにさせる/使滿足;(humor) amayakasu 甘やかす/嬌養,嬌寵
industrious *adj.* kimben na 勤勉な/勤奮的;yoku hataraku よく働く/刻苦的
industry *n.* (diligence) kimben 勤勉/勤奮;doryoku 努力/努力
inevitable *adj.* sakerarenai 避けられない/不可避免的,必然的
infant *n.* yōji 幼児/幼兒;shōni 小児/(七歲以下)小兒
infect *v.* densen saseru 伝染させる/使傳染;kansen saseru 感染させる/使感染;utsusu うつす/傳染
be infected with kansen shite iru 感染している/感染,沾染上
inferior *adj.* kai no 下位の/下等的;yori ototta より劣った/劣等的 ——*n.* meshita no mono 目下の者/下一代的人,下一級的人
infinite *adj.* (boundless) mugen no 無限の/無限的;(immense) bakudai na ばく大な/巨大的;obitadashii おびただしい/無數的

influence *n.*, *v.* eikyō (o oyobosu) 影響(を及ぼす)/影響;kanka (suru) 感化(する)/感化

inform *v.* shiraseru 知らせる/通知,告訴;hōkoku suru 報告する/報告

information *n.* chishiki 知識/知識;jōhō 情報/(公開的)信息;(保密的)情報

ingenious *adj.* (skilled) kiyō na 器用な/靈巧的;(skillfully contrived) takumi na 巧みな/巧妙的

ingredient *n.* (component) seibun 成分/成分;(element) yōso 要素/要素

inherit *v.* (receive as an heir) sōzoku suru 相続する/繼承,嗣續;(have by heredity) iden suru 遺伝する/遺傳

inheritance *n.* (succession) sōzoku 相続/繼承,嗣續;(heredity) iden 遺伝/遺傳;(heritage) isan 遺産/遺產;sōzoku-zaisan 相続財産/繼承財產

inheritor *n.* (heir) sōzoku-nin 相続人/繼承人,嗣子

initial *adj.* saisho no 最初の/最初的,初期的

initiative *n.* (lead) sossen 率先/發端,創始;inishiachibu イニシアチブ/第一步,首倡,着手

injure *v.* (hurt) kega o saseru けがをさせる/傷害;(harm) gai o suru 害をする/損害

injustice *n.* (unfairness) fusei 不正/不公正;fukōhei 不公平/不公平

ink *n.* inki インキ/墨水

inland *adj.* naichi no 内地の/内地的;nairiku no 内陸の/内陸的 —— *n.* (interior of a country) naichi 内地/内地;(domestic) kokunai 国内/國内

inn *n.* yadoya 宿屋/小旅館,客棧;ryokan 旅館/旅館

innocent *adj.* (simple) mujaki na 無邪気な/天真的;(not guilty) muzai no 無罪の/無罪的;(harmless) mugai no 無害の/無害的

inquire *v.* kiku 聞く/問;tou 問う/問;tazuneru 尋ねる/問

inquiry *n.* toiawase 問い合せ/詢問,打聽;shitsumon 質問/質問

inscribe *v.* (write in or on) kaku 書く/寫;shirusu しるす/書寫;(engrave) kizamu 刻む/刻;horu 彫る/雕

insect *n.* konchū こん虫/昆蟲

insert *v.* sashikomu 差し込む/插進;sōnyū suru 挿入する/插入

inside *n.* uchigawa 内側/内側;naibu 内部/内部 —— *adj.* naibu no 内部の/内部的 —— *adv.* naibu ni 内部に/在内部;uchigawa ni 内側に/在内側

insist *v.* iiharu 言い張る/硬説,堅持;shuchō suru 主張する/堅決主張;koshitsu suru 固執する/固執(己見)

inspect *v.* (examine officially) kensa suru 検査する/檢查;(look closely into) chōsa suru 調査する/調查,審查

inspire *v.* (breathe) suikomu 吸い込む/吸(氣),吸入;(infuse by breathing) fukikomu 吹き込む/注入,灌注;(animate) hagemasu 励ます/鼓勵;kangeki saseru 感激させる/使感激

install *v.* (instate) shūnin saseru 就任させる/就任;nimmei suru 任命する/任命;(set up) suetsukeru すえ付ける/安裝,裝設;setsubi suru 設備する/設備

installment *n.* geppukin 月賦金/按月付款;bunkatsu—barai 分割払い/分期付款

instance *n.* rei 例/例;jitsurei 実例/實例

for instance tatoeba 例えば/例如

instant *adj.* (urgent) kinkyū no 緊急の/緊急的;(immediate) sokuji no 即時の/即時的 ——*n.* sokkoku 即刻/即刻;(precise moment) shunkan 瞬間/瞬間

instead *adv.* kawari ni 代りに/代替

instead of … … no kawari ni … の代りに/而不…,抵作

instinct *n.* hon'nō 本能/本能

institute *v.* setsuritsu suru 設立する/設立;mōkeru 設ける/設,設立,設定 ——*n.* kyōkai 協会/協會;gakkai 学会/學會

institution *n.* (established law) seido 制度/制度,規定;(establishment) setsuritsu 設立/設立;(established society) kyōkai 協会/協會

instruct *v.* (teach) oshieru 教える/教,教授;(direct) sashizu suru 指図する/指令,指揮

instruction *n.* (teaching) kyōju 教授/講授;(direction) sashizu 指図/指揮;(commands) shirei 指令/指令

instrument *n.* (tool) kikai 器械/工具;(means) shudan 手段/手段

insult *n.*, *v.* bujoku (suru) 侮辱(する)/侮辱,凌辱

insurance *n.* hoken 保険/保險

car insurance jidōsha hoken 自動車保険/汽車保險

fire insurance kasai hoken 火災保険/火災保險

life insurance seimei hoken 生命保険/人壽保險

insure *v.* hoken o tsukeru 保険をつける/保險,給…保險;(guarantee) hoshō suru 保証する/保證,保障

intelligence *n.* (faculty of understanding) chiryoku 知力/智力;(knowledge) chishiki 知識/知識;(sagacity) sōmei そう明/聰明;(information) jōhō 情報/情報(秘密的),信息(公開的)

intelligent *adj.* chiteki na 知的な/有智力的,有才智的;riseiteki na 理性的な/理智的,有理性的

intend *v.* … suru tsumori de aru … するつもりである/打算;

shiyō to omou しようと思う/想
intent *n.* ishi 意志/意志;(intention) ikō 意向/意向;(purpose) mokuromi もくろみ/意圖,企圖 ——*adj.* (eager) nesshin na 熱心な/熱心的;isshin ni natte 一心になって/專心的
intention *n.* ishi 意志/意志;ikō 意向/意向;ito 意図/意圖;(purpose) mokuteki 目的/目的
intercourse *n.* (social communication) shakō 社交/社交;(communication between individuals) kōsai 交際/交際;(commerce) tsūshō 通商/通商
interest *n.* (feeling of curiosity or concern) kyōmi 興味/興趣;kanshin 関心/關心;(profit) rieki 利益/利益 ——*v.* (excite curiosity of) kyōmi o motaseru 興味を持たせる/使發生興趣
be interested in … …kyōmi ga aru 興味がある/對…有興趣
interesting omoshiroi 面白い/有趣的
interfere *v.* (meddle) kanshō suru 干渉する/干涉;(interrupt) bōgai suru 妨害する/妨礙,傷害
interior *n.*, *adj.* naibu (no) 内部(の)/内部(的);uchigawa (no) 内側(の)/内面(的),内心(的)
internal *adj.* naibu no 内部の/内部的;(domestic) kokunai no 国内の/國内的,内政的
international *adj.* kokusai-teki na 国際的な/國際的,世界的
interpret *v.* (explain, tell the meaning of) setsumei suru 説明する/説明;kaishaku suru 解釈する/解釋;(translate) tsūyaku suru 通訳する/翻譯
interpreter tsūyaku 通訳/翻譯
interrupt *v.* jama o suru じゃまをする/妨礙;saegiru さえぎる/遮斷;(cut off) chūdan suru 中断する/中斷,間斷,切斷
interval *n.* ma 間/空隙,間歇;aima 合間/空隙,餘暇;kankaku 間隔/間隔
at intervals ma o oite 間をおいて/時時,處處
interview *n.* kaiken 会見/會見;mensetsu 面接/碰面;intabyū インタビュー/會見,訪問,採訪
intimate *adj.* (close) shimmitsu na 親密な/親密的;shitashii 親しい/親切的 ——*n.* (intimate friend) shin'yū 親友/密友
into *prep.* … no naka ni [e]の中に[へ]/到…裏,向内
introduce *v.* (insert) ireru 入れる/插進;(lead in) michibiku 導く/帶領,領導;(usher in) an'nai suru 案内する/引導;(make acquainted with) shōkai suru 紹介する/介紹
invade *v.* shinryaku suru 侵略する/侵略;shinkō suru 侵攻する/侵入
invalid *adj.* (feeble) byōjaku no 病弱の/病弱的,虚弱的;(not valid) mukō no 無効の/無效的 ——*n.* (sick person)

byōnin 病人/病人;mukō 無効/無效
invaluable *adj.* hijō ni kichō na 非常に貴重な/非常貴重的;hyōka dekinai hodo no 評価できないほどの/無法評價的,無價的
invariable *adj.* henka shinai 変化しない/不變的;ittei no 一定の/恒定的
invent *v.* (produce a new device) hatsumei suru 発明する/發明;(think up) kōan suru 考案する/想出,創製
invest *v.* (clothe) kiseru 着せる/使穿(衣);(put money into business) tōshi suru 投資する/投資
invisible *adj.* me ni mienai 目に見えない/肉眼看不見的
invitation *n.* shōtai (jō) 招待(状)/邀請(請柬)
invite *v.* sasou 誘う/引誘,誘惑;maneku 招く/招待,邀請
iron *n.* tetsu 鉄/鐵;(device used for pressing cloth) airon アイロン/熨斗,烙鐵
irregular *adj.* fukisoku na [no] 不規則な[の]/不規則的,非正規的
irritate *v.* (provoke) okoraseru 怒らせる/激怒,使發怒;(vex) ira-ira saseru いらいらさせる/觸怒
island *n.* shima 島/島,島嶼
isolate *v.* (place apart) hanasu 離す/使離開;kakuri suru 隔離する/隔離;(place alone) koritsu saseru 孤立させる/使孤立
issue *n.* (result) kekka 結果/結果;(outflow) ryūshutsu 流出/流出;(publishing) hakkōbutsu 発行物/發行物;gō 号/…號 ——*v.* (publish) hakkō suru 発行する/發行;(emerge) arawareru 現れる/現出,露出
it *pron.* sore wa [ga] それは[が]/牠,那個,這個
itch *n.* kayui koto かゆいこと/癢 ——*v.* kayui かゆい/癢,發癢;muzugayui むずがゆい/刺癢
item *n.* (single detail) kajō 箇条/條,條款;kōmoku 項目/項目;(detail of news) kiji 記事/一則新聞
its *pron.* sore no それの/那個的;sono その/那…
ivory *n.*, *adj.* zōge (no) 象牙(の)/象牙(的)

J

jab *n.* fui ni tsuku [utsu, sasu] koto 不意に突く[打つ,刺す]こと/(突然)搗、撞、打、刺、戳;jabu ジャブ/(拳擊)搗,刺拳
jacket *n.* jakketto ジャケット/茄克(衫);uwagi 上着/短上衣,夾克衫
jade *n.* hisui ひすい/翡翠;tama 玉/玉

jail *n.* keimusho 刑務所/監牢,監獄;rōgoku ろう獄/牢獄
jam *n.* jamu ジャム/果醤,(電)干擾
January *n.* ichi-gatsu 一月/一月
japan *n.* urushi 漆/漆;shikki 漆器/漆器
Japan *n.* Nippon 日本/日本;Nihon 日本/日本
Japanese *n.*, *adj.* Nippon [Nihon] no 日本の/日本的;Nippon [Nihon]-jin (no) 日本人(の)/日本人(的);Nihon-go (no) 日本語(の)/日語(的)
jar *n.* tsubo つぼ/壺;bin びん/瓶
jaw *n.* ago あご/顎,下巴
jazz *n.* jazu ジャズ/爵士音樂
jealous *adj.* netamibukai ねたみ深い/非常嫉妒的;shitto-bukai しっと深い/非常嫉妒的;yakimochiyaki no 焼もちやきの/嫉妒的,吃醋的
jeans *n. pl.* jīnzu ジーンズ/斜紋布;jīpan ジーパン/牛仔褲
jelly *n.* zerī ゼリー/果子凍,肉凍
jest *n.*, *v.* jōdan (o iu) 冗談(を言う)/(開)玩笑;share (o iu) しゃれ(を言う)/(説)俏皮話
Jesus *n.* Iesu Kirisuto イエス・キリスト/耶穌,耶穌基督
jet *n.* (jet-propelled aircraft) jetto-ki ジェット機/噴氣式飛機;(spouting) funsha 噴射/噴射 ——*v.* (emit) funshutsu suru 噴出する/噴出
Jew *n.* Yudaya-jin ユダヤ人/猶太人
jewel *n.* hōseki 宝石/寶石,珠寶
job *n.* shigoto 仕事/工作;shokugyō 職業/職業
jockey *n.* kishu 騎手/騎手
join *v.* (unite) ketsugō suru 結合する/結合;(put together) issho ni suru いっしょにする/合併;(unite with) sanka suru 参加する/加入
joint *n.* (juncture) tsugime 継ぎ目/接縫;(articulation) kansetsu 関節/關節 ——*adj.* (*combined*) gōdō no 合同の/聯合的,合辦的
joke *n.* jōdan 冗談/笑話;jōku ジョーク/玩笑,詼諧話
jolly *adj.* (gay) yōki na 陽気な/興高采烈的;(merry) yukai na 愉快な/愉快的
journal *n.* (daily account) nikki 日記/日記;(daily newspaper) nikkan shimbun 日刊新聞/日報;(magazine) zasshi 雑誌/雜誌
journey *n.*, *v.* tabi (o suru) 旅(をする)/(陸上)旅行;ryokō (suru) 旅行(する)/旅行
joy *n.* yorokobi 喜び/快樂;kanki 歓喜/高興
judge *n.* saibankan 裁判官/法官;hanji 判事/審判官 ——*v.*

(decide by judgement) handan suru 判断する/下判決;(try) saiban suru 裁判する/判決;shinsa suru 審査する/審判

jug *n.* mizusashi 水差し/水罐;jokki ジョッキ/有把水罐(或啤酒杯)

juice *n.* jūsu ジュース/果汁;shiru 汁/汁;eki 液/液

July *n.* shichi-gatsu 七月/七月

jump *n.*, *v.* chōyaku (suru) 跳躍(する)/跳躍;jampu (suru) ジャンプ(する)/跳躍,暴漲,猛增

junction *n.* (joining) rengō 連合/聯合,連接;(joining-point) setsugō-ten 接合点/交叉點,匯合處;(connecting station) renraku-eki 連絡駅/聯絡車站

June *n.* roku-gatsu 六月/六月

jungle *n.* mitsurin 密林/密林;janguru ジャングル/密林,熱帶叢林

junior *n.* nenshōsha 年少者/年少者,少年;junia ジュニア/少年,少女

jury *n.* baishin-in 陪審員/陪審員

just *adj.* (right) tadashii 正しい/正確的;seigi no 正義の/正義的,正直的;(just) kōhei na 公平な/公平的,公正的 —— *adv.* (exactly) chōdo 丁度/正,恰

just now tatta ima たった今/方才,剛才

justice *n.* seigi 正義/正義;kōhei 公平/公平;seitō 正当/正當

justify *v.* (prove to be just) tadashii to suru 正しいとする/以爲正當;(vindicate) bemmei suru 弁明する/辯明

juvenile *adj.* jidō no 児童の/兒童的;shōnen no 少年の/少年的

K

keen *adj.* surudoi 鋭い/尖鋭的,鋭利的;(eager) nesshin na 熱心な/熱心的;(intense) hageshii 激しい/激烈的,厲害的

keep *v.* (observe) tamotsu 保つ/保持,保存;(protect) mamoru 守る/遵守,保守;(support) yashinau 養う/養,扶養;(maintain) kau 飼う/餵養;(continue) … shi tsuzukeru … し続ける/繼續,保持

keep away chikazukenai 近付けない/遠離,不接觸

keep good time (tokei ga) kichin to au (時計が)きちんと合う/(鐘錶)走得準確

keep in mind kioku suru 記憶する/記住,不要忘記

keep off fusegu 防ぐ/防止;… o sakeru … を避ける/避免…,阻止…

keep on tsuzukeru 続ける/繼續(做某事),不斷

keep up … o sasaeru … を支える/保持,繼續下去
kerosene *n.* tōyu 灯油/煤油,火油
kettle *n.* yuwakashi 湯沸かし/(煮水)水壺;(tea kettle) yakan やかん/(金屬製)水壺
key *n.* kagi 鍵/鑰匙;kī キー/鑰匙,關鍵
kick *n.* keru ける/踢
kidnap *v.* yūkai suru 誘かいする/拐走、綁架(小兒);sarau さらう/拐走,拐騙
kidney *n.* jinzō 腎臓/腎臟;
kill *v.* korosu 殺す/殺,殺死;massatsu suru まっ殺する/去除,刪掉
kin *n.* (relatives, family) ketsuzoku 血族/血族,同族;shinzoku 親族/親屬;iegara 家柄/門第,家世
kind *adj.* shinsetsu na 親切な/仁愛的,好意的;(gentle) yasashii 優しい/懇切的,慈祥的
king *n.* ō 王/王;kokuō 国王/國王
kiss *n.* kisu キス/親嘴,接吻;seppun 接ぷん/接吻
kit *n.* (set of tools) dōgu 道具/(一套)工具,(box for tools) dōgu-bako 道具箱/工具箱
kitchen *n.* daidokoro 台所/廚房;kitchin キッチン/廚房
kite *n.* tako たこ/風箏;(kind of hawk) tobi とび/鳶
kitten *n.* ko-neko 子ねこ/小貓
knee *n.* hiza ひざ/膝;hiza-gashira ひざ頭/膝蓋,膝頭
kneel *v.* hizamazuku ひざまずく/跪
knife *n.* naifu ナイフ/小刀,餐刀,菜刀;kogatana 小刀/小刀
knit *v.* amu 編む/編,編織
knob *n.* (*of door*) totte 取っ手/(球狀)門把手;nigiri 握り/把手;(lump) kobu こぶ/瘤,腫疱
knock *v.* tataku たたく/叩,敲;utsu 打つ/打,撞 —— *n.* nokku ノック/敲,打擊
knot *n.* musubi(me) 結び(目)/(繩索)結,結節;(nautical mile) kairi 海里
know *v.* shiru 知る/知道;shitte iru 知っている/瞭解,認識
knowledge *n.* (information) chishiki 知識/知識;(scholarship) gakumon 学問/學問
knuckle *n.* (joint of finger) yubi no kansetsu 指の関節/指關節,指節;(fist) genkotsu げん骨/拳骨
Korea *n.* Chōsen 朝鮮/朝鮮;Kankoku 韓国/韓國;Korea コレア/高麗

L

label *n.* raberu ラベル/標簽,商標,貼紙; retteru レッテル/標簽,商標

labor *n.* rōdō 労働/勞動; rōryoku 労力/勞力; shigoto 仕事/工作

laboratory *n.* jikkenshitsu 実験室/實驗室; kenkyūjo 研究所/研究所

lace *n.* rēsu レース/(服)花邊,束帶

lack *n.* ketsubō 欠乏/缺乏; fusoku 不足 /不足 ——*v.* …ga nai… がない/不夠…; o kaite iru… を欠いている/缺乏…

ladder *n.* hashigo はしご/梯子

lady *n.* kifujin 貴婦人/貴婦,顯貴的婦女; shukujo 淑女/淑女,女士;redī レディー/女士,有教養的婦女

lake *n.* mizu'umi 湖/湖,湖泊

lamb *n.* ko-hitsuji 子羊/羔羊; (flesh of the lamb as food) ko-hitsuji no niku 子羊の肉/羊羔肉

lame *adj.* bikko no びっこの/跛的,瘸的 ——*v.* bikko o hiku びっこをひく/跛行,一瘸一拐地走路

lament *v.* nageku 嘆く/悲嘆;kanashimu 悲しむ/哀悼 ——*n.* hitan 悲嘆/悲嘆

lamp *n.* rampu ランプ/燈,指示燈

land *n.* riku 陸/陸地; tochi 土地/土地; kuni 国/國 ——*v.* jōriku suru 上陸する/登陸,上岸

landlord *n.* (innkeeper) (ryokan no) shujin (旅館の)主人/旅館老闆; (landowner) jinushi 地主/地主; (owner of a house) yanushi 家主/房東

landmark *n.* rikuhyō 陸標/陸標; mokuhyō 目標/(顯而易見的)目標; (boundary mark) kyōkaihyō 境界標/界標; (e-pochmaking event) kakki-teki na dekigoto 画期的な出来事/劃時代的事件

landscape *n.* keshiki 景色/景色; fūkei 風景/風景

language *n.* kotoba 言葉/語言,話;gengo 言語/語言

lantern *n.* chōchin ちょうちん/燈籠; rantan ランタン/手燈,街燈

lap[1]*n.* hiza ひざ/膝,(服)下襬

lap[2]*v.* (fold) oritatamu 折りたたむ /摺叠; (bend and lay) orikasaneru 折り重ねる/重叠; (wrap up) tsutsumikomu 包み込む/包,捲 ——*n.* (overlapping part) kasanatte iru bubun 重なっている部分/重叠部分; (one circuit of a race track) kyōgijō no isshū 競技場の一周/(田徑)跑道一圈

lap[3] *v.* (take into the mouth with the tongue) nameru なめる/舔; (wash, flow against) (nami ga kishi o) utsu [arau] (波が岸を) 打つ[洗う]/小浪冲(洗)岸

lapse *n.* (small error) chottoshita machigai [ayamachi] ちょっとした間違い[過ち]/差錯,筆誤(過失); (passing, as of time) (toki no) keika (時の) 経過/流逝,經過; (fall) daraku 堕落/墮落 ——*v.* (pass) toki ga sugiru [tatsu]時が過ぎる[たつ]/時間過了; (flow) nagareru 流れる/時間流逝

lard *n.* buta no shibō 豚の脂肪/豬油,(伊斯蘭)大油; rādo ラード/豬油,大油,葷油

large *adj.* ōkii 大きい/大的; ōkina 大きな/大的; hiroi 広い/寬闊的; daikibo na 大規模な/大規模的

lark *n.* hibari ひばり/雲雀

last *adj.* (after all others) saigo no 最後の/最後的; (most recent) saikin no 最近の/(時)最近的; kono-mae no この前の/緊接前面的,昨(日),上(月),去(年) ——*v.* (continue) tsuzuku 続く/繼續

at last tsui ni ついに/最後,終於; tōtō とうとう/終於

last evening yūbe ゆうべ/昨晚; sakuban 昨晚

last month sengetsu 先月/上個月

last night sakuya 昨夜/昨晚上

last time kono-mae この前/緊接前面的時間

last week senshū 先週/上星期

last year kyonen 去年/去年; sakunen 昨年/昨年,去年

late *adj.* osoi 遅い/遲,晚; okureta 遅れた/晚了; (recent) saikin no 最近の/近時的,最近的; (recently dead) ko 故/故,亡故的

lately saikin 最近/(時)最近; chikagoro 近ごろ/最近,近來

later *adj.* (subsequently) nochi no 後の/更遲的,更後的 ——*adv.* (by and by) yagate やがて/後來,不久

latitude *n.* ido 緯度/緯度

latter *adj.* (second of two) kōsha no 後者の/(二者中)後者的; ato no 後の/後面的; (more recent) motto saikin no もっと最近の/(時)更近的

laugh *v.* warau 笑う/笑 ——*n.* warai 笑い/笑聲,笑法

laughter *n.* warai (-goe) 笑い(声)/笑(聲)

launch *v.* (send a newly-made ship into water) shinsui saseru 進水させる/使船下水; (send out) okuridasu 送り出す/使(飛機)升空,發射導彈; (set out) chakushu suru 着手する/着手 ——*n.* shinsui 進水/下水,入水; (large motor boat) ranchi ランチ/大舢板,遊艇

laundry *n.* sentaku-ya 洗たく屋/洗衣店; kuriningu-ya クリー

ニング屋/洗衣店
laurel *n.* gekkei-ju 月桂樹/月桂樹; gekkei-kan 月桂冠/桂冠
lavatory *n.* semmenjo 洗面所/盥洗室; toire トイレ/(委婉)洗手間,廁所; keshōshitsu 化粧室/化妝室; benjo 便所/廁所
law *n.* hōritsu 法律/法律; hōsoku 法則/法則,法規
lawn *n.* shibafu 芝生/草地
lawyer *n.* hōritsuka 法律家/法律學家; bengoshi 弁護士/律師
lay *v.* (make lie) yokotaeru 横たえる/放倒,放下; (put down) oku 置く/放置; (produce) tamago o umu 卵を生む/生蛋
lay by [*up*] takuwaeru 貯える/貯藏
lay out sekkei suru 設計する/設計(花園)
layer *n.* (single thickness) ichi-mai 一枚/一層; (stratum) sō 層/層,(油漆)塗層
lazy *v.* namakeru 怠ける/偷懶 ——*adj.* bushō na 不精な/無精打彩的; taida na 怠惰な/懶惰
lead[1] *v.* (conduct) michibiku 導く/嚮導,引導; (guide) an'nai suru 案内する/引導; (pass) sugosu 過ごす/(道路)通過 ——*n.* (position at the front) sendō 先導/率先; (command) shiki 指揮/指揮,統率; (measure of precedence) kachikoshi 勝ち越し/領先; (leadership) rīdāshippu リーダーシップ/領導,指揮,將才
lead[2] *n.* namari 鉛/鉛
leader *n.* shidōsha 指導者/領導人; rīdā リーダー/領袖
leaf *n.* ko no ha 木の葉/樹葉; (sheet of paper) ichimai 一枚/一片,一頁
league *n.* remmei 連盟/聯盟; dōmei 同盟/同盟; rīgu リーグ/聯盟,同盟,團體
leak *n.* mizumore 水漏れ/漏水; moreguchi 漏れ口/漏洞 ——*vi.* moreru 漏れる/漏,洩漏 ——*vt.* morasu 漏らす/漏,漏出
lean[1] *v.* (incline) katamuku 傾く/傾斜; (bend) magaru まがる/歪曲; motareru もたれる/倚扶; yorikakaru 寄り掛かる/倚賴,倚靠 ——*n.* katamuki 傾き/偏斜,偏曲
lean[2] *adj.* (thin) yaseta やせた/瘦的
leap *v.* (jump) tobu 跳ぶ/跳; haneru 跳ねる/跳,跳起
learn *v.* (gain knowledge) manabu 学ぶ/學習; narau 習う/學習; (acquire information about) shiru 知る/知道; (hear) kiku 聞く/聽到
learn by heart anki suru 暗記する/諳記,默背
lease *n.* (contract for letting land or building for rent) shakuchi [shakuya] keiyaku 借地[借家]契約/租地(房)契約 ——*v.* (rent) chingashi [chingari] suru 賃貸[賃借]する/租借

least *adj.* saishō no 最小の/最小的; mottomo sukunai 最も少ない/最少的
leather *n.* kawa 皮/皮,皮革; nameshi-gawa なめし皮/鞣皮,熟皮
leave[1] *v.* (go away)…o saru … を去る/離去,離開; (depart) shuppatsu suru 出発する/出發; (let stay behind) nokosu 残す/殘留; (let remain)…no jōtai ni shite oku …の状態にしておく/留置不動
leave off yameru 止める/停止,不穿
leave out habuku 省く/省去,丢下
leave[2] *n.* (permission) kyoka 許可/許可,同意; (permitted absence from duty) kyūka 休暇/休假; (farewell) itomagoi いとまごい/告別,辭別
lecture *n.*, *v.* kōgi (suru) 講義(する)/講課; kōen (suru) 講演(する)/演講
left *n.*, *adj.* hidari (no) 左(の)/左,左面(的)
left-handed hidari-kiki no 左利きの/左手的,左撇子
leg *n.* ashi 足/腿,足; (long support pole) shichū 支柱/(物件的)腿
legal *adj.* hōritsu no 法律の/法律的,法律上的; (lawful) gōhō no 合法の/合法的
legend *n.* (traditional tale) densetsu 伝説/傳說; (myth) shinwa 神話/神話
leisure *n.* hima 暇/空閒; yoka 余暇/餘暇
lemon *n.* remon レモン/檸檬
lend *v.* kasu 貸す/借(給人),貸出
length *n.* nagasa 長さ/長度; 身長; tate 縦/縱,竪,長; (extent in space, or time) han'i 範囲/範圍
at length tsui ni ついに/終於; tōtō とうとう/終於
lengthen *vt.* (prolong) nagaku suru 長くする/拖長; nobasu 伸ばす/延長 ——*vi.* nagaku naru 長くなる/變長; nobiru 伸びる/伸長
lens *n.* renzu レンズ/透鏡
less *adj.* yori sukunai より少ない/更少; yori chiisai より小さい/更小
lesson *n.* gakka 学課/功課; jugyō 授業/課程; ressun レッスン/功課,授課,課程
let *v.* (allow)…saseru … させる/使,讓; suru koto o yurusu することを許す/許可; (lease) kasu 貸す/貸出,租出
let alone hōnin suru 放任する/不理,放任
let down sageru さげる/放下,放落
letter *n.* (alphabetical character) moji 文字/文字; (written

message) tegami 手紙/信,書信; (literature) bungaku 文学/文學

lettuce *n.* retasu レタス/萵苣; sarada-na サラダ菜/萵苣

level *n. adj.* taira (na) 平ら(な)/平整(的); suihei (no) 水平(の)/水平(的); (horizontal plane, line) suihei-men 水平面/水平面; suihei-sen 水平線/水平線

liable *adj.* (apt) … shigachi na… しがちな/時常,常患(的); suru noga tōzen no するのが当然の/對…應負責任的,應受…的

liar *n.* usotsuki うそつき/説謊的人

liberal *adj.* jiyū na 自由な/自由的; kandai na 寛大な/寬大的

liberty *n.* jiyū 自由/自由; hōmen 放免/釋放; (one's own way) katte 勝手/任意,隨意

library *n.* tosho-shitsu 図書室/圖書室; tosho-kan 図書館/圖書館; (collection of books) zōsho 蔵書/藏書

license *n.* menkyo 免許/批准許可證,執照; kyoka 許可/許可,批准; raisensu ライセンス/批准,許可證,執照

lick *v.* (lap) nameru なめる/舔; (overcome) makasu 負かす/打敗 ——*n.* hito-name ひとなめ/舔一舔,舔一下

lid *n.* (cover) futa ふた/蓋; (eyelid) mabuta まぶた/眼瞼

lie¹ *n.*, *v.* uso (o tsuku) うそ(をつく)/(撒)謊,謊話

lie² *v.* yokotawaru 横たわる/横臥; neru 寝る/躺; (be) aru ある/在; (be situated) ichi suru 位置する/位於

life *n.* seimei 生命/生命; inochi 命/命; jinsei 人生/人生; (way of living) seikatsu 生活/生活

for life isshōgai 一生涯/一生

lift *v.* ageru 上げる/昇,舉; mochiageru 持ち上げる/提起,抬起,抱起 ——*n.* (*Br.*) (elevator) erebēta エレベータ/(樓內)電梯

light *n.* hikari 光/光; akari 明かり/光亮 ——*adj.* akarui 明るい/亮,明亮; (not heavy) karui 軽い/輕; (easy) yōi na 容易な/容易的

lightly *adv.* karugaru to 軽々と/輕輕地; keikai ni 軽快に/輕快地,輕捷地

lightning *n.* denkō 電光/電光; inazuma 稲妻/閃電

like¹ *v.* (be fond of) konomu 好む/喜歡; suku 好く/喜愛; (disposed to) shitai したい/希望,想 ——*n.* konomi 好み/愛好

I like it. Sukidesu. 好きです/我喜歡

like² *adj.* (similar) nite iru 似ている/像 ——*prep.* …ni nita …に似た/相似; (such, so) …no yō na…のような/像…一樣, 宛如; (have appearance of) rashii らしい/…似的; (suitable) … ni fusawashii… にふさわしい/適合於,與…匹配

likely *adj.* (credible) hontō rashii 本当らしい/像真的; shinjiru ni taru 信じるに足る/像真實的; (probable) rashii らしい/像…似的; arisō na ありそうな/像有的

lily *n.* yuri (no hana) ゆり(の花)/百合(花)

limb *n.* (leg or arm) teashi 手足/肢,手足; (wing) tsubasa 翼/翅膀; (bough) eda 枝/樹枝

lime *n.* raimu ライム/石灰

limit *n.* (utmost extent) gendo 限度/限度; (boundary) kyōkai 境界/邊界; (termination) genkai 限界/界限 —*v.* seigen suru 制限する/限制,限定

limp[1] *n.*, *v.* bikko (o hiku) びっこ(をひく)/跛行

limp[2] *adj.* (flexible) jūnan na 柔軟な/柔軟的; (flaccid) gunya-gunya no ぐにゃぐにゃの/全身發軟的,無氣力的,無精神的

line *n.* sen 線/線; rain ,ライン/線,行列; (rope) tsuna 綱/繩 —*v.* (take position in a line) narabu 並ぶ/順…排列; seiretsu suru 整列する/排成一列; (mark with a line) sen o hiku 線を引く/引線,劃線

linen *n.* rin'neru リンネル/亞麻布

linger *v.* guzu-guzu suru ぐずぐずする/躊躇,徘徊; temadoru 手間どる/拖延時間,費時間

lining *n.* fuku no ura(-ji) 服の裏(地)/衣服裏子,襯料

lion *n.* raion ライオン/獅子,勇猛的人; shishi しし/獅子

lip *n.* kuchibiru くちびる/唇 *lip stick* kuchi-beni 口紅/口紅,唇膏

liquid *n.* *adj.* (fluid) ryūdō-tai (no) 流動体(の)/流體(的); ekitai (no) 液体(の)/液體(的)

liquor *n.* arukōru inryō アルコール飲料/酒精飲料; sakerui 酒類/酒類

list *n.* hyō 表/表(格); risuto リスト/名單,貨單,一覽表; mokuroku 目録/目錄

listen *v.* kiku 聞く/聽; mimi o katamukeru 耳を傾ける/傾聽

liter *n.* rittoru リットル/(容量)升

literal *adj.* (not exaggerated) mojidōri no 文字通りの/字義上的; kochō no nai 誇張のない/沒有誇張的; (accurate) seikaku na 正確な/準確的

literature *n.* bungaku 文学/文學; bungei 文芸/文藝

little *adj.* chiisai 小さい/小的; sukoshi no 少しの/少量的; sukunai 少ない/少的,一點點的

live *v.* (be alive) ikiru 生きる/活着; (dwell) sumu 住む/住; seikatsu suru 生活する/生活,過日子 —*adj.* ikite iru 生きている/活的,有生命的

livelihood *n.* seikei 生計/生計,餬口之道; kurashi 暮し/生活
lively *adj.* yōki na 陽気な/生氣勃勃的; genki no yoi 元気のよい/活潑地
liver *n.* kanzō 肝臓/肝臟;rebā レバー/肝臟,肝
lizard *n.* tokage とかげ/蜥蜴,四腳蛇
load *n.* ni 荷/裝載,擔子; tsumini 積荷/裝載的貨物 ——*v.* ni o tsumu 荷を積む/裝貨
loaf *n.* (pan no) hito-katamari (パンの)一塊/(麵包)一塊
loan *n.* (act of lending) kashitsuke 貸し付け/出借,出租; (something lent esp. money at interest) kashitsuke-kin 貸付金/借款,貸款; (government loan) kōsai 公債 ——*v.* (lend) kasu 貸す/借出,借
lobby *n.* robī ロビー/門廊,門廳,大廳; hikae no ma 控えの間/議會休息室; rōka 廊下/走廊
lobster *n.* ise-ebi いせえび/大海蝦
local *adj.* (of a particular place) chihō no 地方の/地方的; (of only one part) kyokubu no 局部の/局部的; tochi no 土地の/土地的,場所的
locate *v.* (find the place of) no ichi o mitsukeru の位置を見付ける/尋出…的位置; (show the position of) ichi o sadameru 位置を定める /爲…定位; (establish in a certain place) setsuritsu suru 設立する/設立,設於
location *n.* (situation) ichi 位置/位置; (place of residence) shozaichi 所在地/所在地
lock *n.*, *v.* jō (o orosu) 錠(をおろす)/(上)鎖
locomotive *n.* kikansha 機関車/火車頭
locust *n.* inago いなご/蝨蚱,(南方方言)蚱蜢; batta ばった/蝗蟲; (cicada) semi せみ/蟬
lodge *vi.* tomaru 泊まる/投宿,住下; geshuku suru 下宿する/臨時住宿,寄宿 ——*vt.* tomeru 泊める/留宿; geshuku saseru 下宿させる/使住宿 ——*n.* (hut) koya 小屋/小屋,草屋
  lodger geshuku-nin 下宿人/住公寓的人,寄宿人
lodging *n.* shukuhaku 宿泊/住宿,投宿; geshuku 下宿/寄宿,寄寓處; *pl.* (rented room) kashima 貸間/出租的房間
  lodging-house geshuku-ya 下宿屋/宿舍,公寓
log *n.* maruta 丸太/圓形帶皮木材,原木
logic *n.* ronri (-gaku) 論理(学)/邏輯(學)
lone *adj.* kodoku na 孤独な/孤獨的; sabishii 寂しい/寂寞的
lonely *adj.* kodoku na 孤独な/孤獨的; sabishii 寂しい/寂寞的; hitori-botchi no ひとりぼっちの/孤獨一人
long *adj.* nagai 長い/長,長的 ——*adv.* nagaku 長く/長,久,

久已 ——*v.* (wish earnestly) setsubō suru 切望する/渴望; (yearn) shitau 慕う/渴慕
long ago mukashi 昔/很早以前,從前
long for …o setsubō suru…を切望する/渴望…
long-distance call chōkyori-denwa 長距離電話/長途電話
so long sayōnara さようなら/再見

longitude *n.* keido 経度/經度; keisen 経線/經線

look *v.* miru 見る/看; nagameru 眺める/注視; (take care) chūi suru 注意する/注意; ki o tsukeru 気を付ける/注意,留心; (expect) kitai suru 期待する/期待; (anticipate) yoki suru 予期する/預期
look about mimawasu 見回す/四下裏看,環視
look after …no sewa o suru …の世話をする/關照,照應
look for sagasu 探す/找; motomeru 求める/期待,指望
look forward to …o kitai suru… を期待する/指望,盼望
look into chōsa suru 調査する/調查
look like …rashii…らしい/像…似的; ni nite iru に似ている/像…
Look out! Ki o tsukete! 気を付けて/小心,當心; Abunai/危ない/危險!

loop *n.*, *v.* wa (ni suru) 輪(にする)/(成)圈,(成)環

loose *adj.* (lax) yurui ゆるい/鬆的; (not fastened) jiyū na 自由な/不緊的,鬆動的; (not strict) darashi no nai だらしのない/不嚴謹的,放蕩的 ——*v.* (untie) toku 解く/解(結); (become loose) yurumu ゆるむ/放鬆

lose *v.* (unable to find) ushinau 失う/失; funshitsu suru 紛失する/丢失,失落; (mislay) okiwasureru 置き忘れる/(東西)放忘在哪裏,遺失; (*watch*) okureru 遅れる/(鐘錶)走慢; (fail to catch) (kisha ni) nori-okureru (汽車に)乗り遅れる/誤了火車,没趕上(火車); (defeat) makeru 負ける/輸,敗
lose one's way michi ni mayou 道に迷う/迷路 *loser* haisha 敗者/敗者,遺失者

loss *n.* sonshitsu 損失/損失; (damage) songai 損害/損害; (forfeiture) funshitsu 紛失/喪失,失效; (failure) shippai 失敗/失敗; (defeat) haiboku 敗北/敗北,大敗,慘敗
at a loss mayotte 迷って/迷惑; komatte 困って/困惑,爲難

lost *adj.* (missing) nakunatta なくなった/失去的; ushinatta 失った/丢失的; (strayed) mayotta 迷った/迷路的,走失的; (ruined) horobita 滅びた/破壞,毀壞
lost article ishitsu-butsu 遺失物/失物
report on lost property ishitsu-todoke 遺失届/遺失申報
lost and found office ishitsu-butsu toriatsukaisho 遺失物取扱

所/失物招領所

lot *n.* kuji くじ/籤,鬮;(destiny) ummei 運命/命運;(*colloq.*)(great amount) takusan たくさん/大量,許多

a lot of takusan no たくさんの/大量的,許多的

lotion *n.* rōshon ローション/洗滌劑,洗髮劑,化妝水;keshōsui 化粧水/化妝水

lotus *n.* hasu はす/蓮,(建築)蓮飾

loud *adj.* ōgoe no 大声の/大聲的,高聲的;yakamashii やかましい/吵鬧的

lounge *n.* (pass time in a relaxed way) nora-kura shite sugosu のらくらして過ごす/閒蕩,閒逛;(comfortably furnished waiting room) kyūkei-shitsu 休憩室/休息室

love *n.*, *v.* ai (suru) 愛(する)/愛;aijō (o motsu) 愛情(を持つ)/愛情,戀愛;suki (de aru) 好き(である)/愛好

lovely *adj.* utsukushii 美しい/美麗的;airashii 愛らしい/可愛的

low *adj.* (having little height) hikui 低い/低;(cheap) yasui 安い/低廉的,便宜的 ——*adv.* hikuku 低く/低,在低處;yasuku 安く/低廉,便宜

lower *v.* sageru 下げる/放低;hikuku suru 低くする/降低

loyal *adj.* chūgi na 忠義な/忠義的;chūjitsu na 忠実な/忠實的

luck *n.* un 運/運氣,造化;kōun 幸運/幸運

luggage *n.* te-nimotsu 手荷物/隨身行李

lumber *n.* (timber) zaimoku 材木/木材,木料

luminous *adj.* kagayaku 輝く/發光的;akarui 明るい/明亮的

lump *n.* (irregularly shaped mass) katamari 塊/塊;(abnormal swelling in the body) kobu こぶ/瘤,瘤,癰

lunch *n.* chūshoku 昼食/午餐;bentō 弁当/飯盒便飯

lung *n.* hai 肺/肺

lure *v.* (allure) yūwaku suru 誘惑する/誘惑 ——*n.* (allurement) yūwaku suru mono 誘惑するもの/誘惑物,餌;miryoku 魅力/魅力;(artificial bait for fish) giji-bari 疑似針/狀如魚餌的釣鉤

luxury *n.* zeitaku ぜいたく/奢侈;zeitaku-hin ぜいたく品/奢侈品

lyric *adj.* jojō-teki na 叙情的な/抒情的 ——*n.* jojōshi 叙情詩/抒情詩

M

machine *n.* kikai 機械/機器,機械

machinery *n.* kikai-sōchi 機械装置/機械裝置,機械機構;kikai-rui 機械類/機械類
mackerel *n.* saba さば/青花魚,鯖
mad *adj.* ki no kurutta 気の狂った/瘋狂的; kichigai no 気違いの/精神失常的
madam *n.* fujin 夫人/夫人; okusama 奥様/太太; madamu マダム/夫人,太太
magazine *n.* zasshi 雑誌/雜誌
magic *n.* mahō 魔法/魔術; kijutsu 奇術/幻術; tejina 手品/變戲法
magnet *n.* jishaku 磁石/磁鐵,磁性體
magnificent *adj.* sōrei na 壮麗な/壯麗的; sōdai na 壮大な/宏大的; rippa na 立派な/堂皇的,頂刮刮的
maid *n.* (young girl) shōjo 少女/少女; (virgin) otome おとめ/少女,處女; (female servant) jochū 女中/女僕
mail *n.* yūbin (-butsu) 郵便(物)/郵政(郵寄品)
mail order tsūshin-hambai 通信販売/通信定購,郵購
mailbox *n.* (*receiving*) yūbimbako 郵便箱/郵箱;(*sending*) posutoポスト/郵箱,郵筒
main *adj.* (principal) shuyō na 主要な/主要的; (most important) mottomo jūyō-na 最も重要な/最重要的 —— *n.* (chief pipe in a system) honkan 本管/(自來水,煤氣)總管、幹線
main street ō-dōri 大通り/大街
maintain *v.* (keep) tamotsu 保つ/保持; sasaeru 支える/支持,維持; (support) shiji suru 支持する/支持
maize *n.* tōmorokoshi とうもろこし/玉米
majesty *n.* igen 威厳/威嚴; songen 尊厳/尊嚴;(M-) heika 陛下/陛下
major *adj.* omo na 主な/主要的; ōkiihō no 大きい方の/(二者中)較大的; tasū no 多数の/(二者中)較多的
majority *n.* daitasū 大多数/大多數; kahansū 過半数/大半
make *v.* (form, shape) tsukuru 作る/製造;koshiraeru こしらえる/做,製造;(develop into) … ni naru … になる/發達成,構成;(do, act) suru する/做,作,造
make away with mochinige suru 持ち逃げする/偷走,攜帶潛逃
make up for… …no tsugunai o suru… の償いをする/彌補損失
make up one's mind kesshin suru 決心する/決心
make out (find out) mitsukeru 見付ける/發現; (understand) rikai suru 理解する/理解

make use of (utilize) riyō suru 利用する/利用
make sure (***of***) … …o tashikameru… を確かめる/弄清楚,查明
make-up *n.* mēkyappu メーキャップ/化裝,化妝,打扮
male *n.* otoko 男/男子; osu 雄/雄性 ——*adj.* dansei no 男性の/男性的,公的
man *n.* (human being) hito 人/男人; (adult male) otoko 男/男子
manage *v.* (handle) toriatsukau 取り扱う/辦理; (control) kanri suru 管理する/管理
management *n.* (control) keiei 経営/經營; (treatment) sōjū 操縦/處理; (handling) toriatsukai 取扱い/辦理,處理
manager *n.* shihainin 支配人/(公司等)經理; manējā マネージャー/經理,管理人,幹事
manifest *v.* (show clearly) meiji suru 明示する/明示,表示; (display) hyōmei suru 表明する/表明 ——*adj.* (evident) akiraka na 明らかな/明瞭的,顯然的
mankind *n.* ningen 人間/人; jinrui 人類/人類
manner *n.* (way of acting) hōhō 方法/方法; yarikata やり方/做法; (outward bearing) taido 態度/態度; *pl.* (polite social behavior) gyōgi 行儀/禮貌; sahō 作法/做法; manā マナー/禮貌,舉止,態度,做法
in a manner iwaba いわば/説起來; aru imi dewa ある意味では/在某種意義上
mantle *n.* manto マント/披風,斗篷,大衣
manual *adj.* te no 手の/手的; te de suru 手でする/手工的—— *n.* (handbook) handobukku ハンドブック/手册
manufacture *n.* seizō 製造/製造; *pl.* (manufactured goods) seihin 製品/製品,產品
manuscript *n.* (document written by hand) genkō 原稿/原稿,稿件; (written or typed book) shahon 写本/抄本
many *adj.* ōku no 多くの/多的; tasū no 多数の/多數的; takusan no たくさんの/許多的
How many? Ikutsu? いくつ/有多少?
map *n.* chizu 地図/地圖
maple *n.* kaede かえで/楓; momiji もみじ/楓,楓葉
marble *n.* dairiseki 大理石/大理石
march *n.* kōshin 行進/進行,行軍; (*musical composition*) kōshin-kyoku 行進曲/進行曲; māchi マーチ/行進,行軍,進行曲
March *n.* san-gatsu 三月/三月
margin *n.* (border) fuchi 縁/邊緣; heri へり/岸,岸邊; (blank)

yohaku 余白/空白;(blank border of a printed page) rangai 欄外/(報刊的)欄外;(difference) rizaya 利ざや/進貨價與售價之差,賺頭;(extra amount) yojō 余剰/餘裕

marine *adj.* (of the sea) umi no 海の/海上的;kaiyō no 海洋の/海洋的;(of shipping) sempaku no 船舶の/海運的;kaiji no 海事の/海事的

mark *n.* (sign) shirushi 印/印記;māku マーク/符號,商標;(score) tensū 点数/分數;(target) mato 的/靶子;(symbol) kigō 記号/記號,符號;(scratch) ato 跡/痕跡 ——*v.* (put a mark on) shirushi o tsukeru 印をつける/作記號,加符號

market *n.* ichiba 市場/市場;māketto マーケット/市場,商場,銷路

marmalade *n.* māmarēdo マーマレード/橘子醬,果醬

marriage *n.* kekkon 結婚/結婚

marry *v.* kekkon suru [saseru] 結婚する[させる]/結婚,娶,嫁,使成家

Mars *n.* kasei 火星/火星

marsh *n.* numachi 沼地/沼澤地;shitchi 湿地/濕地

marvel *n.* odoroku-beki mono [hito] 驚くべき物[人]/驚奇的東西(可驚嘆的人物,奇才);kyōi 驚異/驚愕 ——*v.* odoroku 驚く/驚訝,驚異

marvelous *adj.* fushigi na 不思議な/不可思議的;odorokubeki 驚くべき/驚奇的

mascot *n.* masukotto マスコット/福神,吉祥的人;mamori-gami 守り神/守護神

mash *v.* suritsubusu すりつぶす/磨碎,搗碎

mask *n.* kamen 仮面/假面具,面罩;masuku マスク/口罩

mason *n.* ishiya 石屋/石匠;renga-kō れんが工/泥水匠

mass[1] *n.* (lump) katamari 塊/塊;(great part) daibubun 大部分/大部分;(group) shūdan 集団/集團

the masses ippan taishū 一般大衆/群衆

mass communication masukomi マスコミ/群衆媒介,傳媒

mass production tairyō seisan 大量生産/大批量生產

mass[2] *n.* misa ミサ/彌撒;gishiki 儀式/宗教儀式

massacre *n.*, *v.* gyakusatsu (suru) 虐殺(する)/虐殺,屠殺

mast *n.* masuto マスト/桅,桅桿;hobashira 帆柱/桅桿

master *n.* shujin 主人/主人;sensei 先生/老師,先生 ——*v.* shūtoku suru 修得する/學會,精通

master of ceremonies shikaisha 司会者/會議主持人

mat *n.* mushiro むしろ/草簾,蓆子;goza ござ/蓆子;tatami 畳/榻榻米

match[1] *n.* matchi マッチ/火柴

match-box matchibako マッチ箱/火柴盒
match[2] *n.* (one equal or similar to another) kōtekishu 好敵手/對手,敵手;(game) shiai 試合/比賽;(marriage) kekkon 結婚/結婚 ——*vi.* (be equal to) … ni hitteki suru … に匹敵する/敵得過,比得上;(harmonize) chōwa suru 調和する/相配,相稱 ——*vt.* (marry) kekkon saseru 結婚させる/使結婚
material *n.* zairyō 材料/材料;genryō 原料/原料 ——*adj.* (physical) busshitsu-teki na 物質的な/物質的
mathematics *n.* sūgaku 数学/數學
matter *n.* (substance) busshitsu 物質/物質;(affair) jiken 事件/事件;(question) mondai 問題/問題;(case) kotogara 事柄/事,事情;(thing) mono 物/物品,物件
as a matter of fact jijitsu wa 事実は/事實上,其實
no matter how … tatoe don'na ni … demo たとえどんなに…でも/不管怎樣
mature *adj.* (ripe) seijuku shita 成熟した/成熟的 ——*v.* seijuku suru 成熟する/熟,成熟
maximum *adj.* (greatest) saidai no 最大の/最大的;(highest) saikō no 最高の/最高的
may *v. aux.* (*permission*) shite mo yoi してもよい/可,可以;(*possibility*) kamo shirenai かもしれない/也許;(*wish*) … suru yō ni … するように/願,願意;(*concession*) … shiyō tomo … しようとも/即使,無論;(can) dekiru できる/能,可以
May *n.* go-gatsu 五月/五月
maybe *adv.* tabun 多分/大概,多半
me *pron.* watashi o [ni] わたしを[に]/我(目的格);watakushi o [ni] わたくしを[に]/我(目的格)
meal *n.* (food served in one sitting) shokuji 食事/餐,一頓飯;(coarsely ground grain) hikiwari ひき割り/碾碎,磨碎
mean[1] *v.* (intend) suru tsumori するつもり/意欲,打算;(signify) imi suru 意味する/有…意思,意思是
mean[2] *n.*, *adj.* (middle point) chūkan (no) 中間(の)/中間的;(average) heikin (no) 平均(の)/平均的;(moderate) tekido no 適度の/適度的,適當的
mean[3] *adj.* (humble) iyashii 卑しい/卑賤的;(low in quality) geretsu na 下劣な/劣等的
meaning *n.* imi 意味/意思,意義;shushi 主旨/主旨
means *n.* (method) shudan 手段/手段;hōhō 方法/方法;(wealth) shiryoku 資力/資力,資産;tomi 富/財産,財富
by all means kanarazu 必ず/必定,務必;zehitomo 是非とも/好的好的,當然當然,一定一定

by any means dōnika shite どうにかして/無論如何,總而言之
by means of … ni yotte … によって/用,以,依
by no means kesshite … de nai 決して…でない/決不是,決不
meantime *n.*, *adv.* (meanwhile) sono aida (ni) その間(に)/其間,在那當中,到那時候;sono-uchi (ni) そのうち(に)/其中,在這段時間裏;aima (ni) 合間(に)/餘暇
measurement *n.* sokutei 測定/測定;sokuryō 測量/測量
meat *n.* niku 肉/肉
mechanic *n.* shokkō 職工/機械修理工; kikaikō 機械工/機械工人
mechanical *adj.* kikai no 機械の/機械的,用機械的; kikai-teki na 機械的な/機械(性)的,機械論的
medal *n.* medaru メダル/獎章,紀念章; kunshō 勲章/勳章
medicine *n.* igaku 医学/醫學; (drug) kusuri 薬/藥
Mediterranean *n.*, *adj.* (the M-) Chichūkai (no) 地中海(の)/地中海(的)
medium *adj.* (intermediate) chūkan no 中間の/中間(的); (moderate) nami no 並の/普通的 ——*n.* (means) shudan 手段/手段,方式; (mediation) baikai (-butsu) 媒介(物)/媒體
meet *v.* (come upon) deau 出会う/出迎; (be present at the arrival of) mukaeru 迎える/迎接; (come together) atsumaru 集まる/相會,會合
meeting *n.* shūkai 集会/集會; kai 会/會,大會; mītingu ミーティング/會合,集合,會,集會
melody *n.* merodī メロディー/旋律,主調曲調,歌曲; senritsu 旋律/旋律
melon *n.* meron メロン/甜瓜
melt *vi.* (become liquid by heat) tokeru 溶ける/融,溶,溶解 ——*vt.* (liquify by heat) tokasu 溶かす/溶解; (soften) yawarageru 和らげる/使軟化
member *n.* kaiin 会員/會員; membā メンバー/成員,(國際組織)成員國; (member of legislature) giin 議員/議員
memorial *adj.* kinen no 記念の/紀念的 ——*n.* kinembutsu 記念物/紀念品
memory *n.* (faculty of remembering) kioku (-ryoku) 記憶(力)/記憶(力); (recollection) tsuioku 追憶/追憶; omoide 思い出/回憶,緬懷
in memory of … …no kinen ni …の記念に/爲紀念…
mend *v.* (repair) naosu 直す/修正; shūzen suru 修繕する/修理,修繕; (reform) aratameru 改める/改正,改好,改善
mental *adj.* (of the mind) seishin no 精神の/精神的; (intellec-

tual) chiteki na 知的な/智力的,智慧的; zunō no 頭脳の/智力的

mention *v.* noberu 述べる/叙述;…ni tsuite hanasu …について話す/説到

not to mention iu made mo naku 言うまでもなく/不用説,更不必説

menu *n.* menyū メニュー/菜單,飯菜

merchandise *n.* shōhin 商品/商品,貨品

merchant *n.* shōnin 商人/商人; kouri shōnin 小売商人/零售商

mercury *n.* (quicksilver) suigin 水銀/水銀,汞; (M-) suisei 水星/水星

mercy *n.* jihi 慈悲/慈悲; awaremi 哀れみ/憐憫; nasake 情け/情,同情心

at the mercy of …… no nasu ga mama ni …のなすがままに/完全受…支配,任由…擺佈

merit *n.* (value) kachi 価値/價值; (goodness) chōsho 長所/優點; (meritorious deed) tegara 手柄/功勞,功績,功勳

mermaid *n.* (on'na no) ningyo (女の)人魚/美人魚

merry *adj.* yōki na 陽気な/笑笑鬧鬧的; kaikatsuna 快活な/快活的; yukai na 愉快な/愉快的

mesh *n.* ami no me 網の目/網眼; *pl.* ami 網/網,法網

message *n.* messēji メッセージ/通信,通報,文電祝詞,總統咨文; dengon 伝言/傳言

messenger *n.* shisha 使者/使者; tsukai 使い/信使,傳令兵

metal *n.* kinzoku 金属/金屬

meter *n.* mētoru メートル/米,(計、測用)儀表; (instrument for measuring) mētā メーター/米,計算器

method *n.* hōhō 方法/方法; (order) junjo 順序/次序

microscope *n.* kembikyō 顕微鏡/顯微鏡

middle *adj.* (equally distant from extremes) mannaka no 真ん中の/正當中的; (central) chū ō no 中央の/中央的; (medium) chūgurai no 中位の/中等的,適中的 —— *n.* (middle area or point) chū ō (-bu) 中央(部)/中央部位

middle age chūnen 中年/中年

middle class chūsan kaikyū 中産階級/中産階級

midnight *n.* mayonaka 真夜中/午夜,中夜; yahan 夜半/半夜

might *n.* (great physical strength) chikara 力/力; (great power) kenryoku 権力/權力

mild *adj.* onwa na 穏和な/穩和的,溫和的; odayaka na 穏やかな/溫和的,靜淑的

mile *n.* mairu マイル/英里

military *adj.* rikugun no 陸軍の/陸軍的; guntai no 軍隊の/軍

隊的

milk *n.* miruku ミルク/奶,牛奶; gyūnyū 牛乳/鮮牛奶

million *n.*, *adj.* hyaku-man (no) 百万(の)/百萬(的),兆; (indefinite large number) musū no 無数の/無數的

millionaire *n.* hyaku-man chōja 百万長者/百萬富翁; daifugō 大富豪/大富豪; ōganemochi 大金持ち/大富豪,大財主

mind *n.* (spirit) kokoro 心/心,精神,心力; seishin 精神/精神; (memory) kioku 記憶/記憶; (attention) chūi 注意/注意 ——*v.* chūisuru 注意する/注意; ki o tsukeru 気を付ける/當心; (concern oneself) shimpai suru 心配する/記掛,擔心

Never mind. Dō itashi mashite. どういたしまして/不要緊,没關係; Ki ni shinaide kudasai. 気にしないで下さい/没甚麼,請勿放心上

mine[1] *pron.* watakushi [watashi] no mono わたくし[わたし]のもの/我的東西

mine[2] *n.* kōzan 鉱山/礦山

coal mine tankō 炭鉱/煤礦

mineral *n.*, *adj.* kōbutsu (no) 鉱物(の)/礦物(的); kōseki (no) 鉱石(の)/礦石(的)

mingle *vt.* mazeru 混ぜる/混,混合; kongō suru 混合する/混合 ——*vi.* mazaru 混ざる/混在一起,参加

miniature *n.* (very small model) minichua ミニチュア/微型,小型; (very small painting) shōgazō 小画像/小畫像; (very small copy) shukuzu 縮図/縮圖 ——*adj.* kogata no 小型の/小型的,縮小的

minimum *n.*, *adj.* saishōgendo (no) 最小限度(の)/最小限度(的),最低限度(的); saishōryō 最小量/最小量

minister *n.* (head of a governmental department) daijin 大臣/部長,閣員,大臣

Prime Minister sōri-daijin 総理大臣/首相,内閣總理

minor *adj.* chiisai hō no 小さい方の/較小的; shōsū no 少数の/少數的 ——*n.* miseinen-sha 未成年者/不到公民年齡者

mint[1] *n.* (*aromatic plant*) hakka はっか/薄荷

mint[2] *n.* (M-) (place where coins are manufactured) zōhei-kyoku 造幣局/造幣廠 ——*v.* (produce coins) (kahei o) chūzō suru (貨幣を)鋳造する/鑄幣 ——*adj.* (unused) mishiyō no 未使用の/未使用的

minus *adj.* mainasu no マイナスの/負數,負面; …o hiita… を引いた/減,減去

minute *n.* fun [pun] 分/分鐘; (a moment) shunkan 瞬間/瞬間

miracle *n.* kiseki 奇跡/奇跡; kyōi 驚異/驚異

mirror *n.* kagami 鏡/鏡
mirth *n.* (merriment) yōki 陽気/歡天喜地; (gaiety) yukai 愉快/愉快; (gladness) ōyorokobi 大喜び/歡樂
mischief *n.* (prank) itazura いたずら/頑皮鬼,淘氣精; (harm) gai 害/傷害,損害; kigai 危害/危害
misery *n.* fukō 不幸/不幸; fu'un 不運/苦難,艱難
miss *v.* (fail to hit) atesokonau 当て損う/没打中,打歪; hazusu 外す/不中,偏了; (fail to find) mitsukaranai 見付からない/没看到,看漏; (fail to hear) kiki-morasu 聞きもらす/没聽着,聽漏了; (fail to catch) (kisha ni) noriokureru 乗り遅れる/没趕上(火車); (omit) habuku 省く/省略; (avoid) sakeru 避ける/避免,迴避; (find the absence of) …ga nai noni ki ga tsuku… がないのに気が付く/感到失去了…; (feel the want of) …ga nai no'o sabishiku omou… がないのを寂しく思う/真感到寂寞死了
Miss *n.* (*after surname*) …san… さん/小姐
mission *n.* (person's vocation) shimei 使命/使命; (a body of envoys to foreign country) shisetsu 使節/使節; (missionary vocation) dendō 伝道/傳道,傳教
missionary *adj.* dendō no 伝道の/傳道的 ——*n.* dendōshi 伝道師/傳道士; senkyōshi 宣教師/宣教士
mist *n.* kiri 霧/霧; kasumi かすみ/霞,薄霧 ——*v.* kiri ga kakaru 霧がかかる/下霧
mistake *v.* machigaeru 間違える/弄錯,搞錯 ——*n.* machigai 間違い/錯誤,過錯
mitten *n.* futamata-tebukuro 二また手袋/連指手套(拇指與其餘各指分叉); miton ミトン/連指手套,獨指手套
mix *v.* mazeru 混ぜる/攙合; kongō suru 混合する/混合
mix-up konran 混乱/混亂; rantō 乱闘/(拳擊)猛烈互擊
moan *v.* umeku うめく/呻吟,哼哼; unaru うなる/呻吟,哼哼,吼,嘯 ——*n.* umeki うめき/呻吟聲; unari-goe うなり声/呻吟聲,吼聲
mob *n.* (crowd) gunshū 群集/群衆; yajiuma 野次馬/亂嚷嚷的群衆; (rioters) bōto 暴徒/暴徒
mock *v.* (ridicule) azakeru あざける/嘲笑,諷刺; baka ni suru ばかにする/嘲弄; (mimic in derision) mane o shite karakau まねをしてからかう/學樣子嘲弄
mode *n.* (method) hōhō 方法/方法; hōshiki 方式/方式; (style) yōshiki 様式/様式
model *n.* mokei 模型/模型; moderu モデル/模特兒,模型; (example) mohan 模範/模範
moderate *adj.* (avoiding extremes) tekido no 適度の/適度的;

(reasonable) muri no nai 無理のない/並非無理的,合乎道理的;(*price*) takaku nai 高くない/(價錢)不貴的,適中的

modern *adj.* kindai no 近代の/近代的,近世的;gendai no 現代の/現代的,時新的;modan na モダンな/時髦的,摩登的

modest *adj.* (humble) kenson na けんそんな/謙虛的;(unpretentious) hikaeme na 控え目な/客氣的,謹慎的

modify *v.* (moderate) aratameru 改める/變更;shūsei suru 修正する/修改;(qualify) shūshoku suru 修飾する/(字句)修飾

moist *adj.* shimeppoi 湿っぽい/潮濕的;jime-jime shita じめじめした/濕漉漉的

mold[1] *n.* (cast, moulding) kata 型/模子,模型;igata 鋳型/鑄模;(character) seishitsu 性質/性格,氣質

mold[2] *n.*, *v.* kabi (ga haeru) かび(が生える)/發霉

mole *n.* mogura もぐら/鼹鼠

moment *n.* (brief interval of time) shunkan 瞬間/瞬間;(importance) jūyō 重要/重要

in a moment tadachi ni 直ちに/立即;tachimachi たちまち/馬上

Monday *n.* getsuyō-bi 月曜日/星期一

money *n.* kinsen 金銭/錢;kane 金/金錢

Time is money. Toki wa kane nari. 時は金なり/時間就是金錢

monkey *n.* saru さる/猴,猿

monopoly *n.* sembai 専売/專賣,專利;dokusen 独占/壟斷

monotonous *adj.* tanchō na 単調な/單調的;taikutsu na 退屈な/無聊的

monster *n.* kaibutsu 怪物/怪物;bakemono 化け物/怪,妖怪,鬼怪

month *n.* tsuki 月/月(份);ikkagetsu 1か月/一個月

monthly *adj.* maitsuki no 毎月の/每月的;tsuki ikkai 月1回/每月一次 ——*n.* (monthly magazine) gekkan zasshi 月刊雑誌/月刊雜誌

monument *n.* kinen-butsu [-hi] 記念物[碑]/紀念品(碑)

mood[1] *n.* (state of mind or feeling) kibun 気分/情緒;kokochi 心地/心情,心地

mood[2] *n.* (verb form to express a fact, wish, order) hō 法/方式,方法

moody *adj.* (changing in mood) kibun no kawari yasui 気分の変りやすい/動不動發脾氣的,易怒的;(gloomy) yū'utsu na 憂うつな/憂鬱的;inki na 陰気な/不樂的,不高興的

moon *n.* tsuki 月/月,月亮

moonlight *n.* gekkō 月光/月光 ——*adj.* tsukiyo no 月夜の/月夜的
mop *n.* zōkin ぞうきん/(擦地板)拖布,拖把
moral *adj.* dōtoku no 道徳の/道德的; dōtoku-teki na 道徳的な/道德上的 ——*n.* (moral teaching) kyōkun 教訓/教訓; (ethics) rinri 倫理/倫理
more *adj.* yori ōi より多い/更多的; motto tasū [taryō] no もっと多数[多量]の/更多數量的 ——*adv.* motto もっと/更,格外 ——*n.* sara ni tasū [taryō]さらに多数[多量]/更多數量
a little more mō sukoshi もう少し/再…一點
more and more masu-masu ますます/越來越…; dan-dan だんだん/日益
all the more naosara なおさら/格外,越發
no more (not …any more) mō…de nai もう…でない/不再; mō jūbun de aru もう十分である/已足夠了
not more than seizei せいぜい/至多,充其量
the more…the more sureba suru hodo masumasu すればするほどますます/越…越…
once more mō ichido もう一度/再一次(回)
one more mō hitotsu (no) もう一つ(の)/再來一個,還有一個
still more naosara なおさら/更
some more mō sukoshi (no) もう少し(の)/再…一些
moreover *adv.* nao なお/尚且; sono-ue ni その上に/加之; sara ni さらに/況且,並且
morning *n.* asa 朝/早晨; gozen 午前/午前,上午
Good morning! Ohayō (gozai masu). おはよう(ございます)/早晨好,上午好
mortal *adj.* (causing death) shinu-beki ummei no 死ぬべき運命の/不能免死的命運; (fatal) chimei-teki na 致命的な/致命的; (human being) ningen 人間/人,人類
mortar *n.* morutaru モルタル/(建築)泥灰,灰漿; shikkui しっくい/泥灰
mosquito *n.* ka か/蚊子
moss *n.* koke こけ/苔,蘚
most *adj.* mottomo ōi 最も多い/最多的; mottomo tasū [taryō] no 最も多数[多量]の/最多數量的 —— *adv.* mottomo 最も/最; hijō ni 非常に/非常,極
at the most seizei せいぜい/至多,充其量
moth *n.* ga が/蛾
mother *n.* haha (-oya) 母(親)/娘,母親; okā-san お母さん/母親

mother-in-law gibo 義母/婆婆,岳母; shūtome しゅうとめ/婆婆,岳母
motion *n.* (act of moving) undō 運動/運動; (gesture) dōsa 動作/動作; miburi 身振り/(表感情)姿勢
motion picture eiga 映画/電影
motive *n.* dōki 動機/動機; dōin 動因/目的
motor *n.* mōtā モーター/電動機,發動機,汽車
motto *n.* hyōgo 標語/標語; mottō モットー/標語,座右銘,箴言,格言
mound *n.* dote 土手/土堤; tsuka 塚/塚; (small hill) ko-oka 小丘/小山包 ——*v.* dote o kizuku 土手を築く/築堤
mount *n.* yama 山/山; …san …山/山
Mt. Fuji Fujisan 富士山/富士山 ——*v.* …ni agaru…に上がる/上山;(ni) noboru (に)登る/登山
mountain *n.* yama 山/山; ***pl.*** sammyaku 山脈/山脈
mourn *v.* kanashimu 悲しむ/悲傷; (grieve) nageku 嘆く/悲嘆
mouse *n.* hatsuka-nezumi 二十日ねずみ/小老鼠
moustache *n.* kuchi-hige 口ひげ/(人)鬍子,(狗等)鬚
move *vt.* (change position) ugokasu 動かす/移動,開動; (affect deeply) kandō saseru 感動させる/感動,激動 ——*vi.* (take some action) ugoku 動く/動,活動; (change one's residence) hikkosu 引っ越す/搬家,遷移
movement *n.* (act of moving) undō 運動/運動; action dōsa 動作/動作; (transfer) idō 移動/移動
movie *n.* eiga 映画/電影
Mr. *n.* -shi …氏/先生; -san …さん/先生; -kun …君/君
Mrs. *n.* -fujin …夫人/夫人; san …さん/小姐; okusama 奥様/太太
much *adj.* ōku no 多くの/很多的; taryō no 多量の/大量的 ——*n.* taryō 多量/大量; takusan たくさん/許多 ——*adv.* ōi ni 大いに/很,非常,多
make much of … …o omonjiru …を重んじる/認爲極爲重要,重視
not … so much as… hodo … de nai …ほど…でない/不是如此程度,甚至於不
much less naosara … de nai なおさら…でない/何況(否定)
much more mashite まして/何況,況且; naosara なおさら/何況(肯定)
not so much … as …yori mushiro …よりむしろ/與其…不如…
muffler *n.* mafurā マフラー/圍巾,頭巾,無指手套; erimaki 襟巻/圍巾

mug *n.* dai-kappu 大カップ/(圓筒形有柄)大杯；magu マグ/優勝杯

multiply *v.* (increase in number) masu 増す/增加；fuyasu 増やす/繁殖；(cf. divide) jōjiru 乗じる/(算術)乘；kakeru かける/乘

multitude *n.* (large number) tasū 多数/衆多；(crowd) gunshū 群集/群衆；minshū 民衆/民衆,大衆

municipal *adj.* shi no 市の/市的；shiei no 市営の/市營的；shisei no 市政の/市政的

murder *n.* satsujin 殺人/殺人；hitogoroshi 人殺し/殺人 ——*v.* hito o korosu 人を殺す/殺人,謀殺；satsugai suru 殺害する/殺害

murmur *n.* (softly spoken word) sasayaki ささやき/低語,微語；(indistinct complaint) tsubuyaki つぶやき/嘟囔；(low, indistinct, and continuous sound) zawameki ざわめき/沙沙聲,潺潺聲,淙淙聲,嗡嗡聲,喃喃聲等連續的模糊聲

muscle *n.* kin'niku 筋肉/肌肉,瘦肉；kinryoku 筋力/膂力；wanryoku 腕力/腕力

museum *n.* hakubutsu-kan 博物館/博物館；bijutsu-kan 美術館/美術館

music *n.* ongaku 音楽/音樂

must *v. aux.* (have to) shinakereba naranai しなければならない/必須；(certain) … ni chigai nai… に違いない/必定,必將 ——*n.* (absolute requirement) zettai ni hitsuyō na koto ぜったいに必要なこと/絕對必需之事

must not shitewa ikenai してはいけない/不可…

mustard *n.* karashi からし/芥菜

mute *adj.* (silent) mugon no 無言の/無言的,默默的；(not able to speak) oshi no おしの/啞的

mutter *v.* (speak in low, indistinct tones) sasayaku ささやく/竊竊低語；(complain) butsu-butsu iu ぶつぶつ言う/嘟嘟囔囔地說

mutton *n.* maton マトン/羊肉；hitsuji no niku 羊の肉/羊肉

mutual *adj.* sōgo no 相互の/互相的,共同的；otagai no お互いの/互相的

muzzle *n.* (snout) hana-zura 鼻面/(狗等)鼻口顎部分；(open end of gun) jūkō 銃口/槍口

my *pron.* watashi no わたしの/我的；watakushi no 私の/我的

myself *pron.* watashi [watakushi] jishin わたし[わたくし]自身/我自己

mystery *n.* shimpi 神秘/神秘；himitsu 秘密/秘密；fushigi 不思議/不可思議的

myth *n.* shinwa 神話/神話
mythology *n.* (myths) shinwa 神話/神話; shinwa-gaku 神話学/神話學

N

nail *n.* (fingernail or toenail) tsume つめ/爪; (cf. spike) kugi 釘/釘,釘子
nail clipper tsume-kiri つめ切り/指甲剪
naked *adj.* hadaka no 裸の/裸體的,光身的; mukidashi no むきだしの/赤裸的
name *n.* namae 名前/名字; seimei 姓名/姓名 ——*v.* (give a name to) …to nazukeru…と名付ける/取名,命名
namely *adv.* sunawachi すなわち/即,換句話說
napkin *n.* napukin ナプキン/(餐桌)餐巾,(嬰兒)尿布
narcissus *n.* suisen 水仙/水仙
narrate *n.* hanasu 話す/講(故事); monogataru 物語る/講、編故事; noberu 述べる/叙述
narrative *n.*, *adj.* monogatari (no) 物語(の)/故事(的); hanashi (no) 話(の)/故事(的)
narrow *adj.* semai 狭い/狹的,狹窄的; hosoi 細い/狹小的
narrow-minded kokoro no semai 心の狭い/氣量小的,心眼窄的
nasty *adj.* (dirty) hidoku kitanai ひどく汚い/髒得怕人的; (unpleasant) kimochi no warui 気持ちの悪い/不愉快的
nation *n.* (cf. people) kokumin 国民/國民; (race) minzoku 民族/民族; (state) kuni 国/國; kokka 国家/國家
nationalism *n.* (devotion to the nation) kokkashugi 国家主義/國家主義; (patriotic feelings) aikokushin 愛国心/愛國心
native *adj.* (of one's birth place) umare no 生れの/出生的; shōkoku no 生国の/出生國; (inborn) umaretsuki no 生れつきの/生來的,天賦的; (indigenous) dochaku no 土着の/土著的 ——*n.* (one born in a place) …umare no hito …生れの人/出生在…的人; (original inhabitant of a place) genjūmin 原住民/土著,原住民
natural *adj.* (existing in or by nature) shizen no 自然の/自然的,自然界的; ten'nen no 天然の/天然的; (innate) umaretsuki no 生れつきの/本性的,天性的
naturally *adv.* (spontaneously) shizen ni 自然に/自然地; (without exaggeration) ari no mama ni ありのままに/真實地,實事求是地; (of course) mochiron もちろん/當然; tōzen

当然/當然

nature *n.* (basic quality) honshitsu 本質/本質; (kind, sort) shurui 種類/種類; (physical universe) busshitsukai 物質界/物質界; (natural scenery) shizen 自然/自然界

naught *n.* zero ゼロ/零,零分,無價值; mu 無/無

naughty *adj.* itazura na いたずらな/頑皮的; wampaku na 腕白な/淘氣的; gyōgi no warui 行儀の悪い/没規矩的

naval *adj.* kaigun no 海軍の/海軍的

navigate *v.* kōkai suru 航海する/航海; sōjū suru 操縦する/駕駛(船舶); kōkō suru 航行する/航行

navy *n.* kaigun 海軍/海軍

near *adv.* chikaku 近く/近,接近地 ——*prep* …no chikaku ni …の近くに/接近,在…近旁 ——*adj.* chikai 近い/近的,接近的

near at hand (close at hand) sugu chikaku ni すぐ近くに/在手邊,在近旁; (not far in the future) chikai uchi ni 近いうちに/最近

near-sighted kinshi no 近視の/近視的

nearly *adv.* (almost) hotondo ほとんど/大約,幾乎; yaku 約/約

neat *adj.* (tidy) kichin to shita きちんとした/整齊的; (trim) kogirei na こぎれいな/乾淨的,整潔的; (skillful) tegiwa no yoi 手際のよい/做得漂亮

necessary *adj.* (needful) hitsuyō na 必要な/必要的,必須的; (inevitable) hitsuzen-teki na 必然的な/必然的; sakegatai 避けがたい/難免的 ——*n.* (requisite) hitsuju-hin 必需品/必需品

necessaries of life seikatsu hitsuju-hin 生活必需品/生活必需品

neck *n.* kubi 首/頸,脖子; eri 襟/衣領,領子

necklace *n.* kubi-kazari 首飾り/項鏈; nekkuresu ネックレス/項鏈

necktie *n.* nekutai ネクタイ/領帶

need *n.* (necessity) hitsuyō 必要/必要,需要; (something needed) hitsuyō-hin 必要品/必需品 ——*v.* hitsuyō to suru 必要とする/需要,必須; (must) shinakereba naranai しなければならない/必須

needle *n.* hari 針/針,針狀物

needless *adj.* fuhitsuyō na 不必要な/不必要的,不需要的,無用的

needless to say iu mademo naku 言うまでもなく/不用說,無須說

negative *adj.* (saying "no") hitei-teki na 否定的な/否定的; (not positive) shōkyoku-teki na 消極的な/消極的 ——*n.* hitei 否定/否定; (*photographic film*) inga 陰画/(像)底片; nega ネガ/(像)底片,負片

neglect *v.* (be remiss about) okotaru 怠る/輕忽,玩忽; (ignore) mushi suru 無視する/忽視 ——*n.* taiman 怠慢/怠慢; mushi 無視/忽視

negotiate *v.* kōshō suru 交渉する/交涉,談判

Negro *n.*, *adj.* kokujin (no) 黒人(の)/(非洲)黑人(的)

neighbor *n.* rinjin 隣人/鄰居; kinjo no hito 近所の人/鄰近的人

neighborhood *n.* kinjo 近所/周圍,近處; fukin 付近/附近

neither *adv.*

neither … nor demonaku… demo nai でもなく…でもない/既不…又不…,兩者都不…; …mo mata de nai… もまた…でない/既非…亦非; dochira mo … de nai どちらも…でない/兩者都不是…; dochira mo … shinai どちらも…しない/兩者都不…

nerve *n.* shinkei 神経/神經; (mental strength) kiryoku 気力/勇氣,精力

nervous *adj.* shinkei no 神経の/神經的; shinkei-shitsu na 神経質な/神經質的

nest *n.* (birdnest) su 巣/巢; sumika すみか/巢穴 ——*v.* su o tsukuru 巣を作る/築巢

net[1] *n.* ami 網/網; netto ネット/網,球網,髮網

net[2] *n.*, *adj.* (net amount) shōmi no 正味の/淨的,實數的; jun 純/純,純粹

net profit jun'eki 純益/純利

Netherland *n.* Oranda オランダ/荷蘭

network *n.* (chain of TV stations) hōsōmō 放送網/廣播網; nettowāku ネットワーク/廣播網; (netting) amizaiku 網細工/織網工

neurotic *n.* noirōze ノイローゼ/神經症,神經官能症

neutral *adj.* chūritsu no 中立の/中立的,中立國的; chūsei no 中性の/(化、電)中性的

never *adv.* kesshite… shinai 決して…しない/決不…

Never mind! Goshimpai naku. ご心配なく/不必介意!; Dō itashi mashite どういたしまして/不用謝!

Never! Tondemo nai とんでもない/豈有此理!

nevertheless *adv.* sore nimo kakawarazu それにもかかわらず/雖然…但是…

new *adj.* atarashii 新しい/新的,嶄新的 ——*adv.* atarashiku 新しく/新近

new year shin'nen 新年/新年
news *n.* nyūsu ニュース/新聞,消息；tayori 便り/信,音信
newspaper *n.* shimbun 新聞/報紙
next *adj.* tsugi no 次の/下一個(次)的
next door tonari 隣/鄰居,隔壁
next month raigetsu 来月/下月
next time kono tsugi この次/下一次
next week raishū 来週/下星期
nice *adj.* yoi 良い/好的；ii いい/好的；rippa na 立派な/漂亮的
nickel *n.* nikkeru ニッケル/鎳；(coin worth five cents) go-sento no hakudōka 5 セントの白銅貨/(美、加)5分鎳幣,鎳幣
niece *n.* mei めい/姪女,甥女
night *n.* yoru 夜/夜；yo 夜/夜；ban 晩/晚上
all night hito-ban-jū 一晩中/整夜；yodōshi 夜通し/徹夜
every night maiban 毎晩/每晚
Good night! Oyasumi nasai. おやすみなさい/晚安,再見
last night sakuya 昨夜/昨夜；sakuban 昨晩/昨晚；yūbe ゆうべ/昨晚
tomorrow night myōban 明晩/明晚
nightcap *n.* nezake 寝酒/夜酒,睡前酒
nightfall *n.* higure 日暮れ/日暮；yūgata 夕方/黃昏,傍晚
nine *n.*, *adj.* ku (no) 9,九(の)/九(的)；kyū (no) 9, 九(の)/九(的)；kokonotsu (no) 九つ(の)/九個(的)
nineteen *n.*, *adj.* jūku (no) 19, 十九(の)/十九(的)；jūkyū (no) 19,十九(の)/十九(的)
ninety *n.*, *adj.* kyū-jū (no) 90, 九十(の)/九十(的)
ninth *n.*, *adj.* dai-ku (no) 第9(の)/第九(的)
nip *v.* tsuneru つねる/掐,擰；hasamu 挟む/挾
no *adj.*, *adv.* (sukoshimo) nai (少しも)ない/沒有的；iie いいえ/不；…de nai … でない/不是
No, thank you. Kekkō desu. 結構です/不,謝謝您
noble *adj.* (showing greatness of character) tōtoi 貴い/高貴的；kedakai 気高い/高尚的,高潔的,清高的；(illustrious) rippa na 立派な/華美的,壯麗的；(of high hereditary rank) kōki no 高貴の/高貴的
nobody *pron.* dare mo… de nai だれも…でない/誰也不…,没人…
nod *v.* unazuku うなずく/點頭；(be drowsy) uto-uto suru うとうとする/點頭打盹；(nemukute) kokkuri kokkuri suru (眠くて)こっくりこっくりする/打瞌睡
noise *n.* mono'oto 物音/聲響；sō'on 騒音/噪聲；sawagi 騒ぎ/

吵鬧聲

nominate *v.* shimei suru 指名する/提名,指定; nimmei suru 任命する/任命

none *pron.* dare mo…nai だれも…ない/没誰,没人; sukoshimo… nai 少しも…ない/一點也不;kesshite… nai 決して…ない/決不

nonsense *n.* muimi 無意味/無意義; tawagoto たわごと/胡話,夢話; nansensu ナンセンス/荒唐,無聊

noodle *n.* nūdoru ヌードル/鷄蛋麵; hoshi-udon 干うどん/乾麵,掛麵

noon *n.* shōgo 正午/正午; mahiru 真昼/中午

nor *conj.* mo mata…(de) nai もまた…(で)ない/也没有; mata … demo nai また…でもない/也不

normal *adj.* seijō no 正常の/正常的; hyōjun no 標準の/標準的

north *n.*, *adj.* kita (no) 北(の)/北(的); hoppō (no) 北方(の)/北方(的)

northeast *n.*, *adj.* hokutō (no) 北東(の)/東北(的); hokutō (e) 北東(へ)/(向)東北

northwest *n*, *adj.* hokusei (no) 北西(の)/西北(的); hokusei (e) 北西(へ)/(向)西北

nose *n.* hana 鼻/鼻子

nosebleed hanaji 鼻血/鼻血

not *adv.* …de nai… でない/不; shinai しない/不做

not a little sukunakarazu 少なからず/不少

not always kanarazushimo 必ずしも/未必

not at all sukoshimo …de nai 少しも…でない/一點也不…

Not at all. Dō itashi-mashite どういたしまして/哪裏的話,不用謝

not yet mada …nai まだ…ない/還不…,還没…

notable *adj.* (outstanding) sugureta すぐれた/優秀的; yūmei na 有名な/有名的; (remarkable) ichijirushii 著しい/顯著的; chūmoku subeki 注目すべき/引人注目的 ——*n.* chomeijin 著名人/著名人士,名士

note *n.* (brief written record) oboegaki 覚え書/備忘錄; (commentary) chū 注/註,註釋; (promissory note) yakusoku tegata 約束手形/期票; (musical tone) ompu 音符/音符; (notice) chūi 注意/注意; (short letter) mijikai tegami 短い手紙/短信 ——*v.* (write down) kakitomeru 書き留める/寫下來,記錄下來; (remark) chūi suru 注意する/注意

noted *adj.* yūmei na 有名な/有名的; chomei na 著名な/著名的

nothing *n.* (not anything) nani mo nai koto 何もないこと/甚麼

東西也没有；（naught）mu 無/無，零；（something of no value）toru ni tarinai koto 取るに足りないこと/不足取
nothing but …igai niwa nani mo nai …以外には何もない/除…以外別無…，不外；tada… dake ただ…だけ/只，只有，只是
for nothing（without payment）tada de ただで/不花錢；（in vain）muda ni むだに/白白地，空
come to nothing muda ni owaru むだに終る/終成泡影

notice *n.*（attention）chūi 注意/注意；（observation）chūmoku 注目/注目；（information）shirase 知らせ/通知，預告 —— *v.*（observe）chūmoku suru 注目する/注目；（be aware of）ki ga tsuku 気が付く/注意到
take notice of …o kokoro ni tomeru …を心に留める/注意，留心
without notice yokoku nashi de 予告なしで/不預告通知；mudan de 無断で/擅自

notify *v.* …ni tsūkoku suru…に通告する/通告，宣告

notion *n.*（opinion）kangae 考え/見解，想法；iken 意見/意見；（conception）gainen 概念/概念

notorious *adj.* akumei takai 悪名高い/臭名遠揚，聲名狼藉的；naute no 名うての/(貶義)有名的，大名鼎鼎的

noun *n.* meishi 名詞/名詞

novel *n.* shōsetsu 小説/小說

novelty *n.* meatarashii mono [koto] 目新しい物[事]/新奇，珍奇，奇異

November *n.* jūichi-gatsu 十一月/十一月

now *adv.* ima 今/現在，目前；mō もう/(現在)已經
just now chōdo imaちょうど今/方才，剛才
now and then tokidoki 時々/時常，時時

nowadays *adv.* konogoro dewa このごろでは/現今，當今；chikagoro 近ごろ/現時，現在

nowhere *adv.* doko nimo…nai どこにも…ない/甚麼地方都不…

nucleus *n.* kaku 核/核；genshikaku 原子核/原子核

nude *n.*, *adj.*（bare）hadaka（no）裸(の)/裸(的)；arino mama no ありのままの/赤裸裸的

number *n.* kazu 数/數；sūji 数字/號碼；bangō 番号/號碼 nambā ナンバー/數，號碼 —— *v.*（count）kazoeru 数える/數；bangō o utsu 番号を打つ/打號
telephone number denwa bangō 電話番号/電話號碼
a number of tasū no 多数の/許多的

numerous *adj.* tasū no 多数の/許多的，大群的

nun *n.* shūdō-jo 修道女/修女；nisō 尼僧/尼姑
nurse *n.* (wet nurse) uba 乳母/奶媽；(sick-nurse) kangofu 看護婦/護士 ——*v.* (suckle) chichi o nomaseru 乳を飲ませる/餵奶
nursery *n.* kodomo-beya 子供部屋/小兒房；ikuji-shitsu 育児室/嬰兒室
nursery rhyme dōyō 童謡/童謠
nut *n.* ko no mi 木の実/堅果(核桃、杏核、榛子、栗)；nattsu ナッツ/螺母,螺帽
nymph *n.* ninfu ニンフ/(神話)寧芙(半牛半人的少女,住山、林、澤中)；josei 女性/女性

O

oak *n.* kashi かし/櫟樹
oar *n.* kai かい/槳；ro ろ/櫓
oatmeal *n.* ōtomīru オートミール/(燕)麵片(粥)
obedience *n.* fukujū 服従/服從；jūjun 従順//順從
obey *v.* shitagau 従う/服從,遵守；fukujū suru 服従する/服從
object *n.* (material thing) mono 物/物；buttai 物体/物體；(purpose) mokuteki 目的/目的；taishō(-butsu) 対象(物)/對象(物) —— *v.* (make an objection) hantai suru 反対する/反對；igi o tonaeru 異議を唱える/提出異議
oblige *v.* (force) yoginaku saseru 余儀無くさせる/使不得不；(make grateful) arigatagaraseru 有り難がらせる/施恩,施惠 (***be***) ***obliged to*** (put under necessity) sezaru o enai せざるをえない/不得不,不得已而…；(thank) arigataku omou 有難く思う/感謝
oblong *n.*, *adj.* (rectangular) chōhō-kei(no) 長方形(の)/長方形(的)；(prolate) daen-kei(no) だ円形(の)/橢圓形(的)
obscure *adj.* (vague) aimai na あいまいな/曖昧的；bonyari shita ぼんやりした/朦朧的；(not clear) fumeiryō na 不明瞭な/不明瞭的；(dim) usugurai 薄暗い/暗淡的,看不清楚的
observe *v.* (watch) kansatsu suru 観察する/觀察；(perceive) kizuku 気付く/注意到；(keep) mamoru 守る/遵守；(remark) noberu 述べる/講,陳述
obstacle *n.* shōgai(-butsu) 障害(物)/障礙(物)；(hindrance) bōgai 妨害/妨礙
obstinate *adj.* (stubborn) ganko na 頑固な/頑固的,頑强的；gōjō na 強情な/固執的
obstruct *v.* (hinder) bōgai suru 妨害する/妨礙；(block up)

fusagu ふさぐ/塞,阻塞

obtain *v.* uru 得る/得到; te ni ireru 手に入れる/到手,獲得

obvious *adj.* akirakana 明らかな/明顯的,明瞭的; wakarikitta 分り切った/全明白的

occasion *n.* (case) ba'ai 場合/場合; (chance) kikai 機会/機會; (reason) riyū 理由/理由; (cause) gen'in 原因/原因 ——*v.* (cause) hikiokosu 引き起す/引起,惹起

occasionally *adv.* tokiori 時折/偶然,有時; tokidoki 時々/時常,常常

occupation *n.* (vocation) shokugyō 職業/職業; (occupying) senryō 占領/佔領

occupy *v.* (seize possession of) senryō suru 占領する/佔領,佔有; (reside in) sumu 住む/住在; (engage oneself) jūji suru 従事する/從事; (keep busy) isogashiku suru 忙しくする/忙着

occur *v.* (happen) okoru 起る/發生,現出; (come into one's mind)(kokoro ni) ukabu (心に)浮かぶ/想起

ocean *n.* taiyō 大洋/大洋; kaiyō 海洋/海洋; umi 海/海

Pacific Ocean Taiheiyō 太平洋/太平洋

Atlantic Ocean Taiseiyō 大西洋/大西洋

o'clock *n.* …ji…時/…點鐘

October *n.* jū-gatsu 十月/十月

odd *adj.* (not even) kisū no 奇数の/奇數的; (fragmentary) hampa na 半端な/零頭的; (strange) kimyō na 奇妙な/奇妙的; (extra) yobun no 余分の/(除法)餘數的

odds *n.* (difference) yūretsu no sa 優劣の差/優劣之差; (advantage) handikyappu ハンディキャップ/障礙,不利條件; (balance of advantage) shōsan 勝算/勝算,得勝機會; (betting ratio) kakeritsu かけ率/賭率

odds and ends garakuta がらくた/殘餘,零碎物件

odor *n.* (perfume) kaori 香り/香味; (smell) nioi におい/氣味

of *prep.* (belonging to)…no… の/的; (from)…kara…から/從; (concerning, about)… ni tsuite …について/關於; (which is called)… to iu …と言う/叫作

of course mochiron もちろん/當然

off *adv.* (away) hanarete 離れて/離開; satte 去って/離開; achira e あちらへ/向那邊

Off limits. Tachiiri kinshi. 立入り禁止/禁止入内

offend *v.* (make angry) okoraseru 怒らせる/激怒; (displease) kanjō o gaisuru 感情を害する/傷害感情; (commit an offense) tsumi o okasu 罪を犯す/犯罪

offender ihansha 違反者/得罪人的人; han'nin 犯人/罪犯

offense *n.* (crime) tsumi 罪/罪;hanzai 犯罪/犯罪; (insult) burei 無礼/無禮; (anger)rippuku 立腹/生氣; (attack) kōgeki 攻撃/攻擊

offer *v.* (present) teikyō suru 提供する/提供; (propose) mōshideru 申し出る/提出; (suggest) teian suru 提案する/提議 ——*n.* (proposal) mōshikomi 申し込み/申請; (presentation) teikyō 提供/提供; (suggestion) teian 提案/提案, 提議

office *n.* jimusho 事務所/辦事處; kaisha 会社/公司; ofisu オフィス/辦公室,辦事處

officer *n.* (one who holds an office) kōmuin 公務員/官員; shokuin 職員/職員; (commissioned officer) shōkō 将校/軍官

official *n.* (officer) kōmuin 公務員/官員 ——*adj.* (public) ōyake no 公の/公的,公家的,官方的; kōshiki no 公式の/正式的

official documents kōbunsho 公文書/公文

often *ad.* shiba-shiba しばしば/常々,屢次

oh *int.* ō おー/哦?; oya おや/哎呀!

oil *n.* abura 油/油; (petroleum) sekiyu 石油/石油

O.K. *adj. adv.* yoroshii よろしい/行,可以,合格; shōchi 承知/知道; ōkē オーケー/對,好,行,同意

old *adj.* (aged) toshitotta 年取った/年老; (ancient) mukashi no 昔の/古時的; (cf. new) furui 古い/舊的

old fashioned kofū na 古風な/古式的; kyūshiki no 旧式の/舊式的

olive *n.* orību オリーブ/橄欖樹

omit *v.* (leave out) shōryaku suru 省略する/省略; habuku 省く/省去,略去; (fail to do) okotaru 怠る/懶怠,疏忽

on *prep.* no ue ni [de]の上に[で]/在…之上; (toward)…ni mukatte… に向かって/向,往,朝; (concerning)…ni tsuite… について/關於; (near to)…no soba … のそば/接近…; (kawa no) hotori ni (川の) ほとりに/(河)畔

once *adv.* (one time only) ichido 一度/一次; (formerly) katsute かつて/曾經,從前

at once sugu ni すぐに/立即,馬上

once more mō ichido もう一度/再一次

once upon a time mukashi-mukashi 昔々/從前

one *adj.* (single) hitotsu no 一つの/一個(的); (a certain) aru ある/某(一個人) —— *n.* (lowest number) ichi 1,一/一; (single person or thing) hitori 一人/一人;hitotsu 一つ/一個 —— *pron.* (person) hito 人/人; (thing) mono 物/物

one after another tsugi-tsugi to 次々と/陸續,一個人接一個人

one another tagai ni 互いに/互相

one by one hitotsu-zutsu 一つずつ/一個一個(挨次); hitori zutsu ひとりずつ/一個人一個人(挨次)

onion *n.* tamanegi 玉ねぎ/洋葱

only *adj.* (sole) tada hitotsu no ただ一つの/唯一的,只有…的 —— *adv.* (merely) dake だけ/只; tada ただ/只; tan ni 単に/單; hon'no ほんの/不過,僅僅

not only…but dake de naku…mo mata だけでなく…もまた/不僅…而且…

onward *adj.* zenshin suru 前進する/前進的; zenshin-teki na 前進的な/前進的 —— *adv.* zempō e 前方へ/向前; saki e 先へ/向前; susunde 進んで/前進

open *adj.* (not closed) hiraite iru 開いている/開着的,開放的; aite iru あいている/開着的,開放的; (having no cover) o'oi no nai 覆いのない/無蓋的, (free for the public) kōkai no 公開の/公開的; (not fenced in) hirobiro to shita 広々とした/寬大的; (frank) sotchoku na 率直な/坦白的 —— *v.* (begin) hajimeru 始める/開始; (make open) akeru あける/開,打開; hiraku 開く/開,裂開 —— *n.* (the outdoors) kogai 戸外/户外,屋外

bottle opener sen'nuki せん抜き/(拔瓶塞的)螺絲錐,塞鑽

open air kogai 戸外/户外,野外

opener kankiri かん切り/(罐、瓶等)起子,開具

operate v. (perform) hataraku 働く/(機械)開動,工作運行; (influence) sayō suru 作用する/起作用; (perform an operation) shujutsu suru 手術する/動手術; (manage) keiei suru 経営する/經營,管理

operator *n.* denwa-kōkanshu 電話交換手/接線生,話務員

opinion *n.* iken 意見/意見; setsu 説/見解

opponent *n.* (adversary) aite 相手/對手; (foe) teki 敵/敵,敵手; hantaisha 反対者/反對者 —— *v.* (opposing) taikō suru 対抗する/對抗; (resist) teikō suru 抵抗する/抵抗

opposite *adj.* hantai no 反対の/正相反的; (facing) mukai gawa no 向かい側の/對面的

oppress *v.* appaku suru 圧迫する / 壓迫 shiitageru 虐げる/虐待

optical *adj.* me no 目の/眼的,視覺的; shiryoku no 視力の/視力的

optimism *n.* rakuten-shugi 楽天主義/樂天主義,樂天派; rakkan 楽観/樂觀

or *conj.* matawa または/或,或者; aruiwa あるいは/或,或者; sunawachi すなわち/換言之,即; samonaito さもないと/不然,不然的話
oral *adj.* kōtō no 口頭の/口頭的; kōjutsu no 口述の/口述的
orange *n.* mikan みかん/柑橘
orator *n.* kōensha 講演者/演講人; enzetsusha 演説者/演説人; benshi 弁士/辯護人
orbit *n.* kidō 軌道/軌道; (eye-socket) ganka 眼か/眼窩,眼眶 —— *v.* kidō ni notte mawaru 軌道に乗って回る/繞軌道而行
orbiter jinkō-eisei 人工衛星/人造衛星
orchard *n.* kajuen 果樹園/果園
orchestra *n.* ōkesutora オーケストラ/管弦樂隊,樂池
orchid *n.* ran らん/蘭(花) —— *adj.* usu-murasaki-iro no 薄紫色の/淺紫色的
order *n.* (command) meirei 命令/命令; (sequence) junjo 順序/順序; (itemized request) chūmon 注文/定貨,定單; (order) chitsujo 秩序/秩序; seiton 整とん/整頓 —— *v.* (command) meijiru 命じる/命令; (arrange) seiton suru 整とんする/整頓
in order junjo tadashiku 順序正しく/整整齊齊
in order to …suru tame ni… するために/爲…起見
out of order koshō shiteiru 故障している/有毛病; kurutte iru 狂っている/混亂
orderly *adv.* seizen to shita 整然とした/整齊的
organ *n.* (musical instrument with keys, pipes etc.) paipu-orugan パイプオルガン/管風琴,風琴; (special part of the body) kikan 器官/器官
digestive organ shōka-ki 消化器/消化器官
organization *n.* (system) soshiki 組織/組織; kikō 機構/機構; (association) dantai 団体/團體
organize *v.* soshiki suru 組織する/組織
orient *n.* (the O-) Tōyō 東洋/東方
oriental *adj.* Tōyō no 東洋の/東方的; Tōyō-jin no 東洋人の/東方人的
origin *n.* kigen 起源/起源; hajimari 始まり/開始; okori 起り/發端
original *adj.* (first in order) hajime no 初めの/最初的,初期的; (creative) dokusō-teki na 独創的な/獨創的 ——*n.* (original work) gembun 原文/原文; gembutsu 原物/原物
originate *v.* (create) kōan suru 考案する/發明,創造; (begin) hajimeru 始める/開始; okoru 起る/發生

ornament *n.* sōshoku (-butsu) 装飾(物)/裝飾(物)
orphan *n.*, *adj.* koji (no) 孤児(の)/孤兒(的)
orphan asylum kojiin 孤児院/孤兒院
ostrich *n.* dachō だちょう/駝鳥
other *adj.* hoka no 外の/别的,另外的; ta no 他の/其他的
each other tagai no 互いの/互相
the other day senjitsu 先日/上回,那天,前幾天
in other words iikaereba 言い換えれば/換言之
otherwise *adv.* (in a different way) sō de naku そうでなく/不那麼; hoka no 外の/用别的方法; (if not) sō de nakereba そうでなければ/要不然,否則
ought *v. aux.* subeki de aru すべきである/應當,應該; suru no ga tōzen de aru するのが當然である/當然; no hazu de aru のはずである/應該
our *pron.* wareware no 我々の/我們的; watakushi-tachi no 私たちの/我們的; watashi-tachi no わたしたちの/我們的
ours *pron.* wareware no mono 我々のもの/我們的東西; watakushi-tachi no mono 私たちのもの/我們的東西; watashi-tachi no mono わたしたちのもの/我們的東西
out *adv.* soto ni [e] 外に[へ]/向外,在外 —— *adj.* soto no 外の/外面的,外部的
out of…kara… から/出自
out of breath iki ga kireru 息が切れる/喘着氣
outbreak *n.* boppatsu ぼっ発/爆發; hassei 発生/發生
outdoor *adj.* kogai no 戸外の/户外的; soto no 外の/屋外的,外面的
outdoors *adv.* kogai de [ni] 戸外で[に]/在屋外; soto de [ni] 外で[に]/在外面
outer *adj.* soto no 外の/外面的; gaibu no 外部の/外部的
outfit *n.* (set of equipment) shitaku (-hin) 支度(品)/(衣、書類行裝的)準備,旅裝; jumbi 準備/準備; (articles forming an equipment) yōgu (-rui) 用具(類)/旅行用品,工具
outlet *n.* (way out) deguchi 出口/出口; (market for goods) hanro 販路/銷路; (electrical) konsento コンセント/(電)萬能插口
outline *n.* (contour) rinkaku 輪郭/輪廓; (quick sketch) ryakuzu 略図/略圖; (summary) kōgai こう概/梗概; autorain アウトライン/外形,外形線,輪廓,概要,大綱
output *n.* (yield) seisandaka 生産高/產量; (electrical) shutsuryoku 出力/(電)輸出功率,(計算機)輸出
outside *n.*, *adj.* gaibu (no) 外部(の)/外部(的), 外觀(的); sotogawa (no) 外側(の)/外側(的)

outsider *n.* kyokugaisha 局外者/局外人; autosaidā アウトサイダー/局外人,工會外的人,黨外人,外行
outstanding *adj.* medatsu 目立つ/突出的; kencho na 顕著な/顯著的
oval *adj.* (egg-shaped) tamago-gata no 卵形の/卵形的; (elliptical) daenkei no だ円形の/橢圓形的
oven *n.* tempi 天火/(西餐)烤爐; (small furnace) kamado かまど/竈,爐竈
over *prep.* (above)…no ue o… の上を/在…上面,在…上位; (across) yokogitte 横切って/越過,橫過; (more than) ijō ni 以上に/…以上,…多 —— *adv.* koete 越えて/越過; mukō ni 向うに/在(向)那邊; (ended)owatte 終って/完,了結; sunde すんで/結束; (once again) kurikaeshite 繰り返して/從頭到尾,重複地; (too much) kado ni 過度に/過度地,過分地
overtime zangyō 残業/加班
over there achira あちら/那邊,那裏
overcoat *n.* gaitō 外とう/大衣; ōbā オーバー/大衣,降落傘
overcome *v.* uchikatsu 打ち勝つ/征服; uchimakasu 打ち負かす/打敗
overhear *v.* futo kiku ふと聞く/無意中聽到; tachi-giki suru 立ち聞きする/偷聽
overlook *v.* (look down upon) miorosu 見下ろす/俯視; (watch over) kantoku suru 監督する/監督; (fail to notice) miotosu 見落とす/漏看; (tolerate)ōme ni miru 大目に見る/寬容,原諒
overseas *adj.* kaigai no [kara no]海外の[からの]/(來自)海外的; gaikoku no [kara no]外国の[からの]/(來自)外國的
overtake *v.* (come up with) oitsuku 追い付く/追求; (come up suddenly) totsuzen osou 突然襲う/突然襲擊
overthrow *v.* (overturn) kutsugaesu くつがえす/推翻,打倒; hikkuri-kaesu 引っくり返す/推翻; (defeat) makasu 負かす/打敗; (upset) taosu 倒す/打倒
overwhelm *v.* (overcome completely) attōsuru 圧倒する/壓倒; (engulf) (umi ga) makikomu (海が)巻き込む/淹没
overwork *n.* karō 過労/過勞; ōbāwāku オーバーワーク/工作過度 —— *v.* hataraki sugiru 働き過ぎる/使過勞
owe *v.* …ni ou… に負う/對…負有; … ni kari [gimu] ga aru… に借り[義務]がある/對…負有債務(義務)
owing to …no tame ni … のために/由於,因爲
owl *n.* fukurō ふくろう/貓頭鷹,熬夜的人
own *adj.* jibun no 自分の/自己的; dokuji no 独自の/自身的,獨自的 —— *v.* (possess) shoyū suru 所有する/所有,擁有

owner shoyūsha 所有者/擁有者
ox *n.* o-ushi 雄牛/公牛
oxygen *n.* sanso 酸素/氧,氧氣
oyster *n.* kaki かき/牡蠣

P

pace *n.* ayumi 歩み/步,步子; hochō 歩調/步調; pēsu ペース/步調,步速,速度,工作進度,(棒球)球速
pacific *adj.* heiwa na [no]平和な[の]/和平的,太平的; (the P-) Taiheiyō 太平洋/太平洋
pacify *v.* (appease) nadameru なだめる/撫慰; (calm) shizumeru 静める/鎮定; (establish peace) heitei suru 平定する/平定; shizumeru 静める/鎮靜
pack *n.* tsutsumi 包み/包; (burden) nimotsu 荷物/行李; (set) hito-soroi 一揃い/一綑 —— *v.* tsutsumu 包む/包,打包; nizukuri suru 荷造りする/包裝,打點(行李)
package *n.* (parcel) tsutsumi 包み/包紮; hōsō 包装/包裝; pakkēji パッケージ/包裝,標準件,程序包,一攬子計劃; kozutsumi 小包/小包,郵包
packet *n.* (small bundle) chiisana taba 小さな束/小綑; (small package) kozutsumi 小包/小包,包裹; (cigarettes) hito-hako 一箱/一箱
postal packet yūbin-kozutsumi 郵便小包/郵包
pad *n.* (pillow) makura 枕/枕頭; (stuffing) tsumemono 詰物/襯墊,填料; paddo パッド/墊子,印盒; (bundle) taba 束/包,綑; (paper) hito-tsuzuri 一つづり/拍紙簿,(能一頁一頁扯用的)本子
writing pad binsen 便せん/便箋,信紙簿
page *n.* (leaf of a book) pēji ページ/頁; (boy servant) hoteru no bōi ホテルのボーイ/(大酒店)侍應生,服務員
pageant *n.* yagai-geki 野外劇/露天戲; pējento ページェント/賽會,盛會
pain *n.* (bodily or mental suffering) kutsū 苦痛/疼痛,苦痛; *pl.* (labor) honeori 骨折り/費力,勞苦; (trouble) kushin 苦心/苦心
paint *n.* enogu 絵具/畫具; penki ペンキ/油漆 —— *v.* egaku 描く/繪畫; penki o nuru ペンキを塗る/塗油漆
pair *n.* ittsui 一対/一對; hitokumi 一組/一組; itchaku 一着/(西服)一套
pal *n.* nakama 仲間/夥伴,好友

palace *n.* (monarch's residence)kyūden 宮殿/宮殿; (magnificent building) dai-teitaku 大邸宅/公館
pale *n.* (whitish) aojiroi 青白い/發青的,蒼白的; (faint) iro no usui 色の薄い/色淡的
palm *n.* te no hira 手の平/手掌; (cf. date-plam) shuro しゅろ/棕櫚
pamphlet *n.* panfuretto パンフレット/小册子
pan *n.* (dish) sara 皿/盤子; (cf. frying pan) hira-nabe 平なべ/平底鍋
pane *n.* (ita-)garasu (板)ガラス/玻璃板; (window-pane) mado-garasu 窓ガラス/窗玻璃
panel *n.* kagami-ita 鏡板/(門)鑲板; paneru パネル/壁板,畫板,配電盤; hame 羽目/壁板
panic *n.* kyōkō 恐慌/恐慌;驚惶; panikku パニック/經濟恐慌,大混亂
pants *n.* (trousers) zubon ズボン/褲子; (drawers) pantsu パンツ/短褲,褲衩; pantī パンティー/女緊身短褲,童褲; zubon-shita ズボン下/襯褲
paper *n.* kami 紙/紙; (newspaper) shimbunshi 新聞紙/新聞紙
sheet of paper ichi-mai no kami 一枚の紙/一張紙
parade *n.*, *v.* parēdo (suru) パレード(する)/遊行; kōshin (suru) 行進(する)/遊行,行進
paradise *n.* rakuen 楽園/樂園; tengoku 天国/天堂
paragraph *n.* (bunshō no) setsu (文章の)節/段,節; kiji 記事/短新聞,短文,短評
parallel *adj.* heikō no 平行の/平行的 ——*n.* heikō-sen 平行線/平行線
paralyze *v.* mahi saseru 麻ひさせる/麻痺,癱瘓; muryoku ni suru 無力にする/無能力,無氣力
parcel *n.* kozutsumi 小包/包裹
pardon *v.* (forgive) yurusu 許す/原諒; yōsha suru 容赦する/寬恕
I beg your pardon. Gomen nasai. ごめんなさい/對不起; Shitsurei desu ga. 失礼ですが/請原諒
parent *n.* oya 親/父母; *pl.* ryōshin 両親/父母親,雙親
park *n.* (public land for recreation) kōen 公園/公園 ——*v.* (leave a vehicle temporarily) chūsha suru 駐車する/(停車場)停車
parliament *n.* gikai 議会/議會
parlor *n.* (sitting room)ima 居間/起居室,内客廳; (drawing room) ōsetsuma 応接間/會客室
parrot *n.* ōmu オウム/鸚鵡 —— *v.* monomane o suru 物まね

をする/呆板地學様,學舌

part *n.* (a portion of a whole) bubun 部分/部分,章;… bun no ichi…分の1/…分之一;(duty) hombun 本分/義務,本分;(role) yakuwari 役割/(演員)角色,任務;(play) yaku 役/任務,職務;(side) gawa 側/旁邊 —— *v.* (divide) wakeru 分ける/分開,隔開;(leave each other) wakareru 別れる/離開

for my part watashi to shitewa わたしとしては/就我而論

part from … to wakareru …と別れる/離開

take part in sanka suru 参加する/参加

participate *v.* sanka suru 参加する/参加

particle *n.* ryūshi 粒子/粒子;biryūshi 微粒子/微粒子;bunshi 分子/分子

particular *adj.* (specific) tokushu no 特殊の/特殊的;(special) tokubetsu no 特別の/特別的;(detailed) shōsai na 詳細な/詳細的;(individual) dokuji no 独自の/獨自的;(hard to please) yakamashii やかましい/嚴格的;(distinguished from others) ichijirushii 著しい/顯著的 —— *n.* (item) jikō 事項/事項;kajō 箇条/條款

in particular toku ni 特に/特別

particularly *adv.* toku ni 特に/特別;ichijirushiku 著しく/顯著;kuwashiku 詳しく/詳細

partition *n.* (dividing line) shikiri 仕切り/區分,區分線;(division)bunkatsu 分割/分割;bumpai 分配/分配

partner *n.* (companion) nakama 仲間/合夥人;aite 相手/陪伴;對手;(a wife or a husband) haigūsha 配偶者/配偶

party *n.* kai 会/會;pātī パーティー/聚會,晩會,舞會;(political party) tō 党/黨;seitō 政党/政黨

pass *v.* (move) ugoku 動く/移動;(make one's way) tōru 通る/通過,越過;(go by) tsūka suru 通過する/(時間)經過;(go forward) zenshin suru 前進する/前進;(elapse) toki ga tatsu 時がたつ/(時間)經過;(spend) sugosu 過ごす/(時間)過去了;(pass an examination) gōkaku suru 合格する/合格;(be transferred) wataru 渡る/度過 —— *n.* (free pass) muryō jōsha [nyūjō]ken 無料乗車[入場]券/免費乘車(或入場)券

pass away (die) shinu 死ぬ/死,消滅,終止,過時

pass by tōri-sugiru 通り過ぎる/通過,經過

pass for (be taken for)…to minasareru…とみなされる/被認爲,被當作

pass over… o koeru …を越える/越過,渡過;(overlook)…o miotosu…を見落とす/忽視,置之不理

passenger *n.* jōkyaku 乗客/乘客;ryokaku 旅客/旅客;

tsūkōnin 通行人/過路人

passion *n.* (zeal) jōnetsu 情熱/熱情; (violent emotion) gekijō 激情/激情; (rage) gekidō 激動/激動

passport *n.* ryoken 旅券/護照; pasupōto パスポート/護照

past *adj.* (cf. present) kako no 過去の/過去的; sugisatta 過ぎ去った/過去的 —— *n.* kako 過去/過去

paste *n.* nori のり/漿糊; pēsuto ペースト/醬,漿糊,糊狀物

pastime *n.* kibarashi 気晴らし/消遣; goraku 娯楽/娛樂

pastor *n.* bokushi 牧師/牧師

pastry *n.* neriko-gashi 練り粉菓子/用油麵烤成的點心; pai パイ/餡兒餅

pasture *n.* bokujō 牧場/牧場; bokusō-chi 牧草地/牧草地

pat *v.* karuku tataku 軽くたたく/輕拍; naderu なでる/撫拍

patch *n.* (piece to mend a hole) tsugihagi つぎはぎ/補綻; (spot) hanten はん点/斑點,美人斑; (piece of plaster) kōyaku こう薬/膏藥; (small piece of ground) shōjimen 小地面/小塊地 —— *v.* tsugi o ateru つぎを当てる/補補綻; tsukurou つくろう/補衣服

patent *n.* sembai tokkyo 専売特許/專利發明 —— *v.* tokkyo o ukeru 特許を受ける/特許專利,批准專利

path *n.* ko-michi 小道/小路; hoso-michi 細道/小徑,小道

patience *n.* nintai 忍耐/忍耐; gaman 我慢/忍耐

patient *adj.* gaman-zuyoi 我慢強い/忍耐心强; shimbōzuyoi 辛抱強い/忍耐力强 —— *n.* (sick person) kanja 患者/患者

patriot *n.* aikokusha 愛国者/愛國者; shishi 志士/志士

patrol *n.* junsatsu 巡察/巡邏,巡查; patorōru パトロール/巡邏(隊),偵察

patron *n.* kōensha 後援者/後援人,支援人; hogosha 保護者/保護人; patoron パトロン/後援人,保護人,贊助人,恩人

pattern *n.* (fine example) mohan 模範/模範; tehon 手本/榜樣; (paper pattern) katagami 型紙/(印刷)紙型,紙模; (design) moyō 模様/圖案,花樣

pause *n.* kyūshi 休止/中止,休止,停頓; kugiri 句切り/斷句,停頓

pave *v.* shiku 敷く/鋪; hosō suru 舗装する/鋪道,鋪石

pavement *n.* hodō 舗道/鋪路,鋪道; shiki-ishi 敷石/鋪石

pay *v.* (give money to one for goods or services) shiharau 支払う/支付(款); harau 払う/付款; (make up for) tsugunau 償う/還債,補償 —— *n.* (salary) kyūryō 給料/報酬; (wages) chingin 賃銀/薪水,工資

pay a call hōmon suru 訪問する/訪問

payment *n.* (act of paying) shiharai 支払い/支付; (requital) shikaeshi 仕返し/報償

pea *n.* endō-mame えんどう豆/豌豆

peace *n.* heiwa 平和/和平; heian 平安/安寧,平安

peaceful *adj.* heiwa na 平和な/和平的; heion na 平穏な/平穩的

peacefully heiwa ni 平和に/和平地; heion ni 平穏に/平穩地

peach *n.* momo (no ki) 桃(の木)/桃(樹)

peacock *n.* kujaku くじゃく/孔雀

peak *n.* (top of a mountain) sanchō 山頂/山頂; mine 峰/山峰; (the highest point) chōten 頂点/頂點

peanut *n.* pīnatsu ピーナツ/花生(米)

pear *n.* nashi なし/梨(樹)

pearl *n.* shinju 真珠/珍珠; pāru パール/珍珠,(印刷) 五點小型活字

pebble *n.* koishi 小石/小圓石,卵石

peculiar *adj.* (special) dokutoku no 独特の/獨特的,特有的; tokushu na 特殊な/特殊的; (strange) hen na 変な/奇異的

pedal *n.* ashifumi 足踏み/踏板; pedaru ペダル/踏板,(自行車)腳蹬

peddler *n.* gyōshōnin 行商人/(步行叫賣的)小販

pedestrian *adj.* hokō no 歩行の/步行的; toho no 徒歩の/徒步的 —— *n.* hokōsha 歩行者/步行人

peel *vt.* kawa o muku 皮をむく/剝皮,去皮 —— *vi.* kawa ga mukeru 皮がむける/剝皮 —— *n.* kawa 皮/果皮

peep *v.* nozoku のぞく/窺視; sotto miru そっと見る/偷看; (chirp) piyo-piyo [chū-chū] naku ぴよぴよ[ちゅうちゅう]鳴く/(鳥)啾啾叫,唧唧叫

peer[1] *n.* dōryō 同僚/同僚,同事; nakama 仲間/同輩,同儕; (nobleman) kizoku 貴族/貴族

peer[2] *v.* sukashite jitto miru 透してじっと見る/定睛細看; gyōshi suru 凝視する/凝視

pelican *n.* perikan ペリカン/塘鵝

pen *n.* pen ペン/筆

penholder penjiku ペン軸/筆桿

penalty *n.* batsu 罰/懲罰; bakkin 罰金/罰款; iyakukin 違約金/違約罰款

pencil *n.* empitsu えんぴつ/鉛筆

penetrate *v.* (pierce through) tsuranuku 貫く/貫穿; fukaku hairikomu 深く入り込む/突入,透入; kantsū suru 貫通する/貫通; (permeate) shimikomu しみ込む/滲入

penguin *n.* pengin ペンギン/企鵝

peninsula *n.* hantō 半島/半島

penny *n.* ichi-penī 1ペニー/辨士
pension *n.* nen-kin 年金/養老金; onkyū 恩給/撫卹金,養老金; (cheap hotel) penshon ペンション/年金,撫卹金,獎金,生活補貼
people *n.* kokumin 国民/國民; minzoku 民族/民族; jimmin 人民/人民 hitobito 人々/人人
pepper *n.* koshō こしょう/胡椒
per *prep.* (for every) … ni tsuki… につき/每; (by means of) …ni yori … により/由,以
perceive *v.* mitomeru 認める/(用五官)感知,發現; ki ga tsuku 気が付く/理會,瞭解
percent *n.* pāsento パーセント/百分比
perform *v.* shitogeru し遂げる/履行,實行; hatasu 果たす/完成,實行; jikkō suru 実行する/實行
performance *n.* jikkō 実行/實行; suikō 遂行/完成
perfume *n.* (fragrant liquid) kōsui 香水/香水; (pleasant odor) yoi kaori よい香り/芳香
perhaps *adv.* tabun たぶん/多半,大半; osoraku おそらく/或許
peril *n.*, *v.* kiken (ni sarasu) 危険 (にさらす)/冒危險,危險
in peril of… no kiken o okashite… の危険を冒して/冒險
period *n.* kikan 期間/期間; jiki 時期/時期; jidai 時代/時代; (full stop) piriodo ピリオド/時代,時期,週期,句號
permanent *adj.* (lasting) eikyū no 永久の/永久的; (constant) kawaranai 変らない/不變的
permit *v.* yurusu 許す/准許,允許,答應
permission kyoka 許可/許可
perpendicular *adj.* suichoku no 垂直の/垂直的; kiritatta 切り立った/陡的. 險峻的; chokuritsu no 直立の/直立的
perpetual *adj.* (eternal) eikyū no 永久の/永久的,持久的; (constant) taema nai 絶え間ない/不間斷的
perpetually *adv.* eikyū ni 永久に/永久,永遠
persecute *v.* hakugai suru 迫害する /迫害; kurushimeru 苦しめる/虐待
persevere *v.* shimbō suru 辛抱する/忍耐; gaman suru 我慢する/熬住
persist *v.* iiharu 言い張る/堅持; koshitsu suru 固執する/固執
person *n.* (human being) hito 人/人; ningen 人間/人; (body) karada 体/身體; (personality) jinkaku 人格/人格
personal *adj.* (individual) koko no 個々の/個人的; (private) jiko no 自己の/自己的; isshinjō no 一身上の/一身的
personal effects mi no mawari hin 身の回り品/個人財産

personality *n.* kosei 個性/個性; jinkaku 人格/人格
perspiration *n.* ase 汗/汗; hakkan 発汗/出汗
persuade *v.* tokitsukeru 説きつける/説服,勸説; settoku suru 説得する/説服,勸導; nattoku suru 納得する/使信
persuade oneself kakushin suru 確信する/確信
pet *n.* aigan-dōbutsu 愛がん動物/愛畜,寵物; petto ペット/愛畜,愛物,受寵人; (favorite) okini'iri お気に入り/中意,寵兒,親信
petal *n.* kaben 花弁/花瓣; hanabira 花びら/花瓣
petrol *n.* gasorin ガソリン/汽油
petroleum *n.* sekiyu 石油/石油
phase *n.* kyokumen 局面/局面; keisei 形勢/形勢; jōtai 状態/狀態
phenomenon *n.* genshō 現象/現象
philosophy *n.* tetsugaku 哲学/哲學
phone *n.*, *v.* denwa (o kakeru) 電話(をかける)/(打)電話
photograph *n.*, *v.* shashin (o toru) 写真(をとる)/照像; satsuei (suru) 撮影(する)/攝影
phrase *n.* ku 句/短語; jukugo 熟語/片語; furēzu フレーズ/詞組
physical *adj.* (material) busshitsu-teki 物質的/物質的,有形的; (external) gaiteki no 外的の/外界的; (bodily) karada no 体の/身體的; nikutai no 肉体の/肉體的; (natural) shizen no 自然の/自然的,天然的; (physics) butsurigaku no 物理学の/物理學的
physical education taiiku 体育/體育
physical examination shintai kensa 身体検査/體格檢查
physician *n.* isha 医者/醫生,大夫; naika-i 内科医/内科醫生
physicist *n.* butsuri gakusha 物理学者/物理學家
piano *n.* piano ピアノ/鋼琴
pick *v.* tsuku 突く/紮,鑿; tsutsuku つつく/捅,啄; (make a hole by picking) tsutsuite ana o akeru つついて穴をあける/鑿洞
pick at (try to pull) tsumamō to suru つまもうとする/啄食,一點一點地吃; (find fault with continually) ara o sagashimawaru あらを探し回る/尋食
pick out (select) erabu 選ぶ/選擇
pick up horu 掘る/掘,挖; (lay hold of and take up) tsukande hiroi-ageru つかんで拾い上げる/拾起; (discover by chance) gūzen mitsukeru 偶然見付ける/偶獲,偶得; (take up) noseru 乗せる/(公共汽車)接納上車,臨時搭車
pickle *n.* tsukemono つけ物/鹹菜; pikurusu ピクルス/泡菜,

酸菜

picnic *n.* pikunikku ピクニック/郊遊,野餐

picture *n.* (painting) e 絵/畫; (photograph) shashin 写真/照片; (motion picture) eiga 映画/電影 ——*v.* (represent in picture) egaku 描く/畫

pie *n.* pai パイ/餡兒餅

piecrust pai-no kawa パイの皮/餡兒餅皮

piece *n.* ippen 一片/一片; ikko 一個/一個; (*music*)ikkyoku 一曲/(音樂)一曲; kakera かけら/破片,碎片; (coin) kahei 貨幣/硬幣

a piece of hitotsu no 一つの/一片的

pier *n.* sambashi 桟橋/棧橋; bōhatei 防波堤/防波堤; hatoba 波止場/碼頭

pierce *v.* sasu 刺す/刺; tsuranuku 貫く/刺穿; tsukitōsu 突き通す/戳穿

pig *n.* buta 豚/豬,(伊斯蘭)黑子

pigskin butagawa 豚皮/豬皮

pigeon *n.* hato はと/鴿子

pile *n.* (heap) taiseki 堆積/堆積;… no yama…の山/堆積如山; (stake) kui くい/樁 ——*v.* (heap up) tsumikasaneru 積み重ねる/堆積; (drive piles into) kui o uchikomu くいを打ち込む/打樁

pilgrim *n.* junreisha 巡礼者/朝山進香者 ——*adj.* junrei no 巡礼の/朝山進香的 ——*v.* junrei suru 巡礼する/朝山進香

pill *n.* ,*v.* gan'yaku(o nomaseru) 丸薬(をのませる)/(給吃)丸藥; (birth control pill) piru ピル/丸藥,丸劑,口服避孕藥

pillar *n.* hashira 柱/柱子; enchū 円柱/圓柱

pillow *n.* makura 枕/枕頭 ——*v.* (rest) noseru のせる/頭擱在枕頭上,休息;… o makura ni suru… を枕にする/以…爲枕頭

pilot *n.* (one who operates an aircraft) sōjūshi 操縦士/駕駛員; (one who operates a ship) mizusakian'nainin 水先案内人/領港員; (guide) an'nainin 案内人/帶路人,嚮導; ——*adj.* (experimental) jikken-teki na 実験的な/實驗性的; (trial) shiken-teki na 試験的な/試驗性的

pin *n.* pin ピン/針,胸針,別針; tome-bari 留め針/別針

pinch *v.* (squeeze between two hard edges) hasamu 挟む/挾; (squeeze with thumb and forefinger) tsuneru つねる/掐,擰; (press so as to give pain) shimetsukeru 締め付ける/紮,釘牢; (distress) komaraseru 困らせる/折磨 ——*n.* tsuneru koto つねること/掐,擰; (emergency) kikyū 危急/危急;

(strait) kukyō 苦境/苦境；(bit) shōryō 少量/少量

pine¹ *n.* matsu 松/松

pine cone matsukasa 松かさ/松果，松毬

pine² *v.* (suffer intense longing) omoi-nayamu 思い悩む/焦慮，憂思；(yearn) omoi-kogareru 思いこがれる/焦思

pineapple *n.* painappuru パイナップル/菠蘿

ping-pong *n.* takkyū 卓球/乒乓球；pin-pon ピンポン/乒乓球

pink *n.* (plant) sekichiku 石竹/石竹 —— *n.*, *adj.* momoiro (no) 桃色(の)/粉紅(的)；pinku (no) ピンク(の)/粉紅(的)，左傾人物，妖艷

pint *n.* painto パイント/(液量名)品脱

pioneer *n.* kaitakusha 開拓者/拓墾者；paionia パイオニア/先驅者，開拓者 —— *v.* kaitaku suru 開拓する/開闢，開拓

pipe *n.* kan 管/管；kuda 管/管；paipu パイプ/管，管子

pirate *n.* kaizoku 海賊/海盜

pistol *n.* kenjū けん銃/手槍；pisutoru ピストル/手槍

pit *n.* ana 穴/坑；kubomi くぼみ/凹地，凹處

pitch¹ *v.* (throw) nageru 投げる/投；tōkyū suru 投球する/投球；(put up, as a tent) tento o haru テントを張る/搭帳篷；(rise and fall, as a ship) fune ga tate ni yureru 船が縦に揺れる/(船)前後顛簸 —— *n.* (top) chōten 頂点/頂部，頂點；(degree) do 度/度數；(*musical tone*) onshoku no kōtei 音色の高底/音調；(*boat race*) pitchi ピッチ/(船)疾駛；(baseball) tōkyū 投球/投球

pitch² *n.* (dark, sticky substance obtained from coal tar) pitchi ピッチ/焦油，松脂；tāru タール/焦油，瀝青；(*pine*) matsu-yani 松やに/松脂，松香

pitcher¹ *n.* (baseball) tōshu 投手/(棒球)投手

pitcher² *n.* (cf. jug) mizu-sashi 水差し/水罐，水壺

pity *n.* (compassion) awaremi 哀れみ/憐憫；(sympathy) dōjō 同情/同情；(regret) zan'nen 残念/遺憾 —— *v.* awaremu 哀れむ/可憐；kinodoku ni omou 気の毒に思う/覺得可憐

place *n.* basho 場所/場所；ichi 位置/位置；(social rank) chii 地位/地位 —— *v.* (put) oku 置く/放，安置

in place of … no kawari ni…の代りに/代替

out of place futekitō na 不適当な/不得其所的，不適當的

take place okoru 起る/發生，舉行

take the place of … ni kawaru… に代る/代替

plain *adj.* (clear) meihaku na 明白な/明白的；(easy) yasashii 易しい/容易的，平易的；(simple) shisso na 質素な/樸素的；jimi na 地味な/質樸，樸素；muji no 無地の/單色的，素的(布)；(frank) sotchoku na 率直な/直率的

plan *n.*, *v.* keikaku(suru) 計画(する)/計劃；(drawing) sekkei (suru) 設計(する)/設計；puran (o neru) プラン(を練る)/畫設計圖(或平面圖)

plane[1] *n.*, *v.* (*tool*) kan'na (o kakeru) かんな(をかける)/(使用)鉋子(刨)

plane[2] *n.* (flat surface) heimen 平面/平面；(horizontal plane) suiheimen 水平面/水平面；(level) suijun 水準/水準；(grade) dankai 段階/階段 ——*adj.* taira na 平らな/平的，扁平的

plane[3] *n.* (airplane) hikōki 飛行機/飛機

planet *n.* yūsei 遊星/行星；wakusei 惑星/行星

plank *n.* atsuita 厚板/厚板；ita 板/板

plant *n.* (cf. vegetable) shokubutsu 植物/植物；(herb) sōmoku 草木/草木；(apparatus) setsubi 設備/設備；(factory) shisetsu 施設/成套設備

plantation *n.* (large farm) dai-nōen 大農園/大農場；(grove or wood of planted trees) shokurin 植林/造林

plaster *n.* (*for coating walls*) shikkui しっくい/(牆壁内外粉刷用)灰漿，泥漿；(medical plaster) harigusuri 張り薬/膏藥；(gesso) sekkō 石こう/石膏

plastic *n.* purasuchikku プラスチック/塑料，可塑性；gōseijushi 合成樹脂/塑料

plate *n.* (thin, flat sheet of metal) ita 板/薄金屬板；(shallow dish) sara 皿/菜盤子；(name plate) hyōsatsu 表札/門牌，名牌

plateau *n.* kōgen 高原/高原；daichi 台地/高地

platform *n.* dan 壇/壇；endan 演壇/講臺；(pulpit) kyōdan 教壇/教壇；purattohōmu プラットホーム/(火車站)月臺，站臺 ***platform ticket*** (eki no) nyūjō-ken (駅の)入場券/月臺票，站臺票

play *v.* (amuse oneself) asobu 遊ぶ/玩，遊戲；(perform music) ensō suru 演奏する/吹、奏、彈樂器，演奏；(act on a stage) shibai o suru 芝居をする/演戲 ——*n.* (sport) yūgi 遊戯/遊戲；(drama) gikyoku 戯曲/戲劇

player *n.* (actor) haiyū 俳優/演員；(performer on a musical instrument) ensōsha 演奏者/演奏者；(one skilled in a game) senshu 選手/選手

playground *n.* undōjō 運動場/運動場

playmate *n.* asobi-tomodachi 遊び友だち/遊伴，遊玩朋友

pleasant *adj.* kokochi yoi 心地よい/快活的；tanoshii 楽しい/快樂的；yukai na 愉快な/愉快的

please *v.* yorokobaseru 喜ばせる/使快樂，使歡喜；ki ni iru 気

に入る/中意;dōzo どうぞ/請
Please come in. Dōzo o-hairi kudasai. どうぞお入り下さい/請進(屋)

pleasure *n*. tanoshimi 楽しみ/快樂,歡樂;yukai 愉快/愉快;jiyū 自由/放蕩
with pleasure yorokonde 喜んで/高興

plenty *n*. takusan たくさん/多;hōfu 豊富/豐富 ——*adv*. tappuri たっぷり/十分,充分
in plenty hōfu ni [na] 豊富に[な]/豐富地(的)

pliers *n*. penchi ペンチ/鉗子

plot *n*. (small piece of ground) shōjimen 小地面/小片地皮;(secret plan) imbō 陰謀/陰謀;takurami たくらみ/密謀;(plan or essential facts of tale) suji 筋/(詩、小說、劇)情節 ——*v*. (conspire) takuramu たくらむ/密謀

plow *n*. suki すき/犁 ——*v*. (plough land) suku すく/翻地;tagayasu 耕す/耕作

pluck *v*. (pull off) hikinuku 引き抜く/拔,拖,拉;mushiru むしる/揪,拔;(summon up to do) yūki o furuiokosu 勇気を奮い起す/鼓起(勇氣)

plug *n*. (stopper) sen 栓/塞子;(*electric*) puragu プラグ/塞子,插頭;sashikomi 差込み/插頭

plum *n*. sumomo すもも/李子,洋李;puramu プラム/洋李,梅,葡萄乾

plump *adj*. futotta 太った/胖的,豐滿的(女人);yoku koeta よく肥えた/圓胖的,肥胖的

plunge *v*. (dive) tobikomu 飛び込む/跳進,鑽進;(thrust violently) tsukkomu 突っ込む/插入,刺入

plural *adj*. fukusū no 複数の/複數的,二個以上的

plus *prep*. (added to) … o kuwaete … を加えて/加,加上 —— *adj*. (*mathematics*) sei no 正の/(數學)正的;(*electric*) purasu no プラスの/(電)陽的,正的;(extra) yobun no 余分の/額外的,特別的

ply[1] *v*. (engage in a task) sesse to hagemu せっせと励む/勞苦工作,勤奮工作;(traverse a route regularly) teiki-teki ni ōfuku suru 定期的に往復する/(車船)來回,通行;(use) tsukau 使う/勤用(器具、武器)

ply[2] *n*. (one layer, as of cloth, yarn) hida ひだ/褶,褶;(ito no) yori (糸の)より/(紗、絲)股
plywood gōban 合板/膠合板;beniya-ita ベニヤ板/膠合板

p.m. *n*. gogo 午後/下午

pneumonia *n*. haien 肺炎/肺炎

poached egg *n*. otoshi-tamago 落とし卵/(煮)鷄蛋

pocket *n.* poketto ポケット/衣袋,口袋 —— *adj.* kogata no 小型の/袖珍式
poem *n.* (ippen no) shi (一編の)詩/詩
poet *n.* shijin 詩人/詩人
poetry *n.* shiika 詩歌/詩歌;imbun 韻文/韻文
point *n.* (cf. line) ten 点/點;(tapering sharp end) sentan 先端/尖端;(essential part) yōten 要点/要點 —— *v.* (indicate) shiji o suru 指示をする/指示;(sharpen) togaraseru とがらせる/削尖(鉛筆)
on the point of masa ni … shiyō to shite まさに…しようとして/正要…的時候
point out shiteki suru 指摘する/指示,指出
to the point tekisetsu ni 適切に/確切地,恰如其分地
point of view kenchi 見地/観點,見解,見地
poison *n.* doku 毒/毒,毒素;dokuyaku 毒薬/毒藥 —— *v.* dokusatsu suru 毒殺する/投毒,毒殺
poisoning *n.* chūdoku 中毒/中毒
poke *v.* tsuku 突く/捅,紮;tsutsuku つつく/刺,戳;(stir the fire) hi o kakitateru 火をかき立てる/撥火
poker *n.* (*tool*) hikakibō 火かき棒/撥火棍;(card game) pōkā ポーカー/撥火棍,撲克(牌)
polar *adj.* kyokuchi no 極地の/(南北極)近極地的
polar bear shirokuma 白くま/北極熊,白熊
polar star (Polaris) hokkyokusei 北極星/北極星
pole[1] *n.* (long, slender piece of wood) bō 棒/棒;sao さお/杆,竿;hashira 柱/柱;(flag pole) hata-zao 旗ざお/旗杆
pole[2] *n.* (extremity of the earth's axis) kyokuchi 極地/南北兩極地帶,極地
North Pole hokkyoku 北極/北極
South Pole nankyoku 南極/南極
Pole[3] *n.* Pōrando-jin ポーランド人/波蘭人
police *n.* keisatsu 警察/警察;(the p-) keikan 警官/(總稱)警官
police station keisatsu-sho 警察署/警察局
police box kōban 交番/崗亭;junsa-hashutsusho 巡査派出所/(警察)派出所
policeman keikan 警官/警察;junsa 巡査/警察,警員;o-mawarisan おまわりさん/警察
policy *n.* seisaku 政策/政策;hōshin 方針/方針
polish *v.* migaku みがく/磨光;hikaraseru 光らせる/擦亮
polite *adj.* teinei na 丁寧な/有禮貌的;jōhin na 上品な/文雅的
politic *adj.* seiji no 政治の/政治上的;seisaku no 政策の/政策上的

politics *n.* seiji 政治/政治;(political science) seiji-gaku 政治学/政治學;(political principles) seisaku 政策/政策
poll *n.*, *v.* tōhyō (suru) 投票(する)/投票
pond *n.* ike 池/(人工)池,池塘
pony *n.* ko-uma 小馬/(矮種)小馬,矮馬
pool *n.* mizutamari 水たまり/水塘;koike 小池/水池;pūru プール/游泳池
poor *adj.* bimbō na 貧乏な/(個人)貧困的,窮的;mazushii 貧しい/(集體)貧困的,窮的;awarena 哀れな/可憐的,不幸的;hinjaku na 貧弱な/貧弱的,貧瘠的
pop *n.* (small, sharp explosive report) pan ぱん/砰,pon ぽん/嘭,pachi-pachi ぱちぱち/噼噼啪啪,zudon ずどん/砰砰 ——*v.* pon to oto ga suru ぽんと音がする/嘭的一聲響;(burst open) hajikeru はじける/裂開,蹦開
popcorn poppu-kōn ポップコーン/爆玉米花
Pope *n.* Rōma hō'ō ローマ法王/羅馬教皇
poppy *n.* (cf. opium-poppy) keshi けし/罌粟;(scarlet) makka 真っ赤/通紅;shinkōshoku 深紅色/深紅色
popular *adj.* ninki no aru 人気のある/有聲望的,有名氣的;ryūkō no 流行の/流行的;taishū-teki na 大衆的な/人民的,大衆的
population *n.* jinkō 人口/人口
porcelain *n.* (cf. china) jiki 磁器/瓷器
pork *n.* buta-niku 豚肉/豬肉,(伊斯蘭)大肉
port *n.* (harbor) minato 港/港,港口;(left side of a ship) fune no sagen 船の左げん/(船)左舷
portable *adj.* keitaiyō no 携帯用の/便攜式,手提式;pōtaburu ポータブル/手提的,輕便的,便攜的
porter *n.* (gatekeeper) momban 門番/看門人,門房;(carrier) umpan'nin 運搬人/搬運工;(redcap) akabō 赤帽/(火車站)搬運工
portion *n.* (part of whole) ichi-bubun 一部分/部分,一部分;(share) wakemae 分け前/一份,一股,(飯菜)一客 ——*v.* (divide) bunkatsu suru 分割する/分開,分割;(distribute) bumpai suru 分配する/分配
portrait *n.* shōzō 肖像/肖像;shashin 写真/照片
portray *v.* (show by a picture) egaku 描く/畫;(picture in words) byōsha suru 描写する/描寫;(make a portrait of) … no shōzō o kaku … の肖像を描く/畫肖像
Portugal *n.* Porutogaru ポルトガル/葡萄牙
pose *n.*, *v.* shisei (o toru) 姿勢(をとる)/(作某種)姿勢;pōzu (o suru) ポーズ(をする)/(作某種)姿勢,裝作

position *n.* (right place) ichi 位置/位置;(social rank) mibun 身分/身份;chii 地位/地位;(office) shoku 職/職位;(attitude) shisei 姿勢/姿勢

positive *adj.* meikaku na 明確な/明確的,確實的;kettei-teki na 決定的な/絕對的,肯定的,決定的

possess *v.* shoyū suru 所有する/具有

 (be) possessed of … o yū suru … を有する/佔有;motte iru 持っている/據有

possibility *n.* kanōsei 可能性/可能性

possible *adj.* kanō na 可能な/可能的;dekiru できる/可能實行的

possibly *adv.* (perhaps) arui wa あるいは/或者;tabun たぶん/也許;(by any possible means) dekiru dake できるだけ/儘可能

post[1] *n.* (pillar) hashira 柱/柱

post[2] *n.* (mail) yūbimbutsu 郵便物/郵件 —— *v.* (mail a letter) yūsō suru 郵送する/郵寄,投郵;(inform) shiraseru 知らせる/告知

post[3] *n.* (position) chii 地位/地位;shoku 職/職位

postage *n.* yūzei 郵税/郵費,郵資

 postage stamp yūbin kitte 郵便切手/郵票

postcard *n.* (yūbin-)hagaki (郵便)はがき/明信片

poster *n.* posutā ポスター/廣告畫,宣傳畫;harigami はり紙/招貼

postman *n.* yūbin-haitatsu (-nin) 郵便配達(人)/郵遞員,郵差

postmark *n.*, *v.* keshi'in (o osu) 消印(を押す)/(蓋)郵戳;shōin (o suru) 消印(をする)/(蓋)郵戳

postmaster *n.* yūbinkyoku-chō 郵便局長/郵局局長

post office *n.* yūbin-kyoku 郵便局/郵局

postpone *v.* (put off) enki suru 延期する/延期

pot *n.* tsubo つぼ/壺;bin びん/瓶;(*cooking*) fuka-nabe 深なべ/深鍋;(flower pot) ueki-bachi 植木鉢/花盆

potato *n.* jagaimo じゃがいも/馬鈴薯,土豆

 sweet potato satsumaimo さつまいも/白薯,地瓜,山芋

potential *adj.* (possible) kano na 可能な/可能的;(latent) senzai-teki na 潜在的な/潛伏的

poultry *n.* tori-niku 鳥肉/鷄肉;*pl.* kakin 家きん/家禽

pound[1] *n.* (unit of weight) pondo ポンド/磅

pound[2] *v.* (strike heavily) tsuyoku utsu 強く打つ/用力搗;(crush) tsuki-kudaku 突き砕く/搗碎

pour *v.* (flow) sosogu 注ぐ/注,瀉;(cause to flow in a stream) ryūshutsu suru 流出する/流出(血等);(rain heavily) ame ga

zā-zā furu 雨がざあざあ降る/大雨傾盆
poverty *n.* hinkon 貧困/貧窮;ketsubō 欠乏/缺乏;bimbō 貧乏/貧困,窮
powder *n.* (dust) kona 粉/粉;(face powder) o-shiroi おしろい/(妝)香粉;(powdered medicine) konagusuri 粉薬/藥粉;(gunpowder) kayaku 火薬/火藥 ——*v.* kona ni suru 粉にする/研成粉;o-shiroi o tsukeru おしろいを付ける/搽粉
power *n.* (strength) chikara 力/力,動力;(ability) nōryoku 能力/能力;(energy) enerugī エネルギー/精力,能源,能;(authority) kenryoku 権力/權力
powerful *adj.* kyōryoku na 強力な/有力的,强有力的
practical *adj.* jissai-teki na 実際的な/實際上;jitsuyō muki no 実用向きの/實用的
practice *n.* (exercise) renshū 練習/練習;(actual performance) jisshi 実施/實施;jikkō 実行/實行 ——*v.* renshū suru 練習する/練習
in practice jissaijō 実際上/實際上
put in practice jikkō ni utsusu 実行に移す/付諸實行
prairie *n.* dai-sōgen 大草原/大草原
praise *n.* shōsan 称賛/稱讚 ——*v.* homeru 褒める/讚揚,表揚;shōsan suru 称賛する/稱讚
prawn *n.* kuruma-ebi 車えび/大對蝦
pray *v.* inoru 祈る/祈禱,禱告;negau 願う/請求,祈求
prayer *n.* inori 祈り/禱告,懇求;kitō 祈とう/祈禱;inoru-hito 祈る人/禱告者
preach *v.* sekkyō suru 説教する/説教,講道;toku 説く/勸戒
precaution *n.* yōjin 用心/小心;keikai 警戒/警戒;yobō-shudan 予防手段/預防辦法(手段)
precede *v.* … ni sakidatsu …に先立つ/走在他人前頭,領前,居前
precedent *n.* senrei 先例/先例 ——*adj.* izen no 以前の/以前的
preceding *adj.* senkō suru 先行する/走在前頭的;mae no 前の/前的;saki no 先の/先的;zenjutsu no 前述の/上述的
precious *adj.* tōtoi 貴い/高價的,昂貴的;kichō na 貴重な/貴重的
precise *adj.* seikaku na 正確な/正確的;seimitsu na 精密な/精確的
precisely *adv.* seikaku ni 正確に/正確地
predecessor *n.* zen'ninsha 前任者/(某職位的)前任;sempai 先輩/前輩;(ancestor) senzo 先祖/祖先
preface *n.* jobun 序文/序文,序言;hashigaki 端書き/序,序言

prefecture *n.* ken 県/(法、日等國的)縣;fu 府/(日本的)府
prefer *v.* (like better) yori … no hō o konomu より…の方を好む/(比起來)喜歡…;(choose) yoi to omou よいと思う/比起來還是…的好
pregnant *adj.* ninshin shite iru 妊娠している/懷孕,妊娠
prejudice *n.* henken 偏見/偏見;higami ひがみ/偏見,成見
　——*v.* henken o idakaseru 偏見を抱かせる/使抱偏見;kirawaseru 嫌わせる/使反感
preliminary *adj.* (introductory) yobi-teki na 予備的な/預備的;(previous) maeoki no 前置きの/前言的,引言的,開場白的
　——*n. pl.* (preliminary arrangements) jumbi 準備/準備
premier *n.* (prime minister) shushō 首相/總理,首相;sōri-daijin 総理大臣/國務總理,(王國的)總理大臣　——*adj.* (foremost) shui no 首位の/首位的
preparation *n.* jumbi 準備/準備;yoshū 予習/預習
prepare *v.* yōi suru 用意する/準備;jumbi suru 準備する/準備
prescription *n.* (rule) kitei 規定/規定,法規;(*medical*) shohō(-sen) 処方(せん)/藥方(單),處方(箋)
presence *n.* sonzai 存在/存在;shusseki 出席/出席
　in the presence of …no me no mae de … の目の前で/在…面前,在…之前;…ni chokumen shite … に直面して/面臨…
present[1] *adj.* (cf. absent) aru ある/有;iru いる/有;shusseki shite iru 出席している/出席;sonzai suru 存在する/存在;(now existing) genzai no 現在の/現在的
　at present genzai dewa 現在では/在現在
present[2] *n.* (gift)okurimono 贈り物/禮物;purezento プレゼント/禮物　——*v.* (give)okuru 贈る/贈送;sashidasu 差し出す/送給;(introduce) shōkai suru 紹介する/介紹;(show) shimesu 示す/出示,表示;arawasu あらわす/表示
presently *adv.* (soon) yagate やがて/不久,未幾;mamonaku 間もなく/不久
preserve *v.* (keep safe) hogo suru 保護する/保護;(maintain) iji suru 維持する/維持　——*n. pl.* (fruit cooked with sugar) satōzuke 砂糖づけ/糖脯,蜜餞;chozōbutsu 貯蔵物/貯藏物
president *n.* daitōryō 大統領/總統;(chairman of company) shachō 社長/總裁,總經理;(head of university) gakuchō 学長/(大學)校長
press *v.* (push against) osu 押す/壓,按動;appaku suru 圧迫する/壓迫;(iron clothing) puresu suru プレスする/熨(衣服);(urge on) shikiri ni unagasu しきりに促す/敦促　——*n.* (machine that applies pressure) assakuki 圧搾機/壓搾機;

(printing machine) insatsuki 印刷機/印刷機;(printing establishment) insatsujo 印刷所/印刷廠;(the P-) shimbun 新聞/新聞界

pressure *n.* atsuryoku 圧力/壓力;appaku 圧迫/壓迫;kyōsei 強制/强制

atmospheric pressure kiatsu 気圧/氣壓

presume *v.* (suppose) to omou と思う/推定,認爲;sōzō suru 想像する/想像

pretend *v.* … o yoso'ou … を装う/裝成;furi o suru ふりをする/裝作;itsuwaru 偽る/假裝,僞裝

pretty *adj.* (fine) kirei na きれいな/漂亮的;(attractive) kawaii 可愛い/可愛的 ——*adv.* (fairly) kanari かなり/相當,極;sōtō ni 相当に/相當

prevail *v.* (be current) ryūkō suru 流行する/流行,盛行;(gain the mastery) katsu 勝つ/勝,勝過;yūsei de aru 優勢である/佔優勢

prevent *v.* (hinder) samatageru 妨げる/妨礙;jama suru じゃまする/妨礙,打攪;(keep safe from) yobō suru 予防する/預防

prevention *n.* yobō 予防/預防;bōshi 防止/防止;(obstruction) bōgai 妨害/妨礙;jama じゃま/妨礙,打攪

previous *adj.* izen no 以前の/以前的;saki no 先の/先的 ——*adv.* izen ni 以前に/在以前;arakajime あらかじめ/預先,事先

prey *n.* ejiki え食/(被捕食的動物)餌食;gisei 犠牲/犧牲 ——*v.* hoshoku suru 捕食する/捕食,捕獲

price *n.* (cost) kakaku 価格/價格;(sacrifice) gisei 犠牲/犧牲;daishō 代償/代價 ——*v.* nedan o tsukeru 値段を付ける/定價,估價

at any price don'na gisei o harattemo どんな犠牲を払っても/無論犧牲如何,無論代價高低

prick *v.* (make a thrust) tsuki sasu 突き刺す/刺,扎;(pain sharply) chiku-chiku itamu チクチク痛む/刺痛;(raise the ears) kikimimi o tateru 聞き耳を立てる/側耳,竪耳 ——*n.* (thorn) toge とげ/刺兒;(wounded by a sharp point) sashikizu 刺し傷/刺傷;(sharp pain) tōtsū とう痛/疼痛

prick of conscience ryōshin no kashaku 良心のかしゃく/良心責備,悔恨

pride *n.* hokori 誇り/自尊,驕傲;jiman 自慢/傲慢;jifu 自負/自傲

take pride in jiman suru 自慢する/傲慢,自誇

priest *n.* sō 僧/和尚;bokushi 牧師/牧師

primary *adj.* (original) kompon no 根本の/根本的;(elemental)

honrai no 本来の/本質的;(first in order of time) saisho no 最初の/最初的;(chief) omo na 主な/主要的;(elementary) shoho no 初歩の/初步的

prime *adj.* dai-ichi no 第一の/第一的;shuyō na 主要な/主要的 ——*n.* (beginning) hajime 初め/初期;saisho 最初/最初

prime minister shushō 首相/首相

primitive *adj.* (original) genshi no 原始の/原始的;(ancient) mukashi no 昔の/古代的;(earliest in time) shoki no 初期の/初期的;(not highly developed) mikai no 未開の/不發達的;yōchi na 幼稚な/幼稚的

primitive age genshi-jidai 原始時代/原始時代

primitive man genshi-jin 原始人/原始人

prince *n.* ōji 王子/王子;kōtaishi 皇太子/皇太子;shin'nō 親王/親王;kōshaku 公爵/公爵

princess *n.* kōjo 皇女/公主;ōjo 王女/公主;ōhi 王妃/王妃;kōshaku fujin 公爵夫人/公爵夫人

principal *adj.* (main) shuyō na 主要な/主要的;dai-ichi no 第一の/第一的,領頭的 ——*n.* (head of school) kōchō 校長/校長

principal sum gankin 元金/(對利息而言)本金,本錢

principle *n.* genri 原理/原理;gensoku 原則/原則;shugi 主義/主義

in principle gensoku to shite 原則として/原則上

print *n.*, *v.* insatsu (suru) 印刷(する)/印刷;(*photo.*) yaki-tsuke (suru) 焼き付け(する)/(陶瓷器)燒上彩色,(像)曬相;(engraved plate) hanga 版画/版畫

printer insatsu-gyōsha 印刷業者/印刷業;insatsuki 印刷機/印刷機

prior *adj.* mae no 前の/前的,在前的;saki no 先の/先的,居先的;(earlier in time) yori mae no より前の/更前的;(superior in importance) yori jūyō na より重要な/更重要的

prior to yori mae ni より前に/在…之前

prison *n.* keimusho 刑務所/監獄;kankin 監禁/禁閉室,監禁

prisoner jukeisha 受刑者/刑事犯,俘虜;shūjin 囚人/囚犯

private *adj.* kojin no 個人の/個人的;watakushi no 私の/私的,私人的

in private naisho de 内緒で/秘密地

priviledge *n.* tokken 特権/特權;tokuten 特典/恩典

prize *n.* hōbi 褒美/褒獎,獎勵;shō(-hin) 賞(品)/獎賞,獎品 ——*v.* (value highly) taisetsu ni suru 大切にする/珍視,寶貴

probable *adj.* arisō na ありそうな/像有的,大概有的;… shisō

na … しそうな/像要做…的,像要發生…的

probably *adv.* tabun たぶん/大概;osoraku wa おそらくは/也許

problem *n.* mondai 問題/問題;gimon 疑問/疑問;nammon 難問/難題

procedure *n.* tetsuzuki 手続き/手續,程序;shochi 処置/處置

proceed *v.* (go on) susumu 進む/前進;omomuku おもむく/赴;tsuzukeru 続ける/繼續;(be carried on) okonawareru 行われる/進行;okoru 起る/發生,發出

process *n.* (course) keika 経過/經過;(ongoing movement) shinkō 進行/進行;(method) hōhō 方法/方法

in process of … no shinkō-chū de の進行中で/進行着;… no saichū de … の最中で/進行…中

procure *v.* (obtain) te ni ireru 手に入れる/到手,取得;uru 得る/得到;kakutoku suru 獲得する/獲得

produce *v.* (yield) seisan suru 生産する/生產;seizō suru 製造する/製造;(play) jōen suru 上演する/上演

producer *n.* seisansha 生産者/生產者;seizōsha 製造者/製作者;prodyūsā プロデューサー/(影)製片人,(劇)舞臺監督

product *n.* sambutsu 産物/產品;seisambutsu 生産物/生產品;seihin 製品/製品,產品;(result) seika 成果/成果

production *n.* seisan 生産/生產;seisaku 製作/製作

profession *n.* shokugyō 職業/職業;semmon 専門/專門職業,專業

professional *adj.* shokugyō no 職業の/職業的;semmon no 専門の/專業的;honshoku no 本職の/本職的 ——*n.* kurōto 玄人/内行,專家;puro プロ/職業家,專家,職業選手

professor *n.* kyōju 教授/教授

profit *n.* rieki 利益/利益;mōke もうけ/利益,利潤

profitable *adj.* yūri na 有利な/有利的

program *n.* puroguramu プログラム/程序,節目(單);bangumi 番組/節目;yoteihyō 予定表/節目單

progress *n.* (advance) shinkō 進行/進行;(improvement) shimpo 進歩/進步;(development) hattatsu 発達/發達

make progress shimpo suru 進歩する/進步;hakadoru はかどる/進展

prohibit *v.* (forbid) kinjiru 禁じる/禁止;(hinder) samatageru 妨げる/阻止

prohibition *n.* kinshi 禁止/禁止;kinrei 禁令/禁令

project *v.* (plan) keikaku suru 計画する/計劃;(protrude) tsukidasu 突き出す/突出;(cause an image to fall upon a surface) tōsha suru 投射する/投射;eisha suru 映写する/投影

prominent *adj.* (standing out) tsukideta 突き出た/突起的,(眼、牙)凸出的;(well-known) chomei na 著名な/著名的;(important) jūyō na 重要な/重要的

promise *n.*, *v.* yakusoku (suru) 約束(する)/約定;(likelihood) mikomi (ga aru) 見込み(がある)/有…希望

promote *v.* (help forward) sokushin suru 促進する/促進,助長;zōshin suru 増進する/增進;(raise in rank) shōshin saseru 昇進させる/提陞,加級

promotion *n.* zōshin 増進/增進;sokushin 促進/促進;shōshin 昇進/晉級,陞級

prompt *adj.* (quick) binsoku na 敏速な/敏捷的;tekipaki shita てきぱきした/迅速的;(ready) sokuza no 即座の/立即的,馬上的;*v.* (incite) sosonokasu そそのかす/挑撥,唆使,鼓勵;(dictate) shirei suru 指令する/指令,指揮

pronounce *v.* (utter a word) hatsuon suru 発音する/發音;(declare) dangen suru 断言する/斷言,斷定

pronunciation *n.* hatsuon 発音/發音

proof *n.* (convincing evidence) shōko 証拠/證據;shōmei 証明/證明;(test) shiken 試験/試驗;(alcoholic strength of a liquor) (arukōru bun no) tsuyosa (アルコール分の)強さ/(酒精的)標準強度;(proof-sheet) kōsei-zuri 校正刷り/(印刷)校様 ——*adj.* … ni taeru …に耐える/耐…的 ——*adj.* bō- 防/防(水、火、子彈); tai-耐/耐(火、水等)

fireproof bōka no 防火の/防火的; taika no 耐火の/耐火的

waterproof bōsui no 防水の/防水的

propaganda *n.* senden 宣伝/宣傳; senden-katsudō 宣伝活動/宣傳活動

proper *adj.* (fit) tekitō na 適当な/適當的; (correct) seitō na 正当な/正當的; tadashii 正しい/合適的,正確的

properly *adv.* tekitō ni 適当に/適當地; tadashiku 正しく/正確地

property *n.* zaisan 財産/財産; shoyū-butsu 所有物/地産

prophet *n.* yogensha 予言者/預言者,先知

proportion *n.* (comparative) wariai 割合/比例; (ratio) hiritsu 比率/比率; (harmonious relation) chōwa 調和/均衡,相稱

in proportion to… …ni hirei shite … に比例して/按着…的比例,愈…愈…

propose *v.* mōshikomu 申し込む/申請; teigi suru 提議する/提議

proprietor *n.* mochinushi 持ち主/(財産的)主人; shoyūsha 所有者/擁有者; keieisha 経営者/經營者; proprietor-ship shoyūken 所有権/所有權

prose *n.* sambun 散文/散文
prosecute *v.* (carry on) okonau 行う/實行; (persist in so as to complete) suikō suru 遂行する/徹底實行; (take legal action against) kiso suru 起訴する/起訴,控告
prospect *n.* (outlook) miharashi 見晴らし/眺望,景緻; (chance for success) mikomi 見込み/希望; (looking forward) senken 先見/預見,展望
prospective *adj.* (relating to the future) mirai no 未来の/未來的,將來的; (expected) yoki sareru 予期される/預料得到的
prosper *v.* sakaeru 栄える/繁榮; hanjō suru 繁盛する/繁盛
protect *v.* (keep from harm) hogo suru 保護する/保護,守護; (guard) fusegu 防ぐ/防止(危險、損害)
protest *v.* (object) kōgi suru 抗議する/抗議; (assert) shuchō suru 主張する/堅決主張,力主; (affirm) dangen suru 断言する/發誓説 ——*n.* (dissent) igi 異議/異議; (remonstrance) kōgi 抗議/抗議; (disapproval) fufuku 不服/不服
proud *adj.* (arrogant) kōman na 高慢な/高傲的; (showing pride) tokui no 得意の/得意的; (splendid) rippa na 立派な/光彩的; (imposing) dōdō to shita 堂々とした/堂堂的; (feeling satisfaction) hokorashii 誇らしい/足以誇耀的
prove *v.* (demonstrate) shōmei suru 証明する/證明; (try out) shinsa suru 審査する/(遺囑)受檢驗; (turn out)…de aru koto ga wakaru …であることが分かる/判明是
proverb *n.* kotowaza ことわざ/諺語,箴言
provide *v.* (prepare) sonaeru 備える/預備,準備; yōi suru 用意する/準備; (supply) kyōkyū suru 供給する/供給,供應
provided *prep.* (if) moshi…naraba もし…ならば/假如; (on condition)…to iu jōken de …という条件で/以…爲條件
province *n.* (division of a country) shū 州/省,(美國的)州; ryōdo 領土/領土; ken 県/(日本的)縣; kuni 国/行政區域; *pl.* (area outside cities) inaka 田舎/鄉間,鄉下; chihō 地方/(管轄的)地方
provision *n.* (preparation) jumbi 準備/準備; (supply) kyōkyū 供給/供應; (statement making a condition) kitei 規定/規定; jōkō 条項/條款; *pl.* (stock of food) shokuryō 食糧/糧食,食品; ryōshoku 糧食/食品
provoke *v.* (irritate) okoraseru 怒らせる/觸怒; (displease) nayamasu 悩ます/使發火; kurushimeru 苦しめる/使不快; (incite) sosonokasu そそのかす/刺激,煽動
prudent *adj.* shiryo-bukai 思慮深い/世故深的,精明的; shinchō na 慎重な/慎重的
prune[1] *v.* (cut branches from a tree) ki o karikomu 木を刈り込

む/修剪(樹枝); eda o orosu 枝を下ろす/砍樹枝
prune²*n.* (dried plum) hoshi-sumomo 干しすもも/乾梅子
pry¹ *v.* (look curiously) jiro-jiro miru じろじろ見る/盯視; (peep) nozoku のぞく/偷看,窺視; (snoop) sensaku suru せんさくする/探聽,刺聽
pry²*v.* (move with a lever) teko de ugokasu てこで動かす/撬,撬動 ——*n. pl.* teko てこ/撬桿
psychology *n.* shinri-gaku 心理学/心理學
public *adj.* ōyake no 公の/公共的; kōshū no 公衆の/公衆的
public opinion seron 世論/輿論
in public kōzen to 公然と/公然
publication *n.* shuppan (-butsu) 出版(物)/出版物
publicity *n.* (announcement) kōhyō 公表/公開,公佈; (public attention) kōji 公示/公佈; (advertisement) kōkoku 広告/廣告
publish *v.* (announce) happyō suru 発表する/發表; (issue a printed work for sale) shuppan suru 出版する/出版
publisher *n.* shuppansha 出版社; hakkōsha 発行者/發行人
pudding *n.* pudingu プディング/布丁(餐後點心); purin プリン/布丁
puff *n.* (powder puff) pafu パフ/吹氣,噴出 ——*n.*, *v.* (whiff) pū to fuku (oto) プーと吹く(音)/(吹燈聲)噗
pull *v.* (draw) hiku 引く/拉,拖; hipparu 引っ張る/拉,牽,拽; (row) kogu こぐ/搖(櫓),划船 ——*n.* hiku koto 引くこと/拉牽; hito-kogi 一こぎ/搖櫓,盪槳
pull in (*train*) tōchaku suru 到着する/(火車)到站
pull off (*garment*) nugu 脱ぐ/忙着脱(衣、鞋)
pull on (*garment*) kiru 着る/穿衣; haku はく/穿褲(或鞋)
pull out (*tooth*) nuku 抜く/拔牙 (*train*) hassha suru 発車する/(火車)發車
pulp *n.* (wood-pulp) parupu パルプ/紙漿; (soft, moist part of fruit) kaniku 果肉/(水)果肉
pulse *n.* (beating of the heart) myakuhaku 脈はく/脈搏; (vibration) shindō 振動/(有規律的)跳動,震動 ——*v.* myaku o utsu 脈を打つ/脈跳動
pump *n.*, *v.* pompu (de kumu) ポンプ(でくむ)/泵(抽水)
punch¹*v.* (perforate or mark with a punch) ana o akeru 穴をあける/鑽孔; (*ticket*) (kippu o) kiru (キップを)切る/(車站)檢票; (hit) naguru 殴る/(肘、膝)頂打,(拳)衝打, ——*n.* (blow with the fist) panchi パンチ/拳打; (tool for piercing or stamping) ana'ake-ki 穴あけ器/開孔器; panchi パンチ/開孔器,檢票鋏

punch²*n.* (fruit drink) panchi パンチ/賓治,混合飲料; ponchi ポンチ/賓治,混合飲料
punctual *adj.* jikan o mamoru 時間を守る/按時的; kichōmen na きちょうめんな/如期的
punctuate *v.* kutō o kiru 句読を切る /加標點; kutōten o tsukeru 句読点をつける/加標點
punish *v.* bassuru 罰する/罰,處罰; korashimeru 懲らしめる/懲罰
punishment *n.* (punishing) batsu 罰/處罰; (penalty) keibatsu 刑罰/刑罰; (chastisement) chōbatsu 懲罰/懲罰
pupil¹*n.* seito 生徒/小學生,中學生; deshi 弟子/門生,弟子
pupil²*n.* (black center of the eye) hitomi ひとみ/瞳; dōkō どう孔/瞳孔
puppet *n.* chiisai ningyō 小さい人形/木偶,傀儡
puppy *n.* ko-inu 小犬/小狗; inukoro 犬ころ/狗崽子
purchase *v.* (buy) kau 買う/買,購買; (acquire) kakutoku suru 獲得する/獲得 ——*n.* kaiire 買入れ/買到; kōnyū/購入
pure *adj.* junsui na 純粋な/純粹的; junketsu na 純血な/純種的; keppaku na 潔白な/潔白的,清廉的
purple *n.* ,*adj.* murasaki-iro (no) 紫色(の)/紫色的,深紅色的
purpose *n.* (aim) mokuteki 目的/目的,宗旨, (design) ishi 意志/決心,果斷力
for the purpose of no mokuteki de の目的で/出於…目的; …no tame ni… のために /為…
on purpose koi ni 故意に/故意地; wazato わざと/故意地
purse *n.* (small bag for money) saifu 財布/錢包; (prize money) shōkin 賞金/獎金 —— *v.* (pucker) (kuchio) subomeru (口を)すぼめる/收縮,縮攏
pursue *v.* (chase) tsuiseki suru 追跡する/追蹤; tsuikyū suru 追求する/追求; (carry out) suikō suru 遂行する/實行; (follow) tadoru たどる/走(路)
pursuit *n.* (following) tsuiseki 追跡/追蹤; (carrying out) suikō 遂行/實行
in pursuit of…o tsuiseki shite… を追跡して/追蹤; …o motomete… を求めて/追求
push *v.* (press forward) osu 押す/推(門); (impel) oshisusumu 押し進む/推進(車子)
put *v.* (place) oku 置く/放,放置; (cause) saseru させる/惹起,引起; (express) hyōgen suru 表現する/表現; (rate) hyōka suru 評価する/評價,估價; (entrust) yudaneru ゆだねる/委託,委任; (proceed) susumu 進む/前進,進行, (throw) nageru 投げる/投

put aside [***away***] katazukeru 片付ける/放在一邊,推開
put by totte oku とっておく/儲蓄; takuwaeru 蓄える/儲蓄
put in naka ni ireru 中に入れる/放進; sashikomu 差し込む/插入
put in order seiton suru 整とんする/按…次序排列
put off (take off) nugu 脱ぐ/脱(臼); torisaru 取り去る/逐出,去除; (postpone) enki suru 延期する/拖延,延期; (set out)shuppatsu suru 出発する/出發,動身
put on (clothe oneself with)kiru 着る/穿衣; (*pants*, *shoes*) haku はく/穿褲; (place on) ue ni noseru 上に載せる/戴(眼鏡等)
put out (turn out) kesu 消す/熄火,滅火; (drive out) oidasu 追い出す/逐出,趕走; (publish) shuppan suru 出版する/出版
put up with (endure) shimbō suru 辛抱する/忍耐; gaman suru 我慢する/忍受,容忍

puzzle *n.* nammon 難問/難題; (riddle) nazo なぞ/謎 —— *n.*, *v.* (perplexity) tōwaku (saseru) 当惑(させる)/使迷惑,使困惑,使難解

pyramid *n.* piramiddo ピラミッド/角錐,錐體,金字塔

Q

quack *n.*, *v.* gā-gā(naku) があがあ(鳴く)/(鴨叫聲)嘎嘎(叫)

quail[1] *n.* (*game bird*) uzura うずら/鵪鶉

quail[2] *v.* (lose courage) ojikeru おじける/沮喪; (shrink) hirumuひるむ/畏縮

quaint *adj.* (agreeably odd) fūgawari na 風変りな/古怪的; kimyō na 奇妙な/奇妙的

quake *v.* (shake)shindō suru 震動する/震動; (tremble) furueru 震える/震動,發抖

qualification *n.* shikaku 資格/資格; seigen 制限/限制; menkyo 免許/執照

qualify *v.* (competent for a position) shikaku o ataeru 資格を与える/賦與資格; (describe as) minasu 見なす/把…當作; (limit) seigen suru 制限する/限制,限定; (modify) shūshoku suru 修飾する/修改,緩和

quantity *n.* ryō 量/量,數量; gaku 額/額,定額; *pl.* tasū 多数/多數,許多; taryō 多量/大量,大宗

quarrel *n.*, *v.* kenka (suru) けんか(する)/爭吵,吵架; kōron (suru) 口論(する)/口角

quarter *n.* (a fourth part) yombun no ichi 4分の1,1/4/四分之一;(fourth of an hour) jū-go-fun 15分/十五分鐘;(region) chiiki 地域/地域;(district) chiku 地区/地區

quaver *v.* (tremble) furueru 震える/震動;(utter with quavers) koe o furuwaseru 声を震わせる/(聲音)顫抖,顫着說、唱

quay *n.* hatoba 波止場/(船)碼頭,埠頭;gampeki 岸壁/(口岸)攏岸處,碼頭

queer *adj.* (odd) myō na 妙な/奇妙的;hen na 変な/奇怪的;(doubtful) utagawashii 疑わしい/可疑的

query *n.*, *v.* shitsumon (suru) 質問(する)/疑問(提問);(inquire into) tazuneru 尋ねる/請問

question *n.* (inquiry) shitsumon 質問/質問,疑問;(problem) mondai 問題/問題

queue *n.*, *v.* gyōretsu 行列/(等購票所排的)長隊;retsu (o tsukuru) 列(を作る)/(排)長隊

quick *adj.* (rapid) hayai 速い/快的,迅速的;(alert) kibin na 機敏な/機敏的,機靈的;(clever) rikō na 利口な/靈巧的,聰明的;(keen) surudoi 鋭い/敏銳的,敏捷的 ——*adv.* hayaku 速く/快速

as quick as lightning denkō-sekka ni 電光石火に/風馳電掣般地,眨眼間

quiet *adj.* (still) shizuka na 静かな/靜的;(gentle) odayaka na 穏やかな/平靜的,恬靜的;(peaceful) heisei na 平静な/平靜的 ——*n.* (tranquillity) heisei 平静/平靜;(stillness) seijaku 静寂/寂靜

quilt *n.* kake-buton 掛けぶとん/被子;kiruto キルト/被褥;sashiko 刺し子/(多層布衲成的)多層衣(或布塊)

quit *v.* (give up) suteru 捨てる/放棄;(stop) yameru やめる/停止;(go away) tachisaru 立ち去る/離去,退出

quite *adv.* mattaku まったく/完全,簡直;kanzen ni 完全に/完全

quiver *vi.* (tremble) furueru 震える/震顫;(shake) yureru 揺れる/搖動,顫動 ——*vt.* (cause to shake) furue saseru 震えさせる/使震顫,使顫動 ——*n.* (vibration) shindō 震動/振動,顫動

quiz *n.* kuizu クイズ/開玩笑,惡作劇;(question) shitsumon 質問/出難題

quote *v.* (cite) in'yō suru 引用する/引用(他人文章),引證

R

rabbit *n.* usagi うさぎ/兎

race[1] *n.* (contest of speed) kyōsō 競走/賽跑; (horse racing) keiba 競馬/賽馬; (contest for supremacy) kyōsō 競争/競爭 ——*v.* kyōsō suru 競走する/賽跑

race[2] *n.* (tribe) minzoku 民族/種族; (division of mankind) jinshu 人種/人種

rack *n.* ami-dana 網だな/(火車)網架; rakku ラック/架,(機)齒條

racket[1] *n.* (light bat with a netted hoop, used in games) raketto ラケット/(網球、乒乓球)球拍

racket[2] *n.*, *v.* (noisy talk and play) ōsawagi (suru) 大騒ぎ(する)/喧嘩; bakasawagi (suru) ばか騒ぎ(する)/熙攘

radar *n.* rēdā レーダー/雷達,無線電探測器

radiant *adj.* (bright) kagayaku 輝く/發光的; kagayaita 輝いた/閃耀的; akarui 明るい/明亮的

radiator *n.* dambō-sōchi 暖房装置/暖氣裝置; rajiētā ラジエーター/放熱器,暖氣裝置,(汽車)散熱器

radical *adj.* (fundamental) kompon-teki na 根本的な/基本的; kiso no 基礎の/基礎的; (of radicals in politics) kyūshin-teki na 急進的な/急進的; (extreme) kageki na 過激な/過激的

radio *n.* rajio ラジオ/無線電,收音機; musen-denshin 無線電信/無線電報,無線電話

radish *n.* hatsuka-daikon 二十日大根/紅蘿蔔(種後二十天可食)

radius *n.* hankei 半径/半徑

raft *n.* (floating platform) ikada いかだ/筏,木排

rag *n.* boro ぼろ/破布,碎布頭; kuzumono くずもの/廢物,垃圾

rage *n.* (violent anger) hageshii ikari 激しい怒り/激怒,憤怒; (great enthusiasm) nekkyō 熱狂/狂熱; (fad) ryūkō 流行/流行,風行 ——*v.* (show violent anger) hageshiku okoru 激しく怒る/使憤怒,激起狂怒

raid *n.*, *v.* (sudden attack) shūgeki (suru) 襲撃(する)/襲擊
raider shin'nyū-sha[-ki] 侵入者[機]/(對飛機、軍艦的)襲擊者(攻擊機)

rail *n.* rēru レール/鐵軌,軌條; (handrail) tesuri 手すり/扶手,欄杆橫木

railroad *n.* tetsudō 鉄道/鐵道

rain *n.*, *v.* ame (ga furu) 雨(が降る)/雨,下雨
rain cats and dogs doshaburi ni ame ga furu 土砂降りに雨が

降る/降傾盆大雨
rain or shine seiu ni kakawarazu 晴雨にかかわらず/晴雨無阻,無論如何
raincoat *n.* reinkōto レインコート/雨衣
raindrop *n.* amadare 雨だれ/雨滴
rainfall *n.* kōu 降雨/下雨;uryō 雨量/雨量
rainy *adj.* ame no ōi 雨の多い/雨多的;ame no furu 雨の降る/下雨的
raise *v.* (lift up)ageru 上げる/抬起,舉起;(take into higher position)takaku suru 高くする/昇,舉,抬高;(make stand up) okosu 起こす/扶起,使站起來;(build up)tateru 立てる/竪起(柱子等);(encourage) genki-zukeru 元気づける/奮起,蹶起;(breed) kau 飼う/飼養;(increase) fuyasu 増やす/增加,加多;(collect)atsumeru 集める/招集;(promote) shōshin saseru 昇進させる/擢陞,加薪;(make grow) saibai suru 栽培する/栽培
raisin *n.* hoshi-budō 干しぶどう/葡萄乾
rake *n.* ,*v.* kumade (de kaku) くま手(でかく)/耙子
rally *v.* (gather again) futatabi yobi-atsumeru 再び呼び集める/再集合,糾合;(regain health) kaifuku suru 回復する/恢復,復原,挽回(頹勢);(reassembly) shūgō 集合/重新集合;(mass meeting) taikai 大会/大會;(*tennis*) rarī ラリー/集會,大會
ram *n.* (male sheep) o-hitsuji 雄羊/公羊
ranch *n.* nōjō 農場/農場;bokujō 牧場/牧場
random *adj.* detarame no でたらめの/胡亂的;teatari shidai no 手当たりしだいの /隨便的
at random detarame ni でたらめに/亂,隨便,無目的地
range *n.* (extent)han'i 範囲/範圍;(chain of mountains) sammyaku 山脈/山脈;(line) retsu 列/(房屋)排列;(cooking stove) renji レンジ/多用鐵竈,區域,範圍,射程,射擊場,刻度,波段;——*v.* (extend) …ni wataru… にわたる/(山脈)綿亘,伸展;(arrange in rows) naraberu 並べる/排列
rank *n.* (row) retsu 列/列,排,横排;(social class) kurai 位/品位,順序;chii 地位/地位;kaikyū 階級/階級 ——*vi.* (form a row) narabu 並ぶ/並列,列隊 ——*vt.* (place in a row) naraberu 並べる/排列,排成横排
ransom *n.* (money paid to set a captive free) minoshiro-kin 身の代金/贖金;(compensation) baishōkin 賠償金/賠償金
rapid *adj.* hayai 早い/快的;kyūsoku na 急速な/(河水)急的
rapidly *adv.* hayaku 速く/快速;kyūsoku ni 急速に/迅速
rare *adj.* mare na まれな/稀罕的,罕見的;mezurashii 珍しい/

珍貴的

rarely *adv.* mare ni まれに/稀罕地；mezurashiku 珍しく/珍貴地

rascal *n.* akkan 悪漢/惡棍；warumono 悪者/流氓，壞蛋

rash[1] *adj.* (reckless) mukōmizu no 向こう見ずの/魯莽的，輕率的；(imprudent) mufumbetsu na 無分別な/不謹慎的，輕率的；(hasty) sekkachi no せっかちの/性急的，慌忙的，輕率的

rash[2] *n.* hasshin 発疹/發疹；fukidemono 吹出物/腫疱

rat *n.* nezumi ねずみ/鼠；nonezumi 野ねずみ/野鼠

rate *n.* (fixed ratio) wariai 割合/比例；(proportional amount) ritsu 率/比率；(class) tōkyū 等級/等級；(price per unit) tanka 単価/單價；nedan 値段/價格 ——*v.* (calculate the value of) mitsumoru 見積もる/估價；hyōka suru 評価する/評價

at any rate tonikaku とにかく/總而言之，無論如何；sukunakutomo 少なくとも/至少

rather *adv.* (preferably) mushiro むしろ/寧，寧可；(somewhat) ikubun いくぶん/幾分，若干；(on the contrary) soredokoroka それどころか/反之，正相反；(of course) mochiron もちろん/當然

ratio *n.* wariai 割合/比例；hiritsu 比率/比率

ration *n.* haikyū(-ryō) 配給(量)/配額，定量；wariate(-ryō) 割当て(量)/限額，定額 ——*v.* wariateru 割り当てる/定量分配，定量配給

rational *adj.* risei-teki na 理性的な/有理性的，懂道理的；gōri-teki na 合理的な/合理的，合道理的

rave *v.* (talk wildly) wameku わめく/説狂話；(praise greatly) gekishō suru 激賞する/極力獎賞，過分誇獎；(storm) arekuru'u 荒れ狂う/怒吼，咆哮

rave oneself hoarse donari-chirashite koe o karasu 怒鳴り散らして声をからす/喊啞嗓子

raw *adj.* (uncooked) nama no 生の/生的(肉等)；(raw material) genryō no 原料の/未加工的，生的；(inexperienced) mijuku na 未熟な/無經驗的；(untrained) funare no 不慣れの/未訓練的；(unprocessed) mikakō no 未加工の/未製的，未加工的；(sore) kawa ga muketa 皮がむけた/皮開裂的；hiri-hiri suru ひりひりする/刺痛的；(cold and damp) usura-samui 薄ら寒い/陰冷的，冷颼颼的

ray *n.* kōsen 光線/光線；hōsha-sen 放射線/放射線

razor *n.* kamisori かみそり/剃刀

reach *v.* (arrive at) tsuku 着く/到，抵達；tōchaku suru 到着する/到達，抵達；todoku 届く/(長度)達，及；(amount) tassuru 達する/達到；(extend the hand) te o nobasu 手を伸ばす/伸

手 ——*n.* (the act of stretching out a bodily part) nobasu koto 伸ばすこと/伸手夠得着的限度;(extent something can reach)todoku han'i 届く範囲/到達範圍

react *v.* (act in return)handō suru 反動する/反作用;(act in response to)han'nō suru 反応する/反應

read *v.* yomu 読む/讀;dokusho suru 読書する/讀書

reading dokusho 読書/讀書

reader *n.* dokusha 読者/讀者

readily *adv.* (easily)yōi ni 容易に/容易地;(willingly)susunde 進んで/欣然;kokoroyoku 快く/爽快地;(promptly)sumiyaka ni 速やかに/迅速地

ready *adj.* (prepared) yōi no dekita 用意のできた/準備就緒的,有準備的;(willing) yorokonde …suru 喜んで…する/欣然;sugu…suru すぐ…する/立即…的;(about to do)sugu ni …shiyō to suru すぐに…しようとする/立即適用的;(prompt) binsoku na 敏速な/迅速的

ready-made *adj.* kisei no 既製の/預製的;redi-mēdo レディーメード/現成的,準備好的

real *adj.* (actual)jissai no 実際の/實際的;(true) hontō no 本当の/真實的

reality *n.* genjitsu 現実/現實;jitsuzai 実在/實在;shinjitsu 真実/真實

in reality jissai wa 実際は/實際上;(in fact)jitsu ni 実に/現實上

realize *v.* (make real) jitsugen suru 実現する/實現;(understand)(hakkiri to) rikai suru (はっきりと)理解する/領悟,理解;(achieve) nashitogeru なし遂げる/完成;(gain)kane o mōkeru 金をもうける/賺到,實得(錢)

really *adv.* hontō ni 本当に/真正;jissai 実際/實際,的確;mattaku まったく/實在

realm *n.* (region) ryōbun 領分/領土,封地,領域;(kingdom) ōkoku 王国/王國;(division)kai 界/界限;bumon 部門/部門,範圍

reap *v.* karu 刈る/收割;kariireru 刈り入れる/收穫

rear[1] *adj.* ushiro no 後ろの/後(方)的;haigo no 背後の/背後的

——*n.* kōhō 後方/後方;kōbu 後部/後部

at the rear of …no haigo ni …の背後に/在…背後

in the rear of kōhō ni 後方に/在…後方

rear[2] *v.* (bring up)sodateru 育てる/撫育,養育;(breed)shiiku suru 飼育する/飼養;(build)tateru 建てる/建設,建立;(rise on the hind legs, as a horse)ato-ashi de tatsu 後足で立つ/(馬、猴)用後足站起

reason *n.* (cause) riyū 理由/理由;gen'in 原因/原因;(motive) dōki動機/動機;(right)seitō 正当/正當(的事物)
by reason of …no riyū de …の理由で/憑…理由,爲了
reasonable *adj.* dōri ni kanatta 道理にかなった/懂道理的,合乎道理的;risei no aru 理性のある/有理性的;tekitō na 適当な/適當的;(fair) seitō na 正当な/正當的
reasonably *adv.* gōriteki ni 合理的に/合理地;seitō ni 正当に/正當地
rebel *n.* muhon-nin 謀反人/造反者;hangyakusha 反逆者/反叛者,叛逆者 ——*v.* muhon suru 謀反する/造反;somuku 背く/背叛
recall *v.* (call back) yobi-kaesu 呼び返す/叫回,召回;(remember)omoidasu 思い出す/想起;(revoke)torikesu 取り消す/取消 ——*n.* yobimodoshi 呼び戻し/叫回,召回,召還;rikōru リコール/取消,收回,罷免
beyond [*past*] *recall* torikaeshi no tsukanai 取り返しのつかない/收不回的,挽回不了的
receipt *n.* ryōshūsho 領収書/收條,收據;reshito レシート/收條,收據
receive *v.* uketoru 受け取る/接受,得到;ukeru 受ける/受,蒙受;(greet)mukaeru 迎える/迎接;(welcome)kangei suru 歓迎する/歡迎
receiver *n.* (*person*)uketorinin 受取人/收受人,收稅人;(*apparatus*) juwaki 受話器/(電話)聽筒;reshībā レシーバー/接收機,聽筒
recent *adj.* chikagoro no 近ごろの/近來的;saikin no 最近の/最近的
reception *n.* (act of receiving) uketoru koto 受け取ること/領受,接受;(formal social function)kangeikai 歓迎会/歡迎會;resepushon レセプション/招待會,歡迎會,祝賀會
wedding reception kekkon hirōen 結婚披露宴/婚宴,結婚筵席
recess *n.* (break from work) yasumi(-jikan) 休み(時間)/休息,休會;(hollow in a wall) kabe no kubomi 壁のくぼみ/壁龕 ——*v.* (take recess) kyūkei suru 休憩する/休息
recipe *n.* (cooking)chōrihō 調理法/烹調法;tsukurikata 作り方/製作法
recital *n.* risaitaru リサイタル/獨唱(會),獨奏(會);dokusōkai 独奏会/獨奏會;dokushōkai 独唱会/獨唱會
reckless *adj.* (rash) mukōmizu no 向こう見ずの/漠不關心的;(careless) fuchūi na 不注意な/不注意的
reckon *v.* (count) keisan suru 計算する/計算;(suppose) omou 思う/想,料想,想像;(regard as) …to minasu …とみなす/看

作；(rely upon) ate ni suru 当てにする/期望,指望

recognition *n.* (act of recognition) ninshiki 認識/認得,認識；(acknowledgment) shōnin 承認/承認,認可

recognize *v.* (know again) mitomeru 認める/承認；(identify) mioboe ga aru 見覚えがある/認識,眼熟

recollect *v.* (remember) omoidasu 思い出す/想起；kaisō suru 回想する/回想

recommend *v.* (suggest as suited for) suisen suru 推薦する/推薦；(advise) susumeru 勧める/勸告

record *n.* kiroku 記録/記錄；rekōdo レコード/記錄,錄音,唱片
break the record kiroku o yaburu 記録を破る/破記錄

recover *v.* (get back) torimodosu 取り戻す/收回,取回；(regain health) kaifuku suru 回復する/恢復(健康)

recreation *n.* rekuriēshon レクリエーション/消遣,休養,娛樂；kibarashi 気晴らし/消遣；goraku 娯楽/娛樂

red *n.* (color like blood) aka-iro 赤色/紅色 ——*adj.* akai 赤い/紅的；(communist) kyōsanshugi (-sha) no 共産主義(者)の/共產主義(者)的

redeem *v.* (buy back) kaimodosu 買い戻す/贖回；(pay off) shōkan suru 償還する/償還；(recover) kaifuku suru 回復する/恢復；(atone for) tsumi no tsugunai o suru 罪の償いをする/贖罪

reduce *v.* (diminish) chijimeru 縮める/縮小；herasu 減らす/減少；(change) …ni kaeru…に変える/變成…；(lower) sageru 下げる/降低,貶

reduction *n.* (diminution) shukushō 縮小/縮小；(discount) waribiki 割引/減價,折扣

reel[1] *n.* (spool or frame with thread, film) itomaki 糸巻き/捲線筒,線軸,磁帶盤；rīru リール/(電線,紗等)一卷；ito-guruma 糸車/紡車 ——*v.* ito-maki[rīru] ni maku 糸巻き[リール]に巻く/捲線,紡紗,繅絲

reel[2] *v.* (stagger) yoromeku よろめく/搖搖晃晃,蹣跚；(walk unsteadily) yoro-yoro aruku よろよろ歩く/蹣跚行走 ——*n.* yoromeki よろめき/搖搖擺擺,蹣蹣跚跚
drunken reel chidori ashi 千鳥足/步履蹣跚

refer *v.* (allude) …ni tsuite noberu …について述べる/指…說,言及；(try to get information) sanshō suru 参照する/參照；sankō ni suru 参考にする/參考；(direct for help or action) sashimukeru 差し向ける/派人去(打聽等)；(relate) kankei suru 関係する/有關係,涉及；(submit) yudaneru ゆだねる/委託；makaseru 任せる/託付

reference *n.* (being referred) sankō 参考/參考；(source of information) shōkai 照会/照會

refine *vt.* (make fine) jōhin ni suru 上品にする/提鍊;senren suru 洗練する/精鍊,洗鍊;(make pure) seisei suru 精製する/精製;junka suru 純化する/純化,提純 ——*vi.* (become fine or pure) jōhin ni naru 上品になる/使高尚,使文雅;senren sareru 洗練される/被洗鍊;junka suru 純化する/純化,提純

refined jōhin na 上品な/高尚的,文雅的,清秀的;seisei sareta 精製された/精製的

reflect *v.* (throw back light or heat) hansha suru 反射する/反射;(mirror) utsusu 映す/照,映;han'ei suru 反映する/反映;(think seriously) kangaeru 考える/沉思,深思熟慮;hansei suru 反省する/反省;(recollect) kaisō suru 回想する/回想;omoi okosu 思い起こす/想起

reflection *n.* (reflecting) hansha 反射/反射,反射作用;han'ei 反映/反射光(熱,色);(contemplation) jukkō 熟考/深思熟慮

reform *n.*, *v.* kairyō (suru) 改良(する)/改良;kaizen (suru) 改善(する)/改善

refrain *v.* (hold oneself back) sashi-hikaeru 差し控える/戒(烟、酒);enryo suru 遠慮する/迴避;(forbear) gaman suru 我慢する/忍住

refresh *v.* (make fresh or stronger) genki-zukeru 元気づける/使精神恢復;sōkai ni suru そう快にする/使爽快;(revive, as with food, drink, etc.) (tabetari, nondari shite) genki o kaifuku suru (食べたり,飲んだりして)元気を回復する/(又吃又喝)恢復健康

refreshment *n.* genki kaifuku 元気回復/休養;tsukareyasume 疲れ休め/養神;(food, or drink) inshokubutsu 飲食物/飲食品,茶點

refrigerator *n.* reizōko 冷蔵庫/電冰箱

refuse[1] *v.* (reject) kyozetsu suru 拒絶する/拒絶;kotowaru 断る/推退,不受

refuse[2] *n.* (rubbish) kuzu くず/垃圾;haibutsu 廃物/廢物,糟粕

regard *v.* (observe closely) chūmoku suru 注目する/注目;miru 見る/看;mitsumeru 見詰める/凝視;(consider) …to kangaeru…と考える/考慮,考察;(esteem) sonchō suru 尊重する/尊重 ——*n.* (attention) chūi 注意/專心,注意;kanshin 関心/關心;(relation) kankei 関係/關係;(respect) sonkei 尊敬/尊敬;(gaze) chūmoku 注目/注目

as regards …ni tsuite wa …については/關於,就…說;…ni kanshite wa …に関しては/關於,就…説

with* [*in*] *regards to (regarding) …ni tsuite …について/關

於;ni kanshite に関して/關於

regiment *n.* ,*v.* rentai (ni hensei suru) 連隊(に編成する)/(軍)(編成)聯隊

region *n.* (area) chihō 地方/地方;chitai 地帯/地帶;ryōiki 領域/區域

register *v.* (record) tōroku suru 登録する/記錄,登記;(register mail) kakitome ni suru 書留にする/註册,掛號;(indicate) shimesu 示す/指示,指出 —— *n.* regisutā レジスター/出納員,現金出納機

regret *n.* ,*v.* kōkai (suru) 後悔(する)/後悔,悔恨;zan'nen (ni omou) 残念(に思う)/遺憾,抱歉

regrettable *adj.* zan'nen na 残念な/遺憾的;oshimareru 惜しまれる/可惜的

regular *adj.* (orderly) kisoku-teki na 規則的な/有規則的;(formal) seishiki no 正式の/正式的;(usual) tsūjō no 通常の/平常的

regularly *adv.* kisoku tadashiku 規則正しく/有規則地;teiki-teki ni 定期的に/定期地

regulate *v.* (put in order) totonoeru 整える/規定;(adjust) chōsetsu suru 調節する/調節;(restrict) seigen suru 制限する/限制

regulation *n.* (control) torishimari 取締り/管理;(adjustment) chōsei 調整/節制;(rule) kisoku 規則/規則,條例,法令

rehearsal *n.* keiko けいこ/學習;renshū 練習/練習;rihāsaru リハーサル/排練,排演

reign *n.* (exercise of sovereign power) tōji 統治/統治;(sway) shihai 支配/統治;(term of a sovereign's rule) miyo 御代/治世,王權;chisei 治世/治世 —— *v.* (rule with sovereign power) kunrin suru 君臨する/統治;tōji suru 統治する/統治

reject *v.* (refuse) kyozetsu suru 拒絶する/拒絶;kyohi suru 拒否する/固辭;kotowaru 断わる/推卻,不受;(throw away) suteru 捨てる/丟棄

rejoice *vi.* yorokobu 喜ぶ/高興 —— *vt.* yorokobaseru 喜ばせる/使高興

relate *vt.* (tell) noberu 述べる/講,敘述;hanasu 話す/說;(narrate) monogataru 物語る/講故事;(bring into relation) kankei saseru 関係させる/使發生關係,使聯繫 —— *vi.* (stand in some relation) kankei suru 関係する/(有)關係

relation *n.* kankei 関係/關係

in relation to …ni tsuite …について/關於;…ni kanren shite …に関連して/關於

relative *n.* (one related by kinship) shinrui 親類/親戚;(*gram.*)

(relative word) kankeishi 関係詞/關係詞 ——*adj.* (related) kankei no aru 関係のある/有關係的

relax *vt.* yurumeru 緩める/鬆弛 ——*vi.* yurumu 緩む/緩和,減輕 ——*n.* rirakkusu リラックス/鬆弛,緩和,減輕

release *v.* (unfasten) hanasu 放す/放(箭);(set free) kaihō suru 解放する/釋放,解放;(relieve) suku'u 救う/救,救出 ——*n.* (discharge) kaihō 解放/解放,解除

reliable *adj.* shinrai dekiru 信頼できる/可信賴的

reliance *n.* shinrai 信頼/信賴,信任

relief[1] *n.* (comfort) ian 慰安/安慰;(ease) anshin 安心/安心;anraku 安楽/安樂;(deliverance) kyūjo 救助/解救;(relay) kōtai 交代/替班(人)

relief[2] *n.* (*archit.*, *sculpture*) ukibori-zaiku [-moyō] 浮彫細工[模様]/浮雕工藝(花紋)

relieve *v.* (help)suku'u 救う/救出,脱險;kyūjo suru 救助する/救助;(free from pain or anxiety) anshin saseru 安心させる/使安心;yawarageru 和らげる/緩和,緩解;(relay) kōtai suru 交代する/換班

religion *n.* shūkyō 宗教/宗教

relish *n.* (seasoning) ajitsuke 味付け/增味,添味;(cf. condiment) chōmiryō 調味料/調味品;(flavor) aji 味/味道,滋味;fūmi 風味/風味 ——*v.* (give a relish to) ajitsuke o suru 味付けをする/添加滋味;(enjoy) shōmi suru 賞味する/品嘗;oishiku taberu おいしく食べる/津津有味地吃,享受

rely *v.* shinrai suru 信頼する/信賴;ate ni suru 当てにする/信任;tanomi ni suru 頼みにする/倚賴

remain *v.* (be left after part is gone) nokoru 残る/剩餘,剩下;(stay) todomaru とどまる/留下;(continue) …no mama de aru …のままである/擱置不動,依然 ——*n. pl.* (part left over) nokori 残り/剩餘物;(dead body)shitai 死体/屍體

remark *v.* (say) noberu 述べる/説;hanasu 話す/説話;(notice) chūmoku suru 注目する/注視;(perceive) kanjiru 感じる/知覺,發覺,看出;(observe) kansatsu suru 観察する/觀察;(make comment) hihyō suru 批評する/批評 ——*n.* (mention) hatsugen 発言/發言;chūi 注意/注意,留意;hihyō 批評/批評,短評,註

remarkable *adj.* ichijirushii 著しい/顯著的;chūmokusubeki 注目すべき/值得注意的

remedy *n.* (cure) chiryō (-hō) 治療(法)/治療(法);(healing medicine)kusuri 薬/藥物 ——*v.* (relieve)suku'u 救う/救濟,補救;(cure)chiryō suru 治療する/治療

remember *v.* (recall)omoidasu 思い出す/記起,想起;(have in

mind) oboete iru 覚えている/記得,記着

remembrance *n.* (memory) kioku 記憶/記憶,回想;(memorial) kinen 記念/紀念

remind *v.* omoi-dasaseru 思い出させる/使記起,使想起; kizukaseru 気付かせる/使回想

remit *v.* (send money) sōkin suru 送金する/郵款,匯款;(pardon) yurusu 許す/饒恕,豁免

remittance *n.* sōkin 送金/匯款

remote *adj.* tōi 遠い/遠的;empō no 遠方の/遠方的;hanareta 離れた/疏遠的

remove *vt.* (move to another place) utsusu 移す/移動,遷移;(take away) torisaru 取り去る/除去,除掉;katazukeru 片付ける/處決,殺掉 ——*vi.* (change one's house) tenkyo suru 転居する/移居;hikkoshi suru 引っ越しする/搬遷

renew *v.* (make or become new)atarashiku suru [naru]新しくする[なる]/更新,翻新;(revive) fukkatsu suru 復活する/復活;(continue after intermission) futatabi hajimeru 再び始める/重新開始;(replenish) motodōri ni hojū suru 元通りに補充する/再補上,補充

renounce *v.* (abandon)suteru 捨てる/丢棄;hōki suru 放棄する/放棄;kiken suru 棄権する/棄權;(give up) akirameru あきらめる/斷絶關係,絶交

renown *n.* (fame) meisei 名声/聲望,名望;yūmei 有名/有名
renowned yūmei na 有名な/有名的,著名的

rent *n.* yachin 家賃/房租;heyadai 部屋代/房租;jidai 地代/地租;(payment for hire)chinshaku-ryō 賃借料/租借費 ——*v.* (let for rent) chingashi suru 賃貸しする/賃貸;(hire)chingari suru 賃借りする/賃借

repair *v.* (mend) shūzen suru 修繕する/修繕;shūri suru 修理する/修理;naosu 直す/訂正,矯正;(restore) kaifuku suru 回復する/恢復

repay *v.* (pay back) harai-modosu 払い戻す/償還,付還;shakkin o kaesu 借金を返す/還錢;(recompense) mukuiru 報いる/報答,報恩

repeal *v.* (recall, revoke) haishi [haiki, tekkai] suru 廃止[廃棄,撤回]する/廢除,作廢,撤回;(annul) mukō ni suru 無効にする/取消,註銷,宣佈作廢

repeat *v.* (say or do over again) kurikaesu 繰り返す/反復,再做;(recite)anshō suru 暗唱する/背誦

repent *v.* kōkai suru 後悔する/後悔;kuiru 悔いる/改悔,懺悔

repetition *n.* kurikaeshi 繰り返し/反復,重複

replace *v.* (take place of) …ni kawaru…に代わる/代替;(put

back in place)moto e modosu 元へ戻す/放在原處(原位)

reply *v.* kotaeru 答える/回答;henji suru 返事する/答覆

report *n.* ,*v.* (tell about) hōkoku (suru) 報告(する)/報告;(tell as news) hōdō (suru) 報道(する)/報道;repōto(suru) レポート(する)/報告 ——*n.* (rumor) uwasa うわさ/傳說,風聞,謠言;(explosive noise) bakuon 爆音/爆炸聲

repose *vi.* (take rest) kyūsoku suru 休息する/休息 ——*vt.* (give rest to) yasumaseru 休ませる/使休息 ——*n.* (rest) kyūsoku 休息/休息;(sound sleep) suimin 睡眠/安眠;(quiet)heisei 平静/安靜

represent *v.* (express by description)hyōgen suru 表現する/表現;(stand for)daihyō [dairi] suru 代表[代理]する/代表,代理;(portray) egaki dasu 描き出す/描述,描寫;(symbolize) shōchō suru 象徵する/象徵

representation *n.* hyōgen 表現/表現;daihyō 代表/代表

reproach *v.* semeru 責める/責備;hinan suru 非難する/申斥,非難

reproduce *v.* (produce again) saisei suru 再生する/再生;(make a copy)fukusha suru 複写する/複寫,複製

reprove *v.* (censure)hinan suru 非難する/訓斥;togameru とがめる/譴責;(scold) shikaru しかる/責罵

reptile *n.* hachūrui-dōbutsu は虫類動物/爬行動物

republic *n.* kyōwa-koku 共和国/共和國;kyōwa-seitai 共和政体/共和政體

repulse *v.* (drive back) gekitai suru 撃退する/擊退;(reject) kyozetsu suru 拒絶する/拒絕

reputation *n.* (repute)hyōban 評判/評價,聲望;(good fame) meisei 名声/名聲

request *v.* (beg for) negau 願う/請求;(ask for) tanomu 頼む/委託;irai suru 依頼する/拜託;(demand) yōkyū suru 要求する/要求 —— *n.* (expressed desire) negai 願い/請求;(asking) yōkyū 要求/要求

require *v.* (need) hitsuyō to suru 必要とする/需要;(demand) yōkyū suru 要求する/要求

requirement yōkyū 要求/要求,要求之物;hitsuyō 必要/需要,需要之物

rescue *n.* ,*v.* kyūjo (suru) 救助(する)/救援;kaihō (suru) 解放(する)/解救

research *n.* ,*v.* (scientific study) kenkyū (suru) 研究(する)/研究;(investigation) chōsa (suru) 調査(する)/調查,探索

resemble *v.* …ni niteiru …に似ている/像,相似;ruiji suru 類似する/類似

reserve *v.* (keep back for future use) totte oku 取っておく/保留，留下(備用)；(set aside) torinokete oku 取りのけておく/貯藏，保存；rizābu suru リザーブする/預約，保留；yoyaku suru 予約する/預約，預定

reservation yoyaku 予約/(車票、旅館等的)預定；horyū 保留/保留

reserved yoyaku-zumi no 予約済みの/包定的

reside *v.* (live) sumu 住む/住；kyojū suru 居住する/居住

residence *n.* (apartment) teitaku 邸宅/宅邸，公館；(house) jūtaku 住宅/住宅，住處；(living) kyojū 居住/居住

resign *v.* (give up) dan'nen suru 断念する/斷念，放棄；akirameru あきらめる/斷念，放棄；(give up an office) jishoku suru 辞職する/辭職

resist *v.* teikō suru 抵抗する/抵抗；hankō suru 反抗する/反抗

resolute *adj.* (determined) kesshin shita 決心した/堅決的；danko to shita 断固とした/斷然的

resolution *n.* kesshin 決心/決心；ketsui 決意/決意

resolve *vi.* (make up one's mind) kesshin suru 決心する/決心；(break up) bunkai suru 分解する/分解；(dissolve) tokeru 溶ける/溶解 ——*vt.* (cause to determine) kesshin saseru 決心させる/決心；(solve) toku 解く/分解；(settle) kettei suru 決定する/決定 ——*n.* (resolution) kesshin 決心/決心

resort *n.* (place for vacation) asobi-basho 遊び場所/常去的地方；sakari-ba 盛り場/熱鬧場所；kōraku-chi 行楽地/娛樂場；(means) shudan 手段/憑藉手段 ——*v.* (frequent) shibashiba kayou しばしば通う/常去；(have recourse to) …ni tasuke o motomeru …に助けを求める/求助，訴諸

resource *n.* (property) shisan 資産/資產；(new sources of supply) shigen 資源/資源；(funds) shikin 資金/資源，資金；(means) shudan 手段/手段，策略

respect *n.*, *v.* (honor) sonkei (suru) 尊敬(する)/尊敬；(esteem) sonchō (suru) 尊重(する)/尊重；(relate) kankei (suru) 関係(する)/關於，說到；(point, regards) ten 点/細事，點，方面；(concern) kankei 関係/關係

in respect of (= *with respect to*) …ni kanshite… に関して/關於

in all [*many*] *respects* subete [ōku] no ten de すべて[多く]の点で/無論從哪方面(哪一點)來看，在各方面

in this respect kono ten de この点で/在這一點上

respectable *adj.* (worthy of respect) sonkei subeki 尊敬すべき/可尊敬的；rippa na 立派な/人格高尚的；(fairly good) kanari no かなりの/非常好的

respective *adj.* sore-zore no それぞれの/各自的;onoono no 各々の/各個的
response *n.* kotae 答え/回答;(reply) henji 返事/答覆;(reaction)han'nō 反応/反應,反響
in response to …ni kotaete …に答えて/答…而;…ni ōjite …に応じて/應…而
responsibility *n.* sekinin 責任/責任;gimu 義務/義務
responsible *adj.* (obliged to do) sekinin no aru 責任のある/有責任的;(trustworthy) shinrai dekiru 信頼できる/可信賴的
rest[1] *n.* (inactivity) kyūsoku 休息/休息;(peace) ansei 安静/安靜 ——*vt.* (give repose to) yasumaseru 休ませる/使休息 ——*vi.* (take rest) yasumu 休む/休息;(be still) seishi suru 静止する/靜止;(depend) shinrai suru 信頼する/信賴;(lean) yorikakaru 寄り掛かる/靠,依靠;(place) oku 置く/安放
rest[2] *n.* (the r-)(remainder) nokori 残り/其餘;zambu 残部/殘餘部分;*pl.* sono hoka no mono [hitotachi]その外のもの[人たち]/其他的人(人們)
restaurant *n.* ryōriten 料理店/餐館,飯館;shokudō 食堂/食堂;resutoran レストラン/餐廳,菜館
restless *adj.* ochitsukanai 落ち着かない/坐立不安的
restlessly sowa-sowa shite そわそわして/不安定地,慌張地
restore *v.* (recover) kaifuku suru 回復する/恢復;(establish again) fukkō suru 復興する/復興;(put back)(moto e)modosu (元へ)戻す/拿回原處,恢復原狀
restrain *v.* (hold back) yokusei suru 抑制する/抑制;(check) sokubaku suru 束縛する/束縛;(limit)seigen suru 制限する/限制
restrict *v.* (limit) seigen suru 制限する/限制;(confine) sokubaku suru 束縛する/束縛
result *n.* (effect) kekka 結果/結果;seiseki 成績/成績 ——*v.* (kekka to shite) okoru (結果として)起こる/(作爲結果而)發生;…ni owaru …に終る/終歸,終於
as a result of …no kekka to shite …の結果として/…的結果
in result sono kekka その結果/結果
in the result kekkyoku 結局/結果,結局
result in …ni owaru …に終る/終於
without result muda ni 無駄に/白白地,徒勞地
resume *v.* (begin again)futatabi hajimeru 再び始める/重新開始;(continue) tsuzukete yaru 続けてやる/繼續;(summarize) yōyaku suru 要約する/扼要説
retail *v.* kouri suru 小売りする/零售,零賣 ——*n.*, *adj.* kouri

(no) 小売り(の)/零售(的),零售商(的)

retain *v.* (keep) tamotsu 保つ/保持;horyū suru 保留する/保留;(remember) kioku suru 記憶する/記憶;(hire) yatotte oku 雇っておく/雇傭

retire *v.* (go back) shirizoku 退く/退;(withdraw)taikyaku suru 退却する/退卻;(go into retreat) intai suru 引退する/隱退,引退;(go to bed)nedoko ni hairu 寝床に入る/入睡,睡覺

retort *v.* (reply)iikaesu 言い返す/回嘴;(present a counterargument) hanron suru 反論する/反責;hambaku suru 反ばくする/反駁 ——*n.* (quick, incisive reply) kuchigotae 口答え/頂嘴,反脣;sakaneji さかねじ/反攻,反詰;hambaku 反ばく/反駁

retreat *n.*, *v.* taikyaku (suru) 退却(する)/退卻 ——*n.* (place of seclusion) intaijo 隠退所/躲藏處,避難處

return *vi.* (come or go back)kaeru 帰る/歸,折返 ——*vt.* (bring back)kaesu 返す/歸還;(repay)hempō suru 返報する/報答;(respond) henji suru 返事する/回答;(yield profit) rieki o ageru 利益をあげる/贏利 ——*n.* kaeri 帰り/回,歸;fukki 復帰/送回,送還;kikan 帰還/歸還 *pl.* (profit)rieki 利益/利潤;*pl.* (official report) hōkokusho 報告書/報告,陳述

***in return* (*for*)** …no hempō ni …の返報に/作報答,作回報;henrei to shite 返礼として/作…回禮;…no kawari ni …の代りに/作替換

return ticket ōfuku kippu 往復切符/來回車(機)票

by return of post orikaeshi 折り返し/請即回示

reveal *v.* (disclose) arawasu 現わす/洩露,揭露;(show)shimesu 示す/出示,啓示

revenge *n.*, *v.* fukushū(suru) 復しゅう(する)/復仇,雪根

revenue *n.*, *v.* (state's annual income)sainyū 歳入/(國家的)年收入;(income)shūnyū 収入/收入

reverse *v.* (turn to or in the opposite direction)gyaku ni suru [naru] 逆にする[なる]/顛倒;hantai ni suru [naru] 反対にする[なる]/倒轉,反轉 ——*n.*, *adj.* (contrary)gyaku(no) 逆(の)/相反的;(opposite)hantai(no)反対(の)/反方向的;(back or rear) ura (no) 裏(の)/反面的;(defeat)haiboku 敗北/失敗;(failure) shippai 失敗/失敗

review *n.*, *v.* (study again)fukushū suru 復習する/複習;(look back on) kaiko suru 回顧する/回顧;(criticize) hyōron suru 評論する/評論

revise *v.* kaitei suru 改訂する/訂正;shūsei suru 修正する/修正

revive *vi.* (come back to life) ikikaeru 生き返る/甦醒;fukkatsu suru 復活する/復活;(recover)kaifuku suru 回復する/恢復;(regain vigor) genki-zuku 元気づく/振作精神 ——*vt.* (bring to life)ikikaeraseru 生き返らせる/使甦醒;(make fresh)genki o kaifuku saseru 元気を回復させる/使振起精神,使奮起

revolt *n.* ,*v.* hanran (o okosu) 反乱(を起こす)/叛亂;hangyaku (suru) 反逆(する)/反叛;muhon (o okosu) 謀反(を起こす)/(進行)謀反;(fill or be filled with disgust) fuyukai ni omou 不愉快に思う/使感覺不快;mukatsuku むかつく/使嘔心,使反感

revolution *n.* (revolving) kaiten 回転/旋轉;(complete change) kaikaku 改革/改革,革新;(overthrow of a government) kakumei 革命/革命

revolve *vi.* (rotate) kaiten suru 回転する/旋轉;mawaru 回る/週轉;(move in an orbit) unkō suru 運行する/運營 ——*vt.* mawasu 回す/使轉動;(think over) omoimegurasu 思い巡らす/轉念頭

revolver *n.* rempatsushiki pisutoru 連発式ピストル/連發式手槍;reborubā レボルバー/左輪手槍

reward *n.* hōshū 報酬/報酬;hōbi ほうび/獎賞;sharei 謝礼/酬謝 ——*v.* mukuiru 報いる/酬勞;sharei suru 謝礼する/酬謝

rhyme *n.* in 韻/韻文,腳韻;shi 詩/詩

rhythm *n.* rizumu リズム/抑揚,節奏,韻律

rib *n.* rokkotsu ろっ骨/肋骨;abara-bone あばら骨/肋骨;(rib of an umbrella) kasa no hone かさの骨/肋骨,骨材,加强筋

ribbon *n.* ribon リボン/緞帶,髮帶,打字機色帶;himo ひも/帶子,帶狀物

rice *n.* kome 米/大米;meshi 飯/米飯;(rice plant) ine 稲/稻

rich *adj.* (wealthy) kanemochi no 金持の/有錢的;(abundant) hōfu na 豊富な/豐富的;(thick) nōkō na 濃厚な/濃厚的 ——***n. pl.*** (wealth) tomi 富/財富;zaisan 財産/財產

rid *v.* (free) nogare saseru 逃れさせる/使解脱;(remove)… kara torinozoku …から取り除く/除去

get* [*be*] *rid of …kara torinozoku …から取り除く/除去;katazukeru 片付ける/除掉,消滅;oi-harau 追い払う/驅除

riddle *n.* ,*v.* (puzzle) nazo (o kakeru) なぞ(を掛ける)/(出)謎語;(solve) nazo (o toku) なぞ(を解く)/(猜)謎語

ride *v.* noru 乗る/乘,騎,坐(車);(be carried in or on a vehicle) notte iku 乗って行く/乘車(或騎馬)去;(sit on and manage a horse) uma ni noru 馬に乗る/騎馬 ——*n.* (*horse*) jōba 乗馬/騎馬;(*vehicle*) jōsha 乗車/乘車,坐車

ridge *n.* (top)itadaki 頂/山頂;chōjō 頂上/峰頂;(cf. crest) one

尾根/山脊,分水嶺;mine 峰/山峰;(ridge in ploughed ground) une うね/田塍,阡陌

ridge of nose hana-suji 鼻筋/鼻樑

ridicule *n.* azakeri あざけり/愚弄,揶揄;chōshō 嘲笑/嘲笑 ——*v.* azakeru あざける/嘲弄;baka ni suru ばかにする/愚弄

ridiculous *adj.* okashii おかしい/可笑的;bakageta ばかげた/荒謬的

rifle *n.* shōjū 小銃/步槍;raifuru-jū ライフル銃/來福槍

right *adj.* (just) tadashii 正しい/正確的;(true)hontō no 本当の/真正的;(proper) tekitō na 適当な/適當的;(cf. left)migi no 右の/右方的;(straight) massugu na 真っすぐな/筆直的 ——*n.* (privilege)kenri 権利/權利;(justice) seigi 正義/正義

All right. Yoroshii. よろしい/好,行,没關係

right away sugu ni すぐに/馬上;tadachi ni 直ちに/即刻

right-hand *adj.* migite no 右手の/右手的;migigawa no 右側の/右側的

rightly *adv.* tadashiku 正しく/正確;seitō ni 正当に/正當

rigid *adj.* (stiff)katai 堅い/硬的;(strict)genjū na 厳重な/嚴重的,嚴正的

rim *n.* (edge) fuchi 縁/端,緣;heri へり/邊

ring[1] *n.* wa 輪/圈,輪圈;(finger ring) yubiwa 指輪/戒指;(*boxing*) ringu リング/環,圈,耳環,戒指

ring[2] *vt.* narasu 鳴らす/敲(鐘),搖(鈴),按(電鈴) ——*vi.* naru 鳴る/鳴,響

ring off denwa o kiru 電話を切る/掛電話

ring up denwa o kakeru 電話をかける/打電話

rinse *v.* yusugu ゆすぐ/涮洗;susugu すすぐ/漱口

riot *n.*, *v.* sōdō(o okosu) 騒動(を起こす)/(發生)騷動,(發生)騷擾;bōdō (o okosu) 暴動(を起こす)/(發生)暴動

rip *vt.* saku 裂く/扯裂;yaburu 破る/撕破 ——*vi.* sakeru 裂ける/裂開;yabureru 破れる/破開

ripe *adj.* (mature)jukushita 熟した/成熟的;enjuku shita 円熟した/圓熟的,老練的;minotta 実った/熟透了的

rise *v.* (get up)okiru 起きる/起身,起立;tachi-agaru 立ち上がる/站起來;(come or go up, ascend) noboru 昇る/上昇;(increase) masu 増す/增大

risk *n.* kiken 危険/危險;bōken 冒険/冒險

at the risk of …o toshite …を賭して/冒着生命危險,拚着性命

run risks kiken o okasu 危険を冒す/冒險

rite *n.* (ceremony) gishiki 儀式/儀式;(general custom) kanshū

慣習 /慣例;shūkan 習慣/習慣,習俗

rival *n.* (competitor) kyōsōsha 競争者/競爭者;raibaru ライバル/競爭者,對手 ——*v.* (be comparable to) …ni hitteki suru …に匹敵する/匹敵,頡頏;(vie with) kyōsō suru 競争する/競爭,對抗

river *n.* kawa 川/河,江,川

riverside kawabe 川辺/河畔,河邊

road *n.* (way) michi 道/路,道路;(means) shudan 手段/手段;hōhō 方法/方法

roar *v.* (make a deep, loud cry) hoeru ほえる/吠;(bawl) donaru 怒鳴る/吼,咆哮;(resound) todoroku とどろく/轟鳴 ——*n.* hoegoe ほえ声/吠聲;unari うなり/吼,嘯

roast *v.* aburu あぶる/烤,燒,烘;mushiyaki ni suru 蒸焼きにする/烘烤

rob *v.* ubau 奪う/搶奪,掠奪;gōtō o suru 強盗をする/打劫

robber *n.* gōtō 強盗/強盜

robe *n.* rōbu ローブ/長袍,禮服,制服,法衣;*pl.* ifuku 衣服/衣服

robin *n.* komadori 駒鳥/駒鳥,知更鳥

rock[1]*n.* iwa 岩/岩石;ishi 石/石

rock[2]*v.* (move gently to and fro) (zengo ni) yuriugokasu (前後に)揺り動かす/(前後)顛簸;(sway from side to side) (yoko ni) yuri-ugokasu (横に)揺り動かす/(左右)搖擺 ——*n.*, *v.* dōyō(suru) 動揺(する)/搖動

rocket *n.* roketto ロケット/火箭;noroshi のろし/狼煙,烽火

rod *n.* (stick) sao さお/竿;(fishing rod) tsuri-zao 釣りざお/釣竿;(switch) muchi むち/鞭,教鞭

role *n.* (character played by an actor) yaku 役/角色;(function) yakume 役目/任務;nimmu 任務/任務

roll *v.* (move by turning) korogasu 転がす/推滾;(wrap round upon itself) maite tsutsumu 巻いて包む/包捲;(flatten with a roller) (rōrā de) narasu (ローラーで)ならす/碾(平、薄);(wind into a ball or tube) marumeru 丸める/搓圓;maku 巻く/捲 ——*n.* (rolling) kaiten 回転/滾轉;(cf. pitch) (fune no) yokoyure (船の)横揺れ/(船左右)搖擺;(scroll) makimono 巻物/捲物,捲軸;(list of names) meibo 名簿/點名册;(*bread*) rōrupan ロールパン/麵包捲;(peal) (kaminari ga) goro-goro naru oto (雷が)ゴロゴロ鳴る音/雷聲隆隆

romance *n.* romansu ロマンス/(中世紀)騎士文學,傳奇;ren'ai shōsetsu 恋愛小説/愛情故事

roof *n.* yane 屋根/屋頂

room *n.* heya 部屋/房間;(space) basho 場所/場所,地方;yochi

余地/餘地,機會

root *n.* (*plant*) ne 根/(植物之)根;(origin) kompon 根本/根本;kigen 起源/根源,起源 ——*v.* (take root) nezuku 根付く/生根

rope *n.* tsuna 綱/纜,索,粗繩;nawa なわ/繩;rōpu ロープ/繩,索 ——*v.* musubu 結ぶ/(用繩)結、捆;shibaru 縛る/縛,綁

rose *n.* bara(-iro) ばら(色)/玫瑰(色) ——*adj.* bara-iro no ばら色の/淡紅色的

rot *vt.* kusaraseru 腐らせる/使腐敗 ——*vi.* kusaru 腐る/腐敗 ——*n.* fuhai 腐敗/腐敗

rotary *v.* (turning round) kaiten suru 回転する/旋轉 ——*adj.* kaiten-shiki no 回転式の/旋轉式的 ——*n.* rōtarī ロータリー/旋轉式掃雪機

rotate *v.* (revolve) kaiten suru [saseru] 回転する[させる]/旋轉(驅轉);(alternate) kōtai suru [saseru] 交代する[させる]/(使)輪換;(circulate) junkan suru [saseru] 循環する[させる]/(使)循環

rotten *adj.* (decayed) kusatta 腐った/腐敗的,腐朽的;(corrupt) daraku shita 堕落した/墮落的;(disagreeable) iyana いやな/令人討厭的

rouge *n.* beni 紅/胭脂;kuchi-beni 口紅/口紅,唇膏

rough *adj.* (coarse in texture) arai 粗い/粗的,粗糙的;(not level) deko-boko no でこぼこの/凹凸不平的,坑窪不平的;(not smooth) zara-zara no ざらざらの/不光滑的;(coarse) soya na 粗野な/粗魯的,粗野的;rambō na 乱暴な/狂暴的 ——*n.* (rough draft, sketch) sōan 草案/草案;gairyakuzu 概略図/草圖

round *adj.* (circular) marui 丸い/圓的;enkei no 円形の/圓形的;(spherical) kyūkei no 球形の/球形的;(go round) isshū suru 一周する/繞一圈(一周)的 ——*n.* (circle) en 円/圓;(globe) kyū 球/球;(ring) wa 輪/環 ——*adv.* …no mawari ni …の回りに/在周圍;…o mawatte …を回って/迂迴地;gururi to ぐるりと/繞圈子 ——*v.* maruku naru [suru] 丸くなる[する]/成圓,弄圓

all the year round ichinen-jū 一年中/一年到頭,整年

round trip shūyū 周遊/周遊;ōfuku 往復/往復

roundabout *adj.* (circuitous) tōmawari no 遠回りの/繞遠的;mawarimichi no 回り道の/迂迴的;(indirect) kansetsu-teki na 間接的な/間接的;tōmawashi no 遠回しの/委婉的 ——*n.* (merry-go-round) kaiten mokuba 回転木馬/旋轉木馬

rouse *v.* (waken) me o samasaseru 目を覚まさせる/弄醒,叫醒;(excite) genki-zuku [-zukeru] 元気付く[付ける]/振作

精神;funki suru [saseru] 奮起する[させる]/奮起(激勵)
route *n.* (road) michi 道/路;rosen 路線/路線;rūto ルート/道路,線路,途徑,行程;(line)kōro 航路/航路,航線
routine *n.* (prescribed procedure) kimarikitta shigoto 決まりきった仕事/例行公事,日常工作 ——*adj.* (unvarying) okimari no お決まりの/常規,規定;(everyday) nichijō no 日常の/日常的
row[1] *n.* (rank) retsu 列/列;横排;(line) gyō 行/行列,行;(row of houses) yanami 家並/排房
in rows retsu o nashite 列をなして/成一排,排列着
row[2] *v.* (propel a boat with oars) fune o kogu 舟をこぐ/划船
row[3] *n.* (disturbance) sōdō 騒動/動亂;(noise) sawagi 騒ぎ/吵鬧;(dispute) ronsō 論争/爭論;(noisy quarrel) kenka けんか/吵架 ——*v.* sawagu 騒ぐ/吵鬧;kenka suru けんかする/吵架
royal *adj.* ō no 王の/王的;ōshitsu no 王室の/王室的;ōritsu no 王立の/勅立的,受王保護的
rub *v.* kosuru こする/擦;masatsu suru 摩擦する/摩擦;suritsukeru 擦り付ける/塗搽,磨
rubber *n.* gomu ゴム/橡皮;(eraser)keshigomu 消しゴム/(擦字)橡皮
rubbish *n.* kuzu くず/渣滓;gomi ごみ/垃圾;garakuta がらくた/破爛東西
rucksack *n.* ryukkusakku リュックサック/帆布背包
rudder *n.*(fune no) kaji (舟の)かじ/(船)舵
rude *adj.* (impolite) shitsurei na 失礼な/不禮貌的;burei na 無礼な/無禮的;(crude) soya na 粗野な/粗野的
ruffle *v.* (make rough) kakimidasu かき乱す/弄亂;(ripple) sazanami o tateru さざ波を立てる/弄皺;(disturb) magotsukaseru まごつかせる/攪亂,使不安 ——*n.* (ripple) sazanami さざ波/皺褶;(narrow, pleated cloth trimming) hida-kazari ひだ飾り/衣褶
rug *n.* (floor covering) jūtan じゅうたん/地毯;(lap robe) hizakake mōfu ひざ掛け毛布/(坐車用)圍毯,包毯
ruin *n.* (destruction) hametsu 破滅/毀滅;*pl.* (remains of a destroyed house or city) haikyo 廃きょ/廢墟;iseki 遺跡/遺跡 ——*v.* hametsu saseru 破滅させる/使毀滅
ruined *adj.* arehateta 荒れ果てた/荒廢了的;botsuraku shita 没落した/没落了的
rule *n.* (regulation) kisoku 規則/規則;法規;(habitual practice) shūkan 習慣/慣例;(government) shihai 支配/統治,管理 ——*v.* (govern) shihai suru 支配する/統治,支配;(draw

with a ruler) jōgi de sen o hiku 定規で線を引く/用尺畫線

ruler *n.* (governor) shihaisha 支配者/統治者; tōjisha 統治者/統治者; (cf. foot-rule) jōgi 定規/尺, 直尺

rum *n.* ramu-shu ラム酒/甜酒, 朗姆酒; sake 酒/酒

run *v.* hashiru 走る/跑, 奔; kakeru 駆ける/快跑, 奔馳; (flee) nigeru 逃げる/逃走; (flow) (kawa ga) nagareru (川が) 流れる/流; (manage) keiei suru 経営する/經營; (make a quick trip) isoide ryokō suru 急いで旅行する/快速旅行; (be worded) kaite aru 書いてある/寫着; (operate) (kikai o) ugokasu (機械を) 動かす/(機器) 開動, 運轉 ——*n.* (point scored in baseball) tokuten 得点/(棒球) 得分

run after oikakeru 追いかける/追, 追求

run against butsukaru ぶつかる/碰上

run away nigeru 逃げる/逃走, 遁去

run down tomaru 止まる/(鐘錶) 停止

run over (pass over) hiku 引く/輾過(人); (review hastily) zatto yomu ざっと読む/略一過目; (overflow) afureru あふれる/溢出

run short of …ga ketsubō suru …が欠乏する/缺乏…

in the long run kekkyoku 結局/結果; tsuiniwa ついには/最後

rural *adj.* inaka no 田舎の/鄉村的; inaka-fū no 田舎風の/田園般的

rush *n.*, *v.* (dash) tosshin (suru) 突進(する)/衝, 突進; sattō (suru) 殺到(する)/猛衝; (hurry) isogaseru 急がせる/催促

rust *n.* sabi さび/銹 ——*v.* sabiru さびる/生銹

rusty sabita さびた/銹了的

rye *n.* raimugi ライ麦/裸麥; kuromugi 黒麦/黑麥

rye bread raimugi pan ライ麦パン/裸麥面包

rye whisky rai-uisuki ライウイスキー/裸麥威士忌酒

S

sack *n.* fukuro 袋/袋; sakku サック/囊, 袋, 包 ——*v.* fukuro ni ireru 袋に入れる/裝進袋裏

sacred *adj.* (holy) shinsei na 神聖な/神聖的; (dedicated) sasagerareta ささげられた/獻身的

sacrifice *n.*, *v.* gisei (ni suru) 犠牲(にする)/(作出) 犠牲

sad *adj.* kanashii 悲しい/悲哀的; mijimena 惨めな/凄慘的

sadly kanashiku 悲しく/悲哀地; itamashiku 痛ましく/悲痛地

saddle *n.*, *v.* kura (o oku) 鞍(を置く)/(上) 鞍

sadness *n.* kanashimi 悲しみ/悲傷; hiai 悲哀/悲哀
safe *adj.* anzen na 安全な/安全的; buji na 無事な/平安的 ——*n.* (strongbox)kinko 金庫/金屬櫃,保險櫃
safely anzen ni 安全に/安全地; buji ni 無事に/平安地
safety *n.* anzen 安全/安全; buji 無事/平安
sage *n.* (venerable wise man) seijin 聖人/聖人; kenjin 賢人/大智大賢; tetsujin 哲人/哲人——*adj.* kashikoi 賢い/聰明的; kemmei na 賢明な/賢明的
sail *n.* (canvas)ho 帆/帆; (small ship) fune 船/帆船——*v.* (move or travel by means of a sail) hansō suru 帆走する/揚帆行駛; (navigate) kōkai suru 航海する/航海
sailor *n.* suifu 水夫/水手; sen'in 船員/船員
saint *n.* (holy person) seijin 聖人/聖人; (S-) sei 聖/(接頭詞)聖
sake *n.* (purpose)…no tame… のため/爲,緣由; mokuteki 目的/目的; (benefit) rieki 利益/利益
for the sake of …no tame ni…のために/爲了
for God's sake dōka どうか/請; onegai dakara お願いだから/務請
salad *n.* sarada サラダ/(西餐)色拉
sale *n.* hambai 販売/販賣; ureyuki 売れ行き/行銷; (bargain) bāgen sēru バーゲンセール/大減價,大甩賣
salesgirl *n.* joten'in 女店員/女售貨員
salesman *n.* ten'in 店員/售貨員; hambai'in 販売員/推銷員; sērusuman セールスマン/售貨員,推銷員
salmon *n.* sake さけ/鮭; shake しゃけ/鮭
saloon *n.* (large public room) ō-hiroma 大広間/大廳; saron サロン/客廳,酒吧,頭等艙; (better class bar) sakaba 酒場/酒吧
salt *n.* shio 塩/鹽——*adj.* shioke no aru 塩気のある/有鹹味的——*v.* shio-zuke ni suru 塩づけにする/加鹽
salute *n.*,*v.* aisatsu (suru) あいさつ(する)/致敬; keirei (suru)敬礼(する)/敬禮
salvage *n.*,*v.* kainan kyūjo (suru)海難救助(する)/海上救難
salve *n.* (medicinal ointment) kōyakuこう薬/膏藥; nankō 軟こう/藥膏,軟膏——*v.* (soothe) nagusameru 慰める/安慰
same *adj.* onaji 同じ/相同的; dōyō no 同様の/同樣的; dōitsu no 同一の/同一個的
all the same (nevertheless) それでも/然而,但是,仍然; yahari onajiku やはり同じく/完全一樣
sample *n.* mihon 見本/樣品,貨樣; sampuru サンプル/樣品,標本; hyōhon 標本/標本

sand *n.* suna 砂/沙
sandal *n.* sandaru サンダル/涼鞋,拖鞋
sand-glass *n.* suna-dokei 砂時計/(計時)沙漏
sandpaper *n.* kami-yasuri 紙やすり/砂紙
sandwich *n.* sandoitchi サンドイッチ/三明治,夾心麵包片
sanitary *adj.* eisei-jō no 衛生上の/衛生上的; eisei-teki na 衛生的な/衛生的
sardine *n.* iwashi いわし/沙丁魚
sash[1] *n.* (ornamented band) obi 帯/帶; kazari-obi 飾り帯/飾帶,腰帶
sash[2] *n.* (sliding frame for window glass) madowaku 窓枠/(上下開關的)窗框; sasshi サッシ/框,窗框
satellite *n.* (small planet) eisei 衛星/衛星
man-made satellite jinkō-eisei 人工衛星/人造衛星
satin *n.* shusu しゅす/緞子; saten サテン/杜松子酒
satire *n.* fūshi 風刺/諷刺; hiniku 皮肉/挖苦
satisfaction *n.* manzoku 満足/滿意,滿足
satisfy *v.* (content) manzoku saseru 満足させる/使滿意,使滿足; (convince) nattoku saseru 納得させる/使確信,使承認
saturday *n.* doyō-bi 土曜日/星期六
sauce *n.* sōsu ソース/醬油,辣醬油
saucepan *n.* shichū-nabe シチューなべ/有柄小鍋
saucer *n.* uke-zara 受け皿/茶托,茶碟; dai-zara 台皿/(花盆)墊盤
flying saucer sora-tobu emban 空飛ぶ円盤/飛盤
sausage *n.* sōsēji ソーセージ/紅腸,臘腸
savage *adj.* (uncivilized) yaban na 野蛮な/野蠻的; (cruel) zankoku na 残酷な/殘酷的——*n.* yabanjin 野蛮人/野人,蠻子,生番
save *v.* (rescue) suku'u 救う/救,拯救; (keep for future use) takuwaeru 蓄える/儲蓄; (spare) setsuyaku suru 節約する/節約——*prep.* (except)…o nozoite…を除いて/除…以外
saving (rescue) kyūjo 救助/救助,救濟; *pl.* (money saved) chokin 貯金/儲蓄(金)
save for …igai wa… 以外は/…以外,此外
say *v.* (utter) iu 言う/說; noberu 述べる/述說; oi おい/喂,我是說; chotto ちょっと/停一下,聽我說; ne ね/我說
to say nothing of iu made mo naku 言うまでもなく/不用說
saying *n.* kakugen 格言/格言,名言; kotowaza ことわざ/諺語
scale[1] *n.* (set of graded marks) memori 目盛/刻度,標度; (ruler) monosashi 物指し/尺度; (proportion) wariai 割合/比例; kibo 規模/規模

scale^2*n*. *pl*. (balance) tembin-bakari てんびんばかり/天平(秤)——*v*. hakari ni kakeru はかりにかける/稱重
scale^3*n*. (*fish*) uroko うろこ/鱗; kokera こけら/鱗; (scab) kasabuta かさぶた/鱗癬——*v*. uroko o otosu うろこを落とす/刮鱗; kara [saya] o muku から(さや)をむく/剝去豆莢,剝去外殼
scandal *n*. shūbun 醜聞/醜聞; sukyandaru スキャンダル/醜聞,舞弊案件
scarce *adj*. (scanty) toboshii 乏しい/(必需品)缺乏,不足; (rare) mare na まれな/稀有的,罕見的
scarcely hotondo…nai ほとんど…ない/幾乎没有; yatto やっと/好容易
scare *v*. (frighten) odorokaseru 驚かせる/驚嚇,嚇唬; bikkuri saseru びっくりさせる/使驚訝——*n*. (fright) kyōfu 恐怖/恐怖; odoroki 驚き/驚訝,恐慌
scarf *n*. eri-maki 襟巻/領巾; sukāfu スカーフ/圍巾,領巾
scatter *v*. baramaku ばらまく/撒(種); makichirasu まき散らす/撒佈,散播
scene *n*. (place,setting) bamen 場面/情景; (view) fūkei 風景/風景; keshiki 景色/景色
scenery *n*. keshiki 景色/景色; fūkei 風景/風景
scent *n*. (perfume) kaori 香り/香; (odor) nioi におい/香氣; (sense of smell) kyūkaku 嗅覚/嗅覺——*v*. (smell) kagu かぐ/聞,嗅; (perfume) kaoraseru 香らせる/使香,灑香水
schedule *n*. sukejūru スケジュール/日程(表); yotei 予定/預定計劃; ichiranhyō 一覧表/一覽表
scheme *n*.,*v*. keikaku (suru) 計画(する)/計劃,策劃
scholar *n*. (learned person) gakusha 学者/學者; (student) gakusei 学生/學生; (student given scholarship aid) shōgakusei 奨学生/獎學金受領者
scholarship *n*. shōgakukin 奨学金/獎學金
school *n*. gakkō 学校/學校; (schoolhouse) kōsha 校舎/校舍; (school hours) jugyō-jikan 授業時間/授課時間; (sect) ryūha 流派/學派
schoolboy *n*. danshi-seito 男子生徒/男生
schooldays *n*. gakusei-jidai 学生時代/學生時代
schoolgirl *n*. joshi-seito 女子生徒/女生
school hours *n*. jugyō-jikan 授業時間/授課時間
schoolhouse *n*. kōsha 校舎/校舍
science *n*. kagaku 科学/科學
scissors *n*. *pl*. hasami はさみ/剪刀,剪子
scold *v*. shikaru しかる/罵; gami-gami iu がみがみ言う/訓

斥,責罵
scoop *n.* (small, shovel-like utensil) kogata no sukoppu 小形のスコップ/鏟子,鐵鍬; (cf. ladle) shakushi しゃくし/杓子; hishaku ひしゃく/柄杓; (*newspaper*) (beat) tokudane 特種/特稿; sukūpu スクープ/特訊,獨家新聞——*v.* (hollow out) kurinuku くりぬく/挖,掘; eguru えぐる/剜; (ladle out) suku'u すくう/掬取; kumidasu くみ出す/汲出,舀出
scope *n.* (range) han'i 範囲/範圍; (range of view or action) genkai 限界/界限; (room) yochi 余地/餘地; (opportunity to function) kikai 機会/機會; hakeguchi はけ口/出口,排水口
scorch *vt.* kogasu 焦がす/燒焦——*vi.* kogeru 焦げる/焦——*n.* yakekoge 焼け焦げ/燒焦
score *n.* (record of points made) tokuten (-kiroku) 得点(記録)/(運動會)得分(表); sukoa スコア/得分(表),總譜; (notch) kizamime 刻み目/刻痕; (twenty) ni-jū 20/二十; (result of a test) shiken no kekka 試験の結果/試驗結果; (debt) shakkin 借金/借款; (account) kanjō 勘定/帳目; (wound) kirikizu 切り傷/創傷; (*music*) gakufu 楽譜/樂譜——*v.* (make a score or scores) tokuten suru 得点する/得分; (keep score) tokuten o kiroku suru 得点を記録する/記分
scorn *n.*, *v.* keibetsu (suru) 軽べつ(する)/藐視; azawarau あざ笑う/嘲笑
scout *n.* (one sent in advance to gather information) sekkō 斥候/斥候,偵察; (boy [girl] scout) bōi [gāru] sukauto ボーイ[ガール]スカウト/童子軍(女童子軍); (talent scout) sukauto スカウト/童子軍;偵察——*v.* (reconnoiter) teisatsu suru 偵察する/偵察; sekkō ni iku 斥候に行く/執行童子軍任務
scowl *v.* kao o shikameru 顔をしかめる/皺眉,陰沉着臉——*n.* shikame-tsura しかめ面/愁容
scramble *v.* (climb or crawl with the hands and feet) hau はう/爬; yojinoboru よじ登る/攀登; (struggle for something) ubai-au 奪い合う/爭奪; (mix confusedly) gochamaze ni suru ごちゃまぜにする/蔓延,繁生
scrambled eggs iritamago いり卵/炒鷄蛋
scrap *n.* (fragment) kirehashi 切れ端/小片,破片,零頭; (discarded material) kuzu くず/碎片,廢物; (newspaper cuttings) (shimbun no) kirinuki (新聞の)切抜き/剪下的報紙
scrape *v.* (rub forcefully) kosuru こする/擦; (scratch) kaku かく/搔; (polish) migaku 磨く/刷,擦; (remove by rubbing)

kosuri otosu こすり落とす/擦下；(shave) soru そる/剃

scratch *v.* (rub the skin to relieve itching) kaku かく/搔；(wound with nails or claws) hikkaku 引っかく/搔,撓；(write roughly) hashiri-gaki suru 走り書きする/潦草地寫——*n.* (slight cut or wound) kaki-kizu かき傷/搔傷；kasuri-kizu かすり傷/擦傷

scream *v.* kyā to iu キャーと言う/尖聲喊叫,哇哇哭喊；himei [kanakiri-goe] o ageru 悲鳴[金切り声]をあげる/發出哀叫聲

screen *n.* (thing used to conceal) tsuitate つい立/屏風；shikiri 仕切り/矮牆；(window insertion of framed mesh) amido 網戸/紗窗；(surface for showing movies) sukurīn スクリーン/屏,屏蔽,銀幕,銀屏

folding screen byōbu びょうぶ/屏風

sliding screen shōji 障子/紙門；fusuma ふすま/槅扇

screw *n.* (nail-like fastener with a spiral groove) neji ねじ/螺絲,螺栓,螺紋；(propeller) sukuryū スクリュー/螺絲,螺栓,螺紋——*v.* (fasten with a screw) neji de tomeru ねじで止める/螺絲緊定

screwdriver neji-mawashi ねじ回し/螺絲起子,趕錐,螺絲刀；doraibā ドライバー/螺絲起子,趕錐,螺絲刀

script *n.* (handwriting) tegaki 手書き/原本,正本；(scenario) kyakuhon 脚本/劇本(原稿)

sculptor *n.* chōkoku-ka 彫刻家/雕刻家

sculpture *n.* ,*v.* chōkoku (suru) 彫刻(する)/雕刻

sea *n.* umi 海/海；… kai…海/海

The Sea of Japan Nihon-kai 日本海/日本海

by sea fune de 船で/坐船；kairo de 海路で/由海路

go to sea funanori ni naru 船乗りになる/做水手

put to sea shuppan suru 出帆する/開船；shukkō suru 出航する/離港

seabed *n.* (the s-) kaitei 海底/海底

seabird *n.* umidori 海鳥/海鳥

seaboard *n.* kaigan-sen 海岸線/海岸線；umibe 海辺/海邊；engan (chihō) 沿岸(地方)/海濱

seacoast *n.* kaigan 海岸/海岸；engan 沿岸/沿岸

seafood *n.* kaisan-shokuhin 海産食品/海產食品

seal[1] *n.* azarashi あざらし/海豹

seal[2] *n.* (stamped emblem or design) han 判/圖章；inshō 印章/印章,圖章；(device for closing envelopes or packages) fūin 封印/封緘——*v.* (affix a seal to) han o osu 判を押す/蓋章,畫押；(close) fū o suru 封をする/封緘,密封

sea level *n.* kaisuimen 海水面/海面,海平面,標準海面
sea lion *n.* ashika あしか/海獅
seam *n.* nuime 縫い目/縫,線縫——*v.* nuiawaseru 縫い合わせる/縫合
seamless shīmuresu シームレス/無縫
seaman *n.* sen'in 船員/船員; funanori 船乗り/水手
sea mile *n.* kairi 海里/海里
search *v.* (look through) sagasu 捜す/捜,抄查; (investigate) shiraberu 調べる/調查,查究——*n.* (examination) chōsa 調查/調查; (searching) sōsa 捜查/捜查
in search of …o sagashite…を捜して/找着…,去找; …o motomete...を求めて/追求着…,去追求
seashell *n.* kai(-gara) 貝(殼)/海貝,海貝殼
seashore *n.* kaigan 海岸/海岸; umibe 海辺/海邊
seasick *adj.* fune ni yotta 船に酔った/暈船的; funayoi no 船酔いの/暈船的
seaside *n.* (the s-) umibe 海辺/海邊; hamabe 浜辺/海濱; kaigan 海岸/海岸
season *n.* (any of four divisions of the year) kisetsu 季節/季節; shiki 四季/四季; (special time of year) jisetsu 時節/時節; jiki 時期/時期; kikan 期間/期間——*v.* (give relish to) aji [fūmi] o tsukeru 味[風味]を付ける/加味道,調味
seasoning *n.* (condiment) chōmiryō 調味料/調味品; yakumi 薬味/佐料(薑、葱、胡椒、花椒等)
seat *n.* (surface or place for sitting) zaseki 座席/座位,席位; isu いす/椅子; (center, capital) chūshinchi 中心地/中心地; shozaichi 所在地/所在地; (buttocks) shiri 尻/屁股; (location) basho 場所/場所; ichi 位置/位置
take a seat seki ni tsuku 席に着く/就坐
Take a seat, please. Dōzo okake kudasai. どうぞお掛けください./請坐
seaweed *n.* kaisō 海藻/海藻; mo 藻/海生藻類; nori のり/紫菜
second[1] *adj.* dai-ni no 第二の/第二的; ni-ban me no 二番目の/第二名的; (another) betsu no 別の/別的,其他的
second[2] *n.* (1/60 a minute) byō 秒/秒; (moment) shunkan 瞬間/瞬間
secret *adj.* (kept from being generally known) himitsu no 秘密の/秘密的; (kept hidden from others) kakureta 隠れた/隱藏的——*n.* (key) hiketsu 秘けつ/秘訣
in secret naisho de 内緒で/(個人)秘密地; himitsu ni 秘密に/秘密地

secretary *n.* hisho 秘書/秘書; shokikan 書記官/書記; jimukan 事務官/科員; (*U. S.*) (S-) chōkan 長官/首長
the Secretary of State kokumu-chōkan 国務長官/(英)國務大臣, (美)國務卿
sect *n.* (religious order) shūha 宗派/宗派; kyōha 教派/教派
section *n.* (part) bubun 部分/部分; (district) chiku 地区/地區; (division) ka 課/科, 股; (*book*) setsu 節/(書的)章節 —— *v.* (divide into parts) kuwake suru 区分けする/區分; bunkatsu suru 分割する/分割, 拆卸
secure *adj.* (safe) anzen na 安全な/安全的; (certain) kakujitsu na 確実な/確實的; (stable) kengo na 堅固な/堅固的 —— *v.* (make safe) anzen ni suru 安全にする/使安全, 防護; (make firm) kakujitsu ni suru 確実にする/使確實, 弄穩妥
securely anzen ni 安全に/安全地; kakujitsu ni 確実に/確實地
security *n.* (safety) anzen 安全/安全; (guarantee) hoshō 保証/保證; *pl.* (stocks and bonds) kabu 株/股, 股份; saiken 債券/債券
seduce *v.* sosonokasu そそのかす/挑唆, 勾引; yūwaku suru 誘惑する/引誘, 誘惑
see *v.* (look at) miru 見る/看; (meet) au 会う/遇到, 會面; (understand) wakaru わかる/知道, 懂得; (consider) kangaeru 考える/想一想; (take care) ki o tsukeru 気をつける/注意; (undergo) keiken suru 経験する/經驗, 體察; (find out) mitsukeru 見付ける/查看; (make sure) tashikameru 確かめる/確認
see off miokuru 見送る/送行
see through miyaburu 見破る/看透; minuku 見抜く/看穿
I see. Wakarimashita. 分りました./我明白了。
seed *n.*, *v.* tane (o maku) 種(をまく)/(播)種
seek *v.* (search for) sagasu 捜す/找, 尋, 覓; (try to obtain) motomeru 求める/請求, 追求, 尋求; (attempt)…shiyō to suru…しようとする/試, 企圖
seem *v.* (appear) …no yōni mieru… のように見える/好像; rashii らしい/似乎
seize *v.* (grasp) tsukamu つかむ/抓; (catch) toraeru 捕らえる/抓住, 捕捉; (understand) rikai suru 理解する/明白, 瞭解
seldom *adv.* metta ni …(shi) nai …めったに…(し)ない/不常, 很少; (rarely) tama ni たまに/偶爾; mare ni まれに/難得
select *v.* erabu 選ぶ/選擇 —— *adj.* eranda 選んだ/挑選的;

erinuki no えり抜きの/精選的
selection sentaku 選択/選擇
self-confidence *n.* jishin 自信/自信
self-control *n.* jisei 自制/克己,自制
selfish *adj.* riko-teki na 利己的な/自私的; wagamama na 我がままな/任性的
sell *v.* uru 売る/賣; ureru 売れる/好賣,暢銷
semester *n.* gakki 学期/學期; han-gakunen 半学年/一學期
senate *n.* jōin 上院/上議院,参議院
senator jōin-giin 上院議員/上議院議員,参議員
send *v.* (cause to be conveyed) okuru 送る/送,寄; (direct to go) ikaseru 行かせる/打發,派遣
send away oidasu 追い出す/趕走,逐出
send for …o okuridasu… を送り出す;/派人去…; mukae ni yaru 迎えにやる/延請,派人去請
senior *adj.* (older) toshiue no 年上の/年長的; jōkyū no 上級の/高年級的—— *n.* (student in his fourth year of high school or college) (kōkō, daigaku no) yonensei (高校、大学の)四年生/(高中、大學)四年級學生,畢業班學生
sensation *n.* (sense) kankaku 感覚/感覺; (feeling) kanji 感じ/感知; (emotion) kandō 感動/感動; (excitement) sensēshon センセーション/感覺,感動,激動,轟動
sense *n.* (power to see, etc.) kankaku 感覚/感覺; (feeling) kanji 感じ/感知; (perception) ninshiki 認識/認識; ishiki 意識/意識; (meaning) imi 意味/意義; (sound judgement) fumbetsu 分別/辨別
senseless *adj.* mukankaku no 無感覚の/無感覺的; mufumbetsu na 無分別な/無辨別力的,不省人事的
sensible *adj.* (judicious) fumbetsu no aru 分別のある/有辨別力的; (perceptible) kanjirareru hodo no 感じられるほどの/能感覺到的; kanari no かなりの/明顯的; (aware) kanzuite [kizuite]iru 感づいて[気付いて]いる/足以發覺的
sensitive *adj.* kanji yasui 感じやすい/易感覺到的; binkan na 敏感な/敏感的
sentence *n.*, *v.* bunshō 文章/文章; bun 文/句子; (punishment) hanketsu (o kudasu) 判決(を下す)/(下)判決
sentiment *n.* (feeling) kanjō 感情/感情; (maudlin emotion) kanshō 感傷/傷感
sentimental *adj.* kanshō-teki na 感傷的な/傷感的; namida moroi 涙もろい/多愁善感的
separate *adj.* (set apart) wakareta 別れた/分開的; (individual) koko no 個々の/隔離的 —— *v.* (divide)

wakeru 分ける/分類；(come apart) wakareru 別れる/分開
separately *adv.* betsu-betsu ni 別々に/各別地,分別地
september *n.* ku-gatsu 九月/九月
sequence *n.* (continuous series) renzoku 連続/連續；(order of occurrence) junjo 順序/順序
sergeant *n.* (*army*) gunsō 軍曹/(陸軍、空軍)士官,中士；(*police*) keibu 警部/(地位低於巡官的職務)警官,警佐
series *n.* (sequence) renzoku 連続/連續；shirīzu シリーズ/系列,叢書,連續劇
serious *adj.* (earnest) majime na まじめな/認真的；(thoughtful) honki no 本気の/懇切的；(important) omoomoshii 重々しい/重要的；taisetsu na 大切な/重要的；jūdai na 重大な/重大的
seriously *adv.* majime ni まじめに/認真地；hidoku ひどく/嚴重(地)
sermon *n.* sekkyō 説教/説教
serpent *n.* hebi 蛇/蛇
servant *n.* meshitsukai 召使い/僕人,傭人
serve *v.* (work for) …ni tsukaeru …に仕える/服務；(avail) …ni yakudatsu …に役立つ/有用,有益,貢獻；(offer food, etc. to) (shokutaku ni) dasu 食卓に出す/擺(食物),斟(酒)；kubaru 配る/分配,分派——*n.* (*tennis*) sābu サーブ/上菜
service *n.* (act of serving) hōshi (-katsudō) 奉仕(活動)/服務(活動)；sewa 世話/照顧；(system for supplying public needs) kōkyō-jigyō 公共事業/公用事業；(maintenance and repair) afutā-sābisu アフターサービス/售後服務,商品維修；(religious meeting) reihai 礼拝/禮拜儀式
sesame *n.* goma ごま/芝蔴
session *n.* (sitting) kaikai 開会/開會；kaitei 開廷/開庭；kaiki 会期/會期；(term) gakki 学期/學期
set *v.* (put) oku 置く/放,安置；(place) sueru 据える/固定,定位；(impose) kasuru 課する/課,徵收；(adjust) tadasu 正す/對準,校準；totonoeru 整える/整理,整頓；(fix) kimeru 決める/決定；(disappear below the horizon) (hi ga) shizumu (日が)沈む/(日)落；(establish) tateru 建てる/建立,設立；(sit on eggs) mendori ga tamago o daku めん鳥が卵を抱く/老母鷄抱蛋,母鷄孵蛋
set about torikakaru 取り掛かる/開始,着手；chakushu suru 着手する/着手
set aside soba ni oku そばに置く/取消；(reserve) totte oku 取って置く/儲備；(disregard) mushi suru 無視する/無視
set free kaihō suru 解放する/釋放

set in hajimaru 始まる/開始；…ni naru…になる/來臨
set off [***out***] (start) shuppatsu suru 出発する/出發
set up (erect) tateru 立てる/豎起，擺正；(build) tateru 建てる/建立，設立，開設
—— *adj.* (fixed) kotei shita 固定した/固定的；(determined) fudō no 不動の/不動的 —— *n.* (group, collection) kumi 組/組；setto セット/調整，安裝

settle *v.* (arrange) torikimeru 取り決める/決定 (fix in one place) ochitsukeru 落着ける/使平靜，使安定 (pay up) shiharau 支払う/支付；seisan suru 清算する/結算；(fix) sadamaru 定まる/規定，指定
settle down eijū suru 永住する/定居

seven *n.*, *adj.* shichi (no) 7，七(の)/七(的)；nanatsu (no) 7つ，七つ(の)/七個(的)

seventeen *n.*, *adj.* jū-shichi (no) 17，十七(の)/十七(的)

seventy *n.*, *adj.* shichi-jū (no) 70，七十(の)/七十(的)；nana-jū (no) 70，七十(の)/七十(的)

several *adj.* ikutsuka no 幾つかの/幾個的；sūko no 数個の/二個以上的；(various) shuju no 種々の/種種的；(individual) kakuji no 各自の/各自的 —— *n.* sūnin 数人/數人；sūko 数個/數個

severe *adj.* (strict) kibishii 厳しい/嚴肅的；genkaku na 厳格な/嚴格的；(violent) hageshii 激しい/猛烈的

sew *v.* nuu 縫う/縫，縫合；
sewing saihō 裁縫/裁縫

sex *n.* sei 性/性；sekkusu セックス/性，性別

shade *n.* hikage 日陰/背陰處；monokage 物陰/隱蔽處，暗地

shadow *n.* (shade) kage 影/影；hitokage 人影/人影；(darkness) kuragari 暗がり/黑暗(處)；yami やみ/黑暗

shaft *n.* (slender stem of an arrow) yagara 矢柄/箭桿；(arrow) ya 矢/箭；(spear) yari やり/槍，矛；(axle) jiku 軸/軸；(spindle) shimbō 心棒/心軸，心棒；(stalk) e 柄/柄

shake *v.* furi-ugokasu 振り動かす/振動；(tremble) furueru 震える/震顫，震動；yureru 揺れる/搖動 —— *n.* shindō 震動/震動；furue 震え/顫動

shall *v. aux.* … darō… だろう/(我)將；saseru させる/使(第二、三人稱)要…

shallow *adj.* (not deep) asai 浅い/淺的 —— *n.* (shoal) asase 浅瀬/淺灘

shame *n.* haji 恥/恥，恥辱，羞恥
shameful hazubeki 恥ずべき/可恥

shameless atsukamashii 厚かましい/厚臉皮的,無恥的
shampoo *n.*, *v.* shampū (de arau) シャンプー(で洗う)/洗髮水(洗頭)
shape *n.* (form) katachi 形/形式,形狀; (appearance) gaikan 外観/外觀,模樣——*v.* katachi-zukuru 形造る/造型,成形
share *n.* (portion) wakemae 分け前/份兒; (stocks) kabu 株/股份,股——*v.* wakachi-au 分かち合う/均分,平分; bumpai suru 分配する/分配
shark *n.* same さめ/鯊魚; fuka ふか/鯊魚
sharp *adj.* (keen) surudoi 鋭い/尖銳的,銳利的; eibin na 鋭敏な/敏銳的; (steep) kewashii 険しい/陡的,峻峭的; (pointed) togatta とがった/尖的,尖利的
shatter *v.* (smash) uchi-kudaku 打ち砕く/打碎; funsai suru 粉砕する/粉碎; kujiku くじく/挫
shave *v.* soru そる/剃; (pare) kezuru 削る/削
shawl *n.* shōru ショール/披肩,披巾; katakake 肩掛け/披肩
she *pron.* kanojo wa [ga]彼女は[が]/她
shear *v.* (clip) hasami-kiru はさみ切る/剪,剪切; karu 刈る/刈,割——*n.*, *pl.* (scissors) ō-basami 大ばさみ/大剪子,剪切機
shed[1] *n.* (hut) koya 小屋/棚子,小屋; mono'oki 物置/堆房
shed[2] *v.* (cause to flow) nagasu 流す/流; (pour out) kobosu こぼす/落,灑; (radiate) (hikari o) hanatsu (光を)放つ/放(光)
sheep *n.* hitsuji 羊/羊
sheer[1] *adj.* (pure) junsui no 純粋の/純淨的; (thin and transparent) sukitōru 透き通る/透明的; goku usui ごく薄い/極薄的; (very steep) kewashii 険しい/陰峻的—— *adv.* (utter) mattaku no 全くの/全然; (completely) kanzen ni 完全に/完全
sheer[2] *v.* (swerve) hōkō o kaeru 方向を変える/彎曲,轉向; (waki e) soreru /(わきへ)それる/(船)逸出路線
sheet *n.* (cf. bedclothes) shikifu 敷布/被單; shītsu シーツ/被單,床單; (broad thin piece, as of paper, glass) ichi-mai no kami [garasu]一枚の紙[ガラス]/一張紙(一塊玻璃); …mai …枚/(量詞)張,塊
shelf *n.* (cf. bookshelf) tana 棚/架子; (sandbank) sasu 砂州/沙洲; (ledge) iwadana 岩棚/崖路,岩棚; anshō 暗礁/暗礁
shell *n.* kara 殻/殼; (seashell) kaigara 貝殻/貝殼; (*turtle*) (kame no) kō (かめの)甲/甲殼——*v.* kara o toru 殻をとる/剝殼,去殼
shelter *n.* (refuge) kakureba 隠れ場/隱蔽所; hinansho 避難所

/避難所；sherutā シェルター/避難所，防空洞，窩棚——*v.* (protect) hogo suru 保護する/保護

shelve *v.* (put on a shelf) tana ni noseru 棚に載せる/放在架子上；(put aside a question) (mondai o) tanaage ni suru (問題を)棚上げにする/(把問題)束之高閣，擱置

shepherd *n.* hitsujikai 羊飼い/牧羊人

sheriff *n.* (chief law officer of a country) shū-chōkan 州長官/州長；hoankan 保安官/警察局長

shield *n.* (protective armor) tate 盾/盾，盾牌；(any protective covering) bōgyo-butsu 防御物/防禦物

shift *v.* (move or transfer) …no ichi o kaeru… の位置を変える/改變位置，變位；utsusu 移す/移；——*n.* (relay) kōtai 交替/替換；(change) tenkan 転換/更換

shilling *n.* shiringu シリング/先令(1/20鎊)

shine *v.* (be bright) hikaru 光る/發光；(glow) kagayaku 輝く/閃耀；(polish) migaku 磨く/擦亮

ship *n.*, *v.* fune (ni noru) 船(に乗る)/(乘)船；fune (ni tsumu) 船(に積む)/(裝)船

shipwreck *n.* nampa (sen) 難破(船)/失事(船)——*v.* nampa suru 難破する/失事

shirt *n.* shatsu シャツ/襯衫；waishatsu ワイシャツ/襯衫

shiver *v.* (tremble) furueru 震える/發抖——*n.* miburui 身震い/打顫，嚇得發抖

shock *n.* shōgeki 衝撃/衝擊；shokku ショック/衝擊，震蕩——*v.* shōgeki o ataeru 衝撃を与える/使受衝擊；(astound) odorokasu 驚かす/使驚駭

shoe *n.* kutsu 靴/鞋

shoehorn *n.* kutsu-bera 靴べら/鞋拔

shoemaker *n.* kutsu-ya 靴屋/鞋店，鞋匠

shoot *v.* (fire a gun) shageki suru 射撃する/射擊；utsu 撃つ/打(槍)，放(炮)，投(籃)；hassha suru 発射する/發射；(sprout) me o dasu 芽を出す/(草木)發芽

shooting *n.* shageki 射撃/射擊；hassha 発射/發射；(darting) tosshin 突進/突進，攻擊

shop *n.* mise 店/店；kouriten 小売店/小賣店；(workshop) shigotoba 仕事場/工作場；sagyōjō 作業場/作業場，(大商店的某一)部門；(factory) seizōsho 製造所/製造廠；kōjō 工場/工廠

shore *n.* kishi 岸/岸；hama 浜/濱

short *adj.* (little length) mijikai 短い/短的；(not tall) hikui 低い/矮的；(brief) kanketsu na 簡潔な/簡短的；(lacking) kirashite iru 切らしている/短缺的；(insufficient) fujūbun na

不十分な/不充分的

(be) short of …ni toboshii… に乏しい/缺乏；…ga tarinai…が足りない/不足

in short yōsuru ni 要するに/總之

——*adv.* (abruptly) kyū ni 急に/突然；kanketsu ni 簡潔に/簡短地；mijikaku 短く/(見識)短淺地——*n. pl.* shōto pantsu ショートパンツ/短褲

shortly sugu ni すぐに/立刻；mamonaku 間もなく/不久

shortage *n.* (lack) fusoku 不足/不足；ketsubō 欠乏/缺乏

shorten *v.* chijimeru 縮める/縮短；mijikaku suru 短くする/弄短

shorthand *n.* sokki 速記/速記

short-sighted *adj.* kinshi no 近視の/近視的；kingan no 近眼の/近視眼的

shot *n.* (bullet) dangan 弾丸/彈丸；tama 弾/子彈；(shooting) shageki 射撃/射擊

should *v. aux.* darō だろう/將，會；(if) moshi …sureba もし…すれば/假如…的話；(ought to) subeki de aru すべきである/應該，必須，當然要

shoulder *n.* kata 肩/肩——*v.* katsugu 担ぐ/擔，挑；ninau 担う/擔，承擔，負擔

shout *n.* sakebi (goe) 叫び(声)/呼喊，吶喊——*v.* sakebu 叫ぶ/呼喊，叫喊，吆喝

shove *v.* (push) osu 押す/推，推開；(thrust) tsuku 突く/推進

shovel *n.* shaberu シャベル/鐵鏟，鐵鍬

show *vt.* (bring in sight) miseru 見せる/給看；shimesu 示す/出示；(make clear) akiraka ni suru 明らかにする/表明；(explain) setsumei suru 説明する/説明；(point out) shiji suru 指示する/指示；shiteki suru 指摘する/指出；(guide) an'nai suru 案内する/帶領參觀——*vi.* (appear) arawareru 現れる/出現；(look) mieru 見える/看見——*n.* (entertainment) shō ショー/陳列，展覽；misemono 見せ物/展覽品；(public exhibition) tenrankai 展覧会/展覽會

show off misebirakasu 見せびらかす/賣弄，誇示(學問)

show the way an'nai suru 案内する/指路，帶路

shower *n.* (brief fall of rain) niwaka-ame にわか雨/陣雨；yūdachi 夕立/(夏晚)驟雨；(shower bath) shawā シャワー/陣雨，淋浴(器)

shred *n.* dampen 断片/斷片，細條；kirehashi 切れ端/碎片——*v.* zuta-zuta ni kiru ずたずたに切る/切碎；kirisaku 切り裂く/撕碎

shriek *n.*, *v.* himei (o ageru) 悲鳴(を上げる)/悲鳴；kanakiri-

goe (o dasu) 金切り声(を出す)/尖聲喊叫
shrimp *n.* ebi えび/蝦,小蝦
shrine *n.* jinja 神社/(日本神道教的寺院)神社; jingū 神宮/神宮(比神社規模大); yashiro 社/廟
shrink *v.* (contract) chijimu 縮む/縮攏,收縮; chijimeru 縮める/縮小; (lessen) heru 減る/減少; (draw back) chūcho suru ちゅうちょする/躊躇
shrub *n.* (bush) kamboku かん木/灌木
shuffle *v.* (walk with feet dragging) ashi o hikizutte aruku 足を引きずって歩く/懶洋洋(或慢吞吞)地拖着腳走; darashinaku aruku だらしなく歩く/懶洋洋地走; (mix together) (torampu o) kirimazeru (トランプを)切り混ぜる/洗紙牌
shut *v.* (close) tojiru 閉じる/關門; shimeru 閉める/關閉; shimaru 閉まる/緊閉 ——*adj.* shimatte iru 閉まっている/緊閉着的
shut out shimedasu 締め出す/關在外面,不許進來
shutter *n.* shattā シャッター/快門,遮蔽器,百葉窗; yoroido よろい戸/百葉窗
shy *adj.* (bashful) uchiki na 内気な/膽小的; hazukashigari no 恥ずかしがりの/羞怯的; (timid) okubyō na おく病な/膽怯的 ——*v.* ojikeru おじける/膽怯,害怕; shirigomi suru しりごみする/躊躇不前
shyly *adv.* hanikande はにかんで/羞怯地,膽小地
sick *adj.* (ill) byōki no 病気の/有病的,病態的; mukatsuku むかつく/噁心,要吐; (tired) iyaki ga sashita 嫌気がさした/疲乏的
sickness *n.* byōki 病気/病; (nausea) hakike 吐き気/作嘔
side *n.* (surface) men 面/(内外)表面; (left or right half) sokumen 側面/側面; (yokogawa 横側/横側; (adjacent space) soba そば/旁邊; (party) mikata 味方/(敵我雙方的)我方,自己一方
by one's side …no soba ni…のそばに/在…旁邊
from side to side hashi kara hashi e 端から端へ/左右(搖動)
on all sides shihō-happō ni 四方八方に/四面八方; itarutokoro ni いたる所に/到處
side by side narande 並んで/並排着,並肩
take sides mikata suru 味方する/左袒,偏袒
sidewalk *n.* hodō 歩道/人行道
sieve *n.*, *v.* furui (ni kakeru) ふるい(にかける)/篩子,篩
sigh *n.*, *v.* tameiki (o tsuku) ため息(をつく)/嘆息,悲嘆; (yearn) akogare (ru) あこがれ(る)/依戀

sight *n.* (ability to see) shiryoku 視力/視力; shikaku 視覚/視覺; (view) kōkei 光景/情景; (act of seeing) miru koto 見ること/觀覽,觀察 ——*v.* miru 見る/看; mitomeru 認める/看見,看到

at sight mite sugu 見てすぐ/一見就,見票即付

by sight mite (wakaru) 見て(わかる)/看了就知道

in sight of …no mieru tokoro ni… の見える所に/在看得見…的地方

out of sight me ni mienai 目に見えない/看不到

sign *n.* (symbol) kigō 記号/記號; (signboard) kamban 看板/招牌; fugō 符号/符號; shirushi 印/跡象,徵兆; (signal) aizu 合図/信號,暗號 ——*v.* (write one's name on) shomei suru 署名する/署名; chōin suru 調印する/簽字(蓋章)

signal *n.*, *v.* shingō (suru) 信号(する)/(發)信號; aizu (suru) 合図(する) /(打)暗號——*adj.* (remarkable) ichijirushii 著しい/顯著的

signature *n.* shomei 署名/簽字,簽名

significant *adj.* (important) jūyō na 重要な/重要的; (having a meaning) imi no aru 意味のある/有意思的; (full of meaning) imi-shinchō na /意味深長な/意味深長的

signify *v.* (express) shimesu 示す/表示,象徵; arawasu 表わす/表示; (mean) imi suru 意味する/意味

silence *n.* (muteness) chimmoku 沈黙/沉默; mugon 無言/無聲,無言; (stillness) seijaku 静寂/寂靜,肅靜,沉靜

in silence damatte 黙って/默默地; sotto そっと/悄悄地——*v.* damaraseru 黙らせる/使靜下來; chimmoku saseru 沈黙させる/使緘口,使無言

silent *adj.* (still, quiet) shizuka na 静かな/寂靜的; (not speaking) chimmoku shita 沈黙した/沉默的

keep silent damatte iru 黙っている/保持沉默

silk *n.* kinu 絹/絲(綢); (raw silk) ki'ito 生糸/生絲

silkworm *n.* kaiko 蚕/蠶;

silly *adj.* baka na ばかな/愚蠢的

silver *n.* gin 銀/銀; (silver coin) ginka 銀貨/銀幣——*adj.* gin (iro) no 銀(色)の/銀(色)的

similar *adj.* onaji yō na 同じ様な/同樣的; dōshurui no 同種類の/同類的; ruijishita 類似した/類似的

simple *adj.* (single) tan'itsu no 単一の/單純的; (plain) kantan na 簡単な/簡單的; shisso na 質素な/質樸的; (easy) yōi na 容易な/容易的

simplicity *n.* (easiness) kantan 簡単/簡單; yōi 容易/容易; (not complex) tanjun 単純/單純; (plainness) shisso 質素/樸

素

sin *n.* tsumi 罪/罪；zaiaku 罪悪/罪惡

since *adv.*，*prep.*（after）sono-go その後/以後；（from the time that）shite irai して以来/自…以後——*conj.*（from the time when）irai 以来/…以來；（as，because）nanode なので/因爲…所以…；…dakara…だから/因爲…所以…

sincere *adj.*（not hypocritical）seijitsu na 誠実な/誠實的；（honest）shōjiki na 正直な/誠摯的，正直的；（real）hontō no 本当の/真實的

sing *v.* utau 歌う/唱歌

singer kashu 歌手/歌手

single *adj.*（only one）tada hitotsu no ただ一つの/一個的；（unmarried）dokushin no 独身の/獨身的；（designed for one person）hitori-yō no 一人用の/一人用的

singular *adj.*（being only one）tan'itsu no 単一の/單一的；（extraordinary）odorokubeki 驚くべき/奇妙的；奇異的；（curious）fūgawari na 風変りな/古怪的，異常的；myō na 妙な/奇怪的——*n.*（*gram.*）tansū 単数/單數

sink *v.*（go down）shizumu 沈む/沉 chimbotsu suru 沈没する/沉没；*n.*（water basin with a drain）nagashi 流し/陰溝，蓄水池

sip *v.* susuru すする/啜；su'u 吸う/吸——*n.* hito-susuri 一すすり/啜一口，呷一口

sir *n.* anata あなた/您；sensei 先生/先生；（S-）…kyō…卿/閣下

siren *n.* sairen サイレン/（神話）半人半鳥的海妖，賽任，妖女；kiteki 汽笛/汽笛

sirup *n.* shiroppu シロップ/果汁，糖漿；mitsu みつ/蜜糖

sister *n.* shimai 姉妹/姐妹；（elder）ane 姉/姐；（younger）imōto 妹/妹

sit *v.* suwaru 座る/坐；seki ni tsuku 席に着く/就座；koshi o kakeru 腰を掛ける/坐（椅子）

sit up late yofukashi o suru 夜更しをする/熬夜，深夜不睡

sitting room ima 居間/起居室，客廳

site *n.*（ground）shikichi 敷地/（房屋）地基；（location）ichi 位置/位置；（place）basho 場所/場所

situated *adj.* …ni ichi shite iru… に位置している/位於；…ni aru… にある/位於，處於，坐落於

situation *n.*（place）basho 場所/場所；（position）ichi 位置/位置；tachiba 立場/立場；（circumstances）kyōgū 境遇/境遇；（state of affairs）jijō 事情/情況

six *n.*，*adj.* roku（no）6，六（の）/六（的）；muttsu（no）6つ，六

つ(の)/六個(的)

sixteen *n.*, *adj.* jū-roku (no) 16,十六(の)/十六(的)

sixty *n.*, *adj.* roku-jū (no) 60,六十(の)/六十(的)

sizable *adj.* kanari ōkii かなり大きい/相當大的

size *n.* (bigness) ōkisa 大きさ/大小,尺寸; sumpō 寸法/尺寸 ——*v.* (measure) hakaru 測る/測量; sumpō o toru 寸法をとる/量尺寸,測大小

skate *n.* sukēto-gutsu スケート靴/冰鞋,溜冰鞋——*v.* sukēto o suru スケートをする/溜冰

skeleton *n.* gaikotsu がい骨/骸骨,骷髏; (framework) honegumi 骨組/骨骼; (outline) gairyaku 概略/輪廓,梗概

skeleton key aikagi 合かぎ/萬能鑰匙

sketch *n.* shitagaki 下書き/草稿; suketchi スケッチ/寫生畫,小品,短劇

ski *n.* sukī スキー/滑雪,滑雪板,雪橇

skill *n.* (proficiency) jukuren 熟練/熟練; (expertness) kōmyō 巧妙/巧妙; (technique) waza 技/技能,技藝

skillful, skilful *adj.* takumi na 巧みな/巧妙的; jukuren shita 熟練した/熟練的

skim *v.* (take off by skimming) sukui toru すくい取る/撇取乳皮

skim milk dasshi fun'nyū 脱脂粉乳/脱脂奶粉

skin *n.* hifu 皮膚/皮膚; kawa 皮/獸皮,毛皮——*v.* kawa o muku 皮をむく/剝皮,去皮

skip *v.* (leap) tobu 跳ぶ/跳,跳動; tobasu 飛ばす/跳過; haneru はねる/跳起; (omit) tobasu 飛ばす/省去,略去,跳過去—— *n.* karuku tobu koto 軽く飛ぶこと/跳躍; (omission) shōryaku 省略/省略

skirt *n.* sukāto スカート/(女)裙子; (edge, margin) suso すそ/裾; fuchi 縁/邊緣

sky *n.* sora 空/天空; ten 天/天,天堂

skylark *n.* hibari ひばり/雲雀,告天子

skyscraper *n.* (chō-) kōsō-biru (超)高層ビル/高層建築; matenrō 摩天楼/摩天大廈

slack *adj.* (loose) yurui 緩い/鬆的,寬鬆的; (slow) darashi no nai だらしのない/緩慢的——*v.* yurumeru 緩める/放鬆,緩和; yurumu 緩む/鬆,鬆懈

slam *v.* pishari to shimeru [shimaru] ピシャリと閉める[閉まる]/砰地關上門; batan to shimeru [shimaru] バタンと閉める[閉まる]/砰的一聲關門,使勁關門

slang *n.* zokugo 俗語/俗話; surangu スラング/俚語,俗話,行話,黑話

slant *adj.* katamuita 傾いた/傾斜的,歪的——*v.* katamuku 傾く/歪斜; katamukeru 傾ける/傾斜——*n.* keisha 傾斜/傾斜; (slope) saka 坂/斜坡,斜面

slash *v.* (cut by sweeping strokes) nadegiri suru なで切りする/亂砍; (cut by random strokes) mettagiri suru めった切りする/亂砍; (lash with a whip) muchi de utsu むちで打つ/鞭打

slate *n.* surēto スレート/石板,石片; sekiban 石板/石板

slave *n.* dorei 奴隷/奴隸——*v.* akuseku hataraku あくせく働く/拚命工作,牛馬似的工作,做苦工

slay *v.* satsugai suru 殺害する/殺死,砍死; korosu 殺す/殺,殺害,使迷戀於……

sleep *n.* nemuri 眠り/睡眠; suimin 睡眠/睡眠——*v.* nemuru 眠る/長眠,死

sleeping car shindai-sha 寝台車/卧車廂

sleepy *adj.* nemui 眠い/想睡的; (dull) bon'yari shita ぼんやりした/瞌睡的,睏乏的

sleet *n.* mizore みぞれ/雨雪,霙,雹

sleeve *n.* sode そで/袖子; tamoto たもと/和服袖子

turn up one's sleeve ude o makuru 腕をまくる/捲起袖子

sleeveless sode-nashi no そでなしの/没袖子的

slender *adj.* (slim) hossori shita ほっそりした/細長的,苗條的; yowai 弱い/纖弱的; (scanty) toboshii 乏しい/(收入)菲薄的

slice *v.* usuku kiru 薄く切る/薄薄地切——*n.* (thin flat piece) usui hito-kire 薄い一切れ/薄片; ippen 一片/一片(麵包)

slide *vi.* suberu 滑べる/滑,滑行——*vt.* suberaseru 滑べらせる/使滑行,滑着進行——*n.* suberi-dai 滑り台/滑坡,滑面,滑道; suraido スライド/滑板,(棒球)滑進,幻燈片

slight *adj.* (inconsiderable) sukoshi no 少しの/不足取的,些微的; (slender) yaseta やせた/纖細的,細長的; (frail) kayowai か弱い/脆弱的——*v.*, *n.* (disregard) keibetsu (suru) 軽べつ(する)/輕視,藐視; (negligent) mushi suru 無視する/無視,忽視

slim *adj.* hossori shita ほっそりした/細的,苗條的

slip *vi.* suberu すべる/滑,滑倒——*vt.* suberaseru すべらせる/使滑,使溜——*n.* (underwear) surippu スリップ/長襯裙

slipper *n.* surippa スリッパ/拖鞋

slippery *adj.* suberi-yasui すべりやすい/易滑的,易變的; nameraka na 滑らかな/滑溜的

slit *n.* (long cut) nagai kireme [sakeme] 長い切れ目[裂け目]/長條切口(或裂縫); sukima 透き間/縫——*v.* (make a long

cut in) hosonagaku kiru 細長く切る/剖開,破開
slogan *n.* hyōgo 標語/標語；surōgan スローガン/標語,口號
slope *n.* saka 坂/坡,斜坡；surōpu スロープ/傾斜,斜坡——*v.* keisha suru 傾斜する/傾斜
slow *adj.* osoi 遅い/慢的；noroi のろい/遲鈍的；(*watch*) (tokei ga) okurete iru (時計が)遅れている/(鐘錶)走得慢的 ——*v.* sokuryoku o yurumeru 速力を緩める/弄慢,減速
slowly *adv.* osoku 遅く/慢慢地；yukkurito ゆっくりと/慢慢地
slum *n.* himmin-kutsu 貧民くつ/貧民窟；suramu スラム/貧民窟
slumber *n.* suimin 睡眠/微睡；nemuri 眠り/打盹兒——*v.* nemuru 眠る/愛睡懶覺
slump *n.*, *v.* (fall in price) bōraku (suru) 暴落(する)/暴跌；(remarkable decrease) gata-ochi がた落ち/下陷；surampu スランプ/蕭條,暴跌
sly *adj.* zurui ずるい/狡猾；waru-gashikoi 悪賢い/奸詐的
small *adj.* chiisai 小さい/小；wazukana わずかな/少
small change kozeni 小銭/零錢
smallpox *n.* ten'nentō 天然痘/天花
smart *adj.* sumāto na スマートな/漂亮的,瀟灑的；(shrewd) nukeme no nai 抜け目のない/伶俐的,機靈的
smash *n.*, *v.* (break into pieces) uchi-kowasu 打ち壊す/打碎；(shatter) hakai (suru) 破壊(する)/粉碎,破壞；(collide) shōtotsu (suru) 衝突(する)/相撞
smell *v.* nioi o kagu においをかぐ/聞,嗅；niou におう/發臭,有臭味；(emit an odor) …no nioi ga suru… のにおいがする/有氣味；kaori ga suru 香りがする /有香味,聞到香味 ——*n.* (sense of smelling) kyūkaku きゅう覚/嗅覺；(odor) nioi におい/氣味；kaori 香り/香味
smile *v.* nikkori warau にっこり笑う/微微一笑；hohoemu ほほえむ/微笑——*n.* hohoemi ほほえみ/微笑
smoke *n.* kemuri 煙/煙,煙霧——*v.* (emit smoke) kemuru 煙る/冒煙；(smoke tobacco) tabako o suu たばこを吸う/抽煙,吸煙；ibusu いぶす/冒煙,煙燻
smoked kunsei no くん製の/燻製(魚、肉)
come to [end in] smoke, go up in smoke suihō ni kisu 水泡に帰す/成爲泡影
No smoke without fire. Hi no nai tokoro ni kemuri wa tatanu. 火のない所に煙は立たぬ/無火不起煙,無風不起浪
smoking *n.* kitsuen 喫煙/抽煙,吸煙
smoking car kitsuensha 喫煙車/吸煙車廂
No smoking. Kin'en. 禁煙./禁煙,禁止吸煙

smooth *n.* nameraka na 滑らかな/平滑的；ryūchō na 流ちょうな/ 流暢的——*v.* nameraka ni suru 滑らかにする/弄光滑
smuggle *v.* mitsubōeki suru 密貿易する/走私(生意)
snack *n.* karui shokuji 軽い食事/快餐；sunakku スナック/快餐,小吃
snake *n.* hebi 蛇/蛇
snap *v.* pokin to oru ポキンと折る/啪地一下折斷；pachin to naru [narasu] パチンと鳴る[鳴らす]/啪的一聲,嘐啪一聲——*n.* (any fastening device) tome-gane 留め金/自動門閂；(snapshot) sunappu (shashin) スナップ(写真)/(攝影)快照
snare *n.* (trap) wana わな/圈套；(tempt) yūwaku 誘惑/誘惑——*v.* wana o kakeru わなをかける/設圈套；otoshiireru 陥れる/騙人上圈套
snatch *v.* hittakuru ひったくる/奪取,搶；hittsukamu 引っつかむ/抓住
sneak *v.* kossori suru こっそりする/偷偷地做；uro-uro suru うろうろする/鬼鬼祟祟地做；(steal) nusumu 盗む/偷盜——*n.* (mean person) hikyō-mono ひきょう者/膽小鬼,懦夫
sneeze *n.*, *v.* kushami (o suru) くしゃみ(をする)/(打)噴嚏
sniff *v.* kun-kun kagu くんくんかぐ/使勁聞(嗅)；kagitsukeru かぎ付ける/聞出,嗅出
snore *n.*, *v.* ibiki (o kaku) いびき(をかく)/打呼嚕
snow *n.*, *v.* yuki (ga furu) 雪(が降る)/(下)雪
snowfall *n.* kōsetsu 降雪/下雪
snowman *n.* yuki-daruma 雪だるま/雪人
snowstorm *n.* fubuki 吹雪/暴風雪
snowy *adj.* yuki no o'oi 雪の多い/雪多的；yuki no furu 雪の降る/雪様白的
so *adj. conj.* so そう/那麼,那様；sono-tōri その通り/是那様；(in this or that way) kono yō ni このように/這様；(to such an extent or grade) sorehodo それ程/那様；son'na ni そんなに /那様地；(very) taihen 大変/很,非常；hijō ni 非常に/非常
so and so daresore だれそれ/如此這般
and so on nado など/等等
so as to suru tame ni するために/為了
so far ima made wa 今までは/迄今為止
so far as …(suru) kagiri wa… (する)限りは/在…範圍内
so long sayōnara さようなら/再見
so to speak iwaba いわば/好比,如同,可謂
soak *v.* (stay in liquid) hitasu 浸す/浸,浸漬；(make wet) nurasu ぬらす/弄濕；(penetrate) shimi-komu 染み込む/泡,

滲入
soap *n.* sekken 石けん/肥皂
soap bubble shabondama しゃぼん玉/肥皂泡
soar *v.* (rise high) maiagaru 舞い上がる/高飛,飛舞上去;(tower) sobieru そびえる/聳立,屹立
sober *adj.* (serious) majime na まじめな/認真的;(not drunk) shirafu no しらふの/没有醉的,没有喝酒的——*v.* yoi o samasu 酔をさます/使酒醒;yoi ga sameru 酔がさめる/酒醒
so-called *adj.* iwayuru いわゆる/所謂
social *adj.* shakai no 社会の/社會的;shakai-teki na 社会的な/社會上的
social security shakai hoshō 社会保障/社會保障
socialism *n.* shakai-shugi 社会主義/社會主義
society *n.* (community) shakai 社会/社會;(association) kai 会/會,社;dantai 団体/團體
sociology *n.* shakai-gaku 社会学/社會學
socket *n.* (hollow) ana 穴/孔,洞;(*electrical*) soketto (no sashikomi) ソケット(の差込み)/窩,插座
socks *n. pl.* sokkusu ソックス/短襪
soda *n.* sōda (sui) ソーダ(水)/蘇打(水)
sofa *n.* sofā ソファー/沙發
soft *adj.* (cf. hard) yawarakai 柔らかい/柔軟的,柔和的;(mild) onwa na 穏和な/溫柔的;(gentle) yasashii 優しい/文雅的,溫和的
soft-boiled (*egg*) hanjuku no (tamago) 半熟の(卵)/煮得半熟的(蛋)
soft drink seiryō inryō 清涼飲料/清涼飲料;jūsu ジュース/汁液,軟飲料
soften *v.* yawaraka ni suru [naru]柔らかにする[なる]/弄軟,使溫和
soil[1] *n.* (earth) tsuchi 土/土;dojō 土壌/土壤;(ground) tochi 土地/土地
soil[2] *v.* (make dirty) yogosu 汚す/弄髒;(become dirty) yogoreru 汚れる/髒
solar *adj.* taiyō no 太陽の/太陽的,與太陽有關的
solar calendar taiyō-reki 太陽暦/陽曆
solar eclipse nisshoku 日食/日蝕
solar system taiyō-kei 太陽系/太陽系
soldier *n.* heitai 兵隊/士兵;heishi 兵士/士兵;gunjin 軍人/軍人
sole[1] *adj.* (only) tada hitotsu no ただ一つの/單一的;yuiitsu

no 唯一の/唯一的
sole[2] *n.* (bottom of the foot) ashi no ura 足の裏/腳底; (bottom of shoe) kutsu no ura 靴の裏/鞋底
sole[3] *n.* (flat-fish) shitabirame 舌びらめ/鰈; shitagarei 舌がれい/板魚
solemn *adj.* (sacred) shinsei na 神聖な/神聖的; (grave) sōgon na 荘厳な/莊嚴的; genshuku na 厳粛な/嚴肅的
solicitor *n.* bengo-shi 弁護士/律師
solid *n.*, *adj.* (cf. liquid) kotai (no) 固体(の)/固體的; kokei (no) 固形(の)/固形的; (hard) katai 固い/堅固的; (sound) shikkari shita しっかりした/牢固的; (firm) kakujitsu na 確実な/確實的,可靠的
solitary *adj.* (living alone) hitori-botchi no 一人ぼっちの/獨個兒的; kodoku no 孤独の/孤獨的; koritsu shita 孤立した/孤立的; (lonely) sabishii 寂しい/寂寞的; (single) tandoku no 単独の/單獨的; (sole) yuiitsu no 唯一の/唯一的
solitude *n.* (loneliness) kodoku 孤独;/孤獨; (lonely place) kansei na tokoro /閑静な所/幽靜地方
solstice *n.* (taiyō no) shi (太陽の)至/至,至日
summer solstice geshi 夏至/夏至
winter solstice tōji 冬至/冬至
solution *n.* (settlement) kaiketsu 解決/解決; (answer) kaitō 解答/解答; (dissolution) yōkai 溶解/溶解; yōeki 溶液/溶液
solve *v.* (find answer to) kaitō suru 解答する/解答; (settle) kaiketsu suru 解決する/解決; (explain) setsumei suru 説明する/解釋,説明
some *adj.* (a certain amount) ikuraka no 幾らかの/若干,一些; ikutsuka no 幾つかの/若干個,幾個; aru ある/某,某一個; (about) yaku 約/大約
some day itsuka いつか/某天,有一天,改天
somebody *n.* aru-hito ある人/有人,重要的人,某人; dareka 誰か/有人
somehow *adv.* (in some way or other) dōnika shite どうにかして/想辦法; tomokaku ともかく/不知爲甚麼
someone *pron.* dareka 誰か/有人; aru-hito ある人/有人,某人
something *pron.* aru-mono [-koto] ある物[事]/某物,某事; nanika 何か/有些,一些; ikuraka 幾らか/幾分,一些
sometime *adj.*, *adv.* (former) mae no 前の/前幾天; itsuka いつか/改天,他日,有一天
sometimes *adv.* toki niwa 時には/有時; tokidoki 時々/常常
somewhat *adv.* ikubun ka 幾分か/稍微,多少; sukoshi 少し/一點兒,有點

somewhere *adv.* dokoka e [ni] どこかへ[に]/(到,在)某處
son *n.* musuko 息子/兒子
  son in law josei 女婿/女婿; musume-muko 娘婿/姑爺
song *n.* uta 歌/歌
  sing a song uta o utau 歌をうたう/唱歌
sonic *n.* onsoku 音速/音速
soon *adv.* sugu ni すぐに/立刻,馬上; mamonaku 間もなく/一會兒; yagate やがて/不久
  sooner or later osokare-hayakare 遅かれ早かれ/遲早,早晚
sore *adj.* (sad) kanashii 悲しい/傷心的; (smarting) hirihiri suru ひりひりする/刺痛; (painful to the touch) (fureru to) itai (触れると)痛い/觸痛; (vexed) okotta 怒った/生了氣的
sorrow *n.* kanashimi 悲しみ/悲痛; hiai 悲哀/悲哀; (misfortune) fukō 不幸/不幸 —— *v.* kanashimu 悲しむ/悲痛,哀悼; nageku 嘆く/悲嘆
sorry *adj.* (feeling pity) ki no doku de 気の毒で/覺得過意不去的; (feeling regret) zan'nen de 残念で/抱歉
  I am sorry. Sumimasen. すみません./對不起; Gomen nasai. ごめんなさい./麻煩您
sort *n.* (kind) shurui 種類/種類; hinshitsu 品質/品質,質量 —— *v.* (arrange in order) seiton suru 整とんする/分類,整頓
  a sort of isshu no 一種の/一種的,可以説是…的東西
  in a [some] sort ikubun 幾分/多少; aru teido ある程度/稍爲
soul *n.* (person's spiritual element) tamashii 魂/靈魂; (mind) seishin 精神/精神
sound[1] *n.* (what is heard) oto 音/聲音; onkyō 音響/音響 —— *v.* (make a sound) oto ga suru 音がする/發出聲音,傳來聲音; hibiku 響く/鳴響; kikoeru 聞こえる/聽到聲音
  sound wave ompa 音波/音波
sound[2] *adj.* (healthy) kenzen na 健全な/健全的; (correct) tadashii 正しい/正確的 —— *adv.* (thoroughly) fukaku 深く/深深地; gussuri ぐっすり/完全地,充分地
soup *n.* sūpu スープ/肉汁.湯
sour *adj.* (of acid taste) suppai 酸っぱい/酸的; (peevish) kimuzukashii 気難しい/愁眉苦臉的; fukigen na 不機嫌な/不高興的,不開心的 —— *v.* (make [become] sour) suppaku suru [naru] 酸っぱくする[なる]/變酸
source *n.* (origin) minamoto 源/源,水源; (first cause) gen'in 原因/原因; (spring) izumi 泉/源泉
south *n.*, *adj.* minami (no,e) 南(の,へ)/(向)南(的)
southeast *n.*, *adj.* nantō (no,e) 南東(の,へ)/(向)東南(的)

southwest *n.* ,*adj.* nansei (no,e) 南西(の,へ)/(向)西南(的)
souvenir *n.* kinen-hin 記念品/紀念品; miyage-mono みやげ物/禮物
sovereign *n.* (the highest ruler) kunshu 君主/君主; genshu 元首/元首——*adj.* (highest) saikō no 最高の/最高的,最上的
sow *n.* ,*v.* tane(o maku) 種(をまく)/(播)種
soybean *n.* daizu 大豆/大豆,黄豆
soy sauce *n.* shōyu しょう油/醤油
space *n.* kūkan 空間/空間; (interval) kankaku 間隔/間隔; (room) supēsu スペース/場所,餘地; (outer space) uchū 宇宙/宇宙,太空
space flight uchū-hikō 宇宙飛行/宇宙飛行
space satellite uchū-eisei 宇宙衛星/人造衛星
spade *n.* ,*v.* suki (de horu) すき(で掘る)/鏟(挖); (*playing card*) supēdo スペード/鏟,鋤,(撲克)黑桃
span *n.* oya-yubi to ko-yubi o hatta nagasa 親指と小指を張った長さ/(拇指尖至小指尖)一拃; (full extent) zenchō 全長/全長,全幅; (length from side to side) sashiwatashi 差渡し/直徑; (short time) tsuka no ma つかの間/瞬間; (short distance)wazuka na kyori わずかな距離/很小的間隔——*v.* yubi o hirogete hakaru 指を広げて測る/用拃量; (*bridge*) (extend across) (hashi o) kakeru (橋を)架ける/架(橋); kakatte iru 架かっている/跨(在河上)
Spanish *n.* ,*adj.* Supein-go (no) スペイン語(の)/西班牙語(的); Supein-jin (no) スペイン人(の) /西班牙人(的); Supein-fū no スペイン風の/西班牙式的
spare *v.* (be frugal)…o ken'yaku suru… を倹約する/儉省,節省; (do without) nashi de sumasu なしですます/捨棄,赦免; (save) tasukeru 助ける/救濟——*adj.* (reserved) yobi no 予備の/預備的; (extra) yobun no 余分の/剩下的; (scanty) toboshii 乏しい/缺乏的,不足的
Spare the rod and spoil the child. Kawaii ko ni wa tabi o saseyo. 可愛い子には旅をさせよ./(諺)孩子不打不成器
spark *n.* hibana 火花/火花; supāku スパーク/電光,火花; senkō せん光/閃光; (gleam) hirameki ひらめき/光輝,光彩——*v.* (glitter) kirameku きらめく/閃耀; (shine) kagayaku 輝く/輝耀,照耀; (send out sparks) hibana o dasu 火花を出す/發火花,飛火星
sparrow *n.* suzume すずめ/麻雀
speak *v.* (talk) hanasu 話す/講; iu 言う/説; (make a speech) enzetsu suru 演説する/演説
speak ill of waruku iu 悪く言う/説壞話

not to speak of …wa iu ni oyobazu… は言うに及ばず/且不提; …wa mochiron … はもちろん/…是不用説的
roughly* [*strictly*, *generally*] *speaking zatto [seikaku ni, ippan-teki ni] ieba ざっと[正確に,一般的に]言えば/概略地(正確地,一般地)説
so to speak iwaba いわば/可謂,可以説
speak to hanashi-kakeru 話し掛ける/同…説話,説給…
speaker *n.* gichō 議長/會議主席,議長; benshi 弁士/演説者; supīkā スピーカー/揚聲器,擴音器
spear *n.* yari やり/矛,槍
special *adj.* (particular) tokubetsu na 特別な/特別的; tokushu na 特殊な/特殊的; semmon no 専門の/專門的
specially toku ni 特に/特別地,專門地
specialist *n.* semmon-ka 専門家/專家
specialize *v.* tokushu-ka suru 特殊化する/使特殊化; semmon-ka suru 専門化する/專攻,專門研究; (limit) gentei suru 限定する/限定
specialty *n.* (special study) semmon 専門/專門職業,專業; (speciality) tokushoku 特色/特色; (detail) tokubetsu no kōmoku 特別の項目/特別項目; kajō 箇条/細節
species *n.* shu 種/(種); shurui 種類/種類
the human species jinrui 人類/人類
specific *adj.* (species) shu no 種の/(生物)種的; (special) tokutei no 特定の/特定的; (precise) meisai no 明細の/精細的,明白區分的; meikaku na 明確な/明確的—— *n.* tokkōyaku 特効薬/特效藥
specify *v.* (name expressly) shitei suru 指定する/指定; (mention definitely) meisai ni kinyū suru 明細に記入する/逐一登記; gutai-teki ni iu 具体的に言う/詳細説明
specimen *n.* (sample) mihon 見本/様本; hyōhon 標本/標本; (pattern) hinagata ひな形/雛形
spectacle *n.* kōkei 光景/光景; mimono 見物/觀覽物,展覽物; *pl.* megane 眼鏡/眼鏡
spectator *n.* (looker-on) kembutsu-nin 見物人/看的人,旁觀者; kankyaku 観客/觀者,觀衆; (eyewitness) mokugeki-sha 目撃者/目擊者
speech *n.* (words) kotoba 言葉/發言,語言; enzetsu 演説/演説
speed *n.* sokuryoku 速力/速力; sokudo 速度/速度; supīdo スピード/速度—— *v.* (hasten) isogu 急ぐ/趕快走; (make hasten) isogasu 急がす/使趕快,催促
at full speed zensokuryoku de 全速力で/開足馬力,全速

speedy *adj.* (rapid) hayai 速い/快的；binsoku na 敏速な/迅速的,敏捷的
spell *v.* tsuzuru つづる/拼(字)；(mean) imi suru 意味する/有…意義
spend *v.* (use) tsuiyasu 費やす/花費；tsukau 使う/用錢；(stay through) sugosu 過ごす/過日子,消遣時間；(exhaust) rōhi suru 浪費する/浪費
sphere *n.* (globe) kyū 球/球,球體；tentai 天体/天體；(heavenly body) chikyū-gi 地球儀/地球儀
spherical kyūkei no 球形の/球形的
spice *n.* yakumi 薬味/藥味；kōryō 香料/香料；supaisu スパイス/調味料,佐料
spider *n.* kumo くも/蜘蛛
spill *v.* (let run or flow out) kobosu こぼす/溢出；koboreru こぼれる/灑出
spin *v.* (twist fibers into thread) tsumugu 紡ぐ/紡；(whirl) kaiten suru 回転する/轉；(make a web) (kumo ga) ito o haku (くもが)糸を吐く/(蜘蛛)吐絲
spinach *n.* hōren-sō ほうれん草/菠菜
spinal *adj.* sekitsui no せきついの/脊髓的
spinal column sekichū せき柱/脊柱,脊骨
spinal marrow [***cord***] sekizui せき髄/脊髓
spine *n.* sekitsui せきつい/脊髓；sebone 背骨/脊骨；se 背/背；(thorn) toge とげ/刺,荆棘
spinning *n.* bōseki 紡績/紡織
spinning mill bōsekikōjō 紡績工場/紡織廠,紗廠
spinning wheel ito-guruma 糸車/紡車
spiral *n.* ,*adj.* rasen(-jō no) ら旋(状の)/螺旋(狀的)
spiral stair rasen-kaidan ら旋階段/(物價等)螺旋式上漲
spirit *n.* seishin 精神/精神；(soul) rei 霊/靈魂；kokoro 心/心靈；(vigor) genki 元気/元氣,活氣；(alcohol) arukōru アルコール/酒精
spit *n.* ,*v.* tsuba (o haku) つば(を吐く)/(吐)唾沫
spite *n.* (ill will) akui 悪意/惡意；(grudge) urami 恨み/恨；(malice) tekii 敵意/敵意
in spite of nimo kakawarazu にもかかわらず/不管,不顧,無視
splash *v.* (mizu ya doro o) hane tobasu (水や泥を)はね飛ばす/濺；hanekakeru はねかける/潑(水)—— *n.* (spot, streak) hane はね/飛濺的泥；tobatchiri とばっちり/飛濺的水滴；shimi しみ/污跡,污點,污斑
splendid *adj.* (magnificent) rippa na 立派な/極好的,上等的；

(brilliant) migoto na 見事な/華麗的,燦爛的;(wonderful) subarashii 素晴らしい/好極了

splendidly *adv.* rippa ni 立派に/漂漂亮亮地; migoto ni 見事に/巧妙地

splinter *n.* kakera かけら/碎片,木片; toge とげ/刺——*v.* saku 裂く/裂開,劈開; sakeru 裂ける/劈,扯裂

split *v.* waru 割る/割裂; saku 裂く/裂開,劈開; (divide) bunkatsu suru 分割する/分割——*adj.* wareta 割れた/裂開的; saketa 裂けた/分裂的——*n.* (crack) wareme 割れ目/裂縫; (division) bunretsu 分裂/分裂; bunri 分離/分離

spoil *v.* (damage, be damaged) sokonau 損なう/損壞; sokonawareru 損なわれる/弄壞; amayakashite dameni suru 甘やかしてだめにする/糟蹋; (decay) kusaraseru 腐らせる/(酒、肉)腐敗; kusaru 腐る/腐敗

sponge *n.* kaimen 海綿/海綿; suponji スポンジ/海綿,發酵的生麵糰

spontaneous *adj.* (voluntary) jihatsu-teki na 自発的な/自發的; mizukara no 自らの/自身的

spoon *n.* saji さじ/匙,湯匙; supūn スプーン/匙子,調羹

sport *n.* supōtsu スポーツ/體育運動; (athletic sports) undō kyōgi 運動競技/運動比賽; (amusement) goraku 娯楽/娛樂——*v.* (play) asobu 遊ぶ/玩遊戲

make sport of karakau からかう/挖苦,愚弄

spot *n.* (particular place) basho 場所/場所; chiten 地点/地點; (small mark) ten 点/點; (small stain) hanten はん点/斑點; shimi しみ/污點

on the spot sono ba de その場で/當地,就地; sokuza ni 即座に/立刻

spout *v.* funshutsu suru 噴出する/噴出——*n.* funshutsu 噴出/噴出; (*kettle*) (yakan no) kuchi (やかんの)口/茶壺嘴; (fountain) funsui 噴水/噴水

sprain *v.* teashi o kujiku 手足をくじく/扭,扭傷(手腳)——*n.* kujiki くじき/扭傷; suji-chigai 筋違い/扭筋,錯筋

spray *n.* (water flying in fine drops) shibuki しぶき/浪花,水花; mizu-kemuri 水煙/水霧; (atomizer) kiri-fuki 霧吹き/噴霧器,香水噴霧

spread *vt.* hirogeru 広げる/伸開; nobasu 伸ばす/伸長——*vi.* hirogaru 広がる/伸開,擴張; nobiru 伸びる/伸長——*n.* hirogari 広がり/擴大,傳播; hirosa 広さ/擴張程度,範圍

spring *n.* (*season*) haru 春/春,春天; (fountain) izumi 泉/泉水; (elasticity) zemmai ぜんまい/發條; bane バネ/彈簧; chōyaku 跳躍/跳躍——*v.* (leap) tobu 飛ぶ/跳起,跳過;

(jump) haneru 跳ねる/跳,跳躍
hot spring onsen 温泉/溫泉
sprinkle *v.* furikakeru 振り掛ける/撒上,灑上; maku まく/撒
sprinkler *n.* jōro じょうろ/撒水器,噴壺
sprout *v.* me o dasu 芽を出す/出芽,發芽
spur *n.* (cf. rowel) hakusha 拍車/踢馬刺,靴刺; (incitement) gekirei 激励/激勵; (stimulus) shigeki 刺激/刺激——*v.* hagemasu 励ます/勉勵,鼓勵
spurt *v.* (gush out) hotobashiru ほとばしる/(徑賽)衝刺; zenryoku o dasu 全力を出す/(徑賽)拚命,衝刺——*n.* (jet) funshutsu 噴出/噴出,迸出; (burst) toppatsu 突発/突發,閃發
spy *n.* supai スパイ/間諜,密探
square *n.*, *adj.* seihōkei (no) 正方形(の)/正方形(的); shikaku (no) 四角(の)/方形(的); (angular) kaku-batta 角張った/有稜角的; (straight) massugu na 真っすぐな/筆直的; (level) suihei no 水平の/水平的; (even) gobu-gobu no 五分五分の/平坦的,平滑的; (honest) shōjiki na 正直な/正直的; (fair) kōsei na 公正な/公正的——*v.* (*math.*) jijō suru 自乗する/自乘,平方
square root heihō-kon 平方根/平方根
squeak *v.*, *n.* chū-chū naku (koe) チューチュー鳴く(声)/(嬰兒)哇哇的哭; kī-kī naru (oto) キーキー鳴る(音)/(鼠)嘰嘰的叫
squeeze *v.* (compress) oshi-tsubusu 押しつぶす/壓縮,壓碎; (wring) shiboru 絞る/絞,擰,扭; (grip) nigiru 握る/握緊,抓牢——*n.* (pressure) assaku 圧搾/壓搾,擠壓; (grip) nigiri 握り/握法; (hug) dakishimeru koto 抱き締めること/緊抱,擁抱
squeezer *n.* assaku-ki 圧搾器/壓搾器,擠壓器
squirrel *n.* risu リス/松鼠
stab *v.* sasu 刺す/刺,戳; kizu-tsukeru 傷つける/傷害(感情)——*n.* hito-tsuki 一突き/刺一下,刺傷
stab in the back chūshō suru 中傷する/中傷
stable[1] *adj.* (firm) shikkari shita しっかりした/堅固的; (steady) antei shita 安定した/穩定的
stable[2] *n.* umaya 馬屋/馬廄,馬棚
stadium *n.* kyōgijō 競技場/賽跑場; sutajiamu スタジアム/運動場,體育場
staff *n.* (employees) buin 部員/預備職員;部員 shain 社員/公司職員
stage *n.* butai 舞台/舞臺,劇場; sutēji ステージ/舞臺,等級,

程度；(step) dankai 段階/級,層；(period) kikan 期間/期間；ki 期/期 —— *v.* (perform) jōen suru 上演する/上演,演出

stagger *v.* yoromeku よろめく/蹣跚,搖擺；yoromekasu よろめかす/使搖晃

stain *v.* yogosu 汚す/弄髒,污染 —— *n.* oten 汚点/污點；yogore 汚れ/髒點；shimi しみ/污垢

stainless *adj.* shimi no nai しみのない/無污染的；sabinai さびない/不銹的

stainless steel sutenresu ステンレス/不銹鋼

stair *n.* (kaidan no) ichi-dan 一段/(梯)一級；*pl.* kaidan 階段/樓梯；hashigo はしご/梯子

staircase *n.* kaidan 階段/樓梯,梯子

stake *n.* (pointed stick) kui くい/樁,標樁；hashira 柱/柱,火刑柱；(wager) kake かけ/賭注；*pl.* kake-kin かけ金/賭金 —— *v.* (risk) kakeru かける/冒險

stalk[1] *n.* (plant stem) kuki 茎/(植物)莖,柄；(axis) jiku 軸/蔬菜莖

stalk[2] *v.* (stride haughtily) ibatte aruku 威張って歩く/昂首闊步；(track secretly) shinobi-yoru 忍び寄る/躡手躡腳地走,潛行,悄悄來到

stall *n.* (market booth) baiten 売店/小賣店；(stand) yatai 屋台/攤床；(section for one animal in a stable) umaya (no shikiri) 馬屋(の仕切り)/馬房,牛欄

stammer *v.* domoru どもる/結巴；kuchi-gomoru 口ごもる/口吃 —— *n.* domori どもり/結巴,口吃

stamp *n.* inshō 印章/印章,圖章；sutampu スタンプ/圖章,戳子；(postage stamp) yūbin-kitte 郵便切手/郵票；(revenue stamp) inshi 印紙/印花 —— *v.* kitte o haru 切手をはる/貼郵票

stand *v.* (be set upright) tatsu 立つ/立,站；(be) aru ある/(房)在,坐落；(be situated) ichi shite iru 位置している/位於；(bear) taeru 耐える/忍耐,耐久；(endure) jizoku suru 持続する/持久 —— *n.* sutando スタンド/臺,座,架,檯燈；baiten 売店/小賣店

stand for …o arawasu …を表わす/表示,代替,擁護；imi suru 意味する/贊成

stand up tachi-agaru 立ち上がる/站起來

standard *n.*, *adj.* (flag) hata 旗/旗；gunki 軍旗/軍旗；hyōjun (no) 標準(の)/標準(的)；mohan 模範/模範

standard of living seikatsu suijun 生活水準/生活水準

standard time hyōjun-ji 標準時/標準時間

standardize *v.* hyōjun ni awaseru 標準に合わせる/使符合標

準；tōitsu suru 統一する/統一；kikaku-ka suru 規格化する/標準化

staple[1]*adj.* (principal) shuyō na 主要な/主要的；jūyō na 重要な/重要的——*n.* (principal article grown in a place) shuyō sambutsu 主要産物/主要物產，名產 (chief material) shuyō busshitsu 主要物質/主要材料

staple[2]*n.* (raw material) genryō 原料/原料；(fiber) sen'i 繊維/纖維

stapler *n.* hotchikisu ホッチキス/物產商，批發商

star *n.* hoshi 星/星；hoshi-gata 星形/星狀物；(film star) suta スター/星，星章，星號，明星；(fixed star) kōsei 恒星/恒星；(asterisk) hoshigata 星形/星號

the Stars and Stripes seijō-ki 星条旗/星條旗

starch *n.*, *v.* dempun でん粉/澱粉；nori (o tsukeru) のり(を付ける)/(漿硬衣服用)漿糊；*pl.* kayu かゆ/粥

starchy *adj.* dempun-shitsu no でん粉質の/澱粉質的

stare *v.* mitsumeru 見詰める/盯着看，凝視；jiro-jiro miru じろじろ見る/目不轉睛地看

stare one in the face jitto hito no kao o miru じっと人の顔を見る/盯眼看人

start *n.*, *v.* (leave) shuppatsu (suru) 出発(する)/出發，動身；(begin) hajimaru 始まる/開始，(泳)起跳，入水；hajimeru 始める/開始；(slight shock) bikkuri suru びっくりする/吃驚

starting point shuppatsu-ten 出発点/出發點

startle *v.* bikkuri saseru [suru]びっくりさせる[する]/(使)吃驚；gyotto saseru [suru]ぎょっとさせる[する]/(使)震驚

starvation *n.* kiga 飢餓/饑餓

starve *v.* (die of hunger) gashi suru 餓死する/餓死；(hunger) ue saseru 飢えさせる/使饑餓

starve for (long for) katsubō suru 渇望する/渴望

state[1]*n.* (condition) jōtai 状態/狀態；(nation) kokka 国家/國家；shū 州/(美國的)州；(rank) chii 地位/地位；kaikyū 階級/階級

State of the Union (daitōryō no) ippan-kyōsho (大統領の)一般教書/(總統於每年一月向國會提出的)國情諮文

state[2]*v.* (say) hanasu 話す/説，講；noberu 述べる/叙述

statement *n.* (something stated) chinjutsu 陳述/陳述；seimei (sho) 声明(書)/聲明(書)；(monthly summation of account) keisan-sho 計算書/結算表

statesman *n.* seiji-ka 政治家/政治家

statesmanship *n.* seiji-teki shuwan 政治的手腕/政治手腕

station *n.* (position) ichi 位置/位置，場所；busho 部署/立腳

地；(railroad station) eki 駅/(火車)站

stationary *n.* bumbō gu 文房具/文具

statistics *n.* tōkei (hyō) 統計(表)/統計(表)；tōkei (-gaku) 統計(学)/統計(學)

statue *n.* zō 像/像；chōzō 彫像/雕鑄像；chōkoku-ka 彫刻家/雕刻家

status *n.* (rank) chii 地位/地位；(condition) jōtai 状態/狀態；mibun 身分/身份

stay *v.* (remain) todomaru とどまる/滯留，逗留；(lodge) taizai suru 滞在する/投宿，旅居；tomaru 泊まる/住宿；(continue to be) (…no) mamade iru [aru](…の)ままでいる[ある]/繼續…，持久地…

stay away ikazu ni iru 行かずにいる/不在家，離開

staying power jikyū-ryoku 持久力/持久力

stead *n.* kawari 代わり/代，代替；(place) basho 場所/(人、物所處的)位置

in stead of …no kawari ni…の代わりに/對某人有用(幫助)

in one's stead hito no kawari ni 人の代わりに/代某人

steadily *adv.* chakujitsu ni 着実に/穩固地，踏實地；chaku-chaku to 着々と/堅定地

steady *adj.* (firm) shikkari shita しっかりした/牢固的；(firmly fixed) kotei shita 固定した/不變的；(sound) kenjitsu na 堅実な/堅固的；(regular) kisoku tadashii 規則正しい/有規則的

Slow and steady wins the race. Isogaba maware. 急がば回れ./(諺)慢而穩事必成

steak *n.* yaki-niku 焼肉/(做牛排用的)肉片；sutēki ステーキ/牛排

steal *v.* nusumu 盗む/偷；kossori suru こっそりする/盜竊；(*baseball*) tōrui suru 盗塁する/偷壘

steam *n.* jōki 蒸気/蒸汽；yuge 湯気/水蒸氣；suchīmu スチーム/暖氣，熱水汀

steamship *n.* (steamer) kisen 汽船/輪船

steel *n.* kōtetsu 鋼鉄/鋼鐵；hagane 鋼/鋼

steep *adj.* kewashii 険しい/陡峭；kyū na 急な/陡的 —— *n.* (steep slope) zeppeki 絶壁/絕壁

steer *v.* kaji o toru かじを取る/掌舵；sōjū suru 操縦する/操縱，駕駛；ayatsuru 操る/操縱，領導

steering committee un'ei iinkai 運営委員会/程序委員會

stem *n.* (stalk of a plant) kuki 茎/莖；miki 幹/(植物)幹，葉柄；(bow) senshu 船首/船頭；hesaki へさき/部首，首部

stenograph *n.* sokki (moji) 速記(文字)/速記(文字)

stenographer sokki-sha 速記者/速記員

step *n.* (pace) hochō 歩調/步調; ippo 一歩/步; (footstep) ashi-ato 足跡/足跡; (footfall) ashi-oto 足音/脚步聲; (stair) fumi-dan 踏み段/梯級,臺階; (degree) dan 段/等級——*v.* (walk) aruku 歩く/步行; (dance) odoru 踊る/跳舞; (go) susumu 進む/舉步,跨步,走

step by step ippo ippo 一歩一歩/一步一步地,慢慢地

step aside waki ni yoru 脇に寄る/走到一旁,讓路

step in hairu 入る/介入; jama suru 邪魔する/干涉

sterling *adj.* (British money) eika no 英貨の/英鎊的; (genuine) junsui na 純粋な/純粹的; (reliable) shinrai subeki 信頼すべき/可信賴的

sterling area pondo chiiki ポンド地域/英鎊區

stern *adj.* (harsh) kibishii 厳しい/嚴厲的; (severe) genkaku na 厳格な/嚴格的——*n.* (cf. bow) sembi 船尾/船尾

stew *n.* shichū-ryōri シチュー料理/(文火)炖、焖、煨製的菜餚——*v.* (torobi de niru とろ火で煮る/(文火)炖、焖、煨

stew pan shichū-nabe シチューなべ/長柄炖鍋

steward *n.* (one who manages another's property) shitsuji 執事/執事,管事,工作人員; (purveyer) makanai-kata 賄い方/包飯人,供飯人; (waiter) kyūji 給仕/(伙食)供給,備辦; (*airplane*) suchuwādo スチュワード/伙食管理人

stewardess *n.* suchuwādesu スチュワーデス/空姐

stick *n.* bō 棒/棒; (cane) tsue つえ/手杖; sutekki ステッキ/手杖,排字盤; muchi むち/教鞭——*v.* (thrust) tsuki-sasu 突き刺す/刺,扎,戳; (cause to adhere) kuttsuku くっつく/粘住; haru 張る/貼; (persist) koshu suru 固守する/堅持,固執

stiff *adj.* (hard) katai 固い/硬的; (rigid) kowabatta こわばった/僵直的; (not graceful) gigochinai ぎごちない/生硬的; (beverage) tsuyoi 強い/强烈的; (hard) kon'nan na 困難な/困難的

stifle *v.* (smother) chissoku saseru [suru] 窒息させる[する]/使窒息; …no iki o tomeru …の息を止める/悶死; (put out) kesu 消す/滅,熄

still *adv.* (yet) mada まだ/還,尚; (even now) imademo 今でも/至今還; (nevertheless) yahari やはり/仍然; soredemo それでも/雖然…但是…; (more) issō 一層/更加——*adj.* (quiet) shizuka na 静かな/靜的; (motionless) seishi shita 静止した/靜止的——*v.* (calm) shizumeru 静める/使安靜

stillness *n.* seijaku 静寂/寂靜; shizukesa 静けさ/無聲; seishi 静止/靜止

stimulate *v.* shigeki suru 刺激する/刺激；(spur) kakkizukeru 活気付ける/鼓勵；gekirei suru 激励する/激勵；(excite) kōfun saseru 興奮させる/使興奮，鼓動

sting *v.* sasu 刺す/刺——*n.* sashi-kizu 刺し傷/刺傷；(hachi no)hari (ハチの)針/(蜂)刺，螫；(thorn) toge とげ/刺兒

stir *v.* (set in motion) ugokasu 動かす/動；(move) ugoku 動く/動，活動；(mix a liquid) kaki-mawasu かき回す/攪拌；(rouse) funki saseru 奮起させる/奮起——*n.* (movement) ugoki 動き/運動，活動；(bustle) sawagi 騒ぎ/動亂；(excitement) kōfun 興奮/興奮，奮起

stitch *n.* hito-hari 一針/一針；hito-nui 一縫い/一縫，針腳——*v.* nuu 縫う/縫，縫合

stock *n.* zaiko(-hin) 在庫(品)/庫存(品)，存貨；sutokku ストック/存庫，股票；(stump) kirikabu 切り株/股票；(trunk) miki 幹/幹，軀幹，樹幹；(share) kabu (-shiki) 株(式)/股份；(fund) shihon 資本/資本——*v.* shiireru 仕入れる/採辦，採購；(store) takuwaeru 蓄える/儲蓄；(equip) sonae-tsukeru 備え付ける/預備，裝備

livestock kachiku 家畜/家畜

stockbroker kabushiki-nakagai-nin 株式仲買人/股票經紀人

stockexchange kabushiki torihikisho 株式取引所/股票交易所

stockholder kabunushi 株主/股東

stockmarket kabushiki-shijō 株式市場/股票市場，股票行情

stocking *n.* sutokkingu ストッキング/長統襪

stomach *n.* i 胃/胃；hara 腹/腹；(appetite) shokuyoku 食欲/食慾

stomachache itsū 胃痛/胃痛

stone *n.* ishi 石/石，石頭；ko-ishi 小石/小石，(醫)結石

stool *n.* ashi-dai 足台/腳凳；koshi-kake 腰掛け/椅子；maruisu 丸いす/主教坐椅(示權威性)

stoop *v.* (bend) kagamu かがむ/彎身；koshi o mageru 腰を曲げる/彎腰

stop *v.* tomeru 止める/停；yameru やめる/停止，中止；(cease) yamu やむ/中止；(lodge) tomaru 泊まる/住宿，投宿；(suspend) teishi suru 停止する/停止——*n.* teishi 停止/停止；(stay)taizai 滞在/逗留；(*bus*) teiryū-jo 停留所/(汽車)站；(close) owari 終り/終結，終止；(punctuation mark) kutō-ten 句読点/標點

stop over tochū-gesha suru 途中下車する/中途下車

storage *n.* chozōsho 貯蔵所/貯藏所；sōko 倉庫/倉庫

storage battery chikudenchi 蓄電池/蓄電池

store *n.* (supply) takuwae 蓄え/貯存；(shop) mise 店/店；

(abundance) takusan 沢山/豊富,充裕;(accumulation) chozō 貯蔵/貯藏;chikuseki 蓄積/積蓄;(storehouse) sōko 倉庫/倉庫——*v.* takuwaeru 蓄える/囤積,貯藏

storey *n.* (floor) (ie no) kai (家の)階/樓層

storm *n.* arashi あらし/暴風雨;bōfū 暴風/暴風——*v.* areru 荒れる/(天氣)起風暴,(海)洶湧

storm-warning bōfū-keihō 暴風警報/暴風警報

story *n.* (tale) hanashi 話/故事;monogatari 物語/傳説,傳奇;(novel) shōsetsu 小説/小説;(plot) suji 筋/(劇)情節;(floor) kai 階/地板,樓層

stout *adj.* (strong) tsuyoi 強い/强壯的;(tough) ganjō na 頑丈な/堅固的;(brave) yūkan na 勇敢な/勇敢的;(fat) futotta 太った/肥壯的——*n.* (heavy dark type of beer) kurobīru 黒ビール/黑啤酒,烈啤酒

stove *n.* sutōbu ストーブ/火爐;kitchin renji キッチンレンジ/(炊具)爐竈

straight *adj.* (not crooked) massugu na まっすぐな/筆直的;itchoku-sen no 一直線の/一直線的;(in order) kichin to shita きちんとした/整整齊齊的;(honest) shōjiki na 正直な/正直的,誠實的;(neat) junsui na 純粋な/純粹的

straight away [***off***] tadachi ni 直ちに/立刻,馬上

strain *v.* (stretch tightly) pīn to nobasu ぴーんと伸ばす/用力拉;hipparu 引っ張る/拉緊;(overtask) karō saseru 過労させる/使過勞;(filter) kosu こす/濾過;(strive hard) kemmei ni doryoku suru 懸命に努力する/拚命努力——*n.* (stress) kinchō 緊張/緊張;(severe effort) hageshii doryoku 激しい努力/過分努力;karō 過労/過勞

strained kinchō shita 緊張した/緊張的,勉强的

strainer chakoshi 茶こし/茶葉篦子;uragoshi 裏ごし/過濾器

strait *n. pl.* (cf. channel) kaikyō 海峡/海峽—— *adj.* (narrow) semai 狭い/狹窄的,狹小的

strange *adj.* (not known) mishiranu 見知らぬ/不認識的;(queer) myō na 妙な/奇怪的,古怪的;(unfamiliar) minarenai 見慣れない/看不慣的;(foreign) gaikoku no 外国の/外國的

stranger *n.* (person unknown to one) mishiranu hito 見知らぬ人/陌生人;tanin 他人/外頭人,客人;(person unfamiliar with) fuan'nai na hito 不案内な人/不熟悉的人;(foreigner) gaikoku-jin 外国人/外國人

straw *n.* wara わら/稲草;mugi-wara 麦わら/麥稭

A drowning man will catch at a straw. Oboreru mono wa wara omo tsukamu. おぼれる者はわらをもつかむ./(諺)落水抓把草,急不暇擇

strawberry *n.* ichigo いちご/草莓

stray *adj.* michi ni mayou 道に迷う/迷路的; mayotta 迷った/走失了的; hagureta はぐれた/與同伴走散了的

streak *n.* (line of color) suji 筋/條理; shima しま/紋理

stream *n.* nagare 流れ/河流; kawa 川/河; ogawa 小川/小河

streamer *n.* fuki-nagashi 吹流し/飄揚的旗幡,飄帶

streamline *n.*, *adj.* ryūsen-kei (no) 流線型(の)/流線型(的)

street *n.* tōri 通り/街; gairo 街路/街道

main street ō-dōri 大通り/大街,(鬧市區的)路

street car shigai-densha 市街電車/電車,(日本)市内電車

strength *n.* chikara 力/力,力量; tsuyosa 強さ/强度,强弱

strengthen *v.* tsuyoku suru [naru] 強くする[なる]/加强,增强

strenuous *adj.* (hard) funtō-teki na 奮闘的な/奮鬥的; nesshin na 熱心な/熱心的; mōretsu na 猛烈な/猛烈的,熱烈的

stress *n.* (pressure) appaku 圧迫/壓迫力,重壓; kyōchō 強調/强調; jūten 重点/着重; akusento アクセント/重音; (effort) doryoku 努力/努力

stretch *v.* nobasu 伸ばす/伸,伸出; (extend) hirogeru 広げる/展開; hirogaru 広がる/擴展; (strain) kinchō saseru 緊張させる/使緊張——*n.* (expanse) hirogari 広がり/擴展; (extent) han'i 範囲/範圍; (tension) kinchō 緊張/緊張

stretch oneself nobi o suru 伸びをする/伸展身體

strict *adj.* kibishii 厳しい/嚴厲的,嚴格的; genjū na 厳重な/嚴重的

strictly *adv.* kibishiku 厳しい/嚴厲地,嚴格地

strictly speaking gemmitsu ni ieba 厳密に言えば/嚴密地說

stride *n.*, *v.* ōmata (ni aruku) 大また(に歩く)/大步走; hitomatagi ーまたぎ/一跨

strife *n.* arasoi 争い/爭奪,競爭; tōsō 闘争/鬥爭; fuwa 不和/不和; kenka けんか/吵架

strike *v.* (hit) utsu 打つ/打,敲,擊; (smite) naguru なぐる/毆打; (impress) kanji saseru 感じさせる/使感動,給以印象; (attack) kōgeki suru 攻撃する/攻擊——*n.* (blow) dageki 打撃/打擊; (cessation of work by employees) sutoraiki ストライキ/罷工,罷課; (*baseball*) sutoraiku ストライク/(棒球)正道球,好球

Strike while the iron is hot. Tetsu wa atsui uchi ni ute. 鉄は熱いうちに打て./(諺)趁熱打鐵

string *n.* himo ひも/帶子; ito 糸/線; gen 弦/弦——*v.* (thread on a string) ito ni tōsu 糸に通す/(用線、帶)串

string bean saya-ingen さやいんげん/長豇豆(莢)
strip *v.* (tear off) hagu はぐ/剝,剝去; (deprive of) ubau 奪う/剝奪; (undress) hadaka ni suru 裸にする/脱去衣服,脱衣
strip teaser sutorippā ストリッパー/脱衣舞女
stripe *n.* suji 筋/條子; shima しま/條紋
striped suji [shima] no aru 筋[しま]のある/有條紋的
strive *v.* (make great effort) doryoku suru 努力する/努力; ho-neoru 骨折る/拚命; (fight) tatakau 戦う/戰鬥
stroke *n.* (blow) dageki 打撃/打擊; (row) hito-kogi 一こぎ/(船)一划; (light caressing movement) hito-nade 一なで/一閃; (fit) hossa 発作/發作,痙攣; (painting) hito-fude 一筆/一筆
stroll *v.* buratsuku ぶらつく/漫步,閒逛; sampo suru 散歩する/散步
stroller bebīkā ベビーカー/嬰兒車,小型汽車
strong *adj.* (powerful) tsuyoi 強い/强的; (healthy) jōbu na 丈夫な/强健的,强壯的; (firm) kengo na 堅固な/堅固的; (severe) hageshii 激しい/强烈的,激烈的; (heavy, thick) koi 濃い/濃的
strongly *adv.* tsuyoku 強く/强烈; hageshiku 激しく/激烈
structure *n.* (construction) kōzō 構造/構造; kōsei 構成/結構; (organization) soshiki 組織/組織; honegumi 骨組み/骨骼; (building) tatemono 建物/建築物,房屋
struggle *v.* (move one's body in a vigorous effort to get free) mogaku もがく/掙扎; agaku あがく/掙扎; (fight) arasou 争う/爭鬥; (strive) doryoku suru 努力する/努力 —— *n.* funtō 奮闘/奮鬥; tatakai 戦い/戰鬥
struggle for existence seizonkyōsō 生存競争/生存競爭
stub *n.* (stump of tree) kirikabu 切り株/支票存根; (remnant of cigar, pencil) (tabako, empitsu no) tsukai-nokori (タバコ,鉛筆の)使い残り/煙蒂,鉛筆頭兒
stubborn *adj.* gōjō na 強情な/倔强的; ganko na 頑固な/頑固的; atsukai-nikui 扱いにくい/不聽話的
student *n.* gakusei 学生/學生
studio *n.* shigoto-ba 仕事場/工作間; sutajio スタジオ/播音室,演播室,照相館,攝影棚
study *n.* benkyō 勉強/學習; kenkyū 研究/研究 —— *v.* manabu 学ぶ/學習; kenkyū suru 研究する/研究
stuff *n.* (substance) mono 物/物,物品; busshitsu 物質/物質; (material) zairyō 材料/材料; genryō 原料/原料; tsumemono 詰め物/(食品)餡兒; (woolen fabric) keorimono 毛織物/毛織品 —— *v.* (cram) tsumeru 詰める/裝,塞進,填入

stumble *v.* (trip) tsumazuku つまずく/絆倒; yoromeku よろめく/踤倒; (falter) domoru どもる/踉蹌, 趔趄 —— *n.* tsumazuki つまずき/絆倒, 失足; (failure) shippai 失敗/失敗

stump *n.* kirikabu 切り株/支票存根; (root) ki no ne 木の根/樹樁 —— *v.* (puzzle) nayamasu 悩ます/爲難, 困惑; (walk clumsily) tobo-tobo aruku とぼとぼ歩く/沉重地走

stun *v.* (make senseless by violence) kizetsu saseru 気絶させる/打昏過去; (stupefy) bōzen to saseru ぼうぜんとさせる/使發楞, 使目瞪口獃; (amaze) bikkuri saseru びっくりさせる/使吃驚

stunt *n.* (feat) myōgi 妙技/絶技; hanare-waza 離れ業/高等飛行; kyokunori-hikō 曲乗り飛行/特技飛行

stupid *adj.* bakana ばかな/笨的; oroka na 愚かな/愚蠢的; noroma no のろまの/糊塗的; tsumaranai つまらない/無聊的

style *n.* (mode) yōshiki 様式/時式, 様式; (pattern) kata 型/格式; (fashion) sutairu スタイル/風格; (way of writing) buntai 文体/文體; (manner) taido 態度/態度

subject *adj.* (under government) shihai o ukeru 支配を受ける/從屬的; (owing obedience) fukujū suru 服従する/服從的 —— *n.* (people) shimmin 臣民/庶民, 臣民; jimmin 人民/黎民; (theme) shudai 主題/主題; kamoku 科目/科目 —— *v.* shitagawaseru 従わせる/使隸屬; jūzoku suru 従属する/從屬

submarine *adj.* kaitei no 海底の/海底的 —— *n.* sensuikan 潜水艦/潛水艇

submerge *v.* (suichū ni) shizumeru (水中に)沈める/浸(於水); shizumu 沈む/沉溺; mizu ni hitasu 水に浸す/浸於水中; sensui suru 潜水する/潛水

submit *v.* (yield) shitagawaseru 従わせる/使順從; fukujū saseru [suru] 服従させる[する]/使服從; shitagau 従う/服從; (present for consideration) teishutsu suru 提出する/提出

subordinate *adj.* kai no 下位の/下位的; kakyū no 下級の/下級的 —— *v.* jūzoku suru 従属する/從屬; …no kai ni oku …の下位に置く/放在…下; shitagawaseru 従わせる/使服從

subscribe *v.* (sign) shomei suru 署名する/署名, 簽名; (contribute) kifu suru 寄付する/捐贈, 捐助; (undertake to buy periodical regularly) yoyaku suru 予約する/預約; kōdoku suru 購読する/訂閱

subsequent *adj.* sono-go no その後の/其後的; ato no 後の/後的; tsugi no 次の/次的

subsequently *adv.* sono-go ni その後に/其後; tsuzuite 続いて/其次,接着
substance *n.* (matter) busshitsu 物質/物質; (essence) honshitsu 本質/本質; jittai 実体/實體; (element) yōso 要素/要素
substantial *adj.* (material) jisshitsu-teki na 実質的な/實質上,本質上; (firm) shikkari shita しっかりした/堅實的,牢固的; (important) jūyō na 重要な/重要的; (considerable) sōtō na 相当な/相當的,大大的; (essential) honshitsu-teki na 本質的な/本質性的
substitute *v.* kaeru 代える/代,代替; daiyō suru 代用する/代用——*n.* daiyō-hin 代用品/代用品; dairi-nin 代理人/代理人
substitution *n.* dairi 代理/代理; daiyō 代用/代用
suburb *n.* kōgai 郊外/郊外; machi-hazure 町はずれ/近郊,市外
subway *n.* (underground way) chika-dō 地下道/(横過馬路的)地道; (underground railway) chika-tetsu 地下鉄/地鐵
succeed *v.* (have success) seikō suru 成功する/成功; (ensue) tsuzuku 続く/接續,繼…之後; (in due course to office) hikitsugu 引継ぐ/接着…發生
success *n.* seikō 成功/成功; jōju 成就/成就; ō-atari 大当たり/大成功,大發跡,中頭彩
successful *adj.* seikō shita 成功した/成功的,好成績的
successfully *adv.* migotoni 見事に/一帆風順地; shubi yoku 首尾よく/順利地,成功地
succession *n.* (series of things following) renzoku 連続/接連發生,繼起; (succeeding to inheritance) sōzoku (-ken) 相続(権)/繼承權; keishō 継承/繼承
in succession renzoku shite 連続して/接連,接着
such *adj.* sō iu そういう/那種; son'na そんな/那様; sore hodo no それほどの /那様(程度)的
such and such kore kore no これこれの/如此這般
such as …no yō na …のような/像…那様
suck *v.* suu 吸う/吸; susuru すする/啜; shaburu しゃぶる/吮吸; chichi o suu 乳を吸う/吃奶
sudden *adj.* kyū na 急な/忽然的; totsuzen no 突然の/突然的; fui no 不意の/意想不到的
suddenly *adv.* totsuzen 突然/突然; niwaka ni にわかに/忽然
suffer *v.* (undergo pain) kurushimu 苦しむ/受苦; nayamu 悩む/苦惱; kōmuru 被る/受,蒙受; (gai o) ukeru (害を)受ける/受損害; (be subject to) keiken suru 経験する/遭遇; (endure) taeru 耐える/忍受,忍耐; (allow) yurusu 許す/容

許

suffering *n.* kurushimi 苦しみ/苦惱；kutsū 苦痛/痛苦；songai 損害/損害；higai 被害/被害

suffice *v.* tariru 足りる/滿足於…的需要；(be enough) jūbun de aru 十分である/足夠,充分；(satisfy) manzoku saseru 満足させる/使滿足

sufficient *adj.* jūbun na 十分な/充分的

sufficiently jūbun ni 十分に/充分地

sugar *n.* satō 砂糖/砂糖

granulated sugar zarame ざらめ/粗粒白糖；guranyūtō グラニュー糖/白砂糖

lump sugar kaku-zatō 角砂糖/方糖

suggest *v.* (hint) honomekasu ほのめかす/略微表示；anji suru 暗示する/暗示；(propose) teian suru 提案する/提議,建議；iidasu 言い出す/提醒,指點

suggestion *n.* anji 暗示/暗示,聯想；teian 提案/提議,建議

suicide *n.* jisatsu(-sha) 自殺(者)/自殺(者)

suit *n.* (lawsuit) soshū 訴訟/訴訟；(coat and trousers) itchaku 一着/一套(衣服)；sūtsu スーツ/成套(服裝)；(*playing card*) hito-kumi 一組み/一組——*v.* (adapt) tekigō saseru 適合させる/使適合；itchi saseru 一致させる/使一致；(fit) teki suru 適する/適合；niau 似合う/適宜,相配

suitable *adj.* tekitō na 適当な/適當的,相宜的

suitcase *n.* sūtsu-kēsu スーツケース/手提皮箱；ryokō kaban 旅行かばん/旅行皮箱

sum *n.* (total amount) gōkei 合計/合計,總數；kingaku 金額/金額；*pl.* keisan 計算/計算；(summary) tairyō 大量/全部,大量——*v.* (sum up) gōkei suru 合計する/合計；yakugen suru 約言する/概括而言；yōyaku suru 要約する/歸納起來說

in sum yōyaku suru to 要約すると/總之,大體上

summary *n.*, *adj.* yōyaku (no) 要約(の)/簡略的；gaiyō (no) 概要(の) /摘要的

summer *n.* natsu 夏/夏,夏季

summer resort hisho-chi 避暑地 /避暑地

summit *n.* chōjō 頂上/頂巔,絶頂；itadaki 頂/頂

summit conference saikō-shunō-kaigi 最高首脳会議/最高首腦會議

summon *v.* (send for) yobi-dasu 呼び出す/召來,叫來；(gikai o) shōshū suru (議会を)召集する/召集(議會,陪審員)

sun *n.* taiyō 太陽/太陽；(sunbeam) nikkō 日光/日光,陽光

sunbeam nikkō 日光/日光,陽光

sunburn hiyake 日焼け/曬黑,曬焦
sundown nichibotsu 日没/日落,日没
sunrise hi-no-de 日の出/日出
sunset nichibotsu 日没/日落; higure 日暮れ/傍晚,黄昏
Sunday *n.* nichiyō-bi 日曜日/星期日
sunflower *n.* himawari 日まわり/向日葵
sunny *adj.* hiatari no yoi 日当りの良い/向陽的
superintendent *n.* kantoku(-sha) 監督(者)/監督(人)
superior *adj.* (better) sugureta 優れた/優良的; (excellent) yūshū na 優秀な/優秀的,無比的
superlative *adj.* saikō no 最高の/最高的; (*gram.*) saijōkyū no 最上級の/最上級的
supersonic *adj.* chō-onsoku no 超音速の/超音速的
superstition *n.* meishin 迷信/迷信
supervise *v.* kantoku suru 監督する/監督; kanri suru 管理する/管理; kanshū suru 監修する/監修
supper *n.* yūshoku 夕食/晚飯,晚餐
supplement *n.* furoku 付録/附錄; hosoku 補足/增補,補充
supply *v.* (furnish) kyōkyū suru 供給する/供給; (make up for) oginau 補う/補充,補缺; (fill) mitasu 満たす/裝滿—— *n.* kyōkyū 供給/供給; hojū 補充/補充; (store) takuwae 蓄え/貯藏; (stock) zaiko 在庫/貯藏
support *v.* (hold up) sasaeru 支える/支持,支撐; (provide for) iji suru 維持する/維持; yashinau 養う/扶養,贍養; (back up) shiji suru 支持する/支持; kōen suru 後援する/援助
supporter *n.* shiji-sha 支持者/支持者; fuyō-sha 扶養者/贍養者; sapōtā サポーター/支援者,支援隊
suppose *v.* (imagine) sōzō suru 想像する/想像; (assume) katei suru 仮定する/假定; (think) …to omou… と思う/(我)想; (presuppose) yosō suru 予想する/預測
supposing *prep.* …to katei sureba… と仮定すれば/假如…,假定…
suppress *v.* (restrain) osaeru 押さえる/監禁,限制; (put down) dan'atsu suru 弾圧する/鎮壓
supreme *adj.* saikō no 最高の/最高的; kono ue nai この上ない/至上的,至高的
sure *adj.* (certain) tashika na [ni] 確かな[に]/確實的; reliable) shinrai dekiru 信頼できる/確信的,深信無疑的; kitto … suru きっと…する/必定…的; (confident) jishin no aru 自信のある/有自信的——*adv.* (yes) yoshi よし/行,可以; tashika ni 確かに/的確; (of course) mochiron もちろん/當然

make sure tashikameru 確かめる/弄明白,查明白,確信

surf *n.* yosenami 寄せ波/打來的碎浪

surf riding nami-nori 波乗り/衝浪(遊戲); sāfin サーフィン/衝浪運動,衝浪音樂

surface *n.*, *adj.* hyōmen (no) 表面(の)/表面的; uwabe (no) 上辺(の)/外表(的); gaikan 外観/外表

surgeon *n.* geka-i 外科医/外科醫生; gun-i 軍医/軍醫

surgery *n.* geka 外科/外科; shujutsu 手術/手術

surname *n.* sei 姓/姓; myōji 名字/名字

surplus *adj.*, *n.* zan'yo (kin) 残余(金)/剩餘(金額); kajō (no) 過剰(の)/過剩(的); chōka-gaku 超過額/盈餘額

surprise *v.* odorokasu 驚かす/使吃驚; bikkuri saseru びっくりさせる/使驚奇——*n.* odoroki 驚き/驚訝; fuiuchi 不意打ち/意外的事情

by surprise fui ni 不意に/冷不防,突然

to one's surprise odoroita-koto niwa 驚いたことには/使…驚訝的是

be surprised …ni odoroku… に驚く/對…感到驚奇

surrender *v.* (hand over) hiki-watasu 引き渡す/交出,引渡; (yield) kōsan suru 降参する/屈服,投降

surround *v.* torikakomu 取り囲む/包圍; torimaku 取り巻く/圈起來

surroundings (environment) shūi 周囲/周圍,環境; (circumstances) kyōgū 境遇/境遇

survey *v.* (look over) miwatasu 見渡す/眺望,觀察; (measure) sokuryō suru 測量する/測量; (examine) kembun suru 検分する/審問,審查; (review) kentō suru 検討する/檢查

survival *n.* iki-nokori 生き残り/生存,殘存; seizon-sha 生存者/生存者

survive *v.* iki-nokoru 生き残る/生存,倖存; …yori nagaiki suru …より長生きする/比…長壽

survivor seizon-sha 生存者/生存者; ikinokotta hito 生き残った人/倖存者

suspect *v.* utagau 疑う/懷疑,可疑; ayashimu 怪しむ/懷疑——*n.* (suspected person) yōgi-sha 容疑者/嫌疑犯

suspend *v.* (hang up) tsurusu つるす/吊; kakeru 掛ける/掛,懸; (put off)enki suru 延期する/延期; (stop) teishi suru 停止する/停止; (*school*) teigaku ni suru 停学にする/休學

suspenders zubon-tsuri ズボンつり/褲子背帶; kutsushita-dome 靴下止め/提襪帶

suspense *n.* mitei 未定/未決,懸而未決; dotchi tsukazu どっちつかず/含糊不定; fuan 不安/不安; kigakari 気がかり/掛

念,懸慮;sasupensu サスペンス/未定,懸念,不定
suspenseful *adj.* fuan na 不安な/不安的;kigakari na 気がかりな/懸念的
suspicion *n.* utagai 疑い/懷疑;kengi 嫌疑/嫌疑
suspicious *adj.* utagai-bukai 疑い深い/深疑的;ayashii 怪しい/多疑的;utagawashii 疑わしい/值得懷疑的
sustain *v.* (hold up) sasaeru 支える/支持,支撐;(support) yashinau 養う/扶養,贍養;(stand) taeru 耐える/忍受,忍耐;(keep up) tsuzukeru 続ける/持久,繼續;(suffer) kōmuru 被る/蒙受;(maintain) iji suru 維持する/維持
swallow[1]*n.* tsubame つばめ/燕子
swallow[2]*v.* nomu 飲む/吞;nomikomu 飲み込む/嚥下去——*n.* hito-nomi 一飲み/吞一口,嚥一口
swamp *n.* numa 沼/沼澤;numa-chi 沼地/沼澤地
swan *n.* hakuchō 白鳥/天鵝
swap *v.* kōkan suru 交換する/交換;torikaekko suru 取り替えっこする/換,更換
swarm *n.* (large mass of insects) (konchū no) mure (昆虫の)群れ /(昆蟲的)群;takusan 沢山/多數;(throng) ōzei 大勢/大群人——*v.* (teem) muragaru 群がる/成群,群集
sway *v.* (waver) yusuburu ゆすぶる/搖擺;yureru 揺れる/搖動;(rule over) shihai suru 支配する/支配,左右——*n.* dōyō 動揺/動搖;shihai 支配/支配;tōchi 統治/統治
swear *v.* (make a solemn promise) chikau 誓う/發誓;(assent under oath) sensei suru 宣誓する/宣誓;(declare) dangen suru 断言する/斷言;(curse) nonoshiru ののしる/咒罵;warukuchi o iu 悪口を言う/臭罵——*n.* (swear-word) warukuchi 悪口/咒罵,罵人話
sweat *n.*,*v.* ase(o kaku) 汗(をかく)/(出)汗
sweater *n.* sētā セーター/毛衣,運動衫
sweep *v.* haku 掃く/掃,撣;sōji suru 掃除する/掃除
sweeper sōji-ki [-nin] 掃除器[人]/掃除器,打掃者
sweet *adj.* (taste) amai 甘い/甜的,甜蜜的;(fragrant) kōbashii 香ばしい/芳香的;(melodious) chōshi no ii 調子のいい/音調美妙的;(fresh) shinsen na 新鮮な/新鮮的;(dear) kawaii 可愛い/可愛的;(gentle) yasashii 優しい/温柔的
sweetly yasashiku 優しく/親切地
sweeten *v.* amaku suru [naru] 甘くする[なる]/弄甜,變甜;kōbashiku suru [naru] 香ばしくする[なる]/弄香,變香
sweetheart *n.* aijin 愛人/愛人;koibito 恋人/戀人,情人
sweet potato *n.* satsumaimo さつまいも/甘薯,紅薯,白薯,地

瓜,山芋

swell *v.* (dilate) fukureru ふくれる/脹,腫; fukuramaseru ふくらませる/鼓起,使腫起; (expand) hirogaru 広がる/增大,脹大; (rise or raise) ryūki suru 隆起する/隆起; bōchō suru 膨張する/膨脹

swift *adj.* (quick) hayai 早い/快的; (prompt) sumiyaka na 速やかな/飛快的

swiftness *n.* jinsoku 迅速/迅速; kaisoku 快速/快速,敏捷

swim *v.* oyogu 泳ぐ/游,游泳; ukabu 浮かぶ/浮,漂,漂流

swimming *n.* suiei 水泳/游泳

swimming suit mizu-gi 水着/泳裝,游泳衣

swindle *v.* (cheat)damasu だます/詐取,騙——*n.* (fraud) sagi 詐欺/詐騙

swindler sagi-shi 詐欺師/騙子; peten-shi ぺてん師/騙子手

swing *v.* furueru 震える/振動; yureru 搖れる/搖動,搖擺; (brandish) furi-mawasu 振り回す/揮,揮舞; buranko ni noru ぶらんこに乘る/打鞦韆——*n.* buranko ぶらんこ/鞦韆; furu koto 振ること/擺動; (sweep) han'i 範囲/振動範圍; (tone) chōshi 調子/調子,音色,腔調,語氣

in full swing sakan ni 盛んに/正酣,正起勁

swing bridge hane-bashi はね橋/開合橋

switch *n.* suitchi スイッチ/(電)開關——*v.* (switch on) (denki o) tsukeru (電気を)つける/通電; (switch off) kesu 消す/斷電

sword *n.* ken 剣/劍; tsurugi 剣/劍; katana 刀/刀

sword guard tsuba つば/(刀、劍)護手

syllable *n.* onsetsu 音節/音節

symbol *n.* (emblem) shōchō 象徴/象徵; shimboru シンボル/象徵,符號; (sign,mark) kigō 記号/記號; fugō 符号/符號

symbolize *v.* shōchō suru 象徴する/象徵; …o arawasu …を表わす/用符號表示

symmetry *n.* kinsei 均整/勻稱,均齊; chōwa 調和/調和; shimmetorī シンメトリー/勻稱,對稱

sympathize *v.* (pity) dōjō suru 同情する/同情; (agree) kyōmei suru 共鳴する/共鳴

sympathy *n.* dōjō 同情/同情; kyōmei 共鳴/共鳴

in sympathy with …ni dōjō shite …に同情して/同情着

symphony *n.* kōkyō-gaku 交響楽/交響樂; shinfonī シンフォニー/交響樂,交響曲

symptom *n.* (sign) chōkō 兆候/徵候; shōjō 症状/症狀; kizashi きざし/朕兆,先兆,預兆

synonym *n.* dōgi-go 同義語/同義詞; shinonimu シノニム/同義

語,類語,對譯語
synthetic *adj.* gōsei no 合成の/合成的,人造的
synthetic resin gōsei-jushi 合成樹脂/合成樹脂
syringe *n.* chūsha-ki 注射器/注射器; supoito スポイト/水槍,注油器,灌腸器——*v.* chūsha suru 注射する/注射
system *n.* (complex whole) soshiki 組織/體制; (arranged body of ideas, facts etc.) taikei 体系/體系,系統; (government) seido 制度/制度
systematic *adj.* soshiki-teki na 組織的な/有組織的; keitōteki na 系統的な/有系統的

T

tab *n.* (small flap) tare たれ/垂片; (tag) tsuke-fuda つけ札/垂下物; (label) ラベル/標簽,貼紙,商標
table *n.* tēburu テーブル/桌子,工作檯; shokutaku 食卓/飯桌; (list) hyō 表/表; (food) ryōri 料理/伙食,菜
at table (shokuji-chū 食事中/進餐中,在吃飯
table-spoon *n.* tēburu supūn テーブルスプーン/湯匙
tablet *n.* (small flat slab) hira-ita 平板/(木石等的)平板; (cf. troche) jōzai 錠剤/(藥)片劑,藥片; hyōsatsu 標札/標牌,門牌,匾額
tabloid *n.* taburoido-ban shimbun タブロイド判新聞/(12×16)小報——*adj.* yōyakushita 要約した/簡要的
tack *n.*, *v.* (broad-headed nail) byō (de tomeru) びょう(で止める)/平頭釘(釘住); tome-gane 止め金/平頭釘; (basting stitch) karinui 仮縫い/假縫; (ship's course) shinro 針路/(羅盤所指的)針路; kōro 航路/航向
tackle *n.* (pulley) kassha 滑車/滑輪; (equipment) dōgu 道具/用具,船具; (*football*) takkuru タックル/(足球)搶截
tact *n.* kiten 気転/機智; josai-nasa 如才なさ/圓滑; tegiwa 手際/手腕,本領
tactics *n.* senjutsu 戦術/戰術; sakuryaku 策略/策略
tadpole *n.* otamajakushi おたまじゃくし/蝌蚪
tag *n.* tsuke-fuda 付け札/垂下物; nifuda 荷札/(行李)標簽,簽條,貨簽
tail *n.* o 尾/尾,尾部; shippo しっぽ/尾巴,尾狀物; (rear) kō-bu 後部/尾部,後部
tail-light bi-tō 尾灯/尾燈
tailor *n.* yōfuku-ya 洋服屋/(西服)裁縫,縫紉工
taint *n.* (stain) yogore 汚れ/汚染; oten 汚点/汚點; (dishonor)

omei 汚名/污名——*v.* (become infected) kansen suru 感染する/使感染,傳染

take *v.* (seize) toru 取る/取;tsukamu つかむ/抓,捕捉;(gain) uru 得る/獲得;(accept) ukeru 受ける/接受,收;(catch) toraeru 捕える/逮捕,活捉;(buy) kau 買う/買,收買;(carry) motte-iku 持って行く/拿去,帶去;(eat) taberu 食べる/吃;(drink) nomu 飲む/喝

be taken ill byōki ni naru 病気になる/生病

take after …ni niru …に似る/像,倣傚

take care of …ni chūi suru …に注意する/留心,當心;…no sewa o suru… の世話をする/關照,照顧

take charge of …o hiki-ukeru…を引き受ける/負起管理責任

take up ageru 上げる/抬起;mochiageru 持ち上げる/舉,拿起

take notice of …ni chūmoku suru… に注目する/注意到

take off nugu 脱ぐ/除去,脱去;(*airplane*) (hikōki ga) ririku suru (飛行機が)離陸する/離地,起飛

take out toridasu 取り出す/拿出,領得

take over hikitsugu 引き継ぐ/接管,接收

take part in …ni sanka suru…に参加する/參加

talent *n.* sainō 才能/才能,才華;giryō 技量/才幹

talented yūnō na 有能な/有才能的,多才的

talentless munō na 無能な/無才幹的,無能的

talk *v.* hanasu 話す/說;kataru 語る/談,講;iu 言う/說;shaberu しゃべる/說,談—— *n.* hanashi 話/說話,話;danwa 談話/談話

talk back kuchi-gotae suru 口答えする/反唇相譏

talk to hanashi-kakeru 話し掛ける/訓戒,斥責;shikaru 叱る/責備,申斥

talk over sōdan o suru 相談をする/協商,商談

big talk jiman-banashi 自慢話/說大話;hora ほら/吹牛

talkative *adj.* kuchikazu no o'oi 口数の多い/多嘴的—— *n.* oshaberiおしゃべり/愛說話的

tall *adj.* sei no takai 背の高い/高個子,高的

tame *adj.* (domesticated) nareta 慣れた/馴服的;(gentle) o-tonashii おとなしい/柔順的;(spiritless) ikuji no nai 意気地のない/無志氣的,不爭氣的——*v.* narasu 慣らす/使馴服

tan *v.* (convert into leather) kawa o namesu 皮をなめす/硝皮革;(brown by the sun's rays) hi ni yakeru 日に焼ける/曬黑皮膚——*adj.* (yellowish) ierō-buraun イエロー・ブラウン/(日曬後的)褐色皮膚

tangle *v.* motsureru もつれる/糾纏;motsure saseru もつれさせる/使糾纏;karamu 絡む/纏結;karamaseru 絡ませる/使

纏結——*n.* (confused state) konran 混乱/混亂;funkyū 紛糾/一團糟,糾紛
tank *n.* tanku タンク/槽,池;sui-so 水そう/水槽;sensha 戦車/坦克
tap[1] *v.* (hit lightly) karuku tataku 軽くたたく/輕敲
tap[2] *n.* (faucet) jaguchi 蛇口/水龍頭;kokku コック/旋塞,水龍頭;(plug) sen 栓/旋塞,塞子
tape *n.* tēpu テープ/帶,磁帶;(tape measure) makijaku 巻尺/捲尺
tar *n.* tāru タール/焦油,煤焦油
tardy *adj.* noroi のろい/遲鈍; osoi 遅い/慢的
target *n.* (marked object) hyōteki 標的/靶子,標的;mato 的/靶,的;(aim) mokuhyō 目標/目標
tariff *n.* (tax on imports) kanzei-ritsu 関税率/關稅率;(list of prices) ryōkin-hyō 料金表/價目表
tart[1] *adj.* (sour) suppai 酸っぱい/酸的;(bitter) shinratsu na 辛らつな/尖刻的,辛辣的
tart[2] *n.* (pastry filled with jam) taruto タルト/果餡餅;kudamono-iri pai 果物入りパイ/果餡糕點
task *n.* shigoto 仕事/工作;shokumu 職務/任務,職務
taste *n.* (flavor) aji 味/味道;mikaku 味覚/味覺;(hobby) shumi 趣味/趣味——*v.* ajiwau 味わう/品嘗;aji o miru 味を見る/嘗味道
in good [***bad***] ***taste*** jōhin [gehin] de 上品[下品]で/行爲高尚(卑鄙);shumi no ii [warui]趣味のいい[悪い]/情趣高雅(低俗)
tattoo *n.* irezumi 入れ墨/紋身,刺青
tax *n.* zeikin 税金/稅金,稅款——*v.* kazei suru 課税する/課稅
tax payer nōzei-sha 納税者/納稅人
tax free menzei no 免税の/免稅的
taxi *n.* takushī タクシー/計程車,出租車,的士
tea *n.* o-cha お茶/茶
black tea kōcha 紅茶/紅茶
teach *v.* oshieru 教える/教
teaching kyōju 教授/講授,教授;jugyō 授業/教書
teacher *n.* kyōshi 教師/教師; sensei 先生/老師,先生
team *n.* chīmu チーム/小組,團體,(運動)隊;kumi 組/組,小組
team-work kyōdō dōsa 共同動作/(運動)協同動作;chīmuwāku チームワーク/戰術配合,默契
tear[1] *v.* hikisaku 引き裂く/撕裂;chigiru ちぎる/撕碎;chigireru ちぎれる/破碎
tear[2] *n.* namida 涙/淚

burst into tears watto nakidasu わっと泣き出す/突然哭起來
tearful *adj.* namida-gunda 涙ぐんだ/含涙的;namida-moroi 涙もろい/動不動流涙的,愛哭的
tease *v.* (annoy) ijimeru いじめる/愚弄,欺侮;nayamasu 悩ます/逗惱;(make fun of) karakau からかう/逗弄,戲弄
teaspoon *n.* tīsupūn ティースプーン/茶匙; cha-saji 茶さじ/茶匙
technical *adj.* gijutsu-teki na 技術的な/技術(上)的;(specialized) semmon no 専門の/專門的(技術等); (industrial) kōgyō no 工業の/工業的
technical terms semmon yōgo 專門用語/專門名詞,術語
technique *n.* gikō 技巧/技巧; gijutsu 技術/技術
technology *n.* kōgei(-gaku) 工芸(学)/工藝學;kōgyō-gijutsu 工業技術/工業技術
teen-ager *n.* jūdai no shōnen [shōjo] 10代の少年[少女]/(13~19歲的)少年(少女)
teens *n.* jūdai 10代/十多歲,少年時代
telegram *n.* dempō 電報/電報
telegraph *n.* denshin(-ki) 電信(機)/電報(機);dempō 電報/電報——*v.* dempō o utsu 電報を打つ/打電報
telephone *n.* denwa(-ki) 電話(機)/電話(機)——*v.* denwa o kakeru 電話をかける/打電話
telephone booth kōshū-denwa 公衆電話/公用電話;denwa-shitsu 電話室/電話室
telephone directory denwa-chō 電話帳/電話簿
telescope *n.* bōen-kyō 望遠鏡/望遠鏡
television *n.* terebijon テレビジョン/電視
tell *v.* (narrate) hanasu 話す/談,講; (say) iu 言う/說;tsugeru 告げる/告訴;(inform) shiraseru 知らせる/告知,通知; (order) meijiru 命じる/吩咐,命;oshieru 教える/囑咐; (distinguish) kubetsu suru 区別する/區別,辨別
tell one's fortune mi-no-ue o uranau 身の上を占う/卜運氣,卜凶吉
teller *n.* (one who tells) hanashi-te 話し手/講的人;(cashier at a bank) kinsen-suitō-gakari 金銭出納係/(財務)出納員
temper *n.* (disposition) kishitsu 気質/氣質;(mood) kigen 機嫌/心情,情緒;(anger) ikari 怒り/生氣;(calmness) heisei 平静/平靜,安靜
in a good [bad] temper jōkigen [fukigen] de 上機嫌[不機嫌]で/情緒好(壞)
be in a short temper tanki o okosu 短気を起こす/發脾氣
keep [lose] one's temper jitto gaman suru [okoridasu] じっと

我慢する[怒り出す]/忍氣(發怒)

temperament *n.* (disposition) kishitsu 気質/氣質,脾氣;seikaku 性格/性格

temperate *adj.* (mild) ondan na 温暖な/溫暖的;(moderate) tekido no 適度の/適度的;(moderate in opinion) onken na 穏健な/穩健的

temperature *n.* (*environment*) ondo 温度/溫度;(*body*) taion 体温/體溫

take one's temperature taion o hakaru 体温を計る/量體溫

temple[1]*n.* (*Buddhist*) jiin 寺院/寺院,廟宇;tera 寺/寺

temple[2]*n.* (*head*) komekami こめかみ/太陽穴,鬢角

temporary *adj.* ichiji no 一時の/一時的;rinji no 臨時の/臨時的

tempt *v.* (entice) yūwaku suru 誘惑する/誘惑;sasou 誘う/引誘,勾引

ten *n.*,*adj.* jū (no) 10,十(的)/十(的);tō (no) 10,十(の)/十個(的)

ten to one jūchū-hakku 十中八九/十有八九

tenant *n.* shakuchi-nin 借地人/租地人;kosaku-nin 小作人/佃户;shakuya-nin 借家人/租房人,房客

tend *v.* (be inclined to) …no keikō ga aru… の傾向がある/走向,傾向;…shigachi de aru …しがちである/有…的傾向,易於;(attend) kyūji suru 給仕する/服侍;(look after) sewa o suru 世話をする/照顧,照料

tendency *n.* keikō 傾向/趨勢,傾向;fūchō 風潮/風潮,潮流

tender[1]*v.* (offer) sashi-dasu 差し出す/提出,提供;(order in payment) shiharau 支払う/支付,投標

tender[2] *adj.* (kind) yasashii 優しい/溫和的,溫柔的;(soft) yawarakai 軟らかい/柔軟的;(delicate) kayowai か弱い/柔弱的,纖弱的;(sensible) kanji-yasui 感じやすい/易感覺的,能知覺的

tenderly *adv.* yasashiku 優しく/溫和地,親切地

tennis *n.* teikyū 庭球/網球;tenisu テニス/網球

tense[1] *adj.* (strained) kinchō shita 緊張した/緊張的(神經);haritsumeta 張り詰めた/拉緊的

tense[2]*n.* (*gram.*) jisei 時制/時態,時制;toki 時/時

tension *n.* kinchō 緊張/緊張;hari 張り/張力

tent *n.* tento テント/帳篷;temmaku 天幕/帳棚,天棚

tenth *n.*,*adj.* dai-jū (no) 第十(の)/第十(的);jū-bun no ichi (no) 十分の一 1/10(の)/十分之一(的)

term *n.* (fixed time period) kikan 期間/期限;(*school*) gakki 学期/學期;(words) yōgo 用語/術語;jōken 条件/條件;*pl.*

(personal relationship) aidagara 間柄/交誼,人際關係;naka 仲/交情,關係

terminal *n.*, *adj.* (of or at the end) owari (no) 終り(の)/末端(的);(railroad and bus station) shūten 終点/終點

terminate *v.* oeru 終える/終止,結束;owaru 終る/停止,了結

termination *n.* shūryō 終了/終結,結束;haishi 廃止/廢除;manki 満期/滿期

terrace *n.* (balcony) terasu テラス/平臺屋頂,屋頂庭園,陽臺,花壇;dan 段/臺階;(flat mound) takadai 高台/梯形地;kōchi 高地/高地

terrible *adj.* osoroshii 恐ろしい/可怕的,駭人的;hidoi ひどい/非常的,厲害的

terrify *v.* kowagaraseru 怖がらせる/使恐怖,威脅;odorokasu 驚かす/使嚇一跳

territory *n.* ryōdo 領土/領土;ryōchi 領地/領地

territorial waters ryōkai 領海/領海

terror *n.* kyōfu 恐怖/恐怖;osoroshisa 恐ろしさ/可怕,厲害

test *n.* shiken 試験/試驗;tesuto テスト/試驗,考試

make a test of …o tamesu …を試す/試驗

put to the test tamesu 試す/使受考驗

test tube shiken-kan 試験管/試管

testament *n.* (legal will) yuigon 遺言/遺囑;isho 遺書/遺書;(T-)(Bible) seisho 聖書/聖約全書

the New [Old] Testament shin'yaku [kyūyaku] seisho 新約[旧約]聖書/新約[舊約]全書

testify *v.* shōmei suru 証明する/證明,證實;risshō suru 立証する/立證,作證

testimony *n.* (evidence) shōko 証拠/證據;shōmei 証明/證明;(witness) shōgen 証言/證言

text *n.* hombun 本文/正文,本文;gembun 原文/原文;tekisuto テキスト/教材

text-book kyōkasho 教科書/教科書

textile *n.*, *adj.* orimono (no) 織物(の)/紡織品(的)

than *conj.*, *prep.* yori mo よりも/比,比較;yori wa よりは/與其…不如…;mushiro むしろ/與其…毋寧…

thank *v.* kansha suru 感謝する/感謝

Thank you. Arigatō. 有難う./謝謝

No, thank you. Iie, kekkō desu. いいえ,結構です./不,謝謝你

thanksgiving *n.* kansha 感謝/感謝;shaon 謝恩/謝恩

Thanksgiving day kansha-sai 感謝祭/感恩節

that *adj.* sono その/那;ano あの/那;sore それ/那個;are あ

れ/那個——*conj.* …to iu koto… ということ/的
thaw *v.* (melt) (yuki, kōri ga) tokeru (雪,氷が)解ける/雪化,冰化;tokasu 解かす/溶化;(become genial) yawaragu 和らぐ/變軟,融和起來;uchitokeru 打ち解ける/溶化,化解—— *n.* yuki-doke 雪解け/融雪(的氣候)
the *adj.* (*def. art.*)ano あの/那;sono その/那
theater *n.* gekijō 劇場/戲院,劇院;butai 舞台/舞臺;(plays) shibai 芝居/戲劇
theft *n.* nusumi 盗み/偷盜;settō 窃盗/偷竊
their *pron.* karera no 彼らの/他們的
theirs karera no mono 彼らのもの/他們的東西
them *pron.* karera o [ni]彼らを[に]/他們(目的格)
themselves *pron. pl.* karera-jishin o [de]彼ら自身を[で]/他們自己
then *adv.* (of that time) sono-toki その時/那時,當時;(after that) sore-kara それから/然後;(next) tsugi ni 次に/其次;(in that case) sore-dewa それでは/那末
theory *n.* gakusetsu 学説/學說;riron 理論/理論;seorī セオリー/理論,學說;(view) …setsu… 説/見解,論說
therapy *n.* chiryō 治療/治療
there *adv.* soko ni そこに/在(到)那裏;soko de そこで/在那裏
There is [are] …ga aru…がある/有
thereafter *adv.* sono-go その後/此後,其後
thereby *adv.* sore ni yotte それによって/因此,所以;sonotame ni そのために/因此,爲此
therefore *adv.*, *conj.* sore-yue ni それ故に/因此,爲此;shitagatte 従って/所以;dakara だから/因此,所以
thermometer *n.* kandan-kei 寒暖計/溫度計,寒暑表
clinical thermometer taionkei 体温計/體溫計
thermos bottle *n.* mahō-bin 魔法びん/熱水瓶
these *adj.*, *pron.* korera (no) これら(の)/這些(的)
they *pron.* karera wa [ga] 彼らは[が]/他們(主格)
thick *adj.* atsui 厚い/厚;futoi 太い/粗;(dense) koi 濃い/濃;shigetta 茂った/密集的,稠密的;(foggy) kiri-bukai 霧深い/霧濃
thicken *v.* atsuku suru [naru] 厚くする[なる]/使厚,加厚;koku suru [naru] 濃くする[なる]/使濃,加深
thicket *n.* yabu やぶ/叢林;shigemi 茂み/藪,繁茂
thief *n.* dorobō 泥棒/小偷
thigh *n.* futo-momo 太もも/大腿;mata また/股
thigh bone dai-tai-kotsu 大たい骨/大腿骨
thin *adj.* (cf. thick) usui 薄い/薄;hosoi 細い/細;(slender)

yaseta やせた/瘦;(scanty) wazuka na わずかな/稀少的——*v.* hosoku naru 細くなる/弄細;usuku suru 薄くする/弄薄

thing *n.* (object) mono 物/物,東西;(matter) koto 事/事;*pl.* jōsei 情勢/形勢;(circumstances) jijō 事情/事情;(belongings) mochimono 持ち物/隨身物品

think *v.* (consider) omou 思う/想;kangaeru 考える/考慮;(judge) handan suru 判断する/判斷

think of …no koto o omou …のことを思う/想,思索;o omoi tsuku を思い付く/想到

thinking *adj.*,*n.* shikō 思考/思考;kangae (-ru) 考え(る)/考慮

third *n.*,*adj.* dai-san (no) 第三(の)/第三(的);samban-me (no) 三番目(の)/第三(的);sambun-no-ichi (no) 三分の一,1/3(の)/三分之一(的)

thirst *n.* nodo no kawaki のどの渇き/口渴,渴;katsu 渇/渴——*v.* (feel thirst) katsubō suru 渇望する/渴望

thirsty *adj.* nodo no kawaita のどの渇いた/渴的;(eager) katsubō suru 渇望する/渴望

thirteen *n.*,*adj.* jū-san (no) 十三,13(の)/十三(的)

thirty *n.*,*adj.* san-jū (no) 三十,30(の)/三十(的)

this *adj.* kono この/這——*pron.* kore これ/這個;kon… 今…/今…,現…

this month kongetsu 今月/本月

for this once (=***for this time***) kondo dake wa 今度だけは/只這一次,下不爲例

this morning [***afternoon***, ***evening***] kesa [kyō no gogo, komban] けさ[今日の午後,今晩]/今晨(今日下午,今晚)

thorough *adj.* kanzen na 完全な/完全的;tettei-teki na 徹底的な/徹底的;mattaku no 全くの/十分的,充分的

thoroughbred *adj.*,*n.* junketsu-shu no(uma) 純血種の(馬)/純種馬;sarabureddo サラブレッド/優雅的,高尚的

thoroughly *adv.* jūbun ni 十分に/充分地;sukkari すっかり/充分,徹底,全然

those *pron.*,*adj.* sorera (no) それら(の)/那些(的)

though *conj.* nimo kakawarazu にもかかわらず/話雖這麼説;daga だが/但是;tatoe…demo たとえ…でも/即使,縱然

as though … de aru ka no yō ni…であるかのように/恰如,活像

thought *n.* (thinking) shikō 思考/思考;(idea) kangae 考え/想法;shisō 思想/思想;(consideration) kōryo 考慮/考慮;(design) ikō 意向/意向

thought control shisō tōsei 思想統制/思想禁錮

thoughtful *adj.* shiryo-bukai 思慮深い/深思熟慮的;(considerate) omoiyari no aru 思いやりのある/體貼,親切

thoughtless *adj.* shiryo no nai 思慮のない/無思慮,輕率的;fuchūi na 不注意な/不注意的

thousand *n.*, *adj.* sen (no) 千(の)/千(的);(numberless) musū no 無数の/無數的;(many) tasū no 多数の /多數的

thousands of …sūsen no 数千の/幾千的

ten [a hundred] thousand ichi [jū]-man 一[十]万/一(十)萬

thread *n.* ito 糸/線——*v.* ito o tōsu 糸を通す/穿線

threat *n.* kyōhaku 脅迫/脅迫;odoshi 脅し/恐嚇

threaten *v.* odosu 脅す/威脅;obiyakasu 脅かす/恫嚇

three *n.*, *adj.* san(no) 三,3(の)/三(的)

threefold sambai no [ni] 三倍の[に]/三倍的,三倍於;san-jū no [ni] 三十の[に]/三十的

three-quarter(s) yombun no san (no) 四分の三,3/4(の))/四分之三(的),三刻鐘(的)

thrice *adv.* san-do 三度/三次,三度;(three times) sambai ni 三倍に/屢次,再三

thrift *n.* (economy) ken'yaku 倹約/節約,節儉

thrill *v.* (with horror) zotto suru [saseru] ぞっとする[させる]/毛骨悚然的感覺;(with wave of emotion) kandō suru 感動する/感動——*n.* (quiver) mi-burui 身震い/戰慄,發抖

thriller *n.* surirā スリラー/使毛骨悚然的東西,驚險小説

thrilling *adj.* zotto suru ぞっとする/毛骨悚然;mi-no-ke no yodatsu 身の毛のよだつ/汗毛凜凜

throat *n.* nodo のど/咽喉

throne *n.* ōi 王位/王位;ō-za 王座/帝座;tei-i 帝位/帝位

throng *n.* (crowd) gunshū 群集/民衆,觀衆,聽衆——*v.* muragaru 群がる/群集,聚集;komi-au 込み合う/擠滿

through *prep.*, *adv.* (from end to end or from side to side) hashi kara hashi made 端から端まで/整個;(by reason of)…no tame ni …のために/爲了;(by means of)…o hete …を経て/經過;o tōtte を通って/通過;(going through) …o tōshite … を通して/穿過;tsuranuite 貫いて/貫穿;…made…まで/到底;zutto ずっと/一直——*adj.* (*with train*)chokutsū no 直通の/直通的

throw *v.* (cast) nageru 投げる/投,擲;(overthrow) kutsugaesu 覆す/使翻倒,摔下來

throw away suteru 捨てる/拋棄,浪費

throw oneself on [upon]…ni shinrai suru …に信頼する/求助於,依靠於;mi o makaseru 身を任せる/交付

thrust *v.* (push) osu 押す/推;tsuku 突く/突入,突出;(pierce) sasu 刺す/刺;tsuki-sasu 突き刺す/戳入

thumb *n.* oya-yubi 親指/大拇指
thumb tack ga-byō 画びょう/圖釘
thunder *n.* kaminari 雷/雷; raimei 雷鳴/雷鳴 —— *v.* kaminari ga naru 雷が鳴る/打雷
thunderstorm *n.* raiu 雷雨/雷雨
Thursday *n.* mokuyō-bi 木曜日/星期四
thus *adv.* kono-yō ni このように/像這様; kōshite こうして/如此; dakara だから/因此,於是
thus far ima-made 今まで/至今,至此
tick *n.* (soft click) kachi-kachi iu oto カチカチいう音/嘀嗒響 —— *v.* toki o kizamu 時を刻む/刻劃時間
ticket *n.* kippu 切符/票,票證; (tag) fuda 札/鈔票; nyūjō-ken 入場券/入場券
tickle *v.* kusuguru くすぐる/撩胳肢窩; (please) ureshigaraseru 嬉しがらせる/呵癢,咯癢 —— *n.* kusuguri くすぐり/搔癢癢
tide *n.* shio 潮/潮,潮汐; (current) chōryū 潮流/潮流; (tendency) keikō 傾向/傾向; keisei 形勢/形勢
tie *v.* (bind) musubu 結ぶ/紮,繫; (fasten) shibaru 縛る/綁,捆 —— *n.* (knot) musubi-me 結び目/結,扣
tie up shikkari kukuru しっかりくくる/綁; (wrap up) tsutsumu 包む/包裝,包紮
tiger *n.* tora 虎/虎
tiger cat yama-neko 山猫/山貓(野貓),虎貓(斑似虎的家貓)
tiger lily oni-yuri 鬼ゆり/(植)卷丹
tight *adj.* (firmly held) katai 固い/堅固的; kenrō na 堅ろうな/堅牢的; (closely fastened) kataku musunda 固く結んだ/打結得緊的; kitsui きつい/嚴厲的; (impermeable) mizu no moranai 水の漏らない/不漏水的 —— *adv.* kataku 固く/牢固地; shikkari to しっかりと/緊緊地
tighten *v.* shimeru 締める/收緊; shimaru 締まる/束緊; haru 張る/拉緊
tile *n.* kawara かわら/瓦; tairu タイル/鋪地磚,瓦管,高禮帽
till *prep.*, *conj.* made まで/到
timber *n.* (lumber) zaimoku 材木/木料; mokuzai 木材/木材
time *n.* toki 時/時; jikan 時間/時間; (period) kikan 期間/期間; (season) kisetsu 季節/季節; (era) jidai 時代/時代; (occasion) kai 回/次; do 度/度; (multiplied by) …bai…倍/倍
all the time itsumo いつも/在那期間一直,老是
at a time ichi-do ni 一度に/一次(多少),同時
at times tokidoki 時々/時時

by this time imagoro wa 今ごろは/這個時候
for the time (***being***) tōbun 当分/權且,暫時
from time to time tokidoki 時々/時時
in time mani-atte 間に合って/正合時
on time jikan-dōri ni 時間通りに/按時,準時
once upon a time mukashi-mukashi 昔々/(故事開頭)從前
Time and tide wait for no man. Saigetsu hito o matazu. 歳月人を待たず./歳月不待人

timely *adj.* jiki no yoi 時機のよい/合時的,得時的;taimurī na タイムリーな/適時的,正好的

timetable *n.* jikan-hyō 時間表/時間表;jikan-wari 時間割/時刻表

tin *n.* ,*adj.* suzu(no) すず(の)/錫;buriki (no) ブリキ(の)/白鐵皮——*v.* kanzume ni suru 缶詰めにする/做洋鐵罐
tinfoil suzu-haku すずはく/錫箔
tin opener kan-kiri 缶切り/開罐頭刀,罐頭起子

tinkle *v.* chirin-chirin to narasu [naru] チリンチリンと鳴らす[鳴る]/玎玲響

tiny *adj.* chippoke na ちっぽけな/極小規模的;goku chiisai ごく小さい/極小的

tip[1] *n.* saki 先/尖;sentan 先端/尖端

tip[2] *v.* chippu o yaru チップをやる/傾斜,翻倒;(overturn) hikkuri-kaesu 引っ繰り返す/弄翻

tiptoe *n.* ,*v.* tsumasaki (de aruku) つま先(で歩く)/腳尖(走路)
on tiptoe tsumasaki de つま先で/用腳 尖,踮起腳尖;hissori to ひっそりと/躡手躡腳

tire[1] *n.* (*for a wheel*) taiya タイヤ/輪胎,車胎

tire[2] *v.* (become weary) tsukareru 疲れる/疲勞,累;(make weary) tsukare saseru 疲れさせる/使疲勞;(tire of) akiru 飽きる/厭倦
tired out tsukare-hatete 疲れ果てて/累得要死

tired *adj.* tsukareta 疲れた/疲乏的

tiresome *adj.* hone no oreru 骨の折れる/費力氣,費勁的;taikutsu na 退屈な/沒趣的,無聊的

tissue *n.* usumono 薄物/薄絹,紗
tissue paper tisshu pēpā ティッシュペーパー/薄紙,紗紙,棉繭紙

title *n.* (subject) dai 題/題,標題;shomei 書名/書名;taitoru タイトル/題目,題名,官銜,字幕

to *prep.* …e…へ/向;…ni…に/到;…made…まで/到達;no tame ni のために/爲了

to and for achira-kochira あちらこちら/往復,來回
toast *n.* (toasted bread) tōsuto トースト/祝酒,祝酒詞;(drink in honor) kampai 乾杯/乾杯——*v.* yaku 焼く/烤(麵包); aburu あぶる/烤,烘,烤火
tobacco *n.* tabako タバコ/香煙
today *n.* kyō 今日/今日;honjitsu 本日/今天;gendai 現代/現代
toe *n.* ashi no yubi 足の指/腳趾;tsuma-saki つま先/趾尖,趾頭
together *adv.* issho ni 一緒に/一起,一同;tagai ni 互いに/共同;dōji ni 同時に/同時
toil *v.* (work laboriously) honeoru 骨折る/費力;kurō suru 苦労する/苦勞——*n.* honeori 骨折り/費勁;kurō 苦労/苦勞,辛苦
toilet *n.* (one's grooming) keshō 化粧/化妝;semmen-jo 洗面所/盥洗室;(bathroom) yokushitsu 浴室/浴室;(lavatory) benjo 便所/廁所
toilet soap keshō sekken 化粧石けん/香皂
token *n.* (sign) shirushi しるし/象徵,標記;(evidence) shōko 証拠/證據;(pledge) hoshō 保証/保證
tolerate *v.* (endure) shimbō suru 辛抱する/可容忍的;(allow) ōme ni miru 大目に見る/可原諒的
toll *n.* tsūkō-zei 通行税/通行税,過路錢
toll call chōkyori-denwa 長距離電話/長途電話
toll road yūryō-dōro 有料道路/付費公路
tomato *n.* tomato トマト/番茄,西紅柿
tomb *n.* haka 墓/墓,墳墓
tombstone haka-ishi 墓石/墓碑
tomorrow *n.* asu 明日/明日;ashita あした/明天;myōnichi 明日/明日
the day after tomorrow asatte あさって/後天;myōgonichi 明後日/後天
tomorrow morning [*evening*] myōasa [myōban] 明朝[明晚]/明晨(明晚)
ton *n.* ton トン/噸,噸位
tone *n.* (musical sound) oto 音/聲音;chōshi 調子/音調;(tint) shikichō 色調/色調
tongue *n.* shita 舌/舌;(language) kokugo 国語/語言
tonight *n.* kom-ban 今晚/今晚;kon-ya 今夜/今夜
too *adv.* (besides) omake ni おまけに/而且,還;(also) mata また/又;(moreover) sono-ue その上/加之;amari ni…sugiru 余りに…過ぎる/過於,太
tool *n.* dōgu 道具/工具

tooth *n.* ha 歯/齒,牙
toothache *n.* haita 歯痛/牙痛;ha no itami 歯の痛み/牙齒痛
toothbrush *n.* ha-burashi 歯ブラシ/牙刷
toothpaste *n.* neri-hamigaki 練歯みがき/牙膏
top[1] *n.* (summit) chōjō 頂上/頂,巔;(head) atama 頭/頭;toppu トップ/最高,頂點——*adj.* (of ,at or being top) saikō no 最高の/最高的
top[2] *n.* (*toy*) koma こま/陀螺
topic *n.* wadai 話題/話題;topikku トピック/題目,話題
torch *n.* taimatsu たいまつ/火炬,火把
tortoise *n.* kame 亀/龜
tortoise shell bekkō べっ甲/鼈甲
torture *n.*, *v.* (agony) kunō 苦悩/苦惱;(torment) gōmon (suru) 拷問(する)/拷問,刑訊;kurushimeru 苦しめる/使痛苦;nayamasu 悩ます/折磨
toss *v.* (fling) (shita kara ue e) nageru (下から上へ)投げる/扔上去,拋上去;oshi-ageru 押し上げる/推上去
total *adj.* (entire) zentai no 全体の/全體的;sōkei no 総計の/總計的;(complete) mattaku no 全くの/完全的,絕對的
touch *v.* fureru 触れる/觸,摸;sawaru 触る/觸,觸感;(move) kandō saseru 感動させる/使感動——*n.* sesshoku 接触/接觸;tatchi タッチ/手摸;te-zawari 手触り/手觸;(tinge) kimi 気味/氣,氣味
touching *adj.* (moving) kandō saseru 感動させる/動人的;(pathetic) aware na 哀れな/悲慘的
tough *adj.* (hard to break or cut) katai 固い/强韌的,不屈的;(stubborn) ganko na 頑固な/頑固的,固執的;(difficult) kon'nan na 困難な/難辦的,費力的
tour *n.*,*v.* shūyū (suru) 周遊(する)/周遊,漫遊;ryokō (suru) 旅行(する)/小旅行,遠足,觀光旅行
tourism *n.* kankō 観光/觀光,旅遊
tourist *n.* kankō-kyaku 観光客/遊客
tournament *n.* tōnamento トーナメント/錦標賽;shiai 試合/比賽
tow *v.* hiku 引く/拉,拖;tsuna de hiku 綱で引く/用繩牽拉
toward(s) *prep.* …no hō e… の方へ/向,朝;…ni taishite …に対して/對…
towards evening yūgata 夕方/近黃昏;higure-goro 日暮れごろ/近黃昏時分
towel *n.* taoru タオル/毛巾
tower *n.* tō 塔/塔;yagura 矢倉/箭樓,城堡——*v.* sobie-ta-tsu そびえ立つ/聳立

town *n.* machi 町/鎮,市鎮;tokai 都会/城市
town planning toshi-keikaku 都市計画/城市計劃
toy *n.* omocha おもちゃ/玩具,玩弄品
trace *n.* ato 跡/跡;(footprint) ashi-ato 足跡/足跡,蹤跡——*v.* (tracing paper) shiki-utsusu 敷き写す/描繪(畫),抄襲;ato o tsukeru 跡をつける/跟蹤,追蹤
track *n.* tōtta ato 通った跡/痕跡;(path) michi 道/跑道;(cf. field & track events) torakku トラック/軌道——*v.* (follow) tsuiseki suru 追跡する/追蹤,尾隨
trade *n.* (commerce) shōbai 商売/買賣,生意,交易;bōeki 貿易/貿易—— *v.* bai-bai suru 売買する/做生意;butsu-butsu-kōkan suru 物々交換する/換貨貿易
trade union rōdō-kumiai 労働組合/工會
trademark *n.* shōhyō 商標/商標;torēdo māku トレードマーク/商標
trader *n.* shōnin 商人/商人;bōeki-sen 貿易船/貿易船,商船
tradition *n.* densetsu 伝説/傳說;dentō 伝統/傳統
traditional *adj.* dentō-teki na 伝統的な/傳統性的
traffic *n.* kōtsū 交通/交通;ōrai 往来/往來,通行;shōgyō 商業/商業
traffic signal kōtsū-shingō 交通信号/交通信號
tragedy *n.* higeki 悲劇/悲劇
tragic *adj.* higeki no 悲劇の/悲劇的;higeki-teki na 悲劇的な/悲劇性的
trail *v.* (drag) hikizuru 引きずる/拖着走;(track) tsuiseki suru 追跡する/跟蹤追趕;(follow) ato ni tsui te kuru あとについて来る/跟蹤而來——*n.* tōtta ato 通った跡/痕跡
train *n.* (railroad cars) ressha 列車/列車;kisha 汽車/火車;(line) retsu 列/列,行,排;(procession) gyōretsu 行列/行列——*v.* (instruct) shikomu 仕込む/教育,培訓;(drill) kunren suru 訓練する/訓練
training *n.* kunren 訓練/訓練;yōsei 養成/教育,培訓
traitor *n.* hangyaku-sha 反逆者/反叛者;uragiri-mono 裏切者/叛徒
tram(car) *n.* (shigai) densha (市街)電車/(市內)電車
tramp *v.* (wander) aruki-mawaru 走き回る/徘徊,流浪;fumu 踏む/踩,踐踏;——*n.* toho-ryokō 徒歩旅行/徒步旅行,遠足;ashi-oto 足音/腳步聲
tranquil(l)izer *n.* chinsei-zai 鎮静剤/鎮靜劑
transact *v.* (manage) shori suru 処理する/辦理,處理;(deal) torihiki suru 取り引きする/交易,處理
transaction *n.* shori 処理/處理;torihiki 取引き/交易;(affair)

jiken 事件/事件,事項
transfer *v.* (remove) utsusu 移す/移,移動;(convey) hakobu 運ぶ/運送;yuzuru 譲る/譲與;nori-kaeru 乗り換える/換乘,改乘
transform *v.* henkei suru [saseru] 変形する[させる]/(使)變形
transfusion *n.* yuketsu 輸血/輸血
transistor *n.* toranjistā トランジスター/晶體管
transit *n.* tsūka 通過/通過;(passage) tsūkō 通行/通行;(conveyance) yusō 輸送/輸送
transit duty tsūkō-zei 通行税/(貨物的)通行税
transition *n.* utsuri-kawari 移り変り/變遷;henka 変化/變化
translate *v.* yakusu 訳す/翻譯;hon'yaku suru 翻訳する/翻譯
transmission *n.* dentatsu 伝達/傳達;dendō 伝導/傳導
transmit *v.* (pass on) watasu 渡す/寄交;(transfer) okuru 送る/送(貨);(communicate) tsutaeru 伝える/傳達(話等)
transparent *adj.* (can be seen through) tōmei na 透明な/透明的;(clear) akiraka na 明らかな/明瞭的
transport *v.* yusō suru 輸送する/輸送;unsō suru 運送する/運送,轉運
trap *n.* (snare) wana わな/圈套;(pitfall) otoshi-ana 落とし穴/陷阱
travel *n.*,*v.* ryokō (suru) 旅行(する)/旅行,出門
travel(l)er *n.* ryokō-sha 旅行者/旅行者;tabi-bito 旅人/旅客
tray *n.* bon 盆/盤子,托盤,盆子;sara 皿/碟子
treason *n.* hangyaku 反逆/叛逆;fushin 不信/不忠,不信;muhon 謀反/謀反
treasure *n.* takara 宝/實;hōmotsu 宝物/實物,珍實;zaihō 財宝/財實
treasure house hōko 宝庫/實庫
treasurer *n.* kaikei-gakari 会計係/會計員;keiri-buchō 経理部長/司庫;shūnyū-yaku 収入役/收款員
treasury *n.* kokko 国庫/國庫;kaikei 会計/會計
Treasury Department ōkura-shō 大蔵省/財政部,(日本)大藏省
treat *v.* (behave toward) taigū suru 待遇する/待遇,待;(deal with) atsukau 扱う/款待;(entertain with food and drink) gochisō suru ごちそうする/宴請,請客吃飯;ogoru おごる/請客;(try to cure) chiryō suru 治療する/治療
treatment *n.* chiryō 治療/醫治;taigū 待遇/待遇
treaty *n.* jōyaku 条約/條約,盟約;kyōtei 協定/協定
be in treaty kōshō-chū 交渉中/在交渉中

tree *n.* ki 木/樹;jumoku 樹木/樹木
tremble *v.* buru-buru furueru ぶるぶる震える/哆嗦;(shake) mi-burui suru 身震いする/打顫;(quiver) soyogu そよぐ/發抖;yureru 揺れる/搖晃
tremendous *adj.* (dreadful) osoroshii 恐ろしい/可怕的;(momentous) taihen na 大変な/厲害的,嚴重的;(extraordinary) monosugoi ものすごい/恐怖的
trend *v.* (tend) katamuku 傾く/側向,傾向——*n.* (tendency) keikō 傾向/傾向;katamuki 傾き/趨勢,趨向;(direction) hōkō 方向/方向
trespass *n.*,*v.* (invade) shin'nyū (suru) 侵入(する)/侵入;(commit a sin) tsumi o okasu 罪を犯す/(法律)侵害
trial *n.* (attempt) kokoromi 試み/試;tameshi 試し/試驗;(test) shiken 試験/試驗;(judical examination) saiban 裁判/審判
on trial …o tameshita ue de …を試した上で/用試驗性質,試驗後(再採用)
trial and error shikō sakugo 試行錯誤/嘗試錯誤法
triangle *n.* sankaku-kei 三角形/三角形
tribute *n.* mitsugi-mono 貢物/貢品,贈物;kansha [sonkei] no kotoba 感謝[尊敬]の言葉/謝(讚)辭
trick *n.* keiryaku 計略/計策;sakuryaku 策略/策略;torikku トリック/奸計,騙術——*v.* (cheat) damasu だます/騙,詐騙
tricky *adj.* kosui こすい/狡猾的;zurui ずるい/狡猾的,奸詐的
trifle *n.* tsumaranai koto [mono]つまらない事[物]/瑣事,無聊事(話)——*v.* rōhi suru 浪費する/白費(時間、金錢)
trifling *adj.* (trivial) tsumaranai つまらない/不足道的;wazuka no わずかの/少許的,一點點的
trim *adj.* (neat) kichin to shita きちんとした/整齊的——*n.*,*v.* (put in order) seiton (suru) せいとん(する)/整頓;(clip) karikomu 刈り込む/剪,修剪;(cut) kiru 切る/切
trip *n.* (journey) (shō-) ryokō (小)旅行/短程旅行,遠足——*v.* (move with light steps) karui ashidori de aruku 軽い足取りで歩く/輕快地走
triple *adj.* (three times) sam-bai no 三倍の/三倍的;(threefold) san-jū no 三重の/三重的,三層的——*v.* sam-bai ni naru [suru]三倍になる[する]/成爲三倍(使成三倍)
triumph *n.* (victory) shōri 勝利/勝利;(great success) dai-seikō 大成功/大成功——*v.* katsu 勝つ/打敗,得勝
trivial *adj.* sasai na ささいな/瑣碎的,些微的;tsumaranai つまらない/淺薄的,價值不大
troop *n.* (company) tai 隊/群,組,班;(group) mure 群れ/大群

人;(soldiers) heitai 兵隊/部隊;*pl.* (army) guntai 軍隊/軍隊

trophy *n.* senri-hin 戦利品/戰利品;torofī トロフィー/(運動)獎品,銀杯

tropic *n.* kaiki-sen 回帰線/回歸線;*pl.* nettai-chihō 熱帯地方/熱帶地方

***the Tropic of Cancer* [*Capricorn*]** kita [minami] kaiki-sen 北[南]回帰線/北(南)回歸線

tropical *adj.* nettai no [-teki na]熱帯の[的な]/熱帶(性)的

trouble *n.* (distress) kurō 苦労/辛苦;(care) shimpai 心配/憂慮(difficulty) kon'nan 困難/困難;(disease) byōki 病気/疾病——*v.* (disturb) midasu 乱す/弄亂,攪亂;(annoy) nayamasu 悩ます/使煩惱

troublesome *adj.* yakkai na 厄介な/麻煩的;urusai うるさい/討厭的

trousers *n.* zubon ズボン/褲子

trout *n.* masu ます/鱒魚

truck *n.* kamotsu-jidōsha 貨物自動車/卡車;torakku トラック/載重卡車

true *adj.* shinjitsu no 真実の/真實的;hontō no 本当の/真正的;(faithful) seijitsu na 誠実な/誠實的;(genuine) hommono no 本物の/純粹的,純真的;(exact) seikaku na 正確な/正確的

come true hontō ni naru 本当になる/成爲事實

***true to life* [*nature*]** shin ni semaru 真に迫る/逼真

truly *adv.* hontō ni 本当に/真正地;tadashiku 正しく/正確地

Yours truly. Keigu 敬具/敬上

trump *n.* (trump card) kiri-fuda 切り札/王牌

trumpet *n.* torampetto トランペット/喇叭(聲),號(聲);rappa ラッパ/喇叭

trunk *n.* (stem) (ki no) miki (木の)幹/樹幹,樹身;(body) dō 胴/軀幹;ryokō kaban 旅行かばん/皮箱,衣箱;(proboscis of an elephant) zō no hana 象の鼻/象鼻子;(trunk line) tetsudō no kansen 鉄道の幹線/(鐵路、電話線等的)幹線

trust *n.*, *v.* shin'yō suru 信用する/信用;shinrai suru 信頼する/信賴;(entrust) itaku suru 委託する/委託

trustworthy *adj.* shinrai ni atai suru 信頼に値する/可信賴的;ate ni naru 当てになる/可靠的

truth *n.* shinrai 信頼/信賴;shinjitsu 真実/真實;(faithfulness) chūjitsu 忠実/誠實

to tell the truth jitsu wa 実は/實際是,説實在話

in truth hontō ni 本当に/實在是,老實説

try *n.* kokoromi 試み/試,嘗試——*v.* kokoromiru 試みる/試,嘗 試,試驗;yatte-miru やってみる/試試看;tamesu 試す/試用,試行;(make an effort) tsutomeru 努める/勉力,努力
try on (*garment*) (fuku o) kite-miru (服を)着てみる/試穿衣,試衣;(*shoes*) (kutsu o) haite-miru (靴を)はいてみる/試穿鞋,試鞋
trying *adj.* hidoku hone no oreru ひどく骨の折れる/不能忍受的;kurushii 苦しい/痛苦的
tub *n.* oke おけ/桶;tarai たらい/木盆;(bathtub) yubune 湯船/浴盆
tube *n.* (pipe) kan 管/管; (cylinder); tsutsu 筒/筒;chūbu チューブ/管,筒,炮身;(*Br.*) (underground railway) chikatetsu 地下鉄/地鐵
Tuesday *n.* kayō-bi 火曜日/星期二
tug *v.* hiku 引く/拉,拖,拽;hipparu 引っ張る/用力拉
tulip *n.* chūrippu チューリップ/山慈姑,鬱金香
tumbler *n.* (drinking glass) tamburā タンブラー/(平底)大玻璃杯;(acrobat) karuwaza-shi 軽業師/雜技演員
tuna *n.* maguro まぐろ/金槍魚
tune *n.* (melody) fushi 節/曲子;kyoku 曲/歌曲;chōshi 調子/曲調
in [*out of*]*tune* chōshi ga atte [awanai] 調子が合って[合わない]/和諧(不和諧)
tune up gakki no chōshi o totonoeru 楽器の調子をととのえる/調音,開始演奏(或唱)
tunnel *n.* ton'neru トンネル/山洞,隧道,地道
turf *n.* shibafu 芝生/草皮,草地
Turkey *n.* Toruko トルコ/土耳其
turkey *n.* shichimen-chō 七面鳥/火鷄
turn *v.* (rotate) mawasu 回す/轉;(go round) mawaru 回る/旋轉;(change) tenjiru 転じる/轉向,改變;(upset) hikkurikaesu 引っ繰り返す/翻倒;(roll) korogaru 転がる/滾動,打滾;(become)…ni naru … になる/變成;(change in direction) magaru 曲がる/彎曲——*n.* (rotation) kaiten 回転/旋轉;(change) henka 変化/變化;(a corner of a street) magari kado 曲り角/拐彎處;(order) jumban 順番/次序
turn against hantai suru 反対する/反對,反叛
turn aside sorasu そらす/岔開;(kao o) somukeru (顔を)背ける/避開,躲開,背過臉;yokeru よける/躲避
turn away oidasu 追い出す/驅逐,解雇;kao o somukeru 顔を背ける/背過臉,避開
turn on (sen o hinette) dasu (栓をひねって)出す/擰開(自來

水);tsukeru つける/使開始,發動
turn off kesu 消す/關閉(電燈);tomeru 止める/閉住
turn over hikkuri-kaesu 引っ繰り返す/翻轉
by turns kawaru-gawaru 代る代る/輪流地
in turn jumban ni 順番に/依順序地
take turns kōtai suru 交替する/輪流
turning *n.* kaiten 回転/旋轉;(corner) magari-kado 曲り角/拐角;(bend) magari-me 曲り目/彎曲處,拐角處
turning point bunki-ten 分岐点/轉捩點;tenki 転機/轉機
turnip *n.* kabura かぶら/蘿蔔,蕪菁
turtle *n.* umi-game 海亀/海龜;(turtledove) yama-bato 山鳩/斑鳩
turtle shell bekkō べっ甲/龜甲
twelve *n.*, *adj.* jū-ni (no) 十二,12(の)/十二(的)
twenty *n.*, *adj.* ni-jū (no) 二十,20(の)/二十(的)
twice *adv.* (two times) ni-bai ni 二倍に/兩倍;(doubly) ni-jū ni 二重に/兩次;ni-kai 二回/兩次
twig *n.* ko-eda 小枝/小枝;kozue こずえ/嫩枝
twilight *n.* tasogare たそがれ/黃昏,傍晚
twin *n.*, *adj.* futago (no) 双子(の)/成雙的;sōseiji (no) 双生児(の)/孿生子(的);ittsui (no) 一対(の)/一對(的)
twine *n.* yori-ito より糸/紗線,縫線;motsure もつれ/繞亂,亂線——*v.* (twist together) yori-awaseru より合わせる/捻搓,編織;(entwine) …ni makitsukeru …に巻き付ける/纏住;karamaseru 絡ませる/使纏繞;karamaru 絡まる/纏繞
twist *v.* (wind together) yoru よる/捻;yoreru よれる/擰;nejiru ねじる/扭,擰;(distort) yugameru ゆがめる/扭曲——*n.* yore よれ/捻一下;nejire ねじれ/擰轉,擰一下;(distortion) yugami ゆがみ/扭轉,扭一下
twitch *v.* (jerk) gui to hiku ぐいと引く/猛拉,扯去,抽動;hittakuru ひったくる/搶去;(spasmodic motion) pikutto ugoku ぴくっと動く/抽搐;keiren suru けいれんする/痙攣——*n.* hikitsuri ひきつり/抽筋;keiren けいれん/痙攣
two *n.*, *adj.* ni (no) 二,2(の)/二(的);futatsu (no) 二つ(の)/兩個(的),一對的
a day or two ichiryō-jitsu 一両日/一兩天
type *n.* (model) kata 型/型;taipu タイプ/型,風格,符號活字,打字;(symbol) shōchō 象徴/象徵;(type face) katsuji 活字/鉛字字體——*v.* taipu suru タイプする/代表,成爲…典型,用打字機打
typewriter *n.* taipuraitā タイプライター/打字機
typhoon *n.* taifū 台風/颱風

typical *adj.* tenkei-teki na 典型的な/典型的;(representative) daihyō- teki na 代表的な/代表的

typography *n.* insatsu (gijutsu) 印刷(技術)/印刷(技術)

tyranny *n.* assei 圧政/壓制政治,苛政;bōsei 暴政/暴政;sensei 専制/專制

U

ugly *a.* (ill-looking) minikui 醜い/醜的,難看的;(unpleasant) iyana いやな/醜惡的,討厭的

ulcer *n.* kaiyō かいよう/潰瘍

ultimate *a.* (last) saigo no 最後の/最後的;(final) kekkyoku no 結局の/結局的;(fundamental) kompon no 根本の/根本的,主要的

ultimately saigo ni 最後に/最後,畢竟;kekkyoku 結局/最終,終結,終於

ultimatum *n.* saigo tsūkoku 最後通告/最後通牒

ultra- *pref.* chō- 超-/極端…,超過…;ka- 過-/過於…

umbrella *n.* kōmori-gasa こうもりがさ/旱傘,太陽傘;kasa かさ/傘,雨傘

umbrella stand kasa-tate かさ立て/傘架

umpire *n.* shimpan-sha 審判者/裁判員;ampaia アンパイア/公正人,裁判員,仲裁人——*v.* chūsai suru 仲裁する/仲裁;shimpan suru 審判する/裁定

U. N. *n.* (United Nations) Kokusai Rengō 国際連合/聯合國;Kokuren 国連/聯合國

unable *a.* dekinai 出来ない/不能的,無力的

unaccustomed *a.* (not used to) funare no 不慣れの/不慣的;(unusual) futsū de nai 普通でない/不平常

unanimous *a.* manjō-itchi no 満場一致の/全體一致的;igi no nai 異議のない/無異議的

unavoidable *a.* sake-gatai 避け難い/不能避免的;yamu o enai 止むをえない/不得已的

unaware *a.* shiranai 知らない/不知道的;kizukanai 気付かない/没有發覺的

unbearable *a.* tae-gatai 耐え難い/不能忍受的,難受的

unbroken *a.* yaburenai 破れない/没有破壞的;(continuous) renzoku shita 連続した/連續的;togirenai 途切れない/不斷的

uncertain *a.* (doubtful) futashika na 不確かな/不確定的;hakkiri shinai はっきりしない/含糊的;(untrustworthy) ate ni naranai 当てにならない/靠不住的;(changeable) kawari yasui 変りやすい/易變的

uncivilized *adj.* (savage) mikai no 未開の/未開化的;(barbarous) yaban na 野蛮な/野蠻的

uncle *n.* oji (san) 伯父(さん)/伯父,叔父,舅父,姑父,姨父

uncomfortable *a.* fuyukai na 不愉快な/不愉快的;kimochi no yokunai 気持のよくない/心情不好

uncommon *a.* (unusual) ijō na 異常な/異常的,難得的;(rare) mezurashii 珍しい/珍奇的,珍貴的;(remarkable) hibon na 非凡な/非凡的

uncommonly hijō ni 非常に/非常;ijō ni 異常に/異常地

unconcern *n.* (indifference) mukanshin 無関心/不關心,冷淡;heiki 平気/不在乎

unconcerned heiki na 平気な/不在乎的;mukanshin na 無関心な/不關心的,漫不經心的

unconscious *a.* muishiki no 無意識の/無意識的;ishiki o ushinatta 意識を失った/失去知覺的,不省人事的——*n.* (the u-) senzai-ishiki 潜在意識/潛在意識

unconsciously kizukazu ni 気付かずに/不知不覺地,muishiki ni 無意識に/無意識地

uncover *v.* o'oi o toru 覆いを取る/打開蓋子,去掉遮蓋物;arawasu 現わす/露出;(disclose) abaku あばく/暴露

undecided *a.* mitei no 未定の/未定的,未決的,不果斷的

under *prep.* …no shita ni の下に/在…之下;ni motozuite に基づいて/根據,基於;ika no 以下の/在…以下的,低於;…chū … 中/在…裏面——*a.*,*adv.* shita no [ni] 下の[に]/少於,更少;ni motozuite に基づいて/根據;(lower) kabu no 下部の/下部的,下面的

keep under osae-tsukeru 押え付ける/壓制

underdeveloped *adj.* mikaihatsu no 未開発の/未開發的;hatten-tojō no 発展途上の/發展中的,低度開發的

underdog *n.* (one who is expected to lose a contest or struggle) kachi-me no usui hito 勝ち目の薄い人/在鬥爭中處於劣勢的人;(seizon kyōsō no) haizansha [giseisha](生存競争の)敗残者[犠牲者]/(生存競爭中的)受害者(犧牲者)

undergo *v.* (be subject to) ukeru 受ける/受(検查等);(suffer) kōmuru 被る/蒙受,遭受;(experience) keiken suru 経験する/經歷,經過

undergraduate *n.* daigaku-sei 大学生/大學本部學生,大學肄業生;zaigakusei 在学生/在校生

underground *adj.* chika no 地下の/在地下的——*n.* (underground railroad) chikatetsu 地下鉄/地鐵

undergrowth *n.* (mori no) shita-bae (森の)下生え/生於大樹下的小樹,灌木; yabu やぶ/灌木叢
undermentioned *adj.* kaki no 下記の/下記的,下述的
underneath *adv.* …no shita ni… の下に/在…下面的; hikuku 低く/較低的部分或表面
undershirt *n.* hada-gi 肌着/貼身衣; shatsu シャツ/汗衫
understand *v.* (get the meaning of) rikai suru 理解する/理解; wakaru 分かる/瞭解; (believe) omou 思う/推斷,以爲; (be informed) shōchi shiteiru 承知している/懂,明白
understanding rikai (-ryoku) 理解(力)/理解(能力)
undertake *v.* (attempt) kuwadateru 企てる/企圖; (take upon oneself) hiki-ukeru 引き受ける/承擔,應承; (set about) chakushu suru 着手する/着手; (promise) yakusoku suru 約束する/約定; (guarantee) hoshō suru 保証する/保證
undertaker *n.* (mortcian) sōgi-ya 葬儀屋/殯儀館生意人; hikiuke-nin 引受人/承擔人,承辦人; ukeoi-nin 請負人/承包人
undertaking *n.* (enterprise) jigyō 事業/事業; kigyō 企業/企業; (promise) yakusoku 約束/保證,諾言
underwear *n.* shita-gi 下着/内衣褲; hada-gi 肌着/貼身衣
underworld *n.* kasō shakai 下層社会/下層社會,下流社會; ankoku-gai 暗黒街/黑社會; (Hades) jigoku 地獄/陰間,冥府
undesirable *adj.* konomashiku nai 好ましくない/討厭的; nozomashiku nai 望ましくない/不希望的
undeveloped *adj.* (immature) mi-hattatsu no 未発達の/未發達的; (unexploited) mikaihatsu no 未開発の/未開墾的
undo *v.* (reverse) moto-dōri ni suru 元通りにする/恢復原狀; (cancel) tori-kesu 取り消す/取消,廢除; (unfasten) hodoku ほどく/拆開; (untie) toku 解く/解開
leave undone hōtte oku 放っておく/放鬆
undoubtedly *adv.* utagai naku 疑いなく/無疑; tashika ni 確かに/確實
undress *v.* fuku o nugaseru 服を脱がせる/脱衣服,剝光衣服; nugu 脱ぐ/脱衣
unearned *adj.* rō sezu ni eta 労せずに得た/不勞而獲的
unearned profit furō shotoku 不労所得/自然增值
uneasy *adj.* (anxious) fuan na 不安な/不安的,擔心的; (uncomfortable) fukai na 不快な/不舒服的; (difficult) muzukashii 難しい/困難的
unemployed *adj.* shitsugyō shita 失業した/失業的; (the u-) shitsugyō-sha 失業者/失業者
unemployment *n.* shitsugyō 失業/失業

unemployment benefit shitsugyō teate 失業手当/失業救濟金
unequal *adj.* hitoshiku nai 等しくない/不等的; ichiyō de nai 一様でない/不同的; fubyōdō no 不平等の/不平等的; (not able to) …ni taenai … にたえない/不適合,不勝任
uneven *adj.* taira de nai 平らでない/不平坦的; (rough) dekoboko no でこぼこの/凹凸不平的; (*math.*) (uneven numbers) kisū no 奇数の/奇數的
unexpected *adj.* omoigakenai 思いがけない/料想不到的; igai no 意外の/意外的
unexpectedly omoigake naku 思いがけなく/忽然,意外地; fui ni 不意に/突然
unfaithful *adj.* seii no nai 誠意のない/不誠實的; fujitsu na 不実な/不忠實的
unfamiliar *adj.* shitashiku nai 親しくない/不熟悉的,生疏的; narete nai 慣れてない/不熟識的,没有經驗的
unfavo(u)rable *adj.* tsugō no warui 都合の悪い/不宜的; furi no 不利の/不利的
unfit *adj.* futekitō na 不適当な/不適當的,不相宜的
unforeseen *adj.* furyo no 不慮の/想不到的;fusoku no 不測の/不測的;gūzen no 偶然の/偶然的
unforgettable *adj.* wasure rarenai 忘れられない/難忘的
unfortunate *adj.* fukō na 不幸な/不幸的; fu'un na 不運な/倒霉的
unfortunately *adv.* fukō nimo 不幸にも/不幸,倒霉; fu'un nimo 不運にも/運氣不巧;ainiku あいにく/偏巧
ungrateful *adj.* (unthankful) on-shirazu no 恩知らずの/忘恩負義的
unhappily *adv.* fukō nimo 不幸にも/不幸福地,悲愁地; ainiku あいにく/偏巧,可惜
unhappy *adj.* (sad) fukō na 不幸な/不幸的; mijime na 惨めな/悲惨的;(unlucky) fukitsu na 不吉な/不吉利的,倒霉的
unhealthy *adj.* (unwholesome) fukenkō na 不健康な/不健康的; (unsound) fukenzen na 不健全な/不健全的
uniform *adj.* ichiyō na 一様な/一樣的,同一的; soroi no 揃いの/齊一的,一致的 ——*n.* seifuku 制服/制服;gumpuku 軍服/軍服;yunifōmuユニフォーム/制服,軍服
unimportant *adj.* (insignificant) jūyō de nai 重要でない/不重要的; (trifling) tsumaranai つまらない/不足取的
uninteresting *adj.* omoshiroku nai 面白くない/没趣的,無聊的
union *n.* ketsugō 結合/結合;kumiai 組合/組合; rengō 連合/聯合
labor union rōdō kumiai 労働組合/工會

unique *adj.* dokutoku no 独特の/獨特的；yuniku na ユニークな/唯一的,無比的,無雙的
unite *v.* (combine) ketsugō suru 結合する/結合；(agree) itchi suru 一致する/一致,協力；(join together) gappei suru 合併する/合併
united ketsugō shita 結合した/結合好的；rengō shita 連合した/聯合起來的
universal *adj.* uchū no 宇宙の/宇宙的,萬物的；zensekai no 全世界の/全世界的,全人類的；zempan no 全般の/普遍的
universe *n.* (cosmos) uchū 宇宙/宇宙；(world) sekai 世界/全世界
university *n.* daigaku 大学/大學
unjust *adj.* fusei na 不正な/不正的,不義的；(unfair) fukōhei na 不公平な/不公平的；(wrongful) futō na 不当な/不當的
unkind *adj.* fushinsetsu na 不親切な/不親切的；(cruel) reikoku na 冷酷な/冷酷的
unknown *adj.* michi no 未知の/未知的,不詳的；shirarete inai 知られていない/不知道的,無名的
unlawful *adj.* fuhō na 不法な/不法的；ihō no 違法の/違法的
unless *conj.* (if…not)…de nakere ba… でなければ/如果不,要是不
unlike *adj.* (different) onaji de nai 同じでない/不同的,不像的；kotonatta 異なった/相異的—— *prep.* …to chigatte … と違って/和…不同,不像…
unlikely *adj.* arisōmo nai ありそうもない/未必有的；mikomi no nai 見込みのない/未必可能的,靠不住的
unlock *v.* …no jō o akeru …の錠をあける/開鎖；(open) hiraku 開く/開；(disclose) (himitsu o) akasu (秘密を)明かす/表白心跡,洩密
unlucky *adj.* fukō na 不幸な/不幸的,倒霉的；fukitsu na 不吉な/不吉利的,不祥的
unmarried *adj.* mikon no 未婚の/未婚的
unnatural *adj.* fushizen na 不自然な/不自然的；ijō na 異常な/異常的
unnecessary *adj.* fuhitsuyō na 不必要な/不需要的,多余的；(useless) muyō na 無用な/無用的,無益的
unofficial *adj.* hikōshiki no 非公式の/非官方的,非正式的
unpack *v.* (ni o) toku (荷を)解く/開箱取出；nakami o tori-dasu 中身を取り出す/從包裹中取出東西,開箱取物
unpleasant *adj.* fuyukai na 不愉快な/不愉快的；iyana いやな/討厭的
unprofitable *adj.* rieki no nai 利益のない/沒有利益的；mōkara

nai もうからない/虧本的

unreasonable *adj.* (irrational) fugōri na 不合理な/不合理的; (excessive) tohō mo nai 途方もない/無條理的; mufumbetsu na 無分別な/無區別的

unsafe *adj.* anzen de nai 安全でない/不安全的; abunai 危ない/危險的

unselfish *adj.* riko-teki de nai 利己的でない/不利己的,無自私心的

unsettled *adj.* (changeable) (tenki no) kawari yasui (天気の)変りやすい/易變的,不定的; (not fixed) fuantei na 不安定な/不安定的,動亂的

untie *adj.* (musubi o) hodoku (結びを)ほどく/解去(束縛); toku 解く/解開,解放

until *prep.,conj.* …made… まで/到,直到

untrue *adj.* hontō de nai 本当でない/不真實的; fuseijitsu na 不誠実な/虛僞的

unusual *adj.* ijō na 異常な/不普通的,異常的; mare na まれな/稀有的

unwell *adj.* kibun ga sugure nai 気分が優れない/不愉快的; (ill) fukai no 不快の/身上不舒服的,(委婉)來月經的

unwilling *adj.* ki ga susumanai 気が進まない/不願意的; iya-garu いやがる/反感的

unwillingly iya-iya nagara いやいやながら/不情願地,反感地

up *adj.* jōhō no 上方の/上面的; nobori no 上りの/上升的,上坡的,進京的——*adv.* ue e 上へ/向上; ue ni 上に/在上; no hō e の方へ/向—— *prep.* no ue e の上へ/向上,在上; o a-gatte を上がって/上漲,上昇

up to …made… まで/直到

up train nobori ressha 上り列車/上行列車

up-and-down jōge ni 上下に/上下,起伏; achi-kochi あちこち/各處,到處

ups and downs tochi no kifuku 土地の起伏/土地起伏; eiko seisui 栄枯盛衰/人生盛衰,沉浮; (kakaku no) tōki (価格の)騰貴/(物價)騰貴

uphold *v.* (sustain) yōgo suru 擁護する/擁護; (support) shiji suru 支持する/支持; (encourage) hagemasu 励ます/鼓勵

upon *prep.* no ue ni [e] の上に[へ]/向上,位於高處

upper *adj.* sara ni ue no さらに上の/更上面的; jōi no 上位の/上頭的; jōbu no 上部の/上位的,上流的; kōi no 高位の/高位的,上司的

upper jaw [***lip***] uwa-ago [-kuchibiru] 上あご[唇]/上顎(上唇)

upper-class jōryū no 上流の/上級的,上流的
Upper House jōin 上院 /上議院
upright *adj.*, *adv.* (erect) massugu na [ni]真っすぐな[に]/筆直的;chokuritsu shita 直立した/直立的;(honest) shōjiki na 正直な/正直的;(just) kōsei na 公正な/公正的
upset *v.* kutsugaesu 覆す/顛覆;hikkuri-kaesu 引っ繰り返す/翻倒
upside *n.* jōhō 上方/上邊;ue-gawa 上側/上側;jōbu 上部/上部
upside down sakasama ni 逆様に/顛倒;hikkuri-kaette 引っ繰り返って/翻倒得亂七八糟;(in disorder) konran shite 混乱して/混亂
upstairs *adj.*, *adv.* kaijō no [ni] 階上の[に]/樓上的 —— *n.* nikai 二階/二樓;kaijō 階上/樓上
upstream *adj.*, *adv.* jōryū no [ni, e] 上流の[に,へ]/(向)上游的,溯流而上的
up-to-date *adj.* saishin no 最新の/最新的;gendai-teki na 現代的な/現代的
upward *adj.* ue no hō e 上の方へ/向上面;uwa-muki no 上向きの/向上的;yori ijō より以上/以上,多
urban *adj.* toshi no 都市の/城市的;tokai ni sumu 都会に住む/住在城市裏的
urge *v.* (hasten) isogaseru 急がせる/推進,趕(馬等);(encourage) hagemasu 励ます/鼓勵,獎勵;(drive on) kari-tateru 駆り立てる/驅策;unagasu 促す/催促 —— *n.* (impulse) shigeki 刺激/刺激;shōdō 衝動/衝動
urgent *adj.* (pressing) kinkyū no 緊急の/緊急的;sashisematta 差し迫った/迫切的 —— *v.* kyōyō suru 強要する/强要,勒索
urgently *adv.* shikyū ni 至急に/緊急地;shikiri ni しきりに/熱心地;setsu ni 切に/懇切地
us *pron.* wareware o [ni] 我々を[に]/我們(受格);wata(ku)-shi-tachi o [ni] わた(く)したちを[に]/我們(受格)
usage *n.* (customary use) kan'yō 慣用/慣用法;(custom) kanshū 慣習/習慣;(way of using) yōhō 用法/用法;(ways of using words) gohō 語法/語法
use *n.* shiyō 使用/使用;riyō 利用/利用,運用;yōto 用途/用途;(usefulness) kōyō 効用/效用 —— *v.* (employ) shiyō suru 使用する/使用;tsukau 使う/用;(treat) toriatsukau 取り扱う/對待(人)
make use of …o shiyō suru …を使用する/使用;…o riyō suru …を利用する/利用
lose the use of …ga tsukaenaku naru …が使えなくなる/不能使用

no use yaku ni tatanai 役に立たない/無用,無益
of [***no***] ***use*** yaku ni tatsu [tatanai] 役に立つ[立たない]/有(無)用,有(無)益
in [***out of***] ***use*** shiyō-chū [tsukawarete nai] 使用中[使われてない]/使用着(無人用)
use up tsukai-hatasu 使い果たす/用盡,耗盡
used[1] *adj.* (accustomed) …ni narete ... に慣れて/慣於,弄慣
be used to …ni narete iru …に慣れている/慣於——*v.* (used to do) …suru shūkan ga atta …する習慣があった/已有…的習慣; …suru no ga tsune datta … するのが常だった/…是常事; yoku…shita よく…した/經常
used[2] *adj.* tsukatta 使った/用過的; chūko no 中古の/半新不舊的,半新半舊的
useful *adj.* yaku ni tatsu 役に立つ/有用的; yūeki na 有益な/有益的
useless *adj.* yaku ni tatanai 役に立たない/無用的; mueki na 無益な/無益的
user *n.* riyō-sha 利用者/用户,使用者; shōhi-sha 消費者/消費者
usual *adj.* (ordinary) itsumono いつもの/平常的,普通的; (customary) rei no 例の/通例的
as usual itsumo no tōri いつもの通り/照例,照常
usually *adv.* tsune ni 常に/常; itsumo いつも/通常; futsū 普通/普通
utensils *n.* dōgu 道具/工具; kigu 器具/器具
household utensils kateiyō kigu 家庭用器具/家庭用具
cooking utensils kitchin yōgu キッチン用具/廚房用具
writing utensils hikki yōgu 筆記用具/寫字用具,文具
utilizable *adj.* riyō dekiru 利用出来る/能利用的
utilize *v.* riyō suru 利用する/利用
utmost *adj.* (extreme) kyokudo no 極度の/極度的,極端的; saidaigen no 最大限の/最大限度的; (furthest) mottomo tōi 最も遠い/最遠的
do one's utmost zenryoku o tsukusu 全力を尽す/竭力,盡全力
to the utmost kyokudo ni 極度に/極力,極度
utter *adj.* (complete) mattaku no 全くの/十足的,無條件的; kanzen na 完全な/完全的
utterly mattaku 全く/完全; zenzen 全然/全然,絕對

V

vacancy *n.* (emptiness) kūkyo 空虚/空虚；kara 空/空；sukima 透き間/閒工夫；hima 暇/閒暇；(empty place) akichi 空地/空地；(absent mindedness) hōshin jōtai 放心状態/茫然若失
vacant *adj.* (empty) karano 空の/空的；aite iru 空いている/空着的，没人住的(房子)；(stupid) bon'yari shite iru ぼんやりしている/茫然的，失神的
vacant seat kūseki 空席/空座位
vacation *n.* kyūka 休暇/(學校)假期；yasumi 休み/休假
vaccinate *v.* (inoculate) shutō suru 種痘する/種牛痘，接種疫苗；yobō-chūsha suru 予防注射する/注射預防針
vacuum *n.* shinkū 真空/真空；(vacuum cleaner) denkisōji-ki 電気掃除機/真空吸塵器
vacuum tube shinkūkan 真空管/真空管，電子管
vacuum bottle [*flask*] mahō-bin 魔法びん/熱水瓶
vague *adj.* (indistinct) aimai na あいまいな/模糊的，不清楚的；(illdefined) bakuzen to shita ばくぜんとした/含糊的，不明確的
vain *adj.* (futile) muda na むだな/無用的，無益的；(empty) munashii むなしい/空的，空虚的，徒有其表的；tsumaranai つまらない/不足道的
in the vain hope hakanai nozomi o idaite はかない望みを抱いて/抱有幻想
in vain kainaku かいなく/無效，白費，徒然；munashiku むなしく/白，空，虚
valiant *adj.* yūkan na 勇敢な/勇敢的；isamashii 勇ましい/英勇的，剛勇的；eiyū-teki na 英雄的な/英雄的
valid *adj.* (sound) kakujitsu na 確実な/有確實根據的；seitō na 正当な/正當的；datō na 妥当な/妥當的；(effective) yūkō na 有効な/有效的
valuable *adj.* kichō na 貴重な/貴重的；kachi no aru 価値のある/有價值的
value *n.* (worth) kachi 価値/價值；neuchi 値打ち/定價；(valuation) hyōka 評価/評價，估價；kakaku 価格/價格 —— *v.* (appraise) hyōka suru 評価する/估價，評價；ne o tsukeru 値を付ける/定價；(esteem) taisetsu ni suru 大切にする/着重
valueless *adj.* mukachi no 無価値の/無價值的；tsumaranai つまらない/不足道的
valve *n.* barubu バルブ/閥，活門，瓣膜；ben 弁/閥，閥門；

(shell) (mame no) saya (豆の)さや/豆莢;(vacuum tube) shinkūkan 真空管/真空管,電子管

van[1] *n.* (yūgai no) torakku (有蓋の)トラック/有蓋貨車,行李車,囚車 —— *v.* (nimotsu o) kuruma de hakobu (荷物を)車で運ぶ/(傢具等的)搬運車運送

van[2] *n.* sempō 先鋒/先鋒; sentō 先頭/先驅; zen'ei 前衛/前衛; sendō-sha 先導車/開道車,引路車

vanish *v.* (disappear) mienaku naru 見えなくなる/不見; (fade away) kie-useru 消え失せる/消失

vanity *n.* (being conceited) kyoei (-shin) 虚栄(心)/虛榮(心); (emptiness) munashisa むなしさ/空虛,無知,無能

vanquish *v.* seifuku suru 征服する/征服; uchikatsu 打ち勝つ/打敗,戰勝

vapor *n.* (sui-) jōki (水)蒸気/水蒸氣; (mist) kiri 霧/霧; moya もや/靄

vapor trail hikōki-gumo 飛行機雲/(飛機飛過後形成的)航跡雲

variable *adj.* henka shiyasui 変化しやすい/易變的,常變的; ittei shinai 一定しない/不定的,無常的

variety *n.* (diversity) henka 変化/變化; (kind) shurui 種類/種類; baraetī バラエティー/多樣化,(歌舞、雜耍的)綜合演出

a variety of shuju no 種々の/各種的,種種的,多樣化,變種,(音樂舞蹈雜耍等的)聯合演出

various *adj.* iro-iro na 色々な/各種各樣的; ikutsu ka no 幾つかの/好幾個的

varnish *n.* wanisu ワニス/清漆; nisu ニス/清漆,凡立水; uwagusuri うわぐすり/釉子 —— *v.* wanisu o nuru ワニスを塗る/上清漆

vary *v.* (change) kaeru 変える/改變,變更; kawaru 変わる/變,變化; (modify) shūsei suru 修正する/改正; (differ) kotonaru 異なる/不同,各異

varying *adj.* henka no aru 変化のある/有變化的; tayō na 多様な/多樣的

vase *n.* kabin 花びん/花瓶; tsubo つぼ/尊

vast *adj.* (immense) kōdai na 広大な/廣闊的; (great) hijō na 非常な/非常的; (huge) kyodai na 巨大な/巨大的

vault *n.* (arched ceiling) maru-tenjō 丸天井/拱形圓頂; (arched roof) maru-yane 丸屋根/圓頂房間(或地下室); (bank vault) kinko-shitsu 金庫室/金庫

vegetable *n.*, *adj.* shokubutsu (no) 植物(の)/植物(的); yasai (no) 野菜(の)/蔬菜(的)

green vegetables aomono 青物/青菜

vegetable diet sai-shoku 菜食/素食

vehicle *n.* norimono 乗物/車輛; kuruma 車/車; (means) shudan 手段/傳達手段,方法

veil *n.* bēru ベール/面紗,幕,僞裝; o'oi 覆い/面紗,面罩,遮掩物; maku 幕/幕; tobari とばり/帳——*v.* bēru o kakeru ベールをかける/蓋面紗; (cover) o'ou 覆う/遮掩; tsutsumu 包む/包藏

vein *n.* (blood vessel) kekkan 血管/血管; (cf. artery) jōmyaku 静脈/靜脈; (*tree*) mokume 木目/木紋; (*leaf*) yōmyaku 葉脈/葉脈; (*insects*) shimyaku 翅脈/翅脈

velocity *n.* sokudo 速度/速度

velvet *n.*, *adj.* birōdo (no) ビロード(の)/天鵝絨(的)

vengeance *n.* fukushū 復しゅう/報復,復仇

take vengeance with …ni fukushū suru …に復しゅうする/向…報復

vent *n.* kuchi 口/口; (hole) ana 穴/孔; tsūki-kō 通気孔/通氣孔——*v.* kuchi [ana] o akeru 口[穴]をあける/開孔

ventilate *v.* kaze-tōshi o yoku suru 風通しをよくする/通風; kanki o suru 換気をする/換氣

ventilation *n.* tsūfū 通風/通風; kanki (-sōchi) 換気(装置)/通風設備; (ventilation fan) kanki-sen 換気扇/通風扇,換氣扇

venture *n.* (speculation) tōki 投機/投機; (risky undertaking) bōken 冒険/冒險——*v.* kiken o okasu 危険を冒す/冒險; omoi-kitte suru 思い切ってする/聽天由命地去幹,孤注一擲地去幹

at a venture mukō-mizu ni 向こう見ずに/冒險,碰運氣

verb *n.* (*gram.*) dōshi 動詞/動詞

verbal *adj.* (of or in words) kotoba no 言葉の/語言上的; (oral) kōtō no 口頭の/口頭的; (of or formed from verb) dōshi no 動詞の/動詞的

verdict *n.* (cf. sentence) hyōketsu 評決/陪審團的裁決; hanketsu 判決/判決,裁決; (judgment) handan 判断/判斷; (opinion) iken 意見/結論,意見

verge *n.* (brink) hashi 端/邊; fuchi ふち/緣; (borderline) kyōkai 境界/邊緣,界面

on the verge of no magiwa ni の間際に/將近,即將; imanimo … shiyō to shite 今にも…しようとして/快要——*v.* (border) …to sakai suru …と境する/靠近; sessuru 接する/接近; mukau 向かう/趨向; chikazuku 近付く/逼近

verse *n.* shi 詩/詩,詩歌; imbun 韻文/韻文

version *n.* hon'yaku 翻訳/翻譯; yakubun 訳文/譯文; kyakushoku 脚色/劇本結構; setsumei 説明/説明,叙述

versus *prep.* …tai… 対/訴訟或體育運動中的"對"
vertical *adj.* (standing upright) suichoku no 垂直の/垂直的; chokuritsu shita 直立した/直立的
very *adv.* hijō ni 非常に/非常; totemo とても/極; taihen 大変/非常,太; *a.* (identical) dōitsu no 同一の/同一個的; chōdo sono 丁度その/就是那個; (true) hontō no 本当の/真的,真正的; (genuine) makoto no まことの/實在的
vest *n.* (waistcoat) chokki チョッキ/馬甲,背心 —— *v.* kiseru 着せる/讓穿衣,給穿上; (give some power or right) kenri o ataeru 権利を与える/授與權利
vested right [***interest***] kitoku-ken [-shūeki] 既得権[収益]/特權,既得利益
veteran *n.*, *adj.* beteran ベテラン/老練的人,老手,老兵; rōren (na) 老練(な)/老練(的)
veto *n.* (veto power) kyohi-ken 拒否権/否決權 —— *v.* kyohi suru 拒否する/否決
via *prep.* …o keiyu shite …を経由して/路經…,途經
vibrate *v.* shindō suru 振動する/振動,搖動; (quiver) furueru 震える/震動,顫動
vice[1] *n.* (evil) akutoku 悪徳/惡行,惡習; zaiaku 罪悪/罪惡; (defect) kekkan 欠陥/(生理)缺陷,缺點
vice[2] *pref.* jiseki no 次席の/(冠於官職)第二位的,次席的; fuku- 副…/副…
vice president fuku-daitōryō 副大統領/副總統
vicinity *n.* kinjo 近所/近處; fukin 付近/附近
vicious *adj.* (wicked) ja'aku na 邪悪な/邪惡的; (evil) akutoku no 悪徳の/惡行的; (malicious) akui no aru 悪意のある/有惡意的; warui 悪い/惡意的,刻毒的; (unruly) fudōtoku na 不道徳な/不道德的
victim *n.* gisei-sha 犠牲者/犧牲者; higai-sha 被害者/受害者; sōnan-sha 遭難者/2罹難者
fall a victim to …no gisei to naru …の犠牲となる/變成…的犧牲
victor *n.* shōri-sha 勝利者/勝利者
victory *n.* shōri 勝利/勝利
view *n.* (sight) keshiki 景色/景色; nagame 眺め/風景; (range of vision) shikai 視界/視域,眼界,(opinion) iken 意見/意向,意圖; kenkai 見解/見解; 2(purpose) mokuteki 目的/目的 —— *v.* shiraberu 調べる/檢驗,檢查; miru 見る/看,望; kansatsu suru 観察する/觀察
in view of mieru tokoro ni 見える所に/在看得見的地方2; o kōryo shite を考慮して/考慮到

point of view kenchi 見地/見地,觀點; kenkai 見解/見解
with the [a] view of …suru mokuteki de …する目的で/以…爲目的,爲了
with the [a] view to …suru tsumori de …するつもりで/希望…而
viewpoint *n.* kenchi 見地/見地,觀點; kenkai 見解/見解
vigorous *a.* kakki ga aru 活気がある/活潑的,有活力的; genki no yoi 元気のよい/精力旺盛的
villa *n.* bessō 別荘/別墅
village *n.* mura 村/村莊,村落
villain *n.* warumono 悪者/壞人; akkan 悪漢/惡棍
vine *n.* tsuru-kusa つる草/蔓草; tsuru つる/蔓; (grapevine) budō no ki ぶどうの木/葡萄藤
vinegar *n.*, *v.* su (o ireru) 酢(を入れる)/(加)醋
vineyard *n.* budō-en ぶどう園/葡萄園
violate *v.* (break) (hō o) okasu (法を)犯す/犯(法); yaburu 破る/破壞,違犯; somuku 背く/違反
violence *n.* (fury) mōretsu 猛烈/猛烈; gekiretsu 激烈/激烈; (outrage) buryoku 武力/武力,暴力
violent *adj.* (severe) hageshii 激しい/激烈的; (vehement) mōretsu na 猛烈な/猛烈的; (intense) kibishii 厳しい/嚴厲的; rambō na 乱暴な/强暴的,暴戾的
violet *n.* sumire (-iro) すみれ(色)/紫羅蘭(色)
violin *n.* baiorin バイオリン/小提琴
virgin *n.*, *adj.* shojo (no) 処女(の)/處女(的),童貞(的); o-tome 乙女/少女,處女; (pure) junketsu na 純潔な/純潔的
virgin soil shojo-chi 処女地/處女地
virgin forest genshi-rin 原始林/原始森林
virtue *n.* (moral excellence) toku 徳/品德; bitoku 美徳/美德; chōsho 長所/長處; (good quality) biten 美点/優點; (chastity) teisetsu 貞節/貞操,節操
by [in] virtue of … no chikara de… の力で/靠…的力量; …ni motozuite …に基づいて/靠,因
virus *n.* bīrusu ビールス/病毒
visible *adj.* (can be seen) me ni mieru 目に見える/可見的,肉眼看得見的; (clear) meihaku na 明白な/明白的
vision *n.* (sight) shiryoku 視力/視力; (phantom) maboroshi 幻/幻影,幻想; bijon ビジョン/視力,視覺,幻想,夢想
visit *v.*, *n.* hōmon (suru) 訪問(する)/訪問
visitor *n.* hōmon-sha 訪問者/訪問者; (o-) kyaku (お)客/客人,賓客
vital *adj.* inochi no 命の/生命的; (fatal) chimei-teki na 致命的

な/致命的;(essential) kan'yō na 肝要な/重要的;(lively) kakki no aru 活気のある/充滿活力的,生動的;jūdai na 重大な/重大的

vitality *n.* katsuryoku 活力/活力;baitaritī バイタリティー/活氣,生氣,(文學的)氣魄

vitamin *n.* bitamin ビタミン/維生素,維他命

vivid *adj.* (lively) iki-iki shita 生き生きした/生動的;(clear) meikai na 明快な/明快的,清楚地;(bright) azayaka na 鮮やかな/鮮明的

vividly *adv.* iki-iki to 生き生きと/生動地

vocal *adj.* koe no 声の/聲的;onsei no 音声の/聲音的
vocal music seigaku 声楽/聲樂

vogue *n.* (fashion) ryūkō 流行/流行,時尚;(popular favor) ninki 人気/人們歡迎
bring [come] into vogue hayaraseru [hayaridasu] はやらせる[はやり出す]/使流行(流行起來)

voice *n.* koe 声/聲;(*gram.*) (dōshi no) tai (動詞の)態/語態 ——*v.* (utter) iu 言う/發出聲,說;(express) noberu 述べる/表達,叙述
mixed voices konsei 混声/混合聲
with one voices manjō-itchi de 満場一致で/全體一致,一致;ikudōon ni 異口同音に/異口同聲

void *adj.* (empty) kūkyo na 空虚な/空虛的;kara no 空の/空的;(invalid) mukō na 無効な/無效的——*n.* (empty space) kūkan 空間/空間

volcano *n.* kazan 火山/火山
active volcano kakkazan 活火山/活火山
dormant volcano kyū-kazan 休火山/休息火山,間歇性火山
extinct volcano shi-kazan 死火山/死火山

volleyball *n.* barē-bōru バレーボール/排球

volume *n.* satsu 冊/册;kan 巻/卷;(book) hon 本/書本;(amount) ryō 量/量,數量;(cubic measure) taiseki 体積/體積;(bulk) kasa かさ/容積

voluntary *adj.* (spontaneous) jihatsu-teki na 自発的な/自發的;nin'i no 任意の/任意的

volunteer *n.* yūshi 有志/志願,參加;shigan-sha 志願者/志願者,志願兵;giyūhei 義勇兵/義勇軍;borantia ボランティア/志願者,志願兵,義勇兵,社會事業自願服務者——*v.* teikyō suru 提供する/自願獻出;shigan suru 志願する/自動請求

vomit *v.* tabemono o haku [modosu] 食べ物を吐く[戻す]/嘔吐;funshutsu suru 噴出する/噴出,吐出——*n.* ōto おう吐/嘔吐;hedo へど/嘔吐物

vote *n.* ,*v.* tōhyō (suru) 投票(する)/投票
vote down hiketsu suru 否決する/否決
vote in tōsen saseru 当選させる/當選
vowel *n.* ,*adj.* boin (no) 母音(の)/母音(的), 元音(的)
voyage *n.* kōkai 航海/航海 —— *v.* kōkō suru 航行する/航行,航海

W

wade *v.* (walk through water) aruite wataru 歩いて渡る/蹚河,涉水; (proceed with difficulty) honeotte susumu 骨折って進む/費力前進,艱苦進行
waffle *n.* waffuru ワッフル/鷄蛋餅,威化餅
waffle iron waffuru yaki ワッフル焼き/烤鷄蛋餅的鐵模,鷄蛋餅烤模
wag *v.* furu 振る/搖動; yureru 揺れる/擺動,搖擺
wage *n.* chingin 賃銀/工資; kyūryō 給料/薪水
wagon *n.* ni-basha 荷馬車/運貨馬車; (*Br.*) (open railway truck) kasha 貨車/貨車
waist *n.* koshi 腰/腰,腰部; uesuto ウエスト/衣服的上身部
waistcoat chokki チョッキ/西裝背心
wait *v.* (await) matsu 待つ/等候,等待,期待; (serve food at) kyūji suru 給仕する/服侍,侍候
waiter *n.* kyūji 給仕/侍者; ueitā ウエイター/侍應生
waiting room *n.* machiai-shitsu 待合室/(醫)候診室,候車室,候機室,候船室
waitress *n.* ueitoresu ウエイトレス/女招待,侍女
wake *v.* me ga sameru 目が覚める/醒來; me o samasaseru 目を覚まさせる/叫醒; okosu 起す/使振作,引起
walk *v.* aruku 歩く/歩行; sampo suru 散歩する/散步 —— *n.* sampo-michi 散歩道/散步之處,人行道
wall *n.* kabe 壁/牆,牆壁; hei 塀/圍牆
the Great Wall of China Banri no Chōjō 万里の長城/萬里長城
wallet *n.* saifu 財布/皮夾,錢夾; kami-ire 紙入れ/錢包,紙夾
walnut *n.* kurumi くるみ/胡桃,核桃
wander *v.* samayou さ迷う/彷徨; aruki-mawaru 歩き回る/徘徊
want *n.* (lack) ketsubō 欠乏/缺少; fusoku 不足/不夠; (necessity) hitsuyō 必要/必要,需要 —— *v.* (need) hitsuyō to suru 必要とする/需要,必需; (wish)…shitai… したい/想要;

(require) yōkyū suru 要求する/要求；(desire) nozomu 望む/希望；(lack) kakete iru 欠けている/缺少

in want of …ga nakute …がなくて/缺少…(的)；…ni komatte …に困って/需要…(的)

for want of …ga nai [tarinai] node …がない[足りない]ので/因缺少…

war *n.* sensō 戦争/戰爭；tōsō 闘争/鬥爭

at war kōsen-chū 交戦中/打仗,作戰

declare war sensen suru 宣戦する/宣戰

war dead senshi-sha 戦死者/戰死者

ward *n.* (watch,guard) mihari 見張り/守護,監視；hogo 保護/保護,監護；(city voting division) ku 区/(城市之)區；(division of a hospital) byōshitsu 病室/病房；byōtō 病棟/病房

warden *n.* momban 門番/門房,看門人；mihari-nin 見張り人/看守人,值班人

ware *n. pl.* (goods) shōhin 商品/商品,貨物；seihin 製品/器物,製造品

earthen ware tōki-rui 陶器類/陶器

hardware kanamono-rui 金物類/金屬器具

warehouse *n.* sōko 倉庫/倉庫,貨棧

warfare *n.* sensō 戦争/戰爭；kōsen-jōtai 交戦状態/戰爭狀態

warm *adj.* (moderately hot) atatakai 暖かい/暖和,溫暖的；atsui 暑い/熱的；(hearty) omoiyari no aru 思いやりのある/溫情的,親密的；(enthusiastic) netsuretsu na 熱烈な/熱烈的；hageshii 激しい/激昂的——*v.* atatameru 暖める/使暖,使熱中；atatakaku naru 暖かくなる2/變暖,熱中；(animate) kakkizukeru 活気付ける/活躍起來

warn *n.* keikoku suru 警告する/警告；chūi suru 注意する/注意

warrant *v.* (guarantee) hoshō suru 保証する/保證；ukeau 請け合う/擔保——*n.* (justification) seitō na riyū 正当な理由/正當理由；(guaranty) hoshō 保証/保證

was *v.* …de atta …であった/是(be 的過去式，I、III 人稱單數)；ita いた/有,在,生存

wash *v.* arau 洗う/洗；sentaku suru 洗たくする/洗滌

washbasin semmen-ki 洗面器/(洗)臉盆

waste *v.* (use carelessly) rōhi suru 浪費する/浪費；muda-zukai suru むだづかいする/糟蹋,浪費；(pine away) suijaku suru 衰弱する/使衰弱 ——*adj.* (desolate) arehateta 荒れ果てた/荒廢,荒蕪；(refuse) haibutsu no 廃物の/廢物的——*n.* (wilderness) arechi 荒れ地/荒地

wastebasket kamikuzu-kago 紙くずかご/字紙簍

wastepaper kami-kuzu 紙くず/廢紙
wasteful *adj.* rōhi suru 浪費する/浪費的; muda na むだな/糟蹋的
watch *n.* (small clock for wrist) ude-dokei 腕時計/手錶; tokei 時計/鐘錶; (act of guarding of observing) mihari 見張り/看守,值班; chūi 注意/注意,注視——*v.* (guard) miharu 見張る/看守,監視; (tend) kango suru 看護する/看護; (observe) mimamoru 見守る/注視
water *n.* mizu 水/水; (liquid) ekitai 液体/液體
hot water yu 湯/熱水
boiling water nettō 熱湯/開水,煮沸的水
water-color *n.* suisai enogu 水彩絵具/水彩畫畫具
waterfall *n.* taki 滝/瀑布
water-fowl *n.* mizu-dori 水鳥/水鳥,水禽
waterlily *n.* suiren すいれん/睡蓮,蓮花
watermelon *n.* suika すいか/西瓜
water power *n.* suiryoku 水力/水力
waterproof *adj.* bōsui no 防水の/防水的,防雨的
watt *n.* (unit of electric power) watto-sū ワット数/(電力單位)瓦特,瓦
wave *n.* nami 波/波,波浪; (back and forth movement) hadō 波動/波動,波紋——*v.* furu 振る/搖動; yureru 揺れる/搖擺; nami-utsu 波打つ/起波
wavelength hachō 波長/波長
waver *v.* (flicker) yurameku 揺らめく/搖蕩,顫動; (fluctuate) dōyō suru 動揺する/浮動,動搖; (hesitate) tamerau ためらう/猶疑不決,躊躇
wax *n.* rō ろう/蠟
wax paper parafin-shi パラフィン紙/蠟紙
way *n.* (road) michi 道/路,道路; (means) hōhō 方法/方法,手段; (course) shinro 進路/前進的路線; (manner) shikata 仕方/做法,方式; (distance) kyori 距離/距離,路程; (habit) shūkan 習慣/習慣,風習
all the way haru-baru はるばる/遠遠; waza-waza わざわざ/特意; shijū 始終/路上一直
by the way tsuide ni ついでに/順便; tochū de 途中で/在途中
by way of … o tōtte …を通って/經過
give way jōho suru 譲歩する/讓步,退讓; makeru 負ける/衰敗
lose one's way michi ni mayou 道に迷う/迷路
on the way tochū de 途中で/在路上,在旅行中
we *pron.* wareware wa [ga] われわれは[が]/咱們(主格); wa-

ta (ku) shi-tachi wa [ga] わた(く)したちは[が]/我們(主格)

weak *adj.* yowai 弱い/弱的; hakujaku na 薄弱な/薄弱的
weak point jakuten 弱点/弱點; yowami 弱み/缺點

weaken *v.* (make weaker) yowameru 弱める/使弱; (enfeeble) chikara o sogu 力をそぐ/削弱; (dilute) usumeru 薄める/使稀薄

weakness *n.* yowasa 弱さ/虛弱,怯懦; jakuten 弱点/弱點

wealth *n.* (riches) tomi 富/財富; (property) zaisan 財産/財產; (abundance) hōfu 豊富/豐富

wealthy *adj.* tonda 富んだ/富有的; yutaka na 豊かな/富裕的,富饒的

weapon *n.* buki 武器/武器; heiki 兵器/兵器

wear *v.* (*on body*) kiru 着る/穿(衣); (*on legs or feet*) haku はく/穿(鞋、褲); (*on head*) kaburu かぶる/戴(帽); (*on hand*) hameru はめる/戴(手套、手鐲); (*glasses*) (megane o) kakeru (眼鏡を)かける/戴(眼鏡)
wear out (exhaust) hidoku tsukare saseru ひどく疲れさせる/精疲力竭——*n.* (*clothing*) ifuku 衣服/衣服
men's wear shinshifuku 紳士服/紳士服

weary *adj.* (tired) tsukareta 疲れた/疲倦的; (weary of) akiru 飽きる/厭倦的,發膩的; (tedious) taikutsu na 退屈な/倦怠的

weather *n.* tenki 天気/天氣; tenkō 天候/氣候
weather bureau kishō-chō 気象庁/氣象局
weather forecast tenki-yohō 天気予報/天氣預報

weave *v.* (interlace threads into cloth) oru 織る/織; (knit) amu 編む/編

web *n.* (*spider*) kumo no su くもの巣/蜘蛛網

wed *v.* kekkon suru [saseru] 結婚する[させる]/(使)結婚

wedding *n.* kekkon(-shiki) 結婚(式)/結婚(婚禮)

Wednesday *n.* suiyō-bi 水曜日/星期三

weed *n.* ,*v.* zassō (o nozoku) 雑草(を除く)/(除)雜草

week *n.* shū 週/週,星期; isshūkan 一週間/一星期
a week ago isshūkan mae 一週間前/一星期前
every week mai-shū 毎週/每個星期,每週
last week senshū 先週/上星期
next week raishū 來週/下星期
once a week isshūkan ni ichi-do 一週間に一度/每週一次
this week konshū 今週/本星期

weekday *adj.* ,*n.* heijitsu (no) 平日(の)/平日(的); uīkudei ウイークデイ/每週(不含星期日),平日

weekend *n.* shūmatsu 週末/週末；uīkuendo ウイークエンド/週末

weekly *adj.*, *adv.*, *n.* mai-shū (no) 毎週(の)/每週(的)；shūkan (no) 週刊(の)/週刊(的)

weep *v.* (shed tears) naku 泣く/哭；namida o nagasu 涙を流す/流淚；(mourn for) kanashimu 悲しむ/悲嘆

weigh *v.* mekata o hakaru 目方を計る/稱,量；omosa ga… aru 重さが…ある/有…重

weight *n.* omosa 重さ/重量,體重；jūryō 重量/重量

welcome *int.* irasshai いらっしゃい/歡迎；yōkoso ようこそ/歡迎光臨——*adj.*, *n.* kangei [kantai] (sareru) 歓迎[歓待](される)/歡迎,款待——*v.* kangei suru 歓迎する/歡迎

You are welcome. Yoku irasshai mashita. よくいらっしゃいました./您來了,請進；Dō itashimashite. どう致しまして./沒關係,不敢當

welfare *n.* (happiness) kōfuku 幸福/幸福；han'ei 繁栄/繁榮；(well-being) fukuri 福利/福利

well *adv.* yoku よく/好,很好,(fully) jūbun ni 十分に/完全地,充分地；(much) zuibun ずいぶん/很,相當；mā まあ/合適,恰當；soredewa それでは/好,那麼

as well (equally) dōyō ni 同様に/同樣；(besides) sono-ue その上/又,加之,而且

as well as …dōyō…mo …同様…も/和…一樣

be well off raku ni kurasu 楽に暮らす/過小康生活

get well yokunaru よくなる/好轉；naoru 直る/修理好,治癒

may as well …shitemo yoi …してもよい/可以…；shita hō ga yoi… した方がよい/還是…的好

may well …suru nomo mottomo da… するのももっともだ/最好還是…

might as well…as… suru nowa…suru no mo dōzen da… するのは…するのも同然だ/等於；…suru kurai nara…shita hō ga mashida… するくらいなら…した方がましだ/不如

speak well [ill] of …o yoku [waruku] iu… をよく[悪く]言う/說好(壞)話

well *n.* (deep hole dug to obtain water, oil etc.) ido 井戸/井；(fountain) izumi 泉/泉

well-being *n.* kōfuku 幸福/幸福；fukuri 福利/福利

well-bred *adj.* sodachi no yoi 育ちのよい/有教養的；jōhin na 上品な/有禮貌的

well-dressed *adj.* minari no yoi みなりのよい/穿着入時的

well-educated *adj.* kyōiku no aru 教育のある/有教育的,有教養的

well-known *adj.* yūmei na 有名な/有名的
well-to-do *adj.* yūfuku na 裕福な/小康的，富裕的
were *v.* …de atta… であった/是(be 的過去式)；deshita でした/是(過去式)；ita いた/有，在
west *n.*, *adj.* nishi (no) 西(の)/西(的)；seibu 西部/西部
western *adj.* nishi no 西の/西的，西方的；seibu no 西部の/西部的；(W-)Seiyō no 西洋の/西洋的
wet *adj.* nureta ぬれた/弄濕的；shimetta 湿った/濕的，潮濕的 ——*v.* nurasu ぬらす/弄濕
wet to the skin bishonure ni naru びしょぬれになる/渾身濕透，搞成落湯鷄
whale *n.* kujira 鯨/鯨
what *adj.* (interrogative) nan no 何の/甚麼；don'na どんな/怎樣的；(exclamatory) nan to iu 何と言う/(感嘆)多麼—— *pron.* nani 何/甚麼；nani goto 何ごと/甚麼東西
What is this [*that*]? Kore [Sore] wa nan desu ka? これ[それ]は何ですか/這(那)是甚麼？
What do you think about it? Sore ni tsuite dō omoi masu ka? それについてどう思いますか/你是怎麼考慮這件事的？
What do you want? Nani ga irimasu ka? 何がいりますか/你要甚麼(東西)？
What is your name? Anata no o-namae wa? あなたのお名前は/尊姓大名？
What time is it? Nanji desu ka? 何時ですか/現在幾點鐘？
wheat *n.* ko-mugi 小麦/小麥
wheel *n.* wa 輪/輪，輪狀物；sharin 車輪/車輪
steering wheel handoru ハンドル/駕駛盤，方向盤，手柄
when *adv.* itsu いつ/甚麼時候，幾時—— *conj.* (suru) toki ni (する)時に/…的時候；(and then) suruto sono toki するとその時/那時，當時
When are you going? Itsu iki masu ka? いつ行きますか/你甚麼時候去？
When does the train start? Kono kisha wa nanji hatsu desu ka? この汽車は何時発ですか/這趟火車幾點發車？
whenever *adv.*, *conj.* itsu-demo いつでも/無論甚麼時候(都)；(every time that) (suru) toki wa itsu mo (する)時はいつも/每次…總是，…的時候一定
where *adv.* doko ni [e, de] どこに[へ，で]/在(向)那裏；(in which) suru basho する場所/…的地方—— *conj.* (and there) soshite sokode そしてそこで/…那兒
Where can I buy this? Kore wa doko de kaemasu ka? これはどこで買えますか/在哪裏可以買到它？

Where can I find a telephone? Denwa wa doko ni arimasu ka? 電話はどこにありますか/電話在哪裏?
Where do you come from? O-kuni wa doko desu ka? お国はどこですか/您是哪國人?
Where do you live? O-sumai wa dochira desu ka? お住居はどちらですか/您住在哪裏?

wherever *adv.* (tatoe) doko-demo (たとえ)どこでも/無論甚麼地方

whether *conj.* (if)…ka dōka … かどうか/是否,…還是…
whether…or no izure ni seyo いずれにせよ/總之,必定

which *adj.* dochira no どちらの/哪一個; dono どの/哪個

whichever *adj.*, *pron.* dochira no…demo どちらの…でも/無論哪一個; dochira demo どちらでも/隨便哪一個

while *n.* toki 時/時間; aida 間/一會兒——*conj.* (…suru)aida ni (…する)間に/在…的時候; (although)(…de aru) noni (…である)のに/但是,可是,卻
for a while shibaraku しばらく/暫時,一時
in a little while (soon) mamonaku 間まなく/不久,没一會兒
once in a while tokitama 時たま/偶爾

whip *n.*, *v.* muchi (utsu) むち(打つ)/鞭打,抽打
whipping cream nama kurīmu 生クリーム/生奶油

whirl *v.* (spin rapidly) guru-guru mawaru ぐるぐる回る/滴溜溜地轉; (feel dizzy) me ga mawaru 目が回る/眼花,眩暈——*n.* (spinning) kaiten 回転/旋轉; sempū 旋風/旋風; (confusion of mind) (kokoro no) konran (心の)混乱/(思緒)紛亂

whirlwind *n.* sempū 旋風/旋風; tsumuji-kaze つむじ風/旋風; tatsumaki たつ巻き/龍捲風

whiskey *n.* uisukī ウイスキー/威士忌酒

whisper *v.* (speak softly) sasayaku ささやく/低聲而語,耳語; (soft, rustling sound) zawa-zawa oto ga suru ざわざわ音がする/(樹葉等的)沙沙聲,颯颯聲——*n.* sasayaki ささやき/耳語,私語; uwasa うわさ/秘密傳聞

whistle *n.*, *v.* kuchibue (o fuku) 口笛(を吹く)/(吹)口笛,哨子; kiteki 汽笛/汽笛; keiteki 警笛/警笛

white *adj.* (color) shiroi 白い/白的,白色的; (pale) ao-jiroi ——*n.* (having light skin) hakujin 白人/白種人

who *pron.* dareka ga 誰かが/誰(主格); … suru (tokoro no) … する(ところの)/…其人,…那個人;
Who are you? Donata desu ka? どなたですか/你是誰?
Who is he [she]? Kare [kanojo] wa dare desu ka? 彼[彼女]

は誰ですか/他(她)是誰?

whole *adj.* zentai no 全体の/全體的; subete no すべての/所有的,一切的——*n.* zembu 全部/全部

as a whole zentai to shite wa 全体としては/就全體而言,整個看來

on the whole gaishite 概して/整個看起來

wholesale *n.*, *adj.* oroshi-uri (no) おろし売り(の)/批發,躉售

wholesaler *n.* oroshiuri-gyōsha おろし売り業者/批發商; ton'ya 問屋/批發商,發莊; toritsugi 取次/代銷,經銷

whom *pron.* dare ni [o] 誰に[を]/誰(who 的受格)

whose *pron.* dare no 誰の/誰的(who 的領格)

why *adv.* naze なぜ/何故; dōshite どうして/爲甚麽; …suru riyū… する理由/…理由,(理由的)説明

wicked *adj.* (sinful) yokoshima na よこしまな/邪惡的; fusei no 不正の/不正經的; (spiteful) ijiwaru na 意地悪な/不義的,不道德的

wide *adj.* (broad) haba no hiroi 幅の広い/廣闊的; (vast) kōdai na 広大な/廣闊的; hiro-biro to shita 広々とした/寬廣的,遼闊的

widely *adv.* hiroku 広く/廣泛; hijō ni 非常に/非常

widow *n.* mibōjin 未亡人/未亡人,遺孀,寡婦

widower *n.* otoko-yamome 男やもめ/鰥夫

width *n.* haba 幅/闊,幅員; hirosa 広さ/闊度,寬度

wife *n.* tsuma 妻/妻; fujin 夫人/夫人

wig *n.* katsura かつら/(開庭時法官戴的)假髮

wild *adj.* (not domescated) yasei no 野生の/野生的; (savage) yaban na 野蛮な/野蠻的; (violent) hageshii 激しい/猛烈的; (lawless) rambō na 乱暴な/狂暴的——*n.* (desert) arechi 荒れ地/荒無人煙之地; kōya 荒野/荒野

grow wild yasei shite iru 野生している/野生,自然生長

wild boar inoshishi いのしし/野豬

wild duck kamo かも/野鴨

wilderness *n.* arechi 荒れ地/荒蕪的地方; kōya 荒野/荒野

will[1] *v. aux.* darō だろう/將; suru-tsumori するつもり/要,打算

will[2] *n.* (will power) ishi 意志/意志; (determination) ketsui 決意/決心——*v.* kokorozasu 志す/決意,立志; (intend) shiyō to omou しようと思う/想要,決定要

good will kōi 好意/善意; shinsetsu 親切/親切

against one's will fuhon'i nagara 不本意ながら/違背本心,不得已

free will jiyū-ishi 自由意志/憑自由意志,自動,自願

will³*n.* (one's last will and testament) yuigon 遺言/遺囑；isho 遺書/遺書
willful *adj.* (intended) koi no 故意の/有意的，故意的；wazato-shita わざとした/故意的；(self-willed) wagamama na わがままな/任性的
willing *adj.* (yorokonde) …suru (喜んで)…する/高興，欣然從事
willow *n.* yanagi 柳/柳
win *v.* katsu 勝つ/贏得；(gain) uru 得る/獲得
wind¹*n.* (air in motion) kaze 風/風
windy kaze no tsuyoi 風の強い/多風的，大風的，狂風的
wind²*v.* (coil) maku 巻く/捲；(turn) mawasu 回す/扭轉
wind up maki-ageru 巻き上げる/結束，完結，捲上，捲起
windmill *n.* fū-sha 風車/風車
window *n.* mado 窓/窗，窗口，窗扉
wine *n.* budō-shu ぶどう酒/葡萄酒；wain ワイン/葡萄酒，酒
wing *n.* tsubasa 翼/翼；hane 羽/翅
on the wing tonde 飛んで/在飛行中，在旅行中
take wing tobi-tatsu 飛び立つ/飛去，迅速離去
wink *n.* (blinking) mabataki まばたき/眨眼；(instant) isshun 一瞬/一眨眼間，瞬間——*v.* mabataki suru まばたきする/眨眼，使眼色
winner *n.* shōri-sha 勝利者/勝利者，得獎者
winter *n.* fuyu 冬/冬，冬天，冬季
wipe *v.* (rub) fuku ふく/拭；nuguu ぬぐう/擦，揩
wipe out fukitoru ふき取る/擦去(污點)
wire *n.*，*v.* (thread of metal) harigane 針金/金屬絲，鐵絲，鋼絲；(electric wire) densen 電線/電線；(telegram) dempō (o utsu) 電報(を打つ)/(打)電報；(telegraph) denshin 電信/電信
by wire dempō de 電報で/發電報
send a wire dempō o utsu 電報を打つ/打電報
wisdom *n.* chie 知恵/智慧；kemmei-sa 賢明さ/賢明，高明
wise *adj.* kashikoi 賢い/聰明；chie no aru 知恵のある/有智慧的
wisely *adv.* kemmei ni 賢明に/聰明地，精明地
wish *v.* nozomu 望む/希望，願；…shitai… したい/想，要——*n.* negai 願い/希望，願望，請求
wit *n.* kichi 機知/機智；uitto ウイット/智慧，才智，理智
witch *n.* majo 魔女/女巫，巫婆；(on'na no) mahō-tsukai (女の)魔法使い/妖婦，迷人的女人
with *prep.* …to issho ni …と一緒に/和…一起；o mochiite を

用いて/用…

withdraw *v.* (draw back) hikkomu 引っ込む/縮回; shirizoku 退く/退出,脱離

within *adv.*, *prep.* …no han'i nai de …の範囲内で/在…範圍内;(indoors) okunai ni 屋内に/在屋内,在室内

without *adv.*, *prep.* …nashi ni…なしに/没有,如果没有; (outside) …no soto de [ni]…の外で[に]/在…之外; (out of doors) okugai de 屋外で/在屋外

go without nashi de sumaseru なしですませる/(無某種不言而喻之物)空着手…

without fail kitto きっと/一定; kanarazu 必ず/一定,必定

witness *n.* (eyewitness) mokugeki-sha 目撃者/目擊者; (evidence) shōko 証拠/證據; (testimony) shōgen 証言/證明; (one called upon to testify before a court) shōnin 証人/證人 ——*v.* mokugeki suru 目撃する/目擊,目睹; (give evidence) risshō suru 立証する/作證,證明

wolf *n.* ōkami 狼/狼

woman *n.* josei 女性/女性; on'na 女/女人; fujin 婦人/婦女

womanly *adj.* on'na no 女の/宜於婦女的; on'na rashii 女らしい/像女人的; yasashii 優しい/溫柔的

wonder *n.* (marvel) fushigi 不思議/不可思議,奇異; (amazing thing) kyōi 驚異/驚異——*v.* (feel surprise) odoroku 驚く/驚奇; (question)… kashira to omou… かしらと思う/疑問,疑義

wonderful *adj.* (marvelous) subarashii 素晴らしい/可驚嘆的,極好的; fushigi na 不思議な/不可思議的,奇異的

wonderfully *adv.* subarashiku 素晴らしく/極好地; odorokuhodo 驚くほど/…得可驚

woo *v.* kyūkon suru 求婚する/求婚; kyūai suru 求愛する/求愛

wood *n. pl.* (forest) mori 森/森林; ki 木/樹木; mokuzai 木材/木材; (firewood) maki まき/劈柴,柴

wood block *n.* mokuhan 木版/(印刷)木版; hangi 版木/木魚,雲板

woodcut *n.* mokuhan (-ga) 木版(画)/版畫

woodcutter *n.* kikori 木こり/樵夫; mokuhan-shi 木版師/木刻師; hanga-ka 版画家/版畫家

wooden *adj.* ki no 木の/木的; mokusei no 木製の/木製的

woodland *n.*, *adj.* shinrin (-chi) no 森林(地)の/森林地(的)

woodpecker *n.* kitsutsuki キツツキ/啄木鳥

wool *n.* yōmō 羊毛/羊毛; ūru ウール/羊毛,絨綫; ke-orimono 毛織物/毛織品

woolen *adj.* ūru no ウールの/羊毛的；ke-ori no 毛織の/毛織的

word *n.* (speech) kotoba 言葉/話；go 語/話語；(promise) yakusoku 約束/約,信義；(talk) danwa 談話/談話；(news) shirase 知らせ/傳言,口信

in a word yōsuru ni 要するに/總之,一言以蔽之

keep [break] one's word yakusoku o mamoru [yaburu]約束を守る[破る]/守(失)約

work *n.* (labor) shigoto 仕事/工作；rōdō 労働/勞動；(manufacture) sakuhin 作品/作品；(book) chosaku 著作/著作— *v.* hataraku 働く/作工,勞動；benkyō suru 勉強する/學習

at work hataraite 働いて/工作中,起作用

out of work shitsugyō shite 失業して/失業

work out kansei suru 完成する/完成;toku 解く/解決

worker *n.* rōdō-sha 労働者/工人

world *n.* (earth,universe) sekai 世界/世界；(the public) seken 世間/人世間,世上,現世；(sphere) shakai 社会/社會；kai 界/界

all over the world zen-sekai de 全世界で/全世界,舉世

world-wide zen-sekai ni wataru 全世界にわたる/遍及全世界,遍天下

worm *n.* mushi 虫/蟲；mimizu みみず/蚯蚓

A worm will turn. Issun no mushi ni mo gobu no tamashii. 一寸の虫にも五分の魂/(諺)匹夫不可奪志

worry *v.* (tease) jirasu じらす/使焦急；(annoy) nayamasu 悩ます/使煩惱；(be troubled) shimpai suru 心配する/擔心；(be anxious) ira-ira suru いらいらする/躁急

worse *adj.* issō warui 一層悪い/(bad,ill 的比較級)更壞

get worse issō waruku naru 一層悪くなる/變得更壞

what is worse (=***to make matters worse***) nao warui koto niwa なお悪いことには/而更壞的是

worship *v.*, *n.* sūhai (suru) 崇拝(する)/崇拜,敬慕；reihai (suru) 礼拝(する)/禮拜

place of worship reihai-dō 礼拝堂/教堂,禮拜堂；(church) kyōkai 教会/教會

worst *adj.* mottomo warui 最も悪い/最壞的；(the worst) saiaku 最悪/最惡劣的

at the worst saiaku no ba'ai demo 最悪の場合でも/無論怎樣壞

have [get] the worst of it makeru 負ける/敗,輸

worth *n.*,*adj.* (value) kachi ga aru 価値がある/有價值,值得

worth (while) doing …suru kachi ga aru… する価値がある/

有…的價值

worthless *adj.* tsumaranai つまらない/没有價值的,不足道的

worthy *adj.* kachi no aru 価値のある/有價值的; fusawashii ふさわしい/值得…的,足以…的

would *v. aux.* …suru darō…するだろう/…吧; suru tsumori de aru するつもりである/打算; (used to) itsumo …shita いつも…した/慣於; (wish) shitai したい/想,希望

would rather suru hō ga mashida する方がましだ/寧願

wound *v.*, *n.* (injury) fushō (saseru) 負傷(させる)/負傷; kega けが/損傷; (pain) kutsū 苦痛/痛苦; kizu(tsukeru) 傷(つける)/傷害

wounded kizu-tsuita 傷ついた/受傷的,受損害的

wrap *v.* tsutsumu 包む/包; kurumu くるむ/纏繞

wrapper *n.* hōsō-shi 包装紙/包装紙; jaketto ジャケット/包装紙

wreath *n.* (ring of flowers) hana-wa 花輪/花圈,花環; wa 輪/圈; (curl) (kemuri no) uzumaki (煙の)渦巻/(煙、霧的)圈,環

wreck *n.*, *v.* (shipwreck) nampa(sen) 難破(船)/失事船,遭難船; (destruction) hakai suru 破壊する/破壞; (ruin) hametsu 破滅/毀滅; (be wrecked) nampa suru 難破する/失事,遭難

wrench *v.* (twist) nejiru ねじる/擰; (wrest) mogitoru もぎ取る/扭取; (sprain) kujiku くじく/扭——*n.* nejiri ねじり/扭轉; (spanner) supana スパナー/扳手

wrestle *n.*, *v.* kumiuchi (o suru) 組み打ち(をする)/揪打,擰成一團; sumō (o toru) 相撲(をとる)/摔跤,角力

wring *v.* (twist) nejiru ねじる/扭,擰; (squeeze) shiboru しぼる/絞

wrinkle *n.* shiwa しわ/皺; hida ひだ/皺紋,褶子——*v.* shiwa o yoseru [ga yoru] しわを寄せる[が寄る]/生皺,皺起來

wrist *n.* tekubi 手首/手腕

wrist watch *n.* ude-dokei 腕時計/手錶

write *v.* kaku 書く/寫,寫作; tegami o kaku 手紙を書く/寫信

write down kaki-tomeru 書き留める/寫下來,記下來

write a good [bad] hand ji ga jōzu [heta] da 字が上手[下手]だ/字寫得好(不好)

writer *n.* chosha 著者/作者; sakka 作家/作家

writing *n.* kaku koto 書くこと/寫,執筆,寫作; shūji 習字/習字; (handwriting) hisseki 筆跡/筆跡; (document) bunsho 文書/文件

writing brush fude 筆/毛筆

wrong *adj.* (evil) warui 悪い/不好的,不正當的;(mistaken) machigatta 間違った/錯的,錯誤的;(out of order) koshō no aru 故障のある/有毛病的——*n.* (unjust) fusei 不正/不正經,不正派;(injury) gai 害/害,損害
(***be***) ***wrong with*** guai ga warui 具合が悪い/不舒服;…ni koshō ga aru/に故障がある/有毛病
go wrong tsumi o okasu 罪を犯す/犯罪;akuji o hataraku 悪事を働く/墮落,(女)失身

X

X-ray *n.* ekkusu-sen エックス線/X 射線;rentogen レントゲン/倫琴射線
xylophone *n.* mokkin 木琴/木琴;shirohon シロホン/木琴

Y

yacht *n.*,*v.* yotto (o sōjū suru) ヨット(を操縦する)/(駕駛)快艇,遊艇
yard *n.* (cf. garden) niwa 庭/庭院;(ground around a building) kōnai 構内/院子;(measure of length) yādo ヤード/碼
yarn *n.* (spun strand of cotton etc.) ito 糸/線,紗;(tale) monogatari 物語/(航海者等的)故事,旅行談,奇談
yawn *n.*,*v.* akubi (o suru) あくび(をする)/(打)哈欠
year *n.* toshi 年/年;nen 年/一年;sai 歳/歲;*pl.* (age) nenrei 年齢/年齡
all the year round ichi-nen-jū 一年中/整年,一年到頭
every other year ichi-nen-oki ni 一年置きに/隔一年
last year kyonen 去年/去年;sakunen 昨年/去年
next year rainen 来年/明年,來年
this year kotoshi 今年/今年
year after year nen-nen 年々/年年,每年,逐年
yearbook *n.* nen-kan 年鑑/年鑑;nempō 年報/年報
yearly *adj.* mainen no 毎年の/每年的;nen ikkai no 年一回の/一年一次的
yeast *n.* īsuto イースト/麴,發酵粉,酵母片;kōbo 酵母/酵母
yell *v.* (shout) sakebu 叫ぶ/叫;wameku わめく/喊,嚷——*n.* sakebi-goe 叫び声/叫喊聲;ēru エール/(運動會)助威聲,助威歌

yellow *n.*, *adj.* (color) ki-iro (no) 黄色(の)/黄色(的),金色(的); (egg) kimi 黄身/蛋黄

yes *adv.* hai はい/是; ē ええ/是; sōdesu そうです/是的,對的
say yes hai to iu はいと言う/説聲"是",答應; shōchi suru 承知する/知道了,明白了

yesterday *n.*, *adv.* kinō 昨日/昨天; sakujitsu 昨日/昨天
the day before yesterday issaku-jitsu 一昨日/前天; ototoi おととい/前天
yesterday evening saku-ban 昨晚/昨晚; yūbe ゆうべ/昨天晚上

yet *adv.* mada まだ/還; mō もう/還; shikashi しかし/雖然…可是,但是
as yet mada まだ/迄今,直到目前; ima-made no tokoro dewa 今までのところでは/直到目前還

yield *v.* (produce) sanshutsu suru 産出する/産生, 産出(利潤等); (grant) yurusu 許す/應許,答應; (give) ataeru 与える/給與,讓與; (give way) makeru 負ける/讓步,投降——*n.* (product) sanshutsu 産出/出産,産品; (output) sangaku 産額/産量

yolk *n.* tamago no kimi 卵の黄身/蛋黄

you *pron.* (*subjective case*) anata ga [wa]あなたが[は]/你,您(主格); kimi ga [wa] 君が[は]/你(主格); anata-tachi [-gata] ga [wa] あなたたち[方]が[は]/你們,各位(主格);(*objective case*) anata o [ni]あなたを[に]/你,您(目的格);kimi ni [o] 君に[を]/你(目的格); anata-gata [-tachi] o [ni] あなた方[たち]を[に]/你們,各位(目的格); kimi tachi o [ni] 君たちを[に]/你們(目的格)

young *adj.* (youthful) wakai 若い/年輕的,幼小的; (immature) mijuku na 未熟な/未成熟的

youngster *n.* wakamono 若者/年輕人; shōnen 少年/少年

your *pron.* (*possessive case*) anata no あなたの/您的; kimi no 君の/你的; anata-gata [-tachi] no あなた方[たち]の/你們的,各位的; kimi-tachi no 君たちの/你們的

yours *pron.* anata no mono あなたのもの/您的東西; kimi no mono 君のもの/你的東西; anata-gata [-tachi] no mono あなた方[たち]のもの/你們的東西,各位的東西; kimi-tachi no mono 君たちのもの/你們的東西

yourself *pron.* anata [kimi]-jishin あなた[君]自身/你們自己,各位自己

youth *n.* seinen 青年/青年; seishun 青春/青春

youthful *adj.* wakai 若い/少壯的,青年的; waka-waka shii 若々しい/年輕氣盛的

Z

zero *n.* zero ゼロ/零,零位,零點；rei 零/零
zigzag *adv.* jiguzagu niジグザグに/作“Z”字形,作“之”字形；une-une to うねうねと/彎彎曲曲地
zinc *n.* aen 亜鉛/鋅；(*roofing*) totan トタン/鋅,白鐵皮
zipper *n.* jippa ジッパー/拉鏈；chakku チャック/卡盤,拉鏈,鈎扣
zone *n.* chitai 地帯/地區,地帶；tai 帯/帶
zoo *n.* dōbutsu-en 動物園/動物園
zoology *n.* dōbutsu-gaku 動物学/動物學

JAPANESE-ENGLISH-CHINESE

語音註釋

詞典的使用者，特別是母語爲英語的使用者，對羅馬字拼音的音節或單詞的出現，可能不會在意，因而會產生混淆。在“e”方面，羅馬字拼音音節非常明顯，例如 ***she*** 不是英語單詞“she”，而 ***he*** 也不是英語單詞“he”。這個羅馬字拼音的 ***she*** 的發音與 ***she***p-herd 相同；***he*** 的發音與 ***he***lp 相同。日語單詞 ***sake***(酒)常被錯誤地讀成英語單詞“sake”。對此有一個糾正的方法，即用一個重音符號來標出這個羅馬字母。因而在這本詞典中，你會發現，像這樣的重音符號是非常普遍的，與其讓讀者趨向混淆，不如使發音明朗化。

A

abareru あばれる act violently/亂(鬧),粗暴,放蕩
abekobe(no) あべこべ(の) opposite, contrary/反對,相反,顛倒
abiru 浴びる pour upon oneself/澆,淋,浴; ***furo o abiru*** ふろを～ bathe/洗澡
abunai 危ない dangerous, unsafe, Look out! /危險的,令人擔心的
abura 油 oil/油;脂 fat/脂
aburae 油絵 oil painting/油畫
aburamushi 油虫 cockroach/蚜蟲,混混兒
achira kochira (＝**achi kochi**) あちらこちら[あちこち] here and there/這兒那兒,到處
adana あだ名 nickname/渾名,綽號
adokenai あどけない innocent, artless, naive/孩子氣,天真爛漫
aete あえて daringly/敢 ***aete suru*** ～する dare, venture/敢於
afureru あふれる overflow, be filled with/滿,溢出
agaru 上がる rise, enter, eat/昇起,(物價)上漲,上樓,(敬語)吃
ageru あげる raise, elevate, give/抬起,舉起,給,送給;揚げる fry/油炸
ago あご jaw, chin/下巴,顎 ***agohige*** あごひげ beard/顎鬚,(下巴)鬍鬚
ahiru あひる (domestic) duck/家鴨,鴨子
ai 愛 love, affection/愛,熱愛 ***ai suru*** ～する love, have affection for/愛,熱愛,愛好,喜歡
aida 間 interval, distance, between, among, time, during, while/期間,距離,(兩者)中間,時間間隔 ***aidagara*** ～柄 relations/(人際)關係,交情
aikagi 合鍵 duplicate key/複製鑰匙,配的鑰匙
aikawarazu 相変らず as usual, as always/照舊,仍舊
aikyō 愛きょう charms/可愛,動人,魅力 ***aikyō no aru*** ～のある charming, attractive/可愛的,嫵媚可愛的
aima 合間 interval, leisure/空間,餘暇
aimai na あいまいな vague, ambiguous/不明確的,模棱兩可的

ainiku あいにく unfortunately, unluckily/不湊巧
ainoko あいの子 half-blood, mixed blood person/混血兒
aisatsu あいさつ greeting, salutation/寒暄,問候 ***aisatsu suru*** ～する greet, recognize/致辭,問候
aite 相手 companion, mate, the other party, opponent/同事,夥伴,對手,敵手,對象(男、女朋友)
aizu 合図 signal, sign/(軍事)信號 ***aizu suru*** ～する signal, make a sign/打信號
aji 味 taste, savor, flavor/味道,滋味 ***aji ga yoi[warui]*** ～がよい[わるい] taste good [bad]/味道好(不好)
ajike[ajiki]-nai 味気ない wearisome, weary, flat, wretched/無樂趣的,乏味的,無聊的
ajiwau 味わう taste, appreciate, enjoy/嘗,鑒賞,欣賞
aka 赤 red, crimson, scarlet/紅,紅色 ***akai*** ～い red/紅色的
akaji 赤字 red figures, deficit/虧空,赤字 ***akaji ni naru*** ～になる show a loss, go into the red/出現赤字
akambō 赤ん坊 baby/嬰兒
akari 明り light, lamp/光,燈 ***akari o tsukeru[kesu]*** ～をつける[消す]turn on [off]the light/點(熄)燈
akarui 明るい bright, light, cheerful, sunny/明亮的;明朗的,快活的
akaruku naru 明るくなる brighten up/發光,發亮;快活
akegata 明け方 dawn/黎明,拂曉
akeru あける open, unlock, empty (a box), clear(a room)/(單開門的)打開;空出,騰出
aki 秋 autumn, fall/秋,秋天,秋季
akibin 空びん empty bottle/空瓶子
akiraka na 明らかな clear, plain, evident, obvious/明亮的;明顯的,明確的,清楚的
akirameru あきらめる give up, resign oneself to/斷念,死心,放棄
akireru あきれる be amazed, be dumbfounded, be shocked/愕然,吃驚,發愣
akiru あきる grow tired(of), become weary(of), lose interest(in)/厭倦,厭煩,膩
akisu(nerai) 空巣(ねらい) sneak-thieving, sneak(thief)/(無鳥)空巢,(無人)空房,趁人外出時的行竊賊
akiya 空家 vacant [empty] house, house to let/空房,閒房
akkenai あっけない unsatisfying, too short/不盡興的,短促的,太簡單的
akogareru あこがれる long for [after], yearn for/憧憬,嚮

往,渴望

aku　開く open, be vacated, become empty, be free/開;空出,騰出

aku　悪 wrong, vice/惡,歹,壞

akubi　あくび yawning, yawn/哈欠　***akubi suru***　～する yawn/打哈欠

akui　悪意 ill will/惡意

akuma　悪魔 evil spirit, devil, demon/惡魔,魔鬼

akunin　悪人 bad [wicked] man, villain/惡人,壞人

akushu　握手 handshake/握手

ama　海女 woman diver/(潛水採貝的)漁女

ama(san)　尼(さん) nun/尼姑,修女

amaeru　甘える behave like a spoilt child, coax/撒嬌,裝小孩

amagaeru　雨がえる tree frog, green frog/綠蛙,雨蛙

amai　甘い sweet, sugary/甜的

ama-no-gawa　天の河 the Milky Way/天河,銀河

ama-no-jaku　天のじゃく perverseness, perverse person/脾氣彆扭的人

amari　余り the remainder, the rest, the surplus/剩餘,浮餘

amarini　あまりに too, too much/太,過於

amaru　余る remain, be over/剩,餘

ame　雨 rain/雨;***ame ga furu*** ～が降る rain falls, it is raining/下雨;***ame ga yamu [agaru]***　～が止む[上がる] the rain leaves off [stops]/雨停了　***niwaka ame***　にわか～ shower/急雨,陣雨

ame　あめ wheat gluten/麥芽糖　***amedama***　～玉 taffies, toffees/糖球,太妃糖

ami　網 net/網　***ami no me***　～の目 meshes (of the net)/網眼

amimono　編み物 knitting, crochet/編織品

amma　あんま massage/按摩

amu　編む knit, braid/編織

ana　穴 hole/孔,洞穴

anata(wa)　あなた(は) you/你(主格)　***anata no***　～の your/你的　***anata o[ni]***　あなたを[に] you/你(賓格)

ane　姉 elder sister, older sister/姐姐

angai　案外 unexpectedly, contrary to expectation/意想不到,出乎意料

angō　暗号 code, cipher/密碼,暗號

ani　兄 elder brother, older brother/兄長,哥哥

anji　暗示 hint, suggestion　***anji suru***　～する hint, suggest/暗示

anjiru 案じる be anxious (about, for), worry about/擔心,掛念
anki suru 暗記する learn by heart, memorize/記住,暗記,默背
an'na あんな such, like that, that/那樣的
an'nai 案内 guidance, invitation/嚮導,引導,導遊 ***an'nai suru*** ～する guide, conduct/嚮導,引導
ano あの that, those/那,那個 ***ano toki*** ～時 then/那時,當時
ansei 安静 rest, repose/安靜
anshin 安心 peace of mind/安心,放心 ***anshin suru*** ～する feel easy/安心,放心
antei 安定 stability, steadiness, composure/安定,穩定
anzen 安全 safety, security/安全 ***anzen ni*** ～に safely/安全地
anzen-chitai 安全地帯 safety zone/安全地帶
anzu あんず apricot/杏子
ao(i) 青い blue, azure, pale/藍色(的);(臉色)蒼白(的)
aoba 青葉 green leaves/綠葉
aogu あおぐ fan/搧
aogu 仰ぐ look up/仰視,尊敬
aomukeni あおむけに on one's back/向上仰,仰面朝天
aozameru 青ざめる turn pale/(臉色)變得蒼白 ***aozameta*** 青ざめた pale, sallow/蒼白的;(皮膚)灰黄的
aozora 青空 blue sky/蒼空,藍色的天空
apato アパート apartment/公寓
appaku 圧迫 pressure, oppression/壓迫 ***appaku suru*** ～する oppress/壓迫
arare あられ hail/霰子
arasagashi あら捜し fault finding/找錯,吹毛求疵
arashi 嵐 storm, tempest/風暴,暴風雨
arasoi 争い dispute, argument, quarrel/爭論,爭吵
arasou 争う dispute, quarrel, compete/爭論,爭鬥
arasuji 荒筋 outline, synopsis /概要,梗概
aratana 新たな new, fresh/新的,新鮮; ***aratani*** 新たに newly, again/重新
arau 洗う wash, cleanse/洗
arawareru 現れる come out, appear/出現,表現;暴露
arawasu 現す show, indicate, express/現,顯露;表示,表明
arayuru あらゆる all, every/所有,一切
ari あり ant/蟻,螞蟻
arigatō 有難う thank you/謝謝

aru 有る[在る] there is[are], have/有,持有(在)
aruku 歩く walk/走,步行
asa 朝 morning/早晨
asagao 朝顔 morning-glory/牽牛花
asahi 朝日 morning sun/朝陽,旭日
asai 浅い shallow, early/淺的,淺淡的,淺薄的
asameshi(=asagohan) 朝飯[朝御飯] breakfast/早飯
asanebō 朝寝坊 late riser/睡懶覺(的人)
asatte あさって the day after tomorrow/後天
ase 汗 sweat, perspiration/汗 ***ase o kaku*** ～をかく sweat, perspire/出汗,冒汗
aseru 焦る be hasty, be in a hurry/焦躁,着急,倉促
ashi 足 foot, leg/腳,腿
ashiato 足跡 footprint /足跡,腳印
ashidai 足代 transportation expenses/車費,交通費
ashikubi 足首 ankle/腳踝
ashioto 足音 sound of footsteps/腳步聲
ashita(=asu) あした[あす] tomorrow/明天
asobi 遊び play,game/遊戲,玩要
asobu 遊ぶ play,amuse oneself/玩(要),遊戲
asoko あそこ over there, that place/那兒,那裏
assari あっさり simply, plainly, easily/簡單地;樸素地;(味)清淡地
ataeru 与える give/給
atama 頭 head/頭;上端;首領;頭腦,腦筋
atarashii 新しい new, fresh/新的;新鮮的
atari 辺り neighborhood, surroundings, direction /附近,周圍
atarimae 当たり前 proper, right/當然,正當的,應該的
ataru 当る hit, strike, guess right/擊中,命中;猜中
atatakai 暖かい warm, mild/暖和的,溫和的
atatameru 暖める warm(up)/溫熱,燙
atchi(=achira) あっち[あちら](over) there/那邊,那裏
ate 当て aim, end, object/目的,目標
ate ni suru ～にする expect, look forward to/指望,盼望
ate ga hazureru ～が外れる be disappointed, miss one's aim/期待落空
ate ni naru[naranai] ～になる[ならない] [un]reliable, [un]certain/可靠的(靠不住的)
atena(=atesaki) 宛名[宛先] address/收件人姓名(住址)
ateru 当てる apply, hold, place, put on, hit, strike, touch, guess/碰,撞;猜
ateru あてる address, direct/發,給

ato 跡 mark, trace/痕跡;遺跡
ato 後 back, rear, next, after/後面;其次;以後 *ato de* ～で afterwards, later/後來
atokatazuke suru 後片付けする put in order, clear away/收拾,整理
atoshimatsu 後始末 settlement/收拾;善後; *atoshimatsu suru* ～する settle/收拾;善後;清理
atsui 熱い hot, heated/熱的,燙人的;熱中的
atsui 暑い hot, sultry/(天氣)熱的,暑熱的
atsui 厚い thick, heavy/厚的
atsukamashii 厚かましい shameless, unabashed/無耻的
atsukau 扱う treat, manage, deal with/對待;處理
atsumari 集まり collection, gathering, meeting/集合;收集
atsumaru 集まる gather, come together/聚集,集合,集中
atsuraeru あつらえる order(an article)/訂做,定
atsuryoku 圧力 pressure, stress/壓力
atsusa 暑さ heat, hot weather/暑熱(的程度),暑氣
au 会う see, meet with, come across/(偶然)遇見,碰上
au 合う agree with, fit, suit, be correct/一致,適合
awa 泡 bubble, foam/泡沫
aware 哀れ pathos, sorrow, pity/悲傷,悲哀,可憐 *aware na* ～な sad, poor, pitiful, sorrowful/悲傷的;令人憐憫的
awaseru 合わせる put together, join together, unite, combine, sum up/合起,聯合,配合
awasete 併せて all together, all told/共合,共計
awatadashii 慌ただしい busy, bustling, hurried/匆忙 *awatadashiku* 慌ただしく hurriedly, hastily/倉促地
awatemono 慌て者 flighty person, hasty person/冒失鬼
awatete 慌てて confusedly, in a hurry/混亂地,慌張地
ayafuyana あやふやな uncertain, vague/含糊,靠不住
ayamachi 過ち fault, error/錯兒,錯處,過失
ayamari 誤り error, mistake/錯誤
ayamaru 謝る apology, make an apology, beg(one's) pardon/道歉,賠禮
ayamatte 過って by mistake, in error, by accident/錯誤,不留神
ayame あやめ blue iris/菖蒲
ayashii 怪しい doubtful, suspicious, dubious/奇怪的,可疑的
ayatsuri ningyō 操り人形 marionette, puppet/(木偶戲)木偶;傀儡
ayatsuru 操る handle, manage/操縱;掌握

ayumiyori 歩み寄り mutual concessions/互相讓步,妥協
azakeru あざける deride, sneer, ridicule/嘲笑;嘲弄
azayakana 鮮やかな vivid, bright, fine/鮮明的,鮮艷的,漂亮的
azukaru 預かる keep, receive in trust, take charge of, take care of, look after/收存,保管,保留,處理,照看
azukeru 預ける place in custody, deposit with, put in charge of/寄存,託付 ***nimotsu o azukeru*** 荷物を～ check one's baggage/寄存行李
azuki 小豆 red beans/小豆,紅豆,赤豆

B

ba'ai 場合 occasion, time, case/場合,時候;情况; ***…no ba'ai(ni) wa*** …の～(に)は in the case of, in the event of/在…的情况下
bachi 罰 divine punishment, retribution/懲罰,報應;***bachi ga ataru*** ～が当る be punished by Heaven/遭報應
bai 倍 double, twice, two times/倍,加倍
baibai 売買 buying and selling, purchase and sale/買賣,生意
baikin ばい菌 bacillus, bacteria/黴菌,細菌;微生物
baiten 売店 stand, stall/小賣店,貨攤
baiyaku 売約 sales contract/出售契約;***baiyaku-zumi*** ～済み "SOLD"/已售出
baka ばか fool/愚蠢 ***baka ni*** ～に absurdly, terribly 愚蠢地,非常地,特別地 ***baka na*** ～な foolish/愚蠢的 ***bakarashii*** ～らしい ridiculous 愚蠢的,可笑的,無聊的 ***baka ni suru*** ～にする make a fool of/耍弄,輕視 ***baka-banashi*** ～話 silly talk/傻話
bakemono 化け物 ghost, goblin/妖怪,鬼怪
baketsu バケツ buckets/水桶
bakkin 罰金 fine, penalty/罰款
bakuchi ばくち gambling/賭博
bakudai na ばく大な vast, huge, enormous/莫大的,巨大的
bakudan 爆弾 bomb/炸彈
bakugeki 爆撃 bombing/轟炸 ***bakugeki suru*** ～する bomb/轟炸
bakuhatsu 爆発 explosion/爆炸 ***bakuhatsu suru*** ～する explode, burst/爆炸;爆發
bakuzen to shita 漠然とした vague, ambiguous/含糊的,不明確的

bamen 場面 scene, situation, place/場面,情景;場所;地方
bammeshi(=bangohan) 晚飯[晚御飯] supper,dinner/晚飯
ban 晚 evening, night/晚,夜
ban 番 turn, order, number, watch, guard/第…號,號數;輪班;看守
bane バネ spring/彈簧,發條
bangō 番号 number/號碼,號頭;(軍)番號;***bangō-fuda*** ～札 numbered ticket/號碼牌;***bangō-jun ni*** ～順に in numerical order/按順序
bangumi 番組 program, list/節目,節目單;***tokubetsu bangumi*** 特別～ feature program/特別節目
banken 番犬 watch dog, guard dog/看門狗,警犬
bankuruwase 番狂わせ upset, surprise/打亂次序,(結果)出乎意料;***bankuruwase no*** ～の unexpected/出乎意料的
ban'nen 晚年 (in)one's later years, late in life/晚年
ban'nin 番人 keeper, watchman/看守,值班人
bansan 晚さん dinner, supper/晚飯,晚餐
banshū 晚秋 late autumn/晚秋
banshun 晚春 late spring/晚春
bansō 伴奏 accompaniment/伴奏;***bansō suru*** ～する play an accompaniment/伴奏
bansōkō ばんそうこう adhesive plaster/橡皮膏
bara バラ rose/薔薇(花);玫瑰(花)
bara-bara ni ばらばらに in drops, in pieces, separately/分散貌;零亂貌;支離破碎貌
basha 馬車 carriage, coach, (horse-drawn) cab/馬車
basho 場所 place, spot, location/地方,場所
bassuru 罰する punish, penalize/懲罰,處罰
batsu 罰 punishment, penalty/懲罰,處罰
batsugun no 抜群の distinguished/超群的,出衆的
Beikoku 米国 (United States of) America/美國
bekkan 別館 annex/(在主建築物外建的)配樓;(大使館的)分館
ben 便 convenience, facility/方便,便利
bengi 便宜 convenience, benefit/方便,便利
bengo 弁護 defense, advocacy/辯護;***bengo suru*** ～する speak in defense of, advocate/辯護
bengoshi 弁護士 lawyer, solicitor/律師;***komon bengoshi*** 顧問～ legal adviser/顧問律師
beni(-iro) 紅(色) red, crimson/紅的,紅色的
benjo 便所 lavatory, toilet(room), water closet/廁所,便所
benkai 弁解 explanation, excuse/辯解;***benkai suru*** ～する

explain, excuse oneself/辯解
benkyō 勉強 study, lesson/用功,學習;***benkyō suru*** ～する study, work hard/學習,用功,努力
benri 便利 convenience, handiness, facilities/便利,方便 ***benri na*** ～な convenient, useful/便利的,方便的
bentō 弁当 portable lunch/盒飯
bessō 別荘 villa, second house/別墅
betsu 別/分別;另外,特別;***betsu no*** ～の another, different, separate/別的,另外的;***betsu ni*** ～に separately, extra/分開,另;額外
betsu-betsu 別々 ***betsu-betsu no*** ～の separate/各自的,分別的 ***betsu-betsu ni*** ～に separately, apart/分別,分開
bi 美 beauty, fineness/美,美麗
bijin 美人 beauty, pretty girl/美人,美女
bijutsu 美術 art, fine arts/美術;***bijutsu-kan*** ～館 art museum/美術館
bikkuri びっくり surprise/吃驚,嚇一跳;***bikkuri suru*** ～する be surprised(at)/吃驚,嚇一跳;***bikkuri saseru*** ～させる surprise, astonish/使吃驚
bimbō 貧乏 poverty/(個人)貧窮,貧困,貧苦;***bimbō na*** ～な poor/(個人)貧窮的,貧苦的
bin 便 chance, opportunity, mail, post/方便,機會;書信;郵寄;班機
bin びん bottle, jar/瓶
biru ビル building/大樓,大廈
bīru ビール beer/啤酒
bishō 微笑 smile/微笑
biyōin 美容院 beauty salon[parlor]/美容院
bō 棒 stick, rod, pole/棍子,杖,棒
bochi 墓地 graveyard/墓地
bōei 防衛 defense/防衛;***bōei suru*** ～する defend, protect/防衛,保衛
bōeki 貿易 trade, commerce/貿易;***bōeki suru*** ～する trade/進行貿易
bōenkyō 望遠鏡 telescope/望遠鏡;***tentai bōenkyō*** 天体～ astronomical telescope/天體望遠鏡;***hansha bōenkyō*** 反射～ reflecting telescope/反射望遠鏡
bōfū 暴風 storm/暴風;***bōfū-ken*** ～圏/暴風圈;storm zone/暴風(雨)帶;***bōfū-u*** ～雨 rainstorm/暴風雨
bōgai 妨害 disturbance, obstruction, interruption/妨害,妨礙;***bōgai suru*** ～する disturb, interrupt/妨害,妨礙

bōgyo 防御 defense/防禦;***bōgyo suru*** ～する defend, guard, protect/防禦
boin 母音 vowel/元音,母音
bōken 冒険 adventure/冒險
bokin 募金 fund-raising/募捐,捐款;***bokin suru*** ～する collect contributions/募捐,捐款
bokō 母校 one's old school, Alma Mater/母校
bokoku 母国 one's mother country/祖國
boku ぼく I/我(主格);***bokura*** ～ら we/我們
bokujō 牧場 stock farm, pasture/牧場
bokushi 牧師 pastor, minister, clergyman/牧師
bōmei 亡命/亡命;***bōmei suru*** ～する flee from one's own country/亡命,流亡;***bōmei-sha*** ～者 refugee, exile/流亡者
bon 盆 tray, the Buddhist Feast of Lanterns/盤子,托盤
bōnenkai 忘年会 year end party/忘年會,年終晚會
bonsai 盆栽 potted plant/盆栽,盆栽花木,盆花
bon'yari ぼんやり vacant, stupid, vague, absent-minded/發獃,心不在焉;茫然;模糊
boro ぼろ rags/破爛的,襤褸的;***boro no*** ～の ragged/衣衫襤褸的
bōru-bako ボール箱 cardboard box/紙箱,紙盒
bōru-gami ボール紙 cardboard/紙板,馬糞紙
bōryoku 暴力 violence/暴力;***bōryokudan*** ～団 tough gang/暴力團,流氓武鬥隊;暴力團體,匪幫
bōsan 坊さん Buddhist priest/和尚
bōshi 帽子 cap, hat/帽子
boshū 募集 levy, invitation, registration/徵募,招募,招工,招生;***boshū suru*** ～する invite, raise/徵募,招募
bōsui no 防水の waterproof/防水的
botan ボタン button/鈕子,鈕釦,電鈕
botan ぼたん (*tree*) peony/牡丹
boya ぼや small fire/小火災,小火警
buai 歩合 rate, ratio, percentage, commission/比率,百分比;傭金
buaisō na 無愛想な unsociable, inhospitable/不和氣,簡慢
bubun 部分 part, portion/部分;***dai-bubun*** 大～ a large part (of)/大部分;***bubun-teki ni*** ～的に partially/部分地
bubunhin 部分品 parts, accessories/零件
budō ブドウ grapes/葡萄
budōshu ブドウ酒 wine/葡萄酒
buenryo 無遠慮 unscrupulousness/不客氣,不拘泥,直率地
buji 無事 peace, safety/平安,無變故;***buji na*** ～な safe,

peaceful/平安的;***buji ni*** ～に well, safely, in peace/平安地,太平無事地

bujoku 侮辱 insult/侮辱,凌辱;***bujoku suru*** ～する insult/侮辱

buka 部下 subordinate, under-officer/部下,下屬

buki 武器 arms, weapons/武器

bukiyō na 不器用な clumsy/笨,拙笨

bukka 物価 prices/物價

bukkyō 仏教 Buddhism/佛教

bumbōgu 文房具 writing materials, stationery/文具,文具用品;***bumbōgu-ya*** ～屋 stationer/文具店

bummei 文明 civilization, culture/文明;***bummeikoku*** ～国 civilized country/文明國,文明國家

bumpai 分配 distribution/分配;***bumpai suru*** ～する distribute/分配

bumpō 文法 grammar/語法

bun 文 writing, sentence, composition/句子;文章

bungaku 文学 literature, letters/文學

bunka 文化 culture, civilization/文化;***bunkajin*** ～人 cultured man/文化人,知識分子

bunkai 分解 analysis/分解;***bunkai suru*** ～する analyse/分解

bunryō 分量 quantity, measure/分量,數量

bunshō 文章 sentences, writing, composition/文章

buntsū 文通 correspondence/通信;***buntsū suru*** ～する correspond(with)/通信

bun'ya 分野 division, field, sphere/範圍,領域

buranko ブランコ swing, trapeze/鞦韆;***buranko ni noru*** ～に乗る swing/打鞦韆

burashi ブラシ brush/刷子;畫筆

buratsuku ぶらつく stroll, ramble/漫步,散步,信步

burei 無礼 impoliteness/没禮貌,不恭敬

buriki ブリキ tin(plate)/白鐵皮,鍍錫鐵皮

busahō 無作法 bad manners/没規矩,粗魯;***busahō na*** ～な ill-mannered, rude/没規矩的,没禮貌的,粗魯的

busshi 物資 goods, resources, material/物資,物體,實體

buta 豚 pig/豬,(伊斯蘭)黑子;***butaniku*** ～肉 pork/豬肉,(伊斯蘭)大肉

butai 舞台 stage 舞臺 ***butai-geki*** ～劇 stage drama/舞臺劇

butsukaru ぶつかる strike, bump/遇,碰,撞

butsurigaku 物理学 physics, physical science/物理學

byō 秒 second/秒

byō びょう rivet, tack/鉚釘;鞋釘;圖釘
byōbu びょうぶ folding screen/屏風
byōdō 平等 equality, parity/平等;***byōdō no*** ～の equal/平等的
byōin 病院 hospital, nursing home/醫院
byōki 病気 illness, sickness/病,疾病;***byōki no*** ～の ill, sick/生病的,有病的
byōnin 病人 sick person, invalid/(通俗)病人,(醫院)患者
byōshin 秒針 second hand/秒針

C

cha(＝o-cha) 茶[お茶] tea/茶;***cha-no-yu*** ～の湯 tea ceremony/茶道,品茗會
cha-iro 茶色 light brown/茶色;淡褐色
chakujitsu na 着実な steady, sound/踏實的,牢靠的,穩健的
chakuriku 着陸 landing/(飛機)着陸;***chakuriku suru*** ～する land, make a landing/着陸,降落
chakuseki suru 着席する take a seat, sit down/就座,入席
cha-no-ma 茶の間 living-room, sitting-room/(家庭的)飯廳,茶室
chanto ちゃんと quite, perfectly, well/規規矩矩;好好的
chasaji 茶さじ teaspoon/茶匙
chawan 茶わん teacup, rice bowl/茶碗;碗
chi 血 blood/血;***chi ga deru*** ～が出る bleed/出血
chian 治安 public peace/治安
chibi ちび tot, kid/小孩子
chichi 乳 milk, breast/奶,乳汁;乳房
Chichūkai 地中海 Mediterranean Sea/地中海
chie 知恵 wisdom, sense, intelligence/智慧,智力;***chie no aru*** ～のある wise, intelligent/很聰明的,很有智慧的
chigai 違い difference, distinction/差異,區別;***…ni chigai nai*** …に～ない must(be), certainly, surely/(肯定性的推測)一定是…
chigai-hōken 治外法権 ex(tra)-territoriality/(法律)治外法權
chigau 違う be different (from), differ, change, be mistaken [wrong]/差異,不同,錯誤
chiheisen 地平線 horizon/地平線
chihō 地方 district, the country/地方,地區
chii 地位 status, rank, situation, position, post/地位

chiiki 地域 region, area, zone/地域,地區
chiisai 小さい little, small, tiny, young/小的;輕微的;瑣碎的
chiji 知事 (prefectural, local) governor/知事(都、道、府、縣的首長)
chijimu 縮む shrink, contract, be shortened/縮,縮小
chijin 知人 acquaintance, friend/相識,熟人
chijō 地上 ***chijō no*** ～の terrestrial, earthly/地球上的,地上的
chika 地下 ***chika no[ni]*** ～の[に] subterranean, underground/地下的(在地下的)
chikagoro 近ごろ nowadays, lately, recently/(過去的)近來,最近
chikai 近い near, close by/近的,接近,親近;***chikai uchi ni*** ～うちに shortly, before long/不久,將來,很快
chikai 誓い oath, pledge/誓言
chikaku 近く shortly, near/近處,附近,近旁
chikamichi 近道 short cut/近路,捷徑
chikara 力 strength, force, might, power, energy/力氣,權力,勢力,能力
chikara-zuyoi ～強い forcible/强有力的
chikatetsu 地下鉄 subway, underground, tube/地鐵
chikau 誓う swear, vow, take an oath/起誓,發誓
chikazuku 近付く approach, draw near/接近,挨近;***chikazuki ni naru*** 近付きになる make acquaintance, get acquainted with/熟識,認識
chikoku suru 遅刻する be late (for school *etc.*), be behind time/遲到
chiku 地区 area, region, district, zone/地區
chikyū 地球 the earth, the globe/地球
chimei 地名 place name/地名
chimeishō 致命傷 fatal wound, death blow/致命傷
chimmoku 沈黙 silence/沉默,緘言;***chimmoku suru*** ～する be silent, hold one's tongue/沉默,不吭聲;***chimmoku saseru*** ～させる silence/使沉默,使安靜
chingin 賃銀 wages, pay/薪水,報酬
chinō 知能 mental faculties, intellect, intellectual power, intelligence/智能,智力,智慧
chinomigo 乳飲み子 suckling (child), infant/吃奶的孩子,哺乳嬰孩
chinretsu 陳列 exhibition, show, display/陳列;***chinretsu suru*** ～する exhibit, display/陳列,展示;***chinretsudai*** ～台 dis-

play stand/陳列架,陳列臺
chintai(＝chingashi) 賃貸[賃貸し] lease, letting out/出賃,出租;***chintai suru*** ～する lease, rent, hire out/出賃,出租
chintsū no 鎮痛の soothing /鎮痛的,止痛的;***chintsū-zai*** 鎮痛剤 anodyne/止痛劑
chippoke na ちっぽけな very small, tiny/(俗)極小的
chirakasu 散らかす scatter, put in disorder/弄得亂七八糟,亂扔
chiri 地理 geography, topography/地理
chiri ちり dust, dirt, rubbish, trash/塵埃;垃圾
chirigami ちり紙 toilet paper, bumf/手紙,衛生紙
chiritori ちり取り dustpan/土簸箕
chiru 散る fall, scatter, spread/(花)謝,落;離散,分散;傳播
chiryō 治療 medical treatment/治療;***chiryō suru*** ～する treat, cure/治療
chisei 知性 intellect, intelligence/智力,智能,才能
chishiki 知識 knowledge, information/知識;***chishikikaikyū*** ～階級 the educated classes, the intelligentsia/知識(分子)階層
chitsujo 秩序 order, system/秩序;***chitsujo o tamotsu*** ～を保つ keep order/守秩序;***chitsujo ga midarete iru*** ～が乱れている be in disorder/亂了秩序
chittomo ちっとも (not) at all/一點也不
chizu 地図 map, atlas/地圖
chōbo 帳簿 book, register/帳簿;***chōbo ni ki'nyū suru*** ～に記入する/入帳; enter in a book/入帳;***chōbo o tsukeru*** ～をつける keep accounts [books]/記帳,登帳
chochiku 貯蓄 saving/儲蓄,貯存;***chochiku suru*** ～する save/儲蓄,貯藏
chōchin ちょうちん (paper) lantern/提燈,燈籠
chōchō ちょうちょう butterfly/蝴蝶
chōfuku 重複 repetition, duplication/重複;***chōfuku suru*** ～する overlap, repeat/重複
chōgō 調合 compounding, mixing/調合,配合,混合;***chōgō suru*** ～する compound, prepare, mix/調合,配合,混合
chōhōkei 長方形 rectangle, oblong/長方形
chōin 調印 signature, signing/簽字,蓋章;***chōin suru*** ～する sign/簽字,簽約
chōjo 長女 eldest daughter/長女
chōjō 頂上 top, summit/頂點;山頂
chōka 超過 excess, surplus/超過,過剩;***chōka suru*** ～する exceed/超過

chokin 貯金 saving/存款,儲蓄;***chokin suru*** ～する save money/存款,儲蓄

chokkaku 直角 right angle/直角

chokkei 直径 diameter/直徑

chokkō suru 直行する go direct/不繞彎,直達

chōkō 徴候 sympton, sign/徵候,前兆,跡象

chōkoku 彫刻 carving, sculpture/雕刻

chokumen suru 直面する face, (be)confronted(with)/面臨,面對

chokusen 直線 straight line/直線

chōkyori 長距離 long distance/長距離,長途;***chōkyori denwa*** ～電話 long distance(call)/長途電話

chomei na 著名な notable, celebrity/著名的,有名的

chōmiryō 調味料 seasoning condiments/調料,佐料

chōnan 長男 eldest son/長子

chōri 調理 cooking/烹調,烹飪;***chōri suru*** ～する cook/烹調,做菜

chōsei 調整 regulation, adjustment/調整,調節;***chōsei suru*** ～する regulate, adjust/調整,調節

chōsen 挑戦 challenge, defiance/挑戰;***chōsen suru*** ～する challenge, defy/挑戰

chōshi 調子 key, tone, tune, condition/辦法;腔調;調子;健康狀況

chōshin 長針 minute hand/(鐘錶)分針

chōsho 長所 merit, strong good point, virtue/長處,優點

chōshoku 朝食 breakfast/早飯

chōshū 聴衆 audience/聽衆

chōtsugai ちょうつがい hinge/鉸鏈,合葉

chotto ちょっと just a moment, for a moment, a little/等一下,等一會兒,稍候;一點,暫且

chōwa 調和 harmony/調和,協調,和諧;***chōwa suru*** ～する harmonize(with), be in harmony/調和,協調,(聲音)和諧

chōyaku 跳躍 spring, jump/跳躍;***chōyaku suru*** ～する jump, leap/跳躍

chozō 貯蔵 storage, storing/貯藏,貯存;***chozō suru*** ～する store preserve 貯藏,貯存;***chozōko*** ～庫 store house/倉庫

chū 中 middle, average, in, within, during, while, under/當中,中央,中等;在…之中;正在…當中

chūburu no 中古の used, second-hand/半新不舊

chūcho ちゅうちょ hesitation/躊躇,猶豫;***chūcho suru*** ～する hesitate/躊躇,猶豫

chūdoku 中毒 poisoning/中毒;***chūdoku suru*** ～する be poisoned/中毒

chūgen 中元 the last day of the Lantern Festival, mid year present gift/(陰歷 7 月 15 日)中元節,盂蘭盆節

chūgoku 中国 China/中國;*Chugoku-go* ～語 Chinese/漢語,華語;*Chūgoku ryōri* ～料理 Chinese dishes/中國菜

chūi 注意 attention, care/注意,當心,留神,仔細;*chūi suru* ～する be careful of, take care of, pay attention to/注意,當心,留神

chūjien 中耳炎 tympanitis/中耳炎

chūjitsu 忠実 faithfulness/忠實,如實;*chūjitsu na* ～な faithful/忠實的,如實的;*chūjitsu ni* ～に faithfully/忠實地,如實地

chūkan 中間 middle/中間,當中

chūkoku 忠告 advice, counsel/忠告,勸告;*chūkoku suru* ～する advise, counsel/忠告,勸告

chūmoku 注目 attention, observation/注目,注視;*chūmoku suru* ～する pay attention to, watch/注目,注視;*chūmoku subeki* ～すべき remarkable/值得注意的

chūmon 注文 order, request/訂購,訂貨;*chūmon suru* ～する order/訂購,訂貨,定做

chūnen 中年 middle age/中年;*chūnen no hito* ～の人 middle aged person/中年人

chūō 中央 center, middle, heart/中央;中心;中樞;*chūō no* ～の central, middle/中央的;中心的

chūritsu 中立 neutrality/中立;*chūritsu no* ～の neutral/中立的

chūsan kaikyū 中産階級 bourgeoisie, middle class/中產階級,資產階級,商人

chūsei 中世 Middle Ages, medieval times/中世紀

chūsen 抽選 (lot) drawing, lottery/抽籤;*chūsen suru* ～する draw lots/抽籤

chūsha 注射 injection/注射,打針;*chūsha suru* ～する inject/注射,打針

chūsha 駐車 parking/停車;*chūsha suru* ～する park/停車
chūsha-jō ～場 car park, parking lot/停車處,停車場
chūsha kinshi ～禁止 "No Parking"/禁止停車

chūshi 中止 discontinuance, suspension/中止;*chūshi suru* ～する stop, suspend, discontinue/中止,停止進行

chūshin 中心 center, focus, core/中心,焦點,要點;*chūshinten* ～点 the central point/中心點

chūshō 中傷 slander, defamation/中傷,誹謗;*chūshō suru* ～する slander, defame/中傷,誹謗

chūshō kigyō 中小企業 minor small enterprises/中小企業
chūshoku 昼食 lunch, luncheon/午飯,午餐
chūto de 中途で halfway, midway/在途中,在半途

D

dai 題 subject, theme, topic/題目,標題
dai 台 stand, rest, race/架,臺,座
daibubun 大部分 majority, greater part/大部分,多半
daibutsu 大仏 large image of Buddha/大佛(像)
daidokoro 台所 kitchen, cuisine/廚房;***daidokoro dōgu*** ～道具 kitchen utensils/廚房用具,炊具
daigaku 大学 university, college/大學
daihyō 代表 representation, representative/代表;***daihyō suru*** ～する represent/代表
dai-ichi 第一 first, number one/第一;***dai-ichi no*** ～の first, primary/第一的,首要的,最重要的
daijin 大臣 minister(government)/大臣,部長,閣員
daiji na 大事な important, valuable/嚴重的;重要的,貴重的 ***daiji ni suru*** 大事にする think much of/保重,當心,愛護,珍惜
daijōbu 大丈夫 all right, safe, certainly, surely/可靠,安全,不要緊
daikon 大根 large white radish/(白)蘿蔔
daiku 大工 carpenter/木匠,木工
dai-ni 第二 the second, number two/第二
dairi 代理 procuration, representation, substitute/代理,代理人
dai-san 第三 third/第三
daitai 大体 outline, approximately, roughly/大致,大概,概要 ***daitai ni*** ～に generally/大體上
daitan 大胆 boldness/大膽,勇氣;厚臉皮;***daitan na*** ～な bold, impudent/大膽的,勇敢的;厚顏無恥的
daitasū 大多数 large majority(of)/大多數
daitōryō 大統領 president/總統
daizu 大豆 soybean/黄豆,大豆
dakara だから so, therefore, because, as, since/因此,所以
-dake …だけ only, no more, merely/只,僅僅
daku 抱く hold in one's arms, embrace/抱,擁抱
damaru 黙る be silent, hold one's tongue/沉默,緘默;***damatte*** 黙って without a word, silently/沉默

damasu だます deceive, cheat/欺騙
dambō 暖房 heating/暖氣
dambōru 段ボール corrugated cardboard/瓦楞紙板
dame 駄目 useless, in vain/徒勞,白費; ***dame ni naru*** ～になる fail, fall through/不行,失敗; ***dame ni suru*** ～にする spoil, ruin/弄糟
dan 段 step, stair, terrace, stage/樓梯,臺階,時候
dan-dan だんだん gradually, little by little, step by step/漸漸地,不斷地
dangan 弾丸 shot, bullet/槍彈,炮彈,彈丸
dangen 断言 affirmation/斷言,肯定; ***dangen suru*** ～する declare, affirm/斷定,肯定
danjo 男女 man and woman, both sexes/男女; ***danjo kyōgaku*** ～共学 co-education/男女同校教育
danketsu 団結 union/團結; ***danketsu suru*** ～する band, unite/團結
dansei 男性 male, man/男性
dantai 団体 group, organization/團體; ***dantai kōdō*** ～行動 united action/集體行動; ***dantai ryokō*** ～旅行 group trip/集體旅行
danwa 談話 talk, conversation/談話
dan'yū 男優 actor/男演員
-darake …だらけ full of, filled with/滿是…,全是…
daraku 堕落 corruption, degeneration/墮落; ***daraku suru*** ～する be corrupted/墮落; ***daraku shita*** ～した corrupt, fallen/墮落的
darashi nai だらしない slovenly, sloppy, loose/散漫,不檢點;邋遢; ***darashi naku*** だらしなく loosely, sloppily/散漫地,邋遢地
dare 誰 ***dare ga*** ～が who/誰(主格) ***dare no*** ～の whose/誰的; ***dare o*** ～を whom/誰(賓格)
dareka 誰か someone, somebody, anyone, anybody/某人,有人
-darō …だろう think [suppose, guess], perhaps, maybe, probably/(表推測)…吧,大概…吧
dassen 脱線 derailment/脱軌,出軌; ***dassen suru*** ～する (be) derailed/出軌,脱軌
dasu 出す take [put] out /拿出,取出
dāsu ダース dozen/打(數量單位,1 打 12 個)
datō na 妥当な proper, right, reasonable/妥當,穩妥,妥善
deau 出合う meet, come across/遇見,碰上
deguchi 出口 way out, exit/出路,太平門

dekakeru 出かける go out, start, set off/出門;剛要走,要出去
dekiagaru でき上がる finished, completed, ready/做完,做好
dekiai できあい ready-made/現成
dekigokoro でき心 sudden impulse/一時衝動;***dekigokoro de*** ～で on the spur of the moment/因一時衝動
dekigoto できごと event, accident, affair, happening/(偶發)事件,變故
dekimono (=odeki) できもの[おでき] boil, swelling/瘤子,腫疱
dekiru できる can, be able to/能,會;***dekiru-dake*** ～だけ as much as possible/盡量,盡可能;***dekireba*** できれば if possible/能夠的話
dekishi 溺死 drowning/溺死,淹死;***dekishi suru*** ～する be drowned/溺死,淹死
dekoboko でこぼこ unevenness/凹凸不平;***dekoboko no*** ～の uneven, rough/凹凸不平的,坑坑窪窪的
demo デモ demonstration/示威遊行,示威;示範
dempō 電報 telegram, wire/電報;***dempō o utsu*** ～を打つ send a telegram/打電報,發電報;***shikyū dempō*** 至急電報 urgent telegram/急電,加急電報
demukae 出迎え meeting, reception/迎接;***demukaeru*** ～る receive, meet/迎接
denki 電気 electricity/電,電力,電氣,電動;***denki no*** ～の electric, electrical/有電的,電力的;***denki o tsukeru[kesu]*** ～をつける[消す] put on [off] the light/開(關)燈
denki 伝記 life story, biography/傳記
denryoku 電力 electric power/電力
densen 電線 electric wire/電線
densen 伝染 contagion, infection/傳染;***densen-byō*** ～病 communicable disease/傳染病;***densen suru*** ～する be contagious[infectious]/傳染
densetsu 伝説 tradition, legend/傳説
densha 電車 electric train, streetcar, tram/電車
densha de iku ～で行く go by train, take a train/乘電車去
densha ni noru[o oriru] ～に乘る[を降りる] get on[off] the car/乘(下)電車
densha-chin ～賃 carfare/電車費
dentō 電灯 light, electric light/電燈
dentō 伝統 tradition/傳統;***dentō-teki na[ni]*** ～的な[に] traditional[ly]/傳統(性)的,(傳統地)

denwa 電話 telephone, phone/電話; ***denwa kādo*** ～カード/電話磁卡
denwa o kakeru ～をかける (tele)phone, call, call[ring] up/打電話
denwa o kiru ～を切る hang up, ring off/掛斷電話
kōshū-denwa 公衆～ public telephone (booth, box)/公用電話,傳呼電話
denwa-chō 電話帳 telephone book[directory]/電話號碼簿
denwa-kōkanshu 電話交換手 telephone operator/接線生,接線員
depāto デパート department store/百貨店
deru 出る go[come, get] out, be present, leave/出去,離開
deshabaru でしゃばる push oneself forward/多嘴;出風頭
deshabari でしゃばり impertinent fellow/多嘴多舌;出風頭
deshi 弟子 pupil, disciple/弟子,門徒,門人
-deshō …でしょう (I) think [suppose], (I) hope, (I) guess/(表推測、委婉)…吧
detarame でたらめ at random, in disorder/胡鬧,亂來
dewa では then, in that case, if so/如果是那様,那麼
do 度 degree, times/程度,次數
dō 銅 copper/銅
dō 胴 body, trunk/軀幹,胴體
dō どう how/怎様,如何; ***dō attemo*** ～あっても in any case, at all costs/無論怎様; ***Dō itashi mashite*** ～致しまして. Not at all; Don't mention it; You are welcome/不客氣,没關係
dobu どぶ ditch, gutter/陰溝,下水道
dōbutsu 動物 animal/動物; ***dōbutsu-gaku*** ～学 zoology/動物學
dōbutsuen 動物園 zoo/動物園
dochira どちら which/哪面,哪個,哪個方面;哪位
dochira ka どちらか either, whichever/兩者之一
dochira mo どちらも both, either, neither/兩者都,誰都
dodai 土台 foundation, basis, base/基礎,底座
dōdō to 堂々と imposingly, grandly/堂堂,雄大; ***dōdō taru*** 堂々たる imposing, grand, stately/堂堂的,宏大的;莊嚴的,堂皇的
dōfū suru 同封する enclose/附在信内,(信中)内附; ***dōfū-butsu*** 同封物 enclosure/(信中)附件
dōgu 道具 tool, implement, instrument/工具;道具; ***dōgubako*** ～箱 tool-box/工具箱
dōgyōsha 同業者 fellow businessman/同行,同業者
dōhan suru 同伴する go with, accompany/伴同,偕同; ***dōhan-***

sha 同伴者 companion/同伴
dōi 同意 consent, assent/同意,同義;***dōi suru*** ～する consent[agree] to/同意,贊成;***dōi-go*** ～語 synonym/同義詞
Doitsu ドイツ Germany/德國;***Doitsu-go*** ～語 German/德語;***Doitsu-jin*** ～人 German/德國人
dōitsu 同一 sameness, identity/同樣,同等,相同;***dōitsu no*** ～の the same/同樣的,同等的,相同的
dōji ni 同時に at the same time/同時
dōjō 同情 sympathy, compassion/同情;***dōjō suru*** ～する sympathize/同情
dōka どうか please, kindly/請;***… ka dōka*** …か～ if, whether/是否…
dōkan 同感 same opinion, agreement/同感,贊同;***dōkan de aru*** ～である agree with/同樣想法,同一感受
dōki 動悸 palpitation of the heart/悸動,心跳;***dōki ga suru***(=***doki-doki suru***) ～がする[どきどきする] palpitate, beat, throb/心怦怦跳
dōki 動機 motive/動機,動因
dokkito suru どきっとする feel a shock, be shocked(at, by), give a start/大吃一驚
doko どこ where, what place/何處,哪裏;***dokoka(ni)*** ～か(に) somewhere/在某處;***doko kara*** ～から from where /從哪裏;***doko to naku***～となく vaguely/(不能明説,但)總覺得,總有些
doku 毒 poison/毒,有害;***yūdoku no*** 有毒の poisonous/有毒的,有害的
dokugaku 独学 self-study, self-education/自學,自修
dokugaku suru ～する study by oneself/自學,自修
dokuji no 独自の original, personal, unique/獨自的,個人的
dokuritsu 独立 independence/獨立;***dokuritsu no*** ～の independent/獨立的;***dokuritsu-suru*** ～する be independent/獨立; ***dokuritsu－koku*** ～国 independent country/獨立國
dokuryoku de 独力で for oneself, single-handed/自力,單獨
dokusen 独占 monopoly,exclusive possession/獨佔,壟斷
dokusen suru ～する monopolize/獨佔,壟斷
dokusha 読者 reader,subscriber/讀者
dokushin 独身 bachelorhood/獨身,單身
dokusho 読書 reading/讀書;***dokusho suru*** ～する read/讀書
dokutoku no 独得の peculiar, characteristic, original/獨特的
dōkyo suru 同居する live together/同居
dōkyūsei 同級生 classmate/(同班)同學
dōmei 同盟 alliance, league, union/同盟,聯盟;***dōmei suru***

～する ally with, unite/結盟,聯合

dōnika どうにか somehow, in some way or other/設法,想辦法

don'na(＝dono yō na) どんな[どのような] what, what kind of/哪様的,甚麼様的; ***don'na koto ga atte mo*** ～ことがあっても whatever happens, under any circumstances/不管有甚麼事,不論在甚麼情況下

don'na ni(＝dono kurai) どんなに[どのくらい] how(much), however, how long, how far, how large/多麼

dono どの which, what/哪個,哪

dore どれ which/哪個; ***dore demo*** ～でも any, whichever/無論哪個; ***dore hodo[dake]*** ～ほど[だけ] how much [many]/多少,幾許;多麼,何等; ***dore ka*** ～か any, some, either/某一個; ***dore mo*** ～も any, all, every, neither/無論哪個

dōri 道理 reason, truth/道理; ***dōri de*** ～で indeed, no wonder/怪不得,當然

doro 泥 mud, mire/泥; ***doro-darake no*** ～だらけの muddy/沾滿泥的; ***doro o haku*** ～を吐く confess(one's crime)/供出罪狀

dōro 道路 road, way, street/道路,公路; ***yūryō-dōro*** 有料～ toll road/收費(高速)公路

dorobō 泥坊 thief, theft/小偷,賊

doru ドル dollar/美元; ***5[go] doru shihei*** 5ドル紙幣 five-dollar bill[note]/面值5美元的紙幣

dōryō 同僚 colleague, comrade/同僚,同事

doryoku 努力 endeavor, effort/努力; ***doryoku suru*** ～する endeavor, make efforts/努力,使勁

dōsa 動作 action, movement(s), motion/動作

dōsei 同姓 same name/同姓

dōsei 同性 same sex/同性

dōseki suru 同席する sit together/同座;同席; ***dōseki-sha*** 同席者 those present, the company/一起出席者,會議夥伴

doshaburi 土砂降り pouring rain, downpour/傾盆大雨

dōshita どうした what/甚麼(事); ***Dōshita no desuka?*** ～のですか What is the matter? /出甚麼事了? ***dōshita wake [mono]ka*** ～わけ[もの]か somehow/不知甚麼原因

dōshite どうして how, why/如何地,爲甚麼

dōshite mo どうしても by all means, at all costs/無論如何也,怎麼也

dōsō 同窓 classmate, schoolmate, graduate/同窗,同學 ***dōsō-kai*** ～会 alumni association/同學會,校友會

dosoku de 土足で with one's shoes on /穿着鞋,不脱鞋
dosshiri shita どっしりした heavily-built, stout, massive/稳重的,莊重的;沉重的,有分量的
dote 土手 bank/土堤,堤壩
dōtoku 道徳 morality, morals/道德;**dōtoku no** ～の moral/道德上的
dotto どっと suddenly, all together/突然;(人)雲集,大量
dōyō 動揺 trembling, quake/搖動,震動;**dōyō suru** ～する tremble, quake/搖動,震動,震顫
dōyō 童謡 nursery rhyme/童謠
doyō-bi 土曜日 Saturday/星期六
dōyō no 同様の the same, similar/同樣的; **dōyō ni** 同様に equally, similarly/同樣地

E

e 絵 picture, painting/畫,圖畫;**e o kaku** ～をかく draw [paint] a picture/繪畫
e 柄 handle/柄,把,把手
e へ to, for, into, in/往,向,朝
ebi えび/蝦;**ise-ebi** 伊勢～ lobster/龍蝦;**kuruma-ebi** 車～ prawn/對蝦;**ko-ebi** 小～ shrimp/小蝦
eda 枝 branch/樹枝;**ō-eda** 大～ bough/樹的主枝;**ko-eda** 小～ twig/細枝
egaku 描く draw, picture, paint/描寫,描繪
egao 笑顔 smiling face, smile/笑臉
ehagaki 絵はがき picture post card/美術明信片
ehon 絵本 picture book/圖畫書,小人書
eien 永遠 eternity/(無意志的)永遠,永久;**eien no[ni]** ～の[に] permanent, eternal(ly), forever/永遠的,永久的
eiga 映画 cinema, movie/電影;**eiga-kan** ～館 movie theater/電影院
Eigo 英語 English, English language/英語
eigyō 営業 business, trade/營業,經營,經商
Eikoku 英国 England, Great Britain/英國; **Eikoku no** ～の English, British/英國的;**Eikoku-jin** ～人 Englishman, the English/英國人
eikyō 影響 influence, effect/影響;**eikyō suru** ～する influence, affect/影響
eikyū 永久 eternity/(有意志的)永遠,永久;**eikyū no** ～の permanent, eternal/永久的,永遠的;**eikyū ni** ～に eternal-

ly, forever/永久地,永遠地

eiyō 栄養 nutrition/營養;*eiyō no aru* ～のある nutritious/有營養的;*eiyōfuryō* ～不良 undernourishment/營養不良

eiyū 英雄 hero/英雄

Eizu エイズ AIDZ/艾滋病

eki 駅 (railroad) depot, (railway) station/火車站

ekichō 駅長 station-master/(火車站)站長

ekubo えくぼ dimple/酒窩,笑窩

emban 円盤 disk/圓盤;(體育)鐵餅

empitsu えんぴつ pencil/鉛筆;*iro-empitsu* 色～ colored pencil/彩色鉛筆,紅藍鉛筆;*empitsu o kezuru* ～を削る sharpen a pencil/削鉛筆

empō 遠方 great, long distance/遠方,遠處;*empō no* ～の distant/遠方的,遠處的

en 円 circle, yen/圓,圓周;日元

en 縁 relation, connection/血緣;關係;因緣;機緣

enchō 延長 extension/延長;*enchō suru* ～する extend, lengthen/延長

endan 縁談 proposal of marriage/提親,說媒

endō(mame) えんどう(豆) pea/豌豆

enjo 援助 assistance/援助;*enjo suru* ～する support, help/援助

enkai 宴会 dinner(party), banquet/宴會;*enkai o hiraku* ～を開く hold a dinner party/設宴

enki 延期 postponement/延期;*enki suru* ～する postpone/延期

en'nichi 縁日 fair, fete day/廟會,集市

enogu 絵具 paints, colors/繪畫用具,畫具;*enogu o nuru* ～を塗る paint/着色

enryo 遠慮 reserve, hesitation/客氣,顧慮;*enryo suru* ～する hesitate, be reserved/客氣,謝絶;*enryo naku* ～なく without reserve/不客氣;*enryo-bukai* ～深い modest, shy/非常客氣,拘謹

enshi(gan) 遠視(眼) long-sightedness/遠視(眼)

ensō 演奏 performance/演奏;*ensō suru* ～する play, perform/演奏; *ensō-kai* ～会 concert, recital/音樂會

ensoku 遠足 excursion, picnic/遠足,徒步旅行,郊遊

entotsu 煙突 chimney, (ship's)funnel/煙囱,煙筒

enzetsu 演説 speech/演說;*enzetsu suru* ～する make a speech/演說,演講

epuron エプロン apron/圍裙

erabu 選ぶ choose, prefer/選擇,挑選

erai 偉い great, grand/偉大的,卓越的,了不起的; ***erasō ni*** 偉そうに proudly/看起來了不起的,了不起的樣子
eri 襟 neckband, collar/領子
erigonomi suru えり好みする be fastidious [particular]/挑剔
erimaki 襟巻 muffler, scarf/圍巾
erinuki no えり抜きの picked, choice, select/精選的,選拔的
eru 得る set, have, obtain, earn, gain/得到
esa えさ food, feed, bait/餌食

F

fū 封 seal/封口,封上; ***fū o suru*** 〜をする seal/封上; ***fū o kiru*** 〜を切る break the seal/拆封,啓封
fuan 不安 anxiety, uneasiness/不安,不放心; ***fuan na*** 〜な uneasy, anxious/不安的,不放心的
fuben 不便 inconvenience/不便,不方便; ***fuben na*** 〜な inconvenient/不方便的
fubo 父母 parents, father and mother/父母,雙親
fubuki 吹雪 snowstorm, blizzard/暴風雪
fuchi 縁 edge, bank, margin, rim/邊,緣,框
fuchi ふち (deep) pool, deep water/深水處,潭
fuchō 不調 rupture, failure, bad condition/破裂,不成功
fuchōwa 不調和 inharmony, discord(ance)/不調和,不協調; ***fuchōwa na*** 〜な inharmonious, discordant/不協調的
fuchūi 不注意 carelessness/不注意,粗心; ***fuchūi na[ni]*** 〜な[に] careless[ly]/粗心的,疏忽的
fuda 札 card, ticket, tag, bill/牌子,標籤,門票
fudan no ふだんの usual, ordinary/通常的,平時的
fude 筆 writing brush, pen/筆,毛筆; ***fude bushō[mame]*** 〜不精[まめ] bad [good] correspondent/懶於(勤於)寫作
fūdo 風土 natural features, climate/風土,水土
fudōsan 不動産 immovable property, real estate/不動產
fudōtoku 不道徳 immorality/不道德,缺德; ***fudōtoku na*** 〜な immoral/不道德的
fue 笛 flute, whistle, pipe/笛子; ***fue o fuku*** 〜を吹く play the flute/吹笛子
fueisei na 不衛生な unhealthy, insanitary/不衛生的
fueru 増える increase, multiply/增多,增加
fuete 不得手 one's weak point/不擅長,不熟練
fūfu 夫婦 husband and wife, a married couple/夫婦,夫妻
fugō 符号 mark, sign, symbol/符號,記號

fugō 富豪 rich man, millionaire/富豪,百萬富翁
fugōkaku ni naru 不合格になる be rejected, fail(in the examination)/不合格
fugōri na 不合理な irrational, unreasonable/不合理的
fugu 不具 deformity/殘疾,殘廢; ***fugu-sha*** ～者 cripple, deformed person/殘疾人
fugu ふぐ puffer, blowfish/河豚
fugū 不遇 misfortune/不走運,運氣不佳;懷才不遇; ***fugū na*** ～な unfortunate/不走運的
fuhai 腐敗 putrefaction/腐敗,腐壞; ***fuhai suru*** ～する rot, addle/腐敗
fuhei 不平 discontent, complaint/不平,不滿意,牢騷; ***fuhei no aru*** ～のある discontented/不滿意的,有牢騷的; ***fuhei o iu*** ～を言う grumble, complain/發牢騷
fuhen no 不変の unchangeable, invariable/不變的,恒定的
fui no[ni] 不意の[に] sudden[ly], unexpected[ly]/意外的(地),突然的(地)
fuiuchi 不意打ち surprise attack/突然打擊,冷不防的打擊;突然; ***fuiuchi o kuwasu*** ～をくわす take by surprise/給他個冷不防
fuji 藤 wisteria/藤蘿(花); ***fuji-iro*** ～色 light purple/淡紫色
fujin 婦人 woman, lady/婦女; ***fujinka-i*** ～科医 gynecologist/婦科醫生,婦科大夫
fujin 夫人 wife, Mrs./夫人
fujiyū 不自由 inconvenience/不自由,不如意,不方便; ***fujiyū na*** ～な inconvenient/不自由的,不如意的,不方便的
fujūbun na 不十分な insufficient, not enough/不夠,不完全,不充分
fukai 深い deep, profound, close/深的,深厚的,濃厚的; ***fukaku*** 深く deeply/深深地,深厚地
fukai na 不快な unpleasant, disagreeable/不愉快的
fukanō 不可能 impossibility/不可能; ***fukanō no*** ～な impossible/不可能的
fukanzen 不完全 imperfection/不完全; ***fukanzen na*** ～な imperfect, incomplete/不完全的
fukasa 深さ depth/深度,深
fukasu ふかす steam, puff, smoke/吸(煙),噴(煙)
fukazake 深酒 heavy drinking/飲酒過量; ***fukazake suru*** ～する drink heavily/過多飲酒,酗酒
fuke ふけ dandruff, scurf/頭皮,頭垢
fukei 父兄 parents(and brothers)/父兄,家長
fūkei 風景 landscape, scenery/風景,景緻

fukeiki 不景気 bad[hard] times, depression/經濟蕭條,不景氣;
fukeiki na ～な dull, depressed/憂鬱的;不景氣的,蕭條的
fukeizai na 不経済な uneconomical/不經濟的,浪費的
fukenkō 不健康 unhealthiness/不健康;*fukenkō na* ～な unhealthy/不健康的
fukenzen na 不健全な unhealthy, unwholesome/不健康的,不健全的
fukeru 老ける grow old, age/上年紀,老
fukeru 耽ける be addicted to, be absorbed in/耽於,專心致志於
fuketsu na 不潔な uncleanly, dirty/不清潔的,不潔淨的
fukidasu 吹き出す begin to blow, burst out laughing, spout/颳起來;(忍不住)笑出來;(水、火、血等)噴出,冒出
fukidemono 吹き出物 eruption, rash/小膿疱,小疹子
fukigen 不きげん displeasure, bad humor/不高興,不開心,不痛快;*fukigen na* ～な ill-humored, displeased/不高興的,不痛快的
fukin ふきん dish cloth, napkin/搌布,擦碗布
fukin 付近 neighborhood, environs/附近;*fukin no* ～の neighboring/附近的
fukinshin 不謹慎 imprudence/不慎,不小心;*fukinshin na* ～な imprudent/不謹慎的
fūkiri 封切り release/影片初次放映,頭輪影片;*fūkiri-kan* ～館 first runner/頭輪影院
fukisoku 不規則 irregularity/不規則,零亂;*fukisoku na* ～な irregular/不規則的,零亂的
fukitsu 不吉 ill omen/不吉利,不吉祥;*fukitsu na* ～な unlucky/不吉利的,不吉祥的
fukitsukeru 吹き付ける spray, blow against/噴出;颳到,吹到,狂颳
fukkatsu 復活 revival, rebirth/復活;*fukkatsu suru* ～する revive/復活;*Fukkatsu-sai* ～祭 Easter/復活節
fukkō 復興 revival, restoration/復興;*fukkō suru* ～する be revived/復興,重建
fukō 不幸 misfortune, ill-luck, disaster, death/不幸,不幸福;*fukō na*[*nimo*] ～な[にも] unfortunate[ly]/不幸的
fūkō 風光 scenery, views/風光,景色,景緻
fukōhei na 不公平な partial, unfair/不公平的
fukō na 不孝な undutiful, disobedient/不孝順的
fuku 吹く blow, breathe, puff off/颳,吹,嘴吹
fuku 拭く wipe/擦,拭

fuku 服 clothes, dress, uniform/衣服,制服
fuku 福 happiness, good luck, fortune/福,幸福,幸運; ***fuku no kami*** ～の神 the god of wealth/福神
fuku 副 vice-, sub-, by-/副的
fukuin 福音 the (Christian) gospel/福音; ***fukuin-sho*** ～書 the Gospels/福音書
fukuji 服地 cloth, dress material/西服料子
fukujū 服従 obedience, submission/服從; ***fukujū suru*** ～する obey/服從,遵從
fukumu 含む have in one's mouth, bear in mind, include/含,包含
fukuramaseru 膨らませる swell, bulge/使膨脹,使鼓起
fukureru 膨れる swell, rise, be sulky, pout/脹,腫;噘嘴
fukuro 袋 bag, sack/袋子; ***fukuro no nezumi*** ～のねずみ a mouse in a trap/甕中之鼈
fukurō ふくろう owl/貓頭鷹,梟
fukusei 複製 reproduction/複製,複印; ***fukusei suru*** ～する reproduce, reprint/複製,倣製;翻印,倣印
fukusha 複写 reproduction, copy/複寫,抄寫; ***fukusha suru*** ～する copy, reproduce/複製,拷貝,抄寫
fukushū 復しゅう revenge, vengeance/復仇,報仇; ***fukushū suru*** ～する revenge oneself, take vengeance/復仇,報仇
fukushū 復習 review/複習; ***fukushū suru*** ～する go over one's lesson/複習
fukusō 服装 dress, clothes/服裝
fukutsū 腹痛 stomach ache, colic/腹痛,肚痛
fukuzatsu 複雑 complexity/複雜; ***fukuzatsu na*** ～な complicated/複雜的; ***fukuzatsu ni naru*** ～になる be complicated, become complex/變複雜了,複雜化
fukyū 普及 diffusion, spread/普及; ***fukyū suru*** ～する diffuse, popularize/普及; ***fukyū-ban*** ～版 popular [cheap] edition/普及本
fumajime na 不まじめな insincere/不認真的,不誠實的
fumanzoku 不満足 discontent/不滿意,不滿足; ***fumanzoku na*** ～な dissatisfied/不滿意的,不滿足的
fumbetsu 分別 discretion, wisdom, good sense/辨別力,判斷力,思考力
fumei na (＝**fumeiryō na**) 不明な[不明瞭な] indistinct, obscure, vague/不清楚的,不明瞭的
fumeiyo na 不名誉な dishonorable, disgraceful/名聲不好的
fumetsu no 不滅の immortal/不滅的,不朽的
fumikiri 踏切り railway crossing/(鐵路)岔道口

fumoto ふもと foot(of a mountain), foothill/山脚,山麓
fumu 踏む step on, tread on, go through/踏,踩
fun ふん excrement, feces/糞便
fun 分 minute/分鐘
funanori 船乗り seaman, sailor/船員,海員
funare na 不慣れな inexperienced/不習慣的,不熟練的
funatabi 船旅 sea trip, voyage/海上旅行,坐船旅行
funayoi 船酔い seasickness/暈船; ***funayoi suru*** ～する get seasick/暈船
fune 船 boat, ship, vessel, steamer/舟,船,槽,盆; ***fune ni noru*** ～に乗る get[go] on board/乘船
fungai suru 憤慨する resent, be indignant/(對…感到)憤慨,氣憤
fun'iki 雰囲気 atmosphere/氛圍,氣氛
funinjō 不人情 unkindness/冷酷無情,不近人情; ***funinjō na*** ～な unkind, unhuman/冷酷無情的,不近人情的
funka 噴火 eruption/(火山)噴發; ***funka suru*** ～する erupt/噴發; ***funka-kō*** ～口 crater/火山口; ***funka-zan*** ～山 volcano/活火山
funsō 紛争 trouble, dispute/紛爭,糾紛
funsui 噴水 fountain, jet/噴水,噴泉
funsuru 扮する act[play] the part of/扮演
funtō 奮闘 fight, struggle/奮鬥; ***funtō suru*** ～する fight, struggle/奮鬥
fureru 触れる touch, refer to, be against, infringe/觸,碰;提到,涉及;觸犯
furi 不利 disadvantage, handicap/不利; ***furi na*** ～な disadvantageous, unfavorable/不利的
furikaeru ふり返る turn [look] round, look back/回顧,回頭看
furiko 振り子 pendulum/鐘擺,擺錘
fūrin 風鈴 wind[hanging]bell/(寺院建築上的)風鈴
furi o suru ふりをする pretend, affect/假裝
furo 風呂 bath, hot-bath/熱水澡; ***furo-ya*** ～屋 bathhouse, public bath/營業澡堂
furoku 付録 supplement/附錄,增刊
furoshiki 風呂敷 wrapping cloth/包袱,包袱皮
furu 降る fall, come down, drop/降下,落(雨、雪等)
furu 振る wave, shake, reject/揮,搖,擺;拒絶
furueru 震える shiver, shake, tremble/發抖,顫動
furuhon 古本 second-hand book/舊書,古書; ***furuhon-ya*** ～屋 second-hand bookstore/舊書店

furui 古い old, ancient, aged, used/陳舊的,古老的
furui ふるい sieve/篩子; ***furui ni kakeru*** ～にかける sift, screen, weed out/篩,篩選
furumau 振舞う behave(oneself), conduct oneself/揮舞;飛舞
fūsa 封鎖 blockade, blocking/封鎖,凍結
fusagu 塞ぐ fill, block, occupy/塞,堵;佔(位子)
fusagu ふさぐ be depressed, mope/鬱悶
fusai 夫妻 husband and wife, a (married) couple/夫妻,夫婦
fusai 負債 debt, loan/負債,欠債
fusansei 不賛成 disapproval, disagreement/不贊成,不同意
fusawashii ふさわしい suitable, becoming, worthy/適合,相稱
fusegu 防ぐ depend, protect, prevent/防禦,防守,防止
fusei 不正 injustice, wrong/不正派,不正經
fuseikaku 不正確 inaccuracy/不正確; ***fuseikaku na*** ～な inaccurate/不正確的
fuseikō 不成功 failure/不成功; ***fuseikō no*** ～の unsuccessful/不成功的,失敗的
fūsen 風船 balloon/氣球
fuseru 伏せる lie down, turn in, turn down/向下,伏,翻,倒
fushi 節 joint, knuckle, air, tune/骨節,關節;曲調,歌謠
fushigi 不思議 mystery, wonder/不可思議; ***fushigi na*** ～な strange, mysterious/不可思議的; ***fushigi ni omou*** ～に思う wonder/感到奇怪,感到不可思議
fushinsetsu 不親切 unkindness/不親切,不熱情; ***fushinsetsu na*** ～な unkind/不親切的,不熱情的
fushizen na 不自然な unnatural, artificial/不自然的,做作的
fushō 負傷 injury, wound/負傷,受傷; ***fushō suru*** ～する be injured/負傷,掛彩
fushōchi 不承知 disapproval, disagreement/不答應,不贊成
fushōjiki 不正直 dishonesty/不正直,不誠實; ***fushōjiki na*** ～な dishonesty/不正直的,不誠實的
fūshū 風習 manners, customs/風俗,風習
fusoku 不足 shortage, want, discontent/不夠,不足,短缺
fusuma ふすま sliding door/(兩面糊紙的)槅扇,紙拉門
futa ふた lid, cover/蓋子
futago 双子 twins/雙胞胎,孿生(兒)
futan 負担 burden, responsibility, charge/負擔,承擔; ***futan suru*** ～する beat/負擔,承擔; ***futan-gaku*** ～額 share, allotment/份額
futari 二人 two persons, a pair, a couple/兩人;一對(夫妻)
futatabi 再び again, once more/再次,再度

futatsu 二つ two/兩個; ***futatsu to nai*** 〜とない unique, matchless/唯一,無與倫比,獨一無二
futegiwa na 不手際な clumsy, unskillful/不精巧的,笨拙的
futeiki no 不定期の irregular/不定期的
futei no 不定の unsettled, uncertain/不定的,不一定的
futekitō na 不適当な unfit, unsuitable/不適當的,不合適的
fūtō 封筒 envelope/信封
futoi 太い big, thick/粗的; ***futoi koe*** 〜声 deep voice/粗聲
futoji 太字 bold(-face) type/黑體字,筆道粗的字
futon 布団 bedding, bedclothes/被,褥; ***kake-buton*** 掛け〜 quilt/被子; ***shiki-buton*** 敷き〜 mattress/褥子
futoru 太る put on weight, grow fat, fatten/胖
futsū 普通 ***futsū no[ni]*** 〜の[に]common[ly], usual[ly], ordinary[rily]/普通的,通常的; ***futsū ijō[ika]*** 〜以上[以下] above[below]the average/平常之上(之下)
futsū 不通 suspension, interruption/不通,中斷; ***futsū ni naru*** 〜になる be suspended[stopped]/不通了,中斷了
futsuka-yoi 二日酔い hangover/宿醉
fu'un 不運 misfortune/不幸,倒霉; ***fu'un na[nimo]*** 〜な[にも] unfortunate[ly]/不幸的,倒霉的(地)
fuwa 不和 discord, disagreement/不和,不和睦
fuyasu 増やす increase, add/增加,添
fuyōi na 不用意な imprudent, careless/不慎,馬虎
fuyō no 不要の useless, of no use/不需要的,不起作用的
fuyu 冬 winter/冬天,冬季
fuyukai na 不愉快な unpleasant, disagreeable/不愉快的
fuzoku no 付属の attached, belonging to/附屬的

G

gabyō 画びょう thumbtack, drawing pin/圖釘
gai 害 injury, harm, damage/害,有害,損害; ***gai suru*** 〜する harm, injure/損害,危害; ***gai no aru*** 〜のある harmful, bad/有害的
gaibu 外部 the outside, exterior/外部,外邊; ***gaibu no*** 〜の outside, exterior/外部的,外邊的
gaika 外貨 foreign currency/外幣,外匯
gaiken 外見 appearance/外表,外觀; ***gaiken wa*** 〜は in appearance, apparently/外表是,表面上
gaikō 外交 diplomacy/外交; ***gaikō mondai*** 〜問題 diplomatic question/外交問題; ***gaikō seisaku*** 〜政策 diplomatic poli-

cy/外交政策;***gaikō-kan*** ～官 diplomat/外交官
gaikoku 外国 foreign country/外國;***gaikoku-go*** ～語 foreign language/外語;***gaikoku-jin*** ～人 foreigner/外國人
gaikotsu がい骨 skeleton/骸骨
gaimu-daijin 外務大臣 Minister of Foreign Affairs/外務大臣,外交部長;***gaimu-shō*** 外務省 the Foreign(Ministry) Office/外務省,外交部
gairo 街路 street, road/大街,大道,馬路
gairon 概論 introduction, outline/概論
gaisan suru 概算する make a rough estimate, estimate roughly/概算,估計
gaishutsu suru 外出する go out/外出,出門
gaitō suru 該当する fall[come] under, correspond to/該當,相當,符合
gaiyū suru 外遊する go on a foreign tour, travel abroad/出國旅行,外遊
gaka 画家 painter, artist/畫家
gake がけ precipice, cliff/懸崖
gakka 学課 one's lesson, school work/課程
gakka 学科 subject, course of study, curriculum/學科,課程
gakkari suru がっかりする be disappointed/頹喪,失望
gakki 楽器 musical instrument/樂器
gakki 学期 term, semester/學期
gakkō 学校 school, college/學校;***gakkō tomodachi*** ～友達 school-mate/校友
gaku 額 tablet, framed picture/數額;匾額;***gaku-buchi*** ～縁 picture frame/畫框
gakuchō 学長 president of a university/大學校長
gakufu 楽譜 score, musical notation/樂譜
gakuhi 学費 school expenses/學費
gakumon 学問 learning, study/學問
gakunen 学年 school year/學年
gakureki 学歴 school career/學歷
gakusei 学生 student/學生;***gakusei jidai*** ～時代 school days/學生時代
gakusha 学者 scholar/學者
gaman 我慢 patience, endurance/忍耐,忍受;***gaman suru*** ～する bear, stand/忍受;***gaman-zuyoi*** ～強い patient/忍耐心强
gambaru 頑張る hold out, stand firm/堅持,固守
gampeki 岸壁 wharf, quay/碼頭,船泊處
gan 雁 wild goose/雁

gan 癌 cancer/癌,惡性腫瘤
gangu 玩具 toy, plaything/玩具
ganjitsu 元日 New Year's Day/元旦
ganjō na[ni] 頑丈な[に] strong[ly], stout[ly], solid[ly]/(構造)堅固,結實;(身體)强健
ganka 眼科 ophthalmology/眼科; ***ganka-i*** ～医 oculist/眼科醫生,眼科大夫
ganko 頑固 ***ganko na*** ～な obstinate, stubborn/頑固的,頑强的
ganrai 元来 originally, really/本來,原來
gan'yaku 丸薬 pill/藥丸
gappei 合併 combination/合併; ***gappei suru*** ～する combine, unite, merge/合併
gara 柄 pattern, design, build/花樣,款式,圖樣,體格
garakuta がらくた rubbish, trash, junk/破爛東西,不值錢的東西
garari to がらりと quite, entirely, suddenly/突變,驟變
garasu ガラス glass, pane/玻璃; ***mado-garasu*** 窓～ windowpane/窗玻璃
garō 画廊 picture gallery/畫廊
gashi 餓死 death from hunger/餓死; ***gashi suru*** ～する be starved to death/餓死
gasshō 合唱 chorus/合唱; ***gasshō suru*** ～する sing together [in chorus]/合唱
gatchiri to がっちりと firmly, tightly/堅固,堅實
gat(t)en 合点 understanding, comprehension/理解,領會; ***gat(t)en no ikanai*** ～のいかない incomprehensible/不可理解
geijutsu 芸術 art, fine arts/藝術
gejun 下旬 the last ten days, latter part of a month/下旬
geka-i 外科医 surgeon/外科醫生,外科大夫; ***geka-iin*** ～院 surgery/外科醫院
geki 劇 drama, play/戲劇
gekirei suru 激励する urge, encourage, cheer up/激勵,鼓勵,鞭策
gekitsū 激痛 acute [sharp] pain/劇痛
gekiyaku 劇薬 dangerous [powerful] drug/劇藥,烈性藥
gekkan 月刊 monthly publication, monthly(magazine)/月刊
gekkyū 月給 (monthly) salary/月薪; ***gekkyū-bi*** ～日 payday/發薪日,(證券市場的)結帳日
gemmitsu na[ni] 厳密な[に] strict[ly], close[ly]/嚴密的(地)

gendai 現代 present age[day], modern times, today/現代
gendo 限度 limit, limitation/限度,界限
genetsuzai 解熱剤 antifebrile, febrifuge/退熱劑,(中藥)解熱劑
gengo 言語 language/語言
gen'in 原因 cause, origin/原因; ***gen'in suru*** ～する be caused by, result from/由於,因爲
genjitsu 現実 actuality/現實; ***genjitsu no[ni]*** ～の[に] actual[ly], real[ly]/現實的(地); ***genjitsu-teki na*** ～的な realistic/現實性的
genjō 現状 the present state[situation]/現狀
genkai 限界 limit, bounds/限度,界限
genkaku na 厳格な strict, stern, severe/嚴格的,嚴肅的
genkan 玄関 entrance, entryway/正門,大門
genki 元気 vigor, spirit, energy, vitality/精力充沛,身體健康; ***genki na*** ～な vigorous/精力充沛的,健康的; ***genki o tsukeru*** ～をつける encourage, cheer up/振作精神
genkin 現金 cash, ready money/現金,現款; ***genkin de*** ～で in cash/用現金; ***genkin-barai*** ～払い cash payment/現金支付
genkō 原稿 manuscript, copy/原稿,稿件
genryō 原料 (raw) material(s)/原料
gensaku 原作 original/原著,原作; ***gensaku-sha*** ～者 original author/原作者
genshi 原子 atom/原子; ***genshi bakudan*** ～爆弾 atomic bomb/原子彈
genshi 原始 beginning, origin/原始; ***genshi-teki na*** ～的な primitive/原始的,原始性的; ***genshi-jidai[-jin]*** ～時代[人] primitive times[man]/原始時代(人)
genshoku 原色 primary color/原色(紅、黄、藍三色)
genshō suru 減少する decrease, decline, diminish/減少
genshu suru 厳守する observe [keep] strictly/嚴格遵守; ***jikan o genshu suru*** 時間を～ be punctual/嚴格遵守時間
gensō 幻想 illusion, vision/幻想
gensoku 原則 principle, rule/原則; ***gensoku to shite*** ～として as a rule/作爲原則,原則上
gentei suru 限定する limit restrict/限定,限制
genzai 現在 today, the present time/現在
geppu 月賦 monthly installment/按月分付,按月發放
geppu げっぷ ***geppu ga deru*** ～が出る belch/打嗝兒
gesha suru 下車する get off, get out/下車; ***tochū gesha*** 途中下車 stopover/中途下車

geshuku 下宿 lodging/低級旅館; ***geshuku suru*** ～する lodge/住宿,寄宿; ***geshuku-ya*** ～屋 boarding [lodging] house/公寓,客棧
getsumatsu 月末 end of the month/月末,月底
getsuyō-bi 月曜日 Monday/星期一
gichō 議長 president, chairman/會議主持人;議長,主席
gikai 議会 Diet, Parliament, Congress/議會
gikō 技巧 art(ifice), craft/技巧
gikyoku 戯曲 drama, play/戲曲
gimon 疑問 question, doubt/疑問; ***gimon no*** ～の doubtful/有疑問的
gimu 義務 duty, obligation/義務; ***gimu-kyōiku*** ～教育 compulsory education/義務教育
gin 銀 silver/銀,銀子
ginkō 銀行 bank/銀行
ginkonshiki 銀婚式 silver wedding anniversary/銀婚紀念
ginō 技能 skill, ability/技能
ginzaiku 銀細工 silver work/銀工藝品
giri 義理 duty, obligation, justice/情份,情義,情面
giron 議論 discussion, argument/爭論,爭辯; ***giron suru*** ～する argue, discuss/爭論,爭辯
gisei 犠牲 sacrifice, victim/犧牲
gishi 技師 engineer/工程師
gishiki 儀式 ceremony, rite/儀式,典禮
gisshiri ぎっしり tight[ly], close[ly]/滿滿地; ***gisshiri tsumeru*** ～詰める fill up/裝得滿滿的
go 五,5 five/五; ***go-bamme*** ～番目 fifth/第五(個)
gobu-gobu no 五分五分の even, fifty-fifty/各半,平等
goei suru 護衛する guard, escort/護衛,警衛
gōgai 号外 extra(newspaper)/(報紙)號外
gogaku 語学 language study, linguistics/語言學
go-gatsu 五月 May/五月; ***go-gatsu no sekku*** ～の節句 Boy's Festival/(日本傳統節日之一)男童節
gogo 午後 afternoon, p. m. /下午
gohan 御飯 boiled rice, meal/米飯;飯
gōin ni 強引に by force, in a high-handed way/强行,强制
gōjō na 強情な obstinate, stubborn, stiff/剛愎的,固執的,頑固的
gojū 五十,50 fifty/五十
gokai 誤解 misunderstanding/誤解,誤會; ***gokai suru*** ～する misunderstand/誤解,誤會
gōkaku 合格 success/及格; ***gōkaku suru*** ～する pass, be

successful/及格，通過；***gōkaku-sha*** ～者 successful candidate/合格者，錄取者

gokaku no 互角の even，equal，close/勢均力敵的

gōka na 豪華な splendid，gorgeous/豪華的

gōkei 合計 total，sum total/合計；***gōkei suru*** ～する sum [add] up/合計

goku ごく very，extremely，awfully/極，非常

gokuraku 極楽 Paradise，heaven/天堂，安樂無憂的處境

goma ごま sesame/芝麻

gomakasu ごまかす cheat，deceive/欺騙，欺瞞

gōman na ごうまんな arrogant，haughty/傲慢的，高傲的

gomen nasai ごめんなさい Excuse me; I am sorry，I beg your pardon. /對不起

gomi ごみ dust，rubbish，trash/垃圾

gomu ゴム gum，rubber/橡膠；***keshi-gomu*** 消し～ eraser/(擦鉛筆字的)橡皮

goraku 娯楽 pastime，recreation，amusement/娛樂

gōrei suru 号令する order，command/號令；命令

gōri-teki na 合理的な rational，logical，reasonable/合理的

-goro ～ごろ about，towards，around/大約…時候

gota-gota ごたごた confusion，trouble/糾紛，爭吵；***gota-gota suru***～する be in confusion/糾紛，爭吵；***gota-gota o okosu*** ～を起す raise trouble/發生糾紛

gōtō 強盗 burglar，robber/强盜

gottagaesu ごったがえす be in confusion/弄得亂七八糟

gōu 豪雨 heavy rain，downpour/暴雨，大雨

gozen 午前 morning，a. m. /上午

guai 具合 condition，state/情況，狀態，樣子

gumbi 軍備 military preparations，armaments/軍事裝備

gun 軍 army，force/軍，軍隊

gunshū 群衆 crowd of people/群衆

guratsuku ぐらつく totter，shake，waver/搖擺，搖晃

gururi ぐるり circumstance，surroundings/打滾兒

gussuri ぐっすり/酣睡貌；***gussuri neru*** ～寝る sleep soundly/酣睡，睡得香香的

gūsū 偶数 even number/偶數

gutai-teki na 具体的な concrete/具體的；***gutai-teki ni*** 具体的に concretely/具體(性)地

gūzen 偶然 chance，accident/偶然；***gūzen no[ni]*** ～の[に] accidental[ly]，by chance/偶然的(地)

guzu-guzu ぐずぐず/慢慢騰騰；***guzu-guzu suru*** ～する be tardy，be slowgoing/慢騰騰的；***guzu-guzu iu*** ～いう grum-

ble, complain/ 嘟囔,唠叨
gyakkōka 逆効果 counter result, contrary effect/逆效果(效應),相反效果
gyaku 逆 opposite, reverse/逆,相反; ***gyaku no*** [***ni***] 〜の[に] converse[ly]/相反的(地); ***gyaku ni suru*** 〜にする reverse, invert/顛倒,翻轉
gyaku-modori 逆もどり relapse, reversion/往回走,退回
gyakutai 虐待 ill-treatment/虐待; ***gyakutai suru*** 〜する ill-treat, maltreat/虐待
gyōgi 行儀 manners, behavior/舉止,禮貌; ***gyōgi no yoi*** [***warui***] 〜の良い[悪い] well-[ill-]mannered/有(沒)禮貌的
gyogyō 漁業 fishery, fishing industry/漁業
gyōji 行事 regular functions/傳統節日活動
gyōmu 業務 business/業務
gyōretsu 行列 procession, queue, line/行列,隊伍
gyorui 魚類 fishes/魚類
gyōsei 行政 administration/行政
gyōseki 業績 achievements, results/業績,成績
gyosen 漁船 fishing boat/漁船
gyūniku 牛肉 beef/牛肉
gyūnyū 牛乳 milk/鮮牛奶,牛奶

H

ha 歯 tooth/牙齒; ***ha no*** 〜の dental/牙的; ***haisha*** 〜医者 dentist/牙科醫生,牙醫; ***ha ga itamu*** 〜が痛む have a toothache/牙痛
ha 葉 leaf/葉
ha 刃 edge, blade/刀刃
haba 幅 width, breadth/寬度;幅面
habataku 羽ばたく flap the wings, flutter/振翅,拍打翅膀
habuku 省く cut down, abridge, omit/精簡,省略
hachi 八,8 eight/八
hachi 鉢 bowl, pot/鉢,大碗;花盆
hachi 蜂 bee /蜜蜂; ***hachi no su*** 〜の巣 (bee)hive/蜂窩,蜂巢
hachi-gatsu 八月 August/八月
hachimitsu 蜂蜜 honey/蜂蜜
hachūrui は虫類 reptiles/爬蟲類
hada 肌 skin/皮膚; ***hada-gi*** 〜着 underwear, underclothes/

貼身衣服,内衣

hadaka 裸/裸體,赤身;***hadaka no*** ～の bare, naked/赤裸裸的;***hadaka ni naru*** ～になる strip, become naked/赤裸,赤身裸體

hadashi はだし bare feet/光着脚

hade na 派手な gay, showy, gaudy/華麗的,花俏的;鮮艷的

hae はえ fly/蠅,蒼蠅

hagaki 葉書 postcard/明信片;***ōfuku-hagaki*** 往復～ return postcard/往返明信片

hage はげ baldness/禿子,禿頭

hagemasu 励ます encourage, cheer up/鼓勵,激勵

hageshii 激しい violent, furious, severe/激烈,劇烈,强烈

haguki 歯茎 gums/牙齦,牙床

hagureru はぐれる lose, get lost/走散,失散

haguruma 歯車 cogwheel, gear/齒輪

haha 母 mother/母親,媽媽

hahen 破片 fragment, splinter/破片,碎片

hai 肺 lungs/肺

hai 灰 ashes/灰;***hai-iro*** ～色 gray/灰色;暗淡

haiboku 敗北 defeat, reverse/敗北,打敗仗

haibun suru 配分する distribute/分配

haien 肺炎 pneumonia/肺炎

haifu suru 配布する distribute/散發,散佈

haigo 背後 back, rear/背後,後面;***haigo ni*** ～に behind, at the back of/在背後,在後面

haigō 配合 combination, harmony/配合,調合

haikei 背景 background, setting/背景

hairu 入る enter, come in, get in, join/進入;加入,參加

haisen 敗戦 lost battle, defeat/戰敗

haishi 廃止 abolition/廢除,廢止;***haishi suru*** ～する abolish, abandon/作廢,廢除

haitatsu 配達 delivery/投遞;***haitatsu suru*** ～する deliver, distribute/投遞

haitō 配当 allotment/分配;***haitō suru*** ～する allot/分配;***haitō-kin*** ～金 dividend/分紅,紅利

haiyaku 配役 cast/分配角色

haiyū 俳優 actor/演員

haizara 灰皿 ash tray/烟灰缸

haji 恥 shame, disgrace/羞恥,恥辱;***haji o kaku*** ～をかく disgrace oneself/出醜,丢人;***haji o kakaseru*** ～をかかせる put (a person) to shame/使在人前丢臉;***haji shirazu no*** ～知らずの shameless/不知羞恥的

hajiku はじく flip, fillip, snap/彈(弦),打(算盤)
hajimaru 始まる begin, start/開始
hajime 初め beginning, origin/開始,起初;***hajime no*** ～の first, initial, early/開始的,起初的;***hajime ni*** ～に at the beginning, first/在開始時;首先;***hajime wa*** ～は at first/首先;***hajimete*** ～て for the first time/初次;***hajime kara*** ～から from the first[beginning]/從頭,從開始
hajimeru 始める begin, commence, open, start/開始
hajiru 恥じる be ashamed, feel humbled, blush/羞愧,害羞
haka 墓 grave, tomb/墓,墳墓
hakadoru はかどる progress/進展;***hakadoranai*** はかどらない make little progress/没有進展
hakai 破壊 destruction/破壞;***hakai suru*** ～する destroy, break/破壞;***hakai-teki na*** ～的な destructive/破壞性的;***hakai-ryoku*** ～力 destructive power/破壞力;***hakaisha*** ～者 destroyer/破壞者
hakari はかり balance, scales/稱,量
hakaru 計る[測る] measure, size, weigh, gauge/丈量,計量
hakase 博士 doctor/博士;博學的人,有學問的人
hakidasu 吐き出す vomit, spit out, puff out/吐出,噴出
haki-haki shita はきはきした quick, smart/活潑伶俐貌;***haki-haki shinai*** はきはきしない slow, dull, inactive/不爽快的
hakken 発見 discovery/發現;***hakken suru*** ～する discover, find/發現
hakkiri はっきり/清楚;***hakkiri shita*** ～した clear, distinct/清楚的,明瞭的;***hakkiri shinai*** ～しない be unsettled/不清楚的
hakki suru 発揮する exhibit, display, show/發揮,展示
hakkō 発行 publication, issue/發行;***hakkō suru*** ～する publish, issue/發行
hako 箱 box, case, carton/箱,盒
hakobu 運ぶ carry, transport/搬運,運送
haku 履く put on, wear/穿(鞋、襪)
haku 掃く sweep/掃
haku 吐く vomit, spit/吐
hakuchō 白鳥 swan/天鵝
hakuchū 白昼 broad daylight, the daytime/白天,白晝;***hakuchū ni*** ～に in broad daylight, in the daytime/在白天
hakuhatsu 白髪 gray[white]hair/灰(白)頭髮
hakui 白衣 white robe/白衣,白色衣服(多指醫務人員、患者衣服)

hakujin 白人 white man/白色人種,白人
hakujō 白状 confession/坦白,供認; ***hakujō suru*** ～する confess, own, avow/坦白,供認,認罪
hakujō 薄情 cold-[hard-]heartedness/薄情; ***hakujō na*** ～な unfeeling, heartless, cold-hearted/薄情的
hakuran-kai 博覧会 exhibition, exposition, fair/博覽會
hakuryoku 迫力 force/動人的力量; ***hakuryoku no aru*** ～のある forceful, powerful/有力的,扣人心弦的
hakusha 拍車 spur/(馬靴上的)馬刺
hakushi 白紙 white paper/白紙
hakushi 博士 doctor/博士
hakushoku 白色 white color/白色; ***hakushoku-jin-shu*** ～人種 the white race, white people/白色人種,白人
hakushu suru 拍手する clap(one's hands)/拍手,鼓掌
hama 浜 beach, sandy beach/海濱,湖濱
hamaki 葉巻 cigar/雪茄煙
hambai 販売 sale, selling/販賣
hambun 半分 half/一半
hameru はめる put on, pull on, get in, fix into/鑲嵌,安上,戴上
hametsu 破滅 ruin, destruction/破滅,毀滅
hami-dasu[-deru] はみ出す[出る] protrude, jut out, be forced out/溢出,擠出;超出限度
hamigaki 歯みがき tooth-paste, tooth-powder, dentifrice/牙膏,牙粉; ***neri-hamigaki*** 練り～ dental cream/牙膏
hamono 刃物 edged tool, cutlery/刀劍,刃具
han 判 stamp, seal/圖章,印鑒
hana 花 flower, blossom/花
hana 鼻 nose/鼻
hanabanashii 華々しい splendid, brilliant, glorious/華麗,燦爛
hanabi 花火 fireworks, firecracker/焰火,烟火,花炮
hanahada 甚だ very, greatly/很,甚
hanaji 鼻血 nosebleed/鼻血,鼻子出血
hanami 花見 flower-viewing, cherry-blossom-viewing/賞花;賞櫻
hanamizu 鼻水 snivel, nasal discharge/鼻涕
hanamuko 花婿 bridegroom/新郎
hanareru 離れる leave, separate, part from/離開
hanashi 話 talk, conversation, fact, reason/談話
hanashiai 話し合い consultation, negotiation/商量,協商
hanasu 話す talk, converse, tell, state, mention/説,講

hanasu 離す part, separate, keep apart/離開,分開
hanasu 放す let go, release, set/放開,撤開
hanataba 花束 bouquet, nosegay/花束,花把
hanawa 花輪 wreath/花圈;花環
hana-ya 花屋 florist/花匠,花商
hanayaka na 華やかな gay, bright, brilliant, gorgeous, colorful/華麗,華美;輝煌,引人注目
hanayome 花嫁 bride/新娘
handan 判断 judgment, decision/判斷;***handan suru*** ～する judge/判斷
hane 羽 feather/羽毛
haneru 跳ねる leap, spring, jump/跳躍,跳
hanetsukeru はねつける refuse, reject/拒絶,辭退,不接受
hanga 版画 print, woodcut[woodblock] print/木板畫,版畫;木刻
hangaku 半額 half amount, half price/半價
han'i 範囲 extent, scope, limits, bounds/範圍
hanikamu はにかむ shy, bashful/害臊,羞怯,靦腆; ***hanikamiya*** はにかみ屋 bashful person/愛害羞的人
hanji 判事 judge, justice/審判員
hanjō suru 繁盛する prosper, be prosperous/繁榮,昌盛,興隆
hankachi ハンカチ handkerchief/手帕,手絹
hankan 反感 antipathy, ill feeling/反感
hankei 半径 radius, semi-diameter/半徑
hanketsu 判決 judgment/(法律)判決,裁決
hanko 判子 stamp, seal/圖章,印鑒
hankō 反抗 resistance, opposition/反抗,對抗
hankō 犯行 crime, offence/罪行
hankyō 反響 echo, repercussion, influence, reflection/反響,回音;反應
han'nin 犯人 criminal/犯人
han'nō 反応 reaction, response/反應
hanran はんらん inundation, flooding/氾濫;***hanran suru*** ～する overflow, flood/氾濫
hansei 反省 reflection/反省,反思;***hansei suru*** ～する reflect on, reconsider/反省,自省
hansen 帆船 sailing vessel[ship, boat], sailboat/帆船
hansha 反射 reflection/反射;***hansha suru*** ～する reflect/反射
hansū 半数 half/半數,一半
hantai 反対 opposition, resistance, objection, reverse, oppo-

site, contrary/反對;***hantai suru*** ～する be opposite to, be against/反對;***hantai ni*** ～に the other way, on the contrary/反對地,對立地

hantei 判定 judgment, decision/判定,判斷;***hantei suru*** ～する judge, decide/判定,判斷

hanten はん点 spot, speck, dot/斑點

hantō 半島 peninsula/半島

hanzai 犯罪 crime, guilt/犯罪

happyō 発表 announcement, publication, statement/發表;***happyō suru*** ～する announce/發表

hara 腹 abdomen, belly, stomach/腹,肚子;***hara ga itai*** ～が痛い have a stomach ache/腹痛

hara-hara はらはら/潸然,簌簌落下;***hara-hara ochiru*** ～落ちる flutter down/簌簌落下;***hara-hara suru*** ～する feel uneasy, be afraid/非常擔心

haraise 腹いせ revenge/洩憤;出氣;***haraise ni*** ～に by way of revenge/用洩憤的方式

haran 波らん disturbance, trouble/波瀾;風波,糾紛,風潮

harappa 原っぱ field/田野,空地

harau 払う pay ,clear, sweep, wipe off/支付(款);拂,揮

harawata はらわた intestines, entrails, guts/腸;內臟

hare 晴れ clear[fair, fine]weather/晴,晴天

haremono はれもの swelling boil/腫疱,癤子

harenchi 破廉恥 shamelessness, infamy/無恥;***harenchi na*** ～な shameless/無恥的

hareru はれる swell/腫,腫脹;***hareta*** はれた swollen/腫的

hareru 晴れる clear(up), become clear/晴,天晴

haretsu 破裂 explosion, burning/破裂;***haretsu suru*** ～する burst, erupt/破裂

hari 針 needle, pin, hook, hand(of watch or gauge)/針,別針,鉤,(鐘錶)走針

hariau 張り合う rival, emulate/競爭,爭執,爭風

harikiru 張り切る be enthusiastic/勁頭足,熱心

haru 春 spring/春天,春季;***haru-same*** ～雨 spring rain/春雨

haru 貼る stick, paste, affix/黏,貼

haru 張る stretch, tighten/伸展;使…緊

haru-baru はるばる from afar/遙遠

haruka ni はるかに far, far away[off], by far, by a long way/遙遠

hasama-ru[-reru] 挾まる[れる] get between, be caught in, get jammed in/夾(在兩物之間)

hasami はさみ scissors/剪刀
hasamu 挾む insert, contain, put between/夾;插
hasan 破産 insolvency, bankruptcy/破產;***hasan suru*** ～する become bankrupt, fail/破產,倒閉
hashi 橋 bridge/橋
hashi はし chopsticks/筷子
hashi 端 end, tip, edge/頭端;邊,緣;***hashi kara hashi made*** ～から～まで from end to end/從頭到尾,自始至終
hashigo はしご ladder/梯子
hashika はしか measles/麻疹
hashira 柱 pillar, column/柱,支柱
hashiru 走る run, rush, dash/跑,急跑;逃跑
hason 破損 damage, breakdown/破損;***hason suru*** ～する be damaged, break down/破損,損壞
hassei 発生 occurrence, origination/發生;***hassei suru*** ～する occur, happen/發生
hassha 発射 discharge, firing/發射,射箭;***hassha suru*** ～する discharge, fire, shoot/發射,射箭
hassha suru 発車する leave, start, depart/開車,發車
hasshin suru 発信する send a letter[telegram], cable/發信,發報;***hasshin-nin*** 発信人 sender/發信人,發報人
hassō 発送 sending, forwarding, dispatch, shipping/發送;***hassō suru*** ～する send out, forward, ship, dispatch/發送,寄送
hasu はす lotus/蓮,荷
hata 旗 flag, banner/旗,旗幟
hatachi 二十(歳) twenty years of age/二十歲
hatake 畑 field, farm/田地,旱地
hataku はたく dust, beat, strike/撣;打,拍打
hataori 機織 weaving, weaver/織布
hataraki 働き work, labor, action, working, activity/勞動,工作;作用
hataraku 働く work,labor/勞動,做工
hatashite 果たして just as one thought, as was expected/果然,果真
hatasu 果たす carry out, accomplish, achieve, attain, finish, discharge/完成,實現,實行
hate 果て end, extremity, limit/邊際,盡頭;最後,末了
hateshinai 果てしない endless/没完没了;***hateshinaku*** 果てしなく endlessly/没完没了地
hatoba 波止場 wharf, quay/碼頭
-hatsu ～発 departure, leaving/(飛機,車船)開出

hatsu 初 the beginning, the first/最初,首次
hatsubai 発売 sale/賣;***hatsubai suru*** ～する sell/發賣,出售;***hatsubai-chū*** ～中 be on sale/正在出售
hatsudenki 発電機 dynamo, generator/發電機
hatsuiku 発育 growth, development/發育,成長;***hatsuiku suru*** ～する grow, develop/發育,成長
hatsukoi 初恋 one's first love, calf love/初戀
hatsumei 発明 invention/發明;***hatsumei suru*** ～する invent/發明
hatsuon 発音 pronunciation/發音;***hatsuon suru*** ～する pronounce/發音
hattatsu 発達 development, growth, progress, advance/發達,發展;***hattatsu suru*** ～する develop, grow/發達,發展
hatten 発展 expansion, extension/發展;***hatten suru*** ～する develop, grow, expand/發展,擴展
hau はう crawl, creep/爬,匍匐而行
haya-ashi 早足 quick pace, quick steps/走得快;快步;***hayaashi de*** ～で at a quick pace/快步走
hayaga(t)ten 早合点 hasty conclusion/貿然的斷定
hayai 早い[速い] quick, fast, speedy, rapid, early/快;早
hayaku 早く quickly, fast, rapidly, in haste, soon, immediately/快地;早地
hayakuchi 早口 rapid speaking, quick speaking/說話快,嘴快
hayaoki 早起き early rising/早起;***hayaoki suru*** ～する get up early/早起,早早起來
hayaru はやる be in fashion, be popular, prosper, flourish/流行
hayasa 早[速]さ quickness, swiftness, rapidity/快,速走;速度
hayashi 林 wood, forest, grove/樹林
hazubeki 恥ずべき disgraceful, shameful/可耻的
hazukashigaru 恥ずかしがる be[feel]shy/感到羞恥
hazukashii 恥ずかしい be shamed, shy/害羞;慚愧
hazumu 弾む spring, bound/跳,蹦,反彈
hazureru 外れる be[come]off, be[get]out of place/脱落,掉下
hazusu 外す take off, remove, unfasten/取下,摘下
hebi 蛇 snake, serpent/蛇
hei 塀 wall, fence/圍牆;柵欄
heibon na 平凡な common, ordinary/平凡的,普通的
heigai 弊害 evil, abuse, vice/弊病,惡劣影響
heigen 平原 plain, prairie/平原

heijitsu 平日 weekday/平常,平素,平日;***heijitsu-dōri*** ～通り as usual/照常
heika 陛下 His[Her] Majesty/陛下
heikai 閉会 closing/閉會;***heikai-shiki*** ～式 closing ceremony/閉幕式;***heikai suru*** ～する close/閉會
heiki 兵器 arms, weapon/武器
heikin 平均 average/平均; ***heikin shite*** ～して on the average/平均算,平均起來
heikō 平行 parallelism, parallel/平行;***heikō-sen*** ～線 parallel lines/平行線
heikō suru 閉口する be embarrassed/閉口,閉口無言,爲難
heimen 平面 plane, surface/平面
heisei 平静 calm, quiet, peace/平靜;***heisei na*** ～な calm, quiet/平靜的
heishi 兵士 soldier/士兵
heiwa 平和 peace/和平;***heiwa na[ni]*** ～な[に] peaceful[ly]/和平的(地)
heiya 平野 plain/平原
hekomi へこみ dent, hollow, depression/凹下的地方,窪坑
hekomu へこむ sink, become hollow/凹下,陷下,窪下
henji 返事 reply, answer, response/答覆,回答,答應;***henji suru*** ～する reply, answer /答覆,回答,答應
henka 変化 change, variation/變化;***henka suru*** ～する change, turn/變化;***henka no aru*** ～のある varied/有變化的
henken 偏見 prejudice/偏見
henkyaku 返却 return, repayment/還,歸還,退還;***henkyaku suru*** ～する return, give back/還,歸還,退還
hen na 変な strange, odd, funny/奇怪的,異常的
henshin 返信 reply, answer/回信,回電
henshū 編集 editing/編輯;***henshū suru*** ～する edit/編輯;***henshū-sha*** ～者 editor/編輯
herasu 減らす decrease, reduce, shorten cut/減少,縮減
heri へり edge, brink, rim, brim, hem/邊兒,緣兒
heru 減る decrease, diminish, lessen, reduce/減少
heru 経る pass, go through/經過, 經由;…***o hete*** …を経て by the way of, via/經由
heso へそ navel, umbilicus/臍,肚臍
heta na 下手な unskillful, poor/不高明的,笨拙的
heto-heto へとへと/筋疲力盡地;***heto-heto ni naru*** ～になる be dead[dog]tired, be done up/筋疲力盡了
heya 部屋 room/房間

hi 火 fire, flame/火
hi 日 day/日; ***hibi no*** 日々の daily, everyday/每天的
hiatari 日当り/向陽,向陽處; ***hiatari no yoi[warui]*** ～のよい[悪い] [un]sunny/陽光充足(不足)的
hibari ひばり skylark/雲雀
hibi ひび crack, chap/裂痕,裂紋
hibiki 響き sound, echo/響聲,回聲
hidari 左 left/左; ***hidari-gawa*** ～側 left side/左側,左邊; ***hidari-gitcho[-kiki]*** ～ぎっちょ[利き] left-handed person/左撇子
hidoi ひどい severe, hard, heavy, violent/猛烈,厲害
hidoku ひどく cruelly, severely, badly/殘酷地;激烈地
hieru 冷える grow [get] cold/變冷
hifu 皮膚 skin/皮膚
higaeri 日帰り/當天歸; ***higaeri suru*** ～する go and return in one day/當天去當天回來
higai 被害 damage, injury/被害
higashi 東 east/東,東方
hige ひげ ***kuchi-hige*** 口～ moustache/髭; ***ago-hige*** あご～ beard/下巴鬍子; ***hoho-hige*** ほほ～ whiskers/絡腮鬍; ***hige o soru*** ～をそる shave/刮鬍子
higeki 悲劇 tragedy/悲劇
higure 日暮れ nightfall/日暮,傍晚
hihan 批判 criticism/批判,批評; ***hihan suru*** ～する criticize/批判,批評
hihyō 批評 criticism, critique, review/批評,評論; ***hihyō suru*** ～する criticize, comment, review/批評,評論
hiji ひじ elbow/肘
hijō ni 非常に very, so, extremely/非常地,很
hikaeme no 控え目の moderate, temperate/謹慎,保守
hikaku 比較 comparison/比較; ***hikaku suru*** ～する compare/比較,比較研究
hikan 悲観 pessimism/悲觀; ***hikan suru*** ～する be pessimistic/對…悲觀
hikari 光 rays, light, beam/光,光線,發光
hikidashi 引出し drawer/抽屜
hikiiru 率いる command, lead/帶領,率領
hikiniku ひき肉 minced[ground] meat/肉餡,肉末
hikiokosu 引き起す cause, bring about, give rise to/引起,惹起,拉起,扶起
hikitoru 引き取る take over, take care/退出,領取
hikiukeru 引き受ける undertake, take, accept/接受,承擔

hikiwatasu　引き渡す deliver, hand over, transfer/交給,引渡
hikkaku　引っかく scratch/搔,撓
hikkirinashi ni　引っ切り無しに incessantly, continuously, without a break/接連不斷地
hikki suru　筆記する take notes, note down/記筆記
hikkosu　引っ越す move, remove/搬家
hikō　飛行 flying, flight/飛行; ***hikō suru*** ～する fly, make a flight, travel by air/飛行
hikōki　飛行機 airplane/飛機
hiku　引く draw, pull/拉,拽
hikui　低い low, short, flat/低,矮;卑微,低下
hikyō　卑きょう ***hikyō na*** ～な cowardly/懦弱的; ***hikyō-mono*** ～者 coward/懦夫
hima　暇 leisure, time/閒暇
himawari　ひまわり sunflower/向日葵,葵花
hime　姫 princess/公主,小姐,姑娘
himei　悲鳴 scream/悲鳴
himitsu　秘密 secrecy, privacy, secret/秘密
himo　ひも string, cord/細繩
hina　ひな chick(en)/雛鷄,雛鳥
hinan　非難 blame, criticism/非難,責難; ***hinan suru*** ～する criticize, blame/非難,責難
hinan suru　避難する take refuge/避難
hinata　ひなた sunshine, sunny place/向陽處; ***hinata bokko suru*** ～ぼっこする bask, sit in the sun, sun oneself/曬太陽
hineru　ひねる twist, twirl, wring/拈,擰,捻
hiniku　皮肉 cynicism, irony/諷刺, 挖苦; ***hiniku na*** ～な cynical, ironic(al)/諷刺(性)的,挖苦的
hinin　避妊 contraception, birth control/避孕
hinkon　貧困 poverty, want, need/貧困
hinoki　ひのき Japanese cypress/扁柏,絲柏
hinshitsu　品質 quality/品質,質量
hipparu　引っ張る pull, draw/(用力)拉,拽
hiraku　開く open, begin/開,開啓(雙開門);開幕
hiratai　平たい flat, even/平的
hiraya　平屋 one-storied[-story] house/平房
hirei　比例 proportion, ratio/比例; ***hirei suru*** ～する be proportionate/成比例,成正比
hirō　疲労 fatigue, exhaustion/疲勞,累; ***hirō suru*** ～する be fatigued[tired]/感到疲勞
hiroba　広場 open space, square/廣場
hirogaru　広がる spread, extend, stretch/伸展,展寬

hiroi 広い wide, broad/寛闊的,寛廣的
hiroiageru 拾い上げる pick up/拾起
hiroku 広く widely, broadly/寛廣地,廣泛地
hirosa 広さ area, extent, width/寛度;(土地)面積,方圓
hirou 拾う pick up, find, pick out/拾起;揀出
hiru 昼 noon, day/白天,白晝;中午
hiruma 昼間 in the daytime, by day/白天,白日
hirumeshi(=**hirugohan**) 昼飯[昼御飯] lunch/午飯
hirune 昼寝 nap, siesta/午覺
hisashiburi ni 久し振りに after a long time [interval, absence]/相隔好久,隔了許久
hisho 秘書 secretary/秘書
hiso-hiso ひそひそ secretly, quietly/秘密地,悄悄地
hisshi no 必死の desperate/必死的,殊死的,拚命的
hitei 否定 negation, denial/否定;***hitei suru*** ～する deny, say no/否定
hito 人 man,person/人
hitogoroshi 人殺し murderer, killer/殺人,行兇,殺人兇手
hito-iki ni 一息に at a breath, at a stretch/一口氣
hito-kire 一切れ piece(of)/一塊,一片
hito-matome 一まとめ/歸結一起,湊在一起;***hito-matome ni*** ～に in a lump[bunch]/一起, 一塊兒; ***hito-matome ni suru*** ～にする put[lump]together/歸結到一起,湊在一起
hitome 一目 look, glance/一眼
hitonami no 人並の average, ordinary, common/普通的,平常的
hitori ひとり one(person)/一個人,一人;***hitori de*** 独りで alone, by oneself, for oneself/一個人,獨自一人,孤單隻身; ***hitori-zutsu*** 一人ずつ one at a time, one by one/每個人
hitorigoto 独り言 soliloquy/自言自語;***hitorigoto o iu*** ～を言う talk to oneself, soliloquize/自言自語
hitorikko 一人っ子 an only child/獨生子
hitoshii 等しい equal, equivalent/相等,相同
hitotsu 一つ one/一個;***hitotsu-zutsu*** ～ずつ one by one/一個一個地
hito-tsubu 一粒 grain, drop/一粒
hitsuji 羊 sheep, lamb/羊
hitsuyō 必要 necessity/必需,必要;***hitsuyō na*** ～な necessary, essential/必需的,必要的
hiyasu 冷やす cool, ice, refrigerate/冰鎮,使涼
hiyō 費用 expense, expense cost/費用;***hiyō no kakaru*** ～のかかる costly, expensive/浪費的,花銷大的

hiyoko ひよこ chicken, chick/雛鷄,雛鳥
hiza ひざ knee, lap/膝,膝蓋; ***hizamazuku*** ひざまずく kneel/跪下; ***hizakake*** ひざ掛け lap robe/護膝
hizashi 日差し sunlight/日光,陽光
hizuke 日付 date/日期
hizume ひづめ hoof/蹄子
hizumu ひずむ warp, be bent/歪斜,翹曲,變形
ho 歩 step, pace/步子,步伐
ho 帆 sail, canvas/帆
hō(=hoho) ほお[ほほ] cheek/頰; ***hō[hoho] o akarameru*** ~を赤らめる blush/紅了臉
hō 法 law, rule/法律,法規
hochō 歩調 step, pace/步調,步伐
hōchō 包丁 kitchen knife, cleaver/菜刀
hodō 歩道 sidewalk, pavement/人行道
hōdō 報道 information, report, news/報道
hoeru ほえる bark, bay, howl/狗叫,吠;(獸,風)吼
hōfu 豊富 abundance, plenty/豐富; ***hōfu na*** ~な abundant, rich/豐富的
hōgaku 方角 direction/方向,方位
hogaraka na 朗らかな cheerful, merry/明朗的,開朗的
hōgen 方言 dialect/方言
hogo 保護 protection, care/保護; ***hogo suru*** ~する protect, look after, preserve/保護
hōhō 方法 method, way, means/方法
hohoemi ほほえみ smile/微笑; ***hohoemu*** ほほえむ smile, beam/微笑,(花)初放
hojū 補充 supplement, replacement/補充; ***hojū suru*** ~する supplement, replace/補充
hoka ni 外に besides, in addition, but, but except/另外,其他,此外
hoka no 外の other, the other, another/另外的,另一個的,別的
hoken 保険 insurance/保險; ***hoken ni hairu*** ~に入る be insured/投保
hoketsu 補欠 substitute, alternate/補缺
hōki ほうき broom/掃帚; ***hōki no e*** ~の柄 broomstick/掃帚把
hōki suru 放棄する give up, abandon/放棄
hokkyoku 北極 the North Pole/北極; ***hokkyoku-sei*** ~星 the polestar, the North Star/北極星
hōkō 方向 course/方向

hōkoku 報告 report, information/報告;***hōkoku suru*** ～する report, inform/報告,匯報
hokori 誇り pride/自豪,自尊心,榮譽;***hokoru*** 誇る be proud of/自豪,誇耀
hokori ほこり dust/塵埃,塵土;***hokorippoi*** ～っぽい dusty/積滿塵土
hokōsha 歩行者 pedestrian, walker/步行者,行人
hokuro ほくろ mole/黑痣,烏痣
hokusei 北西 northwest/西北
hōmen 方面 direction, district/方面
homeru 褒める praise, admire/讚揚,表揚
hommō 本望 one's wishes, long-cherished desire, satisfaction/夙願,宿願
hōmon 訪問 visit, call/訪問;***hōmon suru*** ～する visit, call upon/訪問
hōmuru 葬る bury, inter/埋葬;葬送,斷送
hon 本 book/書;***hon-bako*** ～箱 bookcase/書箱
hone 骨 bone/骨,骨幹;***hone no oreru*** ～の折れる heavy, hard/費勁,辛苦;不易
honjitsu 本日 today, this day/本日,今天
honki no 本気の serious/真心的,真實的,認真的;***honki ni*** 本気に seriously/真心地,認真地
hon'nin 本人 the person himself/本人
hon'no ほんの mere, slight, just, only/不過,僅僅,一點點,些許;***hon'no sukoshi*** ～少し just a little/一點點
hon'nō 本能 instinct/本能
hono'o 炎 flame, blaze/火燄,火苗
honshitsu 本質 essence, true nature/本質
hontō 本当 truth, reality/真,實在;***hontō no*** ～の true/真正;***hontō ni*** ～に truly, indeed/真正地,實在;***hontō wa*** ～は in fact, really/本來,正常
hon-ya 本屋 bookstore, bookshop/書店
hon'yaku 翻訳 translation/翻譯;***hon'yaku suru*** ～する translate into/翻譯
hora ほら Look!, There! /瞧,喏
hora ほら triton, trumpet shell, conch shell, big talk/法螺;大話,牛皮;***hora o fuku*** ～を吹く boast, brag, talk big/吹牛,吹牛皮;***hora-fuki*** ～吹き braggart, boaster/吹牛
hōritsu 法律 law/法律;***hōritsu no*** ～の legal/法律上的
horobiru 滅びる go to ruin, be ruined, be destroyed/滅亡;***horobosu*** 滅ぼす ruin, destroy/毀滅,滅亡
hōrō suru 放浪する wander/放浪,流浪

horu 掘る dig, excavate/掘,挖,刨
hōsaku 豊作 good [rich] harvest /豐收
hōseki 宝石 jewel, gem/寶石
hōsha 放射 radiation/放射; ***hōsha suru*** ～する radiate/放射; ***hōsha-nō*** ～能 radio-activity/放射能
hoshi 星 star/星;星相; ***hoshi-uranai*** ～占い horoscope/占星,占卜
hōshi 奉仕 service/服務,侍奉; ***hōshi suru*** ～する serve/服務
hoshii 欲しい want, desire, wish/希望有的,要…
hōshin 方針 course, policy, plan, principle/方針
hoshō 保証 guarantee/保證,擔保
hōshū 報酬 recompense, reward, fee, pay/報酬,工資
hōsō 放送 broadcasting/廣播; ***hōsō suru*** ～する broadcast/廣播
hōsō 包装 packing/包裝; ***hōsō suru*** ～する pack, wrap/包裝; ***hōsō-shi*** ～紙 packing[wrapping]paper/包裝紙
hosoi 細い thin, fine, slender/細的,纖細的
hossuru 欲する desire, wish/希望,欲
hosu 干す dry/使乾
hōtai 包帯 bandage, dressing/綳帶; ***hōtai suru*** ～する bandage, dress, bind up/纏綳帶
hotaru 蛍 firefly, lightning bug/螢火蟲
hōtei 法廷 (law)court, tribunal/法庭
hotoke 仏 Buddha/佛
hotondo ほとんど nearly, almost, all but, hardly, scarcely/幾乎;大體上,大部分,大概
hotto suru ほっとする be relieved, breathe freely/鬆了一口氣
hozon 保存 preservation/保存; ***hozon suru*** ～する preserve, keep, conserve/保存
hyakkajiten 百科辞典 encyclopedia/百科全書
hyakkaten 百貨店 department store/百貨公司,百貨店
hyaku 百,100 hundred/百; ***hyaku-bai*** ～倍 one hundred times/百倍
hyaku-man 百万 million/百萬
hyakushō 百姓 farmer, peasant/農民,農夫
hyō ひょう hail/冰雹
hyō 表 list, table, schedule/表,表格
hyōban 評判 reputation, fame, popularity/評價,名聲,名譽
hyōdai 表題 title, heading/標題,題目
hyōgen 表現 expression/表現,表達; ***hyōgen suru*** ～する express, represent/表現,表達,表示

hyōhon 標本 specimen, sample/標本,樣品
hyōjō 表情 expression, look/表情
hyōjun 標準 standard, level/標準; ***hyōjun-go*** ～語 the standard language/標準語(二戰時推行)
hyōka suru 評価する value, estimate/評價
hyōkō 標高 elevation/標高,海拔
hyōmen 表面 surface/表面; ***hyōmen no*** ～の external/表面的,表面上
hyōron 評論 review/評論; ***hyōron suru*** ～する review/評論
hyōryū suru 漂流する drift/漂流
hyotto shitara ひょっとしたら possibly, by chance/或許,也許
hyōzan 氷山 iceberg/冰山

I

i 胃 stomach/胃
ibiki いびき snoring/鼾聲; ***ibiki o kaku*** ～をかく snore/打鼾,打呼嚕
ichi 位置 situation, position, location/位置,立場,地位; ***ichi suru*** ～する be located[situated]/位於
ichi 一,1 one/一; ***dai-ichi*** 第～ the first/第一
ichiba 市場 market/市場
ichiban 一番 first, most, best/第一,最,最好
ichibubun 一部分 part, portion/一部分
ichido 一度 once, one time, at a time/一次,一回
ichi-gatsu 一月 January/一月
ichigo いちご strawberry/草莓,楊梅
ichi-ichi 一々 one by one/一個一個
ichiji ni 一時に simultaneously, at a time/一時,同時,一下子
ichijirushii 著しい remarkable/著名的,顯著的,明顯的; ***ichijirushiku*** 著しく remarkably/顯著地,明顯地
ichi-mon nashi no 一文なしの penniless/一個錢也沒有的,一文不名的
ichi-nen 一年 one year/一年; ***ichi-nen-jū*** ～中 throughout the year, all the year round/一年到頭,終年
ichi-nichi 一日 day, one day/一天; ***ichi-nichi-jū*** ～中 all day (long)/整天,終日; ***ichi-nichi okini*** ～置きに every other [second]day/隔天,隔日
ichiryū 一流 first class/第一流,頭等
idai 偉大 greatness, mightiness/偉大; ***idai na*** ～な great, mighty/偉大的

idaku 抱く hold, cherish/抱,抱有,懷有(賓語爲抽象名詞)
ido 井戸 well/井
idō 移動 movement/移動,轉移;***idō suru*** ～する move/移動,轉移
ie 家 house, home/房子,家
ifuku 衣服 dress, clothes/衣服
igai na 意外な unexpected, surprising/意外的
igai ni 以外に other than, except, but/以外地,别的
igaku 医学 medical science, medicine/醫學
igen 威厳 dignity, majesty/威嚴,莊嚴;***igen no aru*** ～のある dignified, majestic/威嚴的,莊嚴的
igi 意義 significance, meaning/意義;***igi no aru*** ～のある worthy/有意義的
igi 異議 objection, protest/異議
Igirisu イギリス England, Great Britain/英國,大不列顛
igo 以後 after(that), from now on, since then/以後
igokochi 居心地 ***igokochi ga yoi[warui]*** ～がよい[悪い]be [un] comfortable/心情好(不好)
ihan 違反 violation/違反;(法律)違犯;***ihan suru*** ～する violate, disobey, break, be against/違反;(法律)違犯
ii いい good, nice, fine/好的,漂亮的;恰當的,可以的
iiarawasu 言い表す express, describe/表達,説明,陳述
iikagen na いい加減な random, halfway, vague/適當;不徹底;含糊
iin 委員 committeeman/委員;***iin-kai*** ～会 committee/委員會
iinazuke いいなずけ one's fiancé(e)/未婚夫(妻)
iiwake 言い訳 apology, excuse, explanation/分辯,辯解;道歉,賠不是;***iiwake suru*** ～する make an excuse/分辯,辯解;道歉,賠不是
iji 意地 obstinacy, will, pride/頑固,志氣,逞强心;***ijippari no*** 意地っ張りの stubborn, headstrong/固執,倔强,彆扭
ijimeru いじめる treat badly, bully, tease/捉弄;欺凌
ijin 偉人 great man, hero/偉人
ijiwaru 意地悪 ***ijiwaru no[ku]*** ～の[く] cross[ly], perverse[ly], spiteful[ly]/心術不良的(地)
ijō 以上 more than, over, above/以上,超過
ijō na 異常な unusual, abnormal/異常的
ika 以下 less than, under, below/以下,少於
ika いか cuttle(fish), squid/烏賊,墨魚
ikaga いかが how, what/如何,怎樣;***Ikaga desuka?*** ～ですか How are you? How do you feel? How about? /如何?怎麼

様？
ikaiyō 胃かいよう gastric ulcer/胃潰瘍
ikameshii いかめしい solemn, stern/嚴肅的，嚴厲的
ikani いかに how, however, whatever/如何，怎樣，怎麼
ikari いかり anchor/碇，錨
ikari 怒り anger, indignation, wrath/(無聲的)怒，憤怒，氣
ikasu 生かす bring…into full play, keep…alive, revive, let live/弄活，使甦生；留活命
ike 池 pond, pool/池塘
ikebana 生け花 flower arrangement/插花，花道
ikeiren 胃けいれん gastralgia/胃痙攣
iken 意見 opinion, view, idea/意見
ikenai いけない must not, ought not to, bad, be wrong/不行，不能；不好
iki 息 breath, respiration/氣息，呼吸；***iki o suru*** ～をする breathe, respire/呼吸
iki-iki shita 生き生きした lively, fresh/活潑的，生氣勃勃的
ikimono 生き物 living thing, creature/生物，動物，活物
iki na いきな smart, stylish, chic/漂亮的，別緻的，灑脱的
ikinari いきなり suddenly/突然，冷不防，抽冷子
ikioi 勢い power, force, spirit, influence/勢，勢力，趨勢
ikiru 生きる live/活，生存
ikisatsu いきさつ circumstances, state of things/經過，原委
ikizumaru 息詰まる be suffocated, be choked/呼吸困難，窒息；***ikizumaru yōna*** ～ような choking, thrilling/窒息似的
ikka 一家 a family/一家，一家子
ikko 一個 one, a piece/一個
ikkō 一行 party, company/一行，同行者
ikkō ni 一向に (not) at all, (not)in the least/總不，全然不，一點也不
iku 行く go, come, visit/去，往；通向
ikubun 幾分 some(thing)/有點兒，多少；***ikubun ka*** ～か partly, somewhat/某些，有些
ikudo 幾度 how often[many times]/好幾次，好多次；***ikudo mo*** ～も (even)so often, frequently, repeatedly/好多次
ikuji 意気地 ***ikuji no nai*** ～のない spiritless, timid, cowardly/没有志氣，懦弱；***ikuji nashi*** ～無し coward/不爭氣，不要强
ikuji 育児 child care, nursing/育兒
ikura 幾ら how many[much]/多少？ 多少錢？***ikura ka*** ～か some, somewhat, a little/一些，某些
ikutsu 幾つ how many/幾個？ 幾歲？

ima 今 now, the present, this moment/現在,此時;目前; ***imagoro*** ～ごろ about[by]this time, at this time/現在,這時候;***ima made*** ～まで until[till]now, up to the present/到現在爲止,迄今
imi 意味 meaning, sense/意思,意義
imōto 妹 younger sister/妹妹
inabikari 稲光 lightning/電光,閃電
inai 以内 within, less than, inside of/以内
inaka 田舎 the country, the provinces/鄉村,農村
inaya 否や as soon as…, no sooner…than/一…就,馬上,立刻;是否
inemuri 居眠り doze, nap/瞌睡,打盹兒
ininjō 委任状 power of attorney/委任狀
inken na 陰険な crafty, treacherous/陰險的
inki na 陰気な gloomy, dismal/憂鬱的
inochi 命 life/命,生命
inori 祈り prayer/祝願,祈禱;***inoru*** 祈る pray/祈禱,禱告
inryō 飲料 drink, beverage, liquor/飲料
insatsu 印刷 printing, print/印刷;***insatsu suru*** ～する print/印刷
inshō 印象 impression/印象;***dai-ichi inshō*** 第一～ first impression/第一印象,最初印象
inshoku 飲食 ***inshoku suru*** ～する eat and drink/飲食;***inshoku-butsu*** ～物 food and drink/飲食品
inshu 飲酒 drinking/飲酒,喝酒
intai suru 引退[隠退]する retire from/引退,隱退
inu 犬 dog/狗
in'yō 引用 quotation/引用;***in'yō suru*** ～する quote, cite/引用
ippai 一ぱい a glass of, a cup of/滿,滿滿的
ippan 一般 generality/一般,普通;***ippan ni*** ～に generally in general/一般地,通常;一般說來
ippo 一歩 step/一步
ippon 一本 one, a piece, a bottle/(書)一本,(樹等)一棵,一枝,一根,(瓶子)一瓶
ippuku 一服 dose, a portion, a smoke/一杯茶,一枝煙,一服藥;***ippuku suru*** ～する have a smoke, rest/吸枝煙,休息一下
iradatsu いらだつ be irritated, be excited/着急,焦躁
irai 依頼 request, trust/委託;依靠,依賴
ireru 入れる put in, take in, admit/放入,收容;加添
iriguchi 入口 the entrance/門口,進口

iro 色 color, hue, tinge/顏色,色澤,臉色
irodoru 彩る paint, decorate, color/塗上顏色,着色
iro-iro na 色々な various, different/各種各樣的,形形色色的
iru 射る shoot, hit/射
iru 居る be, exist, there is/(人、動物)在,有
iru 要る want, need, require/要,需要
iru いる parch, roast, fire/炒,煎
irui 衣類 clothing, clothes/衣服,衣裳
isagiyoi 潔い manly, brave/清高的;勇敢的;***isagiyoku*** 潔く manfully, bravely/清高地;勇敢地
isamashii 勇ましい brave/勇敢的;***isamashiku*** 勇ましく bravely/勇敢地
isameru いさめる remonstrate, admonish, advise/諫,勸告,忠告
isan 遺産 inheritance, legacy/遺產;***isan-sōzokunin*** ～相続人 heir, heiress/遺產繼承人
isasaka いささか little, bit, slightly, rather/略,稍微,一點
ise-ebi いせえび (spiny)lobster/龍蝦
isei 異性 the opposite[other] sex/異性
isha 医者 doctor/醫生,大夫;***isha o yobu*** ～を呼ぶ call a doctor/請醫生
ishi 意志 will/意志
ishi 石 stone, pebble/石,石頭
ishō 衣装 dress, costume/衣服;戲裝
isogashii 忙しい busy/忙,忙碌
isogu 急ぐ hurry (up), hasten, be in a hurry/急,着急,趕路
isoide 急いで in haste/急急忙忙
issai 一切 all, everything/一切,全部
issakujitsu 一昨日 the day before yesterday/前天
issatsu 一冊 a volume, one copy/一册
issei ni 一斉に in chorus, all together/一齊,一起,同時
isshin ni 一心に intently, hard/一心一意,同心
isshō 一生 lifetime, one's life/一生,一輩子,終身
issho ni 一緒に together, with one, in company with/一同,一起,一塊兒
isshū 一周 round, tour, lap/一周,一圈
isshun 一瞬 moment, instant/一瞬,一刹那
isu いす chair/椅子
ita 板 board, plate, plank/板,板材,板料
itadaki 頂 top, summit/頂,上部;山頂,樹尖
itai 痛い painful, sore/痛的,疼痛的
itami 痛み pain, ache/痛,痛苦;悲痛,難過

itamu 痛む be sore, feel painful, ache/痛苦,悲痛,煩惱
itazura いたずら mischief, prank, trick/淘氣,惡作劇;***itazura na*** ～な mischievous/淘氣的,惡作劇的
itchi 一致 agreement, coincidence, consent/一致;***itchi suru*** ～する be in accord(with), coincide/與…一致,相符
iten 移転 removal, transfer/轉移,挪動;遷移;***iten suru*** ～する remove, move, transfer/轉移,遷移
ito 糸 yarn, thread, string, cord, line/線,弦,絲
itoko いとこ cousin/堂兄弟,堂姐妹;表兄弟,表姐妹
itoshii いとしい dear, beloved/可愛的;可憐的
itsu いつ when/甚麼時候;***itsu demo*** ～でも at any time/一直,總是
itsuka いつか someday/某日,總有一天
itsumo いつも usually, always/經常,總是
itsunomanika いつの間にか before one knows/不知不覺地
itsuwaru 偽る lie, feign, pretend/撒謊,假冒
ittai 一体 on earth, in the world/一體;整個來說,全部
ittō 一等 first grade[class]/一等,頭等,最好
iu 言う say, speak, tell, express/說,講,告訴;***iu made mo naku*** ～までもなく needless to say, of course/不用說,當然
iwa 岩 rock/岩,岩石
iwaba 言わば so to speak, as it were/說起來,可以說
iwai 祝い congratulations, celebration/祝賀;***iwau*** 祝う congratulate, celebrate/祝賀,慶賀
iya いや ***iya na*** ～な unpleasant, disagreeable, nasty/(客觀存在的價值)討厭的;***iya ni naru*** ～になる feel[become]disgusted with/變得令人討厭
iyagaru 嫌がる dislike, be unwilling/嫌,討厭,不願意
iyo-iyo いよいよ at last, at length, finally/到底,終於;越發,更
izen 以前 ago, before/從前,以前
izumi 泉 spring, fountain/泉,泉水;源泉
izure いずれ which/哪個;***izure mo*** ～も any, all/所有的,均,皆,都;***izure ni shitemo*** ～にしても anyhow, in any case/反正,總之,不管怎樣;***izure sonouchi*** ～そのうち someday/過幾天再說;***izure mata*** ～また another some other time/再見,再談吧

J

jagaimo じゃがいも potato/馬鈴薯;(北方方言)土豆,(吳語方言)洋芋
jama 邪魔 obstruction, obstacle, interference/妨礙,打攪,累贅; ***jama na*** ～な obstructive/妨礙的,累贅的; ***jama suru*** ～する hinder, obstruct, interfere/打攪,妨礙
jetto-ki ジェット機 jet plane/噴氣式飛機
ji 字 letter, character, ideograph/字,文字
jibun 自分 self, I, myself/自己,我,我自己
jidai 時代 days, times, era, period/時代; ***jidaiokure*** ～遅れ out of date/落後於時代,落伍
jiden 自伝 autobiography/自傳
jidō 児童 child, juvenile/兒童
jidō 自動 automatic action, self-motion/自動; ***jidō no***[***-teki ni***] ～の[的に] automatic[ally]/自動的(地)
jidōsha 自動車 motorcar, automobile, car/汽車
jigoku 地獄 hell, inferno/地獄
jigyō 事業 undertaking, enterprise/事業
jijitsu 事実 fact, truth/事實
jijō 事情 circumstances, consideration, reasons/情形,情況,內情
jijoden 自叙伝 autobiography/自傳,自敘傳
jikan 時間 time, hour/時間; ***jikan-hyō*** ～表 timetable, schedule/時間表
jiken 事件 event, occurrence, matter, affair/事件
jiki 磁器 porcelain, china(ware)/瓷器
jiki ni 直に directly, immediately, soon, presently/立即,立刻,馬上
jikken 実験 experiment, laboratory work/實驗
jikkō 実行 action, practice/實行,實踐; ***jikkō suru*** ～する put into practice, carry out/實行,實踐
jiko 事故 accident, incident, trouble/事故
jikokugo 自国語 one's own language/本國語,母語
jiku 軸 axis, axle, spindle, holder/軸
jiman 自慢 pride, self-conceit/自滿,自誇,自大; ***jiman suru*** ～する be proud of/自滿,自誇
jime-jime shita じめじめした damp, dampish, humid, wet/潮濕,陰濕
jimen 地面 surface, ground/地面,地上

jimi na　地味な plain, quiet, sober/樸素,質樸
jimu　事務 business, affairs/事務; ***jimu-in***　～員 clerk/辦事員,職員
jinja　神社 Shinto shrine/(日本神道教廟宇)神社
jinkaku　人格 personality, character/人格
jinken　人権 human rights/人權
jinkō　人口 population/人口
jinkō-eisei　人工衛星 artificial satellite/人造衛星
jinkō no　人工の artificial, man-made/人工的,人造的
jinrui　人類 mankind, human race, human beings/人類
jinsei　人生 life, human life/人生
jinshu　人種 (human)race/人種
jinzō　じん臓 kidney/腎,腎臟
jirasu　じらす irritate/使焦急,使着急
jiriki de　自力で by one's own power, for oneself/依靠自己力量
jisan suru　持参する take, bring/拿出,帶來
jisatsu　自殺 suicide/自殺; ***jisatsu suru***　～する kill oneself/自殺
jishaku　磁石 magnet/磁鐵
jishin　地震 earthquake/地震
jishin　自信 self-confidence/自信; ***jishin ga aru[nai]***　～がある[ない] be confident[diffident]of/有(無)自信的
jisho　辞書 dictionary/詞典,辭書; ***jisho o hiku***　～を引く consult a dictionary/查閱詞典
jissai　実際 truth, fact, indeed/實際,的確; ***jissai ni***　～に actually/實際上
jisshi suru　実施する enforce, execute, carry into effect/實施,施行
jisshitsu　実質 substance, essence/實質,本質; ***jisshitsu-teki na***　～的な substantial, essential/實質性的
jitai　辞退 refusal, declination/辭退,謝絶; ***jitai suru***　～する decline, refuse/辭退,謝絶
jitaku　自宅 one's house[home]/本宅,自己的家
jitensha　自転車 bicycle, bike/自行車,腳踏車,(方言)單車
jitsubutsu　実物 real thing/實物
jitsugen　実現 realization, materialization/實現; ***jitsugen suru***　～する realize, materialize/實現
jitsuryoku　実力 real ability, merit/實力; 武力; ***jitsuryoku no aru***　～のある able, capable/有實力的
jitsu wa　実は really, in fact/事實上,實際上; ***jitsu o ieba***　～を言えば to tell the truth/説實在的,説實話
jitsuyō　実用 practical use/實用; ***jitsuyō-teki na***　～的な prac-

tical, useful/實用(性)的

jitto じっと fixedly, firmly, patiently, still/一動不動;目不轉睛; *jitto shiteiru* ～している keep quiet/一動不動,一聲不響

jiyū 自由 freedom, liberty/自由; *jiyū no* ～の free/自由的; *jiyū ni* ～に freely/自由地,隨便地

jizen 慈善 charity, benevolence/慈善

jobun 序文 preface, foreword/前言,序

jōbu na 丈夫な strong, well, healthy/堅固的,結實的,健康的

jōdan 冗談 joke, jest, fun/戲言,玩笑

jōen suru 上演する (put on the)stage, perform/上演

jogakkō 女学校 girl's school/女子學校,女校

jogakusei 女学生 girl student/女生

jōge 上下 top and bottom, up and down, high and low/上面與底部,上去下來,高處與低處,上下

jōgi 定規 rule(r)/(木、石工用)尺,規尺

jōhatsu suru 蒸発する evaporate, vaporize/蒸發,汽化

jōhinna[ni] 上品な[に] elegant[ly], graceful[ly]/高尚的(地),文雅的(地)

jōho 譲歩 concession/讓步; *jōho suru* ～する concede/讓步,退讓

jōhō 情報 information, report, news/情報(秘密的),信息(公開的)

joi 女医 lady[woman]doctor/女醫生,女大夫

jo-jo ni 徐々に slowly, gradually/慢慢地,緩慢地

jōjun 上旬 the first part[ten days] of a month/上旬

jōken 条件 condition, terms, item/條件

jōkyaku 乗客 passenger/乘客,旅客

jōkyū 上級 high rank/上級,高級,(學校)上班,上級; *jōkyū-sei* ～生 upper-classman/高班學生,高年級學生

jōmyaku 静脈 vein/靜脈

jōnetsu 情熱 passion/熱情; *jōnetsu-teki na* ～的な passionate/熱情的

jōriku suru 上陸する disembark, land/上陸,登陸,上岸

jōryū 上流 upper stream/(河川)上流,上游;(社會)上流; *jōryū-shakai* ～社会 the upper classes/上流社會

josei 女性 woman, feminine/女性

jōsen suru 乗船する go on board/乘船,搭船

jōsha suru 乗車する take a train[car], get into[on] a train/乘車,搭車,上車

joshi 女子 woman, girl/女子

jōshiki 常識 common sense, mother wit/常識; ***jōshiki no aru*** ～のある sensible/有常識的; ***jōshiki no nai*** ～のない senseless/缺乏常識
joshu 助手 assistant/助手,幫手,助理
jōtai 状態 condition, state, situation/狀態,情形
jōtatsu 上達 progress, improvement/進步,上進; ***jōtatsu suru*** ～する make progress in, improve in/進步,上進;長進
jōtō no 上等の high-class, superior/上等的,高級的
joya 除夜 New Year's Eve/除夕
joyū 女優 actress/女演員
jōzai 錠剤 tablet, pill/(藥)片劑,藥片
jōzō suru 醸造する brew, distill/釀造
jōzu 上手 skill, skillfulness/(技能)好,高明; ***jōzu da*** ～だ excel in, (be)good at/好,高明
-jū …中 in the course of, through(out)/整個…
jū 十,10 ten/十
jū 銃 gun/槍
jūbun na 十分な enough, sufficient, full/充分的,足夠的; ***jūbun ni*** 十分に enough, sufficiently, well fully/充分地
jūdai 十代 teens/青少年時代; ***jūdai no hito*** ～の人 teenager/(13～19歲年齡段)十幾歲的人,青少年
jūdai na 重大な important, serious, grave/重大的
jū-gatsu 十月 October/十月
jugyō 授業 school work, lesson/功課;授課,教課
jūji 十字 cross/十字; ***jūji no*** ～の cross-shaped/十字型的
jūjika 十字架 cross/十字架
jūjiro 十字路 crossroads/十字路
jūjitsu suru 充実する fill up, complete/充實; ***jūjitsu shita*** 充実した full, complete/充實
juken suru 受験する take[sit for]an examination, take a test/報考,應考; ***juken-sei*** 受験生 examinee/應考生
jukuren 熟練 skill, dexterity/熟練; ***jukuren suru*** ～する become skilled, master/熟練; ***jukuren shita*** ～した skilled, trained/熟練的
juku suru 熟する ripen, mature, become[get]ripe/熟,成熟; ***juku shita*** 熟した ripe, mellow/熟的,成熟(了)的
jū-man 十万 hundred thousand/十萬
jumbi 準備 preparation, arrangements, provision/準備,預備; ***jumbi suru*** ～する prepare, arrange, get ready for, provide for/準備,預備
jūmin 住民 inhabitants, residents/居民
jumyō 寿命 life, span of life/壽命

jun 順 order, turn/順序,次序,輪班
jūni-gatsu 十二月 December/十二月
junjo 順序 order, sequence/順序,次序
junsa 巡査 policeman, police officer/警察
jū-oku 十億 thousand millions, milliard, billion/十億
jūsho 住所 dwelling, residence, address/住處,地址
jūtaku 住宅 dwelling/住宅
juwaki 受話器 receiver/(電話)聽筒
jūyaku 重役 director(of a company)/重要職務,公司董事、監事的統稱
juyō 需要 demand, request/需要
jūyō na 重要な important, essential/重要的

K

ka 蚊 mosquito/蚊子
kaban かばん bag, suitcase/皮包,旅行包,旅行提箱
kabe 壁 wall/牆,壁
kabi かび mold, mildew, must/霉; ***kabi-kusai*** ～くさい musty/霉氣味的; ***kabiru*** かびる get musty/發霉,生霉
kabin 花瓶 vase/花瓶
kabocha かぼちゃ pumpkin, squash/南瓜,倭瓜
kabu 株 stocks, shares, stock speculation, stump, stub/(樹)殘枝;(經濟)股,股份,股票
kabu かぶ turnip/蕪菁,大頭菜
kabunushi 株主 stockholder, shareholder/股東; ***kabunushi-sōkai*** ～総会 general meeting of stockholders/股東大會
kabureru かぶれる be poisoned, be allergic/(漆,膏藥等)過敏斑疹
kaburu かぶる put on, wear/戴(帽),蓋(被子)
kabuseru かぶせる cover, put on/蓋上,蒙上
kachi 勝ち victory, triumph/勝,贏
kachiki na 勝ち気な spirited, unyielding/剛强的,要强的
kadan 花壇 flower bed/花壇
kado 角 corner angle/拐角;角(尖)
kaerimichi 帰り道 one's way home[back]/歸途
kaerimiru 顧みる look back upon, reflect upon oneself/往後看,回顧;反省
kaeru かえる frog/蛙,青蛙
kaeru 変える change, alter, exchange/變,變更,變動,改變
kaesu 返す return, give back, repay, pay back, put back/歸

還,送回;報答;打發回去
kaesu かえす hatch, incubate/孵,孵化
kaette かえって all the more, on the contrary, instead, rather/相反地,反倒,反而
kagaku 科学 science/科學; ***kagaku no*** ～の scientific/科學的
kagaku 化学 chemistry/化學; ***kagaku no*** ～の chemical/化學的
kagami 鏡 mirror, looking glass/鏡,鏡子
kagamu かがむ stoop, bend/彎腰,曲身;蹲(下去)
kagayaki 輝き brilliancy, brightness/光輝,光芒
kagayaku 輝く shine, burn, gleam/放光,放光輝,閃爍
kage 影 shadow/影,影子
kage 陰 shade/蔭,背光處
kageki na 過激な extreme, excessive, radical/過激的,激進的
kagen 加減 degree, extent/程度,範圍,狀態; ***kagen suru*** ～する adjust, regulate/加減,斟酌
kagi かぎ key/鑰匙; ***kagi o kakeru*** ～を掛ける lock/上鎖,鎖
kagiranai 限らない not always, not necessarily/不限
kagiru 限る limit, restrict, fix/限,限定
kago かご basket/籃子,筐
kagu 家具 furniture/傢具
kahei 貨幣 coins, coinage, currency, money/貨幣
kai 貝 shellfish, shell/貝,貝殼
kai 会 meeting, party, society/會(議)
kai 回 time, round/回,次,屆
kai 階 story, stairs, grade/(樓房)層;(樓梯)級
kai かい/價值,效果,好處; ***kai ga aru*** ～がある be worth while, be effective/有價值,有效果; ***kai ga nai*** ～がない be in vain/無價值,無效果
kaibatsu 海抜 above the sea, above sea level/海拔,拔海
kaibutsu 怪物 monster/怪物,怪獸
kaichō 会長 president, chairman/會長
kaichū 懐中 one's pocket/懷中,衣袋; ***kaichū-dentō*** ～電灯 electric torch, flashlight/電筒,手電
kaidan 階段 steps, stairs/樓梯; ***kaidan o agaru[oriru]*** ～を上がる[下りる] go up [down] stairs, go upstairs [downstairs]/上樓(下樓)
kaidan 怪談 ghost story/鬼怪故事
kaidō 街道 highway/大道,街道

kaifuku 回復 restoration, recovery/恢復; ***kaifuku suru*** ～する restore, get better, recover/恢復
kaiga 絵画 pictures, paintings/繪畫
kaigai (no) 海外(の) oversea(s), foreign/國外(的),外國(的); ***kaigai ni*** ～に abroad, overseas/在(向)國外
kaigan 海岸 seashore, coast, seaside, beach/海岸
kaigara 貝殻 shell/貝殼
kaigi 会議 conference, meeting/會議
kaigun 海軍 navy/海軍; ***kaigun no*** ～の naval, navy/海軍的
kaihatsu 開発 develop, exploit/開發,開墾;發展,研製
kaihi 会費 (membership) fee, dues/會費
kaihō 解放 release, liberation/解放,解除; ***kaihō suru*** ～する release, liberate/解放,釋放,解除
kaihō suru 介抱する nurse, tend, care for/護理,服侍,照料(病人)
kaihō suru 開放する open, leave open, open to the public/開放,公開
kaiin 会員 member/會員; ***kaiin ni naru*** ～になる become a member/入會
kaiin 海員 seaman, sailor/海員
kaijō 海上 sea/海上; ***kaijō no*** ～の marine, sea/海上的; ***kaijō de[ni]*** ～で[に] on the sea, at sea/在海上
kaijō 会場 place of meeting/會場
kaijo suru 解除する cancel, release, remove/解除,廢除
kaikai suru 開会する open, go into session/開會
kaikaku 改革 reform, reorganization, improvement/改革; ***kaikaku suru*** ～する reform, reorganize/改革
kaikatsu na 快活な cheerful, gay, lively/快活的; ***kaikatsu ni*** 快活に cheerfully, gaily/快活地
kaikei 会計 accounts, finance/會計
kaiketsu 解決 solution/解決; ***kaiketsu suru*** ～する solve/解決
kaiko 回顧 reflection, recollection/回顧; ***kaiko suru*** ～する refer/回顧,回想; ***kaiko-roku*** ～録 reminiscences, memoirs/回憶錄
kaikyō 海峡 strait, channel/海峽
kaikyū 階級 class, rank/階級,等級
kaimono 買物 shopping, purchase/購物; ***kaimono suru*** ～する buy/購物; ***kaimono ni iku*** ～に行く go shopping/買東西去,逛商場
kairan suru 回覧する circulate/傳閲;巡視
kairyō 改良 improvement, reform/改良; ***kairyō suru*** ～する

improve, reform/改良
kaisambutsu 海産物 marine products/海産,海産品
kaisan suru 解散する break up, disperse, dissolve/解散
kaisatsu suru 改札する examine tickets/(車站,機場)検票; ***kaisatsu-gakari*** ～係 ticket examiner[clipper]/検票員 ***kaisatsu-guchi*** ～口 (*station*) platform wicket/検票口
kaisei 改正 revision, alteration/改正,修正; ***kaisei suru*** ～する revise, reform/修正,改正
kaisei 快晴 fine[clear]weather/十分晴朗
kaisetsu 解説 explanation, commentary/解釋; ***kaisetsu suru*** ～する explain, comment/解説,解釋
kaisha 会社 company, corporation, firm/公司
kaishaku 解釈 interpretation/解釋; ***kaishaku suru*** ～する interpret, explain/解釋
kaishi 開始 opening, beginning/開始; ***kaishi suru*** ～する start, open, begin/開始
kaishin suru 改心する reform oneself, turn over a new leaf/革心,改悔
kaisō 海藻 seaweeds, marine plants/海藻
kaisui 海水 sea[salt]water/海水
kaisuiyoku 海水浴 sea bathing/海水浴
kaisū-ken 回数券 commutation ticket, book of tickets/多次票;長期車票,月票,季票
kaitakusha 開拓者 pioneer, settler/開拓者
kaitei 海底 bottom of the sea, sea bottom/海底
kaiteki na 快適な comfortable, agreeable/舒適,舒服
kaiten 回転 revolution, rotation/旋轉,迴轉; ***kaiten suru*** ～する revolve, rotate/旋轉,迴轉
kaiten suru 開店する open(for business)/開店,開市,開張
kaitō suru 回答する answer, solve/回答,答覆
kaiwa 会話 conversation, talk/會話,口語
kaiyaku suru 解約する cancel, call off/解除契約,廢約
kaiyō 海洋 ocean/海洋
kaizen 改善 improvement/改善; ***kaizen suru*** ～する improve/改善
kaji かじ rudder, helm, wheel/舵,方向舵
kaji 家事 household affairs, housework/家務(事)
kaji 火事 fire, conflagration/失火,着火
kajiru かじる gnaw, nibble, bite, munch/咬
kakaeru 抱える hold in one's arms/抱,擁有(孩子等)
kakaku 価格 price/價格
kakaru 掛かる take, need, cost, begin, start/懸掛;需要,花

費;着手,從事

kakaru かかる contract, suffer from, get/罹患,染病

kakato かかと heel/腳後跟

kakawarazu かかわらず in spite of/儘管;不論

kakawaru かかわる concern oneself in, have to do with, affect/有關係,有瓜葛;參與

kake かけ betting, gambling/賭,賭博,賭金,賭品;***kakeru*** かける bet/賭博

kakedasu 駆け出す run out/跑出去

kakedokei 掛け時計 wall clock/掛鐘

kakegoe 掛け声 shout, call/吆喝(聲)

kakei 家計 housekeeping/家計,家庭經濟

kakeru 掛ける hang, suspend/掛,架(橋),戴(眼鏡)

kakeru 掛ける multiply/(數學)乘

kakeru 欠ける lack, be short of, be wanting in/缺,欠,不足

kakezan 掛算 multiplication/(數學)乘法,乘算

kaki かき oyster/牡蠣

kaki 柿 persimmon/柿子,柿樹

kakitome 書留 registration, registered mail[post]/掛號(信); ***kakitome ni suru*** ～にする register/寄掛號

kakki 活気 ***kakki no aru*** ～のある active, animated, spirited, lively/生動活潑的;***kakki no nai*** ～のない spiritless, dull/萎靡不振的

kakki-teki na 画期的な epoch-making/劃時代的

kakko 括弧 parenthesis, bracket, brace/括弧,括號;***kakko ni ireru*** ～に入れる parenthesize, bracket/放在括弧裏

kakkō 格好 shape, figure, appearance/樣子;姿態;裝束,打扮

kako 過去 the past, past days/過去

kakō 加工 processing/加工;***kakō suru*** ～する process/加工

kakomu 囲む surround, enclose/圍,包圍

kaku 書く write, compose, describe/寫(字、文章),畫(畫)

kaku 核 nucleus/(果、細胞、原子的)核;***kaku no*** ～の nuclear/核的;核心的

kaku かく scrape/搔,撓

kaku 各 each, every/各

kaku 角 angle, square/角,陽角

kakuchi 各地 every part[place]/各地

kakuchō 拡張 extension, expansion/擴張,擴充,擴大;***kakuchō suru*** ～する widen, extend, enlarge/擴張,擴充,擴大

kakugo 覚悟 preparedness, resolution/覺悟,決心;***kakugo suru*** ～する be prepared/決心,作好思想準備

kakujitsu 隔日 every other[second]day/每隔一日

kakujitsu na[ni] 確実な[に] sure[ly], certain[ly]/確實的(地),準確的(地),可靠的(地)
kakunen 隔年 every other[second] year/每隔一年
kakunin 確認 confirmation, affirmation/確認,證實; ***kakunin suru*** ～する confirm, affirm/確認,復查,證實
kakū no 架空の fictitious, imaginary/虛構的,空想的
kakureru 隠れる hide/隱藏,隱蔽; ***kakureta*** 隠れた hidden, secret/隱藏的,隱蔽的
kakuseiki 拡声器 loudspeaker, megaphone/擴音器;揚聲器,麥克風
kakushin 確信 conviction, firm belief/確信,把握; ***kakushin suru*** ～する be convinced of, be sure of/確信
kakushū 隔週 every other week/每隔一週
kakusu 隠す hide, conceal/掩蓋,隱瞞;把…隱藏起來
kakutei 確定 decision, settlement/確定; ***kakutei suru*** ～する decide, confirm, fix/確定,決定
kakutoku suru 獲得する acquire, obtain, get/獲得,取得
kakuyaku suru 確約する give a definite promise/保證
kamawanai 構わない do not care[mind], it doesn't matter/不介意,不要緊
kamban 看板 sign(board), billboard/招牌,廣告牌
kambashii 芳しい sweet, fragrant, favorable/芳香的;有聲譽的; ***kambashikunai*** 芳しくない unfavorable/出醜的,丟臉的
kambu 幹部 management, staff/領導幹部
kambyō suru 看病する nurse, care for, attend/護理,看護(病人)
kame 亀 tortoise, turtle/龜,海龜
kame 瓶 jar, jug/瓶,甕,缸
kami 神 god/神,上帝,菩薩
kami 紙 paper/紙
kami 髪 hair/髮,頭髮
kamiire 紙入れ pocketbook, purse, wallet/皮夾子,鈔票夾子
kamikuzu 紙くず wastepaper, paper scraps/廢紙; ***kamikuzu-kago*** ～かご waste(paper)basket/字紙簍
kaminari 雷 thunder/雷
kamisori かみそり razor/剃刀,刮鬍子刀
kamo かも wild duck/野鴨
kamome かもめ sea gull/海鷗
kamotsu 貨物 freight, goods, cargo/貨物
kampa 寒波 cold wave/寒潮,寒流
kampai 乾杯 (drinking)toast/乾杯
kampai 完敗 complete defeat/大敗,慘敗

kampan 甲板 deck/甲板
kamu かむ bite, chew/咬,嚙,嚼
kan 缶 can, tin/罐頭;***kan-kiri*** ～切り can opener, tin opener/罐頭起子,罐頭刀
kan 巻 volume, book/(期刊)卷;書册,書本
kan 寒 cold season, mid-winter/寒冷季節,隆冬
-kan 間 for, during/間,中間
kana 仮名 Japanese syllabary/假名(日文字母)
kana'ami 金網 wire netting, screen/金屬網,銅紗
kanai 家内 family, household, one's wife/家內,家族;內人,內子;***kanai kōgyō*** ～工業 household industry/家庭工業
kanamono 金物 hardware, ironware/金屬器具,鐵器,五金;***kanamono-ya*** ～屋 hardware store/鐵器店,五金店
kanarazu 必ず certainly, surely, without fail/一定,必定,務必(可靠性達100%);***kanarazu shimo…de nai*** 必ずしも…でない not always/未必,不一定
kanari かなり fairly, pretty, rather, considerably/相當,很,非常
kanashii 悲しい sad, sorrowful/悲傷的,悲愁的
kanashimi 悲しみsorrow, sadness, grief/悲哀,悲傷,悲愁
kanashimu 悲しむ grieve, feel[be]sad, be sorrowful/悲哀,悲痛;***kanashimubeki*** ～べき regrettable, sad, pitiable, sorrowful/可悲的,遺憾的
kanata かなた over there, yonder/彼處,那邊
kanau かなう suit, measure up to, be fulfilled/做得到;適合於…
kanawanai かなわない be not match for, cannot stand/不能如願;不匹配,不適於…
kanazuchi 金づち hammer/錘,鐵錘
kanchigai suru 勘違いする mistake, be mistaken/誤會,判斷錯誤
kandai na 寛大な generous, tolerant/寬大的
kandankei 寒暖計 thermometer/寒暑表,溫度計
kandenchi 乾電池 dry cell[battery]/乾電池
kandō 感動 impression, excitement/感動;***kandō suru*** ～する be impressed, be moved/感動;***kandō saseru*** ～させる move, impress/使感動,深深打動
kane 金 money, metal/金錢;金屬
kane 鐘 bell/(寺院的)鐘;***kane o tsuku*** ～を撞く strike a bell/敲鐘,撞鐘
kanemochi 金持ち rich man, rich/有錢人,富人,財主
kangae 考え thinking, thought, ideas/思想,想法;念頭,觀

念;***kangae chigai*** ～違い misunderstanding/誤解,想錯,記錯
kangaekata 考え方 one's way of thinking/想法,見解,觀點
kangaenaosu 考え直す reconsider, think over again/重新考慮,另打主意
kangaeru 考える think, consider, view, regard…as/想,思索,考慮,持…意見
kangei(suru) 歓迎(する) welcome/歡迎
kangeki 感激 impression, deep emotion/感激;***kangeki suru*** ～する be deeply moved/感動,感激
kani かに crab/蟹
kanja 患者 patient/(醫)患者,(俗)病人
kanji 感じ feeling, sense, perception, impression/感覺,印象;***kanjiyasui*** ～やすい sensitive/易感覺的,敏感的
kanjiru 感じる feel, be conscious of/感,感覺
kanjō 感情 feeling, emotion, passion/感情
kanjō 勘定 calculation/計算,核算,算帳;***kanjō suru*** ～する count, calculate, account/計算,算帳,結帳;***kanjō-gaki*** ～書 bill/結帳單
kanjō no 環状の loop, circular/環狀的;***kanjō-sen*** ～線 belt line, loop line/(火車、汽車、電車)環行線
kankaku 感覚 sense, sensation, feeling/感覺;***kankaku-teki na*** ～的な sensuous, sensual/感覺上的,感官的
kankaku 間隔 interval, space/間隔
kankei 関係 relation, concern(ment)/關係;***kankei suru*** ～する relate to, concern, participate in, be concerned in/與…有關,關係到…,參與
kanketsu na[ni] 簡潔な[に] concise[ly], brief[ly], in short/簡潔的(地)
kankō 観光 sightseeing, touring/觀光,遊覽;***kankō-kyaku*** ～客 tourist/遊客,旅客
kankoku (suru) 勧告(する) recommendation, recommend, advise/勸告
kankyaku 観客 spectator, audience/觀衆
kankyō 環境 environment, circumstance/環境
kan'nen 観念 idea, sense, resignation, resolution/觀念;決心;***kan'nen suru*** ～する be resigned/決心;徹悟
kanō 化のう suppuration, purulence/化膿;***kanō suru*** ～する suppurate, fester/化膿
kanojo 彼女 she/她(主格);***kanojo no[ni, o]*** ～の[に,を] her/她的(領格),她(補、賓格)
kanōsei 可能性 possibility/可能性;***kanōsei no aru[nai]*** ～

のある[ない][im]possible/有(没有)可能

kanran 観覧 inspection, viewing/檢閱,觀看,觀覽,參觀;***kanran suru*** ～する see, view/檢閱,觀看,參觀;***kanran-ken[-ryō]*** ～券[料] admission ticket[fee]/參觀券(費),入場券(費);***kanran-seki*** ～席 seat, stand, stadium/觀覽席,檢閱席

kanren suru 関連する be connected with, relate to/與…相關聯的

kanri 管理 administration, control/管理;***kanri suru*** ～する manage, control/管理

kanri 官吏 government, official, office-holder, civil servant/官吏

kansan suru 換算する convert, change/換算

kansatsu 観察 observation/觀察;***kansatsu suru*** ～する observe, watch/觀察

kansei 完成 completion, accomplishment/完成;***kansei suru*** ～する complete, finish, accomplish/完成

kansen suru 感染する be infected, catch/感染

kansetsu no 間接の indirect/間接的;***kansetsu ni*** ～に indirectly/間接地

kansha 感謝 thanks, gratitude/感謝;***kansha suru*** ～する thank, feel grateful/感謝

kanshin 関心 interest, concern/關心;***kanshin o motsu*** ～を持つ be interested in/關心,對…感興趣

kanshin suru 感心する admire, be impressed/佩服,欽佩;***kanshin na*** 感心な admirable/欽佩的;***kanshin shite*** 感心して in admiration of/讚美,賞識

kanshite 関して about, as to, regarding/關於

kanshō 干渉 interference/干涉,(光波、聲波的)干擾;***kanshō suru*** ～する interfere/干涉

kanshō 鑑賞 appreciation/鑒賞,欣賞;***kanshō suru*** ～する appreciate/鑒賞,欣賞

kanshō 感傷 sentiment/傷感,多愁善感;***kanshō-teki na*** ～的な sentimental/傷感(性)的,多愁善感的

kanshū 慣習 custom, usage/習慣

kanshū 観衆 spectators, audience/觀衆,聽衆

kansō 感想 thoughts, impressions/感想

kansoku 観測 observation/觀測;***kansoku suru*** ～する observe/觀測,觀察

kanso na 簡素な simple, plain, brief/簡單樸素的

kansō suru 乾燥する dry (up)/乾燥

kantan na 簡単な simple, brief, light/簡單的

kantei 鑑定 judgment, appraisal/鑒定,判斷;***kantei suru*** ～する judge/鑑定,判斷
kantoku 監督 supervision/監督;***kantoku suru*** ～する supervise/監督,監視
kan'yō no 慣用の common, customary/慣用的,習慣上的;***kan'yōgo*** 慣用語 idiom/成語;短語,詞組
kanyū 加入 joining, entry/加入,參加;***kanyū suru*** ～する enter, join/加入,參加
kan'yū 勧誘 canvassing, invitation/勸誘,邀請;***kan'yū suru*** ～する canvass, solicit/勸誘,邀請
kanzashi かんざし ornamental hairpin/簪(子)
kanzei 関税 customs, custom duty, tariff/關稅
kanzen 完全 perfection, completeness/完全,完善,完整,圓滿;***kanzen na[ni]*** ～な[に] complete[ly], perfect[ly]/完全的(地),完善的(地),圓滿的(地)
kanzō 肝臓 liver/肝
kanzume 缶詰 tinning, canning/罐頭;***kanzume ni suru*** ～にする can, tin/裝罐
kao 顔 face, features, looks/臉,臉色,面子;***kao o somukeru*** ～を背ける turn one's face away/背過臉去, 不理睬; ***kao o tateru*** ～を立てる save one's face/裝門面
kaoiro 顔色 complexion, looks/臉色,氣色
kaori 香り fragrance, aroma/芳香,香氣
kaoru 香る smell sweet[nice]/發香氣,有芳香味
kappatsu na[ni] 活発な[に] lively[-lily],active[ly], cheerful[ly]/活潑的(地),活躍的(地)
-kara …から from, (out)of, off, since, after/從,來自
karada 体 body, physique/身體,體格,身材
karai 辛い hot, pungent, sharp; hard, trying; harsh; strict, severe; salty/辣的,辛辣的;艱難的,過勞的;苛刻的,刻薄的;嚴厲的;鹹的
karakau からかう banter, tease/戲弄,嘲弄,調戲
karamaru 絡まる coil itself, be twisted, be entangled/纏繞,糾纏
kara no 空の empty, vacant/空的
karashi からし mustard/芥末
karasu からす crow/烏鴉
kare 彼 he/他(主格);***kare no*** ～の his/他的(領格);***kare o [ni]*** 彼を[に] him/他(賓、補格)
karen na かれんな pitiful, poor, pretty, lovely/可憐的;可愛的
karera 彼等 they/他們(主格);***karera no*** ～の their/他們的

(領格);***karera o[ni]*** ～を[に] them/他們(賓、補格)

kareru 枯れる die, wither, be blasted/枯萎,凋零

kari かり wild goose/雁

kari 狩り hunting/打獵,打魚,捕鳥;***kari o suru*** ～をする hunt/狩獵

kari 借り debt, loan/借,欠,賒;***kari ga aru*** ～がある be in debt, owe/欠債,有債務

kari no 仮の temporary/臨時的,暫時的;***kari ni*** 仮に temporarily/暫時,暫且;***kari ni…to shitemo*** 仮に…としても even if /即使,即便

kariru 借りる borrow, have the loan of, hire, rent/借,租,賒買

karō 過労 overwork/勞累過度,過勞

karōjite 辛うじて barely, narrowly/好容易才,勉勉强强

karu 刈る cut, crop, mow, reap, clip/割,剪

karuhazumi na 軽はずみな rash, imprudent/輕率的

karui 軽い light, slight/輕的,輕便的;***karuku*** 軽く lightly/輕輕地

kasa 傘 umbrella/傘;***kasa o sasu*** ～を差す put up [hold] an umbrella/打傘,撑傘;***kasa ni kiru*** ～に着る make use of another's influence/置於保護傘下,置於勢力範圍内

kasa かさ bulk, volume, size/容積,體積;***kasabaru*** ～ばる be bulky/體積增大;***kasa ni kakatte*** ～にかかって arrogantly, high-handedly/盛氣凌人地,專横,跋扈

kasanaru 重なる be piled up/重疊,重複;***kasanatte*** 重なって in piles/重疊着,重複着

kasaneru 重ねる pile up, heap up, put one upon another/把…疊(堆)在一起;疊加,加上

kasan suru 加算する add, include/加法

kasegu 稼ぐ earn one's living, win money/作工,(靠作工)掙錢

kasei 火星 Mars/(天文)火星

kashi かし oak tree/橡樹,槲樹

kashi 菓子 confectionary, cake/點心,糕點

kashi 華氏 Fahrenheit/華氏(溫度)

kashi 河岸 riverside bank, fish market/河岸;鮮魚市場,魚市

kashi 貸し loan, lending/借給,貸與;債權

kashikoi 賢い clever, wise, smart/聰明的,賢明的,伶俐的

kashira 頭 head, leader/腦袋;首領,頭目

kashitsu 過失 fault, mistake, error, accident/過失,過錯,錯誤

kashiya 貸家 house to let/出租房

kashu 歌手 singer/歌手
kassai かっさい applause, cheers/喝彩,歡呼; ***kassai suru*** ～する applaud, cheer/喝彩,歡呼
kasshoku 褐色 brown/褐色
kasu かす dregs, grounds, refuse, sediment/糟,粕;渣滓
kasu 貸す lend, advance, hire[let]out, rent/借出,租出
kasuka かすか/微弱,朦朧; ***kasuka na[ni]*** ～な[に] faint[ly], dim[ly], vague[ly], indistinct[ly]/微弱的(地),略微的(地);微暗的(地),朦朧的(地),模糊的(地)
kasumi かすみ haze, mist/霞,靄,薄霧
kasuri-kizu かすり傷 scratch/擦傷,輕傷
kasutera カステラ sponge cake/蛋糕
kata 肩 shoulder/肩,肩膀; ***kata o motsu*** ～を持つ take part, support, side with/支持,袒護; ***kata o sukumeru*** ～をすくめる shrug one's shoulders/聳肩
kata 形[型] shape, form, model, style, type/模型,様式;型;流派
katachi 形 shape, form, appearance, figure/形狀,形式,方式
katagami 型紙 pattern paper, paper pattern/(印染)漏花紙板;(裁衣)紙型
katagawa 片側 one side/一側
katahō 片方 one side[party]/一方面;(兩個中的)一個
katai かたい hard, tough, solid, strong, firm/硬,堅固,堅決的
kataki 敵 enemy, foe, rival/敵人;仇人
katamaru 固まる harden, become hard[firm]/凝固,凝結,成塊
katamukeru 傾ける incline, lean, bend/使傾斜,傾注
katana 刀 sword, blade/刀
kataru 語る talk, chat, tell/說,談;(曲藝)說唱
katate 片手 one hand/一隻手; ***katate no*** ～の one handed, single-handed/單方面的
katatsumuri かたつむり snail/蝸牛
katawara 傍ら while, besides/旁邊,身旁; ***katawara ni*** ～に by, beside, near by, aside/…於旁邊
katazukeru 片付ける put in order, put back/整頓收拾,解決,處理
katei 家庭 home, family, household/家庭
katei 仮定 supposition/假定; ***katei suru*** ～する suppose, assume, presume/假定,假設
katei 過程 process, stage/過程
katō na 下等な low, inferior/下等的,低級的,卑劣的

katsu 勝つ win, beat/戰勝,克服
katsudō 活動 activity, action/活動;*katsudō-teki na* ～的な active, dynamic/活動的;積極的
katsugikomu 担ぎ込む carry into, take in/擔進,挑入
katsugu 担ぐ shoulder, carry on one's shoulder/扛,挑,擔,揹
katsuji 活字 type/活字,鉛字
katsuo かつお bonito/松魚
katsura かつら wig/(月中的)桂樹,桂
katsuyaku 活躍 activity/活躍,活動;*katsuyaku suru* ～する be active/活躍,活動
katsuyō 活用 practical use, application/有效使用,正確運用,實際應用;*katsuyō suru* ～する apply, utilize/靈活使用
katte 勝手 one's own convenience, one's own way, kitchen/任意,隨便;廚房
katto naru かっとなる fly into a rage, flare up/火了,動了肝火;賭氣;*katto natte* かっとなって in a fit of anger/賭着氣
kau 飼う keep, raise/飼養,餵
kau 買う buy, purchase, get/買;招致;尊重
kawa 皮 skin, leather, peel, rind/皮,外皮,殼;*kawa o muku* ～をむく pare, peel, rind, skin/剝皮
kawa 川[河] river, stream, brook/河,河川
kawaigaru かわいがる love, pet, have affection for/喜愛,愛撫,疼愛
kawaii かわいい dear, lovely, pretty, cute/可愛的,心愛的,招人愛的
kawaisō na かわいそうな poor, pitiable, miserable/可憐的
kawaita 乾いた dry/乾的,乾燥的
kawaku 乾く dry, dry up/乾,乾燥
kawaku 渇く be thirsty, feel dry/渴
kawara かわら tile/瓦
kawari 代り substitute, deputy/代替,代理;*kawari ni* ～に in place of, on behalf of/代替…,不用…而用…
kawaru 代る take place of, replace/代替,替換
kawaru 変る change, vary, turn into/變化,改變;*kawari yasui* 変りやすい changeable, variable/易變,多變
kawase 為替 money order, exchange, bank draft/匯兌,匯款,匯票
kawashimo 川下 the lower reaches (of a river)/下游
kawatta 変った different, another/不同的,別様
kayaku 火薬 gunpowder/火藥
kayō-bi 火曜日 Tuesday/星期二
kayou 通う attend, go to and from (a place), commute/往

返;上下班,通學
kayowai か弱い weak, delicate, tender/柔弱的,纖弱的
kayu かゆ (rice)gruel, porridge/粥
kayui かゆい itch/癢的
kazakami 風上 windward/向風,頂風
kazamuki 風向き the direction of the wind, the situation/風向;情勢;心緒
kazan 火山 volcano/火山;***kazan-bai*** ～灰 volcanic ashes/火山灰
kazari 飾り decoration, ornament/裝飾,裝飾品;***kazari no*** ～の decorative, ornamental/裝飾的
kazaru 飾る decorate, adorn, dress, display/裝飾,裝潢
kaze 風 wind, breeze/風;***kaze no*** ～の windy/風的,多風的
kaze かぜ cold, flu/傷風,感冒;***kaze o hiku*** ～をひく catch (a) cold/感冒,罹患感冒
kazei 課税 taxation/課稅;***kazei suru*** ～する tax, impose/課稅,征稅,收稅
kazoeru 数える count, number/數;***kazoekirenai*** 数え切れない numberless/數不清的,無數的
kazoku 家族 family/家屬,家族
kazu 数 number, figure/數,數目
ke 毛 hair/毛,髮
kechi na けちな stingy, mean/小氣的,吝嗇的;***kechi-kechi suru*** けちけちする be stingy, stint, skimp/小裏小氣,吝嗇
kedamono けだもの beast, brute, animal/獸,野獸
kega けが injury, wound/傷,受傷
kegarawashii 汚らわしい dirty, filthy, disgusting/污穢的,髒的;討厭的,猥褻的
kegare 汚れ impurity, stain/污穢,髒,污點,污染;***kegareru*** ～る be polluted, be stained/髒,污染;***kegareta*** ～た unclean, filthy/髒的,污染的
kegasu 汚す make dirty, stain/弄髒,污損
kegawa 毛皮 fur/毛皮,皮貨
kegen けげん/詫異,驚訝,莫名其妙;***kegen na*** ～な suspicious, dubious/驚訝的,莫名其妙的;***kegen sōni*** ～そうに suspiciously, dubiously/驚訝地,莫名其妙地
kehai 気配 sign, indication/情形,情勢,苗頭;(經濟)行情
kei(batsu) 刑(罰) punishment, penalty/刑罰,處罰
keiba 競馬 horse, racing/賽馬
keibetsu 軽べつ contempt, scorn, disdain/輕蔑,輕視;***keibetsu suru*** ～する despise, disdain, look down upon/藐視,瞧不起

keibi suru 警備する defend, guard/警備,戒備
keiei 経営 management, administration/經營,管理,運營; *keiei suru* ～する manage, run, keep/經營,管理,運營
keigu 敬具 sincerely yours, yours, truly/謹啓
keihaku na 軽薄な frivolous, flippant, insincere/輕薄的,輕佻的,輕浮的,虛僞的
keihi 経費 expense, cost/經費,開支
keii 敬意 respect, regard/敬意
keiji 刑事 (police) detective/刑警
keiji 掲示 notice/公告,告示,佈告
keika 経過 progress, course, lapse/經過,過程
keikai 警戒 warning, caution/警戒; *keikai suru* ～する watch, guard/警戒
keikai na 軽快な light, nimble/輕快的,輕便的
keikaku 計画 plan, project/計劃
keikan 警官 policeman, police officer/警官,警察
keiken 経験 experience/經驗; *keiken suru* ～する experience, go through/經驗,體驗
keiki 景気 the times, things, business conditions/情况,光景;(經濟)景氣,行情
keiko けいこ practice, training/(武術等技藝的)學習
keikō 傾向 tendency, trend, inclination/傾向,趨勢
keikoku 警告 warning, caution/警告; *keikoku suru* ～する warn/警告
keikōtō 蛍光灯 fluorescent lamp/螢光燈
keimusho 刑務所 prison, jail/監獄
keireki 経歴 one's career, one's past/經歷,閱歷,履歷
keiren けいれん convulsions, spasm/痙攣,抽搐
keiri 経理 management, accounting/經營管理,會計事務;經理
keisan 計算 calculation, counting, computation/計算; *keisan suru* ～する calculate, count/計算
keisatsu 警察 police/警察; *keisatsu-sho* ～署 police station/警察署
keisei 形勢 situation, position, state of things/形勢,局勢,趨勢
keiseki 形跡 signs, marks, trace/形跡,跡象
keisha 傾斜 inclination, slope/傾斜,斜度,斜坡
keisotsu na[ni] 軽率な[に] rash[ly], hasty[-ily], imprudent[ly]/輕率的(地),草率的(地),疏忽的(地),大意的(地)
keitai 形態 form, shape/形態,形狀,樣子
keitai suru 携帯する carry, take with/攜帶; *keitaiyō no* 携

帯用の portable, handy, pocket/身邊用的,隨手用的,隨時用的
keito 毛糸 woolen yarn, wool/毛線
keitō 系統 system/系統;*keitō-teki na*[*ni*] ~的な[に]systematic[ally]/系統性的,系統地
keiyaku 契約 contract, agreement/契約,合同;*keiyaku suru* ~する make a contract/簽訂合同,簽約;*keiyaku-sha* ~者 contractor/簽約雙方;*keiyaku-sho* ~書 contract/契約書,合同書
keiyō 形容 description/相貌,容貌;*keiyō suru* ~する describe, modify/形容,修飾
keiyu 経由/經由;*keiyu shite* ~して by way of, via/經過,路過;*keiyu suru* ~する pass through, go by way of/路過,通過
keizai 経済 economy, finance/經濟;*keizai-teki na* ~的な economic (al)/經濟的,經濟性的;*keizai-gaku* ~学 economics/經濟學
keizoku 継続 continuance, last, renew/繼續,繼承,接續
kekka 結果 result, consequence, end, fruit/結果,結局
kekkan 欠陥 defect, fault/缺陷,缺點;*kekkan no aru* ~のある defective, faulty/有缺陷的,有缺點的,欠缺的
kekkan 血管 blood vessel/血管
kekkon 結婚 marriage/結婚;*kekkon suru* ~する marry/結婚
kekkō na 結構な fine, good, nice/很好;可以
kekkyoku 結局 after all, finally, in the end, eventually/結局,結果,終結,收尾;究竟,歸根到底
kembutsu 見物 sightseeing, visit/觀覽,遊覽;*kembutsu suru* ~する see, visit/觀覽,遊覽
kempō 憲法 constitution/憲法
kemuri 煙 smoke, fumes/煙
kemutai 煙たい smoky/滿是煙的;令人侷促不安的
ken 剣 sword/劍
ken 県 prefecture/縣
kenasu けなす speak ill of, abuse, run down/誹謗;貶低
kenchiku 建築 architecture, construction, building/建築;*kenchiku suru* ~する build, construct/建築
ken'i 権威 authority/權威,權勢,威信
kenjū けん銃 pistol gun/手槍
kenka けんか quarrel/口角,吵嘴;*kenka o suru* ~をする quarrel, fight/吵架
kenkai 見解 opinion, view/見解

kenkō 健康 health/健康
kenkyū 研究 study, research/研究; ***kenkyū suru*** ～する study, investigate/研究
kenri 権利 right, claim, priviledge/權利
kenryoku 権力 power, authority/權力; ***kenryoku no aru*** ～のある powerful, influential/有權的
kensa 検査 inspection, test/檢查,檢驗; ***kensa suru*** ～する inspect, examine, check, test/檢查,檢驗
kensetsu 建設 construction, establishment/建設; ***kensetsu suru*** ～する construct, build/建設
kenshō 懸賞 prize/懸賞
kentō 見当 guess, conjecture, estimate/方向,方位,(大致的)目的,標準,主意
ken'yaku 倹約 frugality, economy/儉省,節省; ***ken'yaku suru*** ～する be frugal, save, economize/節約,儉省,節減
kenzen na 健全な sound/健全的
keorimono 毛織物 woolen goods[fabrics, textiles]/毛織品
keredomo けれども but, however, though/但是,然而
keru ける kick/踢
kesa 今朝 this morning/今晨
keshigomu 消しゴム eraser, rubber/(擦鉛筆字的)橡皮
keshi-in 消印 cancellation stamp, postmark/註銷章,郵戳
keshiki 景色 scenery, scene, landscape/風景,景緻
keshō suru 化粧する make up one's face, make one's toilet/化妝,打扮
kessaku 傑作 masterpiece/傑作
kessan 決算 settlement of accounts/決算;結帳,清帳
kesseki 欠席 absence/缺席; ***kesseki suru*** ～する be absent, stay away/缺席
kesshin 決心 determination, resolution/決心,決意; ***kesshin suru*** ～する determine, be determined/決心
kesshite 決して never, by no means, on no account/決不,千萬不(下接否定式)
kessuru 決する decide/決定
kesu 消す put out, blow out, switch off, turn out/弄滅,熄滅;塗掉,抹掉,勾消,刪去
ketatamashii けたたましい noisy, loud/尖聲的,吵人的,喧囂的
ketsuron 結論 conclusion/結論; ***ketsuron suru*** ～する conclude/下結論
kettei 決定 decision/決定; ***kettei suru*** ～する decide/決定
ketten 欠点 defect, fault/缺點,毛病

kettō 血統 blood/血統
kezuru 削る shave, sharpen, cut down/削,刮,刨
ki 木 tree, wood/樹,木材
ki 気 heart, mind, spirit, feelings/心情,情緒,心神,感覺;
ki no hayai ～の早い hasty, quick, hot-tempered/性急的,急躁的;
ki ga susumanai ～が進まない be unwilling (to do)/心神不寧,心裏不踏實;
ki ga suru ～がする feel, think/感到;覺得;想;打算;
ki ni suru ～にする mind, care, be nervous about, worry/介意,在意;掛心,擔心;注意,講究;
ki no yowai[chiisai] ～の弱い[小さい] timid, fainthearted/膽小的,怯懦的
ki no kikanai ～のきかない dull, dull-witted/愚蠢的
ki ni iru ～にいる be pleased [satisfied] with/喜歡,稱心,如意
ki ni kuwanai ～にくわない hateful, disagreeable/討厭,不稱心,不如意
ki ni naru ～になる feel uneasy about, be anxious about/打算,有心…;擔心,不放心,掛念
ki ga tsuku ～が付く notice, become aware/發覺,注意到
ki o ushinau ～を失う faint, swoon/昏厥,昏過去
ki(-iro) 黄(色) yellow/黄的,黄色
kiatsu 気圧 atmospheric [air] pressure/氣壓
kiba きば tusk, fang/犬牙,虎牙,獠牙
kibarashi 気晴らし pastime, recreation/散心;消遣
kibi-kibi shita きびきびした quick, brisk, lively, active/敏捷的,爽快的,乾脆的,生動的
kibin na 機敏な smart, shrewd/機敏的,敏捷的
kibishii 厳しい severe, strict/嚴格的,嚴厲的,厲害的;
kibishiku 厳しく severely, strictly/嚴厲的,嚴峻的
kibo 規模 scale, scope/規模
kibō(suru) 希望(する) hope, wish, desire/希望
kibun 気分 feeling, humor, mood/心情,心境,情緒,(身體)舒服與否
kichi 機知 wit/機智;*kichi ni tonda* ～に富んだ witty/富有機智
kichi 基地 base/基地,根據地
kichigai 気違い madman, craziness/發瘋,瘋子;熱衷於;
kichigai no ～の mad, crazy/發狂的,狂熱的
kichinto きちんと accurately, exactly, in good order/整整齊齊,乾乾淨淨;正,恰;好好地

kichōmen na きちょうめんな regular, square, punctual/規規矩矩,一絲不苟
kichō na 貴重な valuable, precious/貴重的,珍貴的
kidoru 気取る put on airs, be affected/假裝,冒充;矯飾
kieru 消える go out, be put out/熄滅,融化,消失
kifu 寄付 contribution/捐贈,捐助;***kifu suru*** ～する contribute/捐贈,捐助,贈給
kigane suru 気兼ねする feel constrained/多心,顧慮;客氣
kigeki 喜劇 comedy/喜劇
kigen 期限 period, term, deadline/期限;***kigen no kireta*** ～の切れた time-expired/過期的
kigen 起原 origin, rise, beginning/起源
kigen 機嫌 humor, mood, temper/心情,情緒;起居,安否
kigō 記号 sign, mark/記號,符號
kigu 器具 implement, instrument/工具
kigyō 企業 enterprise/企業
kihon 基本 standard, basis/基本;***kihon-teki na*** ～的な basic/基本的
kiji 記事 account, statement, news article/記事,消息;記事文
kiji 生地 cloth, suit material, dress material/(布)質地,布料
kijitsu 期日 date, appointed day/日期,期限
kijun 基準 standard, basis/基準,標準,規格
kikai 機械 machine, mechanism/機器,機械;***kikai-ka suru*** ～化する mechanize/機械化
kikai 機会 opportunity, chance, occasion/機會
kikan 期間 term, period/期限
kikan 機関 engine/發動機;***kikanshi*** ～士 engineer, engine driver/司機
kikazaru 着飾る dress up/盛裝,打扮
kiken 危険 danger, peril, risk/危險;***kiken na*** ～な dangerous/危險的
kiki 危機 crisis/危機
kikitoru 聞き取る catch, follow, understand, hear/聽見,聽懂;聽後記住;聽取;***kikimorasu*** 聞き漏らす fail to hear, miss hearing/聽漏,没聽清楚,忘問
kikō 気候 climate, weather/氣候,天氣
kikoku suru 帰国する return to one's country, come[go] home/回國
kiku 聞[聴]く hear, listen to/聽,打聽,問
kiku 菊 chrysanthemum/菊,菊花
kiku 利く be effective/有效,生效,起作用,有影響

kikyō 帰郷 homecoming/返鄉;*kikyō suru* ～する go[come] home/返鄉,歸里
kimaru 決る be decided[settled, arranged]/決定
kimben 勤勉 diligence, industry/勤勉,勤奮;*kimben na* ～な diligent, industrious/勤奮的
kimeru 決める decide, settle, arrange/決定
kimi 君 you/你(主格);*kimi no* ～の your/你的(領格);*kimi ni[o]* ～に[を]you/你(補、賓格)
kimi 黄身 yolk/卵黄,蛋黄
kimijika na 気短な short-tempered, quick-tempered/性急的,急躁的
kimmu 勤務 service, duty, work/勤務,工作,職務;*kimmu suru* ～する serve, work/工作
kimo 肝 liver, courage/肝臟;膽量
kimochi 気持 feeling, sensation, mood/心情,情緒,心境;*kimochi no yoi[warui]* ～のよい[悪い][un]pleasant, [un] comfortable/心情好(壞)
kimono 着物 clothes, garments, dress/衣服;和服;*kimono o kiru* ～を着る put on clothes/穿衣;*kimono o nugu* ～を脱ぐ take off clothes/脱衣
kimpaku suru 緊迫する grow strained, become acute/緊迫,緊急,吃緊
kimpatsu 金髪 blond/金髮,金色髮
kimuzukashii 気難しい hard to please, particular/不和悦的,難以取悦的
kimyō na 奇妙な strange, curious/奇妙的,奇異的,出奇的
kin 金 gold, money/黄金;金錢;*kin no* ～の golden/金色的
kinchō 緊張 strain, tension/緊張;*kinchō suru* ～する become tense, be strained/緊張;*kinchō shita* ～した strained, tense, attentive/緊張的
kindai 近代 the modern age, recent times/近代,現代;*kindai no* ～の modern/現代的
kinen 記念 commemoration, memory/紀念
kingaku 金額 amount of money, sum/金額
kingan 近眼 short-sightedness/近視眼;*kingan no* ～の near-sighted/近視的
kingyo 金魚 goldfish/金魚
kinjiru 禁じる forbid, prohibit/禁止,禁忌
kinjo 近所 neighborhood/近處,附近;*kinjo no* ～の neighboring, nearby/附近的
kinka 金貨 gold coin/金幣
kinko 金庫 safe, strongbox/金庫,保險櫃

kin'niku 筋肉 muscles, sinews/肌肉
kinō 機能 function, faculty/機能,功能;機制
kinō 昨日 yesterday/昨天
kinodoku na 気の毒な pitiable, pitiful/可憐,可惜
kinsen 金銭 money, cash/錢,現錢
kinshi 禁止 prohibition, ban/禁止;***kinshi suru*** ～する forbid, prohibit/禁止
kinu 絹 silk/絲綢,綢子
kin'yō-bi 金曜日 Friday/星期五
kinyū 記入 entry/填入;***kinyū suru*** ～する enter, make an entry, record/填入,填寫
kinzoku 金属 metal/金屬
kioku 記憶 memory, remembrance/記憶;(計算機)存貯;***kioku suru*** ～する remember, bear in mind/記憶;存貯;***kioku-subeki*** ～すべき memorable/可記憶的,難忘的,有名的
kippari きっぱり distinctly, frankly, positively/斷然,乾脆
kippu 切符 ticket/票,票證;***katamichi-kippu*** 片道～ single (ticket), one way ticket/單程(火車、飛機)票;***ōfuku-kippu*** 往復～ return ticket/來回(車、機)票;***kippu-uriba*** ～売場 ticket office, booking office/售票處
kirai 嫌い dislike/厭惡,討厭;***kirai na*** ～な hateful, disgusting/(主觀感受的)討厭,厭惡
kira-kira きらきら glitteringly, brilliantly/閃耀
kiraku na 気楽な easygoing/舒適的,安樂的,無牽無掛的,輕鬆愉快的;***kiraku ni*** 気楽に comfortably, at ease/舒適地,安樂地,無牽掛地
kirameku きらめく glitter, sparkle, twinkle/閃耀
kirau 嫌う dislike, hate, detest/討厭,厭惡,厭忌
kire きれ cloth, piece, bit, slice, strip, cut/(刀)快;切片,小片;布疋,一塊布
kirei na[ni] 奇麗な[に] beautiful[ly], pretty, clean, lovely/美麗,漂亮;潔淨;***kirei ni suru*** 奇麗にする clean, beautify/弄乾淨;使美麗,美化
kireru 切れる cut well, be sharp/(刀)快;斷,中斷
kiri 霧 fog, mist/霧;***kiri no fukai*** ～の深い foggy/霧濃的
kiri きり gimlet, awl/錐子
kiritaosu 切り倒す cut down, fell/砍倒
kiritoru 切り取る cut off, clip/切下,裁下,剪下,砍下
kiritsu 規律 order, discipline/紀律,規章,秩序
kiritsumeru 切り詰める shorten, cut down, reduce/削減,縮減;壓縮;剪短

kiritsu suru 起立する stand up, rise, come to attention/起立, 站起來
kiroku 記録 record/記錄; ***kiroku suru*** ～する record, write down/記錄, 記載
kiru 着る put on, wear, have on, be dressed in/穿(上衣)
kiru 切る cut, carve, saw/切, 割, 砍, 剪, 殺, 斷
kiryoku 気力 energy, vigor, spirit/氣力, 精力, 元氣
kiryū 気流 air current/氣流
kisei 気勢 spirit/氣勢, 精神; ***kisei o ageru*** ～を上げる inspire/抖擻精神, 鼓起勁頭
kisei no 既製の ready-made/做好的, 現成的
kisei suru 帰省する go[come, return] home, return to one's native place/歸省, 探親, 探家
kiseki 奇跡 miracle, wonder/奇跡; ***kiseki-teki na*** ～的な miraculous/奇跡般的
kisen 汽船 steamer, steamship/輪船
kiseru 着せる dress, clothe/給穿, 披上
kisetsu 季節 season/季節
kisha 汽車 steam train, carriage, coach/火車
kisha 記者 journalist, reporter/記者, 新聞記者; 主筆, 撰稿人
kishi 岸 shore, bank, coast/岸; 崖; ***kishi ni*** ～に ashore, on shore/在岸上; 向岸邊, 傍岸
kishitsu 気質 disposition, nature, temper/氣質, 脾氣, 性情
kishō 気性 nature, disposition/天性, 秉性, 脾氣
kishō 気象 weather/氣象; ***kishō-chō*** ～庁 the Meteorological Agency/氣象局
kishō 記章 medal, badge, decoration/紀念章, 徽章
kishu 騎手 jockey/騎馬者, (賽馬)騎手
kiso 基礎 foundation, basis/根基, 基石, 基礎
kisoku 規則 rule, regulation/規則, 規章
kissaten 喫茶店 tearoom/茶室
kisū 奇数 odd number/奇數
kita 北 north/北, 北方; ***kita no*** ～の north, northern/北方的
kitai 期待 expectation, hope/期待, 期望; ***kitai suru*** ～する expect, hope for, look forward to/期待, 期望
kitai 気体 gaseous body, gas, vapor/氣體
kitaku suru 帰宅する come[return] home, go home/回家
kitanai 汚い dirty, foul/污穢的, 骯髒的; 卑鄙的, 醜惡的
kitchiri きっちり punctually, sharp, just, exactly, perfectly/正好, 恰好
kitsune きつね fox/狐狸

kitte 切手 (postage)stamp/郵票
kitto きっと surely, certainly/一定(可靠性不到100%)
kiwamete 極めて very, exceedingly, extremely/極其,非常
kiyō na[ni] 器用な[に]clever[ly], skillful[ly]/巧,靈巧,手巧
kizamu 刻む cut, mince, hash/切細;雕刻
kiza na きざな affected, conceited, disagreeable/矯矜,裝様子;可憎
kizetsu suru 気絶する faint away, go faint, lose one's senses/氣絶,斷息
kizoku 貴族 peer, noble/貴族
kizu 傷 wound, injury, cut, scar/傷;瑕疵,毛病;***kizu-guchi*** ～口 wound/傷口;***kizu-gusuri*** ～薬 ointment, salve/創傷藥
kizukau 気遣う be[feel] anxious for[about], be afraid of, worry about/擔心,掛慮
kizuku 気付く notice, become aware of/發覺,注意到,理會到
ko 弧 arc/弧,弓形,電弧
ko 子 child, baby, infant/小孩
kobin 小びん small bottle/小瓶
kobito 小人 pygmy, dwarf/身材短小的人,小矮個兒
koboreru こぼれる fall, spill, be spilled, overflow/灑,灑落;溢出
kobosu こぼす spill, shed, complain/潑撒;漏掉;落淚
kobu こぶ wen, swelling, bump, lump/瘤,瘤子;(樹)癤子,木癤
kōbu 後部 rear, back part/後部,後面
kobun 子分 follower, adherent/乾兒子,義子;部下,黨羽
kobushi こぶし fist/拳,拳頭
kōbutsu 鉱物 mineral/礦物
kōcha 紅茶 black tea/紅茶
kōchi 高地 high ground, upland/高地,高原
kochira こちら this place, here, this side/這邊,這裏
kochō 誇張 exaggeration/誇張;***kochō suru*** ～する exaggerate/誇張;***kochō shita*** ～した exagge-rated/誇張的
kōchō 校長 principal, director, schoolmaster, president/(中、小學)校長
kodai 古代 ancient[old]times/古代;***kodai no*** ～の ancient/古代的
kōdai na 広大な vast, great, huge/廣大的,宏大的
kodawaru こだわる be particular, stick to/拘泥;抵觸,障礙
kōden 香典 funeral gift/奠儀,喪禮

kodo 高度 altitude, height/高度,海拔
kōdō 行動 action, conduct, deed/行動,行爲;***kōdō suru*** ～する act/行動
kodoku 孤独 solitude, loneliness/孤獨;***kodoku no*** ～の solitary, lonely/孤獨的
kōdoku 購読 subscription/訂閱,訂購;***kōdoku suru*** ～する subscribe/訂閱;***kōdoku-sha*** ～者 subscriber/訂書(刊、報)人
kodomo 子供 child/孩子;***kodomo o umu*** ～を産む bear a child/生孩子;***kodomo-rashii*** ～らしい childish, childlike/孩子氣
koe 声 voice, cry/聲,嗓音
kōei 光栄 honor, glory/光榮;***kōei ni omou*** ～に思う feel honored/感到光榮
kōen 講演 lecture, speech, address/演講,演説;***kōen suru*** ～する give a lecture, make an address/演講,演説
kōen 公園 park/公園
kōen suru 後援する support, back up/後援,支援,聲援
koeru 肥える grow[get]fat, grow fertile[rich]/肥,胖;***koeta*** 肥えた fat, stout, rich, fertile/肥的,胖的
koeru 越える go over, jump over, exceed/越過,超過
kofū 古風 old fashion/老式,老派作風;***kofū na*** ～な old-fashioned/老式的,老派作風的
kōfuku 幸福 happiness, welfare/幸福;***kōfuku na*** ～な happy, blessed, fortunate/幸福的;***kōfuku ni*** ～に happily/幸福地
kōfun 興奮 excitement/興奮,激動;***kōfun suru*** ～する be excited, become warm/興奮,激動;***kōfun-shiyasui*** ～しやすい excitable, be easily excited/易激動的,易興奮的
kogai 戸外 the open(air)/室外;***kogai de*** ～で out of doors, outdoors/在室外;***kogai no*** ～の outdoor, open-air/室外的
kōgai 郊外 suburbs, outskirts, environs/郊外,郊區
kogasu 焦がす burn, scorch, singe/燒糊,烤焦;熏
kogata no 小型の small-sized, small, miniature, midget/小型的
kogecha 焦茶 dark brown/濃茶;深棕色
kōgeki 攻撃 attack, assault/攻擊,攻打
kōgen 高原 highland/高原
kogeru 焦げる burn, be scorched/燒糊,烤焦
kōgi 講義 lecture/講解,上課
kōgi 抗議 protest, objection/抗議;***kōgi suru*** ～する make a protest, object to/抗議

kogitte 小切手 check/支票
kōgo 口語 spoken language, colloquial speech/口語,白話; ***kōgo no*** ～の spoken, colloquial/口頭説的,口語的
kogoeru 凍える benumbed, frozen/凍僵
kogoto 小言 scolding, rebuke, complaint/申斥;怨言;***kogoto o iu*** ～を言う scold, rebuke, grumble/發牢騷
kogu こぐ (*boat*) row/划(船),搖櫓,蕩槳
kōgyō 工業 industry, industries/工業;***kōgyō no*** ～の industrial/工業的,産業的
kōhan 後半 latter half, second half/後半(部)
kōhei na[ni] 公平な[に] fair[ly], impartial[ly], just[ly]/公平的(地),公道的(地)
kōho 候補 candidate/候補(人),候選(人)
kōhyō 好評 favorable criticism/好評,稱讃;***kōhyō de aru*** ～である be popular/受好評的,受稱讃的
kōhyō 公表 official[public]announcement/公佈,發表
koi 恋 love, tenderness, passion/戀愛;***koi o suru*** ～をする love/愛上
koi 濃い dark, deep/濃的,深的
kōi 行為 act[action], deed/行爲,舉動
kōi 好意 kindness, favor/好意,美意,善意
koibito 恋人 lover, love, sweetheart/戀人,情人
koishii 恋しい dear(est), darling/戀愛的,親愛的
kōiu(=kōyū) こういう such, (like)this/這,這種
koji 孤児 orphan/孤兒
kōji 工事 work(s), construction/工事,工程;***kōji-chū*** ～中 under construction/施工中
kojiki こじき beggar/乞丐,叫花子
kojimmari shita 小ぢんまりした snug, cozy, neat/(房子)小而整齊的,小巧玲瓏的,舒適的
kojin 個人 individual/個人
kojin 故人 deceased, dead/故人,舊友;死者
kōjō 工場 factory, plant, mill/工廠
kōka 効果 effect/效果,功效,成效;***kōka no aru*** ～のある effective/有效果的,有效的;***kōka no nai*** ～のない ineffective/無效果的,無效的
kōka 硬貨 hard money, coin/硬幣,金屬貨幣
kōkai 航海 voyage, navigation/航海;***kōkai suru*** ～する navigate, sail for/航海
kōkai 後悔 regret, repentance/後悔;***kōkai suru*** ～する repent of, regret, be sorry for/後悔,懊悔
kōkaidō 公会堂 public hall, town hall/公衆會堂

kōkai suru 公開する open(to the public), public/公開
kōka na 高価な expensive, dear, costly/高價的,大價錢的
kōkan suru 交換する exchange, make an exchange/交換,互換
koke こけ moss/苔,蘚
kōkei 光景 spectacle, sight, scene, view/光景,様子,情景
kokei no 固形の solid/固形的,成固體的
kōken 貢献 contribution, service/貢獻; ***kōken suru*** ～する contribute to, make a contribution to/貢獻
kōketsuatsu 高血圧 high blood pressure, hypertension/高血壓
kōkishin 好奇心 curiosity/好奇心; ***kōkishin no tsuyoi*** ～の強い curious/好奇心强的
kokka 国家 state, country, nation/國家
kokka 国歌 national anthem/國歌
kokkai 国会 National Diet, Congress, Parliament/國會
kokkei na こっけいな funny, humorous/滑稽的,可笑的
kokki 国旗 national flag/國旗
kokkyō 国境 frontier, border, boundary/國境,國界
kōkoku 広告 advertisement/廣告; ***kōkoku suru*** ～する advertise/作廣告,宣傳
kokonotsu 九つ nine/九個,九歳
kokoro 心 mind, spirit, heart, will/心,心地,心胸,心腸,精神; ***kokoro-narazumo*** ～ならずも against one's will/違心地,迫不得已; ***kokoro ni tomeru*** ～に留める bear in mind/記在心裏
kokorobosoi 心細い helpless, hopeless, lonely/心中没底的,發慌的,失望的
kokoroe 心得 knowledge, rules, directions/知識,經驗,規則,須知; ***kokoroeru*** ～る know, understand/理解,明白,體會
kokorogakari 心掛り care, anxiety/擔心,掛心
kokorogakeru 心掛ける intend, mean, keep in mind/留心,注意,記在心裏
kokorogawari 心変り change of mind/變心,變主意; ***kokorogawari ga suru*** ～がする change one's heart/變心
kokorogurushii 心苦しい painful, regrettable/難過的,難受的
kokoromi 試み trial, test, attempt/試,嘗試; ***kokoromiru*** ～る try, attempt/試試
kokoroyoi 快い pleasant, agreeable, comfortable/高興的,愉快的,(病情)良好的; ***kokoroyoku*** 快く pleasantly/高興地,愉快地

kokorozashi 志 will, intention, purpose, ambition; kindness, goodwishes, goodwill/志向,意圖;厚意,盛情; ***kokorozashi o tateru*** ～を立てる aspire, be determined/立志
kōkū 航空 aviation, flying, flight/航空
kokuban 黒板 blackboard/黑板; ***kokuban-fuki*** ～ふき eraser/黑板擦
kokufuku 克服 conquest/克服; ***kokufuku suru*** ～する conquer/克服,征服
kokugo 国語 language, national language/國語
kokuhaku 告白 confession/坦白,自白,自供,(宗教)告解; ***kokuhaku suru*** ～する confess/坦白,自白
kokuhō 国宝 national treasure/國寶
kokujin 黒人 Negro/黑人
kokumin 国民 nation, people/國民,公民
kokumotsu 穀物 grain, corn, cereals/穀物,五穀,糧食
kokunai 国内 interior/國內; ***kokunai no*** ～の internal, domestic/國內的
kokuren 国連 the United Nations/聯合國
kokuritsu no 国立の national, state, government/國立的
kokusai 国際 ***kokusai-teki na*** ～的な international/國際性的; ***kokusai kankei*** ～関係 international relations/國際關係
kokusan 国産 home[domestic]production/國產
kokuseki 国籍 nationality/國籍
koku suru 濃くする deepen, thicken, make thick[strong]/加深,加濃,加厚
kokutetsu 国鉄 national railway[railroad]/國營鐵路
kokyō 故郷 one's old home, native place/故鄉
kokyū 呼吸 breath, breathing/呼吸; ***kokyū suru*** ～する breathe/呼吸
kōkyū na 高級な high-class grade/高級的,上等的
koma こま top/陀螺
komakai 細かい small, fine, minute, close/小的,細的,零碎的
komaru 困る suffer, be troubled/感到困難,爲難,受窘,困惑
komban 今晚 this evening, tonight/今晚
kome 米 rice/大米
kommyōnichi 今明日 today or[and]tomorrow/今天或(和)明天; ***kommyōnichi-jū ni*** ～中に in a day or two/今、明兩天中
kompon 根本 foundation, origin/根本; ***kompon no*** ～の basic, radical/根本的,基本的
komu 込む be packed, be crowded/擁擠,雜沓
kōmuin 公務員 public servant, official/公務員,政府機關職員

komugi 小麦 wheat/小麥;***komugi-ko*** ～粉 flour/小麥粉,麵粉
kōmuru 被る suffer, receive, get/戴,蓋上,蒙上
kōmyō na 巧妙な skillful, clever/巧妙的
kon 紺 dark[deep]blue, navy blue/藏青,深藍
kona 粉 flour, meal, powder/粉,粉末
konchū 昆虫 insect/昆蟲
kondate 献立 bill of fare, menu/菜單
kondo 今度 this time, next time/這次,這回;下一次,將來
kondō suru 混同する confuse, mix up/混同,混淆
kōnetsu-hi 光熱費 heat and light expenses/電燈燃料費
kongetsu 今月 this month/這個月,本月
kongo 今後 after this, in the future/今後,以後,將來;***kongo no*** ～の future, coming/今後的,以後的,將來的
kongō 混合 mixing, mixture/混合;***kongō suru*** ～する mix, mingle, compound/混合
konimotsu 小荷物 parcel, packet/(隨身帶的)小件行李
kon'in 婚姻 marriage, matrimony/婚姻
kon'i na 懇意な friendly, familiar, intimate/懇切的,親切的,好意的;親密的
kōnin suru 公認する authorize, approve/公認;***kōnin no*** 公認の authorized, approved/公認的,認可的,委任的
konki 根気 patience, endurance/耐心,毅力;***konki ga yoi*** ～がよい patient/有耐心,有毅力;***konki yoku*** ～よく patiently/堅忍不拔地
kon'na こんな such,(like) this/這樣的;***kon'na ni*** ～に so/這樣地;***kon'na fū ni*** ～風に like this/像這樣地
kon'nan 困難 difficulty, trouble/困難;***kon'nan na*** ～な difficult, hard, troublesome/困難的,窮困的
kon'nichi 今日 today, this day, these days, at present/今日,今天,現在;***kon'nichi no*** ～の of the days, present day/今日的,現在的
konoaida この間 the other day, some time ago/前些日子
konogoro このごろ now, at present, recently/(過去的)最近;***tsui konogoro*** ついこのごろ only the other day, quite recently/就是最近,這幾天
konohen ni この辺に near[about, around]here, in this neighborhood/在這邊,靠這邊來
konokurai このくらい about this, about so much[many, big, long]/這些
konomae この前 last, last time, previously/前幾天,此前;***konomae no*** ～の last, previous, former/前幾天的,此前的

konomashii 好ましい desirable, nice/可喜的,理想的,令人滿意的; ***konomashikunai*** 好ましくない undesirable/不理想的,不能令人滿意的
konomi 木の実 fruits, nuts, berries/果實
konomi 好み taste, liking/嗜好,趣味; ***konomi no*** ～の favorite/流行的,時尚的
konomu 好む like, be fond of/愛好,喜歡
konosai この際 at this juncture, now, under the circumstances/此時,在這種情況下
konotabi この度 this time, now/這次,這回,此次
konotoki この時 at this time[moment]/這時,此時
konotsugi この次 next[another]time/下一次,今後
konran 混乱 confusion, disorder/混亂; ***konran suru*** ～する be confused/混亂
konsento コンセント electrical outlet, plug receptacle/(電)萬能插口,接線板
konshū 今週 this week/本週
kon'ya 今夜 tonight, this evening/今晚
kon'yaku 婚約 engagement/婚約,訂婚; ***kon'yaku suru*** ～する engage oneself to, be engaged to/訂婚
kore これ this/這個; ***korera*** ～ら these/這些; ***koremade*** ～まで so far, until now/到此爲止
kōri 氷 ice/冰; ***kōri no yōna*** ～のような icy/冰似的,冰冷的
koriru 懲りる learn by experience/懲前毖後
koritsu 孤立 isolation/孤立; ***koritsu shita*** ～した isolated, solitary/孤立的
koro ころ time, about, toward/時候,時分; ***sono koro*** その～ in those days, at that time/那時,當時
kōro 航路 sea route, course, line/航線
korobu 転ぶ tumble(down), fall(down)/滾轉,跌倒
kōrogi こおろぎ cricket/蟋蟀
kōron 口論 dispute, quarrel/口角,吵嘴
korosu 殺す kill, murder/殺,致死
koru 凝る stiffen, be absorbed in/凝固,熱衷於
kōru 凍る freeze, be frozen/結冰,結凍
kōryo 考慮 consideration, thought/考慮; ***kōryo suru*** ～する consider/考慮
kōsai 交際 intercourse/交際,交往,應酬; ***kōsai suru*** ～する associate with/(與人)交際,交往
kosame 小雨 light rain/小雨,微雨
kōsa suru 交差する cross, intersect/交叉
kōsaten 交差点 junction, intersection, crossing/交叉點,十

字路口,十字街頭
kosei 個性 individual character/個性
kōsei 構成 construction, composition/構成,構造;*kōsei suru* ～する constitute/構成,組織
kōsei 公正 justice/公正,公允;*kōsei na* ～な just, fair/公正的
kōsei 校正 proof-reading/校對
koseki 戸籍 (census) register/户口,户籍
kōsen 光線 light, beam/光線
kōsha 校舎 schoolhouse, school building/校舍
kōsha 後者 latter/後者
koshi 腰 waist, hip/腰,腰部
kōshi 講師 lecturer, speaker/(大學)講師;演講者
koshikake 腰掛 seat, chair, bench/椅子,長椅
kōshiki 公式 formality, formula/公式
kōshin 行進 march, parade/前進,行進,進行
koshō 故障 accident, defect/障礙,故障,事故;*koshō suru* ～する get out of order, break down/(機器等)出故障
kōshoku 好色/好色;*kōshoku no* ～の amorous, lewd/好色的,多情的,脈脈含情的;*kōshoku bungaku* ～文学 pornographic literature, pornography/色情文學
kōshū 公衆 public/公衆;*kōshū-denwa* ～電話 public telephone/公用電話
kōsō (no) 高層(の) many-storied, tall/高層,高空;*kōsō-biru* 高層ビル tall[high-rise]buildings/高層建築
kossori こっそり quietly, secretly/悄悄地,暗暗地,偷偷地
kosu こす filter, strain/濾,過濾
kōsui 香水 perfume, scent/香水
kosuru こする rub, scrub/揩,擦,拭
kotae 答え answer, reply, solution/回答,答覆;解答;*kotaeru* ～る answer, reply/回答,答覆,解答,報答
kōtai 交代 turn, relief/交替,輪換;*kōtai suru* ～する take turns, take place/交替,輪換;*kōtai de* ～で by turns, in turn/輪班
kōtaishi 皇太子 Crown Prince/皇太子
kōtai suru 後退する retrograde, recede, retreat/後退,倒退
kōtei 皇帝 emperor/皇帝
kōtei 校庭 playgrounds, schoolgrounds/學校操場
kotei suru 固定する be fixed, settle/固定
koten 古典 classics, classical literature/古法,古典;古書
koto 事 thing, matter, affair, fact/事,事情,事實;事務,工作
koto 琴 Japanese harp/日本古琴

kōtō(no) 高等(の) high, advanced, high-class/高等,上等,高級;***kōtō-gakkō*** ～学校 senior high school/高級中學,高中
kōtō 口頭/口頭,口頭上;***kōtō no*** ～の oral, verbal/口頭的
kotoba 言葉 speech, language, word, term/語言,話,言詞
kotogotoku ことごとく all, one and all, entirely/所有,一切,全部
kōtokushin 公徳心 public morality/公德心
kotonaru 異なる differ from, be different from/不同,不一樣;***kotonatta*** 異なった different/不同的,不一樣的
kotoni 殊に (e)specially, particularly, in particular, above all/特別,格外
kotori 小鳥 small[little]bird/小鳥
kotoshi 今年 this year/今年
kotowari 断り refusal, excuse, apology/預告;拒絶,推辭;道歉;***kotowaru*** 断る decline, refuse, apologize/預先通知(請示,説好);拒絶,禁止;道歉,辯白;辭退
kotowaza ことわざ proverb, maxim/成語,諺語
kotozuke 言付け message/託付,託捎口信
kōtsū 交通 communication, traffic/交通
kotsubu 小粒 small grain/小粒,細粒
kōtsugō na 好都合な favorable, fortunate/方便,便當,順利
kouma 小馬 pony/矮種馬,小馬; 子馬 colt/小馬駒
kōun 幸運 good fortune, good luck/幸運,僥倖;***kōun na*** ～な fortunate, lucky/幸運的,僥倖的;***kōun nimo*** ～にも fortunately/幸而,幸虧
kouri 小売り retail/零售,小賣;***kouri suru*** ～する retail/零售
koushi 子牛 calf/犢,小牛犢
kowagaru 怖がる fear, be afraid of, dread/害怕
kowareru 壊れる break, be broken, be damaged, break down, get out of order/壞,碎;(轉義)失敗
kowasu 壊す break, destroy, ruin/打碎,損壞,毀壞;損害
koya 小屋 cottage, hut, cabin/小房屋,小板屋,茅舍,窩棚
kōya 荒野 wildness, waste, the wilds/荒野
koyagi 子山羊 kid /小山羊
kōyō 紅葉 red leaves, autumnal foliage/楓葉,紅葉
koyomi 暦 calendar, almanac/曆,曆書,(一天一天撕的)日曆
kōza 講座 chair, course, professorship/講席,講座,短訓班
kōza 口座 bank account/(銀行、帳號)户頭;***kōza o hiraku*** ～を開く open an account/開户頭
kozeni 小銭 change, small change [money]/零錢,零用錢;小錢

kōzō 構造 structure, construction/構造,結構
kozue こずえ treetop, twigs/樹梢,樹枝
kōzui 洪水 flood, inundation/洪水
kozukai 小遣 pocket money/零用錢
kozutsumi 小包 package, parcel/小包;郵包,包裹;***yūbin kozutsumi*** 郵便～ parcel post/郵包,包裹
ku 句 phrase, clause/詞組;分句,從句
ku 区 ward, district, area/區域,地區,行政區
ku 九,9 nine/九
kubaru 配る distribute, deal out, deliver/分配,分派,分送
kubetsu 区別 distinction, difference, classification, division/區別,分辨;***kubetsu suru*** ～する distinguish/區別,分辨
kubi 首 neck/頸;脖子;***kubi-kazari*** 首飾り necklace/項鏈
kubi ni suru[naru] 首にする[なる][be]dismiss[ed],[be]fire[d]/撤職,開除
kuchi 口 mouth/嘴;***kuchibue*** 口笛 whistle/口哨
kuchibashi くちばし bill, beak/鳥嘴,喙
kuchibeni 口紅 rouge, lipstick/口紅,唇膏
kuchibiru くちびる lip/唇,嘴唇
kuchi-yakamashii 口やかましい sharp-tongued, nagging/話多的,嘴碎的,嘮嘮叨叨的
kuchizuke 口付け kiss/接吻,親嘴
kūchū 空中/空中;***kūchū no*** ～の aerial, air/空中的;***kūchū ni*** ～に in the air[sky]/在空中,在天空
kuda 管 pipe, tube/管;紡紗管
kudakeru 砕ける break, go to pieces, be broken/碎,破碎
kudamono 果物 fruit, fruits/水果,鮮果
kudaranai 下らない trifling, worthless, useless/無用的,無價值的
kudaru 下る go down, descend, fall/下,下去,下降
kudoi くどい tedious, lengthy/囉嗦的,冗長的
kufū 工夫 device, invention, contrive, design/動腦筋,想辦法;竅門
kūfuku 空腹 hunger/餓;***kūfuku na*** ～な hungry/餓的
ku-gatsu 九月 September/九月
kugi くぎ nail, peg/釘,釘子
kugiri 区切り end, stop, pause/句讀;段落;***kugiru*** 区切る divide, mark off/加句點,分段落
kūgun 空軍 air force/空軍;***kūgun-kichi*** ～基地 air base/空軍基地
kuguru くぐる dive, pass under/潛,潛水
kūhaku 空白 blank/空白

kuichigau 食い違う run counter, collide/有分歧,發生矛盾; ***kuichigai*** 食い違い discrepancy/不一致,(有)矛盾,(有)分歧
kuisugiru 食い過ぎる eat too much, overeat/吃過量
kuji くじ lot, lottery/籤,鬮
kujikeru くじける be discouraged, lose heart/挫傷,沮喪
kujira 鯨 whale/鯨
kujō 苦情 complaint/苦楚,抱怨; ***kujō o iu*** ~を言う complain(of), grumble/訴苦,抱怨
kūkan 空間 space, room/空間
kukei 矩形 rectangle/矩形
kuki 茎 stalk, stem/莖
kūki 空気 air, atmosphere/空氣
kukkiri くっきり distinctly, clearly/輪廓分明,清楚
kūkō 空港 airport/航空港,空港
kuma くま bear/熊
kumi 組 class, company, group/班,組,夥
kumiai 組合 association, partnership, union/工會,行會
kumiawase 組合せ combination, assortment/配合,組合,搭配; ***kumiawaseru*** 組合せる combine, join together, match/編組在一起,搭在一起,配合
kumifuseru 組み伏せる hold down, put under/把…摔倒,按倒
kumitsuku 組つく grapple with, seize hold of/扭成一團,揪住
kumo くも spider/蜘蛛; ***kumo no su*** ~の巣 (cob)web/蜘蛛網
kumo 雲 cloud/雲
kumoru 曇る become cloudy, become dim/陰,變模糊,變朦朧; ***kumori no*** 曇りの cloudy/陰天的,朦朧的,有愁容的
kumoyuki 雲行 sky, weather, situation/雲彩移動的樣子,天氣,情勢
kumu 組む braid, plait, unite with/編,組成
kumu 汲む draw, ladle, dip/汲(水),斟(酒),酌(酒)
kuni 国 country, land, state, nation/國,國家;國土;家鄉
kunren 訓練 training, exercise/訓練; ***kunren suru*** ~する train/訓練
kura 倉 warehouse, storehouse/倉庫,庫房
kuraberu 比べる compare, make a comparison/比較,比一比,較量
kuragari de 暗がりで in the dark(ness)/在暗處
kurai 位 grade, rank, about, some/地位,職位,學位
kurai 暗い dark, gloomy/黑暗的,暗的

kurashi 暮し living, life/生活,日子,生計
kurasu 暮す live, make a living/生活,度日,過日子
kure 暮 the end of the year/歲末,年終; ***yūgure*** 夕暮 nightfall/黄昏,傍晚
kureru 暮れる grow [get] dark/日暮,天黑
kureru くれる give/給(我)
kuri くり chestnut/栗子,栗色
kurikaesu 繰り返す repeat, do…over again/反復,重複; ***kurikaeshite*** 繰り返して repeatedly/反復地
kurinuku くりぬく scoop [gouge] out/挖通,鑿穿
kuro 黒 black/黑; ***kuroi*** ～い black/黑色的
kurō 苦労 troubles, hardships/勞苦,艱苦,辛苦; ***kurō suru*** ～する go through hardship, suffer hardship/勞苦,辛苦
kurōto 玄人 expert, professional/行家,專門家,内行
kuru 来る come/來
kuru-kuru くるくる (turn) round and round/滴溜溜地
kuruma 車 car, wheel, motor car/輪子;車子,汽車; ***kuruma ni noru*** ～に乗る take a car/乘車
kurumi くるみ walnut/胡桃,核桃
kurushii 苦しい painful, needy/苦的,痛苦的,貧困的
kurushimeru 苦しめる torment, torture, worry/使痛苦,虐待,折磨
kurushimi 苦しみ pain/痛苦,煩惱
kurushimu 苦しむ feel pain, suffer/痛苦,苦惱
kuruu 狂う go mad, be out of order/發瘋,發狂,失常
kusa 草 grass, weed/草
kusai 臭い bad [foul]-smelling, stinking, offensive/臭的
kusamura 草むら bush/草叢
kusaraseru 腐らせる spoil, rot, addle, be discouraged/使腐爛,發腐
kusari 鎖 chain/鎖鏈,鏈子
kusaru 腐る rot, go bad, decay, feel blue [gloomy]/腐敗,墮落
kuse 癖 habit/癖,習氣; ***kuse ni naru*** ～になる get into a habit/養成習慣,上癮
kūseki 空席 vacant seat, room/空座位,空缺
kusha-kusha (no) くしゃくしゃ(の) (c)rumpled, creased/蓬亂,雜亂;摺,皺; ***kusha-kusha ni suru*** ～にする crumple up/揉皺,弄亂
kushami くしゃみ sneeze, sneezing/噴嚏
kushi 串 spit, skewer/籤子;串兒; ***kushi ni sasu*** ～に刺す spit, skewer/穿在籤子上

kushi 櫛 comb/梳子

kushin 苦心 pains, efforts/苦心,費心; ***kushin suru*** ～する work hard, take pains/費心,費盡心血

kūsō 空想 fancy, vision, imagination/空想;假想,假設; ***kūsō suru*** ～する fancy, imagine, dream/空想,夢想

kusuburu くすぶる smoke/冒煙,燻(黑)

kusuguru くすぐる tickle/使癢,胳肢,胳癢癢; ***kusuguttai*** くすぐったい ticklish/怕癢的,難爲情的

kusuri 薬 medicine, remedy/藥,釉子; ***kusuri o nomu*** ～を飲む take medicine/服藥,吃藥; ***kusuri-ya*** ～屋 pharmacy/藥房; ***kusuri-yubi*** ～指 ring finger/無名指

kutō 句読 punctuation/句讀,句號和逗號; ***kutō-ten*** ～点 punctuation marks/句號和逗號

kutsu 靴 shoes, boots/鞋; ***kutsu issoku*** ～一足 a pair of shoes/一雙鞋; ***kutsu-bera*** ～べら shoehorn/鞋拔子; ***kutsu-himo*** ～ひも shoestring, shoelace/(木屐、趾夾式拖鞋的)鞋鼻兒;鞋帶; ***kutsu o haku*** ～を履く put on one's shoes/穿鞋

kutsū 苦痛 pain, agony, strain/(精神、肉體)痛苦

kutsugaesu 覆す upset, overturn, overthrow/弄翻,推翻,打倒

kutsurogu くつろぐ make oneself at home, relax, unbend/寬敞;舒暢;(解開鈕釦)寬寬衣服

kutsushita 靴下 socks, stockings/襪子

kuttsuku くっつく stick to[together],paste/粘上,粘住

kuwadate 企て plan, project, plot, attempt/計劃,企圖

kuwaeru 加える add, add up/加,添加

kuwaeru くわえる hold[take] in one's mouth/叼,銜

kuwashii 詳しい minute, full, detailed, knew well/詳細的,精通的

kuyami 悔み condolence, sympathy/悔,後悔,吊唁

kuyamu 悔やむ repent, regret, condole/後悔,吊喪

kuyashii 悔しい vexing, regrettable/令人悔恨的,遺憾的; ***kuyashigaru*** 悔しがる be vexed, regret/(感到)悔恨

kuyo-kuyo suru くよくよする worry, brood/鬱悶,悶悶不樂

kūyu 空輸 air transport(ation)/空中運輸,空運

kuzu くず waste, refuse, rubbish, scraps/碎塊,碎屑;廢物; ***kuzukago*** ～かご waste basket/字紙簍

kuzureru 崩れる collapse, break, fall/崩潰,倒塌

kuzusu 崩す break, destroy, demolish/使崩潰,拆毀;(大票)換成零錢

kyabetsu キャベツ cabbage/包菜,捲心菜,洋白菜

kyaku 客 visitor, guest, customer, passenger/客,客人,來

賓;顧客
kyō 今日 today /今天,本日
kyōbai 競売 auction/拍賣,競賣
kyōchō 協調 cooperation, harmony/協調,和諧;***kyōchō suru*** ～する cooperate/協調;***kyōchō-teki na*** ～的な cooperative/協調的,和諧的
kyōchō suru 強調する emphasize, stress/强調,極力主張
kyōdai 兄弟 brother, sister/兄弟,姐妹
kyōdō 共同 cooperation, association/共同;***kyōdō no*** ～の common/共同的
kyōfu 恐怖 fear, terror/恐怖
kyōgaku 共学 coeducation/男女同校
kyōgi 協議 conference, discussion/協議,協商;***kyōgi suru*** ～する talk over, discuss/協商,商議
kyōgū 境遇 circumstances, surroundings, condition/境遇,處境,環境
kyōhaku 脅迫 threat, compulsion/脅迫,威脅
kyōi 驚異 wonder/驚異,驚奇;***kyōi no*** ～の wonderful/驚異的,驚奇的
kyōiku 教育 education/教育;***kyōiku suru*** ～する educate/教育
kyojin 巨人 giant/身軀高大的人;(童話中的)巨人
kyōju 教授 professor/教授
kyōkai 協会 society, association/協會
kyōkai 教会 church, chapel/禮拜堂,教會
kyōkasho 教科書 textbook/教科書,課本
kyoku 曲 tune, air, piece, music/彎曲;歪曲;曲調,歌曲
kyoku 局 bureau, office/(官廳的)局,司
kyokusen 曲線 curved line, curve/曲線
kyokutan 極端 extreme, extremity/極端,過火;***kyokutan na*** [***ni***] ～な[に] extreme[ly]/極端的(地),過火的(地)
kyōkyū 供給 supply, provision/供給,供應;***kyōkyū suru*** ～する supply, with, provide with/供給,供應
kyōmi 興味 interest, taste/興趣,興致;***kyōmi no aru*** ～のある interesting/有興趣的;***kyōmi ga aru*** ～がある be interested in/有興趣,感興趣
kyonen 去年 last year/去年
kyōretsu na 強烈な intense, strong/强烈的
kyori 距離 distance, range/距離,間隔
kyōri 郷里 one's(old) home, native place/故鄉,鄉里
kyōryoku na 強力な strong, powerful/强力;(力學)高强度
kyōsei 強制 compulsion/强制;***kyōsei suru*** ～する compel,

force/强制,强迫
kyōshi 教師 teacher, master/教師
kyōshitsu 教室 classroom/課堂,教室
kyōshuku suru 恐縮する be grateful [much obliged] to/(表歉意)惶恐,對不起
kyōsō 競争 competition/競爭,競賽;*kyōsō suru* ~する compete with/競爭,競賽
kyōsō 競走 race, run/賽跑;*kyōsō suru* ~する run a race/賽跑
kyōtei 協定 agreement, convention/協定;*kyōtei suru* ~する agree on, arrange/協定,協商決定
kyōtsū no 共通の common/共同的
kyōwakoku 共和国 republic, commonwealth/共和國
kyōyō 教養 culture, education/教育,教養,素養
kyozetsu 拒絶 refusal, rejection/拒絶;*kyozetsu suru* ~する refuse, reject/拒絶
kyū 球 ball, globe/球,球體
kyū 九,9 nine/九
kyūbyō 急病 sudden illness/急病,暴病
kyūden 宮殿 palace/宮殿
kyūji 給仕 waiter, waitress, steward, stewardess/伺候(吃飯);侍者,勤雜,工友
kyūjitsu 休日 holiday/休息日,休假日
kyūka 休暇 holidays, vacation/休假;*kyūka o toru* ~をとる take a holiday/請假
kyūkei 休憩 rest, recess/休息
kyūkō 急行 express(train), rapid service/急往;快車
kyūkon 求婚 proposal/求婚;*kyūkon suru* ~する propose/求婚
kyūkon 球根 bulb, tuber/球根
kyūkutsu na 窮屈な narrow, strict/窄小的,瘦小的,發緊的;不舒暢的
kyūkyū 救急 first aid/急救;*kyūkyū-sha* ~車 ambulance/急救車,救護車;*kyūkyū-yaku* ~薬 first-aid medicine/急救藥
kyū na[ni] 急な[に] quick[ly], hasty[-ily], sudden[ly]/急的,緊急的(地),突然的(地)
kyūryō 給料 pay, salary/工資,薪水
kyūshi suru 休止する stop, cease, pause/休止,停止
kyūsho 急所 vital spot, vital point/(身上)要害,致命處;弱點
kyūsoku 休息 rest, relaxation/休息;*kyūsoku suru* ~する rest, take a rest/休息
kyūsoku no[ni] 急速の[に] rapid[ly], swift[ly]/迅速

kyūyō 急用 urgent, business/急事
kyūyū 旧友 old friend/老朋友,舊友

M

ma 間 space, room, interval/空隙,間隔;房間,屋子
mā まあ Oh!; Dear me! /(表示驚訝)唷,嘿
maatarashii 真新しい fresh, new/全新的,嶄新的
mabataki まばたき wink, blink/瞬,眨眼
mabayui まばゆい dazzling, glaring/晃眼的,相形見絀的
maboroshi 幻 vision, dream, phantom, illusion/幻,幻影,幻想,虛幻
mabushii まぶしい dazzling, glaring/晃眼的;耀眼的
machi 町 town, city/鎮,城鎮;***machi-jū*** ～中 the whole town/整個鎮,全鎮
machiaishitsu 待合室 waiting room/候車(診、機)室
machigaeru 間違える make a mistake, mistake/弄錯,搞錯
machigai 間違い mistake, error/錯誤,過錯;***machigai nai*** ～ない unmistakable, right, correct/沒有錯,對的
machigatte 間違って by mistake, by accident/錯誤;意外
machikaneru 待ち兼ねる wait impatiently for/等得不耐煩
mada まだ (not)yet, as yet, so far, still/未,尚,還;不過,才
made まで till, until, up to, as far as/到…爲止,直到
madeni までに by, by the time, before, not later than/在…之前
mado 窓 window/窗,窗户;***mado-garasu*** ～ガラス window-pane/窗玻璃
mae 前 front/前,前面;***mae no*** ～の former, previous/前面的,上次的;***mae no hi*** ～の日 the previous day/前一天;***mae ni*** ～に ago, since, before/從前;先,預先;***mae de*** ～で in front of/在…之前;***maemotte*** ～もって beforehand, in advance/預先,事先
maeashi 前足 forefoot, foreleg, paw/(獸類的)前足,前肢
maeuri 前売り booking, advance sale/(戲劇等)預先售票
mafuyu 真冬 midwinter /嚴冬,三九天
magarikado 曲り角 corner, turning/拐角
magari suru 間借りする take[rent]a room/租房間;***magari-nin*** 間借人 lodger, roomer/租房人
magaru 曲る bend, curve/曲,彎曲
magatta 曲った bent, crooked, winding/彎彎曲曲的,蜿蜒的
mageru 曲げる bend, curve, crook/彎,曲,折彎

magirawashii 紛らわしい misleading, confusing/容易混淆的,不易分辨的

magiwa ni 間際に just before, at the last moment/正要…時候,快要…以前

mago 孫 grandchild, grandson, granddaughter/孫子,孫女

magokoro 真心 sincerity, true heart/真心,誠意; ***magokoro komete*** ～こめて devotedly, earnestly/誠心誠意地

mago-mago suru(=magotsuku) まごまごする[まごつく]get confused, be perplexed, wander[knock]about, hang about, be embarrassed/張皇失措,手忙腳亂,徘徊

maguro まぐろ tunny, tuna(fish)/金槍魚

mahō 魔法 magic, witchcraft/魔術,妖術; ***mahō-tsukai*** ～使い magician, wizard, witch/魔術師,魔法師,巫師

mahōbin 魔法びん vacuum bottle, thermos(bottle)/熱水瓶,保溫瓶

mai 舞 dancing, dance/舞,舞蹈

mai 毎 every/每; ***maiasa*** ～朝 every morning/每天早晨; ***maiban*** ～晩 every night [evening], night after night/每天晚上,每晚

maido 每度 each[every]time, often, frequently, always/每次,屢次,常常

maigo 迷子 lost[missing, stray]child/迷路的孩子,走失的孩子

mainen 毎年 every year, yearly, annually/每年
mainen no ～の annual, yearly/每年的

mainichi 毎日 every day, daily/每天,每日

mairu 参る go, come, be beaten, be annoyed/(表謙虛)去,來;參拜

maishū 毎週 every week, weekly/每星期,每週

majime まじめ seriousness, earnestness/真,認真,誠實,正經,踏實; ***majime na[ni]*** ～な[に]serious[ly], earnest[ly]/認真的(地),誠實的(地),踏實的(地)

majinai まじない charm/符咒

majiwari 交わり intercourse, association/交際,來往

majiwaru 交わる associate with, come in contact with/交往,交際;交叉

majo 魔女 witch, sorceress/女巫,魔女

majutsu 魔術 conjuring trick, jugglery/妖術; ***majutsu-shi*** ～師 juggler, magician/施妖術的人,巫師

makaseru 任せる leave, commit to a person's care/委託,託付;聽憑,聽任

makasu 負かす defeat, beat, get the better of/打敗,使讓價

make 負け defeat/輸,敗北;減價;***makeru*** ～る be defeated, be beaten, lose/輸,負,敗;讓價
maki まき (fire)wood/劈柴
makiba 牧場 pasture, grass/牧場
makimono 巻物 scroll, rolled item/畫軸,書畫;(成卷的)布疋
makka(na) 真っ赤(な) deep red, crimson/通紅,深紅
makkuro(na) 真っ黒(な) deep black/烏黑,漆黑
maku まく scatter, spread, sprinkle, sow, plant/撒,散播;播種
maku 幕 theater curtain, act or scene(of a play)/幕;場合
maku 巻く wind, roll, coil/捲,捲起;擰發條,上弦;纏
makura 枕 pillow/枕頭
mama(ni) まま(に) as, as it is, with/一如原樣,原封不動;仍舊,照舊
mamahaha まま母 stepmother/繼母
mame 豆 bean, pea/豆,大豆
mamonaku 間もなく soon, presently/不久,一會兒,不大工夫
mamoru 守る keep, defend, protect, observe/守,守衛,保衛,防守,保護;遵守,保守
man 万 ten thousand/萬
manabu 学ぶ learn, take lessons, study/學,學習
manaita まな板 chopping board/肉墩子,切菜板
manatsu 真夏 midsummer/盛夏,三伏天
manchō 満潮 high tide/(漲潮時的)滿潮
mane まね imitation, mimicry/學,裝,倣傚,傚法,模倣;***maneru*** ～る imitate, mimic/模倣,倣傚
maneki 招き invitation/請,招請,招待
maneku 招く invite, ask/請,招待,招聘
manga 漫画 cartoon, caricature/漫畫
mangetsu 満月 full moon/滿月,望月
maniau 間に合う be in time for, catch, do/來得及,趕得上;有用,起作用
man'ichi 万一 by any chance, if…should/萬一
man'in (no) 満員(の) jammed, overcrowded/名額已滿,滿座
mankai 満開 in full bloom/滿開,盛開
man'naka 真ん中 the middle, central/中央,當中
man'nenhitsu 万年筆 fountain pen/自來水筆
manugareru 免れる escape, be saved from, avoid/免,避免,擺脱
manzoku 満足 satisfaction, gratification, contentment/滿足,滿意,心滿意足;

manzoku suru ～する be satisfied, be gratified, be contented/滿足,使滿意
manzoku na[ni] ～な[に]satisfactory[-ily]/滿足的(地),滿意的(地)
mare na まれな rare, unusual, uncommon/稀,稀少,稀奇; ***mare ni*** まれに rarely, seldom/稀罕地
maru 丸 circle, ring/圓形; ***maruku*** ～く round, in a circle/圓,圓地; ***marui*** ～い circular, round/圓的
marude まるで quite, entirely, perfectly, as if…, as it were, so to speak/完全,全部,簡直;正如,恰像
masaka まさか by no means, can not be; It is improbable that…/決不,萬萬想不到;難道
masani まさに just, exactly, certainly, be about to do/真的,的確;當然,應當
masaru 勝る surpass, be superior to/勝過,勝於
masatsu 摩擦 friction, rub, chafe/摩擦
mashite まして much[still]more, much[still]less/何況,況且,更(不)
massaichū 真っ最中 in the midst of, at the height of/正當中;正盛的時候
massaki ni 真っ先に at the very start, first, first of all/最先,首先,最前面
massao na 真っ青な deep blue, deathly pale/深藍的;(臉色)蒼白的
masshiro na 真っ白な pure white/雪白的
massugu na まっすぐな straight, in a straight line/筆直的,照直的
masu ます salmon, trout/鮭魚,鱒魚
masu 増す increase, grow, gain/增長,增加,增多
masu-masu ますます more and more, still more/日益,越發
mata また and, again, once more, besides/又,再,還;亦,也;而且
matagaru またがる ride, mount, sit astride/跨,騎;橫跨
matagu またぐ step over[across]/邁過,跨過
mataseru 待たせる keep waiting/讓等(待)
matataki 瞬き wink, blink/眨眼
matataku 瞬く wink, blink, flicker, twinkle/眨眼,(星光)閃耀
mata wa または or, either…or/或,或者
mato 的 mark, target/的,靶子;目標,目的,要害
matomeru まとめる settle, arrange/解決,搞妥;彙集,彙總,統一

matomete まとめて in a lump, by the lump/歸納起來,總共
matsu 松 pine(tree)/松,松樹
matsu 待つ wait for, look forward to, expect/等,等待;期望,指望
matsuri 祭 festival/祭典,祭祀;祭日,節日
mattaku 全く quite, entirely/完全,全然;實在
mau 舞う dance/舞蹈;飛舞
maue 真上 right above, overhead/正上面,頭頂上,正當頭
mawari まわり circumference, surroundings, around, tour/周圍,四周;繞;巡迴,巡邏
mawaru 回る turn round, revolve, rotate/轉,轉動;巡迴,周遊;繞道,迂迴
mawasu 回す turn, revolve, spin/轉;傳遞,轉送,轉交
mayonaka 真夜中 in the middle of the night, in the dead of night/半夜
mayou 迷う be puzzled[perplexed], lose one's way/迷,迷惑,迷路,迷戀
mayowasu 迷わす perplex, puzzle, mislead/迷惑,蠱惑
mayu まゆ eyebrow/眉,眉毛;***mayu o hisomeru*** ～をひそめる knit one's brows, frown/皺眉,情況不妙
maza-maza to まざまざと clearly, vividly/歷然,清清楚楚地
mazeru まぜる mix, mingle/攙合,攙入,混合
mazu まず first(of all), to begin with/首先,開頭,最初
mazushii 貧しい poor/(集體性的)窮,貧困
me 目 eye/眼睛;***me ga sameru*** ～が覚める awake/醒,醒悟
me 芽 bud, sprout/芽
meate 目当て aim ,purpose/目標,目的
mebaeru 芽生える sprout, bud/發芽,出芽,萌出芽
medatsu 目立つ stand out, be conspicuous, attract attention/顯眼,引人注目;鮮明,顯著
medetai 目出たい happy, joyous/可慶可賀的,吉慶的,吉利的
megane 眼鏡 glasses, spectacles/眼鏡
megumi 恵み blessing, mercy, charity/恩惠
megumu 恵む favor, bless, give money in charity/施恩惠;救助,周濟
megusuri 目薬 eye lotion, eyewash/眼藥;小恩小惠,賄賂
mei めい niece/姪女,甥女
meibo 名簿 list/名册,人名簿;名單
meibutsu 名物 special product/名産,有名的東西
meichū 命中 hit/命中;***meichū suru*** ～する hit, strike/命中
meigetsu 明月 bright moon/明月

meihaku na[ni] 明白な[に] clear[ly], obvious[ly], evident [ly]/明白的,明顯的
meijin 名人 master, expert/名人,專家
meirei 命令 order, orders, command/命令;*meirei suru* ～する order, command/命令
meisei 名声 fame, note, reputation/名聲,名譽
meishi 名刺 name[calling] card/名片
meishi 名詞 noun/名詞
meishin 迷信 superstition/迷信
meisho 名所 famous sight, place of interest/名勝(古蹟)
meiwaku 迷惑 trouble, bother, annoyance/麻煩,打攪;*meiwaku na* ～な troublesome, annoying/麻煩的,爲難的,打攪的
meiyo 名誉 reputation, honor/名譽
mekata 目方 weight/重量,分量
mekki めっき gilding, plating/鍍,電鍍
mekura めくら blind person/盲人,瞎子
memori 目盛 graduation/刻度,分度,度數
men 面 face, surface, mask/面,臉,表面,面具
mendō 面倒 trouble, difficulty/麻煩,費事;*mendō o miru* ～をみる take care of, look after/照顧,照料;*mendō-kusai* ～臭い troublesome, tiresome/非常麻煩的
mendori めん鳥 hen, pullet/雌鳥;母鷄
menjo 免除 exemption/免除;*menjo suru* ～する exempt, remit/免除
menkai 面会 interview, meeting/會見,會面;*menkai suru* ～する see, meet, interview/會見
menomae ni 目の前に before one's eyes, in one's presence/眼前,面前,跟前
menseki 面積 area/面積
mensuru 面する face, front/面向,面對,面臨
meshi 飯 cooked rice/飯,米飯
meshiagaru 召し上がる eat, help oneself to/(敬語)吃,喝,吸煙
mesu 雌 female/雌,母,牝
metsubō 滅亡 (down)fall, ruin/滅亡
metta ni めったに seldom, rarely, scarcely/胡亂地,魯莽地;不常,不多,稀少
mezamashii 目覚ましいconspicuous, striking remarkable/驚人的,非常的
mezameru 目覚める wake up, awaken/睡醒,醒悟
mezasu 目指す aim at, have an eye on/以…爲目標(目的)

mezurashii 珍しい rare, curious, uncommon/珍奇的,珍貴的,少見的;***mezurashiku*** 珍しく unusually, uncommonly/很久没有,少見少有,難得
mezurashisō ni 珍しそうに curiously/好奇地,奇妙地
mi 実 berry, fruit, nut/(植物)果實,水果;種子
miageru 見上げる look up at, look up to/仰視,抬頭看,向上看
miai 見合い marriage meeting/相對,相看
mibōjin 未亡人 widow/遺孀
mibun 身分 social position/身份,地位
miburi 身振り gesture/(表感情的)姿勢
miburui 身震い shudder, shiver/戰慄,發抖;***miburui suru*** ～する shudder, tremble, shiver/戰慄,發抖
michi 道 way, road, street/路,道路,街道
michibiku 導く lead, guide, show in/領導,引導,指導
michigaeru 見違える (mis)take…for/看錯,認錯
michi no 未知の strange, unknown/未知的,不知道的
michiru 満ちる be full of, be filled with/滿,充滿
midareru 乱れる be disordered, be confused, be in disorder/亂,不平靜;紊亂,散亂
midashi 見出し title, headline, caption/標題
midasu 乱す put out of order, disturb/弄亂,攪亂
midori 緑 green/綠
mieru 見える see, be visible, come into sight/看得見,出現在眼前;(***yōni***) ***mieru*** (ように)見える look, seem, appear, resemble/看到;彷彿,好像;顯示,露出
migaku 磨く polish, clean, brush/刷,擦
migi 右 right/右;***migi-gawa*** ～側 right side/右側,右邊
migite 右手 right hand/右手
migoto na 見事な fine, splendid, admirable/美麗,好看,漂亮
migurushii 見苦しい ugly, unbecoming/醜,難看;丟臉的
miharashi 見晴らし view, outlook/景緻,眺望;***miharashi ga yoi*** ～がよい command[have]a fine view/景緻美
mihari 見張り watch, lookout/看守,值班
mihon 見本 sample, specimen, pattern/樣本,貨樣
miidasu 見いだす find, discover/找到,發現,看出來
mijikai 短い short, brief/短的;(見識)淺的
mijikaku suru 短くする make[cut]short, shorten/弄短
mijime na 惨めな miserable, pitiable/悲慘,淒慘,慘痛
mijuku na 未熟な unripe, green, poor/未熟,生;不成熟,不熟練
mikaiketsu no 未解決の unsolved, unsettled/未解決的

mikai no 未開の uncivilized, savage/不開化,未開化;未開墾
mikake 見掛け appearance, show, look/外表,外觀
mikaku 味覚 palate, taste/(五感之一)味覺
mikan みかん (mandarin) orange, tangerine (orange)/橘子
mikata 味方 friend, supporter/同伴,朋友;支持者,擁護者; ***mikata suru*** ～する side, take sides with, stand by, support/参加某一方,支持某一方
mikazuki 三日月 new moon, crescent/月牙,新月
miki 幹 trunk/樹幹;(事物的)主要部分;(電線、鐵路)幹線
mikomi 見込み promise, hope, expectation, chances/希望;預料,估計;可能性
mikon no 未婚の unmarried, single/未婚的
mimai 見舞い inquiry, call/探望,問候,慰問
mimamoru 見守る watch, gaze at/定睛注視;保佑,照料
miman 未満 under, below, less than/未滿,不足
mimi 耳 ear/耳,耳朵;***mimiuchi suru*** ～打ちする whisper in one's ear/耳語
mina(＝min'na) 皆[みんな]all, everything, everyone/全,都,皆,一切;大家,全體;***min'na de*** みんなで in all, all together/全都,一共
minage suru 身投げする drown oneself, throw oneself into/投水,投河,投井
minami 南 south/南,南方;***minami no*** ～の southern/南方的,朝南的
minamoto 源 source/起源,源頭,水源,泉源
minarai 見習い apprenticeship, apprentice/見習,學習
minareru 見慣れる get used to, be familiar with/看慣,看熟
minasu 見なす regard, consider, look upon/看作,當作,認爲
minato 港 harbor,port/港,港口,碼頭
minikui 醜い ugly, plain, homely/醜的,難看的;醜陋的
minogasu 見逃す overlook, pass over/看漏,漏看;錯過機會
minori 実り crop, harvest/結實,收成
minoru 実る bear fruit, ripen/結(果)實,成熟
minoue-banashi 身の上話し story of one's life/經歷,閱歷
minshū 民衆 the people/民衆,群衆
minshu-shugi 民主主義 democracy/民主主義
min'yō 民謡 folk song/民謠
minzoku 民族 race, people, nation/民族
miokuru 見送る see off, send off/目送;送行,送別
miorosu 見下ろす look down/俯視,向下看;輕視,看不起
mirai 未来 future, days to come/未來,將來
miren 未練 regret, attachment/尚不熟練;戀戀不捨;***miren ga***

aru ～がある feel regret, be still attached to/不熟練;依戀
miru 見る see, look/看
miryoku 魅力 charm, enchantment/魅力;*miryoku no aru* ～のある fascinating, charming, attractive/有魅力的
misaki みさき cape/岬,海角
mise 店 shop, store/商店,鋪子
misebirakasu 見せびらかす display, show off, make a show [display]of/賣弄,誇示,顯示
miseinen 未成年 (be)under age, minority/未成年(人);*miseinen-sha* ～者 minor/未成年人
misemono 見世物 show, exhibition/雜技團,馬戲團,魔術團
miseru 見せる show, exhibit/給…看,讓…看;出示,顯示
mishin ミシン sewing machine/縫紉機
mishiranu 見知らぬ strange, unknown/自不量力,不保重身體
miso みそ bean paste/豆醬
misokonau 見損なう misjudge, make a mistake in/看錯;錯過了看的機會
missetsu na[ni] 密接な[に] close[ly], intimate[ly]/密接的(地),緊密的(地),密切的(地)
misuborashii みすぼらしい shabby, seedy, poorlooking/難看的,寒磣的,襤褸的
misugosu 見過ごす overlook, pass over/看漏,没看到
mitei(no) 未定(の) undecided, unsettled/未定的,未決定的
mitomeru 認める admit, see, notice, take notice of/看見,看到;認識;承認
mitōshi 見通し perspective, insight, foresight, prospect/一直看下去,瞭望
mitsu みつ honey/蜜,蜂蜜
mitsubachi みつばち (honey)bee/蜜蜂
mitsukaru 見付かる be discovered, be found/被看到,被發現
mitsukeru 見付ける find(out), discover/發現,找到;看慣
mitsumeru 見詰める gaze[stare]at/凝視,注視
miwakeru 見分ける distinguish, recognize/區分,辨別;*miwake ga tsukanai* 見分けがつかない indistinguishable, beyond recognition/不能區別,不能辨別
miwatasu 見渡す look over[out], have a view of/瞭望,舉目遠望
miyage 土產 gift, present, souvenir/土產,特產;禮品
mizo 溝 drain, ditch/溝渠,水溝
mizore みぞれ sleet/雨夾雪,霙
mizu 水 water/水

mizugi 水着 bathing[swimming]suit/防水服,游泳衣
mizukakeron 水掛け論 endless dispute [argument]/没有休止的爭論,死抬槓
mizukara 自ら (for)oneself, personally/自己,親身
mizutamari 水たまり pool, puddle/水窪,水塘
mizu'umi 湖 lake/湖
mo 喪 mourning/喪事,喪期
mo も and, also/也;*mo mata* もまた too, also/亦
mō もう now, soon, already/已經;快要,就要
mochi もち rice cake/年糕,糕點
mochiageru 持ち上げる raise, lift/拿起,舉起
mochidasu 持ち出す take[bring]out/拿出;攜帶出去
mochihakobu 持ち運ぶ carry, convey/搬運
mochiiru 用いる use, make use of, utilize/用,使用,採用;任用,錄用
mochiron もちろん of course, needless to say/當然,不用説
modoru 戻る go[come]back, return, turn back/回到,返回,折回
modosu 戻す return, give back, restore, put back/返還,退還,送還
moeru 燃える burn, blaze/燃燒,着火
mōfu 毛布 blanket/毛毯,毯子
mohan 模範 model /模範
mohaya もはや already, now, no more/(時至今日)已經
mōhitsu 毛筆 (writing)brush/毛筆
mohō 模倣 imitation, copy/模倣,倣傚;*mohō suru* ～する imitate, copy/模倣,倣傚
moji 文字 letter, character/文字,文章;字,字面
moji-moji suru もじもじする fidget, restless, hesitate/坐卧不安,躊躇
mōjū 猛獣 fierce animal/猛獸
mōkaru もうかる profitable/賺錢,得利,撿便宜
mōke もうけ profits, gains, earnings/利益,利潤,賺錢
mokei 模型 model, pattern/模型,雛型
mōkeru もうける make a profit, earn/賺錢,得利,撿便宜
mokugeki 目撃 observation/目擊,目睹;*mokugeki suru* ～する observe/目擊,目睹,親眼見到
mokuhyō 目標 mark, target, object, aim/目標,指標
mokuteki 目的 object, purpose, end/目的
mokuyō-bi 木曜日 Thursday/星期四
mokuzai 木材 wood, timber, lumber/木材
mombu-shō 文部省 Ministry of Education/(日本)文部省(含

文化、教育)
momen 木綿 cotton/棉,棉花
momeru もめる have trouble/揉搓得起皺紋;爭執,糾紛
momiji 紅葉 maple, red leaves/紅葉,楓葉
momo もも thigh/大腿
momo 桃 peach/桃樹,桃花,桃子;***momo-iro*** ～色 pink/桃紅色,粉紅色
mōmoku 盲目 blindness/失明;盲目,不理智
momu もむ rub, massage/搓,揉,推拿
mon 門 gate/門,大門;***mon-ban*** ～番 gate-keeper/看門人,門衛
mon 紋 crest/紋理,花紋,花樣
mondai 問題 question, problem, subject/問題,題目;***mondai ni naranai*** ～にならない be out of the question/不成問題,没有問題
monku 文句 words, terms, complaint/詞句,話語;異議,牢騷;***monku o iu*** ～をいう complain, grumble/提意見,發牢騷
mono 物 thing, object, matter/物,東西,物體,物品,物件
mono 者 person, one, people/者,人
monogatari 物語 tale, story/故事,傳説,傳奇
monogoto 物事 thing, matter/事物,事情
mono'omoi 物思い meditation/思慮,憂慮;***mono'omoi ni fukeru*** ～にふける be lost in thought/沉思,鬱鬱不樂
mono'oto 物音 noise, sound/響動,聲音,聲響
monoshiri 物知り man of great knowledge, well-informed person/知識淵博,博聞多識(的人)
monosugoi 物すごい terrible, hideous/可怕的,令人恐懼的
monotarinai 物足りない unsatisfactory/不能令人十分滿意的,不盡人意的
monozuki na 物好きな curious, whimsical/好奇的,好事的
monshō 紋章 crest, coat of arms/紋章,徽章,飾章;袖章
moppara 専ら exclusively, entirely, chiefly/專門,專心,淨
morau もらう receive, obtain, get, accept/請領,領取,取得,要,接受
moreru 漏れる leak, escape/漏,漏出,洩漏,走漏
mōretsu na[ni] 猛烈な[に] fierce[ly], violent[ly], strong[ly], furious[ly]/猛烈的(地),兇猛的(地),激烈的(地)
mori 森 woods, grove, forest/樹林,森林
moroi もろい frail, fragile/脆的,脆弱的
moshi もし if, provided, in case/如果,假使,萬一
mōshiawase 申し合せ agreement, arrangement/協議,協定,

公約

mōshideru 申し出る propose, offer/申述,表明,提出,提議,公告

mōshikomi 申し込み application/提議,提出建議(意願,要求),申請

mōshikomu 申し込む apply, request, propose/提議,申請

mō sukoshi もう少し some more, a few more/再…一點

motareru もたれる lean on, rest against/憑靠,倚靠

mōten 盲点 blind spot/(眼球中的)暗點,盲點;空白點

moto(no) もと(の) former, one-time/以前的,原來的;***moto wa*** もとは formerly, once, before/以前,原來

motomeru 求める buy, purchase, get, request, demand, ask for/求,要求,追求,尋求,徵求

motozuku 基づく be based on, come from, be due to/根據,基於,按照

motsu 持つ have, hold, possess/有,持,拿,帶;抱有,懷有

motsure もつれ tangle/糾結,糾葛,糾紛;***motsureru*** ～る be tangled/糾結,糾葛,糾紛,紛亂

mottaiburu もったいぶる put on airs/擺架子,裝模作樣

motte もって by, through, with/用,利用,使用

motte no hoka もっての外 unreasonable, out of question/意外,荒謬,豈有此理,毫無道理

motto もっと more, further/更,更加,再稍微(一些)

mottomo 最も most, extremely/最,頂

mottomo もっとも indeed, but, however/合理,正當,正確,理所當然;不過,可是,儘管如此

mottomo na もっともな reasonable, right, natural/正確的,合理的

moya もや haze, mist/靄,煙,霧

moyasu 燃やす burn/燃燒,燒

moyō 模様 pattern, design/花紋,花樣

moyo'oshi 催し meeting, entertainment/主辦,舉辦

moyo'osu 催す hold, give/主辦,舉辦

mucha na[ni] 無茶な[に]absurd[ly], unreasonable[-bly]/毫無道理的(地),胡亂的(地)

muchi むち whip/鞭子,教鞭

muchi 無知 ignorance, stupidity/無知,没有知識,無智慧;***muchi na*** ～な ignorant, uneducated/無知的,無知識的

muchū ni naru 夢中になる be beside oneself, be absorbed in, be crazy about/入迷,埋頭;熱衷於…,忘乎所以

muda na[ni] 無駄な[に] vain[ly], useless[ly]/徒然的(地),白費的(地),浪費的(地);***muda ni naru*** 無駄になる be

wasted, come to nothing/白費(勁兒),浪費
mudan de 無断で without leave[permission]/擅自
mufumbetsu na 無分別な thoughtless, indiscreet/不顧前後的,輕率的,莽撞的
mujun 矛盾 contradiction, inconsistency/矛盾,不一致;***mujun suru*** ～する be contradictory/矛盾
mukaeru 迎える welcome, greet, (go to)meet/迎接,迎合,請,接
mukai 向かい/對面,對側;***mukai no*** ～の opposite, across/對面的,對過的;***mukai au*** ～合う be opposite to, face each other/相對,正對面,面對面
muka-muka suru むかむかする feel sick, be annoyed/噁心,要吐,作嘔;生氣,怒上心頭
mukankei na 無関係な unrelated, unconnected/没有關係的
mukanshin na 無関心な indifferent, unconcerned/不關心的,不感興趣的
mukashi 昔 ancient times, old days/昔,往昔,從前;***mukashi no*** ～の old, ancient, past/老的,以前的
mukatte 向かって toward(s), for, to/面對,面向;向;向前
mukau 向かう face, go towards, leave/向,對,衝;往,去
mukeru 向ける turn[direct]toward/向,對,衝
mukiryoku na 無気力な spiritless, nerveless/没有氣魄,没有精神
muko 婿 son-in-law, bridegroom/婿,女婿
mukō 無効 invalidity/無效,失效;***mukō no*** ～の invalid/無效的,失效的
mukō 向こう over there, the other side, beyond, across/前面,對面;那邊
muku 向く turn, look/向,朝,衝
muku むく peel, pare, skin/剝皮(殼等),削皮
mukuiru 報いる return, repay, recompense/報,報答,酬勞
mumei no 無名の nameless, anonymous, unknown/無名的,不著名的;不署名的,匿名的
munashii むなしい empty, vain/空的,空虛的;***munashiku*** むなしく in vain/空虛地,白白地
mune 胸 breast, chest/胸,胸部
munō na 無能な incompetent, incapable/無能的,無用的
mura 村 village/村莊,鄉村
muragaru 群がる crowd, throng/(無秩序的)群聚,群集
murasaki 紫 purple, violet/紫,紫色
mure 群れ group, crowd/一群,一夥,一幫
muri na 無理な unreasonable, unjust/無理,没有道理,不講理

muryō no 無料の free, free of charge/不要錢的,免費的
musebu むせぶ be choked, be stifled/噎,咽
musen 無線 wireless, radio/無線(電話等);無線電,收音機
mushi 虫 insect, bug/蟲,昆蟲
mushiba 虫歯 bad tooth/蛀齒,蟲牙
mushiro むしろ rather, sooner, preferably/寧可,索性;莫如
mushiru むしる pluck, pull, tear off/揪,拔,薅
mushi suru 無視する ignore, disregard/無視,忽視
musu 蒸す steam/蒸;悶熱
musubi 結び end, conclusion/末尾,終結,結尾;***musubi-me*** ～目 knot, tie/扣子,結子
musuko 息子 son, boy/兒子;男孩
musume 娘 daughter, girl/女兒;女孩,姑娘
musū no[ni] 無数の[に] numberless, innumerable[-bly]/無數的(不可數地)
mutto shita[shite] むっとした[して] sullen [ly], angry [-ily]/心頭火起;(空氣)悶得慌;(氣味)熏得慌
muyami na[ni] むやみな[に]rash[ly], excessive[ly]/胡亂的(地),隨便的(地)
muyō no 無用の useless, of no use, unnecessary/無用,無需
muzai 無罪 innocence/無罪,無辜;***muzai no*** ～の innocent/無辜的
muzan na[ni] 無残な[に]cruel[ly],pitiless[ly]/悽慘的(地),殘酷的(地)
muzukashii 難しい difficult, hard/難的,困難的
myaku 脈 pulse/脈,脈搏
myōban 明晩 tomorrow evening/明天晚上
myōchō 明朝 tomorrow morning/明天早晨
myō na 妙な strange, singular, curious/奇怪的,奇妙的,奧妙的

N

nabe なべ pan, pot/鍋
nabiku なびく flutter/隨風起伏,飄動;風靡
nadakai 名高い famous/有名的,著名的
nadameru なだめる soothe, calm/撫慰,安撫
nadare 雪崩 snowslide, avalanche/雪崩;蜂擁
naderu なでる stroke, pat/撫摸,摸弄
nado など and so on, and others/等,等等
nafuda 名札 name plate/名牌,姓名牌

nagagutsu 長靴 rubber boots/長筒靴
nagai 長い long/長的,長久的;***nagai aida*** ～間 for a long time/很長時間,長久,長時期
nagaiki suru 長生きする live long/長生,長壽
nagaku 長く long, for a long time/長長地,長久(地)
nagame 眺め view, scene, prospect/眺望,瞭望;風景,景緻;***nagameru*** ～る look at, see, gaze at/熟視,凝視;眺望,遠望
-nagara …ながら as, while, over/邊…邊…,一面…一面…
nagare 流れ stream, current/流,水流
nagareru 流れる flow, stream, run/流,滴,沖走
nagasa 長さ length/長度
nagashi 流し sink/流,沖
nageku 嘆く be grieved, lament, regret/嘆息,嘆氣;悲傷,氣憤
nageru 投げる throw, fling/投,抛,扔,擲
nagori 名残 parting/離別,分袂;惜別;***nagori o oshimu*** ～を惜しむ be sorry to part from/惜別,依依不捨
nagoyaka na 和やかな mild, calm, gentle; quiet; peaceful, harmonious; friendly; genial, amiable; soft, congenial/平穩的,平靜的,風平浪靜的,平和的,和藹的,和睦的,溫柔的
naguru 殴る beat, strike, knock/打,揍,毆打
nagusame 慰め comfort, consolation, entertainment/安慰,寬慰;消遣,樂事;***nagusameru*** ～る comfort, console/安慰,寬慰,勸慰,樂事
naibu 内部 the inside, interior/内部,裏面;***naibu no*** ～の inside, internal, inner/内部的
naika 内科 internal medicine/内科;***naika-i*** ～医 physician, internist/内科大夫,内科醫生
naikaku 内閣 cabinet, ministry/内閣
naimitsu no[ni] 内密の[に]secret[ly], private[ly],confidential[ly]/秘密的(地)
naisho 内緒 secret, privacy/(私人)秘密;***naisho no*** ～の secret, private/秘密的,内部的
naishoku 内職 side work, side job, homework/副業,業餘工作,第二職業
naiyō 内容 content(s), substance/内容
najimi no なじみの familiar, intimate/熟人的,熟識的
najimu なじむ become familiar, get intimate/熟識
naka 中 interior, inside/裏邊,内部,…之中,其中
naka 仲 relations, terms/交情,關係;***naka ga yoi[warui]*** ～がよい[悪い] be on good[bad]terms/交情好(壞)
nakaba 半ば half, halfway/半,一半;在…當中,半途

nakama 仲間 partner, associate, companion/夥伴,同事
nakanaori suru 仲直りする get reconciled/和好,言歸於好
nakatagai suru 仲たがいする quarrel, fall out, be estranged/感情破裂,失和
-nakattara …なかったら without, but for, if it were not/如果不…,假如不…
nakayoku suru 仲良くする get on very well, be on good terms, make friends/相好,親密,結金蘭之誼
nakigara なきがら corpse, dead body/屍體,遺體
nakigoe 鳴き声 cry, song/鳴叫聲,啼鳴聲
nakigoe 泣き声 tearful voice, cry/哭聲;要哭的聲音
naku 泣[鳴]く cry, weep/哭泣,涕哭(鳴叫,啼叫)
nakunaru 無くなる be [get] lost, be missing[gone], run short[out]/丟失,遺失,没有了
nakunaru 亡くなる die, pass away/死亡,死掉;滅亡
nakusu 無くす lose, miss/丟失,遺失
namae 名前 name/姓名,名字,名稱,名義
namaiki 生意気 conceit, impertinence/驕傲,自大,狂妄;***namaiki na[ni]*** ～な[に]impudent[ly], affected[ly], conceited[ly]/驕傲的(地),傲慢的(地),狂妄的(地);裝蒜的
namakeru 怠ける be idle, be lazy, neglect/懶惰
nama no 生の raw, uncooked, fresh/生的,不熟的;鮮(牛奶)
namari なまり dialect, accent/訛;鄉音,土音
namari 鉛 lead/鉛
Nambei 南米 South [Latin] America/南美(洲)
namboku 南北 north and south/南北
nameraka na 滑らかな smooth, even/溜滑,平滑,光滑
nameru なめる lick, taste, experience/舔,嘗
namesu なめす tan, dress/鞣,熟(皮子)
nami 波 wave/波,波浪;電波
namida 涙 tear/淚,淚水;***namida o nagasu*** ～を流す shed tears/流淚,掉淚
namidatsu 波立つ run high, swell/起浪,起風波
namikimichi 並木道 avenue/林蔭道
nami no 並の common, ordinary/普通的,一般的,平常的
naname no[ni] 斜めの[に] oblique[ly]/斜,傾斜,歪斜
nanatsu 七つ,7つ seven/七個,七歲
nanda なんだ what! /甚麼
nandaka なんだか somewhat, somehow/總有點,總覺得,不由得
nandemo なんでも any, anything, everything, whatever/無論甚麼,不管甚麼,任何,一切;無論怎樣

nandemonai なんでもない nothing/没甚麼,没關係
nando なんど how often/幾次,多次;***nando mo*** ～も many times/很多次
nani 何 what, which, some, any/甚麼
naniya-kaya to 何やかやと this and that, one thing and another/種種,這個那個
naniyori 何より above all(things), before everything, first of all/比…都好,最
nanji 何時 what time, when/幾點鐘
nankai 何回 how many times, how often/多少次,幾次
nankō 軟こう ointment, salve/軟(藥)膏
nankyoku 南極 South Pole/南極
nan'nen 何年 how many years/多少年,幾年
nan'nichi 何日 how many days/多少天,幾天
nanoru 名乗る give one's name/自報姓名,自我介紹
nao なお still, yet, more/猶,尚,還,仍然
naoru 治る get well, get better, recover, be mended/修理好;醫好,治好;復原,扶正
naosu なおす mend, repair, cure/改正,復原;修理,修改;治療,醫治
naraberu 並べる arrange, place in order/排列,陳列,羅列
narabu 並ぶ stand in line, line up/排成行列,排隊
narasu 慣らす tame, train/馴養,調訓,使習慣
narasu 均らす level, make even/弄平,攤平,軋平
narasu 鳴らす ring, sound/鳴,弄出聲音,使周知
narau 習う learn, study, practice/學習,研究,練習
nareru 慣れる get[be]used to, become[grow, get]accustomed to/習慣,習以爲常;馴熟
nareta 慣れた experienced, familiar/習慣的;***narenai*** 慣れない new, unfamiliar/不習慣的,初次的
naritatsu 成り立つ consist of, be composed of/成立;構成,形成
naru なる become, make grow, result in, turn into/變成,成爲;當上;到(時刻、季節)
naru 鳴る sound, ring, strike/響,鳴,發聲
narubeku なるべく as…as possible, if possible/盡可能,盡量
naruhodo 成る程 indeed, really, it is true, to be sure/誠然,的確,果然
nasake 情け sympathy, mercy, kindness/同情心;人情,情義;***nasakebukai*** ～深い kind, sympathetic/情深;熱心腸的;***nasakenai*** ～ない pitiable, shameful/無情的,可憐的,可恥的

nashi なし pear/梨
nasu なす eggplant/茄子
natsu 夏 summer/夏,夏季;***sakunen no natsu*** 昨年の～ last summer/去年夏天,去夏
natsukashigaru 懐かしがる yearn for, long for/懷念,依戀
natsukashii 懐かしい dear, beloved, old, nostalgic/親近的,親密的,懷念的,依戀的,戀慕的,懷舊的
natsumikan 夏みかん Chinese citron, orange/柚子
nattoku suru 納得する consent to/理解,領會;同意,認可;***nattoku saseru*** 納得させる persuade, convince of/説服;使相信
nawa 縄 rope, cord/繩,繩索
nayamasu 悩ます annoy, worry, trouble/使煩惱,使苦惱,折磨
nayami 悩み trouble, suffering/煩惱,苦惱,痛苦
nayamu 悩む suffer from, be troubled with/煩惱,苦惱,感到痛苦
naze なぜ why, how, for what reason, what…for/爲甚麽,何故,爲何
nazo なぞ riddle, puzzle, mystery/謎,繞彎説,暗示;***nazo o kakeru*** ～を掛ける/猜謎 ***nazo o toku*** ～を解く put a riddle/解謎
nazukeru 名付ける name, call/命名,起名,叫做
ne 根 root/(植物的)根
neagari 値上がり rise in price/價格上漲;***neagari suru*** ～する raise, advance, boost/漲價
-nebanaranai …ねばならない must, have to/必須,不得不
nebaru 粘る sticky, adhesive/發黏
nebiki suru 値引きする reduce price/減價
nedan 値段 price, cost/價格,價錢,行市
nedoko 寝床 bed/床
negai 願い wish, desire/願望,心願,志願,請求
negau 願う wish, hope, ask/願望;請求,懇求,懇請
negi ねぎ Welsh onion, scallion/葱
negiru 値切る beat down the price, bargain/講價,少給價
neiro 音色 sound, tone/音色
neji ねじ screw/螺絲,螺栓,螺紋
nejiru ねじる twist, wrench/擰,扭轉
nekkyō 熱狂 enthusiasm, excitement, be enthusiastic/狂熱
neko 猫 cat/貓
nekutai ネクタイ (neck)tie/領帶
nemmatsu 年末 the end of the year/歲末

nemui 眠い be[feel]sleepy/睏的,睏倦的
nemuru 眠る sleep, fall asleep, doze/睡覺,睡眠
nen 年 year/年;***nen ni*** ～に yearly/每年的,一年一次的
nendai 年代 age, years/年代,時代
nendo 粘土 clay/黏土
nenga 年賀 the New Year('s) Greetings/賀年,拜年
nenjū 年中 all year round/一年到頭,整年;***nenjū-gyōji*** ～行事 annual events/一年的傳統節日活動
nenkan 年鑑 yearbook, almanac/年鑑
nerau ねらう take aim at, watch/瞄準
neru 寝る go to bed, be in bed, sleep/睡覺,就寢
neru 練る knead/(對詩文)推敲,錘練;鍛練,修養
nesshin 熱心 eagerness/熱心,熱誠,熱情;***nesshin na*** ～な eager, earnest/熱心的;***nesshin ni*** ～に eagerly/熱心地
nessuru 熱する heat, make hot/熱,加熱;興奮
netamu ねたむ be jealous [envious]/嫉妬,吃醋
netchū suru 熱中する be absorbed in, be enthusiastic/熱衷,專心致志;入迷
netsu 熱 heat, temperature/熱;熱度,發燒
nettai 熱帯 tropics/熱帶
neuchi 値打ち value, worth/估價,定價
nezumi ねずみ rat, mouse/老鼠,耗子
ni 二,2 two, the second/二,第二
ni に at, on, in, to/在;向
niau 似合う become, suit/適稱,合適
nibai 2倍 ***nibai no*** ～の double, twice/二倍的
nibun no ichi 2分の1, 1/2 one[a]half/二分之一
nichiji 日時 date/日期,日期和時刻
nichijō 日常 everyday, usually, always/日常;***nichijō no*** ～の daily, usual/日常的
nichiyō-bi 日曜日 Sunday/星期日
nido 2度 twice, two times/二次;***nido-me*** ～目 the second/第二次
nieru 煮える boil, be boiled/煮熟,燒開
nifuda 荷札 label, tag/貨籤,行李飛子(標籤)
nigai 苦い bitter/苦的,苦頭的
nigami 苦み bitter taste/苦味
nigate 苦手 weak point, person hard to deal with/不好對付的人;不擅長
ni-gatsu 二月 February/二月
nigeru 逃げる run away[off], flee/逃跑,逃走,逃避
nigiru 握る hold, seize, grasp/握,攥,抓

nigiwau　にぎわう prosperous, crowded/熱鬧,興旺
nigiyaka na　にぎやかな lively, alive/熱鬧,繁盛
nigoru　濁る become muddy, become impure/變濁,不清
nigotta　濁った muddy, turbid/混濁的
Nihon　日本 Japan/日本; ***Nihon-go*** ～語 Japanese/日語; ***Nihon-jin*** ～人 Japanese person/日本人
niji　にじ rainbow/虹
nijimideru　にじみ出る ooze out/滲出,(淚)湧出
nijimu　にじむ spread, run, blur/滲,潤,(淚)湧
nijū　二十,20 twenty, a score/二十
nijū no　二重の double, twofold, dual/兩層,重複
nikai　二階 upstairs, the second floor/二層樓上,二樓; ***nikai-ya*** ～家 two-storied house/二層樓
nikai　二回 twice, two times/二次
nikka　日課 daily lesson [work]/每天應做的事,日課
nikkan no　日刊の daily/日刊的
nikki　日記 diary/日記
nikkō　日光 sunshine, sunlight/日光
nikomu　煮込む boil well, stew/把許多東西煮在一起,熬,燉
niku　肉 meat, beef, flesh/肉,肉類;果肉
nikui　憎い hateful, abominable/憎恨的,憎惡的
-nikui　…にくい hard, difficult/(接動詞連用形下)難,難以
nikumareru　憎まれる be hated/招人厭惡
nikurashii　憎らしい hateful, detestable, spiteful/可憎的,可恨的,討厭的
nikushimi　憎しみ hatred, hate, spite/憎惡
nikushin　肉親 blood relation/父母兄弟,骨肉
nikutai　肉体 body, flesh/肉體
niku-ya　肉屋 meat shop, butcher('s) shop/肉鋪,肉攤
nimmu　任務 duty, office/任務,職責
nimotsu　荷物 luggage, baggage/(運輸)行李,貨物
ningen　人間 human being/人,人類,社會
ningyō　人形 doll/娃娃,偶人
ninjin　にんじん carrot/胡蘿蔔
ninjō　人情 humanity, sympathy/人情
ninka　認可 approval/許可,准許; ***ninka suru*** ～する approve, authorize/批准,准許
ninki　人気 popularity/人望,人緣; ***ninki no aru*** ～のある popular, favorite/有名氣的,受人歡迎的,吃香的
nin'niku　にんにく garlic/大蒜
ninshin　妊娠 pregnancy/懷孕,妊娠; ***ninshin suru*** ～する conceive/妊娠,懷孕

ninsō 人相 look, features/相貌
nintai 忍耐 patience/忍耐
nioi におい smell, odor, perfume/氣味,臭味
niou におう smell, be fragrant/有香味
niramu にらむ stare hard at, glare at/瞪眼;注視
niru 似る resemble, look like/像,似
niru 煮る boil, cook/煮,燉,熬
nisan no 二・三の few, two or three/二、三個的
nisemono 偽物 imitation, fake/冒牌貨
nishi 西 west/西,西方;***nishi no*** ～の western/西方的,西邊的
nita 似た like, similar/像的
nita 煮た boiled, cooked/煮的
niwa 庭 garden, yard/院子,庭園
niwatori 鶏 hen, chicken/鷄
-ni yoruto …によると according to/據説
no 野 field/野地,田野
-no …の 's, of/的
nō 脳 brain/腦
nobasu のばす lengthen, stretch, extend, put off, postpone/伸展,伸開,延長,拉長,放長
noberu 述べる state, express/叙述,説明,講解
nobiru のびる lengthen, stretch/延長,變長,伸長
noboru 登る climb, ascend/登,攀登
noboru 上る rise, go up/上昇,上溯
nochi ni 後に after, later, in future/過後,事後,以後
-node …ので because, as, since/因爲,由於
nodo のど throat/咽喉,喉嚨,嗓子;***nodo ga kawaku*** ～が渇く be[feel]thirsty/嗓子乾,渴
nodoka na のどかな tranquil, calm, peaceful/悠閑,寧靜,恬靜
nōgyō 農業 agriculture/農業
nohara 野原 field, the green/原野,野地
noki 軒 eaves/屋檐
nokogiri のこぎり saw/鋸子
nokori 残り the rest/剩餘,殘餘
nokoru 残る remain, be left, stay/留下不走;剩餘,殘留
nokosu 残す leave, save/留下,剩下,保留,存留
nomi のみ chisel/鑿子,鏨子
nomikomu 飲み込む swallow, drink in, understand/吞下,嚥下;領會,理解,瞭解
nomu 飲む drink/喝,飲,吞,嚥

-noni …のに (al)though, in spite of, while/卻,倒,可是
noren のれん shop curtain/商店字號,信譽
nori 糊 paste, starch/漿糊
nori 海苔 laver, edible seaweed/海苔總稱,紫菜
noridasu 乗り出す start, set out/乘(車、船)出去(離開)
norikaeru 乗り換える change (cars, trains), transfer/換乘,改乘;倒換,掉換
norikosu 乗り越す be carried[go]beyond/乘(車、馬)越過,乘(火車、汽車、電車)過了站
norikumiin 乗組員 crew/(船、飛機等的)乘務員
norikumu 乗り組む join(a ship), be on board/共乘(車、船),在交通工具上服務
noriokureru 乗り遅れる miss, lose/耽誤乘車(船)
nōritsu 能率 efficiency/效率;***nōritsu-teki na*** ～的な efficient/有效率的
noroi のろい slow, tardy/遲鈍的,緩慢的
norou のろう curse, imprecate/咒罵,詛咒
noru 乗る ride, take/乘坐,搭乘,騎
nōryoku 能力 ability, capacity, faculty/能力;心理作用
noseru 載せる place[put, set, lay](it) on/裝載,放在高處,擺上
nōson 農村 farm[agricultural]village/農村
nozoite 除いて except, save, but/除外,除了
nozoku のぞく look [peep] in/窺視,探望,瞟視
nozoku 除く except, exclude, omit, take off/除去,去掉,開除
nozomashii 望ましい desirable, advisable/符合心願的,值得歡迎的
nozomi 望み wish, desire, hope, expect/希望,願望,期望,要求
nozomu 望む hope, look out, face, front/眺望,希望,願望,希求
nugu 脱ぐ take[pull]off, remove/脱去,摘掉
nugu'u ぬぐう wipe, mop/拭擦,抹掉
nukarumi ぬかるみ mud, mire/泥濘
nukemenai 抜け目ない shrewd, smart, careful/周到的,圓滿的,精明的,有警惕的
nukeru 抜ける come[fall]off, be left[omitted]/脱落,掉,脱離
nuku 抜く draw[pull]out, outrun/拔出,抽出,提出
numa 沼 swamp/沼澤;***numachi*** ～地 marshy place/沼澤地
nuno 布 cloth/布,布疋;***nunogire*** ～切れ piece of cloth/布

片,布頭兒
nurasu ぬらす wet, moisten, soak, dip/濡濕,沾濕,濕潤
nureru ぬれる wet, drenched/濡濕,沾濕,潤濕
nuri 塗り coating, painting/塗抹,塗漆
nuru 塗る paint/塗,抹,搽
nurui ぬるい tepid, lukewarm/微溫的,半涼不熱的
nusumu 盗む steal, pilfer, pinch, lift/偷盜,盜竊
nusumareru 盗まれる have something stolen, be robbed/被盜,失竊
nu'u 縫う sew, stitch/縫紉,縫合
nyōbō 女房 wife/妻,老婆
nyūbai 入梅 (beginning of) the rainy season/進霉雨期,入梅
nyūgaku-shiken 入学試験 entrance examination/昇學考試
nyūgaku suru 入学する enter school/入學
nyūin suru 入院する enter[be sent to]hospital/住醫院
nyūjō 入場 admission, entrance/入場; ***nyūjō suru*** ～する enter, be admitted/入場,進場; ***nyūjō-ryō*** ～料 admission fee/入場費; ***nyūjō-ken*** ～券 admission ticket/入場券
nyūkin 入金 receipts, money received/分付(部分款);進款
nyūkō suru 入港する enter port, arrive in port/入港,進港
nyūshō suru 入賞する win[get]the prize/得獎
nyūyoku suru 入浴する take a bath/沐浴,洗澡

O

o 尾 tail/尾巴,尾狀物
ō 王 king/國王
oba 伯母[叔母] aunt/伯母,嬸母,姨母,舅母,姑母
ōbā オーバー overcoat/大衣,外套
obāsan おばあさん grandmother, old woman/祖母;老太太
Ōbei 欧米 Europe and America/歐美
obi 帯 belt, sash/帶,帶狀物
obieru おびえる be frightened, be scared/膽怯,害怕
ōbo 応募 subscription, application/應募;認購(公債); ***ōbo suru*** ～する apply for, make an application/應募;認購(公債)
oboeru 覚える remember, keep in mind/記住,記得,學會
oboeteiru 覚えている remember/記憶,記得
oboreru おぼれる be drowned, drown/淹,溺
o-cha お茶 tea/茶
ōchaku na 横着な impudent, dishonest/狡猾的,陰險的
ochiau 落ち合う meet, come together/碰頭,相會

ochiru 落ちる fall, drop, come down/落下,降下
ochitsuki 落着き composure/沉着,鎮靜;*ochitsuki no aru* ～のある calm, quiet, self-composed/沉着的;*ochitsuki no nai* ～のない nervous, restless/心神不定的
ochitsuku 落ち着く settle (down), keep cool[calm]/安頓下,定居;沉着,鎮靜
ōdan suru 横断する cross, run across/横渡,横穿,横過;*ōdan hodō* 横断歩道 crossing/人行横道
odateru おだてる instigate, incite, flatter/煽動,教唆,慫恿
odayaka na 穏やかな calm, quiet, mild, moderate/安穩,平靜,平穩,安詳,穩妥
odokeru おどける joke, jest, be funny/作滑稽動作,説笑話
odo-odo suru おどおどする nervous/提心吊膽;*odo-odo shite* おどおどして timidly/提心吊膽地,戰戰兢兢地
odori 踊り dancing, dance/舞蹈
ōdōri 大通り main street/大街,主要街道
odorokasu 驚かす surprise, astonish/使…吃驚,驚動
odoroki 驚き surprise, astonishment/驚訝,驚異,驚奇
odoroku 驚く be surprised/吃驚,驚訝,驚奇;*odoroku-beki* ～べき wonderful, surprising/可驚的,出人意料的,驚心動魄的
odoru 踊る dance, leap/跳舞,跳躍
odosu 脅す threaten, scare/恐嚇,威脅
ōen suru 応援する aid, help, support/援助,救援,聲援
oeru 終える end, finish, complete/作完,完畢,完結
ōfuku 往復 going and returning, both ways/往復,來回,往返;*ōfuku suru* ～する go and return/來回,往返;*ōfuku-kippu* ～切符 round-trip ticket, return ticket/往返車票,來回票
ofukuro お袋 mother/(俗)母親,媽媽
ogamu 拝む worship, bow/拜,叩拜
ōgata no 大型の large(-sized), big/大型的
ogawa 小川 stream, brook/小河
ōgesa na[ni] 大げさな[に] exaggerated[ly]/誇大的(地)
ōgi 扇 fan/扇子
oginau 補う make up, supply/補,補償,補充,補助,補養
ōgoe de 大声で in a loud voice, loudly/大聲,高聲
ogori おごり luxury, extravagance/驕傲;奢侈,放縱
ogoru 傲る be extravagant, be proud/驕傲;奢侈
ogoru 奢る treat(a person) to/奢侈,奢華
ogosoka na[ni] 厳かな[に] solemn[ly]/莊嚴的(地),嚴肅的(地)

ohayō お早う Good morning! /早晨好! 早安!
ōhei na 横柄な arrogant, haughty/傲慢的,自大的
oi おい nephew/姪,甥
ōi 多い many, much, lots of, plenty of/多,許多
oidasu 追い出す expel, turn[send]out/逐出,驅逐,解職
oiharau 追い払う drive[turn]away/趕走,驅散
oikaesu 追い返す drive back/逐回,擊退
oikakeru 追い掛ける run[go] after, pursue/追趕
oikosu 追い越す pass, outrun, get ahead of/趕過
ōini 大いに very, much, greatly/大大地,非常,甚
oiru 老いる grow old, age/老,年老,上年紀
oishii おいしい delicious, tasty/好吃的,美味的
oitachi 生い立ち one's breeding/成長,長大
oitateru 追い立てる hurry/逐出,趕走
oitsuku 追い付く overtake, catch up with/追上,趕上
oji 伯父[叔父] uncle/伯父,叔父,舅父,姑父,姨父
ōji 王子 prince/王子
ojigi お辞儀 bow/敬禮,鞠躬;***ojigi o suru*** ～をする bow/敬禮,鞠躬
ōjiru 応じる answer, respond, accept, comply with/回答,答應,響應;按照
ojīsan おじいさん grandfather, old man/祖父;老爺爺
ojōsan お嬢さん young lady, daughter/您女兒,令嫒
oka 丘 hill, height/丘陵;山岡,小山
okage お陰 assistance, help, favor/託福,幸虧;***okage de*** ～で thanks to, by a person's favor/託福,多虧
okāsan お母さん mother, ma(mma)/母親,媽媽;令堂
okashii おかしい amusing, funny, comical, strange/可笑的,奇怪的,出乎意料的
okasu 犯す commit, violate/犯,冒犯
okawari お代り second helping, another cup/再來一份
okazu おかず (side)dish, relish/菜
oke おけ tub, pail, bucket/桶,木桶
okeru おける in, at, on/於,在
oki 沖 offing, open sea/(遠離岸的)海上,洋面
ōkii 大きい big, large, great/大的,巨大的,高大的
-okini …おきに at intervals of/每,每隔;***ichi-nichi okini*** 一日～ every other day/每隔一天,隔天
okiru 起きる get up, rise, wake up/起來,起床
ōkisa 大きさ size, dimensions/大小,尺寸
okite おきて law, rule/法律,條例,章程
okiwasureru 置き忘れる leave, forget/擱忘地方,遺失

okizari ni suru 置き去りにする desert, leave behind/拋棄,遺棄
okonai 行い act(ion), deed, conduct, behavior/行爲,行動,舉止
okonau 行う do, act, carry out/行,做,實行,進行
okoraseru 怒らせる make angry, offend/使發火,激怒
okori 起り origin, beginning, rise/起源,來源,起因
okorippoi 怒りっぽい touchy, short-tempered/好生氣的,好發脾氣的
okoru 怒る get angry, get mad/(有聲的)發怒,生氣
okoru 起る happen, occur, take place/發生;原因在於
okosu 起す raise[set] up, pick up/使…立起,扶起
okotaru 怠る neglect, be idle/怠慢,玩忽
oku 億 one hundred million/億; ***jū-oku*** 十～ a thousand million, a billion/十億
oku 奥 interior, heart, depths/裏頭,内部,深處
oku 置く put, place/放,置,擱;放下,丢下
okubyō na おく病な cowardly, timid/膽怯的,膽小的; ***okubyō-mono*** おく病者 coward/膽小鬼,懦夫
okugai 屋外 the open(air)/室外,露天
okujō 屋上 housetop, roof/屋頂,房頂
okunai(no) 屋内(の) indoor/室内(的)
okureru 遅れる late, behind time/遲;耽誤
okurimono 贈り物 present, gift/禮物,贈品
okuru 送る send, pass, spend, see off/送,寄,度(日)
okuru 贈る give, send, present/贈送,贈給
okuyukashii 奥床しい refined, graceful/典雅的,優美的
ōkyū no 応急の emergency, temporary/應急(的); ***ōkyūteate*** ～手当 first, aid/應急治療,急救
omake おまけ extra/減價,讓價
omamori お守り charm, talisman/護身符
omawari おまわり cop, policeman/巡警,警察
omedeta おめでた happy event/喜慶事(結婚、生孩子等)
omedetō おめでとう Congratulations! /恭喜恭喜!
ome ni kakaru お目に掛かる see, meet/遇見,見面; ***ome ni kakeru*** お目に掛ける show/請看,給看,供觀賞
ōme ni miru 大目に見る overlook, connive/寬容,不深究
ōmisoka 大みそか New Year's Eve/除夕
ōmizu 大水 flood/大水,洪水
omocha おもちゃ toy, plaything/玩具
omoi 重い heavy/重的,沉的
omoidasu 思い出す recollect, recall, be reminded of/想起

來,開始想,聯想起來
omoide 思い出 memories, recollections/回憶,緬懷
omoidōri ni 思い通りに as one likes [pleases]/如願地
omoi-gakenai 思いがけない unexpected, casual/想不到的,意外的,突然的
omoitsuki 思い付き idea, plan/靈機一動,隨便一想
omoitsuku 思い付く hit, strike upon, think of/想出來,想起來,想到
omoiyari 思いやり sympathy, consideration/體諒,體貼,同情;*omoiyari no aru*[*nai*] ～のある[ない][un]sympathetic, [un]kind/有(無)同情心的,(不)能夠體諒的
omokage 面影 image/面貌,容貌;姿容,風采
omokurushii 重苦しい heavy, oppressive, gloomy/抑鬱的,陰鬱的,心境壞的
omomuki 趣 effect, purport, taste, elegance/風趣,雅趣;樣子
omomuku 赴く go, proceed/赴,往;趨向,趨於
omo na 主な chief, principal, main/主要的
omonaga no 面長の long-faced/長臉的,橢圓臉
omoni 重荷 heavy load[burden]/重載,重荷;重任
omonjiru 重んじる respect, esteem, think much of/注重,重視,尊重
omori 重り weight/秤砣,砝碼
omosa 重さ weight/重量,分量;*omosa o hakaru* ～を量る weigh/稱重
omoshirogaru 面白がる be amused, (take)delight in/感到有趣,以…取樂
omoshiro-hambun ni 面白半分に (half) in fun, partly for amusement/半開玩笑地,鬧着玩地
omoshiroi 面白い interesting, amusing, joyful/有趣的,有意思,精彩;愉快;妙,風雅
omoshirokunai 面白くない uninteresting, dull/沒趣,不妙,不佳,不順心
omote 表 (sur)face, the outside, the front/表面,外觀,外面,外邊;正面
omote-dōri 表通り main street/大街
omotemuki 表向き openly, officially/表面(上),公開(地),正式,公然;*omotemuki no* ～の public, official/表面的,公開的,正式的
omou 思う think, believe/想,思念;認爲,以爲
omouzombun 思う存分 to one's heart's content, to the full, heartily/盡量地,盡情地,痛痛快快地

omowaku 思惑 thought, opinion/願望,期待,心情;意見,見解,想法
omowareru 思われる seem appear, look/被看作,不由得想起
omowazu 思わず unconsciously, in spite of oneself/不由得,不知不覺地
ōmu おうむ parrot/鸚鵡
ōmukashi 大昔 great antiquity/太古,上古;很早很早以前
omuretsu オムレツ omelet/煎蛋卷
on 恩 favor, obligation, kindness/恩,恩情,恩典;***on ni kiseru*** ～に着せる make a favor of it, patronize/硬要他人領情
on 音 sound, noise, tone/(物的打擊、摩擦)響聲
onaji no 同じの the same, equal, similar/相同的;***onajiku*** 同じく in the same way, equally/同,又
onaka おなか stomach/肚子
ondo 温度 temperature/溫度;***ondo-kei*** ～計 thermometer/溫度計
ongaku 音楽 music/音樂;***ongaku-teki na*** ～的な musical/音樂似的,好聽的;***ongaku-kai*** ～会 concert/音樂會;***ongaku-ka*** ～家 musician/音樂家
oni 鬼 ogre, demon, devil/鬼,鬼怪
onjin 恩人 benefactor/恩人
onkei 恩恵 favor, benefit/恩惠
onkyō 音響 sound, noise/音響,聲音
on'na 女 woman, girl, female/女人,女孩,女性
ono おの axe, hatchet/斧子
onozukara おのずから naturally/自然而然
onsen 温泉 hot spring/溫泉
onsetsu 音節 syllable/音節,音節節奏
onshirazu 恩知らず ingratitude, ungrateful person/忘恩負義,忘恩負義的人
onshitsu 温室 hothouse, green-house/溫室,暖房
onwa na 穏和な mild, gentle, moderate/穩健的,不激烈的
o'oshii 雄々しい brave, heroic/英勇的,勇敢的,大丈夫氣概的;***o'oshiku*** 雄々しく bravely, heroically/英勇地,勇敢地
ō'otoko 大男 giant/身材高大的男子,大個子男子
ōppira ni おおっぴらに openly, in public/公然,公開;毫無顧忌地
ōrai 往来 traffic, road, street/往來,通行;大街
Oranda オランダ Holland, the Netherlands/荷蘭;***Oranda-go (no)*** ～語(の) Dutch/荷蘭語(的);***Oranda-jin*** ～人 Hollander, Dutchman/荷蘭人
oreru 折れる break, give way, give in/折,斷;屈服,讓步

ori おり cage, pen/獸籠,鐵籠,鐵欄,鐵檻
ori 折り occasion, moment, chance/時候,當兒,時機,機會
oriai 折り合い compromise, mutual relations/關係,相互關係;和解
origami 折紙 folded paper, folding paper, paper folding/折疊的紙,折紙手工;保證書
orikaesu 折り返す turn back/折回,反復
orimageru 折り曲げる bend, double, turn up/把…弄彎,使折彎
orimono 織物 cloth, textile, fabric/紡織品
oriru 降[下]りる come[go, get]down, get off, leave/下,下來,降落
oroka na 愚かな foolish, stupid, silly/愚蠢的,糊塗的
oroshi 卸 wholesale/躉賣,批發; ***oroshi-gyōsha*** ～業者 wholesaler/批發商
orosoka ni suru おろそかにする neglect, slight/疏忽,忽視
orosu 下[降]ろす take[bring]down, put down, let down, unload/降下來,卸下來
oru 折る break, fold, bend/折斷,折彎,折疊
orugan オルガン organ/風琴;器官
osaeru おさえる suppress, control, stop, hold down, keep down/按,壓制,抑制,遏止,扣押,壓倒
osamaru 納まる contain, put in/平息,解決
osameru 治める rule[reign]over, manage/治理,統治;平定
osanai 幼い young, infant, childish/年幼的,幼小的
osarai おさらい review/溫習,複習
oseji お世辞 flattery, compliment/恭維話,奉承話; ***oseji o iu*** ～を言う flatter, pay a compliment/說奉承話,說應酬話
osekkai na お節介な meddlesome, officious/多事的,多管閒事的; ***osekkai o suru*** お節介をする meddle/愛多管閒事
ōsetsu 応接 reception/接待,招待; ***ōsetsu-shitsu*** ～室 drawing room, parlor/會客室,客廳
oshaberi おしゃべり chatterbox/饒舌,多嘴多舌; ***oshaberi o suru*** ～をする talk, chat/愛說,喋喋不休地說; ***oshaberi na*** ～な talkative/喋喋不休的
oshare おしゃれ dandyism, dandy/愛打扮的人,花花公子
oshi おし dumb person/啞巴
oshieru 教える teach, instruct, inform, tell/教,教授;指點,告訴
oshii 惜しい regrettable/可惜的,珍惜的
oshimu 惜しむ grudge, regret/愛惜,珍惜,惋惜
oshiroi おしろい (cosmetic) powder/(化妝用)白粉,香粉

oshitaosu 押し倒す knock down/推倒
oshitsukeru 押し付ける press [push] against, force/按,壓,頂;强迫,强制
oshoku 汚職 corruption, graft/瀆職,貪污
Ōshū 欧州 Europe/歐洲;***Ōshū no*** ～の European/歐洲的
osoi 遅い slow, late/慢,晚;***osoku*** 遅く slowly, late/慢慢地,遲晚地
osokare-hayakare 遅かれ早かれ sooner or later/早晚,遲早
osokutomo 遅くとも at (the) latest/至遲,最晚
osoraku 恐らく perhaps, probably/恐怕,大概,也許
osore 恐れ fear, terror, horror/恐懼
osore irimasu 恐れ入ります Much obliged(to you)/勞駕,對不起(不亢不卑用);***Osore irimasu ga*** Pardon[Excuse]me, but…恐れ入りますが/對不起,請問(不亢不卑)
osoreru 恐れる fear, be afraid of/害怕,擔心
osoroshii 恐ろしい terrible, dreadful/可怕的,厲害的
osou 襲う attack, hit/襲擊,突然前往
osu 雄 male/雄,牡,公
osu 押す push, press/壓,按,摁
oto 音 sound, noise/(物打擊、摩擦)聲音,音
otogibanashi おとぎばなし fairy tale/童話,故事
otoko 男 man, male/男人,男子,男性;***otoko no ko*** ～の子 boy/男兒,男孩
otome 乙女 girl, maiden/少女,處女
otomo suru お供する accompany, go with/陪伴,奉陪
otona 大人 adult, grown-up(person)/成人,大人
otonashii おとなしい gentle, obedient, quiet/老實的,和善的,溫順的
otoroeru 衰える weaken, decline/衰弱,衰退,衰敗,衰落
otoru 劣る be inferior to, be worse than/劣,次,不好
otōsan お父さん father, pa(pa)/父親,爸爸
otoshimono 落し物 lost article, lost property/丟失的東西,遺失物;***otoshimono o suru*** ～をする drop, lose/丟失東西
otosu 落とす drop, lose/使落下,扔掉;丟失,失掉;拉下(東西、人)
otōto 弟 younger brother/弟弟
ototoi おととい the day before yesterday/前天;***ototoi no asa [ban]*** ～の朝[晚] the morning [night]before last/前天早晨(晚上)
ototoshi おととし the year before last/前年
otto 夫 husband/丈夫,先生
ou 負う bear, owe, assure/揹,負;擔負

o'ou 覆う cover, hide, keep off/蓋上,蒙上,遮蔽,掩蓋
oushi 雄牛 bull, ox/公牛
owari 終り end, close/終,終了;末尾,結束,完結
owaru 終る end, come to an end, be over/完,終了,結束,完結
oya 親 parents, parent/父母親,雙親;(學生)家長
oyaji おやじ father, dad(dy)/父親;老頭子;老闆
oyako 親子 parent and child/父母和子女
oyasumi(nasai) お休み(なさい) Good night! /晚安
oyatsu お八つ tea, (afternoon)refreshments/(下午2時至4時的)下午茶,茶點
oyayubi 親指 thumb, big toe/大拇指,(腳)大拇趾
ōyō 応用 application/應用;***ōyō suru*** ～する apply/應用,適用
oyogi 泳ぎ swimming/游泳,游泳術
oyogu 泳ぐ swim/游泳
oyoso およそ generally, as a rule, about/大概;梗概
ōyuki 大雪 heavy snow/大雪
ōzei 大勢 a great number of people/許多人;***ōzei de*** ～で in great numbers/人數很多,衆多
ōzora 大空 sky/太空,天空

P

pachinko パチンコ sling(-shot), pinball machine/彈弓;彈球盤
pāma パーマ permanent (wave)/燙髮;***pāma o kakeru*** ～をかける have one's hair permed, get a perm/燙髮
pan パン bread/麵包;***pan-ya*** パン屋 bakery/麵包店;***pankuzu*** ～くず bread crumbs/麵包屑
panku パンク puncture, blowout, flat/(車胎等)爆裂;分娩;***panku suru*** ～する blow out, be punctured/分娩;爆裂
pantsu パンツ shorts, drawers/短褲,褲衩
para-para furu パラパラ降る patter, sprinkle/吧嗒吧嗒下雨
pasu パス pass, free ticket/通過,合格;免費入場券(車票)
patto ぱっと suddenly, in a flash/突然,閃光
peko-peko ペコペコ be faint with hunger/餓癟了,餓暈了;***peko-peko suru*** ～する cringe, bow to, flatter/點頭哈腰,諂媚
penchi ペンチ (cutting) pliers/刻絲鉗,鋼絲鉗
penki ペンキ paint/油漆

pera-pera ペラペラ fluently, glibly/流暢(説外語)
peten ぺてん trickery/欺騙,詐騙; ***peten ni kakeru*** ～にかける cheat, swindle/騙人
pika-pika suru ピカピカする glittering, shining/閃閃發光
piku-piku suru ピクピクする twitch, jerk/微動,抽動
pîman ピーマン pimiento, bell[green]pepper/青椒,柿子椒,燈籠椒
pimboke ピンぼけ out of focus/焦點不對,結像不實
pinhane ピンはね kickback/(足球)踢回,反擊
pin-pin ぴんぴん lively/壯健地,健旺地
pinsetto ピンセット tweezers, pincers/小鉗子,竹夾子,鑷子
pinto ピント focus/焦點,焦距,對焦點
pishari ぴしゃり with a bang/砰然(關門)
pittari ぴったり closely, tightly, exactly/緊緊地;恰好,正好
poka-poka suru ぽかぽかする be[feel]warm/暖洋洋地
pondo ポンド pound/(重量單位)磅;(貨幣單位)鎊
posuto ポスト mail-box, post-box/郵筒,信箱
pun-pun niou ぷんぷん匂う smell strongly, be strongly perfumed/(氣味)衝鼻子
pun-pun okoru ぷんぷん怒る be[get]very angry/激怒

R

-ra …ら and others/等,們(用於人名、人稱代詞之後)
raigetsu 来月 next month/下月,下一個月
raihō 来訪 call, visit/來訪,訪問
raikyaku 来客 visitor, caller, guest/來客,客人
rainen 来年 next year/明年,來年
raishū 来週 next week/下週,下星期
raisukarē ライスカレー curry and rice/咖喱飯(＝カレーライス)
rajio ラジオ radio/無線電,無線電廣播,無線電收音機
rakkan 楽観 optimism/樂觀; ***rakkan suru*** ～する be optimistic/抱樂觀態度
raku 楽 ease, comfort/快樂,安樂,舒適;輕鬆; ***raku na*** ～な easy/簡單的,輕鬆的; ***raku ni*** ～に easily/簡單地,輕鬆地
rakuda らくだ camel/駱駝
rakudai suru 落第する fail in an exam/落榜,名落孫山
rakugaki 落書き scribbling, scrawl, graffiti/胡寫,亂寫
rakunō 酪農 dairy farming/奶牛牧場;製奶酪農場
raku-raku to 楽々と easily, in comfort/很容易地;愉快地

rambō 乱暴 violence, outrage/粗暴,蠻横;***rambō na*** ～な violent/粗暴的,蠻横的

rampitsu 乱筆 scrawl/字跡潦草

ran らん orchid/蘭花

ranzatsu 乱雑 disorder/雜亂,混亂,雜亂無章,亂七八糟;***ranzatsu na*** ～な confused/雜亂的,亂七八糟的; ***ranzatsu ni*** ～に in disorder/雜亂地,混亂地

rappa らっぱ trumpet/喇叭

rasen らせん screw, spiral/螺旋,螺旋狀物

rashii らしい like, look, be likely/像是,似乎,好像…似的

ratai 裸体 nakedness, nude/裸體,赤身;***ratai no*** ～の naked, nude/裸體的

rei 例 example, instance/例,例子;慣例,先例

rei 霊 soul/靈魂,神靈

rei 零 zero, naught/零

rei 礼 salutation, bow/禮貌,敬禮,送禮;***rei o suru***～をする salute, make a bow, reward/敬禮,送禮;***rei o iu*** ～を言う thank/道謝

reibō 冷房 cooling, air conditioning/冷氣設備

reigai 例外 exception/例外;***reigai no*** ～の exceptional/例外的

reigi 礼儀 courtesy, politeness, manners, etiquette/禮節,禮貌;***reigi tadashii*** ～正しい courteous, polite/彬彬有禮

reihai 礼拝 worship/禮拜,拜;***reihai-dō*** ～堂 chapel/禮拜堂,小教堂

reijō 礼状 letter of thanks/謝函,感謝信

reikoku na 冷酷な cruel, cold-hearted/冷酷的,冷酷無情的

reikyaku suru 冷却する cool/冷卻;***reikyaku-ki*** 冷却器 freezer, refrigerator/冷卻器

reinen 例年 normal[ordinary]year/往年,例年;***reinen no*** ～の annual/往年的

reisei 冷静 coolness, calmness/冷靜,鎮靜,心平氣和

reisei na[ni] 冷静な[に] cool[ly],calm[ly]/沉着的(地)

reishō 冷笑 sneer, derision/冷笑,嘲笑,奚落

reisui 冷水 cold water/冷水,涼水

reitan 冷淡 coolness, indifference/冷淡,不關心,不同情;***reitan na[ni]*** ～な[に] cold[ly], cool[ly]/冷淡的(地),冷冰冰的(地)

reitō suru 冷凍する freeze, refrigerate/冷凍,凍

reizōko 冷蔵庫 refrigerator, icebox/(電)冰箱

rekishi 歴史 history/歷史;***rekishi no*** ～の historical/歷史的;***rekishi-ka*** ～家 historian/歷史學家

rekōdo レコード record, disk/記錄,錄音,唱片
ren'ai 恋愛 love/戀愛
renchū 連中 party/夥伴,一夥人
renga れんが brick/磚
rengō 連合 combination union/聯合,團結; ***rengō suru*** ～する combine, union/聯合
renketsu 連結 coupling/聯結,連結; ***renketsu suru*** ～する connect, join/聯結,連結
renraku 連絡 connection, communication/聯繫,聯絡; ***renraku suru*** ～する connect/聯繫,聯絡
renshū 練習 training, practice/練習; ***renshū suru*** ～する practice/練習
rensō 連想 association/聯想; ***rensō suru*** ～する associate, be reminded of/聯想
renzoku 連続 continuation/連續,接連; ***renzoku suru*** ～する continue/連續; ***renzoku-teki na[ni]*** ～的な[に]continuous[ly], successive[ly]/連續的(地)
ressha 列車 train/火車; ***ressha de*** ～で by train/乘火車; ***kyūkō-ressha*** 急行～ an express/(火車)快車
retsu 列 line, row, rank/列,隊列,隊伍
rettōkan 劣等感 inferiority complex/自卑感
richi 理知 intellect/理智; ***richi-teki na*** ～的な intellectual/理智的
rieki 利益 interest, profit, benefit/利益,益處
rigai 利害 interest/利害,得失,損益
rihatsu 理髪 haircutting/理髮; ***rihatsu-ten*** ～店 barber shop/(男子)理髮店,理髮廳
rijun 利潤 profit, gain(s)/利潤,紅利
rika 理科 science/(數、理、化等的)理科
rikai 理解 comprehension, understanding/理解,明白事理,懂得; ***rikai suru*** ～する understand/理解,懂得
rikisetsu suru 力説する emphasis, stress/强調,極力主張
riko 利己 self-interest/利己,自私; ***riko-teki na*** ～的な selfish/自私自利的
rikō na 利口な clever, bright/聰明,伶俐,機靈
rikon suru 離婚する divorce/離婚
riku 陸 land/陸地,旱地
rikugun 陸軍 army/陸軍
rikutsu o iu 理屈を言う argue, quibble/强詞奪理,詭辯
rimen 裏面 the reverse, the back/裏面;背面
ringo りんご apple/蘋果; ***ringo-shu*** ～酒 cider/蘋果酒
rinji 臨時 special, extra/臨時,暫時;特別; ***rinji no*** ～の

temporary, provisional/臨時的,特別的
rinjin 隣人 neighbor/隣人,旁邊的人;街坊
rippa na 立派な splendid, fine/美觀的,華麗的;極好的,優秀的,出色的;***rippa ni*** 立派に well, splendidly/漂漂亮亮地,極好地,出色地
rippuku 立腹 anger, offense/生氣,惱怒;***rippuku suru*** ～する get angry/生氣
rirekisho 履歴書 personal history, curriculum vitae, résumé/履歴
ririku suru 離陸する take[hop]off, take to the air/(飛機)離地,起飛
riron 理論 theory/理論;***riron-teki na*** ～的な theoretical/理論性的
risei 理性 reason/理性;***risei-teki na[ni]*** ～的な[に]rational[ly]/理性的(地)
rishi 利子 interest/利息,利錢;***rishi ga tsuku*** ～が付く yield interest/存款生息
risoku 利息 interest/利息
risu りす squirrel/松鼠
ritsu 率 rate/率,比率,成數
rittai 立体 solid/立體
riyō 利用 use, utilization/利用,運用;***riyō suru*** ～する make use of, use/利用,運用
riyū 理由 reason, cause/理由
ro 炉 fireplace/爐,火爐
rō ろう wax/蠟
roba ろば ass, donkey/驢
rōden 漏電 leakage of electricity/漏電
rōdō 労働 labor, toil/體力勞動,勞動;***rōdōsha*** ～者 laborer/工人
rōdoku 朗読 reading/朗讀;***rōdoku suru*** ～する read/朗讀
rōdō-kumiai 労働組合 labor union/工會
rōgan 老眼 presbyopia, far-sightedness/花眼,老花眼
rōhi suru 浪費する waste, throw away/浪費,糟蹋
roji 路地 alley, lane/甬道,小胡同,小巷
rōjin 老人 old man/老人
rōka 廊下 passage, corridor/(樓内的内)走廊
rokkotsu ろっ骨 rib/肋骨
rōkō na 老巧な experienced, veteran/老練的
rokotsu na[ni] 露骨な[に] plain[ly], frank[ly], suggestive[ly]/露骨的(地),赤裸裸的(地)
roku 六,6 six, sixth/六

roku-gatsu 六月 June/六月
rokujū 六十,60 sixty/六十
rokuon suru 録音する record, make a recording/錄音
Rōma ローマ Roma/羅馬(意大利首都)
rombun 論文 treatise, dissertation, thesis, paper/論文
ronri 論理 logic/邏輯;***ronri-teki na[ni]*** ～的な[に] logical [ly]/邏輯性的(地)
ronsetsu 論説 leading article, editorial/社論,評論
ronsō suru 論争する dispute/爭論,論戰
rōren na 老練な experienced, expert/老練的
rōryoku 労力 labor, effort, pains/勞力,勞動力
roshutsu 露出 exposure/露出,曝光;***roshutsu-kei*** ～計 exposure meter/露光儀
rōsoku ろうそく candle/蠟燭
ruiji 類似 resemblance/類似;***ruiji suru*** ～する be similar to, resemble/類似
rusu 留守 absence/出門,不在家;***rusu no*** ～の absent/不在家的
ryaku 略 abbreviation, omission/省略;***ryaku suru*** ～する abbreviate, abridge/省略,簡略
ryō 量 quantity/量,數量,分量,額
ryō 寮 dormitory/學生宿舍
ryō 猟 shooting, hunting/打獵,狩獵
ryō 漁 fishing/打魚;***ryō ni iku*** ～に行く go fishing/去打魚
ryōdo 領土 territory/領土
ryōgae suru 両替する exchange/(兩種貨幣的)兑換
ryōgawa 両側 both sides, either side/兩邊,兩方面
ryohi 旅費 traveling expenses/旅費
ryōhō 両方 both, both sides[parties]/雙方;(法庭)兩造
ryōji 領事 consul/領事;***ryōji-kan*** ～館 consulate/領事館
ryōjū 猟銃 sporting[hunting]gun/獵槍
ryōkai 了解 understanding/瞭解;***ryōkai suru*** ～する understand/瞭解,理解,明白,懂得
ryok(y)aku 旅客 traveler/旅客;***ryok(y)aku-ki*** ～機 passenger airplane/客機
ryoken 旅券 passport/護照
ryōken 猟犬 hunting dog/獵犬
ryōkin 料金 charge, fee, fare/費用,使用費,手續費
ryokō 旅行 journey, traveling/旅行,遊歷;***ryokō suru*** ～する travel, make a trip to/旅行,旅遊,遊歷
ryōri 料理 cooking, cookery/菜,飯菜;***ryōri suru*** ～する cook, prepare/烹調,做菜

ryōshiki 良識 good sense/好見識,好判斷
ryōshin 両親 parents/父母,雙親;(學生)家長
ryōshin 良心 conscience/良心
ryōshō suru 了承する understand, acknowledge/明白,知道
ryōshū suru 領収する receive/收到;***ryōshū-sho*** 領収書 receipt/收據,收條
ryōtan 両端 both ends/兩端,兩頭
ryōte 両手 both hands[arms]/兩手,雙手
ryū 竜 dragon/龍
ryūchō na[ni] 流ちょうな[に]fluent[ly], eloquent[ly]/流暢的(地),流利的(地)
ryūgaku suru 留学する study abroad, go abroad for study/留學
ryūkō 流行 fashion, vogue/流行,時尚,時興,時髦;***ryūkō suru*** ～する prevail, be prevalent, be in vogue/流行,時興
ryūsenkei no 流線型の streamlined/流線型的
ryūtsū 流通 circulation/流通,通用,通行;***ryūtsū suru*** ～する circulate/流通,通用,通行;***ryūtsū-kahei*** ～貨幣 current money/流通貨幣

S

sa 差 difference, variation/差,差別;差額,差數
sā さあ come, now, well/(用於勸誘、催促時)來吧,喂;(用於猶豫時)呀,唉呀
sabaku 砂漠 desert/沙漠
sabetsu 差別 distinction, difference/差別,區別;***sabetsu suru*** ～する distinguish/區別,區分
sabi さび rust/銹,銹蝕;***sabiru*** さびる rust, get rusty/生銹
sabishii 寂しい lonely, lonesome/寂寞的,孤獨的
sabishisa 寂しさ loneliness, lonesomeness/寂寞,孤獨
saboten サボテン cactus/仙人掌
sadamaru 定まる be decided, be chosen/定,決定,確定
sadameru 定める fix, set, decide, establish/決定,規定,評定;安定,定居
-sae …さえ even, only/連;只要
saegiru 遮る interrupt, cut off, obstruct/遮蔽,遮蓋;遮斷,攔住
saezuri さえずり song, chirp, twitter/歌詠,鳥鳴
saezuru さえずる sing, chirp, twitter/唱歌,(鳥)啼鳴
sagaru 下がる fall, drop, hang/降低,落價,垂吊

sagasu 探す seek, look for/尋找,搜查
sageru 下げる hang, lower/吊掛,降低,降下
sageru 提げる carry, take/提,拎
sagi 詐欺 fraud, cheating/欺詐,欺騙
sagi さぎ heron/鷺鷥,青莊
saguru 探る search for, look for, spy/探,摸;尋找,探索,探聽
sagyō 作業 work, operations/作業,工作,勞動
sahō 作法 manner/作法,方式;禮節
sahodo さほど so(much), much/那樣,那種程度
sai 歳 year, age, years/年,年歲,歲
saiai no 最愛の dearest, beloved/最喜歡的,最心愛的
saiaku no 最悪の the worst/最壞的,最不利的
saibai 栽培 growing, cultivation/栽培;***saibai suru*** ～する cultivate, grow/栽培,種植
saiban 裁判 trial, judgment/裁判;***saiban suru*** ～する judge, try/裁判,審判,審理
saibō 細胞 cell/細胞
saichū 最中 in the midst of, in the course of/最盛時期,進行中
saifu 財布 purse, wallet/錢包,錢袋
saigai 災害 disaster, calamity/災害
saigetsu 歳月 time/歲月,光陰
saigo 最後 the last, the end/最後,最終,最末
saihō 裁縫 sewing, needlework/縫紉;***saihō suru*** ～する sew/縫紉
saijitsu 祭日 holiday, festival day/節日,祭日
saijō no 最上の the best/最高,最優,至上的
saikai suru 再会する meet again/再會,再見,重逢
saiken 再建 reconstruction/重建;***saiken suru*** ～する rebuild, reconstruct/重建
saikin 細菌 bacillus, bacterium, germ/細菌
saikin 最近 recently, lately/(過去的)最近;***saikin no*** ～の recent, late, up-to-date/最近的
saikō no 最高の highest, maximum/最高的,最高級的
saikō suru 再考する reconsider/再次考慮,重新考慮
saiku 細工 work, workmanship/精巧工藝
saimatsu 歳末 year end/歲末,年底,年終
saimu 債務 debt, obligation/債務,欠債
sain サイン sign, signal, signature/署名,簽字
sainan 災難 disaster, calamity/災難
sainō 才能 talent, ability, capacity/才能,才幹,才華;***sainō***

no aru ～のある talented/有才華(才幹)的
sairen サイレン siren/汽笛,警笛
sairyō no 最良の best/最好,最佳,最精良的
saisan 再三 again and again, repeatedly/再三再四,屢次
saisan ga toreru 採算がとれる be profitable/合算
saishi 妻子 wife, one's family/妻子,妻與子
saishin no 細心の careful, prudent/細心的,慎重的
saishin no 最新の newest, latest/最新的,最新式樣的
saisho 最初 first, beginning/最初,第一次;***saisho no*** ～の first/最初的;***saisho ni*** ～に in the first place/第一次;***saisho wa*** ～は at first/最初
saishō(no) 最小(の) smallest, least, minimum/最小(的)
saishū no 最終の last/最後的,最末尾的
saishū suru 採集するcollect, gather/採集,蒐集
saitei no 最低の lowest, minimum/最低的
saiten 祭典 festival, fête/祭禮,典禮,慶祝活動
saiten suru 採点する mark, grade/評分數
saiwai 幸い happiness, good fortune/幸運,幸福;***saiwai na*** [***ni***] ～な[に] fortunate[ly],happy[-ily]/幸運的(有幸地)
saiyō 採用 adoption/採用;任用,錄用;***saiyō suru*** ～する adopt/採用;任用,錄用
saizen 最善 the best/最善,最好
saji さじ spoon, teaspoon/匙子,茶匙,藥匙
saka 坂 slope/坡;***sakamichi*** 坂道 sloping road/坡道
sakaba 酒場 bar, saloon, public house/酒吧,酒館
sakadaru 酒だる cask, barrel/酒桶
sakaeru 栄える prosper, flourish/繁榮,昌盛
sakai 境 border, boundary/界綫,邊界
sakana 魚 fish/魚;***sakana-ya*** ～屋 fish dealer/魚販子
sakan na 盛んな prosperous, vigorous, active/盛大的,旺盛的
sakari 盛り height, peak, bloom/最盛時期
sakariba 盛り場 public[holiday]resort, amusement quarters/繁華街,熱鬧場所
sakazuki 杯 cup, (wine) glass/酒杯
sake さけ salmon/鮭魚,大馬哈魚
sake 酒 wine, sake/酒;***sake o nomu*** ～を飲む drink/喝酒;***sake ni you*** ～に酔う get drunk/醉酒
sakebi 叫び shout, cry, scream/叫,叫喊,呼喊聲;***sakebu*** 叫ぶ cry, shout/喊叫,呼號
sakerarenai 避けられない unavoidable, inevitable/難以避免
sakeru 避ける avoid, keep off/避免,躲避

sakeru 裂ける split, rend, burst/裂,裂開,破裂
saki 先 point, tip, future/端,尖端,末梢;前頭;前面;***saki ni*** ～に in advance/預先,事先
sakka 作家 writer, author/作家,作者
sakkaku 錯覚 illusion/錯覺,誤解,誤會;***sakkaku o okosu*** ～を起こす be under an illusion/發生誤解(錯覺)
sakkin suru 殺菌する sterilize, pasteurize/殺菌,消毒,滅菌
sakkyoku 作曲 composition/作曲;***sakkyoku suru*** ～する compose/作曲
saku 柵 fence, paling/栅欄,營砦
saku 策 policy, plan/計策,方策,策略
saku 咲く bloom, open, come out/(花)開
saku 裂く tear, split/撕開,劈開,切開
sakuban 昨晩 last night, yesterday evening/昨晚
sakubun 作文 composition/作文
sakuhin 作品 work/作品
sakujitsu 昨日 yesterday/昨天
sakumotsu 作物 crops, farm products/作物,農作物
sakura 桜 cherry tree, cherry blossom/櫻,櫻樹,櫻花
sakusen 作戦 operations/作戰
sakusha 作者 writer, author/作者,著者,作家
sakuya 昨夜 last night, yesterday evening/昨夜,昨晚
sama …様 Mr., Mrs., Miss/先生;小姐
samasu 冷ます cool, let…cool/弄涼(冷),冷卻
samasu 覚ます wake up, awake, rouse/弄醒,叫醒;提醒
samatage 妨げ obstruction, disturbance, obstacle/妨礙,阻礙;***samatageru*** ～る obstruct, hinder, disturb, interrupt/妨礙,阻礙,阻撓
samazama na 様々な various, diverse/種種的,形形色色的,各式各樣的
sambashi 桟橋 pier, wharf/棧橋,碼頭
sambutsu 産物 product/產品,出產,物產
same さめ shark/鯊魚
sameru 冷める (get)cool/冷,涼
sameru 褪める fade(away), be discolored/褪色,掉色
sammaime 三枚目 comic actor, comedian/(劇)丑角
sammyaku 山脈 mountain range/山脈
samo さも just, quite, as if/彷彿,好像,宛如;當然,自然
samonaito さもないと or, otherwise/不然,不然的話
sampatsu suru 散髪する have one's hair cut/理髮,剪髮
sampo 散歩 walk, stroll/散步,漫步;***sampo suru*** ～する walk, take a walk/散步

sampuku 山腹 mountainside, hillside/山腹，山腰
samui 寒い cold, chill(y)/(氣溫)冷，寒冷
samusa 寒さ cold, coldness/寒冷，冷氣
san 産 childbirth, production/分娩，出生，生產
san 酸 acid, acids/酸味，(化學)酸
san 三，3 three, third/三
san-gatsu 三月 March/三月
sango さんご coral/珊瑚
sangyō 産業 industry/產業，生產事業，工業；***sangyō no*** ～の industrial/產業的，工業的
sanjū 三十，30 thirty/三十
sankaku 三角 triangle/三角形
sanka suru 参加する participate, join, take part/參加，加入
sankō 参考 reference, consultation/參考；***sankō ni suru*** ～にする refer to, consult/作參考；***sankō-sho*** ～書 reference book/參考書
sanrin 山林 forest/山林，山上的森林
sansei 賛成 approval, agreement/贊成，同意；***sansei suru*** ～するapprove of agree, support/贊成，贊同，同意
sanshō 参照 reference/參閱，參照；***sanshō suru*** ～する refer to/參閱，參照
sanso 酸素 oxygen/氧，氧氣
sanzan ni 散々に severely, terribly, awfully/厲害地，兇狠地
sao さお pole, rod/竿子，竹竿，釣魚竿
sappari さっぱり (not) at all, quite/乾淨，利索，瀟灑；完全
sappari shita さっぱりした clean, neat, frank, open-hearted/乾淨利落的，爽快的，直率的
sara 皿 dish, plate/碟子，盤子
sarainen 再来年 the year after next/後年
sara ni 更に again, anew/再，重新；更，更加
sararīman サラリーマン salaried man, office worker/薪給人員，工資生活者
sarasu さらす expose, bleach/曬；暴露，拋露
sarau さらう carry off, kidnap/奪走，攫取，搶走，拐跑
saru 猿 monkey/猴子
saru 去る go away, leave/離去，離開，走開
sasa ささ bamboo grass/細竹
sasae 支え support/支持，支撐；***sasaeru*** ～る support, hold, dedicate/支持，支撐
-saseru …させる make somebody do, let somebody do, have somebody do/使…，叫…，讓…
sashiageru 差し上げる hold up, give, present/(最高級尊敬

語)給,給您

sashiatari 差し当たり for the present, for the time being, at present/目前,眼前,當前

sashidashinin 差出人 sender, addresser/寄信人,寄件人

sashidasu 差し出す hold[stretch, reach] out, extend/交出,寄出,發出;差遣

sashie 挿絵 illustration/插畫,插圖

sashihikaeru 差し控える refrain from, keep from/等候

sashikomu 差し込む insert, put in, come in/(光線)射入;插入,插進

sashisematta 差し迫った pressing, urgent/迫近的,逼近的

sashitsukae 差し支え objection/障礙,妨礙;***sashitsukae nai*** ～ない do not mind, have no objection/不妨礙…,没關係

sashizu 指図 order, direction/意圖,指示,命令;***sashizu suru*** ～する direct, order/下指示,下命令,吩咐

sasoi 誘い invitation, temptation/引誘,誘惑

sasou 誘う invite, tempt, ask/邀,會同;引誘

sassato さっさと quickly, fast, promptly/趕快,迅速地,敏捷地

sassoku 早速 at once, immediately/當即,急忙,馬上

sassuru 察する guess, feel for/推察,察知;瞭解,體諒

sasu 指す point to, point out, indicate/指,指向;舉

sasu 差す pour in/注,灌;(光線)照射

sasu 刺す pierce, prick, stab/刺,扎,螫

sasuga ni さすがに indeed, truly/不愧,到底

sasurau さすらう wander, roam/飄泊,流浪

sasuru さする rub, chafe/撫摩

sate さて well, so, now/那末,卻說,且說

satō 砂糖 sugar/砂糖

satoru 悟る see, understand, realize/省悟,領悟

satsu 札 (bank) note, bill/紙幣,鈔票

satsu 冊 volume, copy/(書)一册,一部

satsuei suru 撮影する take a photo(graph), picture/攝影,照像

satsujin 殺人 homicide, murder/殺人

sattō suru 殺到する rush, pour in/蜂擁而至,紛至沓來

sawagashii 騒がしい noisy/吵鬧的,喧囂的

sawagi 騒ぎ noise, uproar, disturbance/吵鬧,喧囂;騷動,鬧事

sawagu 騒ぐ be noisy, make a noise/吵鬧,吵嚷

sawaru 触る touch, feel/摸,觸,碰

sawayaka na さわやかな refreshing, bracing, fresh/爽快

的，痛快的，清爽的
saya　さや sheath，scabbard，cap/刀鞘，劍鞘
sayō　作用 action，operation/作用；***sayō suru***　～する act，operate on/起作用
sayoku　左翼 left wing/左翼
sayōnara　さようなら Good-by(e)；So long./再見，再會
sayu　さゆ (plain) hot water/白開水
sayū　左右 right and left/左右；***sayū ni***　～に either side，both sides/侍候身旁
sazanami　さざなみ ripples，wavelets/細波，微波，漣漪
sebameru　狭める narrow，reduce/(距離、範圍)縮小，縮短
sebiro　背広 business suit，lounge suit，sack coat/西服
sebone　背骨 backbone，spine/脊(樑)骨
sechigarai　世知辛い hard to live/日子不好過的，生活艱苦的
sedai　世代 generation/世代，同時代；代
segare　せがれ son，my son/(自謙)愚子，犬兒
sehyō　世評 public opinion，reputation/社會輿論，一般傳説
sei　背 height，stature/身高，身材；***sei no takai[hikui]***　～の高い[低い] tall[short]/身材高大(矮小)
sei　姓 family name/姓，姓氏
sei　性 sex，gender/性，本性，生性，性別
sei　精 spirit/精華，精氣，元氣，精力，精神
sei　聖 holy，sacred，saintly/聖人，聖哲
-sei　…せい results，influence，reason/影響，感化，緣故
seibi suru　整備する arrange，adjust，maintain/整備，配備
seibo　聖母 Virgin Mary，Holy Mother/聖母(瑪利亞)
seibo　歳暮 end of year，year-end present/歲暮，年終
seibu　西部 western part(s)，the west/西部
seibun　成分 ingredient，component/組成部分，成分
seibutsu　生物 living thing，creature/生物；***seibutsugaku***　～学 biology/生物學
seichō　成長 growth/成長；***seichō suru***　～する grow up/成長
seidai na[ni]　盛大な[に] splendid[ly]，grand[ly]，successful[ly]/盛大的(地)
seido　制度 system，institution/制度
seien suru　声援する encourage，cheer/聲援，支持；吶喊，助威
seifu　政府 government，administration/政府
seifuku　制服 uniform/(學校、機關等的)制服
seifuku　征服 conquest/征服；***seifuku suru***　～する conquer/征服
seigen　制限 restriction，limitation/限制，限度，界限；***seigen suru***　～する restrict，limit/限制

seigi 正義 right, justice/正義,道義
seihantai 正反対 exact reverse, just the opposite/完全相反
seihin 製品 manufactured goods/製品,製成品,成品
seihōkei 正方形 square/正方形
seihoku 西北 northwest/西北
seihon 製本 bookbinding/裝訂
seii 誠意 sincerity/誠意,真心; ***seii no aru*** ～のある sincere/有誠意的
seiji 政治 politics, government/政治
seijin 成人 adult/成年人,成人; ***seijin suru*** ～する grow up/長大成人
seijin 聖人 saint, holy man/聖人
seijitsu 誠実 sincerity, fidelity/誠實、真誠; ***seijitsu na*** ～な sincere, faithful/誠實的
seijōki 星条旗 Stars and Stripes, U. S. flag/(美國國旗)星條旗
seijō na 正常な normal/正常的
seijuku suru 成熟する ripen, get ripe/成熟; ***seijuku shita*** 成熟した ripe, mature/成熟的
seikai 政界 political world/政界
seikaku 性格 character, personality/性格,脾氣
seikaku 正確 accuracy, precision/正確,準確; ***seikaku na[ni]*** ～な[に] correct[ly], exact[ly], accurate[ly]/正確的(地)
seikatsu 生活 life, living/生活,生計; ***seikatsu suru*** ～する live, make a living/生活,過日子
seiken 政見 political views/政治見解,政見
seiken 政権 political power, power/政權
seiketsu na 清潔な clean(ly), neat/清潔的,乾淨的
seiki 世紀 century/世紀
seiki 生気 life, vigor, vitality/生氣,朝氣,生機; ***seiki no aru*** ～のある vital, animated/有生氣的
seiki no 正規の formal, regular, proper/正規的,正式規定的
seikō 成功 success/成功; ***seikō suru*** ～する succeed/成功,功成名就
seikō na[ni] 精巧な[に] elaborate[ly], exquisite[ly]/精密的(地),精巧的(地)
seikyū 請求 demand/請求; ***seikyū suru*** ～する request, charge/請求,要求; ***seikyū-sho*** ～書 application, bill/請求書,申請書
seikyū na 性急な quick-tempered, impatient/性急的
seimei 姓名 (full)name/姓名

seimei　生命 life, soul/生命,性命
seimei　声明 declaration, statement/聲明;*seimei suru*　〜する declare/聲明
seimitsu　精密 minuteness, precision/精密,精確,細密;*seimitsu na[ni]*　〜な[に] minute[ly],accurate[ly]/精密的(地),精確的(地)
seinen　青年 youth, young man/青年,年輕人
seinen　成年 majority, full[adult]age/成年,成丁;*seinen ni tassuru*　〜に達する come of full age/到成年
seinen-gappi　生年月日 date of one's birth, birth date/誕生年月日
seinō　性能 capacity/性能,效能;*seinō no yoi*　〜のよい efficient/性能好的
seireki　西暦 Christian Era/公元,公曆
seiretsu suru　整列する line up/整隊,排隊,排列
seiri suru　整理する put in order, adjust, arrange/整理,整頓,收拾
seiritsu suru　成立する be formed[effected]/成立
seiryoku　精力 energy/精力,元氣;*seiryoku-teki na*　〜的な energetic/精力旺盛的,精神飽滿的
seiryoku　勢力 influence, power/勢力,權勢;*seiryoku no aru*　〜のある powerful/有勢力的
seisaku　政策 policy/政策
seisaku suru　製作する manufacture, produce, make/製作,製造
seisan　生産 production/生產;*seisan suru*　〜する produce/生產;*seisan-butsu*　〜物 products/產品
seisei-dōdō to　正々堂々と fairly, squarely/堂堂正正地,光明磊落地,正大光明地
seiseki　成績 result, record/成績,成果,成效
seishi　生死 life and death/生死,死活
seishiki na[ni]　正式な[に]formal[ly], regular[ly]/正式的(地),正規的(地)
seishin　精神 mind, spirit, soul/精神,思想,意識;*seishin-teki na*　〜的な spiritual, mental/精神(上)的
seishi suru　静止する stand still, rest/靜止
seishitsu　性質 nature, character/性質,性格,性情,天性
seisho　聖書 (Holy) Bible/聖經
seishōnen　青少年 youth, younger generation/(12〜25歲的)青少年
seishun　青春 youth, springtime of life/青春;*seishun no*　〜の youthful/青春的

seisō 清掃 cleaning/清掃,打掃
seisō suru 盛装する dress up/穿着盛装
seiten 晴天 fine[fair]weather/晴天
seiton 整とん order, arrangement/整頓,整理,收拾
seitō na 正当な fair, just, right/正當合理的,理所當然的,公正的
seiu 晴雨 fair or rainy/晴雨;*seiu ni kakawarazu* ～にかかわらず rain or shine/不管是晴天還是下雨;*seiu-kei* ～計 barometer/氣壓計,晴雨計
Seiyō 西洋 the West/西洋,西方,歐美;*Seiyō no* ～の Western/西方的,歐美的
seizō 製造 making, manufacture/製作,製造
seizon 生存 existence, life/生存;*seizon suru* ～する exist, live/生存
seizu 製図 drawing/製圖,繪圖
sekai 世界 world/世界;*sekai-teki na* ～的な worldwide, international/世界性的,國際性的
seken 世間 world, people/世上,社會;社會上的人;*seken banashi* ～話 gossip/閒話
seki せき cough/咳嗽;*seki o suru* ～をする cough, have a cough/咳嗽;*seki-dome* ～止め cough drop/止咳
seki 席 seat, place/座位,席位
sekidō 赤道 equator/赤道
sekijūji 赤十字 the Red Cross/紅十字
sekimen suru 赤面する blush(with shame)/臉紅,害羞
sekinin 責任 responsibility/責任;*sekinin aru* ～ある responsible/有責任
sekitan 石炭 coal/煤
sekiyu 石油 oil, petroleum/石油
sekkei 設計 plan, design/設計,規劃;*sekkei suru* ～する plan, design/設計,規劃
sekken 石けん soap/肥皂
sekkin 接近 approach/接近
sekkyoku-teki na[ni] 積極的な[に]positive[ly], active[ly]/積極的(地)
semai 狭い small, narrow, limited/狹窄的
sembetsu せん別 parting[farewell]gift/餞別
semeru 責める blame, reproach/責備,申斥
semeru 攻める attack, assault/攻打,攻擊
semi せみ cicada, locust/蟬,知了
semmei na 鮮明な clear, distinct/鮮明的
semmen o suru 洗面をする wash one's face/洗臉;*semmen-ki*

～器 washbowl, basin/臉盆
semmon 専門 speciality/專門,專業;*semmon-ka* ～家 specialist, expert/專家
sempai 先輩 elder, senior/前輩;老學長
sempūki 扇風機 electric fan/電(風)扇
sen 千,1000 thousand/千
sen 線 line/線;線路
sen 栓 stopper, cork, bung/栓,塞子,(自來水)龍頭
senaka 背中 the back/脊背,脊樑
senchō 船長 captain skipper, master mariner/船長;船的長度
senden 宣伝 advertisement/宣傳;*senden suru* ～する advertise/宣傳
sengen 宣言 declaration/宣言,宣佈;*sengen suru* ～する declare/發表宣言
sengetsu 先月 last month/上月
sengo 戦後 after the war, post-war/戰後
sen'i 繊維 fiber/纖維
sen'in 船員 sailor, seaman/船員
senjitsu 先日 the other day/前日,前一天
senkō 専攻 special study/專攻,專門研究;*senkō suru* ～する specialize in/專攻
senkoku suru 宣告する sentence, proclaim/宣告,(法律)宣判
senkyo 選挙;election/選舉;*senkyo suru* ～する elect, choose/選舉
senren sareta 洗練された polished refined/洗練的,精練的,千錘百鍊的
senritsu 旋律 rhythm, melody/(音樂)旋律
senro 線路 line, track/線路
senryō 占領 occupation/佔領,攻佔;*senryō suru* ～する occupy/佔領,攻佔
sensei 先生 teacher, master/老師;先生
senshoku 染色 dyeing/染色,着色
senshu 選手 player, champion/選手;*senshuken* ～権 championship, title/優勝者,冠軍(的資格)
senshū 先週 last week/上星期
sensō 戦争 war, battle, fight/戰爭,戰役
sensu 扇子 fan/扇子
sensui 潜水 diving/潛水;*sensui suru* ～する dive/潛水;*sensui-fu* ～夫 diver/潛水員
sentaku 選択 selection, choice/選擇,挑選;*sentaku suru* ～する select, choose/選擇
sentaku 洗濯 wash, washing/洗滌,洗衣服;*sentaku suru* ～

する wash, do washing/洗滌,洗衣服
sentan 先端 point, tip/尖端,頂端
sentō 先頭 head, lead/先頭,排頭,最前列
sentō 戦闘 battle, fight/戰鬥
senzai 洗剤 cleanser, detergent/洗滌劑,清洗劑;洗衣粉
senzen 戦前 prewar days[era]/戰前,開戰前
senzo 先祖 ancestor/始祖,祖先,先人
seppun suru 接ぷんする kiss/接吻,親嘴
serifu せりふ speech, words/(劇)臺詞,道白;說話,説詞
seron 世論 public opinion/(公衆)輿論
sesshi 摂氏 centigrade, Celsius/攝氏(溫度)
sesshoku 接触 contact, touch/接觸;***sesshoku suru*** ～する come into contact[touch]with/接觸
sessuru 接する touch, adjoin/接連,連續
setchi suru 設置する establish, set up/設置,安裝,設立
setsu 説 opinion, view/意見,主張,學説
setsubi 設備 equipment/設備;***setsubi no yoi*** ～のよい well-equipped/設備好的
setsugō suru 接合する join, unite, connect/接合,接上,粘結上
setsumei 説明 explanation/説明,解釋;***setsumei suru*** ～する explain/説明,解釋
setsuritsu 設立 establishment, foundation/設立,成立;***setsuritsu suru*** ～する establish, set up/設立,成立
setsuyaku 節約 saving, economy/節約,儉省;***setsuyaku suru*** ～する economize, save/節約,節省
settai 接待 reception/接待,招待;***settai suru*** ～する receive, welcome/接待,招待
settoku 説得 persuasion/説服,勸導;***settoku suru*** ～する persuade/説服,勸導
sewa 世話 care, help/幫助,關照,照顧;***sewa o suru*** ～をする take care[charge]of, look after/照料,照管,照顧
-sezaru o enai …せざるを得ない cannot help doing, cannot but do/只好,只能,不得不,不能不
shaberu しゃべる chat, chatter, talk/說,講;多嘴多舌
shaburu しゃぶる suck, chew/(含於口中)吮吸;嚼
shachō 社長 company president/公司經理
shagamu しゃがむ squat down, crouch/蹲下
shageki 射撃 firing, shooting, shoot/射擊
shakai 社会 society, world, public/社會,(某)界
shakkin 借金 debt, loan/借款,負債;***shakkin suru*** ～する borrow money, owe/借錢,借款

shakkuri (suru) しゃっくり(する) hiccup, hiccough/打嗝兒
shako 車庫 car shed, garage/車庫,車房
shakō 社交 social intercourse/社交,交際; ***shakō-teki na*** 〜的な social/社交性的
share しゃれ joke, jest/打趣話,詼諧話,俏皮話
sharin 車輪 wheel, cars/車輪
shasei suru 写生する sketch/寫生
shasen 斜線 oblique line/斜線
shasetsu 社説 leading article/社論
shashin 写真 photograph/照像,攝影; ***shashin o toru*** 〜をとる take a photograph[picture]/照像,攝影
shashō 車掌 (*train*) conductor/(火車等)乘務員,售票員
shatsu シャツ undershirt, underwear/襯衣,襯衫
shazai 謝罪 apology/謝罪,道歉; ***shazai suru*** 〜する apologize/謝罪,道歉
shi 詩 poem, poetry, verse/詩,漢詩
shi 死 death/死
shi 市 city, town/城市,市
shi 四,4 four, fourth/四
shi 氏 Mr./先生(比"先生"更尊敬)
shiageru 仕上げる finish, complete/做完,完成;精密加工,潤色
shiai 試合 match, game/(球類等的)比賽
shiawase 幸せ (good) fortune, luck, happiness/運氣,幸福,幸運
shibafu 芝生 lawn/草坪;矮草地
shibai 芝居 play, drama/戲劇;(轉義)假戲,花招
shibaraku しばらく for a while/暫時;不久,一會兒
shibaru 縛る bind, tie/綁,縛,捆,紮
shiba-shiba しばしば often, frequently/屢次,再三,每每
shibire ga kireta しびれがきれた My foot is asleep/腿麻了; ***shibire o kirasu*** しびれをきらす lose one's patience/等得不耐煩
shibireru しびれる become numb/麻木
shibō 脂肪 fat, grease/脂肪
shibō 死亡 death, decease/死亡; ***shibō suru*** 〜する die/死亡
shibomu しぼむ fade (away), wither/枯萎,凋萎
shibori 絞り variegation, dapple, iris/雜色,斑駁,斑點;(攝影)光圈
shiboru 絞る press, wring/擰,榨,擠,扭,絞
shibui 渋い astringent, rough, glum, sour, tasteful/澀的,不

滑溜的;怏怏不樂的,陰沉的;風雅的,古雅的
shibu-shibu 渋々 reluctantly, unwillingly/勉勉强强
shibutoi しぶとい stubborn, stiff-necked/頑固的,頑强的
shichi 七,7 seven, seventh/七
shichi-gatsu 七月 July/七月
shichijū 七十,70 seventy/七十
shichimenchō 七面鳥 turkey/火鷄
shichō 市長 mayor/市長
shichū シチュー stew/燉(燜)的食物
shidai ni 次第に gradually/漸次地,逐次地,漸漸地,漸進地
shiden 市電 streetcar, tram/市内電車,市營電車
shidō 指導 guidance, leadership/指導,指教;領導;***shidō suru*** ～する guide, lead/指導;領導
shigai 市外 suburbs of a city/市外;***shigai no*** ～の suburban/市外的
shigai 市街 streets/街道
shigai-sen 紫外線 ultraviolet rays/紫外線
shigan 志願 application/志願;***shigan suru*** ～する apply for/志願(報名,參加);***shigansha*** ～者 applicant, candidate/志願人員;報名者
shi-gatsu 四月 April/四月
shigeki 刺激 stimulus/刺激;***shigeki suru*** ～する stimulate/刺激,使興奮
shigen 資源 resources/資源
shigeru 茂る grow thick/(草木)繁茂
shigoto 仕事 work, labor/工作;職業
shigyō-shiki 始業式 opening ceremony/開學典禮
shihai 支配 control, rule/管理,統治,控制,支配;***shihai suru*** ～する govern, rule/統治,管轄,支配
shiharai 支払い payment, discharge/支付(款項)
shiharau 支払う pay, discharge/支付,付款
shihatsu-eki 始発駅 starting station/(火車等)始發站,起點站
shihei 紙幣 paper money [currency], a (bank) note, a bill/紙幣,鈔票
shihenkei 四辺形 quadrilateral/四邊形
shihō 司法 administration of justice/司法
shihon 資本 capital, funds/資本
shihō ni 四方に on all sides, in all directions/在四面八方
shiin 子音 consonant/子音,輔音
shiire 仕入れ buying, laying in/買進,採購;***shiireru*** ～る lay[buy]in/買進,購買,採購
shiiru しいる force, compel/强迫,强使,强加於人

shiitageru しいたげる oppress/虐待
shijin 詩人 poet, poetess/詩人
shiji suru 支持する support, back(up), stand by/支持;擁護
shiji suru 指示する indicate, point out/指示
shijō 市場 market, fair/市場
shijū 始終 always, all the time, often/始終,自始至終;經常
shijū 四十,40 forty/四十
shika 鹿 deer/鹿
-shika …しか only, but/僅,僅僅(後接否定式)
shika-i 歯科医 dentist/牙科醫生,牙科大夫
shikai 視界 sight/視野,眼界
shikai-sha 司会者 chairman, master of ceremony, leader/會議主持人
shikake 仕掛 contrivance, mechanism/機構,裝置
shikaku 四角 square/四角,方形
shikaku 資格 qualification/資格
shikaku 死角 dead angle/(軍事)死角
shikameru しかめる frown, (make a) grimace/顰蹙,皺眉
shikamo しかも moreover, besides/而且,並且,加之,更
shikarareru 叱られる be scolded/被責備,被訓斥
shikaru 叱る scold, chide/責備,訓斥
shikashi しかし but, however/然而,但是
shikata 仕方 way, method/方法
shike しけ stormy weather, storm/(海上)暴風雨
shikei 死刑 capital punishment, death(penalty)/死刑
shiken 試験 examination, test/考試;試驗,實驗;***shiken suru*** ～する examine, test/考試;試驗
shiki 式 ceremony, form, style, type/儀式,方式,様式
shiki 指揮 command, orders, direction/指揮;***shiki suru*** ～する command, order, lead/指揮
shiki 四季 four seasons, seasons of the year/四季
shikichi 敷地 site/(房屋等的)地基,用地
shikimono 敷物 carpet/(地面、床等的)鋪墊物,鋪的東西
shikin 資金 capital, funds, a fund/資金
shikiri ni しきりに frequently, repeatedly/屢次,再三
shikisai 色彩 color, coloring/色彩
shikkaku suru 失格する be disqualified/喪失資格
shikki 湿気 damp, moisture/濕氣,潮濕
shikki 漆器 lacquer ware/漆器
shikomu 仕込む teach, train/教育,訓練
shiku 敷く spread, cover/舖,墊,舖上
shikujiri しくじり failure, mistake/失敗,失策

shikujiru しくじる fail, blunder/失敗,失策
shikyū no[ni] 至急の[に] urgent[ly], pressing[ly], prompt [ly]/火急的(地)
shikyū suru 支給する provide, supply/支付,支給
shima 島 island/島
shima 縞 stripes/(布)條紋,格紋,花道兒
shimai 姉妹 sisters/姊妹,姐妹
shimai 仕舞い end, close/終了,末尾; *shimai ni* ～に eventually, finally/最後
shimari 締り tightness, firmness/嚴緊,緊湊; *shimari no nai* ～のない loose/嘴不嚴,嘴敞
shimaru 締る be shut[closed], tighten, be tight/關閉,緊閉,弄緊
shimatsu suru 始末する manage, deal with, dispose of/處理,應付
shimatta しまった Heavens!; Dear God! /糟糕,糟了
shima-uma 縞馬 zebra/斑馬
shimbō 辛抱 patience, endurance/忍,忍耐,忍受,忍耐力; *shimbō suru* ～する patient, endure/忍耐,忍受
shimbun 新聞 newspaper/報紙,報,新聞
shimei 使命 mission/使命,任務
shimei 氏名 (full)name/姓名
shimei suru 指名する nominate, name/指名,指定
shimekiri 締め切り closing, closing date/封閉;截止
shimeppoi 湿っぽい damp, moist, wet/潮濕的,濕潤的
shimeru 締める shut, close, tie (up), tighten, put on/繫結;勒緊;閉合,掩上
shimeru 絞める wring, strangle/絞,擰,扭;收緊,勒緊
shimeru 湿る become damp [wet]/弄濕,濡濕
shimeru 占める occupy, hold/佔據,佔有
shimesu 示す show, indicate/出示,表示,指示
shimi 染み stain, spot/污垢,污點
shimi-jimi しみじみ keenly, fully, heartily/痛切,深切
shimin 市民 citizen, townspeople/市民,城市居民
shimiru 染みる soak[sink]into, penetrate/染上,沾染,感染
shimmai 新米 new hand, beginner/新米;新手,生手
shimmi no[ni] 親身の[に] kindly, hearty[-ily]/親身的(地);親密的(地),懇切的(地)
shimmiri しんみり quietly, seriously/靜悄悄,悄然,沉靜
shimmitsu na 親密な intimate, friendly, close/親密的,密切的
shimo 霜 frost/霜; *shimodoke* ～解け thawing/融霜,化霜

shimon 指紋 fingerprint/指紋,指印
shimpai 心配 anxiety, concern/擔心,憂慮,不安,害怕;***shimpai na*** ～な anxious, uneasy/憂慮的,擔心的,不安的;***shimpai suru*** ～する be anxious about, worry about/擔心,害怕
shimpen 身辺 surroundings/身邊
shimpi 神秘 mystery/神秘;***shimpi-teki na*** ～的な mysterious/神秘的
shimpo 進歩 progress/進步;***shimpo suru*** ～する make progress/使進步,發展
shimpu 新婦 bride/新娘
shimpu 神父 (Catholic)priest/神父
shin 心 core, wick/心,內心,核心;芯
shinabiru しなびる wither, shrivel/枯萎,乾癟;***shinabita*** しなびた withered, shriveled/枯萎的,乾癟的
shinagire 品切れ out of stock/賣光,售罄,脱銷
-shinaide …しないで without doing/不(要)做…
shin'ai na 親愛な dear, beloved/親愛的
-shinai yō ni …しないように so as not to do/不要…,小心…,免得…
shinamono 品物 article, merchandise/東西,物品,貨物
shinchiku 新築 new building/新建的房屋
shinchō 身長 stature, height/身高
shinchō na[ni] 慎重な[に]careful[ly], cautious[ly]/慎重的(地)
shinchū 心中 at[in one's]heart/心中,內心
shinchū 真ちゅう brass/黄銅(銅鋅合金)
shindai 寝台 bed, berth/床;***shindai-sha*** ～車 sleeping car/(火車)臥鋪車廂
shindan 診断 diagnosis/診斷;***shindan suru*** ～する diagnose/診斷
shindō 振動 vibration, shock/振動;***shindō suru*** ～する shake, quake/振動;擺動
shin'ei 新鋭 fresh, picked/新鋭,强有力的新人,新强人
shingō 信号 signal/信號
shinise しにせ old store/老店,老鋪子
shinjin 信心 faith, piety/信心,信仰(心);***shinjin suru*** ～する believe in/信仰;***shinjin-bukai*** ～深い pious/虔誠的,篤信的
shinjiru 信じる believe, trust/信,相信,信賴
shinjitsu 真実 fact, truth, reality/真實,事實,實在;***shinjitsu no*** ～の true, real/真實的
shinju 真珠 pearl/珍珠

shinka 進化 evolution/進化,演進; ***shinka suru*** ～する evolve,develop/進化,演進
shinka 真価 true[real]value/真價
shinkan 新刊 new publication/新刊,新出版物
shinkan 新館 new building/新館,新樓
shinkei 神経 nerves/神經; ***shinkei-shitsu na*** ～質な nervous/神經質的
shinken na[ni] 真剣な[に]serious[ly],earnest[ly]/認真的(地),嚴肅認真的(地)
shinkiroku 新記録 new record/新記錄
shinkō 信仰 faith, belief/信仰
shinkō 進行 progress, advance/進行,進展
shinkoku na 深刻な serious, severe/深刻的;(轉義)(矛盾的)尖銳,嚴重
shinkon 新婚 newly-married/新婚; ***shinkon-ryokō ni iku*** ～旅行に行く go on a honeymoon/去新婚旅行,外出度蜜月
shinkū 真空 vacuum/真空; ***shinkū no*** ～の vacuous/真空的; ***shinkū-kan*** ～管 tube/真空管,電子管
shinkyō 心境 state of mind/心境
shinkyū suru 進級する be promoted, win promotion/進級,陞級,晉陞
shin'nen 信念 belief, faith/信念,信心
shin'nen 新年 new year, New Year's Day/新年,元旦
shin'nin no 新任の newly-appointed, new/新任的
shin'nyū 侵入 invasion/侵入; ***shin'nyū suru*** ～する invade/侵入,闖入
shin'nyūsei 新入生 freshman, new student/新生
shinobu 忍ぶ bear, endure, put up with/忍耐,忍受,容忍
shinrai 信頼 trust, reliance/信賴,信任, ***shinrai suru*** ～する trust, believe/信賴,信任
shinri 心理 mental state, mind/心理; ***shinri-gaku*** ～学 psychology/心理學
shinri 真理 truth/真理
shinrin 森林 forest, wood/森林
shinro 進路 course/進路,前進的道路
shinrō 新郎 bridegroom/新郎
shinrui 親類 relative, relation/親屬,親戚
shinryaku 侵略 aggression, invasion/侵略; ***shinryaku suru*** ～する invade/侵略
shinryō 診療 medical treatment/診斷治療,診療; ***shinryō-sho*** ～所 clinic/診療所
shinsatsu 診察 medical examination/病情檢查,診察; ***shinsa-***

tsu suru ～する examine/診察

shinsei 申請 application/申請;***shinsei suru*** ～する apply/申請

shinsei na 神聖な sacred, holy/神聖的

shinsen na 新鮮な fresh, new/新鮮的

shinsetsu 親切 kindness/親切,懇切,好意;***shinsetsu na[ni]*** ～な[に] kind[ly]/親切的(地)

shinshi 紳士 gentleman/紳士,君子,體面的人

shinshitsu 寝室 bedroom/卧室

shinsō 真相 truth, actual fact/真相

shinsui suru 進水する launch (a ship)/進水,下水

shinsui suru 浸水する be flooded/浸水,水浸

shintai 身体 body/身體

shinu 死ぬ die, pass away/死

shinwa 神話 myth, mythology/神話

shin'ya ni 深夜に in the dead of the night/在深夜,深更半夜

shin'yō 信用 confidence, trust/信用,信譽;***shin'yō suru*** ～する trust, rely on/信,信任,信賴

shin'yū 親友 intimate friend/親密的朋友

shinzen 親善 good will, friendship/親善,友好,友誼

shinzō 心臓 heart/心,心臟

shinzuru 信ずる believe/信,相信,信賴

shio 潮 tide/海潮,潮水

shio 塩 salt/鹽,食鹽

shioreru しおれる droop/枯萎,頹唐

shippai 失敗 failure/失敗;***shippai suru*** ～する fail/失敗

shippo しっぽ tail/尾巴;末尾

shiraberu 調べる inquire into, investigate/調查,審查,研究

shirage 白髪 grey [white]hair/白髮,白頭髮

shirase 知らせ information, news/通知,預兆;***shiraseru*** ～る inform/通知,告知

shirazu-shirazu 知らず知らず unconsciously/不知不覺

shireikan 司令官 commander/司令官,司令員

shiri しり buttocks, hips/屁股,臀部;底座

shiriai 知り合い acquaintance/相識,熟人,朋友

shiriau 知り合う get acquainted/相識,結識

shirigomi suru しりごみする hesitate, shy/退,後退,倒退

shiro 城 castle/城,城堡

shiroi 白い white/白,白的,白色

shirōto 素人 amateur/外行;良家女子

shiru 汁 juice, sap, soup/液汁;菜湯

shiru 知る know, be informed of, be aware of/知道,瞭解,認

識
shirushi 印 sign, symbol, mark/符號,記號;徽章;象徵;證據;***shirushi o tsukeru*** ～をつける mark/加符號,作記號
shiryo 思慮 thought, discretion/考慮,智慮;***shiryo no aru*** ～のある thoughtful, prudent/有頭腦的,知分寸的;***shiryo no nai*** ～のない thoughtless/魯莽,不識好歹的,没分寸的
shiryō 資料 materials, data/資料
shiryoku 視力 eyesight/視力
shisan 資産 fortune/資産,財産
shisatsu suru 視察する inspect, observe/視察
shisei 姿勢 attitude, posture/姿勢
shiseikatsu 私生活 private life/(個人的)私生活
shiseki 史跡 historic(al) spot/史蹟,古蹟
shisetsu 使節 mission, ambassador/使節
shisetsu 施設 establishment/設施,設備
shisha 支社 branch(office)/分社;支店,分公司
shisha 使者 messenger, envoy/使者
shisha 死者 dead person/死者
shishōsha 死傷者 casualties/死傷者
shishū 刺しゅう embroidery/刺綉;***shishū suru*** ～する embroider/刺綉
shishunki 思春期 adolescence/思春期,春情發動期
shishutsu 支出 expenses, outgo/支出,開支;***shishutsu suru*** ～する expend, pay/支出
shisō 思想 thought, ideas/思想
shison 子孫 descendants/子孫,後裔
shisshin suru 失心する faint/神志昏迷,人事不省
shisso na 質素な simple, plain/樸素,儉樸
shita 舌 tongue/舌
shita 下 lower part, bottom/下,下面,底下; ***shita no*** ～の under, lower/下面的,裏邊的;***shita ni*** ～に down, below, beneath/在…之下
shitagatte 従って so that, therefore, as, with, accordingly/從而,因此,所以
shitagau 従う obey, follow/服從,聽從;跟隨
shitagi 下着 underwear, underclothes/貼身衣服,内衣
shitai 死体 dead body/屍體
shitaku 支度 preparations/(書、衣類的)準備,預備;***shitaku suru*** ～する prepare/準備,收拾
shitamachi 下町 downtown, old business area/(都市中的)低窪地區,舊商業區
shitashii 親しい intimate, friendly/(血緣)近的,親切的,親密

的
shitashimi 親しみ intimacy, friendship/親密,親近,親密感情
shitataru 滴る drip, drop/滴,滴水
shitateru 仕立てる make, tailor/縫製;(車輛的)準備
shitei 指定 appointment/指定;***shitei suru*** ～するappoint/指定
shiteki 私的 private, personal/私人的,個人的
shiteki suru 指摘する point out, indicate/指摘,指出
shiten 支店 branch (office, shop)/分號,分店,分公司
shito-shito しとしと gently, softly/(雨)靜靜地(下)
shitoyaka na[ni] しとやかな[に]gentle[-ly],graceful[ly]/安詳的(地),沉靜的(地)
shitsu 質 quality/質,質量;品質,素質;質地
shitsubō 失望 disappointment/失望
shitsubō suru ～する be disappointed in[at]/對…失望
shitsubō saseru ～させる disappoint/使失望,使沮喪
shitsudo 湿度 humidity/濕度
shitsugen 失言 slip of the tongue/失言,説漏了嘴
shitsugi 質疑 question, inquiry/質疑,質問
shitsugyō 失業 unemployment/失業;***shitsugyō suru*** ～する lose one's job/失業;***shitsugyō-sha*** ～者 unemployed workers/失業者
shitsuke しつけ breeding, training/教養,禮貌
shitsu(k)koi しつ(っ)こい obstinate, stubborn/濃艷的;執拗的
shitsumei 失明 loss of eyesight/失明,眼瞎
shitsumon 質問 question/質問,提問(題)
shitsunai de[ni] 室内で[に] indoors, in the room/在室內,在屋裏
shitsurei na 失礼な rude, impolite/失禮的,不禮貌的;***Shitsurei shimashita.*** ～しました. I am sorry; I beg your pardon./對不起,請原諒;***Shitsurei desuga*** ～ですが Excuse me, but…/對不起,請問
shitsuren 失恋 disappointed love, broken heart/失戀
shittakaburi o suru 知ったか振りをする pretend to know/不懂裝懂,硬充內行
shitto しっと jealousy/嫉妒;***shitto-bukai*** ～深い jealous/嫉妒心强;***shitto suru*** ～する be jealous/嫉妒
shiwa しわ wrinkles, lines/皺紋,摺痕
shiwasu 師走 the year end, December/十二月,臘月
shiwaza 仕業 action, deed/所作所爲,行爲
shiyakusho 市役所 city[municipal] office/市政府

shiyō 使用 use, employment/使用,雇傭;***shiyō suru*** ～する use,employ/使用
shizen 自然 nature/大自然,自然界;***shizen no*** ～の natural/大自然的;***shizen ni*** ～に naturally/自然,自然地
shizuka na[ni] 静かな[に] still, quiet[ly],calm[ly]/安靜的(地),平靜的(地),鎮靜的(地)
shizuku 滴 drop/水點,水滴
shizumaru 静まる become quiet, calm down/寂靜起來,變平靜
shizumu 沈む sink, go down/沉入,下沉;消沉,沉淪
shō 賞 prize, reward/獎賞,獎金
shōbai 商売 trade, business/買賣,生意,商業
shōben 小便 urine/小便,尿
shōbō 消防 fire fighting/消防,救火;***shōbō-fu*** ～夫 fireman/消防員
shōbu 勝負 game, match/勝負,勝敗;比賽;***shōbu suru*** ～する contest/競賽,比賽
shobun 処分 disposal, management/處分,處理,處置
shōchō 象徵 symbol/象徵
shochū 暑中 summer/盛暑,酷暑,三伏天;***shochū-kyūka*** ～休暇 summer vacation/暑假
shōdaku 承諾 consent, assent/承諾,應允,允許;***shōdaku suru*** ～する consent to/允許
shōdoku 消毒 disinfection/消毒,殺菌;***shōdoku suru*** ～する sterilize/消毒
shōgai 生涯 life, lifetime/生涯,生活;一生,終生,畢生
shōgai 障害 obstacle, difficulty/障礙,故障
shōgai 傷害 injury accident/傷害;***shōgai-hoken*** ～保険 accident insurance/傷害保險
shōgakkō 小学校 primary school/小學
shōgakusei 小学生 school children, schoolboy[-girl]/小學生
shōgatsu 正月 New Year('s Day), January/正月;春節
shōgo(ni) 正午(に) (at)noon/(在)中午
shōgyō 商業 commerce, business/商業;***shōgyō no*** ～の commercial/商業(上)的
shōhi 消費 consumption/消費;***shōhi suru*** ～する consume, spend/消費
shōhin 商品 goods, merchandise/商品,貨品
shōhin 賞品 prize/賞品,獎品
shōji 障子 paper door/紙拉門
shōjiki 正直 honesty/正直,率直;***shōjiki na[ni]*** ～な[に] honest[ly]/正直的(地),率直的(地),老實的(地)

shojo 処女 virgin, maiden/處女
shōjo 少女 girl, young girl/少女,黃花閨女
shoka 初夏 early summer/初夏
shōka 消化 digestion/消化;***shōka suru*** ～する digest/消化
shōkai 紹介 introduction/介紹;***shōkai suru*** ～する introduce, present/介紹
shōkai 照会 inquiry/照會,詢問;***shōkai suru*** ～する inquire/照會,詢問
shoki 初期 the early days/初期
shōki no 正気の sane, conscious/意識的,理智的
shōko 証拠 proof, evidence/證據
shokuba 職場 workshop, one's post/工作場所,車間,店堂
shokubutsu 植物 plant, vegetation/植物;***shokubutsu no*** ～の vegetable, plant/植物的
shokudō 食堂 dining room, restaurant/食堂,餐廳
shokugyō 職業 occupation, calling, profession/職業
shokuji 食事 meal, dinner, diet/飯,餐,飲食;***shokuji suru*** ～する take a meal, dine/用膳,進餐,吃飯
shokumotsu 食物 food/食物,食品
shokunin 職人 workman/手藝人,工匠
shokupan 食パン bread/(不加甜味的)麵包
shokuryō 食料 food/食品;***shokuryōhin-ten*** ～品店 grocery/食品店
shokutaku 食卓 (dinner-)table/飯桌,餐桌
shokuyoku 食欲 appetite, desire to eat/食慾,胃口
shōkyoku-teki na[ni] 消極的な[に] negative[ly], passive[ly]/消極的(地)
shōkyū 昇給 rise in salary, raise/提薪,加工資
shombori しょんぼり sadly/悄然,寂寞,無精打采
shomei 署名 signature/署名,簽名;***shomei suru*** ～する sign one's name/署名,簽名
shomei 書名 title/書名
shōmei 証明 proof/證明;***shōmei suru*** ～する prove/證明
shōmei 照明 illumination, lighting/照明
shomen 書面 letter/書面,書信;***shomen de*** ～で by letter/用書面
shōmen 正面 the front/正面,對面;***no shōmen ni*** の～に in front of/在…的對面
shomin 庶民 (common)people/平民,百姓
shōmō suru 消耗する consume, exhaust/消耗,消費
shomotsu 書物 book/書籍,書
shōnen 少年 boy, lad/少年;***shōnen no*** ～の juvenile/少年

的;***shōnen-jidai*** ～時代 one's boyhood(days)/少年時代
shōnika-i 小児科医 pediatrician/兒科醫生,兒科大夫
shōnin 商人 merchant/商人,買賣人
shōnin 証人 witness/證人
shōnin suru 承認する admit, recognize/承認,認可
shōrai 将来 future, in the future/將來,未來,前途
shōrei 奨励 encouragement/獎勵;***shōrei suru*** ～する encourage/獎勵,鼓勵
shōri 勝利 victory, triumph/勝利;***shōri-sha*** ～者 victor/勝利者;***shōri o uru*** ～を得る win a victory/得勝,戰勝
shori suru 処理する dispose of, deal with, manage/處理
shorui 書類 papers, documents/文件;***shorui-ire*** ～入れ briefcase/公文包,公事皮包
shōryaku 省略 omission, abbreviation/省略,從略;***shōryaku suru*** ～する omit, abridge, abbreviate/省略
shosai 書斎 study, library/書齋,書房
shōsai 詳細 details, particulars/詳細,詳細情形;***shōsai ni*** ～に in full detail, minutely/詳細地
shōsan 賞賛 administration, praise/讚賞,稱讚;***shōsan suru*** ～する admire, praise/讚賞,稱讚
shōsetsu 小説 novel, story/小説
shoshinsha 初心者 beginner/初學者
shōsoku 消息 news, information/消息,信息
shōsū 少数 small number, a few/少數
shōsū 小数 decimal(fraction)/小數,小數目;***shōsū-ten*** ～点 decimal point/小數點
shōsuru 称する call, name, pretend/稱作,假稱
shōtai 招待 invitation/邀請,招待;***shōtai suru*** ～する invite, ask/邀請
shoten 書店 bookshop, bookstore/書店
shōten 商店 shop, store/商店
shōten 焦点 focus/焦點
shotoku 所得 income, profits/所得,收入
shōtotsu 衝突 collision, conflict/撞上,衝撞,衝突;***shōtotsu suru*** ～する collide with/衝突
shoyū 所有 possession/所有;***shoyū suru*** ～する have, possess/所有
shōzō 肖像 portrait/肖像
shozoku suru 所属する belong to, be attached to/所屬
shu 主 the Lord, our Lord/主君,主公,首腦人物
shu 朱 cinnabar, vermilion/朱色,朱紅色
shū 週 week/週,星期

shū 州 state, province/州
shubi 守備 defense/守備,防備
shuchō suru 主張する assert, claim, insist on/主張
shudai 主題 subject/(句子)主題,主體;(小說)主題,中心思想
shudan 手段 means, measures, step/手段,方法
shūdan 集团 group, mass/集團,集體
shūdōin 修道院 monastery/修道院; ***joshi-shūdōin*** 女子～ convent, nunnery/女修道院
shudōken 主導権 initiative/主導權,主動權
shufu 首府 capital, metropolis/首都,首府
shufu 主婦 housewife/主婦,女主人
shūgeki 襲撃 attack, charge/襲撃
shugi 主義 principle/主義
shūgiin 衆議院 House of Representative/衆議院
shugo 主語 subject/主語
shūi 周囲 circumference/周圍,四周; ***shūi no*** ～の neighboring/環境的
shūji 習字 penmanship, calligraphy/習字
shujin 主人 master, employer, host/主人,雇主,店主,東家;家長,丈夫
shūjitsu 週日 weekday/星期一至星期六,平日
shuju no 種々の various, diverse/各種各樣的,形形色色的
shujutsu 手術 operation/手術; ***shujutsu suru*** ～する operate/(醫學)做手術,切除
shūkai 集会 meeting, assembly/集會
shūkaku 収穫 harvest, crop/收穫
shūkan 習慣 habit, custom, practice/習慣,習癖
shūkan 週刊 weekly (publication)/週刊
shuki 手記 note, memoirs/手記,親手記錄
shūkin 集金 collection (of money)/收款,催收的錢
shukkin 出勤 attendance/出勤,上班; ***shukkin suru*** ～する attend one's office/出勤,上班
shukudai 宿題 homework, home lessons/課外作業,家庭作業
shukuhaku suru 宿泊する lodge, stay/投宿
shukumei 宿命 fate, destiny/宿命,註定的命運; ***shukumei-teki na*** ～的な fatal/宿命論的
shukusai-jitsu 祝祭日 public holiday/(政府規定的)節日,公衆假期
shukushō 縮小 reduction/縮小,縮減; ***shukushō suru*** ～する reduce/縮小,縮減
shūkyō 宗教 religion/宗教

shūkyū 週給 weekly pay/週薪
shūmatsu 週末 weekend/週末
shumbun 春分 vernal equinox/春分;***shumbun no hi*** ～の日 Vernal Equinox Day/春分日(日本的節日之一,在3月21日前後)
shumi 趣味 taste, hobby/愛好,風趣,情趣
shunin 主任 chief, manager/主任
shūnin suru 就任する take[assume]office/就任,就職
shunkan 瞬間 moment, instant, second/瞬間
shūnyū 収入 income/收入,所得
shuppan 出版 publication/出版;***shuppan suru*** ～する publish, issue/出版
shuppan suru 出帆する leave, sail from/開船,揚帆出航
shuppatsu 出発 departure, starting/出發;***shuppatsu suru*** ～する start, leave for/出發,動身,啓程
shūri 修理 repair/修理,修繕
shurui 種類 kind, sort/種類
shuryō 狩猟 hunting, shooting/狩獵,打獵,打圍
shūryō 終了 conclusion, end/終了,完了,作完
shūsai 秀才 brilliant[talented]man/秀才,有才華的人
shūsei suru 修正する amend, revise, modify/修改,改正
shuseki 首席 head, chief/首席
shūsen 終戦 end of the war/停戰
shūshi 収支 income and expenditure/收支
shūshi 終始 from beginning to end/自始至終,始終,一貫
shushō 首相 Prime Minister, Premier/首相,總理
shūshoku suru 就職する find[get]employment/就業,找到工作
shushū 収集 collcction/收集,蒐集;***shūshū-ka*** ～家 collector/收藏家
shussan 出産 childbirth, birth/分娩,生孩子,生産
shussatsu 出札 selling tickets/賣票,售票;***shussatsu-gakari*** ～係 ticket agent/售票員;***shussatsu-guchi*** ～口 ticket window/售票窗口
shusse 出世 success in life/出世,出生;***shusse suru*** ～する rise in the world/發跡,成功,有出息
shusshin 出身 graduate/出身;***shusshin de aru*** ～である come from, be a graduate of/(某處)生人,籍貫;***shusshin-kō*** ～校 one's Alma Mater/畢業學校
shūten 終点 end, terminus, terminal(station)/終點,終點站
shūto しゅうと father-in-law, mother-in-law/(丈夫的父母)公公,婆婆;岳父,岳母

shūtoku suru 習得する learn, master, acquire/學習,學會,掌握
shu to shite 主として mainly, chiefly/主要,主要是
shutsuba suru 出馬する go in person/(親自)出馬,出動;參加競選
shutsuen suru 出演する appear, perform/演出,登臺
shutsugen suru 出現する appear, come out/出現
shutsujō suru 出場する appear, be present, attend/出場,出席
shuwan 手腕 ability, talent, capacity/手腕;才能,本領
shuyaku 主役 leading title[part, role]/主角,主要人物
shūyō 修養 culture, cultivation, training/修養;***shūyō suru*** ～する cultivate, train/修養
shuyō na 主要な leading, principal/主要的
shūyō suru 収容する accommodate/收容;收監,監禁
shūzen suru 修繕する repair, mend, overhaul/修繕,修理
soba そば side/側,旁邊;***soba no*** ～の neighboring, nearby/旁邊的,附近的;***soba ni*** ～に by, beside/在旁邊
sōba 相場 speculation, market price/市價,行市
sobakasu そばかす freckles/蕎麥皮
sōbetsu-kai 送別会 farewell party/歡送會
sōbi 装備 equipment/裝備;***sōbi suru*** ～する equip/裝備
sobieru そびえる soar, rise/峙立,聳立
sōchi 装置 provision, equipment/裝置,機構;設備
sōchō 早朝 early morning/清晨
-sōda …そうだ I hear; It is said/據說,聽說
sodachi 育ち breeding, growth/生長;教養,撫養;長大成人
sōdan 相談 consultation/商量,協商;***sōdan suru*** ～する consult, confer with/商量,商談,協商
sodateru 育てる bring up, raise, breed/養育,教育
sodatsu 育つ grow up/發育,成長,長進
sode そで sleeve/袖子;***sode no shita*** ～の下 bribe/私禮,賄賂
sōdō 騒動 riot, disturbance/騷動,騷亂
sofu 祖父 grandfather/祖父
sōgaku 総額 total amount/總額,全額
sōgankyō 双眼鏡 binoculars/雙筒望遠鏡
sōgen 草原 plain, prairie/草原
sōgi 葬儀 funeral/葬禮
sōgo no[ni] 相互の[に] mutual[ly]/相互(的),彼此(的),雙方(的)
sōgō suru 総合する synthesize, put together/綜合

sogu そぐ chip, slice off/削薄,削尖,削掉
sōgū suru 遭遇する encounter, meet with/遭(遇)到
sohin 粗品 small gift/(自謙語)不值錢的東西
sōi 相違 difference/相差,不同;*sōi suru* ～する differ/不同,不一致
sōji 掃除 cleaning/打掃,掃除;*sōji suru* ～する clean, sweep/打掃,掃除
sōji no 相似の similar/相似的
sōjū 操縦 management, operation/駕駛,駕御;*sōjū suru* ～する manage, operate/駕駛,操縱
sōjuku na 早熟な precocious/早熟的
sōkai 総会 general meeting/大會,總會
sōkei 総計 total, sum/總計;*sōkei suru* ～する total, sum up/總計
sōki 早期 early stage/早期,提前
sōkin 送金 remittance/匯款;*sōkin suru* ～する remit/匯款
sokki 速記 shorthand, stenography/速記
sokkin de 即金で in cash/用現金,用現款
sokkuri そっくり just as it is, all, altogether, just like/一模一樣,全部,原封不動
soko 底 bottom, sole/底,底兒
soko そこ there, that place/那裏,那個地方
sokō 素行 conduct, behavior/品行,操行
sōko 倉庫 warehouse, storehouse/倉庫,貨棧;庫房
sokoku 祖国 fatherland, one's native land/祖國
sokonau 損なう hurt, injure, spoil/傷,害,損傷
sokotsu na そこつな careless, rash/疏忽的,馬虎的
-soku …足 pair/(鞋、襪)雙
sokubaku suru 束縛する restrict/束縛,限制
sokudo 速度 speed, velocity/速度;*sokudo-kei* ～計 speedometer/(汽車等的)速度錶,時速錶
sokujitsu 即日 same day/即日,當日
sokumen 側面 side, flank/側面,旁面
sokuryō 測量 surveying, measuring/測量;*sokuryō suru* ～する survey, measure/測量
sokushin suru 促進する hasten, promote/促進
sokutatsu 速達 special delivery/快遞,快信
somaru 染まる dye, be dyed/染上,沾染
somatsu na 粗末な coarse, crude, poor/粗糙的;疏忽的
sōmei na そう明な wise, intelligent/聰明的
somuku 背く go[act]against/背着;違背,背叛
son 損 loss, damage/損失,賠錢;吃虧

sonaeru 備える furnish, provide/備置;預先準備,防備
sonaeru 供える offer to/供應,供給
sōnan 遭難 disaster/遇難,遇禍; ***sōnan suru*** ～する meet with a disaster/遭難,遇禍
songai 損害 damage, loss/損害,損傷,損失
sonkei suru 尊敬する respect, esteem/尊敬,敬仰; ***sonkei-subeki*** 尊敬すべき respectable/值得尊敬
son'na そんな such/那樣的; ***son'na ni*** ～に so, so far, so much/那麼樣
sono その that, those, its/那,那個,那些
sonoba de その場で then and there, on the spot/(在)當場,(在)就地
sonogo その後 after that, later, since/其後,那次以後,後來
sono hi その日 that day/當天,那一天
sonokoro そのころ in those days, about that time/那些日子,那時節,那時候
sonokurai その位 as much [many],so much/就那麼些
sonomama そのまま as it is, as you find it/就那樣,仍舊
sono toki その時 then, at that time/那時候,當時
sono-uchi ni その内に soon, by and by, someday/過些日子,不久
sonzai 存在 existence/存在; ***sonzai suru*** ～する exist/存在
sō'on 騒音 noise, din/噪音
sō'ō no 相応の suitable, proper, reasonable/相應的,相稱的
soppo o muku そっぽを向く look aside, turn away/扭向一邊,不予理睬
sora 空 sky, heaven/天,天空,天氣
soramoyō 空模様 the look of the sky, the weather/天空的樣子,天氣
sore それ it, that/那個; ***soredake*** ～だけ so much/那些,那麼多
soredake ni それだけに all the more because/因此,所以
sorede それで so, therefore, and/(消極的)因此,所以
soredemo それでも nevertheless, but, and yet/雖然那樣,還是…
soredewa それでは then, in that case, if so/那麼,那麼說
soredokoro ka それどころか on the contrary, far from it/儘管…,仍然…,甚至就連…
sorehodo それほど so, so much/那麼多
sorekara それから after that, and then/以後,後來;還有
soremade それまで till then/到那時
Soren ソ連 U. S. S. R. (＝the Union of Soviet Socialist Re-

publics)/(前)蘇聯
soreni それに besides, moreover/更兼,而且
sore ni shitemo それにしても nevertheless, still, though/即使如此,儘管那樣
soreru それる turn away[aside]/脱離正軌;走調
soretomo それとも or, or else/或者,還是
soretonaku それとなく indirectly, casually/暗中;委婉地
sorewa-sōto それはそうと by the way, by the by/那麼,就便;順便説到
soreyue それ故 so, therefore/因此,故所以
sore-zore それぞれ each, respective/各,各個;分別
sori そり sleigh, sled/雪橇
sori 反り curve, bend, warp, curvature, arch/彎曲,翹曲;脾氣彆扭;*sori ga awanai* ～が合わない cannot get along on/脾氣不合
sōri 総理 president, premier, prime minister/總理,首相
sōritsu 創立 establishment/創立;*sōritsu suru* ～する establish/創立;*sōritsu-sha* ～者 founder/建設者,創始人
soroban そろばん abacus/算盤
soroeru そろえる arrange, put in order/使…一致,使…齊備
soro-soro そろそろ slowly, soon, gradually/慢慢地;逐漸地
sorou そろう be complete, gather/齊,齊備,一致
soru そる shave/剃
soru 反る bend, curve, warp/(向外、向後)彎;彎曲,翹曲
sōryō 送料 carriage, postage/運費,郵費
sōsaku 創作 original work, creation, novel/創作,創造,寫小説;*sōsaku suru* ～する create, write(a novel)/創作,寫小説
sōseiji 双生児 twin/雙胞胎,孿生子
sosen 祖先 ancestor/祖先
sōsenkyo 総選挙 general election/大選
soshiki 組織 system, organization/組織,機構;*soshiki suru* ～する organize, form/組織
sōshin suru 送信する transmit/發報
soshi suru 阻止する obstruct, hinder/阻止
soshitsu 素質 making(s), character, tendency/素質,資質
soshō 訴訟 lawsuit, legal action/訴訟,打官司
sōsho 双書 series, library/叢書
sōshoku 装飾 ornament, decoration/裝飾;*sōshoku suru* ～する decorate/裝飾
sosogu 注ぐ pour into/注入,流入
sosokkashii そそっかしい hasty, careless/舉止慌張的,冒失的,輕率的

sotchoku na[ni] 率直な[に] frank[ly], plain[ly]/直爽的(地),坦率的(地)
soto 外 the outside[exterior]/外面,外頭; ***soto ni[de]*** ～に[で] outside, outdoors/在外面,在外頭,在室外
sotogawa 外側 the outside/外面,外邊; ***sotogawa no*** ～の outer/外面的,外邊的
sōtō no 相当の suitable, proper, fit, equal, fair[ly], considerable/適合的,適稱的;相當於…的;相當好的;相當,很
sotsugyō suru 卒業する finish, graduate from/畢業
sotte 沿って along, by/沿着;按照
sotto そっと softly, gently, quietly/悄悄地,偷偷地,暗中
sottō suru 卒倒する faint, swoon/昏倒,暈倒
sou 沿う parallel to, lie along/沿,順;按照
sowa-sowa suru そわそわする be restless, be nervous/慌張,心不在焉
soya na 粗野な rough, coarse, rude/粗野的,粗魯的,俗野的
soyokaze そよかぜ gentle[light]breeze/微風
soyo-soyo to そよそよと gently, softly/微微吹動貌
sozei 租税 taxation, taxes/租税,税款
sōzō 創造 creation/創造; ***sōzō suru*** ～する create/創造
sōzō 想像 imagination/想像; ***sōzō suru*** ～する imagine/想像
sōzoku suru 相続する succeed(to), inherit/繼承
su 酢 vinegar/醋
su 巣 nest, (honey)comb, web/巢,穴,窩
sū 数 number, figure/數,數目,數量
subarashii 素晴らしい splendid, glorious, wonderful/極好的,極美的;盛大的
subayai 素早い quick, prompt/飛快的,敏捷的; ***subayaku*** 素早く quickly, promptly/飛快地,敏捷地
suberasu 滑らす let slip, slip/使滑走,使滑行; ***kuchi o suberasu*** 口を～ make a slip of the tongue/説漏了嘴
suberidai 滑り台 slide, chute/滑梯
suberu 滑る slide, glide, slip/滑,溜滑,滑行
sube-sube shita すべすべした smooth, slippery/光滑的,光溜溜的
subete すべて all, all together/所有,全部,總共; ***subete no*** ～の all, every/所有的,全部的
sudachi suru 巣立ちする leave the nest, fledge out/出窩,出飛,(離開父母)自立
sudare すだれ bamboo blind/竹簾子
sude de 素手で empty-handed, unarmed/憑空手,赤手空拳

sude ni 既に already/已經,業已
sue 末 end, close/末,末端;結局,最後
suekko 末っ子 the youngest(child)/(家庭中)末子,最小的孩子
sueru 据える set, place/安設,裝定;給地位
suetsukeru 据え付ける fix, install/安裝,安設
sūgaku 数学 mathematics/數學
sugao 素顔 unpainted face/淨臉,不施脂粉的臉
sugaru すがる cling[hold on]to/扶,拄;靠,倚
suga-suga shii すがすがしい refreshing/清爽的
sugata 姿 figure, form/姿態,姿勢;身姿,風采
-sugi …過ぎ past, after/超過,過度
sugi 杉 (Japanese)cedar, cryptomeria/杉(樹)
sugiru 過ぎる pass, be over, be gone/過,經過,通過
sugoi すごい ghastly, gruesome, awful, weird, wonderful, amazing/可怕的,令人害怕的;驚人的;厲害的
sugosu 過ごす pass, spend/度,過;生活,過活
sugu(ni) すぐ(に) at once, immediately/馬上,立刻
sugureru 優れる excel in, be superior to/出色,優越,卓越; ***sugureta*** 優れた superior, excellent/出色的,優越的,卓越的
sūhai suru 崇拝する worship, adore, admire/崇拜,推崇
sūhyaku 数百 hundreds (of)/數百
sui 粋 essence, elegance, best/精粹,精華
sui 酸い sour, acid/酸的
suiageru 吸い上げる suck[pump] up/往上吸,吸上來,抽上來
suiatsu 水圧 water[hydraulic] pressure/水壓
suibun 水分 moisture, water, juice/水分,含水量
suichoku no[ni] 垂直の[に] vertical[ly], perpendicular[ly]/垂直的(地)
suichū ni 水中に in the water, under water/在水中,在水底下
suidō 水道 waterworks, water service/自來水;航路,河道,海峽
suiei 水泳 swimming, bathing/游泳
suigai 水害 flood disaster/水災,水患
suigin 水銀 mercury, quicksilver/水銀,汞
suihei na 水平な horizontal, even, level/水平的; ***suihei ni*** 水平に horizontally/水平面地; ***suihei-sen*** 水平線 horizontal line, horizon/水平線
suijaku 衰弱 emaciation/衰弱; ***suijaku suru*** ～する grow weak/(身體)衰弱

suiji 炊事 cooking/炊事,烹調
suijun 水準 level, standard/水準,水平
suika すいか watermelon/西瓜
suimen 水面 surface of the water/水面
suimin 睡眠 sleep/睡眠
suimono 吸い物 soup/(烹飪)湯,清湯
suiri suru 推理する reason, infer/(哲學)推理; ***suiri-shōsetsu*** 推理小説 mystery story/偵探小説
suiryoku-hatsudensho 水力発電所 hydroelectric [water power] station/水力發電站,水電站
suisaiga 水彩画 water color/水彩畫
suisambutsu 水産物 marine products, sea food/水產品
suisei 水星 Mercury/(天文)水星
suisen 水仙 daffodil/水仙(花)
suisen 推薦 recommendation/推薦; ***suisen suru*** 〜する recommend/推薦
suisha 水車 water wheel/(以水爲動力的)水車,水磨;水輪機
suishō 水晶 crystal/水晶
suisō 水槽 water tank/水槽,貯水槽
suisō suru 吹奏する blow, play (a wind instrument)/吹奏
suitchi スイッチ switch/(電)電門,開關;(鐵路)路閘; ***suitchi o ireru*** [***kiru***] 〜を入れる[切る] switch on [off]/通電(斷電)
suiteki 水滴 drop of water/水滴
suitō 水筒 canteen/水筒
suitorigami 吸取り紙 blotting paper/吸墨紙
suitoru 吸い取る absorb, suck up/吸取,吸收;搾取
suitsuku 吸い付く stick [adhere] to/吸着,吸附
suiyō-bi 水曜日 Wednesday/星期三
suizoku-kan 水族館 aquarium/水族館
suji 筋 muscle, fiber, reason logic/筋;血管,血統;線,條,道; ***suji no tōtta*** [***tōranai***] 〜の通った[通らない] [un]reasonable/有條理的(無條理的),合情合理的(無道理的),說得過去的(說不過去的)
sūji 数字 figure, numeral/數字
sujigaki 筋書 plot, plan, synopsis/梗概,概要,情節
sūjitsu 数日 for several [a few] days/數日,幾天
sukareru 好かれる be liked, be popular/被喜歡,有名氣
sukashi 透かし watermark/透明,透亮; ***sukashi-bori*** 〜彫り openwork/透瓏鏤刻; ***sukashi-iri no*** 〜入りの watermarked, openworked/透雕細工的
sukasu 透かす look through, hold (something) to the light/

透過…看,迎亮看;留出間隙(間隔)
sukedachi suru 助太刀する help, assist/幫助,援助
suki 好き liking, fondness/喜歡,愛好;***suki da*** ～だ like, be fond of, love/喜歡,愛;***suki na*** ～な favorite/喜歡的,寵愛的
suki すき opening, gap, space/間隙;空處,餘地;空暇
sukikirai 好ききらい one's likes and dislikes/好惡,喜歡和憎惡;挑剔;***sukikirai no aru*** ～のある particular/有挑剔的,愛挑剔的
sukima 透き間 opening, gap/縫兒,間隙;***sukima-kaze*** ～風 draft/罅縫風,賊風
sukitōru 透き通る transparent, clear/透明,透過去;清澈
sukkari すっかり completely, quite, all/完全,全部
sukkiri shita すっきりした well-formed/心情舒暢
sukoshi 少し little, some, few/少許,少量;稍微,一點;***sukoshi-demo*** ～でも any, even a little/哪怕少量的,即使一點點;***sukoshimo*** ～も (not) at all, not in the least/一點也(不);***sukoshi-zutsu*** ～ずつ little by little/一點點地
suku 好く like, be fond of, love/喜歡,愛好,愛
suku すく comb/梳
sukui 救い help, rescue/救,救助;***sukui o motomeru*** ～を求める ask for help/求救
sukumu すくむ crouch, cower/畏縮,竦縮,竦懼
sukunai 少ない few, little, rare/少的,不多的
sukunakutomo 少なくとも at least/至少,最低限度
suku'u 救う save, help, rescue/救,救濟,挽救
suku'u すくう scoop(up), ladle/(用杓子)舀,捧,掬取
sumai 住い house, dwelling, home/居住,住址
sumasu 済ます finish, get through/弄完,辦完;償清,還清
sumasu 澄ます put on airs, be affected/使澄清;假裝,假冒;***sumashita*** 澄ました affected, prim/假裝的,冒充的
sumi 隅 corner, angle/角落
sumi 炭 charcoal/木炭
sumi 墨 India [Chinese] ink/墨,墨汁
sumigokochi no yoi 住み心地のよい comfortable/安樂的,舒適的,愉快的
sumimasen すみません I am sorry; Excuse me./對不起,請原諒;請問
sumire すみれ violet/堇菜,紫花地丁
sumiyaka na[ni] 速やかな[に] fast, rapid[ly]/快的,迅速的(地)
sumō 相撲 wrestling/角力,摔跤,相撲

sumpō 寸法 measure, size/尺寸
sumu 住む live, dwell/住,居住;棲
sumu 済む (come to an) end, be over/完畢,結束
sumu 澄む clear, become clear/澄清,清澈
suna 砂 sand/砂,砂子
suna-dokei 砂時計 hourglass, sandglass/砂計時器,砂漏
sunahama 砂浜 sandy beach, sands/海濱沙灘,沙灘
sunao na[ni] 素直な[に] gentle[-tly], obedient[ly]/純樸的(地),天真的(地),坦率的(地)
sunawachi すなわち that is, namely/即,也就是說
sunda 澄んだ clear/清澈的
sunzen 寸前 immediately, before/(距某地)很近的,(距某時刻)很近的
suppai 酸っぱい sour, acid/酸,酸的
suppanuku 素っ破抜く expose, disclose/揭發,出賣
suppokasu すっぽかす leave(it)work undone, neglect(one's duties), break one's word, give(a person)the slip/撂下不管,置之不顧;失約,使人落空
-sura …すら even/連,尚且
surari to shita すらりとした slender, slim/身材苗條的
sura-sura to すらすらと smoothly, easily, fluently/痛快地,流暢地,順利地
surechigau 擦れ違う pass each other/交錯,錯過去,錯車
sureru 擦れる rub, be rubbed/摩擦,久經世故
suri すり pickpocket/(掏口袋的)扒手,小綹
surigarasu すりガラス frosted glass/毛玻璃
surikireru 擦り切れる wear out/磨破;***surikireta*** 擦り切れた threadbare, worn-out/磨破的
surikizu 擦り傷 graze, scratch/擦傷
suritsubusu すりつぶす grind, mash/磨碎,研碎
suru する do, try, act/做,幹,搞,辦
suru 掏る steal, pick pockets/扒竊
surudoi 鋭い sharp, keen/尖銳的,鋒利的
susamajii すさまじい terrific, terrible/可怕的,厲害的,猛烈的
suso すそ skirt, bottom, base/(衣服)下襬;山麓
susu すす soot/(室內積落的)塵土;煤烟子
susumeru 薦[勧]める recommend, advise /推薦;勸告
susumeru 進める advance, put forward /推進,使前進
susumu 進む advance, go forward, gain, be fast /進,前進;進步,進展,進級
susuri-naki すすり泣き sobbing /啜泣;***susuri-naku*** すすり泣

く sob, weep silently /啜泣,抽抽搭搭地哭泣
suteki na[ni] 素敵な[に] splendid[ly], wonderful[ly] /極好的(地),絶妙的(地),極漂亮的(地)
suteru 捨てる throw away, abandon /拋棄,扔掉,斷絶
su'u 吸う breathe in, inhale, smoke, absorb /吸,吸入,吮
suwaru 座る sit down, take a seat /坐,跪坐
suya-suya すやすや quietly, gently /文靜,文雅,大大方方;安穩地,恬靜地
suzu 鈴 bell /鈴
suzume すずめ sparrow /麻雀
suzuri すずり ink stone /硯,硯臺
suzushii 涼しい cool, refreshing /涼快的,涼爽的;***suzushii kao o suru*** ~顔をする look serene [unconcerned]/若無其事的樣子,滿不在乎的樣子
suzushisa 涼しさ cool(ness) /涼爽(程度)

T

ta 田 rice field /田,水田,稻田
taba 束 bundle, bunch /(量詞)把,束,捆
tabako タバコ tobacco /煙,煙草;香煙,紙煙,捲煙;***tabako o su'u*** ~を吸う smoke (tobacco) /吸煙;***tabako-ya*** ~屋 cigar store /香煙店,香煙鋪
taberu 食べる eat, take, have /吃
tabi 旅 traveling, travels, tour, trip /旅行,遠出
-tabi ni …度に every time, whenever /在…時候
tabisaki de 旅先で while traveling, on a journey /旅行目的地,在旅途中
tabi-tabi 度々 often, many times, frequently /屢次,屢屢,再三
tabō na 多忙な busy /多忙的,忙碌的,繁忙的
tabun 多分 probably, perhaps, maybe /大概,或許
tachiagaru 立ち上がる stand [get] up, rise /起立,站起來;超群,出衆
tachiau 立ち会う be present at, attend, be witness to /遇見,碰見;會同,到場
tachiba 立場 position, situation /立場,觀點;處境,立腳地
tachidomaru 立ち止まる stop, halt, pause /站住,止步,站下
tachigiki suru 立聞きする overhear, eavesdrop /偷聽
tachiiru 立ち入る enter, come [go] into /進人
tachimachi たちまち in a moment, at once, suddenly /瞬間,

立刻,突然

tachimukau 立ち向かう fight (against), face, proceed to /前往;對抗,頂撞;應付

tachinaoru 立ち直る recover (oneself), improve, pick up /復原;(行市)回升,好轉

tachiōjō suru 立往生する come to a standstill, be stalled /站着死;進退維谷,爲難

tachiyoru 立ち寄る drop in, stop at, call at /靠近,走近;順便拐到

tada ただ only, merely, simply /只,僅僅;*tada no* ～の common, ordinary /普通的,平凡的

tada ただ free, no charge /不要錢,免費,白…

tadachi ni 直ちに at once, immediately /直接,親自;立即,馬上

tadaima ただ今 now, at present, soon; I am here [home]; Hello! /現在,目下; 剛才;這就,馬上;(日俗)我回來了。

tadashi 但し provided /但,但是; *tadashi-gaki* ～書 provisional clause, proviso /但書,例外的條款

tadashii 正しい right, proper, correct /正確的,正直的,端正的;*tadashiku* 正しく rightly, properly, correctly /正確地,正直地

tadasu 正すcorrect, rectify, reform /正,端正,改正,糾正

tadayou 漂う drift about, float /漂,漂流,漂蕩

tadoru たどる follow, trace /走難走的路,追尋,追憶

tado-tado shii たどたどしい faltering, unsteady /蹣蹣跚跚的

taegatai 耐え難い unbearable, intolerable /難以忍受的

taema nai[naku] 絶え間ない[なく] continual[ly], incessant[ly]/不停的(地),不間斷的(地)

taeru たえる endure, bear, stand /忍耐,勝任

taezu 絶えず constantly, always /不斷,經常

tagai no[ni] 互いの[に]mutual[ly], each other, one another /雙方的,相互的(地)

tagaku no 多額の large, large sum of /巨額的

tagayasu 耕す till, plough, cultivate /耕,耕作

tahata 田畑 farm, fields /水田和旱田,田地

tai 鯛 sea bream, red snapper /鯛,(俗)加級魚,大頭魚

tai 対 versus, against, between /相反的東西;對等,對比,對立

tai 隊 party, company /隊,部隊,隊伍

tai 体 body /身體;*tai o kawasu* ～をかわす dodge, parry /(把身子)躲開,閃開

-tai …たい wish[want]to do, should[would] like to do /想…，要…(接動詞連用形後)
taibō no 待望の long-awaited /等待的，期待的
taibyō 大病 serious illness /大病，重病；***taibyō-nin*** ～人 serious case /重病號
taichō 隊長 commander, leader /隊長
taida 怠惰 idleness, laziness /怠惰，懶惰；***taida na*** ～な idle, lazy /懶惰的
taidan 対談 talk, conversation /對談
taido 態度 attitude, manner /態度，舉止
taifū 台風 typhoon, hurricane /颱風
taigū 待遇 treatment, salary, pay /待遇；***taigū suru*** ～する treat, pay /待人，款待
taihan 大半 greater part, majority /大半，過半；大致
Taiheiyō 太平洋 the Pacific (Ocean) /太平洋
taihen na 大変な serious, grave, terrible /不得了的，太厲害的，太多(壞、兇、嚴重、難看、費錢)的
taihō 大砲 gun, cannon /大炮
taiho suru 逮捕する arrest /逮捕
taii 大尉 captain /(軍隊中的)上尉
taiiku 体育 physical training [culture]/體育
taiin suru 退院する leave hospital /出(醫)院
taijū 体重 weight /體重
taikai 大会 mass meeting, convention /大會
taikaku 体格 build, physique /體格
taiken 体験 experience /體驗，經驗；***taiken suru*** ～する go through, experience /體驗
taiki 大気 atmosphere, air /大氣，空氣
taiki 大器 great talent, genius /有才華的人，英才
taiko 太鼓 drum /鼓
taikutsu na 退屈な tiresome, wearisome /無聊的，寂寞的；***taikutsu suru*** ～する be bored, be tired of /讓等候；***taikutsu-shinogi ni*** ～しのぎに by the way of diversion, for a change /爲了解悶，爲了消遣
taikyaku 退却 retreat, withdrawal /退卻，縮回；***taikyaku suru*** ～する retreat, fall back /退卻，(詼諧語)回去
taikyūryoku 耐久力 durability /耐久力
taiman 怠慢 negligence, neglect /怠慢，玩忽；***taiman na*** ～な negligent /怠慢的，玩忽職守的
taimen 体面 honor, reputation, appearance /體面，面子
taimō 大望 great ambition /大志，野心
taion 体温 temperature of the body /體溫；***taion o hakaru*** ～

を計る take one's temperature /量體溫;***taion-kei*** ～計 (clinical) thermometer /體溫表

taira na[ni] 平らな[に] level, even[ly]/平的,平坦的(地); ***taira ni suru*** 平らにする flatten, level /弄平,平整

tairiku 大陸 continent /大陸(英國人指法國,日本人指中國) ***tairiku-teki na*** ～的な continental /大陸性的

tairitsu suru 対立する be opposed to each other /對立,對峙

tairyō 大量 large quantity /大量;(企業)大批量

taisaku 対策 countermeasure, counterplan /對策,對付的措施

taisei 体制 system, organization /體制

Taiseiyō 大西洋 the Atlantic (Ocean) /大西洋

taiseki 体積 (cubic) volume, capacity /體積

taisetsu na 大切な important, valuable /要緊的,重要的,珍視的;***taisetsu ni suru*** 大切にする take good care of, make much of, value /珍視,愛惜;保重,重視

taishaku 貸借 loan, debt and credit /借貸,借方與貸方; ***taishaku-kankei*** ～関係 (loan) accounts, financial relations /借貸關係;***taishaku-taishōhyō*** ～対照表 balance sheet /借貸對照表,借貸平衡表

taishi 大使 ambassador /大使;***taishi-kan*** ～館 embassy /大使館

taishite 対して against, to, towards /對…;與…相反

taishō 大将 general, admiral,leader /大將;(軍)上將;首領

taishō 対照 contrast, comparison /對照;***taishō suru*** ～する contrast, compare /對照,對比

taishō 対象 object /對象

taishoku 退職 retirement /退職,退隱,下野;***taishoku suru*** ～する retire from office /退職;退休;歸隱

taishū 大衆 the masses /大衆,群衆

taisō 体操 gymnastics, exercise /體操

taisuru 対する face, confront, oppose /對,面向;對於;相反

taitei no 大抵の most, general, usual /差不多的,大體上的,普通的

taitō 対等 equality /同等,平等,對等;***taitō no*** ～の equal /同等的,平等的,對等的;***taitō de*** ～で on equal terms /在平等條件下

taiwa 対話 conversation, dialogue /對談,對話

taiya タイヤ tire /(汽車)輪胎

taiyaku 大役 important task [duty], important part [role] /重大任務(使命)

taiyō 太陽 sun /太陽;***taiyō no*** ～の solar /太陽的

taizai 滞在 stay, visit /逗留,旅居; ***taizai suru*** ～する stay at /逗留
taji-taji to naru たじたじとなる stagger, flinch /晃搖,蹣跚,打趔趄;
taka たか hawk /鷹
taka-daka 高々 at the highest, at most /高高地,特別高地; ***takadaka to*** ～と high /高高地;大聲地;充其量
takai 高い high, tall, expensive /高的;貴的; ***takaku*** 高く high, aloft /高高地
takamaru 高まる rise, go up, be raisd /提高,昇高,增高
takameru 高める raise, lift /提高,使高
takara 宝 treasure /寶,財寶,寶貝
takaru たかる swarm, gather, sponge on (a person), blackmail (a person) /圍成一群,聚集;(昆蟲)落滿,爬滿;敲詐,勒索
takasa 高さ height /高度
take 丈 height, stature, length /高度;身高,身材
take 竹 bamboo /竹
taki 滝 waterfall, falls /瀑布
takkyū 卓球 ping-pong /乒乓球
tako 蛸 octopus /章魚
tako 凧 kite /風箏
takoku 他国 foreign country /他國,外國
taku 炊く burn, kindle /煮,燒(飯)
takuetsu suru 卓越する excel /卓越; ***takuetsu shita*** 卓越した superior, distinguished /卓越的
takujisho 託児所 day nursery, baby farm /託兒所
takumashii たくましい stout, strong /魁偉的,壯健的;剛毅的,大膽的
takumi na[ni] 巧みな[に] skillful[ly] /巧的,巧妙的(地)
takurami たくらみ plot, trick, design /陰謀,詭計
takuramu たくらむ conspire, design, plan /動腦筋,費心思;搗鬼,搞陰謀
takusan 沢山 enough, sufficient /足夠,太多; ***takusan no*** ～の a lot of, many, much /許多的,好多的
takuwae 蓄え savings, store, stock 儲備,貯藏
takuwaeru 蓄える save, lay by, store 儲備,貯藏
tama 玉[球] ball, globe /球;硬幣
tamago 卵 egg /蛋,鷄蛋
tamanegi 玉ねぎ onion /圓葱,洋葱
tama no[ni] たまの[に] occasional[ly], rare[ly] /偶然的(地),稀罕的

tamaranai たまらない intolerable, unbearable /難以忍受的, 受不了的
tamaru たまる accumulate, collect /積存,積壓
tamashii 魂 soul, spirit /靈魂;精神
tama-tama たまたま accidentally, casually /偶爾,偶然,碰巧
tambo たんぼ (rice) field /田圃,田地,莊稼地
tame ni ために in order to (do), so as to (do), because of, owing to /爲了;因爲,因此
tamerai ためらい hesitation /猶豫,躊躇
tamerau ためらう hesitate /遲疑,躊躇;***tamerau koto naku*** ～ことなく without hesitation /毫不遲疑,不含糊
tameru ためる save, lay up /存,積,儲;停滯
tameshi 試し trial, attempt /試,嘗試,企圖
tamesu 試す try, attempt /試,試驗
tamoto たもと sleeve /(和服)袖子
tamotsu 保つ keep(up), maintain, preserve /保住;保持,維持
tampen 短編 short piece [story]/短篇(小說)
tampopo たんぽぽ dandelion /蒲公英
tana 棚 shelf /棚,架,架子
tanabata 七夕 the Festival of the Weaver Star /七夕,乞巧節
tanchō na 単調な monotonous 單調的,没有變化的
tandoku no[de] 単独の[で] independent[ly], alone /單獨的,獨自,單身的
tane 種 seed, stone(of fruit) /種籽,果核
tango 単語 word, vocabulary /單詞
tango no sekku 端午の節句 Boy's Festival /端午節,(日俗)男孩節
tani 谷 valley, ravine /谷,山谷;山澗,峽谷
tan'i 単位 unit /單位;學分
tanin 他人 stranger, another /外人,别人,局外人
tanjikan ni 短時間に in a short time /在短時間內
tanjō 誕生 birth /誕生;***tanjō suru*** ～する be born /誕生,出生;***tanjō-bi*** ～日 birthday /生日
tanjun 単純 simplicity /單純,簡單;***tanjun na*** ～な simple, plain /單純的;***tanjun-ka suru*** ～化する simplify /單純化,簡單化
tanken 探検 exploration /探查,探險;***tanken suru*** ～する explore /探查,探究;探險
tanki 短気 short[quick] temper, impatience /没耐性,性急;***tanki na*** ～な short-tempered /性急的,急躁的
tanki 短期 short term /短期

tankō 炭坑 coal mine /煤礦
tankyū 探究 search, investigation /探討,研究;***tankyū suru*** ～する search for, seek for /探討,研究
tan naru 単なる simple, mere /僅,只;***tan ni*** 単に only /僅,只,單
tan'nen na[ni] 丹念な[に] careful[ly], conscientious[ly] /精心的(地),細心的(地)
tan'nin suru 担任する take[be in] charge of, teach /擔任,擔當
tan'nō na たん能な skillful, good at /長於,擅長
tanomi 頼み request, reliance, trust /請求,懇求;信賴,依靠
tanomoshii 頼もしい reliable, trustworthy /可靠的,靠得住的;有望的,有出息的
tanomu 頼む ask, entreat /請求,懇求;託,委託;依靠
tanoshii 楽しい pleasant, cheerful /快樂的,愉快的;***tanoshiku*** 楽しく pleasantly, cheerfully /愉快地
tanoshimi 楽しみ pleasure, delight, joy /愉快,樂趣;希望,期待
tanoshimu 楽しむ enjoy, amuse, anticipate /樂,快樂;期待
tanren suru 鍛錬する temper, train, discipline /鍛鍊
tansho 短所 weak point, fault, defect /短處,缺點
tanshuku suru 短縮する shorten, reduce /縮短,縮減
tansū 単数 singular(number) /單數
tantei 探偵 detective /偵探,探子;***tantei-shōsetsu*** ～小説 detective story /偵探小說
tanuki たぬき badger, racoon dog /狸;狡猾的人
taoreru 倒れる fall, break down /倒,塌;崩潰
taoru タオル towel /毛巾,毛巾布
tappuri たっぷり fully, plenty of, enough /充分,足夠,多
tarai たらい (wash) tub, basin /盥,盆
tarasu 垂[滴]らす hang(down), suspend, drop, drip /垂,吊;滴;流
-tarazu …足らず less than…, nearly, almost /不足數,少於
tareru 垂[滴]れる hang down, droop, drip /垂懸,滴,流
tarinai 足りない not enough, insufficient /不夠的;低能的
tariru 足りる enough, sufficient /足,夠,滿足
taru 樽 cask, barrel /(帶蓋)木桶
tarumu たるむ slacken, sag, be loose /鬆弛;下沉,下彎;(精神)不振
taryō 多量 large quantity /多量,大(批)量
tasatsu 他殺 murder /他殺,被殺
tashikameru 確かめる ascertain, make sure, confirm /弄清,

查明
tashika na[ni] 確かな[に] certain[ly], sure[ly] /確切的(地),可靠的(地)
tashinami たしなみ taste, prudence /嗜好;謙恭,謹慎; ***tashinami no yoi*** ～のよい prudent, well-mannered /很留心,非常用心
tashinamu たしなむ like, be fond of /喜好,謹慎,通曉
tashō 多少 more or less, some, in some degree, a little /多少,稍微
tasogare たそがれ dusk, twilight /黄昏,傍晚; ***tasogare-doki ni*** ～時に at dusk, in the twilight /黄昏時分
tassei suru 達成する accomplish, achieve /達成,完成
tassha na 達者な healthy, expert, skillful /壯健的,精通的,熟練的
tassuru 達する reach, arrive, attain /達,達到,通達
tasu 足す add (to) /加,添,補
tasū 多数 a large[great] number, the majority /多數,許多
tasukaru 助かる be saved, be rescued /得救,免於難,脱險
tasuke 助け help, aid, assistance /幫助,援助; ***tasukeau*** ～合う help each other /互相幫助
tasukeru 助ける help, assist /幫助,援助,救助
tatakai 戦い war, battle, fight /戰,戰爭,戰鬥;競賽,競爭
tatakau 戦う fight (with), make war, struggle /戰爭,戰鬥,競爭,鬥爭
tataku たたく tap, strike, knock /叩,敲;詢問
tatamu 畳む fold (up) /折,疊,疊起
tate 縦 length, height /縱,竪,長;高(度); ***tate no[ni]*** ～の[に] vertical[ly] /垂直的(地),直立的(地),竪的
tategami たてがみ mane /鬃毛
tategu 建具 fittings, fixtures /(門窗的)裝修
tatemono 建物 building, structure /房屋,建築物
tateru 建てる build, construct, establish /樹立,建造;創立,建立
tatetsuku たて突く oppose, set oneself against /反抗,抵抗,反嘴
tatetsuzuke ni 立て続けに in succession /連續不斷地
tateyakusha 立て役者 leading actor [actress] /(劇)中心演員,主角
tateyoko 縦横 length and breadth, warp and woof /縱與横; ***tateyoko jūmonji ni*** ～十文字に cross-wise /成十字狀地,交叉地
tatoe たとえ proverb, saying /比喻;寓言,常言

tatoe…demo たとえ…でも even if, even though, if, (al) though /即使…也,哪怕…也
tatoeba 例えば for example, for instance /例如
tatoeru たとえる compare (to) /比喻,比方
tatsu 立つ rise, stand up /立,站;冒,昇
tatsu 建つ be built [established] /建,蓋(房)
tatsu 発つ start, leave /出發,離開
tatsu 断つ cut (off), break (off) /切,斷,斷絶
tatsu 経つ pass (by), go by /經,過
tatsumaki 竜巻 tornado, whirlwind /龍捲風
tatta たった only, merely, just, no more than /只,僅;***tatta hitori de*** ～一人で all alone, by oneself /獨自一人;***tatta ima*** ～今 just now, at once /剛才,剛剛
tawainai たわいない silly, absurd, trifling /無聊的,無謂的,不足道的
tawamure 戯れ play, sport, flirtation /戲言,玩笑;玩耍,耍戲
tawamureru 戯れる play, joke, flirt /遊戲,玩耍,開玩笑
tayasu 絶やす exterminate, wipe out /絶滅,消滅
tayasui たやすい easy, simple /容易的,不難的;***tayasuku*** たやすく easily /容易地
tayori 便り news, tidings, word, letter /音信,消息;信
tayori 頼り reliance /依仗,仗恃;***tayori ni naru*** ～になる reliable, dependable /可靠,靠得住
tayoru 頼る rely on, depend on /依靠,仰賴
tazuna 手綱 bridle, reins /繮,繮繩
tazuneru 訪ねる call at, call on, visit /打聽,訪問
tazuneru 尋ねる ask, inquire /尋找,探求
tazusaeru 携える have, carry, take, bring /攜,帶,拿
te 手 hand /手,***te ni ireru*** ～に入れる get, obtain /得到,拿到;***te ni toru yōni*** ～にとるように quite clearly /瞭如指掌;***teatari-shidai*** (***ni***) 手当たり次第(に) at random /遇到甚麽就…
teami no 手編みの hand-knit /手編的,手織的
tearai 手洗 hand washing /洗手;***o-tearai*** お～ washroom, lavatory /洗手間,廁所
teate 手当 allowance, aid, treatment /小費,津貼;醫治,治療
tebanasu 手放す part with, dispose of /撒開手,放手,撂下;賣掉
tebiroi 手広い extensive /寬的,寬廣的,寬敞的;***tebiroku*** 手広く extensively /寬廣地,廣泛地
tebukuro 手袋 glove /手套

tebura de 手ぶらで empty-handed /空着手,赤手空拳
tegakari 手掛り clue /線索
tegami 手紙 letter /信,函
tegara 手柄 exploit, merit /功勞,功績,功勳
tegata 手形 bill, promissory note /手印,手押,票據
tegatai 手堅い firm, steady /踏實的;(行情)穩定的; ***tegataku*** 手堅く firmly, steadily /踏實地,靠得住地
tegiwa yoi 手際よい skillful, clever 有本領,會辦事,手腕高; ***tegiwa yoku*** 手際よく skillfully, cleverly /(辦事)熟練,巧妙,漂亮
tegoro na 手ごろな handy, moderate /(大小等)合乎,(對自身力量的)適合,適稱
tegowai 手ごわい tough, formidable /不易對付的,不易擊敗的
tehai 手配 arrangement(s) /籌備;部署; ***tehai suru*** ～する arrange /籌備,安排;佈置,部署
tehazu 手はず plan, program /計劃,程序
tehon 手本 copy, copybook /法帖,字帖,畫帖;(複印件的)原書
teian 提案 proposal, suggestion /提案,議案;建議; ***teian suru*** ～する propose /提出建議
teibō 堤防 embankment, dike /堤防,堤壩
teichō na[ni] 丁重な[に] polite[ly] /鄭重的(地),懇摯的(地),慇懃的(地)
teiden 停電 stoppage of electric current /停電
teido 程度 degree, grade /程度
teien 庭園 garden /庭園
teigi 定義 definition /定義
teihyō aru 定評ある of established reputation, recognized /有定評的,口碑載道的
teiin 定員 the full number /定員,定編,規定的人數
teiji suru 提示する present, bring up /提示
teika 定価 fixed price /定價
teika suru 低下する fall, drop, go down /降低,低落,低下
teikei suru 提携する act in concert (with), join hands /協作,合作,提攜
teikiatsu 低気圧 low (atmospheric) pressure /低氣壓
teiki no[ni] 定期の[に] regular[ly], periodical[ly] /定期的(地); ***teiki kankōbutsu*** 定期刊行物 periodical (publication) /定期刊物; ***teiki-ken*** 定期券 season ticket, commuter pass /(汽車等)定期票,月票
teikō 抵抗 resistance, opposition /抵抗,抗拒,反抗;阻力;

teikō suru ～する oppose /抵抗,抗衡,抗拒
teikoku 帝国 empire /帝國
teikoku ni 定刻に at the appointed time, on time, punctually /定時地,準時地
teikyō 提供 offer /提供,供給;*teikyō suru* ～する offer, make an offer /提供,供給,供應
teikyū-bi 定休日 regular[fixed] holiday /定期休息日
teikyū na 低級な low-grade /低級的,下等的
teinei na[ni] 丁寧な[に] polite[ly], civil[ly] /恭恭敬敬的(地),非常懇切的(地),有禮貌的
tei-no-yoi 体のよい disguised, plausible /嘴巧的,會説話的
teion 低温 low temperature /低溫
teire 手入れ care, repairing /修理,收拾;*teire suru* ～する repair, care for /修理,修整,收拾,拾掇
teiryūjo 停留所 stop, depot /(公共汽車)車站,停車場
teisai 体裁 form, style, appearance /形式,體裁,外表,體面;*teisai no yoi[warui]* ～のよい[悪い][un]seemly, [un]becoming /有體面的,像樣的,(不體面的,不像樣的,失體統的)
teisei 訂正 correction /訂正;*teisei suru* ～する correct /訂正
teishi suru 停止する stop, suspend /停止,停頓
teishu 亭主 master, host, husband /(旅、茶館)老闆,丈夫
teishutsu suru 提出する present, bring forward /提出
tejika no[ni] 手近の[に] close by, near /手邊的,眼前的,近旁的
teki 敵 enemy,foe /敵人,仇敵
tekido no[ni] 適度の[に] moderate[ly] /適度的(適當地)
tekipaki てきぱき promptly, quickly /麻利,爽快,敏捷
tekisetsu na 適切な suitable, fit /恰當的,適當的,貼切的
tekishite iru 適している be suited to [for] /適合於
tekiyō suru 適用する apply to /適用於,應用於
tekkaku na[ni] 的確な[に] accurate [ly], precise[ly],exact [ly] /正確的(地),確切的(地),準確的(地)
tekkyō 鉄橋 iron bridge /鐵橋
teko てこ lever /槓桿,撬槓;千斤頂
tema 手間 time, labor /(所需)時間,勞力,工夫
tēma テーマ theme, subject matter /主題,題目,課題
temane 手まね gesture /手勢,手式
temawari-hin 手回り品 personal effects /隨身攜帶的東西
temawashi ga yoi 手回しがよい be fully prepared /安排周到
tembai suru 転売する resell /轉賣,轉售
tembō 展望 view /展望;瞭望,眺望;*tembō suru* ～する have a view of /展望;瞭望,眺望;*tembō-sha* ～車 observation car /

(鐵路)展望車,瞭望車
temmondai 天文台 astronomical observatory /天文臺
temmon-gaku 天文学 astronomy /天文學
temoto ni 手元に on [at] hand, have (something) by[near] one /在手邊,在手頭,在手裏;在身邊,在眼前
tempi 天火 oven /西餐烤爐
tempuku suru 転覆する overthrow, capsize /顛覆,推翻,傾覆
tempu suru 添付する attach, annex /添上,附上
temukai suru 手向かいする resist, oppose /反抗,對抗,抵抗
ten 天 sky, heaven /天,天空,蒼天
ten 点 spot, point, mark, run, score /點,標點;分數;缺點;觀點
ten ga yoi[warui] ～がよい[悪い] have good[bad] marks /高分(低分),成績好(差)
ten o tsukeru ～をつける mark, give marks /打分,給分,記分
yoi [warui] ten o toru よい[悪い]～をとる get good [bad] marks /得高分(低分)
ten o kasegu ～を稼ぐ work hard for better marks /爲得好成績而努力
*ko no ten de[ni oite]*この～で[において] in this regard [respect] /在這方面
ten-ten to 点々と here and there, sporadically, scattered /點點,滴滴,一點一滴
tenazukeru 手懐ける tame, domesticate /馴服,使歸服,使依從
tenchi 天地 heaven and earth /天地,世界
tengoku 天国 heaven, paradise /天國,天堂
tengu てんぐ long-nosed goblin /天狗(想像的妖怪,人形有翼,紅臉高鼻)
tenimotsu 手荷物 baggage, luggage /隨身行李
ten'in 店員 shop clerk /店員,售貨員
tenji 展示 exhibition, display /展示,陳列; *tenji suru* ～する exhibit /展示,陳列; *tenji-kai* ～会 show, exhibition /展示會,展覽會
tenjō 天井 ceiling /頂棚,天花板
tenkai suru 転回する revolve, rotate /迴轉,旋轉
tenkan suru 転換する convert, change /轉換,轉變,(電)切換
tenka suru 点火する ignite, light /點火
tenkei 典型 type, model /典型,模範; *tenkei-teki na* ～的な typical, model /典型性的,典型化的,典型的
tenken 点検 inspection /檢點,檢查; *tenken suru* ～する inspect /檢點,檢查

tenki 天気 weather /天氣
tenki-yohō 天気予報 weather forecast /天氣預報
tenkyo suru 転居する remove, move /遷居,搬家
ten'nen 天然 native /天然,自然; ***ten'nen no[ni]*** ~の[に] natural[ly] /天然的(自然地); ***ten'nen kinembutsu*** ~記念物 natural monument /(瀕臨滅絶而用法律保護的動植物)天然紀念物
ten'nō 天皇 emperor /(日本)天皇; ***Ten'nō Heika*** ~陛下 His Majesty the Emperor /天皇陛下
tenraku suru 転落する fall, roll down /滾落,掉下;沉淪
tenran-kai 展覧会 exhibition, show /展覽會
tensai 天才 genius /天才
tensai 天災 (natural) calamity /(自然)災害,天災
tensen 点線 dotted line, perforated line /虛線,點線
tenshi 天使 angel /天使
tensū 点数 marks, grade /(評分的)分數
tenugui 手ぬぐい (hand) towel /手巾,毛巾
tenurui 手ぬるい slow, sluggish /寬鬆的,不嚴厲的;緩慢的,遲鈍的
teochi 手落ち omission, slip /過失,過錯
teori no 手織の hand-woven /手工織的
teppen てっぺん top, summit /頭頂上,最高峰,頂點
teppō 鉄砲 gun, rifle /步槍
tera 寺 temple /寺,廟
terasu 照らす shine, light, illuminate /照,照耀;按照,參照
terebi テレビ television /電視; ***terebi-hōsō*** ~放送 television broadcast, telecast /放映電視
tereru 照れる be shy, be abashed /害羞,害臊
teru 照る shine, be fine /照,照耀;晴,晴天
teryōri 手料理 home-made dish /親手做的菜,家做的菜
tesaguri suru 手探りする feel[grope, fumble]for /摸,摸索
tesei no 手製の hand-made, home-made /自製的,手製的
tesū 手数 trouble, pains, care /手續;麻煩; ***tesū no kakaru*** ~のかかる troublesome /麻煩; ***tesū-ryō*** ~料 fee, charge, commission /手續費
tetsu 鉄 iron, steel /鐵
tetsudai 手伝い help, assistance, assistant, helper /幫忙,幫助,幫手
tetsudau 手伝う help, assist, aid /幫忙,幫助;加之(別的原因)
tetsudō 鉄道 railway, railroad /鐵路,鐵道
tetsugaku 哲学 philosophy /哲學; ***tetsugaku-teki na[ni]*** ~的

な［に］ philosophical［ly］/哲學的；***tetsugaku-sha*** ～者 philosopher /哲學家
tetsuya de 徹夜で all night /徹夜，通宵；***tetsuya suru*** 徹夜する sit up all night /徹夜幹，通宵幹
tetsuzuki 手続き procedure, process, proceedings /手續，程序；***tetsuzuki o toru*** ～をとる go through formalities, take steps /履行手續
tettei suru 徹底する be thorough (going)［consistent］/弄徹底，弄透徹，貫徹到底；***tettei-teki na［ni］*** 徹底的な［に］ thorough［ly］/徹底的(地)
tettori-bayai［bayaku］ 手っ取り早い［早く］ quick［ly］, prompt［ly］/迅速的(地)，麻利的(地)；直截了當的(地)
tezawari 手触り feel, touch /手感
tezukami de 手づかみで with one's fingers /用手抓
to 戸 door /門，大門
tō 十 10 ten /十；***tō-ka*** ～日 ten days /十天
tō 塔 tower, pagoda /塔
tō 党 (political) party /(政)黨
tōan 答案 paper, examination paper /卷子，試卷
tobaku とばく gambling /賭博
tōban 当番 duty, watch /值班
tobasu 飛ばす (let) fly /使飛，(風)吹走，(水)飛濺，(車馬)奔馳，(箭、風箏)放，(讀書)跳過
tobiagaru 飛び上がる fly up, jump /飛上天空，躍起，跳躍
tobikomi 飛込み diving, dive /(泳)跳水
tobioriru 飛び降りる jump down, jump off /(由高處或由行駛中的車輛)跳下
tobira とびら door /門扉，(雙開的)門，櫃門
tobisaru 飛び去る fly away /飛走
tobitsuku 飛び付く jump at, fly at /奔撲過來
tobokeru とぼける pretend not to know /發獃，裝作不懂(不知)
toboshii 乏しい scarce, scanty, short /缺乏，不足，貧困
toboshiku naru 乏しくなる run short, get scarce /匱乏起來
tōbō suru 逃亡する flee, run away /逃亡，出奔
tobu 飛ぶ fly, spring /飛，飛行，飛翔，飛揚；跳，跳躍
tōbun 当分 for the present, for some time /目前，暫時
tōbun suru 等分する divide equally /平均分(配)
tōchaku 到着 arrival /到達，抵達；***tōchaku suru*** ～する arrive at, reach, get to /到達，抵達
tochi 土地 land, ground, soil /土地
tōchi 統治 rule, government /統治；***tōchi suru*** ～する rule,

reign over /統治
tōchi 当地 this place, here /當地, 本地
tochū de 途中で on the way /中途, 途中
tōdai 灯台 lighthouse /(指航)燈塔
todana 戸棚 cupboard, closet /櫥櫃, 壁櫥
todokeru 届ける report, notify, forward, send /遞送(信郵等), 送到, 申報
todoku 届く reach, get to /達, 及, 搆; 到達
todomaru とどまる stop, stay, put up /停下, 停止; 停留, 留下
todoroku とどろく roar, peal /轟鳴, (名聲)響震; (心)跳動
togameru とがめる find fault, flame, challenge /責難, 挑剔; 盤問
tōgarashi 唐辛子 red[cayenne] pepper /辣椒
togarasu とがらす sharpen, make sharp /磨尖, 削尖
togatta とがった pointed, sharp /尖的, 尖銳的
toge とげ thorn, prickle /刺, (説話)帶刺兒
tōge 峠 (mountain) pass, the height /山頂; 頂點, 絶頂; ***tōge o kosu*** ～を越す pass the crisis, get out of danger /已過絶頂, 已過險期
togeru 遂げる accomplish, attain, achieve, carry out /達到, 完成
togireru 途切れる break, be interrupted /中斷
togu 研ぐ sharpen, grind /擦亮, 磨快
tōhō 東方 east /東方; ***tōhō no*** ～の eastern /東方的
toho de 徒歩で on foot /徒步, 步行
tōhoku 東北 northeast /東北
tohō ni kureru 途方に暮れる be at a loss, be at one's wits' end, be puzzled, be quite embarrassed /想盡了辦法, 没有法子; 迷失方向
tōhyō 投票 vote /投票; ***tōhyō suru*** ～する vote, ballot (for) /投票
toi 樋 drain pipe, rain gutter /(引屋頂雨水下流的)落水管, 導水管
tōi 遠い far, distant, remote /遠的, 遠方的, 疏遠的
toiawase 問い合せ inquiry, enquiry /打聽, 詢問; ***toiawaseru*** (=***toiawasu***) 問い合せる[問い合す] inquire, refer /打聽, 詢問, 照會
tōitsu 統一 unify, unification /統一
tōji 当時 (in) those days, (at) that time /當時, 那時; 現在, 目前
tojikomeru 閉じ込める confine, keep indoors, shut in /關起

來(不能出來),關在家裏(不讓出來)
tojiru 閉じる shut, close /關閉(得嚴實),閉會
tōjō suru 登場する enter, appear /上場演出,登場;出現; ***tōjō-jimbutsu*** ～人物 the characters /(劇)登場人物
tokai 都会 city, town /都市,城市
tokei 時計 watch, wrist watch, clock /鐘,錶
tōkei 統計 statistics /統計; ***tōkei(-jō) no*** ～(上)の statistical /統計上的,統計方面的
tokeru 溶ける melt, dissolve /溶化,溶解
tokeru 解ける get loose, come untied /解,解除,解決
toki 時 time, hour, the times /時,時間,時候
tōki 陶器 earthenware, china, pottery/陶器,陶瓷器
tokidoki 時々 sometimes, at times, from time to time /時常,常常
-(no) toki ni … (の)時に when, while, as /有時;當…之時
tokka 特価 special price /特價,特別廉價; ***tokka-hin*** ～品 bargain /便宜貨,廉價品
tokken 特権 privilege /特權
tokkumiai 取っ組み合い grapple /(打架時)扭在一起,揪在一起
tokkyo 特許 patent /特別許可,專利
tokkyū 特急 limited express /特別快的,火速;快遞
toko 床 bed /床; ***toko ni tsuku*** ～につく go to bed /上床,就寢
tokonatsu 常夏 everlasting summer /常夏;四季如夏(如夏威夷)
tokoro 所 place, spot, district /處所,地點,位置;地區; ***tokoro-dokoro*** 所々 here and there /這兒那兒,處處; ***tokoro-kamawazu*** ～構わず everywhere /到處,隨地
tokoro de ところで by the way, now, well /(突轉話題)可是,且說
toko-ya 床屋 barber shop, barber, hairdresser /理髮館,理髮師
toku 解く untie, solve, answer /解,解開,解除;解答,釋明
toku 説く explain, state /說明,勸說;宣傳
toku 徳 virtue, morality /德,道德
toku 得 profit, benefit /賺頭,利益,好處; ***toku na*** ～な profitable /有利的,可賺錢的; ***toku o suru*** ～をする benefit, profit, gain /賺錢,撈好處
tōku 遠く far away, in the distance /遠方,遠處,遠地
tokubai 特売 special[bargain] sale /賣給特別指定的人,特別賤賣

tokubetsu no 特別の special, particular /特別的,格外的; ***tokubetsu ni*** 特別に particularly, specially /特别地

tokuchō 特徴 mark, characteristic /特徵,特色

tokuhain 特派員 (special) correspondent /特派員

tokui 得意 pride, triumph, one's strong point, customer, client /得意,心滿意足;拿手,擅長;主顧,顧客 ***tokui-gao*** ～顔 triumphant look /得意洋洋,春風滿面; ***tokui ni natte*** ～になって triumphantly /得意得(忘形)

toku ni 特に specially /特,特別

tokushu no 特殊の special, particular /特殊的

tōkyū 等級 class, grade /等級,等次,位次

tomaru 止まる stop /停止,停下

tomaru 泊まる stop in, put up at /停泊;投宿,住下

tōmawari 遠回り detour, roundabout way /繞遠; ***tōmawari suru*** ～する make a detour, take a long way about /繞遠走,兜圈子

tōmei na 透明な transparent, limpid, clear /透明的

tōmen no 当面の present, urgent /當前的,目前的;面臨的; ***tōmen no mondai*** ～問題 the matter in hand, urgent question /當前的問題,面臨的問題

tomeru 止める stop /停下,停止,停住

tomi 富 riches, wealth, fortune /財富,財産;富源,資源

tomodachi 友達 friend, companion /朋友,友人

tomokaku ともかく at any rate, in any case /姑且不論;無論如何,總之,好歹

tomonau 伴う be followed by, be attended with, accompany /伴同,隨;發生,有

tomo ni 共に both, together with /共同地,一同

tōmorokoshi とうもろこし (Indian)corn, maize /玉蜀黍,玉米

tomoru ともる burn /點(燈),點着

tomoshibi ともしび light /燈火

tomurau 弔う mourn /吊喪,吊唁,祈冥福

tonaeru 唱える recite, chant /唸,誦,吟唱

tōnan 東南 southeast /東南

tōnan 盗難 robbery, theft /失盜,被盜

tonari no 隣の next, next-door /隔壁的,隣近的

tonikaku とにかく at any rate, in any case /這樣那樣,無論如何,總之,好歹

ton'neru トンネル tunnel /隧道

tonosama 殿様 lord, prince /老爺,大人

ton'ya 問屋 wholesale store /批發商

toppa suru 突破する break through, overcome /突破
toppatsu suru 突発する break out, happan /突然發生
tora とら tiger /虎;寅(十二地支之一)
toraeru 捕える catch, seize, arrest /抓住,逮捕,擒住,摁住
torampu トランプ (playing)cards /紙牌,撲克牌
torawareru 捕われる be caught, be captured /被擒住,被俘
tori 鳥 bird /鳥
toriaezu 取りあえず in haste, just, for the time being /急忙,趕快;首先,暫且
toriageru 取り上げる take[pick]up, adopt /拿起來,舉起;採納,受理
toriatsukai 取り扱い treatment, handling /辦理,處理,操縱
toriatsukau 取り扱う treat, handle, deal with /辦理,處理,對待;操作,使用
toriawase 取り合せ assortment, combination /配合; ***tori-awaseru*** ～る assort,combine /配合,蒐集
toridasu 取り出す take out, pull out /拿出,取出,掏出
toride とりで fort(ress) /城堡,堡壘
torie 取り柄 merit, value, worth /長處,優點
torihakarai 取計い arrangement(s), discretion /處理,照顧
torihazusu 取り外す remove, detach /摘下,卸下;没抓住,錯過
torihiki 取引 trade, business /交易; ***torihiki suru*** ～する transact business, deal with /進行交易
toriire 取入れ harvest /(從外處)採用;收穫
torikaeru 取り替える change for /換,交換,更換
torikaesu 取り返す get back, recover /取回,要回;挽救,恢復; ***torikaeshi no tsukanai*** 取返しのつかない irrevocable, irretrievable /無法挽回
tori-kago 鳥かご (bird)cage /鳥籠
torikakaru 取り掛る set to, begin, set about /着手,開始,憑倚
tōrikakaru 通り掛る happen to pass /路過,路過順便
torikeshi 取消 cancellation, withdrawal /取消,作廢,收回
torikesu 取消す cancel,withdraw ,recall /取消,作廢,收回
torikime 取り決め arrangements /規定, 商定, 締結; ***torikimeru*** ～る arrange, settle /規定,決定,商定,締結
toriko とりこ captive, prisoner /俘虜
tōrikosu 通り越す go [walk] beyond, pass /走過,越過,超過
torikumi 取組 match, bout /收割,收穫
torimaku 取り巻く surround, encircle /圍,包圍
torimidasu 取り乱す be agitated [confused] /弄亂

torimodosu 取り戻す take [get] back /取回,收回,拿回
tōri ni 通りに as, like /如…,和…一様
torishimari 取締り regulation, control /管束,取締; ***torishimaru*** 取り締る regulate, control /管束,管理,監督;取締
toritsugi 取次 agency, agent, usher /傳達,轉達;代辦,代購,代銷; ***toritsugi-ten*** ～店 agency /代銷店,經銷店;代辦所
toritsukeru 取り付ける fit up, install /安裝
toriyoseru 取り寄せる get, obtain /令寄來,令送來,郵購
tōrō 灯ろう lantern /燈籠
tōroku 登録 registration /登記; ***tōroku suru*** ～する register /登記,註册
tōron 討論 discussion /討論; ***tōron suru*** ～する debate, discuss /討論
toru 取る take /取,拿,執
toru 採る pick, catch /採,摘取
tōru 通る pass(by), pass through, go along /通過;合格;透徹;通行,進人
toryō 塗料 paint, coating /塗料
tōsen suru 当選する be elected, win the prize /當選
toshi 都市 cities, towns /都市,城市
toshi 年 year, age /年,歲;年齡; ***toshi o toru*** ～をとる grow old /上年紀
tōshi 投資 investment /投資; ***tōshi suru*** ～する invest /投資
toshigoro 年ごろ age, marriageable age /多年(以來),大約的年齡;適合結婚的年齡
toshishita no 年下の younger, junior /年幼,比…年少
-toshite …として as, by way of /作爲,以…資格
toshitsuki 年月 years /歲月,光陰
toshiue no 年上の older, senior /年長的
toshiyori 年寄 old man, the old /老人
tōsho 投書 contribution, anonymous letter /投稿;匿名信
toshokan 図書館 library /圖書館
tōsō 闘争 fight, struggle /鬥爭; ***tōsō suru*** ～する fight, struggle /鬥爭
tōsō suru 逃走する escape, flee /逃走,逃跑
tossa ni とっさに in an instant, at once /瞬間,俄頃
tosshin suru 突進する rush, dash /突進
tōsu 通す pass through, pierce, show /通,穿過,打通,讓進
totan トタン zinc 鋅; ***totan-ita*** ～板 galvanized iron /鋅板,白鐵皮
totan ni 途端に just as, at the moment /恰當…時候,剛一…時候

tōtatsu suru 到達する arrive, reach, get to /到達,達到
tōtei 到底 at all, possibly /無論如何也,怎麼也
totemo とても very, so, awfully /很,極,非常
tōtō 到頭 at last, after all /終於
tōtobu 尊ぶ respect, hold dear, make much of /遵守,尊重,敬重
tōtoi 貴い valuable, precious, holy /寶貴的,珍貴的,貴重的
totonoeru 整える arrange, adjust /整理,整頓,備齊
totsugu 嫁ぐ be [get] married /出嫁
totsuzen 突然 suddenly, all of a sudden, all at once /突然
totte 取手 handle, knob /(門等的)把手
totte-oku 取って置く keep, reserve, put aside, save /放好,貯存,珍藏
tou 問う ask, question, inquire /問,打聽
tōwaku suru 当惑する be perplexed, be puzzled /困惑,爲難
tōyō 東洋 the East, the Orient /東洋,東方
Tōyō no ～の Eastern, Oriental /東方的
tōyu 灯油 lamp oil, kerosene /燈油,煤油,火油
tōzai 東西 east and west /東和西,東方和西方,東西(方向)
tōzakaru 遠ざかる keep away, keep aloof, become more distant, go away (from), withdraw from, go far from /遠起來,遠離;疏遠,不用
tozan 登山 mountain-climbing /登山;***tozan-ka*** ～家 alpinist /登山運動員
tōzen 当然 naturally, of course /當然,理所當然;***tōzen no*** ～の right, proper, natural /理所當然的
tsuba 唾 spittle /唾液,唾沫;***tsuba o haku*** ～を吐く spit /吐唾沫
tsuba 鍔 sword-guard; brim /(刀劍的)護手;帽簷;鍋緣
tsubaki つばき camellia /山茶花
tsubame つばめ swallow /燕子
tsubasa 翼 wings /翼,翅膀
tsubo つぼ jar/ 壺,罐,罈;(針灸)穴,穴位
tsubomeru つぼめる close, shut, get narrower, pucker up, shrug /收攏,閉上,合上,縮窄
tsubomi つぼみ bud /花苞,花蕾
tsubu 粒 grain, drop /粒,顆粒
tsubusu つぶす crust, smash, mash, ruin, pass, waste /弄壞,弄碎;消費,浪費;破産
tsubuyaku つぶやく mutter, murmur, grumble /嘟噥,發牢騷
tsuchi 土 earth, soil, ground /土,泥土;地,土地

tsūchi 通知 notice, information /通知,知會,報知;*tsūchi suru* ～する inform /通知,報知

tsudo 都度 every [each] time, whenever /每次,每回;每逢

tsudoi 集い meeting /集會,聚會

tsue 杖 (walking)stick, cane /手杖,棍子,棍棒

tsugai つがい pair, couple /雌雄,公母;一對;夫婦

tsūgaku suru 通学する attend [go to] school /走讀

tsugeru 告げる tell, inform /告訴,通知,報告,宣告

tsugi 次 the next /下次,下回,下一個;*tsugi no* [*ni*] ～の[に] next, following, coming /下一個的,第二的(其次,下次)

tsugime 継目 joint, juncture /接縫,接口;焊口;*tsugime-nashi no* ～無しの jointless, seamless /無縫的

tsugi-tsugi ni 次々に one after another /相繼的,接連不斷的

tsugō 都合 convenience, circumstances, condition /關係,理由,情況;*tsugō no yoi* ～のよい convenient /方便,合適

tsugu 次ぐ come [rank] next (to) /次於,亞於

tsugu 継ぐ succeed (to), inherit /繼續,繼承

tsugu 接ぐ join, put together /接上,拼合

tsugu 注ぐ pour (in), fill (with) /注入,灌入,斟(茶、酒)

tsugumu つぐむ keep silent /閉,緘;*kuchi o tsugumu* 口を～ shut [close] one's mouth /閉口,緘口

tsugunai 償い compensation /補償,賠償;*tsugunau* 償う compensate for /補償,賠償,抵償;贖罪,抵罪

tsui つい just, only, quite, carelessly, by mistake /終,最終,最後;不知不覺地,無意中;*tsui imashigata* ～今し方 just now /剛剛

tsuide ついで apropos, occasion /順序,次序;順便,就便;*tsuide ni* ～に be the way /順便,順手,就便

tsuihō 追放 exile, purge /放逐,驅逐出境;流放,充軍;*tsuihō suru* ～する expel, banish /驅逐,流放,革職,開除

tsuika 追加 addition, supplement /追加,補加,添補

tsuikyū 追求 pursuit /追求;*tsuikyū suru* ～する pursue /追求

tsui ni ついに at last /終究,終於

tsuiraku 墜落 fall, drop /墜落;*tsuiraku suru* ～する fall, crash /墜落,墜下,掉下

tsuiseki 追跡 pursuit, chase /追蹤

(ni)tsuite (に)ついて about, of, on, as to /關於,就…,論…

tsuitotsu 追突 rear-end collision /(從後面)撞上,衝撞;*tsuitotsu suru* ～する bump, collide (with a car)from behind /撞上,衝撞

tsūjiru 通じる run [lead] to, be understood, be familiar with /通,被理解;私通

tsūjō 通常 normally, usually /通常,普通,平常
tsukaeru つかえる be obstructed, be choked /(電話)佔線;堵塞,阻塞;停滯,滯銷
tsukaeru 仕える serve, be in service /服侍,伺候;服務
tsukai 使い errand, messenger /使用,打發去的人,派去的人;*tsukai ni iku* ～に行く go on an errand /(被打發出去)買東西,辦事
tsukai-hatasu 使い果たす use up, exhaust, squander /(金錢)用盡,花光
tsukaikata 使い方 how to use /用法,使用方法
tsūkai na 痛快な delightful, thrilling /痛快的
tsukamaeru 捕まえる seize, catch, take hold of /抓住,捕捉
tsuka-no-ma つかの間 brief space of time, moment /瞬間;*tsuka-no-ma no* ～の brief, momentary /短暫的
tsūkan suru 痛感する feel keenly /痛感
tsūkan suru 通関する pass customs /報關,結關;*tsūkante-tsuzuki* ～手続き customs clearance /(貿易)報關手續
tsukare 疲れ fatigue, exhaustion /累,疲勞,疲倦;*tsukareru* ～る get tired from, get weary from /疲勞,疲乏,疲倦
tsukaru つかるsoaked, steeped, flooded/淹,泡;(鹹菜)醃好;入浴
tsūka suru 通過する pass(through), go through /通過,經過
tsukau 使う use, make use of, spend (money)on /用,使用;消費,花費
tsuke 付け bill /帳,帳單;*tsuke de kau* ～で買う buy on credit /賒購
tsukekaeru 付け替える renew, replace, change /換上
tsukemono 漬物 pickles /鹹菜
tsukeru つける set [put] on, fix [attach] to, apply, light, follow, wear /連接,安上;穿;記上,寫上;定價;塗擦
tsuki 月 moon, month /月亮,月光;月
tsukiataru 突き当る run against, collide, come to the end of /衝突,撞,碰;走到盡頭;遇上,碰到
tsukiau 付き合う associate with, keep company with /結合;交際,往來,共事
tsukihanasu 突き放す thrust [push]aside, give up /推開,甩開,撇開,拋棄
tsukihi 月日 months and days, time, days /月日,光陰,日期,日子
tsukikaesu 突き返す thrust [send]back, refuse to accept /推回(去),往回推;退回去
tsukimatou 付きまとう follow (a person) about /纏繞,糾纏

tsukinami na 月並な conventional, common /普通的,平凡的
tsūkin suru 通勤する attend office /上、下班
tsukiotosu 突き落す push [shove] off /推下,推掉,推倒
tsukiru 尽きる be exhausted [consumed, used up], end /盡,完,到頭,滿期;*tsukinai* 尽きない inexhaustible, endless /不盡,不到頭
tsukisasu 突き刺す thrust, pierce /扎,刺,插
tsukisoi 付添い attendant, chaperon, bridesmaid /(病人的)侍候(人),(小孩的)監護(人)
tsukitaosu 突き倒す knock down /撞倒,推倒
tsukitobasu 突き飛ばす thrust away /撞倒,猛撞
tsukitomeru 突き止める ascertain, make sure of, locate, trace /扎死,扎住;追究,查明
tsukiyo 月夜 moonlight night /明月夜
tsukizuki 月々 every month /每月
tsukkomu 突っ込む thrust in, pierce /抓住別人的弱點,鑽進,突進,插進,深入
tsūkō 通行 passing, traffic /通行,來來往往;*tsūkō suru* 〜する pass(by), go along /通行,往來
tsuku 着く reach, arrive /到達,抵達
tsuku 付く stick [adhere] to, be smeared /沾上,附上
tsuku 突く thrust, pierce /刺,扎,戳,撞,頂
tsukue 机 desk /桌子,書桌
tsukuriageru 作り上げる make, build, complete /製好,完成;建成;揑造,僞造,炮製
tsukurikata 作り方 way of making, directions /做法,結構,構造
tsukuroi 繕い repair, mending /修理;*tsukurou* 繕う mend, repair /修理,修補
tsukuru 作る make, create, compose /製造,創造;(詩、文)作,寫,創作,作曲
tsukusu 尽くす do one's best /盡,盡力,竭力
tsuku-zuku つくづく intently, intensely, over and over /痛切地,深刻地,仔細地;反反復復,再三再四
tsuma 妻 wife /妻子,太太
tsumami つまみ pinch, knob, (simple) relish /提襻,紐;揑手,旋鈕
tsumami-dasu つまみ出す pick [drag] out, turn out /掐出,撿出;轟出去
tsumamu つまむ pick, pinch /揑,撮;摘
tsumaranai 詰らない trifling, worthless, useless /不值錢的,無價值的;無聊的;無用的

tsumari つまり after all, in the end, in short /到頭,盡頭;簡而言之
tsumaru 詰まる be stopped [blocked] up, be fully packed, be hard up /堵,塞,不通;充滿,擠滿,窘迫
tsumazuku つまずく stumble (over), lose one's footing, fail /絆倒;(轉)失敗,受挫
tsumbo no つんぼの deaf, hard of hearing /耳聾的,局外的
tsume つめ (finger-, toe-) nail, claw /爪;指甲,趾甲
tsumeawase 詰合せ assortment /(裝箱)混裝;***tsumeawase no*** ～の assorted /混裝的
tsumekaeru 詰め代える refill, repack /重新包裝,改裝
tsumekiri つめ切り nail scissors, nail clippers /指甲刀,指甲剪
tsumeru 詰める cram, stuff, fill /填,塞,裝
tsumetai 冷たい frigid, cold, chilly /冷的,冰冷的
tsumi 罪 crime, sin /罪,罪過
tsumiageru 積み上げる heap [pile] up, accumulate /堆起來;堆好,堆完
tsumidashi 積出し shipment, consignment /裝出(貨物);***tsumidasu*** 積み出す ship, send /裝船,發送;***tsumidashi-kō*** ～港 port of shipment /裝船港;啓運港
tsumikasaneru 積み重ねる pile, heap /把…堆起來;積累
tsumiki 積木 building blocks [bricks] /堆木材;(玩具)積木
tsumini 積荷 load, freight /裝載的貨物
tsumitateru 積み立てる save, lay aside /積累,積存
tsumoru 積もる accumulate, lie (on) /積,堆積,累積,積存
tsumu 積む pile, load, ship /堆,積,壘;堆積,積累
tsumu 摘む pick, pluck, clip, trim, cut /摘,掐,採;剪
tsumuji つむじ cowlick (hair), the whirl of hair /(髮上的)旋兒;***tsumuji-magari no*** ～曲がりの perverse /怪僻(人),彆扭(人);***tsumuji o mageru*** ～を曲げる get cranky, become perverse /鬧彆扭
tsuna 綱 rope, line, cord /粗繩,纜繩,索
tsunagari つながり connection, relation /關係,聯繫
tsunagu つなぐ tie, fasten, chain /繫,拴,結;連起,串起
tsunawatari 綱渡り tight rope walking /走鋼絲;冒險
tsune no 常の usual, customary, ordinary /平常的,普通的;***tsune ni*** 常に always, usually /常,時常,經常
tsuneru つねる pinch /掐,擰
tsuno 角 horn, antler /(動物)角,犄角,觸角
tsunoru 募る raise, collect /招募,徵集
tsunto つんと primly /驕矜貌;***tsunto suru*** ～する be prim,

be sullen /擺出驕傲架子
tsuppaneru 突っぱねる reject, refuse /撞開,推開;拒絶
tsupparu 突っ張る stretch, hold out /頂住,撐住;支持,支撐
tsurai つらい hard, bitter /受苦的,吃不消的;苛刻的
tsuranaru 連なる stand [stretch] in a row, be present /成列,列隊;連接,接到
tsurara つらら icicle /冰柱,冰溜子
tsure 連れ company, companion /同伴,夥伴,伴侶
tsuredasu 連れ出す take [bring] out /帶出去
tsurenai つれない cold, hard /冷淡的,薄情的;***tsurenaku*** ~つれなく coldly /無情地,狠心地
tsureru 連れる take, bring, be accompanied /跟隨,隨從,帶,偕;***tsurete*** 連れて with, accompanied by /跟着,隨着,隨之
tsuri 釣 fishing /釣魚
tsuri(sen) 釣(銭) change (money) /找的錢,找頭
tsuriai 釣合い balance, proportion /平衡,均衡,適稱
tsuriau 釣り合う balance, be in harmony with /平衡,勻稱,匹配,適稱
tsuribari 釣針 fishing hook /魚鉤
tsuri'ito 釣糸 fishing line /釣絲
tsūro 通路 passage, way /通路,通行的路,去路
tsuru 鶴 crane /鶴
tsuru 蔓 vine, runner /(藤類植物的)蔓,鬚
tsuru 弦 (bow)string, chord /提把,提樑
tsuru 吊る angle, hang, suspend /吊,懸,掛
tsurushi-age 吊るし上げ kangaroo court /吊起來,掛起來;***tsurushi-ageru*** ~る impeach, persecute with question /吊起來,掛起來;群衆責問
tsuru-tsuru suru つるつるする be smooth [slippery] /光滑,滑溜溜,亮光光
tsūsan suru 通算する sum[add]up, total /總計
tsūsetsu na[ni] 痛切な[に] keen[ly], acute[ly] /痛切的(地),深切的(地)
tsūshin 通信 correspondence, communication /通信,通訊;***tsūshin suru*** ~する correspond (with) /通信,通訊
tsūshō 通商 commerce, trade /通商,貿易
tsuta つた ivy /常春藤
tsutaekiku 伝え聞く hear, learn, learn by hearsay /傳聞
tsutaeru 伝える communicate, tell /傳,傳達,轉告,告訴
tsutanai つたない poor, clumsy /不高明的,不精緻的,不佳的
tsutawaru 伝わる be handed down, come down, be transmit-

ted, spread /傳,流傳,傳播,傳送
tsute つて connection, influence /中間人,媒介者;門路,引線
tsutome 勤[務]め duty, service, business /義務,職務,業務,工作
tsutomeru 努める try hard, make an effort /努力,盡力,奮鬥
tsutomeru 勤める be in the employ of /服務,工作,做事
tsutsu 筒 pipe, tube /筒,筒體
tsutsuji つつじ azalea /(花)杜鵑
tsutsuku つつく pick, peck /捅,戳;(鳥等)啄
tsutsumashii つつましい modest /謙虚的,樸實的;***tsutsumashiku*** つつましく modestly /謙虛地,樸實地
tsutsumi 堤 embankment /堤,壩;貯水池
tsutsumi 包み parcel, package /包,包裹,包袱
tsutsumu 包む wrap up, pack up /包,裹,遮,蒙
tsutsushimi 慎み discretion, prudence /謹慎,謙恭,禮貌;***tsutsushimi-bukai*** ～深い discreet /十分謙恭的,很有禮貌的
tsutsushimu 慎む be careful, be cautious /謹,謹慎,慎重;謙虛,有禮貌
tsūwa 通話 (telephone)call /通電話,通話
tsuwamono つわ者 warrior /勇士,戰士,軍人
tsuya つや gloss, luster, polish /光澤,光潤,光亮;***tsuya no aru*** ～のある glossy, polished /光亮的,潤澤的
tsūyaku 通訳 interpretation, interpreter /口譯,譯員;***tsūyaku suru*** ～する interpret /口譯
tsuyogari 強がり bluff(ing), show of courage /逞强,好强,裝硬漢;***tsuyogari o iu*** ～を言う bluff /恐嚇;説大話
tsuyoi 強い strong, powerful /强的,有勁的;强壯的,壯健的
tsuyoki 強気 bull /烈性,逞强;***tsuyoki no*** ～の strong /逞强的
tsuyoku 強く strongly, hard /堅固地,結實地
tsuyomeru 強める strengthen, make strong /加强,增强
tsuyosa 強さ strength, power /强度
tsūyō suru 通用する pass, circulate /通用
(o-)tsuyu (お)つゆ soup, gravy, juice /液汁,羹湯
tsuyu 露 dew, dewdrop /露水
tsuyu (＝baiu) 梅雨 the rainy spell in early summer /梅雨;***baiu-ki*** ～期 the rainy season /梅雨季節
tsuzukeru 続ける continue, keep up /接連不斷,不停,繼續;***tsuzukete*** 続けて continuously, without break, in succession /繼續,不斷
tsuzuki 続き continuation, sequel /繼續,後續
tsuzuku 続く continue, go on, follow /繼續,連續;接着,跟着

tsuzuri つづり spelling, orthography /(單詞)拼寫,拼寫法
tsuzuru つづる spell, bind /拼音,綴字;縫,綴連;裝訂

U

uba 乳母 nurse /奶娘,奶媽;***uba-guruma*** ～車 baby carriage / (手推式)嬰兒車
ubau 奪う snatch, rob (someone)of /奪,搶奪,剝奪
uchiakeru 打ち明ける confide, confess /說實話,坦白地說
uchigawa 内側 inside /内側,裏面;***uchigawa no*** ～の inside / 内(側)的,裏(面)的
uchikatsu 打ち勝つ conquer, overcome /戰勝,克服
uchikesu 打ち消す deny, contradict /消,滅;否定,否認
uchiki na 内気な shy, bashful, reserved /靦腆的,羞怯的
uchikiru 打ち切る close, discontinue /停止,截止,結束
uchikomu 打ち込む drive in, strike into /打進,砸入,釘進
uchiwa うちわ (round)fan /團扇
uchiwa 内輪 family (circle) /家裏,内部;***uchiwa no*** ～の private, informal /内部的,個人的;***uchiwa de*** ～で privately, in private /在内部
uchōten ni naru 有頂天になる be enraptured, go into ecstasies /歡天喜地,興高采烈,得意洋洋
uchū 宇宙 universe [cosmos]space /宇宙;***uchū no*** ～の universal /宇宙的
ude 腕 arm /腕,手腕;***ude-dokei*** ～時計 wrist watch /手錶
ue 上 upper part, surface /上,上面;外表,表面;***ue no*** ～の up, upper /上面的;***ue de*** [***ni***]～で[に] on, above, over, up /在上面,在外面
ue 飢え hunger /饑餓;***ueru*** ～る be hungry /餓
ueki 植木 (garden)tree, potted plant /栽種的樹;盆栽花木;***ueki-bachi*** ～鉢 flowerpot /花盆;***ueki-ya*** ～屋 gardener /花匠
ueru 植える plant /種,栽,植
ugai suru うがいする gargle /漱口,含漱
ugokasu 動かす move, remove /動,開動,搖動,打動
ugoki 動き movement /活動,移動;動向,動態
ugoku 動く move, stir /動,搖動;轉動,開動
uguisu うぐいす (Japanese)nightingale /黄鶯
ukaberu 浮べる float, set afloat /能漂起,浮,泛
ukabu 浮ぶ float /浮,漂
ukagau うかがう watch, see, look at, peep /窺視,偷看

ukagau 伺う call, visit, ask, inquire /(謙遜語)拜訪,打聽,請教
ukai suru う回する detour, go round /迂迴,繞道
ukanukao o suru 浮かぬ顔をする look gloomy /露出憂悶的(不高興的,無精打采的)面孔
ukeau 請け合う undertake, guarantee /保證,擔保,承擔
ukeireru 受け入れる accept, receive /收,收入;接受,容納
ukemi 受身 passive /被動,受攻擊;***ukemi no*** ～の defensive /受攻擊的
ukemotsu 受け持つ take charge (of), be in charge /擔任,擔當
ukeru 受ける receive, accept /受,收,接
uketamawaru 承る hear, listen, understand /(謙遜語)聽,聽從,接受,聽説
uketori 受取 receipt /收,領;收條,收據;***uketori-nin*** ～人 receiver /受領人,領款人
uketsugu 受け継ぐ inherit /繼承
uketsuke 受付 reception, usher, receptionist /接收;傳達室,門房
uketsukeru 受け付ける receive, accept, take up /收,接受,受理,採納;***uketsukenai*** 受け付けない refuse, reject /不接受,拒絶,否決
ukkari うっかり carelessly, absent-mindedly /發獃,不注意,漫不經心;馬虎
uku 浮く float, be refloated /浮,漂
uma 馬 horse /馬;***uma ni noru*** ～に乗る ride a horse /騎馬
umai うまい delicious, good, nice, skillful /好吃的,高明的,好的,巧妙的
umaku うまく skillfully, well, cleverly /巧妙地,好好地,順利地
umare 生れ birth, origin /生,出生;***umareru*** ～る be born /出生,誕生;***umaretsuki*** ～つき by nature /天生的,天性,本性
ume 梅 plum (tree) /梅(樹);***ume-boshi*** ～干し pickled plum /醃梅子,鹹梅
umeru 埋める bury, inter /埋,埋葬;彌補
umi 海 sea, ocean /海,海洋
ummei 運命 destiny, fate, fortune /命運
umu 有無 existence, presence /有無,有沒有;***umu o iwasazu*** ～を言わさず forcibly /不容分説
umu うむ become septic, fester /化膿
umu 産む bear, be delivered of, lay (egg) /生,産;産生,産出
un 運 destiny, fortune /運,運氣,時運;***un no yoi*** [***warui***] ～

のよい[悪い][un] fortunate, [un]lucky /運氣好(壞)
unadareru うなだれる hang one's head /(因羞耻等)低下頭, 垂頭
unagasu 促す urge, press, spur /促進,催促
unagi うなぎ eel /鰻魚;黃鱔,鱔魚
unaru うなる groan, roar, growl /呻吟;吼,嘯,嗥,咆哮
unasareru うなされる have a nightmare /(作惡夢時的)魘住
unazuku うなずく nod /點頭,首肯
unchin 運賃 freight, rates, fare /運(輸)費
undō 運動 sports, exercise, motion, movement /運動;奔走; ***undō suru*** ～する take exercise, move /運動; ***undōkai*** ～会 athletic meet /運動會
un'ei 運営 management, operation /運營,經營; ***un'ei suru*** ～する manage, operate /運營,經營
unga 運河 canal /運河
unsō 運送 transport(ation) /運送
untenshu 運転手 driver /(汽車、電車、電梯等的)司機
unten suru 運転する drive (a car), operate /開動,駕駛
unubore うぬぼれ (self-)conceit, vanity /自滿,自負,自大; ***unuboreru*** ～る be conceited /自滿,驕傲
unzari suru うんざりする be disgusted /膩,厭膩,厭煩
uo 魚 fish /魚; ***uo-no-me*** ～の目 corn /鷄眼
ura 裏 back, reverse, opposite side /裏面,内部;後面,後邊
uragiru 裏切る betray, turn against /通敵,背叛,倒戈;違背,辜負; ***shinrai o uragiru*** 信頼を～ betray a person's confidence /辜負信任; ***kitai o uragiru*** 期待を～ disappoint one's expectation(s) /辜負期望
urameshii 恨めしい resentful, bitter /可恨的,抱怨的
urami 恨み grudge , ill feeling, hostility /恨,怨
uraomote 裏表 both sides /表裏,表面和裏面
uraraka na うららかな bright, beautiful, fine /晴朗的
urayamashii うらやましい enviable /羨慕的,嫉妒的
urayamu うらやむ envy, be envious /羨慕,嫉妒
urei 憂い grief, sorrow, anxiety /憂愁
urekko 売れっ子 popular person /紅人,紅角,有名氣的人
urenokoru 売れ残る remain, unsold /賣剩下;嫁不出去
ureru 売れる sell, be sold /好賣,暢銷
ureshii うれしい happy, delightful, glad /高興的,歡喜的
ureshisa うれしさ joy, delight /高興,快樂
ureshisō na [ni] うれしそうな[に] delightful [ly], joyful [ly], happy[-ily]/極高興的(地),極快樂的(地)
ureyuki 売行き sale /出售;銷路; ***ureyuki ga yoi[warui]***～が

よい[悪い][do not]sell well /銷路好(差)
uri うり melon /瓜;***uri-futatsu*** ~二つ be as like as two peas (eggs) /長得一模一樣
urikireru 売り切れる be sold out, go out of stock /賣完,脱銷
uroko うろこ scale /鱗,鱗片
urotaeru うろたえる be confused, lose one's head /慌張,驚惶
urotsuku うろつく loiter, wander /彷徨,徘徊
uru 得る get, have, gain, obtain /得,得到
uru 売る sell, deal in /賣,售,出賣
urumu 潤む be wet [moist], be dim /濕潤;發暗,不透明
uruoi 潤い moisture, dampness /濕澤,濕潤,潮濕
uruosu 潤す wet, moisten /潤,弄濕
urusai うるさい annoying, tiresome /麻煩的,討厭的; ***urusaku*** うるさく annoyingly, tiresomely /討厭地,厭倦地
urushi 漆 lacquer, japan /漆樹;油漆
uryō 雨量 rain(fall), precipitation /雨量
usa 憂さ gloom, melancholy /憂,愁,悶;***usa-barashi ni*** ~晴らしに for amusement /解悶,消愁
usagi うさぎ rabbit /兔子
useru うせる disappear, vanish, be lost /丢失,消失
ushi 牛 cow, bull, ox /牛
ushinau 失う lose, miss /丢失,失落,失去,失掉
ushiro 後ろ back /後面,背後;***ushiro no*** ~の back /後面的,後方的;***ushiro ni*** ~に behind /在後面
uso うそ lie, falsehood /謊言,假話;***uso no*** ~の false /捏造的;假話的;***uso o tsuku*** ~をつく tell a lie /説謊,撒謊
usugurai 薄暗い dim, gloomy /發暗的,微暗的
usui 薄い thin, light /薄的,淡的,淺的
uta 歌 song /歌;***uta o utau*** ~を歌う sing(a song) /唱歌
utagai 疑い doubt, question /疑,嫌疑,疑問;***utagai naku*** ~なく without doubt /毫無疑問,無疑
utagau 疑う doubt, suspect /疑,懷疑,不相信
utagawashii 疑わしい doubtful, uncertain /可疑的,靠不住的
utau 歌う sing, chant /唱,唱歌,歌頌
uto-uto suru うとうとする doze, fell drowsy /迷迷糊糊,昏昏沉沉
utsu 打つ beat, strike, hit /打,敲,擊
utsukushii 美しい beautiful, fair, pretty /美麗的,漂亮的
utsukushiku 美しく beautifully, charmingly, prettily /美麗地,漂亮地

utsukushisa 美しさ beauty /美,漂亮
utsumuku うつむく look down, bend one's head /俯伏,低頭,臉朝下; ***utsumuke ni*** うつむけに on one's face, prone /臉朝下地,底朝上地
utsurigi na 移り気な fickle, capricious /心神不定的,見異思遷的
utsurikawari 移り変り change, transition /變遷
utsuru 移る remove, move into /遷移,推移
utsusu 移す (re)move, transfer /遷,移,搬動
utsusu 映す reflect, mirror /映,照
utsusu 写す copy, imitate, photograph, take /抄寫,謄寫,拍照
utsuwa 器 vessel, utensil, caliber /器,器具;器量,才幹
uttae 訴え (law)suit, charge /訴訟,控訴,申訴; ***uttaeru*** ～る go to the law, appeal /起訴,控告;訴請,感動
uttori suru うっとりする be entranced [enraptured] /心蕩,神馳,出神
uttōshii うっとうしい gloomy, dull /鬱悶的,沉悶的;陰鬱的,陰暗的
uwabe 上辺 exterior surface, outside /外表,外觀,表面; ***uwabe no*** ～の outward, apparent /外觀上的,表面的; ***uwabe wa*** ～は on the surface /在表面上
uwagi 上着 coat /外衣,上衣,褂子
uwaki 浮気 inconstancy /輕浮,輕佻; ***uwaki na*** ～な fickle /無常的,操守不一的,三心兩意的; ***uwaki o suru*** ～をする be false to (him), have a love affair /亂搞男女關係; ***uwaki-mono*** ～者 inconstant lover, coquette /亂搞男女關係者,水性楊花者
uwasa うわさ rumor /傳說,風聞,謠言; ***uwasa o suru*** ～をする talk of, gossip /談論,念叨
uyamau 敬う respect, honor /敬,尊敬
uyauyashii 恭しい respectful, reverent /恭敬,有禮貌; ***uyauyashiku*** 恭しく respectfully, reverently /恭恭敬敬地
uyo-uyo うようよ in swarms /蠢動; ***uyo-uyo shite iru*** ～している swarm /蠢動,(蟲子)亂爬
uzuku うずく ache, smart, tingle /痛,劇痛,刺痛
uzukumaru うずくまる crouch, squat down /蹲
uzumaki 渦巻 whirlpool, vortex, eddy, scroll /漩渦; ***uzumaki-gata no*** ～形の spiral /漩渦樣的,渦漩狀的; ***uzumaki-moyō*** ～模様 scrollwork /渦形花樣
uzumaku 渦巻く whirl, eddy, swirl /捲成漩渦
uzumeru うずめる bury, fill /埋,填,蓋

uzu-uzu suru うずうずする be impatient [itching](to do) /發急,心裏發癢

W

wa 輪 circle, ring /圈,環,箍
wabi わび apology /道歉,賠不是; ***wabiru*** ～る apologize, make an apology /道歉,致歉,求饒
wabishii わびしい miserable, unhappy /寂寞的,苦悶的,貧困的
wadai 話題 subject, topic /話題,談話材料
wadakamari わだかまり cares, ill-feeling, reserve /(人際間)隔閡,芥蒂
waga 我が my, our /我的,我們的
wagamama 我がまま self-indulgence, self-will/任性, 恣情, 放肆; ***wagamama na*** ～な self-indulgent, wilful /任性的, 嬌生慣養的; ***wagamama o suru*** ～をする be selfish /放肆
wagiri 輪切り (cut in)round slices /切成圓片
wairo わいろ bribery, bribe /賄賂
waisetsu na わいせつな obscene, indecent /猥褻的,淫猥的
wakai 若い young, youthful, younger /年輕輕的
wakai 和解 reconciliation, compromise /和解; ***wakai suru*** ～する compromise with, make peace with /和解,和好
wakare 別れ farewell, separation /分別,離別; ***wakareru*** ～る separate from /分別,分離;離婚
wakari-nikui 分りにくい difficult [hard]to understand /難以理解,總不明白; ***wakari yasui*** 分りやすい easy, plain /容易理解,易懂
wakaru 分る understand, see /知道,明白,懂
wakasa 若さ youth(fulness) /年輕
wakasu 沸かす boil, heat /燒開,燒熱
wakawakashii 若々しい youthful, young /年輕輕的
wake 訳 meaning, why, reason, cause /意思,原因,理由,情形
wakemae 分け前 share, portion /(分的)份兒
wakeru 分ける divide, distinguish, share /分,分開;劃分;分類
waki わき side /腋,胳肢窩; ***waki ni*** ～に aside by, beside /在腋窩
wakitatsu 沸き立つ boil up, seethe /沸騰,滾開,洶湧

waku 枠 frame /框;範圍
waku 沸[湧]く gush out, spring, boil /沸騰,翻滾;吵嚷
wameku わめく yell, shout, scream /叫,喚,喊,嚷
wampaku na 腕白な mischievous, unruly /淘氣的
wan 湾 bay, gulf /灣,海灣,内海
(o-)wan (お)わん bowl /碗
wana わな trap /圈套;*wana o kakeru* ～を掛ける set a trap /下圈套;*wana ni kakeru* ～に掛ける entrap /上圈套
wani わに crocodile, alligator /鱷魚
wara わら straw /稻草,麥稭
warai 笑い laugh, smile, laughter /笑;嘲笑
warau 笑う laugh, smile, ridicule /笑;嘲笑,嗤笑
wareme 割れ目 crevice, crack, fissure /裂縫
wareru 割れる be broken, be smashed, be split /分裂;破裂,碎
wareware 我々 we /我們,咱們;*wareware no* ～の our /我們的,咱們的;*wareware ni* [*o*] ～に[を] us /對(把)咱們
wariai 割合 proportion, rate /比例;*wariai ni* ～に rather, comparatively /比較地;分外
wariate 割当 assignment, allotment /分配(額),分攤(額);*wariateru* ～てる assign, divide, allot /分配,分攤,分派
waribiki 割引 discount, reduction /打折扣,減價;貼現;*waribiki suru* ～するdiscount, reduce/打折扣,減價
waru 割る divide, cut, break /切,分,割,劈開
warui 悪い bad, evil, wicked /壞的,不好的
warukuchi 悪口 abuse, sarcasm /壞話;*warukuchi o iu* ～を言う speak ill/說壞話
washi 和紙 Japanese (handmade)paper /(用傳統製作法製造的)日本紙,和紙
washi わし eagle /鷲
washoku 和食 Japanese food /日本餐,日式飯菜
wasuremono 忘れ物 something forgotten /忘東西,忘拿,忘帶; *wasuremono o suru* ～をする leave a thing /忘(拿、帶)東西
wasureru 忘れる forget, leave behind /忘,忘卻,忘記; *wasurerarenai* 忘れられない unforgettable /難忘,不能忘記
wata 綿 cotton batting[wool] /棉,棉花
watakushi (=watashi) 私 I, myself /我;私人的; *watakushi wa* ～は I /我(主格); *watakushi no* ～の my /我的; *watakushi ni*[*o*] ～に[を]me /對(把)我
watakushi-goto 私事 privacy, private /私事,秘密事
watari-dori 渡り鳥 bird of passage, migratory bird /候鳥

wataru 渡る cross, go over, pass over /渡,過
watashi 渡し ferry /擺渡;渡口; ***watashi-bune*** ～船 ferry-boat /渡船
watasu 渡す take over, ferry, carry across /渡,送過河;架,搭;交付
waza to わざと purposely, on purpose /故意地
wazawai 災い disaster, calamity /禍,災難
waza-waza わざわざ especially, on purpose /特意;故意
wazuka わずか only, slight, (a) little /僅,只;微量,一點兒; ***wazuka no*** ～の few, little /一點點的,微小的; ***wazuka ni*** ～に only, merely, barely /略微
wazurawashii 煩わしい troublesome, annoying /心煩的,麻煩的,繁雜的
wazurawasu 煩わす trouble, worry, annoy /使煩惱,爲…苦惱;麻煩,使…受累

Y

ya 矢 arrow /箭
yaban na 野蛮な savage, barbarous /野蠻的,粗野的; ***yaban-jin*** 野蛮人 barbarian /野蠻人
yabu やぶ bush /草叢,灌木叢
yabun 夜分 night, evening /夜間,夜裏
yabureru 破れる be torn, be broken /破,被打破,破碎
yaburu 破る tear, break /弄破,破壞
yado 宿 hotel, inn /旅館;宿,過夜
yagai no 野外の field, open-air, out-door /野外的,郊外的; ***yagai de*** 野外で in the open /在郊外
yagate やがて soon after, before long, in due time /不久,將
yagi やぎ goat /山羊
yahari やはり too, also, as well /仍然,依然,還是;也,同樣
yajiuma 野次馬 mob, rabble, spectators /(在背後)起鬨的人;圍觀的人們
yajū 野獣 (wild) beast /野獸
yakamashii やかましい noisy, clamorous /吵鬧的,嘈雜的
yakan 夜間 at [by]night /夜裏
yake やけ desperation, despair /發脾氣,自暴自棄; ***yake o okosu*** ～を起こす become desperate /發脾氣; ***yake ni natte*** ～になって desperately /自暴自棄地
yakedo やけど burn, scald /火傷,燒傷,燙傷
yakei 夜景 night view [scene]/夜景

yakeru 焼ける burn, be burned, be (well)done /着火,燒熱
yakimochi 焼きもち jealousy /烤年糕;(俗)嫉妒,吃醋 ***yakimochi o yaku*** ～を焼く be jealous /嫉妒,吃醋
yakkai 厄介 trouble, worry /麻煩,照顧,幫助; ***yakkai na*** 厄介な troublesome, annoying /麻煩的,難辦的,難對付的; ***yakkai ni naru*** 厄介になる depend on, stay with /受人照顧
yaku 訳 translation, version /翻譯
yaku 約 about, approximately /約,約定
yaku 役 office, post, service /任務,職務,角色; ***yaku ni tatsu*** ～に立つ serve, be useful /有用處; ***yaku ni tatanai*** ～に立たない be useless /無用
yaku 焼く burn, roast /燒,焚;烤,焙,炒
yakudatsu 役立つ be useful, be good /有用
yakuhin 薬品 medicines, pharmaceuticals /藥物,藥品
yakumi 薬味 spices, condiments /(烹飪)香料,調料
yakunin 役人 official, public servant /官員,官吏
yakusha 役者 actor, actress /(男女)演員
yakushin suru 躍進する rush, make rapid progress /躍進
yakusho 役所 public office /政府機關,衙門
yakusoku 約束 promise, engagement /約,約會; ***yakusoku suru*** ～する promise /約定,約請; ***yakusoku o mamoru*** ～を守る keep one's promise /守約
yakusu 訳す translate /翻譯,譯
yakuwari 役割 role, part /分配的任務,職務;(轉義)功能,作用,機制
yakuyō no 薬用の medical /藥用的,作藥材用的
yakuza やくざ good-for-nothing, gambler, hoodlum /無用的人,廢物;賭徒,無賴
yakyū 野球 baseball /棒球
yama 山 mountain, hill /山;一大堆(東西)
yamabiko 山びこ echo /山神;回聲
yamaguni 山国 mountainous district /山區
yamamori 山盛り heap /(盛飯)成山形; ***yamamori ni suru*** ～にする heap up /掛尖盛飯,堆山似地盛飯
yama-no-te 山の手 hilly section, residential area /靠山的地方
yamaoku 山奥 far up (in)the mountains, in the heart of the mountains /深山裏
yamashii やましい have a guilty conscience /内疚的,疚愧的; ***yamashikunai*** やましくない have an easy conscience /問心無愧
yameru やめる stop, cease, finish, give up /停止,作罷

yami やみ darkness, the dark /黑暗,暗中
yamu やむ stop, end, be over /停,停止,中止
yamu-o-enai やむを得ない unavoidable /不得已; ***yamu-o-ezu*** やむを得ず unavoidably /不得已地
yanagi 柳 willow /柳,柳樹
yane 屋根 roof /屋頂; ***yane-gawara*** ～がわら roof tile/頂瓦; ***yane-ura*** ～裏 attic /屋頂室,頂樓
yanushi 家主 landlord, owner of the house /房東
yanwari やんわり softly, quietly /柔和,柔軟
yaochō 八百長 put-up job, double-cross, set-up /(預先定勝負的)假比賽
yao-ya 八百屋 vegetable store, greengrocer /蔬菜店,蔬菜商
yari やり spear, lance /長矛,(標)槍
yarikaketa やりかけた unfinished, half-done /已着手,已開始
yarikirenai やり切れない cannot bear[stand], be intolerable /完成不了,做不過來,應付不了
yarikomeru やり込める talk down, refute /駁倒,問住
yarō 野郎 fellow, rascal /(這)小子,傢伙
yaru やる give, present, do /給;做,幹,搞;派遣
yasai 野菜 vegetables, greens /蔬菜
yasashii 優しい gentle, tender /優美的,安詳的,慈祥的,疼愛人的; ***yasashiku*** 優しく gently, tenderly /慈祥地,懇切地
yasashii 易しい easy, plain, simple /簡單的,容易的; ***yasashiku*** 易しく easily, plainly, simply /容易,簡單地
yasei no 野生の wild /野生的
yaseru やせる become thin, lose flesh /瘦;瘠瘦
yaseta やせた thin, lean /瘦的;瘠瘦的
yashiki 屋敷 mansion, residence /房地;公館,宅邸
yashin 野心 ambition /野心; ***yashin no aru*** ～のある ambitious /有野心的
yashinau 養う cultivate, bring up, support /養育,扶養,收養
yasui 安い cheap, low /低廉的,便宜的; ***yasuku*** 安く at a low cost /賣得便宜;賤賣
yasumi 休み vacation, rest, holiday /休息,休息時間,休假
yasumono 安物 cheap article /便宜貨
yasumu 休む take(a)rest /休息,安歇
yasuraka na [ni] 安らかな[に] peaceful[ly], quiet [ly] /安樂的(地),平安的(地),安詳的(地)
yasuri やすり file /銼刀; ***kami-yasuri*** 紙～ sandpaper /砂紙
yatoi-nin 雇人 employee /傭人
yatoi-nushi 雇主 employer /雇主

yatou 雇う employ /雇,雇傭
yatsuatari suru 八当りする be cross with everybody /遷怒,對誰都動火
yatsugibaya ni 矢継ぎ早に rapidly /緊緊連接地,一個接一個地
yatsureru やつれる become thin /消瘦的,憔悴的; ***yatsureta*** やつれた worn-out, careworn, emaciated /消瘦的,憔悴的
yatto やっと at last, barely /好容易才…,勉勉强强
yattsukeru やっつける beat, finish /狠狠地整人;幹完
yawarageru 和らげる soften, lessen /使柔和,使緩和
yawaraka na [ni] 柔[軟]らかな[に] soft [ly], gentle[-tly], tender [ly] /柔軟的(地),柔和的(地)
yo(no naka) 世(の中) the world, society /世上,人世,社會
yo(ru) 夜 night, evening /夜; ***Yo ga akeru.*** ～が明ける. The day breaks; It dawns. /天明,天亮
yō 用 business, engagement /(應辦的)事; ***yō ga aru*** ～がある have something to do /有事情
yoake 夜明け daybreak, dawn /黎明,拂曉
yobi 予備 preparation /預備,準備; ***yobi no*** ～の preparatory /有準備的
yōbi 曜日 day of the week /星期,曜日
yobigoe 呼び声 call, cry /召喚聲,吆喝聲
yobikakeru 呼び掛ける call to , appeal /招呼,召喚
yobirin 呼び鈴 bell, doorbell /門鈴,電鈴
yobō 予防 prevention, protection /預防,提防,防備; ***yobō suru*** ～する prevent /預防,提防,防備; ***yobō-chūsha*** ～注射 preventive injection /打預防針
yōbō 容ぼう face, looks, features /容貌,相貌
yōbō 要望 demand /要求,迫切期待
yobu 呼ぶ call /喊,叫,招呼
yobun 余分 excess, extra /剩餘,多餘,額外; ***yobun no*** ～の extra /額外的,特別的
yochi 余地 room, space /餘地
yōchi na 幼稚な infantile, childish /幼稚的,年幼的
yōchien 幼稚園 kindergarten /幼兒園
yōdateru 用立てる lend, advance /借給,預付,墊付
yodōshi 夜通し all night, whole night /整夜,通宵
yōfu 養父 foster[adoptive]father /養父
yōfu 洋風 foreign style, Western style /西式
yofukashi suru 夜更しする sit up till late /熬夜
yofuke ni 夜更けに late at night /深夜
yōfuku 洋服 foreign clothing /西服,西裝; ***yōfuku o tsukuru***

～を作る have a suit made /製作西裝；*yōfuku-ya* ～屋 tailor，tailor shop /西服店
yōga 洋画 Western painting，foreign film /西洋畫，歐美影片
yogen 予言 prophecy，prediction /預言；*yogen suru* ～する prophesy，foretell /預言，預告
yogore 汚れ dirt，filth，stain /骯髒；齷齪；*yogore-mono* ～物 soiled［dirty］things，washing，laundry /髒物，髒東西，髒衣服
yogoreru 汚れる become dirty，be soiled /髒，齷齪 *yogoreta* 汚れた dirty /髒的，齷齪的
yogosu 汚す stain，soil /弄髒，弄污
yōhin-ten 洋品店 dry-goods［clothing］store /服飾品商店
yohō 予報 forecast /預報；*tenki-yohō* 天気～ weather forecast /天氣預報
yoi 良［好］い good，fine，nice /好的，優秀的，出色的
yoi 酔 intoxication /醉；*yoi ga mawaru* ～が回る get drunk［tipsy］/醉起來；*yoi ga sameru*［*o samasu*］～がさめる［をさます］get sober，sober up /醒酒
yoi 宵 early evening /傍晚，天剛黑
yōi 用意 preparation /準備，預備；*yōi suru* ～する prepare /準備
yōiku suru 養育する bring up，rear /養育，撫養
yōi na［ni］ 容易な［に］easy［-ily］，ready［-ily］/容易的（地），簡單的（地）；*yōi-naranu* 容易ならぬ serious，grave /不易，非同小可，嚴重
yoitsubureru 酔いつぶれる be dead drunk /大醉，泥醉
yōji 幼児 baby，infant /幼兒，幼童
yōji 用事 business，engagement /（應辦的）事情，工作
yōjin 用心 carefulness /注意，小心；*yōjin suru* ～する be careful /注意，留神；*yōjin-bukai* ～深い careful，cautious /小心的，謹慎的
yōjō suru 養生する take care of one's health /養生，養身
yoka 予科 preparatory course /預科
yoka ni 余暇に in spare moments，at one's leisure /餘暇，在業餘時間
yokei na［ni］ 余計な［に］abundant［ly］，more，excessive［ly］，too many，very much /多餘的，用不着的，無用的，格外，分外
yōken 要［用］件 important matter，business /要緊的事，必要條件
yokeru よける avoid，shun /避，躲避；防範
yoki 予期 expectation /預期；*yoki suru* ～する expect /預想，

預料

yōki 容器 container, vessel /容器

yōki 陽気 liveliness, gaiety, season, weather /陽氣,季節,時令,天氣; ***yōki na*** ～な cheerful, merry, gay /快活的,爽朗的,熱鬧的

yokin 預金 deposit, account /存款

yokkyū 欲求 desire, urge /慾望,希求

yoko 横 side, width /横 ***yoko ni naru*** ～になる lie (down), recline /躺,躺下

yōkō 洋行 going[traveling] abroad /出洋,出國; ***yōkō suru*** ～する go abroad /出國

yokodori suru 横取りする usurp, seize /搶,搶奪;冒領

yokogiru 横切る cross, go across /穿過,横穿

yokoku 予告 (advance) notice /預告; ***yokoku suru*** ～する announce [inform] beforehand /預先通知

yokome de miru 横目で見る look sideways (at), look askance, cast sheep's eye /斜視,側視;飛眼,送秋波

yokosu よこす send, forward, hand over /寄來,送來;交給

yokotaeru 横たえる lay (down), put across /弄倒;横臥

yokotawaru 横たわる lie (down), lay oneself down /躺臥;横臥

yoku 良[好]く well, nicely /好好地,仔細地,經常地

yoku 欲 avarice, greed /慾,慾望,貪心; ***yoku no fukai*** ～の深い greedy /貪心不足,貪婪

yokuasa 翌朝 next morning /第二天早晨,次日晨

yokubō 欲望 desire, wants /慾望

yokugetsu 翌月 next month /次月,下月

yokujitsu 翌日 next day /次日,第二天

yokunaru よくなる recover, become better, improve /好轉

yokunen 翌年 next year /次年,第二年

yokusei 抑制 control /抑制,制止

yokushitsu 浴室 bathroom, bath /浴室,洗澡間

yōkyū 要求 request, demand /要求,需要; ***yōkyū suru*** ～する request /要求

yome 嫁 bride, (young) wife /新娘,新媳婦兒;妻子; ***yomeiri*** ～入り wedding /出嫁,嫁人; ***yomeiri suru*** ～入りする get married /出嫁,嫁給

yomigaeru よみがえる come to oneself, be brought to life /甦生,復活,復蘇

yomimono 読物 reading (matter), book /讀物

yōmō 羊毛 wool /羊毛; ***yōmō no*** ～の woolen /羊毛的

yomu 読む read /讀,唸,閱讀

yonaka 夜中 midnight /半夜
-yoreba …よれば according to /根據,按照
yoreru よれる get twisted /扭勁兒,扭歪;滿是皺褶
yore-yore no よれよれの worn-out, threadbare /皺皺巴巴的
-yori …より from, out of, since, than /從,自;比
yorinuki no より抜きの picked, choice /選拔,精選
yori o modosu よりを戻す get reconciled with, make up with /倒捻;破鏡重圓
yorisou 寄り添う draw close[near] /挨靠,貼近
yoritsuku 寄り付く get[come]near /靠近,接近,挨近,湊近; ***yoritsukanai*** 寄り付かない keep away /不接近,不上門
yoriwakeru より分ける sort out, assort /分選出,淘汰
yoroi よろい armor /鎧甲,甲胄
yorokobashii 喜ばしい joyful, glad, happy /可喜的,喜悦的,高興的
yorokobi 喜び joy, delight /喜悦,高興,歡喜
yorokonde 喜んで joyfully, gladly, with pleasure /甘心,情願;樂意,欣然
yoromeku よろめく stagger, totter /似倒非倒,踉踉蹌蹌,搖搖晃晃,蹣跚
yoron 輿論 public opinion /公衆輿論
Yōroppa ヨーロッパ Europe /歐洲; ***Yōroppa tairiku*** ~大陸 the Continent /歐洲大陸
yoroshiku よろしく well;Give my best regards /好的,適當地;致意,問候,請安
yoru 夜 night, evening /夜
yoru よる depend[rely] on, be based on /由於,因…而定;根據,按照
yoru 寄る call at , drop in , draw near /靠近,挨近,湊;順道(去)
yōryō 要領 (main) point, essentials /要領,要點; ***yōryō o enai*** ~を得ない pointless /不得要領 ***yōryō no yoi*** ~のよい sensible, sharp /精明的,乖巧的
yōsai 洋裁 dressmaking /西服縫紉術; ***yōsai-shi*** ~師 dressmaker /西服裁縫
yosan 予算 estimate, budget /預算
yose 寄席 vaudeville theater /曲藝場
yoseatsumeru 寄せ集める gather, collect /拼湊,聚攏,籌措
yosei 余生 the rest of one's life /餘生
yōsei 妖精 fairy /妖精,妖怪
yōsei 陽性 positive, active /陽性;爽朗性格
yōsei suru 養成する cultivate, train /培養,造就

yōseki 容積 capacity, volume, bulk /容積,容量
yōshi 要旨 point, substance /要旨,要點;大意
yōshi 容姿 figure, form /容姿; ***yōshi-tanrei*** ～端麗 graceful figure /容姿端麗
yōshi 用紙 blank, form /格子紙,表格
yōshiki 様式 style, way /樣式,方式
yōsho 洋書 foreign book /西洋書籍
yōshoku 洋食 Western food /西餐
yōshu 洋酒 foreign wine[spirits] /西洋酒
yoshū suru 予習する prepare (for) lessons /預習
yoso よそ another place, somewhere /別處,他鄉
yōso 要素 factor, element /要素,因素
yosō 予想 expectation, forecast /預想,預料; ***yosō suru*** ～する expect, foresee /預想,預料; ***yosōgai*** ～外 beyond all expectations /出乎預料; ***yosō ni hanshite*** ～に反して unexpectedly /與預料(想)的相反
yoso'ou 装う wear, dress oneself /穿戴,裝束,打扮
yoso-yoso-shii よそよそしい cold, distant /冷淡的,疏遠的
yoso-yoso-shiku よそよそしく coldly, distantly /冷淡地,不親熱地
yōsu 様子 condition, state of affairs, circumstances, looks, appearance, air /情況,狀態;容姿,樣子;光景,徵兆;緣故
yōsuru 要する require, need, want, take /要,需要; ***yōsuru ni*** ～に in short, in a word /總之,總而言之
yotei 予定 plan, program, schedule /預定,約好
yōten 要点 (main)point /要點,要領
yotsukado 四つ角 street corner /四個隅角,十字街頭
yotte よって according to, therefore, owing to, by /因此,所以
yottsu 四つ four /四個,四歲
you 酔う get drunk, feel sick /(酒)醉,暈(船、車)
yowai 弱い weak, delicate, faint /弱的,軟弱的,衰弱的,薄弱的
yowami 弱み weakness /弱點,缺點
yowane 弱音 complaints /弱者之聲,不爭氣的話; ***yowane o haku*** ～を吐く make complaints /說不爭氣的話,示弱
yowaru 弱る weaken, grow weak, fail /軟弱,衰弱;萎靡,頹喪
yoyaku 予約 booking, reservation, subscription /預約,預定; ***yoyaku suru*** ～する reserve, subscribe /預約,預定
yōyaku ようやく at last, at length, barely /漸漸,終於,好容易

yōyaku 要約 summary /要點，概要；***yōyaku suru*** ～する summarize，condense /摘要，歸納
yoyū 余裕 surplus，reserve，room /富餘，剩餘；充餘，從容；***yoyū ga aru*** ～がある afford /有充餘的(財力、時間)，買得起
yu 湯 hot water /開水，熱水；***yu o wakasu*** ～をわかす boil water /燒開水
yū 言う say，talk，tell /言，云，説，道；***yūmademonaku*** 言うまでもなく needless to say /當然，不用説，不必説，自不待言
yūben 雄弁 eloquence，fluency /雄辯；***yūben na[ni]***～な[に] eloquent[ly]/雄辯的(地)，善辯的，有口才的
yubi 指 finger，toe /手指；***yubisaki*** ～先 fingertip /指尖
yūbin 郵便 mail，post /郵政，郵件
yūbin-hagaki ～葉書 post card /明信片
yūbin-haitatsunin ～配達人 mailman /郵件投遞員，郵遞員
yūbin-kitte ～切手 postage stamp /郵票
yūbin-kyoku ～局 post office /郵局
yūbi na 優美な graceful，elegant /優美的
yubiori no 指折りの leading，prominent /屈指可數的
yubisasu 指さす point to，indicate /用手指示
yubiwa 指輪 finger ring /戒指
yūbō na 有望な promising，hopeful /有希望的，有望的
yūchō na 悠長な leisurely，slow /漫長的；慢悠悠的
yūdachi 夕立 shower /(夏日傍晚下的)驟雨
yūdai na 雄大な grand，magnificent /雄偉的
yudan 油断 inattention，negligence /疏忽大意；***yudan suru*** ～する be careless /疏忽大意，麻痹大意
yudaneru ゆだねる entrust with /委，獻身
Yudaya ユダヤ Judea /猶太；***Yudaya no*** ～の Jewish /猶太的
Yudaya-jin ～人 Jew /猶太人
yuderu ゆでる boil /(用白開水)煮，燙，焯
yūdō suru 誘導する induce，conduct，lead /誘導，導致；(電)感應
yūeki na 有益な profitable，useful /有益的，有用的
yūenchi 遊園地 recreation ground，amusement park /娛樂場地
yūetsukan 優越感 sense of superiority，superiority complex /優越感
yūfuku na 裕福な rich，wealthy /富裕的，富有的
yūgai na 有害な harmful /有害的
yugameru ゆがめる distort，bend /使歪扭，歪曲
yugami ゆがみ bend，strain /歪斜，歪曲
yugamu ゆがむ be crooked，warp /斜，歪，扭歪

yūga na 優雅な elegant, graceful /優雅的
yūgata 夕方 evening, dusk /傍晚
yuge 湯気 steam, vapor /水蒸氣,熱氣
yūgū 優遇 warm reception, hospitality, good treatment /優遇,優待
yūhi 夕日 evening sun, setting sun /夕陽,夕照
yuigon 遺言 will, one's dying wish /遺言,遺訓
yuiitsu no 唯一の only, sole /唯一的,獨一無二的
yūjin 友人 friend, companion /朋友,友人
yūjō 友情 friendship /友情,友誼
yuka 床 floor /地板
yukai na 愉快な pleasant, merry, joyful /愉快的(地)
yūkai suru 誘かいする kidnap, abduct /誘拐,拐騙
yūkan 夕刊 evening newspaper /晚報
yūkan 勇敢 bravery /勇敢; ***yūkan na*** [***ni***]～な[に]brave[ly]/勇敢的(地)
yūkan-kaikyū 有閑階級 leisure class /有閒階級
yukashii 床しい sweet, charming /令人懷念(眷戀)的,誘人的
yūken-sha 有權者 holder of a right, voter /有權力的人,有選舉權的人
yuki 雪 snow, snowfall /雪,下雪; ***yuki no*** ～の snowy /雪白的
-yuki …行き for, bound for /開往,寄向
yūki 勇気 courage, bravery /勇氣; ***yūki no aru*** ～のある courageous /有勇氣
yuki-daruma 雪だるま snow man /雪人
yukidoke 雪解け thaw, melting of snow /雪融
yukisugiru 行き過ぎる go past, go too far, go to extremes /通過,經過,走過去;過火,極端
yukitodoku 行き届く be careful, be complete /周到,徹底
yukizumaru 行き詰まる stand still, come to a deadlock /走到盡頭,走不過去,行不通
yukkuri ゆっくり slowly, leisurely /慢,不着急;舒適,充裕; ***yukkuri suru***～する take one's time /慢慢地…
yūkō 友好 friendship /友好; ***yūkō-kankei*** ～関係 friendly relations /友好關係
yūkō na[ni] 有効な[に]effective[ly], valid[ly]/有效的(地); ***yūkō ni suru*** 有効にする validate, make valid /充分利用,有效利用
yuku 行く go, visit /去,往,行走
yukue 行方 one's whereabouts /去向,行蹤,下落; ***yukue o ku-***

ramasu ～を暗ます disappear /躲藏起來; *yukue-fumei no* ～不明の missing, lost /下落不明的
yukusaki 行く先 destination, address /目的地, 前途, 將來
yume 夢 dream, vision /夢, 夢想, 幻想, 幻影
yūmei 有名 reputation, fame /有名, 出名; *yūmei na* ～な famous, well-known, celebrated /有名的, 著名的
yumi 弓 bow, archery /弓, 樂弓, 弓術
yūmoa ユーモア humor /幽默, 滑稽, 詼諧
yunyū 輸入 import /輸入, 進口
yuragu 揺らぐ swing, sway, flicker /搖動, 晃搖
yurai 由来 origin, history, source /由來, 來歷; 從來, 原來
yūran 遊覧 excursion, sightseeing /遊覽; *yūran-basu* ～バス sightseeing bus /遊覽車
yūrei 幽霊 ghost, apparition /幽魂, 鬼魂, 亡靈
yureru 揺れる shake, sway, roll /搖動, 搖蕩, 顛簸
yuri ゆり lily /百合, 百合花
yūri na 有利な profitable, favorable /有利的
yurui 緩い loose /鬆的, 緩慢的, 不陡的; *yuruku* 緩く loosely /緩慢地
yurumeru 緩める loosen, unfasten, relax /放弛, 鬆懈, 緩和, 降低
yurumu 緩む become loose, relax /鬆弛, 鬆懈, 緩和, 寬鬆
yurushi 許し permission, approval /准許, 許可, 寬恕
yurusu 許す permit, allow, approve /准許, 許可, 饒恕, 容許
yūryoku na 有力な powerful, influential /有力的
yūryō na 優良な superior, excellent /優良的
yūsei 優勢 superior power /優勢
yūsei 郵政 postal administration /郵政; *yūsei-shō* ～省 the Ministry [Minister] of Postal Services/郵政部
yūsen-teki ni 優先的に preferentially /優先地
yushi 油脂 oils and fats /油脂
yūshi 勇士 hero, brave man /勇士
yūshi 有志 volunteer, sympathizer /志願, 參加
yūshi 融資 financing, accommodation /通融資金
yūshoku 夕食 supper, dinner /晚飯, 晚餐
yūshoku no 有色の colored /有色的; *yūshoku-jinshu* 有色人種 colored race /有色人種, 有色種族
yūshō suru 優勝する win the championship /獲勝; *yūshō-ki* 優勝旗 champion flag /優勝錦旗
yūshū na 優秀な superior, excellent /優秀的
yushutsu 輸出 export(ation) /輸出, 出口
yusō 輸送 transportation /輸送; *yusō suru* ～する transport,

carry /輸送
yūsō na 勇壮な brave, heroic /勇敢雄壯
yusugu ゆすぐ wash, rinse /洗滌,洗刷,漱
yūsū no 有数の prominent, leading /有數的,屈指可數的
yusuri ゆすり extortion, blackmail /敲詐(者),勒索(者)
yusuru ゆする extort /敲詐,勒索
yutaka na 豊かな abundant, plentiful, rich /豐富的,富裕的
yuttari shita ゆったりした easy, calm, composed /舒適的,寬敞的,舒暢的
yū'utsu 憂うつ melancholy, low spirits /憂鬱 ***yū'utsu na*** ～な melancholy, gloomy /憂鬱的
yūwaku 誘惑 temptation /誘惑 ***yūwaku suru*** ～する tempt, lure /誘惑
yūyake 夕焼け evening glow, sunset colors /晚霞,火燒雲
yūyami 夕やみ dusk, twilight /薄暮
yūzai no 有罪の guilty /有罪的
yūzei no 有税の taxable /有稅的,徵稅的
yuzu ゆず citron /柚,柚子
yūzū 融通 accommodation, advance /通融,腦子靈活; ***yūzū suru*** ～する accommodate, lend /通融
yuzuriau 譲り合う compromise, meet halfway, concede /互讓
yuzuriukeru 譲り受ける take over, obtain by transfer /承受
yuzuriwatasu 譲り渡す hand over, transfer /出讓,讓與
yuzuru 譲る give to, hand over, transfer, give way, concede /讓給,傳給;謙讓,讓步;遺傳

Z

za 座 seat /座,席,座位; ***za ni tsuku*** ～に着く take one's seat, be seated /就座; ***za o hazusu*** ～を外す leave one's seat, excuse oneself /離席,逃席
zabuton 座布団 cushion /棉坐墊
zai 財 money, wealth /財寶,金錢,財產,財富
zaigaku suru 在学する in[at]school[college]/在校學習,上學; ***zaigaku-sei*** ～生 student body /在校生
zaigen 財源 source of revenue, funds /財源
zaikohin 在庫品 goods in stock, stock on hand /在庫品,壓庫品
zaimoku 材木 wood, timber /木材
zainin 罪人 criminal /罪人,罪犯

zairyō 材料 material(s) /材料,原料
zaisan 財産 property, fortune, assets, wealth /財產
zaisei 財政 finance, financial affairs /財政,金融,個人經濟情況; *zaisei-jōtai* ～状態 financial affairs /財務
zaitaku suru 在宅する be at home/在家
zakka 雑貨 miscellaneous goods, general merchandise /雜貨; *zakka-ya* ～屋 general store[shop]/雜貨鋪
zakkubaran no ざっくばらんの outspoken, frank /坦率的,心直口快的
zankoku na[ni] 残酷な[に]cruel[ly]/殘酷的(地)
zan'nen 残念 pity, regret, repentance /遺憾,抱歉,可惜;
zan'nen na ～な regrettable /遺憾的,可惜的
zan'nen sōni ～そうに regretfully /遺憾地,惋惜地,悔恨地
zan'nen garu ～がる regret, be sorry /感到遺憾,惋惜,悔恨
zarani aru ざらにある quite common, met with everywhere /多得很,不稀奇,到處都有
zara-zara suru ざらざらする be[feel]rough /粗澀,不光滑; *zara-zara shita* ざらざらした rough, coarse /粗澀的,不光滑的
zaru ざる basket /(撈魚用)竹簍
zaseki 座席 seat /座位
zashiki 座敷 room, drawing room /(鋪塌塌米的)房間,客廳
zasshi 雑誌 magazine, journal /雜誌 *gekkan-zasshi* 月刊～ monthly /月刊雜誌,月刊
zasshu 雑種 mixed breed, cross-bred /雜種;混血兒
zassō 雑草 weeds /雜草
zatsudan 雑談 gossip, chat /雜談,閒談
zatsuzen to 雑然と in disorder[confusion]/雜然,紛然,雜亂
zatto ざっと roughly, approximately, about /粗略地,大致
zattō 雑踏 congestion /人多而擁擠; *zattō suru* ～する be crowded /擁擠
zawameku ざわめく be noisy, bustle /嘈雜
zehi 是非 by all means, without fail /是非,好歹;一定,務必
zeikan 税関 customhouse, customs /海關
zeikin 税金 tax, duty /稅款;捐稅
zeitaku ぜい沢 luxury, extravagance /奢侈,鋪張,浪費; *zeitaku na* ～な luxurious /奢侈的; *zeitaku o suru* ～をする be extravagant /奢侈浪費,大肆揮霍; *zeitaku-hin* ～品 luxury /奢侈品
zekkō no 絶好の capital, splendid /極好的,最好的
zekkō suru 絶交する break (off) with, cut (a friend) /絕交,斷交

zembu 全部 all, the whole, in all /全部
zemmen-teki na 全面的な general, overall /全面的
zemmetsu suru 全滅する be annihilated, be wiped out /全滅, 全殲,完全消滅
zempan 全般 the whole /全般,全面,全體; *zempan no* ～の whole, general /全體的,全面的
zen 善 good, goodness, virtue /善,善行,好事
zen 禅 religious meditation /禪,坐禪,打坐
zen 全 all, whole, total /全,完全
zen 前 former /前,以前
zenchishi 前置詞 preposition /(語法)前置詞
zenchō 全長 total length /全長,共長,總長
zengaku 全額 full amount /全額,全數
zengo 前後 order, sequence, before and behind, about /(時間、空間的)前後
zenhan 前半 first half /前半,上半
zen'i 善意 good faith /善意,好意 *zen'i ni* ～に in good part, favorably /善意地
zen'in 全員 all the members /全員,全體人員
zenkai 前回 last[previous]time /前次,上次,上回
zenkai suru 全快する recover(completely)from one's illness, get quite well /痊愈
zenki no 前記の the above(-mentioned), the preceding /前述的,上述的
zenkoku 全国 the entire country /全國; *zenkoku-teki no* ～的の national, nation-wide /全國性的,全國各地的; *zenkoku-teki ni* ～的に all over the country /全國性地
zen'nen 前年 preceding[previous] year, last year /上年,去年
zen'nin 善人 good man /好人,善良人
zenrei 前例 precedent, previous example /前例
zenryō na 善良な good, honest /善良的,正直的
zensei 全盛 height of prosperity /全盛,極盛,紅運; *zensei-jidai* ～時代 one's best days /全盛時代,黄金時代
zensha 前者 the former /前者
zenshin 前進 advance, march /前進,進步,長進; *zenshin suru* ～する advance /前進
zenshin 全身 whole[entire]body /全身,渾身,遍體
zenshū 全集 complete works /全集
zensokuryoku de 全速力で at full speed /全速度,開足馬力
zentai 全体 the whole, all /全體,總體; *zentai de* ～で in all /總計; *zentai to shite* ～として as a whole /在總體上
zento 前途 future, prospects /前途,前程

zen'ya 前夜 the previous night, night before, the eve /前夜,前夕;前一天晚上,昨夜
zenzen 全然 entirely, completely, never, not…at all /全然不…,絲毫不…;完全,十分地
zetsubō 絶望 despair, hopelessness /絕望,無望
zettai ni 絶対に absolutely, positively /絕對地
zō 象 elephant /象,大象
zō 像 image, figure, statue /姿態;像,肖像,畫像
zōdai suru 増大する enlarge, increase /增大,增多
zōen 造園 landscape gardening /營造庭園
zōge 象牙 ivory /象牙
zōhei 造幣 coinage /造幣;***zōhei-kyoku*** ～局 the Mint /造幣廠
zōka 増加 increase, rise /增加
zōkin ぞうきん dustcloth, mop /拖把
zokkō suru 続行する continue, resume /繼續執行(進行)
zokugo 俗話 slang, colloquialism /俗話;口語,白話
zokuhen 続編 sequel, second volume /續編
zoku ni 俗に commonly, popularly /普通,一般
zokusuru 属する belong to /屬於
zoku-zoku ぞくぞく in succession /陸續,繼續
zōsen 造船 shipbuilding /造船
zōshin 増進 promotion /增進,增長;***zōshin suru*** ～する promote /增進,增加
zōsho 蔵書 collection of books /藏書
zōtei 贈呈 presentation /贈呈,敬贈;***zōtei suru*** ～する present /贈呈,敬贈給
zōtōhin 贈答品 presents, gifts /交換禮品
zotto suru ぞっとする shudder, shiver, thrill /毛骨悚然,打寒戰
zōwai 贈賄 bribery /行賄;***zōwai suru*** ～する bribe /行賄
zu 図 drawing, picture, map, plan /圖,繪圖,圖表,地圖;***zu ni ataru*** ～にあたる hit the mark /如願以償
zuan 図案 design /圖案
zubanukete ずば抜けて by far, exceptionally /超群,出衆,出類拔萃
zubon ズボン trousers, pants /褲子,長西裝褲
zubora na ずぼらな slovenly, loose /懶惰的,懶散的,吊兒郎當的
zubunure ni naru ずぶぬれになる get wet to the skin, be wet through /淋透,濕透
zuga 図画 drawing, picture /圖畫
zuhyō 図表 chart /圖表

zuibun 随分 pretty, fairly /相當厲害,十分,極其;(下接否定)決不,未必,輕易不
zujō ni[**no**] 頭上に[の] above one's head /在頭上,頭上的
zuki-zuki suru ずきずきする throb /跳痛,一扎一扎的痛
zunguri shita ずんぐりした thickset, squat /矮胖的,矮粗胖的
zunō 頭脳 head, brains /頭腦,腦筋,腦力;首腦
zun-zun ずんずん rapidly, fast /迅速
zurari to ずらりと in a row[line]/一大排
zureru ずれる slip, lag /移動,離開原位;離題,不對頭
zurui ずるい sly, cunning /狡猾的,耍滑頭的
zutsū 頭痛 headache /頭痛; ***zutsū ga suru*** ～がする have a headache /感到頭痛,頭痛起來
zutto ずっと all the time, through(out), direct, straight /一直,始終;更,很
zūzūshii ずうずうしい impudent, bold, shameless /厚顏的,無恥的